KB159368

노예선

ꉲ P 아우또노미아총서 60

노예선 The Slave Ship

지은이 마커스 레디커
옮긴이 박지순

펴낸이 조정환
책임운영 신은주
편집 김정연
디자인 조문영
홍보 김하은
프리뷰 김영철·박준성

펴낸곳 도서출판 갈무리 등록일 1994. 3. 3. 등록번호 제17-0161호
초판 1쇄 2018년 3월 30일
2판 1쇄 2018년 7월 12일
종이 화인페이퍼 인쇄 예원프린팅 라미네이팅 금성산업 제본 은정제책

주소 서울 마포구 동교로18길 9-13 [서교동 464-56]
전화 02-325-1485 팩스 02-325-1407
website http://galmuri.co.kr e-mail galmuri94@gmail.com

ISBN 978-89-6195-179-1 03900
도서분류 1. 인문학 2. 역사 3. 세계사 4. 인류학

값 26,000원

이 도서의 국립중앙도서관 출판예정도서목록(CIP)은 서지정보유통지원시스템 홈페이지(http://seoji.nl.go.kr)와 국가자료공동목록
시스템(http://www.nl.go.kr/kolisnet)에서 이용하실 수 있습니다.(CIP제어번호 : CIP2018008555)

노예선

인간의 역사
A Human History

Marcus Rediker
마커스 레디커 지음
박지순 옮김

갈무리

The Slave Ship

일러두기

1. 이 책은 Marcus Rediker의 *The Slave Ship : A Human History* (Viking, 2007)을 완역한 것이다.
2. 인명은 최초 제시되는 경우에 원어를 병기하였으며 인명 찾아보기에서 원어를 확인할 수 있다.
3. 지명은 가능한 한 원어 발음대로 옮겼으나 일부 원어의 뜻이 지명을 이해하는 데 중요하다고 판단되는 경우에만 뜻을 활용하여 명명하였다.
4. 단행본과 정기간행물에는 겹낫표(『』)를, 단편과 소책자에는 홑낫표(「」)를 사용하였으며, 단체(위원회), 미술작품, 공연물에는 가랑이표(〈 〉)를 사용하였다.
5. 원서에 이탤릭체로 강조된 것은 고딕체로 표기하였다. 단, 원서에서 영어가 아니라서 이탤릭으로 강조한 것과 함선의 이름을 이탤릭으로 강조한 것은 한국어판에서 강조하지 않았다. 원서에서 대문자로 강조한 것은 이탤릭 고딕체로 표기하였다.
6. 지은이 주석과 옮긴이 주석은 같은 일련번호를 가지며, 옮긴이 주석에는 [옮긴이]라고 표시하였다.
7. 원서의 대괄호는 〔 〕를 사용하였고, 옮긴이가 덧붙인 내용은 [ ] 속에 넣었다.

추천사

레디커는 온 힘과 열정을 다해 네 개의 노예선 드라마를 완성했다. … 그는 어둠의 한가운데에서 '근대 의식의 첨단을 항해하는 유령선'을 통해 인종과 계급 그리고 노예제도의 유산을 탐구했다.

—『볼티모어 썬』

절묘하고 기괴한 이야기

—『뉴욕 썬』

마커스 레디커는 선장과 선원 그리고 노예가 남긴 글을 풍부하게 발굴하여 '추상화의 폭력'을 피해 노예선의 역사를 그릴 수 있었다.

—『시카고 트리뷴』

노예선은 근대성을 완성시킨 기계였다. 노예선이 대서양을 건너가면서 세상은 변하였고 유럽과 아프리카 그리고 아메리카들이 연합하였다. 이에 따라 막대한 부와 말로 다 할 수 없는 비극이 생겨났으며 이 지옥의 항해는 여전히 우리의 삶에 그림자를 드리우고 있다. 대서양 해양사에 관한 걸출한 역사가인 마커스 레디커는 물질적 변화와 그에 따른 도덕적 불화에 관한 놀라운 지식으로 역사를 풀어냈다. 『노예선』은 깊이 연구되었고 훌륭하게 공식화되었으며 도덕적으로 잘 갖추어진 최고의 역사이다.

— 아이라 벌린, 메릴랜드 대학교 종신교수.
밴크로프트 상 수상작 『사라진 수많은 사람들』과
『주인 없는 노예』,『노예 세대』의 저자

이 책에 대한 나의 존경심은 쉽게 말로 표현할 수 없을 정도이다. 이 책의 중심에는 나무로 만들어진 기관과 밧줄 그리고 돛으로 채워진 테러의 도구, 노예선이 있다. 이 어둠의 중심에서 마커스 레디커는 4세기에 걸친 시기와 세 개의 대륙을 아우르는 이야기를 펼친다. 그는 헌신적인 연구와 깊은 인류에 관한 염려 그리고 높은 수준의 서사적 힘을 결합하여 자신의 과업을 완성했다. 그는 개인 경험의 현실성을 강조함으로써 공포에서 벗어나 추상화의 편안함에 머무르려는 인간의 경향성을 이겨냈다. 우리는 모두 이러한 점에서 그에게 큰 빚을 진 것이다. 광범위한 내용과 인간성을 다루는 그의 태도로 볼 때 대서양 노예무역에 관한 이 책의 내용은 쉽게 대신할 자료를 찾기 힘들 것이다.

— 배리 언스워스, 『신성한 굶주림』의 저자

『노예선』은 예상하지 못한 거대한 정서적 충격을 주었다. 책을 읽으면서 4세기에 가까운 기간 동안 노예선을 타고 끌려왔던 나의 아프리카 선조와의 끊을 수 없고 변화하는 유대감을 느낄 수 있었다. 그들의 용기와 지성, 자긍심 그리고 자유를 향한 격한 몸부림(또한, 잔인하게 얽매인 채 공동체를 형성하려는 노력)에 나는 오랫동안 깊이 감동해서 침대에서 책을 놓을 수도 없었다. 나는 탐욕의 광기와 사슬에 얽매인 존재에게 절대적인 위력을 휘두르는 가학성 그리고 선천적인 자유를 지배하고 점유하고자 하는 폭력에 관해 생각해 보았다. 모든 아메리카인과 더불어 서양 세계에 살고 있는 모든 사람들은 실제로 수 세기 동안 지속되어 현재에 이르기까지 노예무역의 끝없는 야만성을 통해 이득을 얻었거나 고통을 받았으며, 이 책은 그들에게 주어진 가장 중요한 숙제이다. 중간항로를 견디고 살아남아 불굴의 영혼과 광휘를 신세계로 옮겨온 존경하는 선조인 아프리카인들에게 백인, 서양인, 부유한 사람들이 행한 끔찍한 현실을 이해하고 논의하지 않고는 우리의 세상에 균형을 가져올 수 없다. 이제 무엇을 할 것인가? 공동의 해답을 내어놓기 위해서 필요한 단 하나의 질문이다.

— 앨리스 워커, 『더 컬러 퍼플』의 저자

『노예선』은 『나를 운디드니에 묻어 주오』라는 책처럼 우리가 역사와 우리 자신을 보는 방식을 변화시킨다. 이 놀라운 작품에서 마커스 레디커는 불가능할 것처럼 보이는 것을 이루어 냈다. 그는 우리가 수 세기에 걸쳐 상상할 수도 없었던 잔인함을 상상해 볼 수 있도록 해 주었다. 또한, 그는 우리가 노예제도의 폐지를 이끈 저항에 관해 상상해 볼 수 있도록 해 주었다. 자서전을 통해 중간항로 항해의 시련을 기록한 노예 올라우다 에퀴아노와 반-노예제도적 태도를 가진 선원이자 시인 제임스 필드 스탠필드, 노예선 선장에서 〈어메이징 그레이스〉를 작곡한 폐지론자로 변모한 존 뉴턴과 같은 잊지 못할 인물의 이야기가 그려졌다. 레디커는 학자의 섬세함과 시인의 눈 그리고 반란군의 심장으로 글을 썼다. 그는 괴물 같은 불의의 이야기를 통해 정의를 실현하였다.

— 마틴 에스파다, 『시의 공화국』의 저자

『노예선』은 진정 장엄하면서도 혼란스러운 책이다. 혼란스러움의 이유는 단지 이 책이 인류가 맞이하고 있는 자유 시장의 폭력과 야만성을 자세히 그렸기 때문만이 아니라 노예선 선원을 포함해서 이 드라마에 등장하는 모든 배우가 실제 인간이라는 점을 우리에게 상기시켜 주고 있기 때문이다. 『노예선』은 편한 마음으로 읽을 수 있는 책은 아니지만, 과거에 노예선을 타고 항해를 떠난 수백만 명의 사람과 마찬가지로 우리에게 선택권은 없다. 우리가 근대와 인종주의 그리고 세계화된 경제가 어떠한 착취를 배경으로 형성되었는지 이해하고자 한다면 이 역사를 받아들이는 법을 배워야 한다.

— 로빈 D. G. 켈리, 『자유의 꿈 − 흑인에 관한 급진적인 상상』의 저자

『노예선』은 노예무역의 현실을 그 어느 때보다 생생하고 설득력 있게 전하는 역작이다. 나는 사람들이 근대 세계의 탄생에 관한 중요한 이야기를 이해하고자 하는 한 이 책은 계속해서 읽힐 것이라고 확신한다.

— 로빈 블랙번, 『신세계 노예제도의 탄생』의 저자

아름다운 문장으로 쓰이고 철저하게 연구된 이 책은 노예선이라고 알려진 특별한 형태의 지옥에 함께 모인 선장과 선원 그리고 노예에 관한 잊을 수 없는 초상을 제공한다. 이것이 바로 최고의 대서양 역사이다.

— 로버트 함스, 『딜리전트』의 저자

마커스 레디커는 18세기 대서양 세계에 관한 가장 저명한 역사가 중 한 사람이며 노예선을 통해 해상 노동자에 관한 탁월한 지식과 자본주의 부상에서 노예무역의 역할에 관한 깊은 이론적 관점을 제시하고 있다.

— 스티븐 한, 퓰리처상을 수상한 『발아래의 국가』의 저자

이 대서양의 서사는 노예선이 인간 화물을 노예로 변모시키는 '거대한 기계'라는 점을 훌륭하게 밝혀내고 다양한 아프리카인의 삶에서 자유인과 노예, 선택과 절박한 투쟁의 이야기를 정확하게 묘사했다.

— 패트릭 매닝, 『노예제도와 아프리카인의 삶』의 저자

마커스 레디커는 기존에 견줄 데 없었던 허먼 멜빌과 같이 대항해 시대에 대양을 항해하던 비좁은 함선에서 일어나는 삶의 당면한 인간극과 세계적인 맥락을 모두 잘 이해하고 있다. 그는 자신의 진기한 능력을 활용해 우리를 노예선의 하갑판으로 초대했으며 중간 항로의 비인간적인 고난을 겪는 인간의 표정을 우리에게 보여 주었다.

— 피터 H. 우드, 『새롭고 이상한 땅—식민지 아메리카의 아프리카인』의 저자

대서양의 아래로부터의 역사를 연구하는 가장 중요한 역사가의 수작이 탄생했다. 우리는 이 책에서 고통스러운 비명과 상실의 신음, 반란의 함성을 들을 수 있다. 마침내 노예였던 사람들이 버려진 선원들에게 놀라운 은총을 베푸는 장면에 이르면 이 감명 깊은 책에서 정의와 회복에 대한 요청이 터져 나온다.

— 피터 라인보우, 『런던 교수형』의 저자

사랑과 희망을 담아
웬디, 지크 그리고 에바에게 바칩니다.

한국의 독자에게 『노예선－인간의 역사』를 소개할 수 있게 되어 대단히 기쁩니다. 이 책은 제 책 중 한국에 번역되어 소개될 세 번째 책으로 2001년에 까치 출판사에서 『악마와 검푸른 바다 사이에서－상선 선원, 해적, 영-미의 해양세계, 1700~1750』(Cambridge University Press, 1987)가, 그리고 2008년에 갈무리 출판사에서 『히드라－제국과 다중의 역사적 기원』(피터 라인보우와 공저, Beacon Press, 2000)이 출판되었습니다. 이 책들의 번역 출판에 수고해 주신 모든 분에게 감사를 드립니다.

『노예선－인간의 역사』는 원래 영국(1807)과 미국(1808)의 노예무역 폐지 200주년을 기념하기 위해 2007년 출판되었습니다. 이 책을 통해 저는 이 두 나라와 전 세계의 노예무역 그리고 노예 제도의 유산에 관한 국제적인 논쟁에 이바지하고자 하였습니다. 영국의 역사에 관해서는 떠들썩한 논쟁이 있었지만, 미국의 경우 부시 행정부가 광범위한 국가적 토론을 하는 데 사용되는 연방 기금을 삭감하면서 이러한 논쟁이 발생하지 않았습니다.

노예무역을 폐지한 것은 미국 정부가 취한 고결한 행위 중 하나였습니다. 그렇다면 왜 이러한 고결한 행위를 기억하고 축하하며 토론하지 않았을까요? 답은 간단합니다. 두려웠기 때문입니다. 미국의 지배 계급은 노예무역과 노예제도가 미국 역사의 중심에 서 있으며 오늘날에도 여전히 강력한 영향력을 발휘할 수 있기 때문에 이 같은 주제에 관한 깊이 있는 토론은 회복적 사법restorative justice이나 배상과 같은 불편한 쟁점을 급작스럽게 불러일으킬 수 있다는 사실을 알고 있습니다. 아마도 토론을 하지 않는 편이 더 안전하다고 생각했을 것입니다. 그 결과 2008년이 지나는 시점에도 압도적으로 많은 미국의 시민들이 노예무역 폐지 200주년을 전혀 의식하지 못하고 있었습니다.

예전에 역사가들은 노예무역과 노예제도가 세계 자본주의의 부상과 관련이 없는 것처럼 말하곤 했습니다. 좌파와 우파의 학자들은 노예무역과 노예제도가 구시대의 낡아빠진 생산 방식의 "유물"이며 새로운 자유 임금 노동 체제가 확립되고 자본주의가 궁극적인 통치를 발휘할 수 있게 되기 전에 사라져야 할 것들이라고 주장했습니다. 지난 25년 동안 이러한 견해는 거센 저항을 불러일으켰고 결국 대부분은 사라졌습니다. 역사가들과 사회과학자들은 이제 대서양의 노예제도 ─ 노예선과 농장 모두 ─ 가 자본주의 부상의 중요한 구성 요소일 뿐만 아니라 여러 면에서 그 기초를 다졌다고 보고 있습니다.

『노예선』은 국제 경제에 노동력을 창출하는 것이 노예선 선박들이 가진 주된 목적이었음을 밝히는 방식으로 이 논쟁에 기여했습니다. 노예무역은 징용과 착취라는 필수 과정을 연결해 주었습니다. 아프리카인들은 전쟁과 빚 그리고 범죄로 인해 서아프리카의 고향 땅을 떠나 노예선으로 운송된 후 아메리카의 농장으로 향했으며 그곳에서는 그들의 노동력을 상품화했습니다. 칼 맑스Karl Marx는 이러한 전 세계적 과정을 "자본의 원시적 축적"이라고 불렀는데, 많은 수의 노동자들이 이 과정에서 한쪽 세상의 구시대적이고 비-자본주의적인 생산 양식에서 "벗어나" 세계 자본주의 경제를 위해 설탕과 담배 그리고 쌀을 생산하기 위해 반대편 세상으로 옮겨졌습니다. 이 책의 여러 곳에서 보여 주고 있는 노예선의 하갑판에 여러 사람의 몸을 나란히 정렬시킨 노예선의 그림은 세계적 규모의 자본 축적에 필수 요소인 흑인 노동력의 상품화를 상징한 것으로 볼 수 있습니다.

서아프리카에서의 징용과 아메리카들에서의 착취 사이에서 노예선의 중간항로[서부 아프리카와 서인도제도 사이의 항로]가 말로 표현할 수 없는 테러terror의 장이었다는 것은 이미 잘 알려져 있습니다. 노예선 선장은 노예들을 대서양 건너편의 시장에 데려가 수익성 있는 농장 체제에 활용되도록 함으로써 이익을 창출했습니다. 이 과정에서 노예선 선장은 극심한 폭력과 테러를 활용하였고 농장 역시 마찬가지로 폭력에 의존하는 체제였습니다.

대부분 노예선에서는 매일 아침 선원 몇 명이 하갑판으로 내려가 밤새 죽은 노예의 시체를 모아 주갑판으로 끌어 올리는 작업을 합니다. 죽은 이들의 시체는 바다에 던져지고 노예선을 따라 대서양을 가로지르던 상어 무리의 차지가 됩니다. 대서양의 노예무역이 시행된 전체 기간(대략 1500년에서 1870년) 동안 중간항로에서는 여덟 명 중 한 명꼴로 사망했으며 이 숫자에는 아프리카에서의 전쟁이나 내륙에서 해안으로 이동하는 긴 여정에서 사망한 사람들의 숫자나 노예선에 오르기 전 요새나 수용소에서 포로의 신세로 기다리던 시점에 사망한 사람들의 숫자는 포함되지 않습니다. 3세기 반에 걸친 대학살에서 사망한 아프리카인의 숫자는 5백만에서 6백만 명 사이에 이를 것으로 보입니다. 중간항로는 극심한 테러의 장소인 동시에 대량 학살의 장소였습니다.

중간항로가 아래로부터의 저항과 창의성이 강력하게 발휘된 장소라는 것은 잘 알려져 있지 않습니다. 8장에 자세하게 설명되어 있듯이 하갑판에 함께 던져진 다인종의 아프리카인들은 그들만의 문화를 구축하고 재구성하였고 새로운 언어를 발달시키며 새로운 노래를 부르고 새로운 춤을 추면서 단식 투쟁과 선상 반란과 같은 새로운 형태의 저항을 이어나갔습니다. 이 과정에서 넓은 의미의 아프리카계 아메리칸 문화라고 부를 수 있는 것들이 나타나기 시작했고 다양한 저항 문화를 바탕으로 아프리카의 정체성과 관습이 새롭고 긍정적인 형태로 나타났습니다. 간단히 말해서 노예선의 하갑판에서 울부짖던 불행한 노예들은 직면한 공포 앞에서 자신을 지탱할 수 있는 새로운 무언가를 자신의 힘으로 만들어 냈던 것입니다. 이는 그러한 조건에 처한 사람들에게 문화가 어떤 의미인지를 우리에게 말해 주고 있습니다.

저는 이 책을 읽는 한국의 독자들이 이 책을 통해 피로 얼룩진 자본주의의 부상을 더 깊이 이해하는 동시에 이에 대항한 용감하고 다면적인 저항을 알게 되기를 바랍니다. 노예선은 오늘날에도 여전히 항해 중이기 때문에 이러한 지식이 참으로 필요합니다. 미국과 대서양 연안의 수많은 지역에서 우리는 여전히 노예무역과 노예제도의 결과를 안고 매일을 살아가고 있습니다. 우리 사회는 여전히 인종 차별, 해결 곤란한 빈곤, 깊은 구조적 불평등에 영향을 받고 있으며 이러한 문제는 모두 대서양 자본주의의 노예제도에 뿌리를 두고 있습니다.

과거를 이해함으로써 우리는 세계의 모든 사람을 위한 진정한 자유의 미래로 가는 길을 그릴 수 있습니다. 이 책이 그 위대한 여정에 작은 공헌을 할 수 있기를 희망합니다.

2017년 12월
뉴욕에서
마커스 레디커

서막

한 여인이 카누canoe의 바닥에 얕게 고인 물 위에 누워 있었다. 얼기설기 기운 매트가 여정에 지친 그녀의 몸을 덮고 있었고 바닥에 누운 그녀는 보니 Bonny섬 출신 뱃사공의 규칙적인 노 젓기를 느낄 수 있었지만, 그들이 그녀를 어디로 데리고 가는지는 알 수 없었다. 그녀는 세 번의 달이 떠오르는 동안 선내에 머무르며 강을 따라 떠다녔고 대부분의 시간 동안 카누를 타고 습지를 통과했다. 물길을 타고 가는 도중 그녀는 몇 번이고 팔리는 신세였다. 그녀와 십수 명의 사람들이 여러 척의 카누가 정박한 노예 수용소에 도착해서 며칠간 머무르게 되었을 때에야 그녀는 이 여정이 끝에 다다랐음을 알 수 있었다. 그녀는 곁에 누워 있는 또 다른 포로들을 반대로 두고 몸을 돌아 누혀서 카누의 옆면을 향해 움직였다. 이제 그녀는 머리를 위로 들어 올려서 뱃머리 너머를 볼 수 있었다. "큰 물"을 건너기 위해 만들어진 공포의 배 오우바 쿠쿠Owba coocoo호가 앞쪽에 떠 있었다. 그녀가 마을에서 들었던 가장 무섭고 위협적인 이야기 중 하나는 우리 상상할 수 있는 최악의 벌은 백인에게 팔려서 오우바 쿠쿠호에 올라타게 되는 것이라는 이야기였다.[1]

작은 배는 거품이 이는 파도 위에서 위아래로 요동쳤고 코가 물에 잠길 때마다 그녀는 수평선에 떠 있는 이상한 모양의 섬과 같은 형태의 선체를 엿볼 수 있었다. 가까이 다가가자 그 배는 마치 세 개의 커다란 대못이 솟아올라 있는 거대한 나무 상자처럼 보였다. 바람이 불어오자 그녀는 기묘하면서도 익숙한 땀 냄새를 맡았다. 신 구역질의 자취가 남아 있는 매서운 두려움이 느껴지는 순간이었다.

그녀는 카누 왼쪽에 있는 모래톱을 보는 순간 결정을 내렸다. 노가 부드럽게 수면에 절벅거렸다. 두 번 세 번 네 번, 그녀는 옆쪽으로 뛰어내리며 자신을 잡으러 오는 사람을 피해 미친 듯이 헤엄쳤다. 몇몇 뱃사공이 그녀를 따라 뛰어내려 첨벙거리는 소리가 들렸다. 그녀는 그들이 물에 닿자마자 바로 소란스러운 소리를 들었고 어깨너머로 살펴본 그들은 다시 카누에 올라타고 있었다. 모래톱을 향해 물을 헤치며 걷는 도중에 그녀는 8피트 길이의 커다랗고 다부진 회색 상어를 보았다. 뭉툭하고 둥근 주둥이와 작은 눈을 한 모습으로 마치 그녀에게 바로 덤벼들 것처럼 카누 옆을 미끄러지듯 헤엄

치고 있었다. 남자들은 욕지거리를 내뱉으며 노를 들어 상어를 내려쳤고 배를 해변에 대고 뛰어내려서는 물길을 헤치며 그녀 뒤를 성큼성큼 뒤따랐다. 그녀는 모래톱에서 달아날 곳이 없었고 상어 때문에 물속으로 돌아갈 수도 없었다. 그녀는 맞서 싸웠지만 소용없었다. 남자들은 포도 덩굴로 그녀의 손목과 다리를 묶고는 그녀를 다시 카누의 바닥에 던져버렸다. 그들은 다시 노를 저으며 노래를 부르기 시작했다. 잠시 뒤 그녀는 다른 소리도 들을 수 있었다. 파도가 커다란 배의 선체를 때리는 소리와 선체가 삐걱거리는 소리가 처음에는 희미하게 그러다가 점점 더 명료하게 들렸다. 무언가 틀어막힌 듯한 비명이 처음 듣는 언어와 뒤섞여 들려왔다.

격한 노 젓기가 반복됨에 따라 그 배는 점점 더 크게 보였고 더욱 무서워졌다. 냄새도 강해지고 소리도 더 크게 울렸다. 사람들이 흐느껴 우는 소리가 배의 아래쪽 4분의 1 지점에서 들려왔다. 손으로 나무를 두드리는 소리와 함께 아이들의 혼란스러운 소음이 들려왔다. 알아들을 수 있을 만한 외마디의 말과 목소리가 귓전을 때렸다. 어떤 이는 물menney을 요구하기도 했고 어떤 이는 저주를 퍼부었으며 어떤 이는 독주myabecca를 가져오라고 소리치기도 했다. 뱃사공들이 선체를 한쪽에 대자 그녀는 선체 옆면의 수로 위로 난 작은 구멍으로 검은 얼굴들을 볼 수 있었는데 그들은 그녀를 뚫어지게 쳐다보고 있었다. 그녀의 머리 위로 수십 명의 흑인 여성과 아이들과 몇몇 붉은 얼굴을 한 남자들이 난간 위쪽을 통해 모습을 드러냈다. 그들은 모래톱에서의 탈출 시도를 지켜보고 있었다. 커틀러스 칼을 든 남자가 거칠고 신경질적인 목소리로 명령을 내리고 있었다. 그녀는 노예선에 도착한 것이다.

뱃사공들은 여자의 포박을 풀고 그녀를 줄사다리 쪽으로 밀어제쳤다. 그녀는 카누에 헐벗은 채로 있는 다른 15명의 포로와 함께 이 사다리로 올라가야 했다. 남자 몇 명이 그들과 함께 올라갔고 거기에는 카누의 정박지에서 오우바 쿠쿠호로 그들을 데려갔던 금색 끈이 달린 모자를 쓴 흑인 상인도 함께했다. 그녀를 포함하여 함께 왔던 이들 대부분은 자신이 본 광경에 놀라움을 금치 못하고 있었지만, 몇몇 남자 포로들은 이상하게도 편안한 모습이었고 심지어 백인 남성들과 백인의 언어로 이야기를 나누기도 했다. 이곳은 길게 다듬어진 통나무와 이상한 도구들 그리고 높게 쳐진 밧줄로 만들어진 하나의 세계였다. 돼지와 염소 그리고 닭이 주갑판 언저리를 투덕거리고 있었다. 백인 남자 중 한 명은 그 지역의 앵무새를 데리고 있었고 어떤 이는 원숭이를 데리고 있었다. 오우바 쿠쿠호는 너무나 거대해서 배 안에 작은 배ewba wanta를 두고 있었다. 추잡해 보이는 또 다른 백인 남자는 그녀를 곁눈질로 쳐다보며 음란한 몸짓을 취하고 그녀의 몸을 만지려 했다. 그녀는 남자를 밀쳐내고는 손톱으로 그의 얼굴을 긁어서 몇 군데 피가 나도록 상처를 냈다. 그러자 남자는 그녀에게서 떨어진 다음 들고 있던 작은 채찍으로 날카롭게 세 번 매질했다. 흑인 상인이 끼어들어서 그녀를 멀리 떼어 놓았다.

그녀는 평정심을 회복하면서 주갑판에 있는 다른 포로들의 얼굴을 살피기 시작했다. 모두 젊었고 몇몇은 아직 어린아이였다. 마을에서 그녀는 중간 정도의 나이였지만, 여기에서 그녀는 가장 늙은 쪽에 속했다. 그녀가 여기에서 팔릴 수 있었던 것은 영악한 흑인 상인이 대량의 집단을 판매하면서 선장에게 전부 아니면 전무all or nothing의 제안 외에 다른 선택지를 두지 않았기 때문이었다. 배에서 그녀는 가장 나이 많은 사람이었다.

갑판에 있는 많은 사람은 그녀와 같은 곳에서 잡혀 온 것은 아니었지만, 그녀의 언어인 이그보Igbo어를 할 수 있는 것처럼 보였다. 그녀는 순박한 아파스Appas족 사람들과 더 검고 강건한 오땀스Ottams족처럼 고향 지역에서 잡혀 온 몇몇 다른 무리를 알아볼 수 있었다. 나중에야 알았지만, 많은 이들이 몇 달째 이 배에 타고 있었다. 선원들은 처음 승선한 두 명을 아담과 이브라고 불렀다. 서너 명은 주갑판을 쓸고 있었고 많은 이들이 갑판을 물청소하고 있었다. 선원들이 오후 식사를 위해 작은 나무 그릇을 건넸다. 요리사는 몇몇에게 소고기와 빵을 주었고 다른 이들에게는 좀 더 친숙한 음식인 팜유를 곁들인 얌을 주었다.

주갑판이 시끄러운 소리로 가득 찼다. 어두운 피부를 한 백인 선원이 소란스러운 좌중을 향해 "조용히!"Domona라고 소리 질렀다. 다른 두 명의 백인은 이곳에서 일어나는 일에 상당히 중요한 역할을 하는 것으로 보였다. 덩치가 큰 사람은 선장이었으며 다른 모든 백인은 선장의 말에 복종해야 했다.

선장과 의사는 새로 온 사람들을 바쁘게 확인했다 ― 머리, 눈, 치아, 사지, 배. 그들은 그녀가 타고 온 카누에 함께 있었던 가족 ― 남편, 아내, 아이 ― 에 대해서도 조사했다. 남자는 눈물을 흘리며 배의 앞부분으로 통하는 방책 통로로 끌려갔다. 그녀는 장벽 뒤편에서 매질pem pem을 당하는 다른 남자의 울음소리도 들었다. 그녀는 고통스러워하는 그의 억양이 이비비오Ibibio 사람의 억양이라고 생각했다.

곧이어 그녀도 조사를 받았고 백인 남자는 그녀에게 "아래로 내려가! 어서! 서둘러!"라고 소리치며 그녀를 갑판에 있는 커다란 네모 구멍으로 밀어 넣었다. 젊은 여자는 그 명령을 이해하지 못하고 두려움에 떨며 그대로 서 있었고 그는 그녀에게 "게멜라!Gemella[아래로 내려가] 겐옌 그왕고!Geyen gwango[서둘러]"라며 강압적으로 말했다. 사다리의 가로대를 밟고 내려간 하갑판에서 그녀는 코를 찌르는 끔찍한 악취 때문에 갑자기 어지러움과 무기력함 그리고 구역질을 느꼈다. 그녀는 이 냄새가 죽음awawo의 냄새라는 것을 알았다. 이 냄새는 백인 남성들이 아따사Athasa[통을 뜻하는 이그보어] 또는 "변기통"mess-tub이라 부르는 곳 곁에 자리 잡아 어두운 구석에서 관심받지 못한 채 누워 있는 두 명의 아픈 여자들로부터 나는 냄새였다. 그 여자들은 다음 날 죽어서 시체로 바다에 버려졌다. 버려짐과 동시에 주변의 바닷물이 뒤집히며 소용돌이와 함께 붉어졌다. 그녀의 카누를 따라왔던 상어가 결국 식사를 마친 것이다.

*

이 여성의 이야기는 미국의 학자이자 흑인운동가 듀보이스DuBois가 "지난 1천 년 동안의 인류 역사에서 가장 장엄한 연극" ― "천만 명의 인류가 어머니 대지의 검은 아름다움을 떠나 새로 발견된 서부의 엘도라도로 옮겨지는 것. 그들은 지옥으로 떨어져 버렸다"라고 묘사했던 일련의 행위에 대한 것이다. 고향 땅에서 징용된 그녀는 노동과 착취의 새로운 세계로 향하는 노예선에 강제로 실려서 사탕이나 담배 또는 쌀과 같은 것들을 생산하고 그녀의 주인을 부유하게 만들어 줄 것이다. 우리는 이 여성과 함께 그녀와 같은 처지의 다른 사람들을 따라서 이 모든 것을 가능케 했던 유럽인들의 이상하

고도 강력한 기계인 이 커다란 배에 오르고자 한다.[2]

이 장엄한 연극은 개인이 아닌 수백만 명의 사람들을 중심에 두고 오랜 기간 무수한 무대 위에서 펼쳐졌다. 15세기 후반부터 19세기 후반까지 거의 400년간에 걸친 노예무역의 역사 동안 1,240만 명의 영혼이 노예선에 실렸으며 대서양을 가로지르는 "중간항로"Middle Passage를 통해 수천 마일에 걸쳐 펼쳐지는 수백 곳의 배달 지점으로 운반되었다. 이 공포의 길에서 180만 명이 사망하였고 그들의 시체는 바다에 버려져 배를 따르는 상어의 먹이가 되었다. 생존한 1,060만 명 대부분은 살인적인 농장 체제에서 피투성이의 구덩이에 던져졌고 그들은 상상할 수 있는 모든 방법을 동원하여 저항했을 것이다.[3]

그러나 이런 놀라운 숫자들도 이 연극의 규모를 전달하지는 못한다. 아프리카에서 포로가 된 많은 사람은 쇠사슬에 엮인 채 노예선으로 향하는 길에서 사망하였지만, 기록의 부족으로 인해 그 정확한 숫자조차 알 수가 없었다. 현재 학자들은 시간과 장소에 따라 포로 중 10분의 1에서 절반 사이의 인원이 노예로 잡은 곳에서부터 노예선에 승선하러 오는 사이에 사망했다고 추정할 뿐이다. 보수적인 추정치인 15퍼센트에는 이동 중 사망한 사람과 노예 수용소와 해안의 공장에서 사망한 사람이 포함되며 이는 아프리카에서 180만 명이 더 사망했다는 것을 뜻한다. 새로운 세상에서 노동하는 삶을 시작한 첫해에만 또 다른 15퍼센트인 150만 명이 숨을 거두었고 지역에 따라 그 이상이 될 수도 있을 것이다. 아프리카에서의 여정과 중간항로 그리고 아메리카에서의 초기 착취와 같은 단계를 거치면서 대략 500만 명의 남자와 여자 그리고 아이들이 사망했다. 다른 쪽에서는 이러한 인명 손실을 대서양에서 장기 생존 노예 900만 명이라는 "산출량"을 달성하기 위해 1,400만 명의 사람들을 노예화하였다고 표현하기도 했다. 듀보이스의 "가장 장엄한 연극"은 비극이었다.[4]

이 연극에서 말하는 이른바 황금시대는 1700년에서 1808년까지를 말한다. 이 시기에는 다른 어느 때보다 많은 포로를 운송해 왔고 그 비율은 대략 전체의 3분의 2에 달했다. 이들 중 40퍼센트 이상 또는 총 300만 명이 영국과 아메리카의 함선을 통해 운송되었다. 이 시대의 함선과 선원들 그리고 그들의 포로가 이 책의 주제이다. 이 시기 동안 함선에서의 사망률은 떨어졌지만 희생된 사망자의 수는 어마어마했다. 약 100만 명이 노예 거래 과정에서 사망했고 영국과 아메리카의 항구 거래에서 사망한 경우는 이 중 절반도 되지 않는다. 인간의 거래를 조직했던 자들이 이러한 사망률을 알고도 이 일을 계속했기 때문에 이 숫자는 더 소름 끼친다. 목숨이 "낭비"되는 것은 단순히 사업의 일부였고 모든 계획에 계산된 변수일 뿐이었다. 그 자신이 중간 항로에서 산전수전 다 겪은 오또바 쿠고아노Ottobah Cugoano와 1780년대에 노예무역 폐지를 위해 대서양 전역에서 폐지 운동을 주창한 사람들은 이것이 명백한 살인이라고 비난했다.5

이 연극에 말려든 영혼은 어디서 오고 어디로 갔을까? 1700년에서 1808년 사이 영국과 아메리카 상인들은 노예를 모으기 위해 세네감비아[세네갈], 시에라리온/바람막이 해안Windward Coast[라이베리아와 코트디부아르], 황금해안Gold Coast[가나], 베냉만[기니], 비아프라만[비아프라], 서부 중앙아프리카[콩고, 앙골라] 등 아프리카의 기본적인 여섯 개 지역에 배를 보냈다. 배는 주로 포로를 영국의 설탕 농장이 있는 섬(노예의 70퍼센트 이상을 이곳에서 구매했으며 이들 절반은 자메이카에서 거래되었다)으로 운송했지만, 상당수는 아시엔또Asiento[노예무역 독점권]라 불리는 특별 협정 조약에 따라 프랑스와 스페인의 구매자들에게 보내졌다. 열 명 중 한 명은 북아메리카 지역으로 운송되었다. 이들 중 대부분은 사우스캐롤라이나South Carolina와 조지아Georgia로 갔고 상당한 숫자는 체사피크Chesapeake로도 보내졌다. 이 연극은 포로들이 배를 떠난 후 펼쳐지는 새로운 막으로 연결될 것이다.6

좌우로 요동치는 노예선의 갑판에서는 네 개의 각기 뚜렷하면서도 서로 관련을 보이는 인간극이 상연되었고 이는 18세기의 긴 여정 동안 계속되었다. 각각의 연극이 그 자체로 하나의 시대로서 의미가 있고 그것은 다시금 우리 시대에 의미를 부여한다. 이 연극의 배우들은 선장, 다양한 선원, 다인종 노예 그리고 이 기간의 말엽에 나타나는 중간계급 폐지론자들, 마지막으로 영국과 아메리카 양쪽에서 그 폐지론자들이 호소했던 대도시 독자층이다.

첫 번째 연극은 노예선 선장과 그의 선원 사이의 관계에 중점을 두고 있다. 그들의 사업은 생각할 수 있는 거의 모든 의미에서 더러운 사업이었으니 당대의 언어로 표현하자면 노예선 선장과 선원들은 분명 '고운 손이나 섬세한 후각'의 소유자들은 아니었을 것이다.[7] 노예선의 선장은 거칠고 부하들을 마구 부렸다. 그들은 정력적이었으며 다수의 사람을 통제할 능력과 집중력을 갖추었고 언제든 채찍을 휘두를 준비가 되어 있었다. 폭력적인 명령은 배에 타고 있는 수백 명의 포로와 마찬가지로 선원들에게도 동일하고 거칠게 적용되었다. 종종 잔인한 징계가 내려졌고 많은 선원이 곤죽이 되도록 채찍을 맞았다. 게다가 노예무역 선원의 배급량은 형편없었고 봉급도 일반적으로 낮았으며 사망률은 높았다 ─ 사망률은 노예의 그것만큼이나 높았던 것으로 현대 학자들은 보고 있다. 선원들은 이러한 치명적인 진실을 다음과 같은 말로 담아냈다.

> 경계하라 조심하라
> 베냉의 만
> 하나가 나오기 위해서는
> 사십이 들어가야 한다.

많은 사람이 죽고 일부는 장님이 되었으며 셀 수도 없는 사람들이 지속적인 장애를 갖게 되었다. 따라서 선장과 선원들은 수시로 충돌할 수밖에 없었고 다음 이름에서도 이러한 양상이 잘 드러난다. 사무엘 페인[고통]Pain은 폭력적인 노예선 선장이었고 아서 퓨즈[도화선]Fuse은 선원이자 반란자였다. 선장은 이러한 죽음의 거래에 어떻게 처음 선원들을 모집했을까? 또한, 어떻게 이러한 관계를 지속할 수 있었을까? 노예들이 탑승하고 난 후에 선장과 선원의 관계는 어떻게 변했을까?[8]

선원과 노예의 관계는 두 번째 연극을 구성한다. 두 번째 연극의 내용은 악의적인 강제 급식, 채찍질, 온갖 종류의 우발적 폭행 그리고 여성 포로에 대한 강간을 통해서 충분히 예상할 수 있을 것이다. 선장은 이러한 상호 간의 행동을 중재하기도 했지만, 실제로 선원들은 선장의 명령에 따라 노예를 승선시키고 하갑판에 짐짝처럼 쌓아두었으며 건강을 유지하게 하도록 이들을 먹이고 강제로 운동("춤")하게 하고 그들에게 징벌과 처벌을 가했다. 짧게 말해서 그들을 국제 노동 시장에 적합한 상품으로 천천히 변형시키고 있었다. 이 연극은 또한 단식투쟁과 자살 그리고 폭동에 이르기까지 운송되는 사람들의 끊임없는 창의적 저항을 증언하고 있지만, 언어나 배에서의 근무와 같은 기술적 지식에 관해서는 노예를 잡아들이는 자들의 입장에서 그들의 문화를 바라보기도 할 것이다.

세 번째이자 동시적으로 나타나는 연극은 노예들의 갈등과 협력에서 비롯된다. 서로 다른 부류와 인종 그리고 성별의 사람들이 공포가 가득한 노예선의 하갑판 아래로 함께 던져졌다. 이러한 "함께 묶여 있는 모든 부류의 흑인 군집"은 어떻게 서로 의사소통을 했을까? 그들은 곤경의 모든 측면, 즉 그들이 어디로 가고 있는지와 그들의 운명이 어떻게 될 것인지에 대한 중요한 정보를 서로 교환하는 방법을 모색했다. 잔혹한 구금과 테러 그리고 갑작스러운 사망 속에서 그들은 창의적이고 긍정적인 삶의 가치를 담은 반응을 유지하였으며 이를 통해 그들은 배에 탄 사람들 사이에서 새로운 언어, 새로운 문화적 관행, 새로운 유대와 초창기적 공동체를 형성했다. 그들은 서로를 형제자매와 같은 뜻의 "뱃동지"shipmate라고 부르며 아프리카에서의 납치와 노예화로 인해 파괴된 것들을 대체하기 위한 "가상적"이지만 매우 진솔한 친밀감을 나누기 시작했다. 창의성과 저항은 그들을 한데 뭉치게 해서 파괴할 수 없게 만들었고 여기에서 이 연극 최대의 장엄함을 찾아볼 수 있을 것이다.9

네 번째이자 마지막 연극은 배가 아닌 영국과 아메리카의 시민사회에서 나타난다. 폐지론자들은 대도시 독자층에게 중간항로가 갖는 무시무시한 초상을 그려 보이고자 했다. 이 연극은 노예선의 이미지를 중심으로 전개된다. 토머스 클락슨Thomas Clarkson은 브리스틀Bristol과 리버풀Liverpool의 부두로 내려가 노예무역에 관한 정보를 수집했다. 그러나 그의 반-노예제도 정서가 알려지자 노예무역 상인과 선장은 그를 피하기 시작했다. 케임브리지에서 공부한 이 젊은 신사는 무역에 대한 직접적 경험이 있고 마음속에 불만과 이야깃거리를 가지고 있는 선원들을 만나 인터뷰하기 시작했다. 클락슨은 증거를 수집했고 노예무역과 더 넓게는 노예제도에 이해관계로 얽힌 모든 사람, 즉 상인, 농장주, 은행 및 정부 관리와 싸우기 위해 이러한 정보를 활용했다. 노예무역 폐지 운동의 성공 여부는 영국과 아메리카의 사람들이 노예선에 만연한 매우 도구적인 테러가 바로 노예무역의 본질적 특성이라는 사실을 얼마나 진실로 받아들이도록 만드느냐에 달려 있었다. 이 "가장 장엄한 연극"은 강력한 마지막 장으로 대단원의 막을 내린다. 482명의 노예를 갑판 주변에 "빼곡하게 적재"하는 모습을 보여준 노예선 브룩스Brooks의 조선소 도면은 결국 결과적으로 노예무역 폐지 운동에 도움을 주게 된다.

1700년은 영국과 아메리카에서 이 연극이 상징적으로 시작된 시기였다. 상인들과 선원들은 오랫동안 이 무역에 관여했지만, 이 해에 처음으로 로드아일랜드Rhode Island와 리버풀에서의 노예 항해 기록이 나타났다. 로드아일랜드는 아메리카 노예무역의 중심지이며 리버풀은 영국 노예무역의 중심지이자 추후 세기 말엽에는 전체 대서양 무역의 중심지가 된다. 1700년 5월 말에 존 둔John Dunn 선장의 엘리자Eliza호는 리버풀에서 아프리카의 불특정 목적지와 바베이도스Barbados로 180명의 노예를 배달하기 위한 항해를 시작했다. 8월에 니콜라스 힐그로브Nicholas Hilgrove는 토머스와 존Thomas and John 호를 운용하여 로드아일랜드의 뉴포트Newport에서 아프리카의 불특정 목적지를 거쳐 바베이도스로 향했고 거기에서 그와 그의 선원들은 소형선으로 71명의 노예를 내려놓았다. 다음 세기에는 수백 명의 노예들이 이 항구를 통해 다른 곳으로 드나들게 된다.[10]

1700년에서 1808년 사이에 배의 승선 인원과 적재 자원 그리고 목적지가 변화하였음에도 불구하고 이 시기 노예선 자체의 변화는 상대적으로 거의 없었다. 노예를 매매하는 함선은 시간이 지남에 따라 그 크기만을 조금씩 키워 갔으며 승선한 노예의 숫자에 비해 상대적으로 더 적은 선원을 고용하여 효율적인 성장을 꾀하였다. 더 많아지는 노예 운송량을 감당하기 위해 선원의 숫자는 확연하게 늘어났고 노예선의 환경도 보다 위생적으로 개선되었으며 이로써 특히 18세기 후반에 선원과 노예의 사망률이 상당히 감소하였다. 그러나 노예선 운영의 본질이라고 할 수 있는 항해, 적재, 급식, 인간 화물human cargo의 운동에 대한 내용은 시간이 흘러도 거의 변하지 않았다. 이를 다른 말로 표현하면 1700년에 노예선의 경험이 있는 선장이나 선원 또는 아프리카 노예들은 한 세기가 흐른 후의 상황에서도 여전히 이 모든 것에 익숙할 것이라는 뜻이다.[11]

각각의 노예선들은 전쟁 기계와 이동식 감옥 그리고 공장이 이상하면서도 강력하게 조합을 이루고 있는 모습이었다. 적재된 대포와 놀라운 파괴력으로 무장한 이 배의 전쟁 유발 능력은 전통적인 국가 간 전쟁에서의 다른 유럽 함선과 요새 그리고 항구에 필적할 만했고 또한 제국 간 무역이나 정벌에서 비-유럽 함선과 항구와 동맹하거나 여기에 대항하기도 했다. 노예선은 내부에서 선원(오늘날의 교도관)들이 탈출과 반란을 기도하는 노예(수감자)와 전투를 벌이며 서로에게 총구를 겨누는 내적 전쟁의 양상도 보여 주었다. 선원들은 또한 배 안의 공장에서 노예를 "생산"하고 동부 대서양 시장에서 서부 대서양 시장으로 옮겨가면서 경제적 가치를 두 배로 높였으며 18세기와 그 이후의 세계 경제가 성장할 수 있도록 하는 노동력을 창출했다. 농장 노동자의 생산에서도 함선 내의 공장은 "인종"을 생산했다. 항해의 출발점에서 선장은 다양한 항해 선원을 고용했고 이들은 아프리카 해안에서 "백인"이라고 불리게 된다. 중간항로의 시작점에서 선장은 다양한 민족의 아프리카인 집단을 함선에 적재하고 이들은 아메리카의 항구에서 "흑인"black people 또는 "검둥이"negro race라고 불리게 된다. 항해는 이렇게 그들을 변형시켰다. 전쟁과 구금 그리고 노동력과 인종의 공장 생산은 전적으로 폭력에 의존하고 있었다.

많은 항해와 대서양 경제에 대한 충실한 조력을 제공한 끝에 노예선은 결국 폭풍우에 휩싸이게 된다. 노예무역에 반대하는 사람들은 대서양 전역에서 집중적인 선동을 시작했고 영국과 미국 정부는 각각 1807년과 1808년에 합법적으로 노예무역 항해를 중단하기 위한 새로운 법률을 통과시킴으로써 결국 노예 항해는 강제적으로 중단되었다. 노예 매매는 수년간 불법적으로 계속되었지만, 인간 역사에 있어서 결정적인 순간은 오고야 말았다. 노예무역 폐지론은 아이티 혁명 같은 중요한 동시대적 사건과 결부되어 노예제도의 종식이 전개되고 있음을 짐작게 해 주었다. 아이티 혁명이라는 중요한 동시대적 사건과 함께 노예제도의 종말을 알리는 노예 폐지의 시대가 왔다.

*

흥미롭게도 위대한 연극 속의 수많은 신랄한 이야기는 한 번도 들려지지 않았고 노예선 자체는 대서양 노예무역에 관한 풍부한 역사적 문헌에서도 소홀히 다뤄지는 주제였다. 노예무역의 기원, 시기, 규모, 흐름 및 수익에 관한 많은 연구가 수행되었지만, 세계를 변화시킬 만한 상업을 가능케 했던 함선에 대한 광범위한 연구는 존재하지 않는다. 여러 측면에서 세계화의 전체적 국면의 핵심 요소가 될 수 있는 역사상 가장 큰 강제 이주의 기제에 대해서는 아무런 설명도 제시되지 않는다. 유럽의 "상업 혁명"과 그에 따른 농장 건설, 세계 제국의 건설, 자본주의의 발전, 그리고 종국적인 산업화라는 결과를 촉진했던 도구적 측면의 분석도 존재하지 않는다. 간단히 말해서 노예선과 그 사회적 연관은 현대 세계를 만들었지만, 그들의 역사는 여러 측면에서 여전히 알려지지 않고 있다.[12]

노예선에 대한 학술연구는 제한적일 수 있지만, 노예무역에 대한 학술연구는 마치 대서양처럼 깊고 광대하다. 두드러지는 연구는 필립 커틴Philip Curtin의 획기적인 연구인 『아프리카 노예무역―인적 조사』(1969)와 조셉 밀러Joseph Miller의 고전 『죽음의 방향―상업 자본주의와 앙골라 노예무역, 1730~1830』(1988)이다. 이 책들은 17세기에서 19세기까지 포르투갈의 노예무역을 탐구했다. 휴 토머스Hugh Thomas의 야심 찬 종합 연구서 『노예무역―아프리카 노예무역 이야기』(1999)와 로버트 함스의 『딜리전트』는 1734년에서 1735년 사이, 프랑스에서 위다와 마르티니크까지의 편도 항해에 관한 우아한 미시사이다. 데이빗 엘티스David Eltis, 스티븐 D. 베렌트Stephen D. Behrendt, 데이빗 리처드슨David Richardson과 허버트 S. 클라인Herbert S. Klein이 편찬하고 편집한 『대서양 횡단 노예무역―데이터베이스』의 출간은 뛰어난 학술적 성취를 보여 주었다.[13] 노예무역에 관한 다른 중요한 연구로는 토니 모리슨Toni Morrison, 찰스 존슨Charles Johnson, 배리 언스워스Barry Unsworth, 프레드 다귀아르Fred D'Aguiar, 캐릴 필립스Caryl Phillips, 마누 허브스타인Manu Herbstein 같

은 작가들의 문학작품을 들 수 있다.[14]

이어지는 이야기가 노예무역에 관한 새로운 역사는 아니다. 오히려 보다 겸손하게 노예선의 갑판이라는 주제에 대한 풍부한 학술자료와 살펴볼 만한 새로운 자료 모두를 다양한 시각에서 바라보는 이야기이다. 이 책이 우리가 다룰 주제에 관한 철저한 조사 결과물인 것은 아니다. 영국과 아메리카의 식민지뿐 아니라 포르투갈, 프랑스, 네덜란드, 스페인, 덴마크, 스웨덴 등 모든 대서양 권력 국가의 노예선을 비교하고 연결하는 더 광범위한 역사에 대한 저술은 아직 나타나지 않고 있다. 동부 대서양, 아프리카 사회와 노예선 사이의 연결과 서부의 노예선과 아메리카 대륙의 농경사회 사이의 연결을 사람들에게 가르치는 것에 대해서도 더 많은 관심이 필요하다. "지난 1천 년 동안의 인류 역사에서 가장 장엄한 연극"에 관해서는 여전히 배울 것이 많이 남아 있다.[15]

연극의 초점을 노예선으로 옮기는 것은 극에 등장하는 배역의 수와 다양성을 확장하고 프롤로그에서 에필로그로 이어지는 연극 자체의 과정을 더 복잡하게 만든다. 지금까지의 주연 배우는 강력한 권력을 가진 소수의 상인, 농장주, 정치인, 폐지론자였다면 이제 캐스팅 물망에 오르는 사람들은 수천 명의 선장, 수십만 명의 선원, 수백만 명의 노예라 할 수 있다. 실제로 노예가 된 사람들이 매일 배를 타고 노예의 상태에서 맞서 싸웠고 시간이 지남에 따라 도시의 활동가들과 반체제 선원들 그리고 중간계급 성인들과 프롤레타리아 죄인들의 동맹을 끌어내면서 이제 노예들은 최초이자 주요한 노예무역 폐지론자로 등장하고 있다. 이 연극의 또 다른 중요한 배우는 노예 폐지의 대의에 동조하여 영국과 아메리카의 노동자들과 함께 실제로 성공적인 대중 운동으로의 전환을 이끌어 냈던 아프리카의 통치자와 상인 들이다.[16]

왜 인간의 역사인가? 배리 언스워스는 역사소설 『신성한 굶주림』에서 그 이유를 포착했다. 리버풀의 상인인 윌리엄 켐프William Kemp는 자신의 아들 에라스무스Erasmus와 그의 노예선에 관해 이야기하고 있었다. 서신에 따르면 그의 노예선은 서아프리카에서 인간 화물을 싣고 신세계로 항해를 시작했다고 한다.

오크 목재의 징두리 벽과 터키 양탄자가 깔려 있고 장부와 연감이 놓인 선반이 있는 조용한 방에서 그 두 사람이 기니 해안의 함선 상황이나 무역 특성에 대한 사실적인 그림을 그리는 것은 아무리 노력하려 해도 어려웠을 것이다. 어렵기도 하거니와 불필요했다. 효율적으로 기능하기 위해서 우리는 우리가 가진 영향력에 집중해야 한다. 상황을 그려보는 것은 그 비非역동성 때문에 사업에 적합하지 않다. 비역동성이 지속한다면 공포가 마음을 질식시킬 수 있다. 우리에게는 그래프, 표, 대조표, 회사의 이념이 있고 이를 통해 추상적인 세상에 바쁘면서도 안전하게 머무르며 합법적 노력과 합법적 이익을 추구한다. 또한, 우리에게는 지도가 있지 않은가.[17]

언스워스는 처음부터 노예무역에 관한 연구를 괴롭혔던 "추상화의 폭력"에 대해 설명한다. 그의 주장에 따르면 현실은 도덕적이고 정치적인 이유에서 구체적으로 이해되어야 하지만 장부, 연감, 대조표, 그래프, 표 같은 상인의 도구를 사용함으로써 추상적이고 비인간적이게 되고 만다는 것이다. 노예선이라는 특수한 현상을 분석하는 것은 한 인간이나 몇몇 사람들이 돈이나 자본을 위해 다른 집단에 기꺼이 가하는 행위의 가혹한 진실을 보여줄 뿐만 아니라 그들 자신의 행동으로 말미암은 결과와 현실을 자신과 자손에게 감추기 위해 이 잔인한 모습들을 어떻게 다루었는지를 알 수 있도록 해준다. 숫자는 만연했던 고문과 테러를 가려버리지만, 유럽과 아프리카 그리고 아메리카 사회는 여전히 인종과 계급 그리고 노예제도의 과거 유산에 귀착된 채로 살아가고 있다. 노예선은 현대적 의식의 첨단을 항해하는 유령선이다.[18]

개인적인 주석으로 결론을 내리자면 이 책을 쓰는 것은 고통이었으며, 내가 이 주제를 제대로 다루었다면 이 책을 읽는 것 역시 고통스러울 것이다. 이러한 고통을 우회하는 방법은 없으며 그래서도 안 된다. 나는 이러한 공포가 항상 세계 자본주의의 중심에 있었고 여전히 남아 있다는 사실을 기억해야 한다는 확고한 믿음에 따라, 상상할 수 없는 폭력과 테러 그리고 죽음을 겪은 사람들에게 가장 커다란 존경심을 표하며 이 연구를 바친다.

1장

삶과 죽음
그리고
공포의 노예무역

이 기묘한 지옥으로의 항해는 노예무역으로 형성된 인간군상과 그들의 이야기로 시작된다. 일부 사람은 더 번성하고 강해졌으며 다른 일부는 가난하고 약해졌다. 압도적인 다수의 사람이 극도의 공포를 겪었고 많은 이들이 끔찍한 상황에서 사망했다. 남자와 여자, 어린이, 흑인, 백인 그리고 아프리카와 유럽, 아메리카들에 이르는 모든 종류의 사람들이 기상천외한 무역의 소용돌이에 빠져들었다. 이들 중 가장 아래에는 밑바닥의 방대한 프롤레타리아 계급층인 수십만 명의 선원과 수백만 명의 노예가 있었다. 이 선원들은 타르 묻은 바지를 입고 노예선의 잡일을 도맡았고 노예들은 하갑판에 헐벗고 웅크린 채 살아가고 있었다. 최상위층에는 적은 수로 고귀하면서도 전능한 대서양의 지배계층인 상인, 농장주, 정치적 지도자가 있었으며 그들은 화려한 주름 장식의 옷과 보석으로 치장하고 미 대륙회의와 영국 의회에 참석했다. 인간 상거래의 "가장 장엄한 연극"은 해적, 전사, 소규모 무역상과 굶주린 파업자들, 살인자와 몽상가들까지도 등장인물로 역할을 주고 있다. 이들의 배역은 종종 상어에게 둘러싸이는 역할이 되곤 했다.

톰바Tomba 대장

우리에 갇혀 낙담하고 있는 한 무리의 포로가 노예 상인을 마주하고 있다. 그들 중 "키가 크고 진한 분장에 근엄한 모습을 한 대머리 남자가" 두드러져 보였다. 남자는 수용소를 관찰 중인 백인들을 보고 있었는데, 그는 그들이 "구매 계획"을 세우고 있다고 생각했다. 동료 포로들이 장래의 구매자에게 조사받기 위해 복종하는 모습을 보고 그는 치욕을 느꼈다. 시에라리온의 번스Bance섬에 있는 노예 공장이자 기착점의 우두머리인 존 리드스틴John Leadstine, 일명 "올드 크래커"Old Cracker가 그 남자에게 일어서서 "팔다리를 쭉 펴보라고" 명령했다. 그는 거부했다. 그의 건방진 태도로 인해 그는 "매너티[바다소목에 속하는 포유동물] 가죽을 잘라 만든" 채찍으로 맹렬한 채찍질을 당해야 했다. 그는 강인한 인내심으로 눈썹만 살짝 찡그리며 매질을 견뎌냈다. 후에 이를 본 사람이 기록하기를 그는 "부끄러움을 숨기려는 듯한 노력

으로 눈물을 한두 방울 흘렸다"라고 했다.[1]

　이 키 크고 강건한 사나이는 톰바 대장이었다. 리드스틴은 노예 공장을 방문한 사람들이 그의 용기에 감명받아서 그에 관한 이야기와 잡혀 오게 된 사연에 관해 궁금해하는 것을 알고 그의 이야기를 설명해 주었다. 그는 아마도 리오 누네즈Rio Nuñez 주변의 한 무리의 마을인 바가Baga족의 족장이었을 것이다. 그들은 노예무역에 반대했다. 톰바 대장은 동료 마을 사람들을 이끌고 리드스틴이나 다른 노예 상인에게 협력했던 이웃을 살해하고 그들의 오두막에 불을 질렀다. 그의 저항을 박살 내고자 했던 리드스틴은 여러 번 야간 토벌대를 조직하여 이 위험한 지도자를 붙잡으려 했고 두 번의 실패 끝에 마침내 그를 사로잡았다.

　톰바 대장은 결국 리처드 하딩Richard Harding 선장에게 팔렸고 로버트Robert호에 실려 영국의 브리스틀로 끌려갔다. 쇠사슬에 묶인 채 하갑판에 던져지자마자 그는 탈출을 도모했다. "고국의 동지 중 가장 용감한 사람 서너 명"과 배에서 더 자유롭게 움직일 수 있었던 이유로 계획이 언제 실행되어야 할지에 대해 더 잘 알 수 있었던 여자 노예 한 명이 그와 함께했다. 어느 날 밤 무명의 여자 노예는 갑판에 백인 남자 다섯 외에는 모두 잠들어 있는 것을 발견했다. 그녀는 격자 너머로 톰바 대장의 족쇄를 망치질해서 떼어내고 "무기가 될 만한 것은 무엇이든" 꺼내 들었다.

　톰바 대장은 하갑판의 남자들에게 "자유의 희망"을 전하며 격려했지만, 그들 중 한 명과 여자 노예 한 명 만이 그와 함께하고자 했다. 그는 잠자고 있던 세 명의 선원과 조우하자마자 "성스러운 일격"으로 즉시 두 명을 죽여 버렸다. 세 번째 선원을 죽이는 동안 소동이 일어났고 감시 중이던 다른 선원과 함께 다른 곳에서 자고 있던 나머지 선원들까지 깨워버렸다. 하딩 선장은 손수 몽둥이를 들고 톰바 대장에게 매질을 했고 결국 그는 쓰려졌다. "그는 갑판에 축 늘어져 버렸고" 선원들은 반란자 세 명을 모두 철창에 가둬버렸다.

　형벌의 시간이 되자 하딩 선장은 두 남성 반란자의 "튼튼함과 값어치"에 무게를 두고 그 "둘만을 채찍질하고 희생시키는 것"이 경제적인 이득이라고 결론 내렸다. 또 그는 반란에 아주 미약하게나마 가담했던 자들 세 명 ─ 이들 역시 값어치가 낮았다 ─ 을 선택해서 함선에 타고 있던 다른 노예들 사이에 공포를 심어두기 위해 활용했다. 그는 "잔인한 죽음"을 선고했다. 그는 즉시 한 명을 죽이고는 다른 이들에게 그의 심장과 간을 먹게 했다. 여자 노예는 "엄지손가락을 감아올려 매달려서 다른 노예들 앞에서 죽을 때까지 매질과 칼질을 당했다." 톰바 대장은 자메이카의 킹스턴Kingston에 배달되어 다른 189명의 노예와 함께 고가에 팔렸다. 이후의 행적은 알려지지 않았다.[2]

"갑판장"

중간항로 도중 포로들 사이에서 통솔력이 발생하기도 한다. 나이팅게일 Nightingale호에 타고 있던 선원들은 진짜 이름은 후세에 알려지지 않았지만 "갑판장"으로 알려진 한 여성 포로에 대한 이야기를 전하고 있다. 그녀는 동료 노예 여성 사이에서 자주 명령을 내렸기 때문에 그렇게 불리고 있었고 아마도 그들은 대양을 횡단하는 혹독한 시련에서 모두 살아남고자 하는 단호한 결의를 했을 것이다. 그녀는 "객실에 머무를 때 동료들을 조용히 시켰고 갑판에서도 마찬가지였다."

1769년 초 어느 날 그녀의 독점적 권위가 배에 승선 중인 고급 선원의 권위와 충돌했다. 그녀는 이등 항해사에게 "불복"했고 그는 구교묘 채찍으로 그녀를 "한두 번" 매질했다. 그녀는 이러한 대우에 분노했고 항해사를 공격하며 맞섰다. 항해사는 그녀를 밀쳐내고는 호되게 서너 번 더 매질했다. 그녀는 자신이 "그에게 복수할 수 없음"을 깨닫고는 좌절했고 즉시 갑판 위로 올라가 몸을 던져 자살했다. 그녀의 시체는 약 30분 후 배 밖으로 던져졌고 상어에 의해 조각나버렸다.[3]

무명

1783년 말 또는 1784년 초에 한 남자가 노예선 브룩스호에 승선하게 되었다. 그는 주술을 행한 죄로 가족인 아내와 두 딸 그리고 어머니와 함께 배에 오르게 되었다. 이 남자는 원래 무역상이었으며 아마도 노예 상인이었을 것이다. 그는 황금 해안의 솔트팬Saltpan이라고 불리는 마을 출신으로 아마도 판테Fante족이었을 것이다. 그는 영어를 할 줄 알았고 선장과의 대화는 꺼렸지만 선원들과 자주 이야기하며 어떻게 그가 노예가 되었는지 설명해 주었다. 그는 마을의 족장이나 "노예 공급 관리자"caboceer와 불화를 일으키게 되면서 주술에 대한 누명을 썼고 그의 가족은 유죄 판결을 받고 배로 팔려 왔다. 그들은 이제 자메이카의 킹스턴으로 향하고 있었다.[4]

이 가족이 승선했을 때 의사인 토머스 트로터Thomas Trotter는 그가 "음울한 우울의 모든 증상을 다 앓고 있다"라고 기술했다. 그는 슬프고 낙담했으며 충격받은 상태였다. 다른 가족들도 "모든 고뇌의 징후"를 보였다. 처음 노예선에 왔을 때 노예들은 낙담과 절망 그리고 무감각적 둔마를 흔히 보였다. 선원들은 시간이 지남에 따라 그들의 정신이 돌아오고 나무로 만들어진 새롭고 이상한 이 세계에 더 익숙해질 것이라 기대했다.

이 남자는 모든 방식의 생존을 거부했다. 포로로 배에 타는 순간부터 그는 일단 먹지 않았다. 이 반응은 평범한 수준이었지만, 그는 여기에 머물지 않았다. 어느 날 아침 선원들이 포로들을 확인하러 하갑판으로 내려갔을 때 피투성이의 난장판을 목격하게 되었다. 그들은 급히 의사를 불렀다. 이 남자는 스스로 목을 자르려고 했고 "외경정맥을 자르는 데까지" 성공했다. 그는 상당한 피를 흘렸고 트로터는 상처를 꿰맨 다음 강제로 급식하는 방법을 고민했다. 그러나 목의 상처로 인해 다른 노예들에게처럼 "강제적인 수단을 쓸 수 없었다." 트로터는 길고 가는 기계 장치가 삽입된 스페큘럼 오리스speculum oris[오늘날의 치과용 개구기와 유사한 기구]를 써서 흰 죽을 목구멍으로 강제로 넘겨서 생존을 유지하도록 했다.

다음 날 밤에 이 남자는 생애 두 번째 시도를 감행했다. 그는 봉합을 찢고 반대쪽 목을 잘랐다. 다시 응급 상황에 불려온 트로터는 피 묻은 상처를 세척하는 동안 이 남자와 이야기를 시작했다. 이 남자는 간단히 말해서 "결코 백인들과 함께 가지 않을 것"이라고 선언했다. 그는 "하늘을 동경하듯 바라보고"는 트로터가 이해하지 못할 몇 마디 문장을 내뱉었다. 그는 노예가 되기보다는 죽음을 결심했다.

젊은 의사는 최선을 다해 이 노예를 돌보면서 노예가 목을 자르기 위해 사용했던 도구를 찾기 위해 그들의 거처를 "꼼꼼히 검색"하라고 명령했다. 선원들은 아무것도 찾을 수 없었다. 다친 남자를 가까이서 관찰하고 그의 손끝에 묻은 피와 상처 주변의 "거친 절개면"을 발견한 트로터는 이 남자가 손톱으로 자신의 목을 뜯어버렸다고 결론 내렸다.

그러나 이 남자는 여전히 살아 있었다. 그는 손이 묶인 채 "추가적인 시도"를 할 수 없게 되었고 이름 없는 한 남자의 의지는 수포로 돌아갔다. 트로터는 후에 "그 남자가 자신의 결의를 확고히 하며 음식을 거부하였고 결식한 지 7~10일 만에 사망했다"라고 설명했다. 배의 선장도 이 상황에 대한 보고를 받았다. 클레먼트 노블Clement Noble 선장은 이 남자가 "격렬하고 거대한 소동을 만들었으며 제 손으로 자신을 터무니없는 방식으로 내몰았고 광기의 모든 징후를 보여 주었다"라고 말했다.

토머스 트로터가 1790년 노예무역을 조사한 의회 위원회에 이 남자의 이야기를 들려주자 일련의 질문과 함께 논란이 일어났다. 찬-노예제도 정서를 가진 의회 의원들은 노블 선장 측에 서서 트로터를 깎아내리려 애썼다. 그들은 고의적인 자살 저항이 도덕적일 수도 있다는 것을 부인하였다. 반-노예제도 의회 의원들은 트로터를 지지하며 노블을 비난했다. 의회 의원이 트로터에게 "당신은 손톱으로 자기 목을 자르려고 한 사람은 제정신이 아니라고 생각하는가?"라고 물었다. 이 질문에 트로터는 조금의 의심도 없이 대답했다. "절대 미치지 않았습니다. 죽기 직전에 어느 정도의 착란은 있었겠지만, 그가 처음 배에 탔을 때는 완전히 정상적인 의식상태였다고 믿습니다." 손톱으로 자신의 목을 뜯어버리는 결정은 노예선에 승선한 사람의 지극히 합리적인 반응이었다. 그리고 이제 세상에서 가장 강력한 권력을 지닌 사람들이 그 저항의 의미에 관해 토론하고 있었다.

"사라"Sarah

1785년 한 젊은 여성이 옛 칼라바르Old Calabar에 있는 리버풀 노예선 휴디브라스Hudibras에 올라탔을 때 그녀는 모두의 관심을 끌어당겼다. 그녀는 아름다웠고 우아했으며 카리스마를 가지고 있었다. "그녀의 몸짓에는 쾌활함이 묻어났고 밝은 천성이 눈에 어리어 있었다." 아프리카의 음악가와 악기를 주갑판에 내어놓고 노예를 운동시키기 위해 하루 두 번 "춤"을 추게 했을 때 여기에 반해버린 선원 윌리엄 버터워스William Butterworth는 "그녀는 아프리카의 거친 선율로 선미 갑판을 휘어잡았고 이로 인해 많은 이익을 얻은 것으로 보였다"라고 말하기도 했다. 그녀는 배에서 가장 뛰어난 무용수이자 가수였다. 노예화와 타향살이로 인한 극도의 중압감 아래에서도 그녀의 아우라는 언제나 활기차고 언제나 즐거웠다.[5]

다른 선원들도 감탄하며 버터워스의 말에 동의했다. 젠킨스 에번스Jenkin Evans 선장도 이 젊은 여성과 함께 다른 노예 몇몇을 그의 "총아"로 지목했기 때문에 강제적 성관계에 대한 작은 보상으로 "그녀를 다른 노예들보다 더 총애했다." 버터워스와 같은 노예선 선원들은 포주 역할을 해야 했기에 이들은 선장의 총애를 혐오했다. 그러나 재치 있는 가수이자 무용수에게는 가장 고귀한 찬사를 보냈다. 그녀는 "함선 내의 무리에서 가장 보편적인 존경"을 받는 존재였다.

에번스 선장은 그녀에게 사라라는 이름을 주었다. 그는 이그보 말을 하는 것으로 보이는 이 노예에게 아브라함의 아름다운 아내이자 공주라는 뜻의 성경적 이름을 선택해 주었다. 아마도 선장은 그녀가 성경 속 사라의 또 다른 기질적 측면을 공유하기를 바랐을 수도 있다. 사라는 가나안 땅을 오랫동안 여행하면서 남편에게 복종하고 순종하는 인물이었다.

얼마 뒤 휴디브라스호의 노예들이 폭동을 일으켰다. 목표는 "함선 내의 무리를 학살하고 배를 차지하는 것"이었다. 봉기는 곧 억제되었고 피의 처벌이 가해졌다. 에번스 선장과 다른 고급 선원들은 사라와 그녀의 어머니가 이번 반란에 직접적으로 참여하지는 않았지만 어느 정도 관련이 되어 있다는 점을 의심했다. 폭력적인 분위기의 면밀한 조사가 시작되자 그들은 아는 것이 없다고 부인했지만, "그들의 표정에는 두려움과 죄책감이 강하게 묻어났다." 그날 늦은 밤 남녀 포로들이 서로 분노해서 소리치며 패배의 여파로 서로를 비난하면서 사라와 그녀의 어머니가 단순히 정황에 대해 알고만 있었던 것이 아니라 실제로 거기에 가담했다는 것이 드러났다. 사라는 총아로서의 지위와 그로 인한 이동의 자유를 이용해서 계획을 도왔으며 족쇄와 수갑을 풀 수 있는 도구를 건네기도 했다.

사라는 중간항로 항해와 반란 가담에 따른 처벌에서 살아남았다. 그녀는 1787년 그레나다에서 다른 300명의 노예와 함께 팔렸다. 그녀는 에번스 선장의 특별 허가로 배에 누구보다 오랫동안 머물렀다. 그녀가 해안에 도착하면서 아프리카 전통의 춤과 노래 그리고 저항 정신도 함께 전달되었다.[6]

사환 사무엘 로빈슨Samuel Robinson

사무엘 로빈슨은 1801년 13세의 나이에 레이디 닐슨Lady Neilson 호를 타고 삼촌 알렉산더 코완Alexander Cowan 선장 및 35명의 여러 선원과 함께 리버풀에서 황금 해안과 데메라라Demerara로 항해했다. 이 건강한 스코틀랜드 젊은이는 1802년 크레센트Crescent 호를 타고 삼촌과 함께 황금 해안과 자메이카로 떠나는 두 번째 항해를 했다. 그는 항상 항해일지를 써왔으며 1860년대에 회고록을 쓰기로 결정하면서 이 일지를 사용하기로 했다. 그는 회고록의 목적이 동시대 노예무역 폐지론자들의 선전에 맞서고자 하는 것이라고 선언했다. 그는 노예무역은 잘못되었으며 이는 반박 불가하다는 점을 인정했지만, "서인도제도의 노예와 '중간항로'의 공포에 대한 수많은 거짓 진술"을 듣고는 "선의의 마음으로 이 질문에 대한 한쪽 면만을 바라보는 사람들의 마음을 깨우칠 수 있기를" 원했다. 자신의 삶에 대한 기록을 마칠 때쯤 그는 "나는 노예무역에 대한 견습 생활을 마치고 살아 있는 유일한 사람이다"라며 자랑스러워했다.[7]

로빈슨은 남서부 스코틀랜드의 해안마을 갈리스턴Garlieston에서 자랐는데, 거기에서 다른 아이로부터 서인도제도로 향하는 항해에 대한 이야기를 들었다. 로빈슨은 거기에 넋을 잃어버렸다. 그는 노예선으로 이어지는 자신의 길을 다음과 같이 묘사했다. "선원으로서의 생활에 대한 저항할 수 없는 욕망은 나를 완전히 휩쓸어버려서 가라앉지 않고 어디론가 향하는 배가 나를 태워주기만 한다면 어디로 향하든 다 좋았고 해적질만 아니라면 무엇이든 거래할 수 있을 것 같았다." 다른 배들도 모두 그랬던 것처럼 그의 삼촌도 결국 노예무역을 떠나게 되었다.

　　노예선에 승선한 로빈슨의 경험은 전형적인 선실 사환의 경험으로 보인다. 뱃멀미도 경험하고 늙은 선원을 골려주기도 했으며 다른 사환들과 싸우기도 했다. 어느 날 그는 돛대 가장 높은 곳에 올라서서 "줄을 길게 늘어뜨려 내리고는 좌우로 최대한 멀리 그네를 타고 있었다." 그제야 그는 "내가 집에서 아주 멀리 떠나왔구나"라는 것을 느꼈다. 그는 노예선 주변을 순양하고 있는 상어에 공포를 느꼈고 레이디 닐슨호가 시에라리온 근처의 리오 세스토스Rio Sestos에 도착했을 때 벌거벗은 아프리카인들이 타고 있는 소형선들이 모인 거대한 함대의 광경에 깜짝 놀랐다. "나는 완전히 현혹된 상태로 그 멋진 광경을 지켜봤다. 이는 실로 돌이켜볼 가치가 있는 모습이었다." 노예들이 자신의 함선으로 실려 왔을 때 그는 어린 나이의 사환치고는 노예에 대한 관심을 거의 보이지 않았다. 로빈슨은 데메라라에서 함선이 좌초되어 귀향 항해에 오른 길에서 노예 원정대 소속의 술에 취한 폭력적인 선장 존 워드와 중요한 만남을 가지게 되었다. 어느 날 워드 선장은 선실 사환이 충분히 열심히 그리고 재빠르게 일하지 않는다고 생각했고 2인치 밧줄로 채찍질해서 정신을 "환기해 주어야겠다"고 결정했다. 그는 선장의 분노를 피하려고 뒷돛대의 장막 밧줄에서 갑판으로 뛰어내려야 했고 이때 발목에 생긴 심각한 부상은 후에 그가 선원으로서 실패하게 된 원인이 되었다.

　　로빈슨은 처음 바다로 나오고자 했던 동기를 돌아보며 "내 상상 속에서 너무나 밝게 빛나던 바다의 낙원은 이제 그 빛을 잃어버렸다"라고 회상했다. 그는 고급 선원들의 잔인한 폭정(그의 삼촌을 포함해서)과 거지 같은 품질의 음식과 물, "도덕적이고 종교적인 수행이나 모범"과는 거리가 먼 모습에 대해서도 언급했다. 건장한 소년의 모습으로 바다로 떠났던 그는 두 번째 노예선 항해가 끝날 무렵에 자신에게 질문한다. "나는 지금 무엇인가? 빈약하

고 창백한 골격에, 걸으려면 사람의 도움을 필요로 한다. 내 소명을 따르고
자 했던 희망은 봉우리째로 시들어버렸다. 내 미래는 진정으로 어둡구나."

선원에서 해적으로, 바솔로뮤 로버츠Bartholomew Roberts

바솔로뮤 로버츠는 젊은 웨일스 사람으로 런던에서 시에라리온으로 향
하는 140톤의 노예무역선 프린세스Princess호에 승선한 이등항해사였다. 그
는 한동안 노예무역 일을 했다. 그는 항해법을 알고 있었는데, 이는 노예 상
인들이 선장의 죽음과 같은 흔히 있을 법한 사건에 대비해서 명령 체계를
갖출 준비를 해야 했기 때문이다. 프린세스호는 1719년 하월 데이비스Howell
Davis와 난폭한 해적들에게 나포되었는데, 해적들은 로버츠와 그 동료 중 누
구라도 "형제단"에 가입한다면 함선을 포상으로 주겠다는 제안을 했다. 로버
츠는 영국 정부가 최근 몇 년간 차례로 대서양 항구도시 입구에 처형된 해적
의 시신을 매달아 둔 것을 알고 있었기 때문에 처음에는 망설일 수밖에 없었
다. 그러나 곧 그는 검은 깃발 아래 항해하기로 마음을 먹었다.[8]
그것은 운명적인 결정이었다. 얼마 후 데이비스는 포르투갈의 노예무역
상에게 살해당했고 로버츠는 "블랙 바트"Black Bart라는 이름으로 그 배의 선
장이 되어 얼마 지나지 않아 비슷한 나이의 해적 중 가장 성공한 해적이 된
다. 그는 "해적의 황금시대"였던 시기에 3년에 걸쳐 400여 개의 상선에서 나
포한 소형 선단과 수백 명의 사람을 지휘하였다. 로버츠는 널리 알려진 동시
에 공포의 대상이었다. 해군 장교들은 그를 발견하면 반대 방향으로 달아났
고 왕실 관리들은 "위대한 해적 로버츠"라 불리는 사나이에 대항해 해안 경
비를 강화했다. 그는 화려한 색상의 조끼와 붉은 깃털의 모자를 하고 입에
는 황금 이쑤시개를 물고는 배의 갑판을 누비며 걸었다. 해적으로서 그의 모
토는 "즐겁고도 짧은 인생"이었다.
로버츠는 아프리카 연안을 "공포"로 몰아넣으며 그곳의 상인들을 "공황
상태"로 만들어버렸다. 그는 노예무역 선장의 잔인한 방식을 경멸했고 "정의
의 분배"라고 부르는 일종의 의식을 감행하여 지독한 채찍질에 대한 불평을

가진 선원이 있다면 그 선장에게 똑같이 매질을 가했다. 실제로 로버츠는 가끔은 몸소 매질을 가하기도 했다. 노예무역 상인들은 자신의 수익에 위협이 되는 이러한 위험에 대처하기 위해 영국 의회를 설득하여 서아프리카 해안의 해안 정찰을 강화하도록 했다. 1722년 2월 대영제국 군함 스왈로우HMS Swallow는 로버츠를 발견하고 교전을 감행했다. 로버츠는 갑판에 머무르며 전투를 지휘했고 부하들을 격려했지만, 목에 포도탄을 맞아 치명적인 부상을 당하고 말았다. 그의 동료들은 오랜 서약에 따라 그의 시신을 무장한 채로 바다에 던져주었다. 해군 함대는 해적을 물리치고 생존자를 붙잡아 케이프 코스트 성Cape Coast Castle의 노예무역 요새로 데려간 후 재판하고 집단으로 교수형에 처했다. 챌르놀 오글Challenor Ogle 선장은 이들 시신을 아프리카 해안의 각지로 보내서 지역 노예상이 이를 걸어두도록 하여 선원에게 무언의 메시지를 보낼 수 있도록 했다. 이후 오글 선장은 위다의 왕과 특별한 접선을 주선하였다. 이 왕은 선장에게 "만약 오랫동안 자신의 해안을 횡행했던 악당 로버츠를 붙잡는다면" 56파운드의 금괴를 하사하기로 약속한 상태였다.

선원에서 소규모 노예상인으로, 니콜라스 오웬Nicholas Owen

현실판 로빈슨 크루소인 니콜라스 오웬은 헤프게 돈을 쓰던 아버지가 가족의 재산을 탕진하자 바다로 나선 사악한 아일랜드 선원이었다. 그는 다섯 번이나 대서양을 건넜고 그중 세 번은 노예무역상 일을 했으며 재난도 두 번 겪었다. 첫 번째 재난은 오웬과 네 명의 동료 선원들이 선장의 "심각한 착취"에 지쳐서 오웬이 말하는 "유럽인의 자유 권리"를 쟁취하면서 반란을 시도한 것이었다. 시에라리온 남쪽 케이프 마운트Cape Mount 근처에서 선원들은 무장한 채 탈출해서 도망 다니며 한 달간 생활했다. 그 와중에 야생 쌀과 굴로 연명하였고 토착 원주민의 환대도 받았다. 두 번째 재난은 약 일 년 정도 후에 우호적이지 않은 다른 아프리카 부족이 최근 네덜란드 노예선에 의해 일어난 납치에 대해 복수하고자 오웬의 배를 막아선 것이다. 그의 배는 약탈당했고 오웬은 죄수가 되면서 4년간의 봉급과 모든 황금 그리고 수입을 늘리기 위해 팔려고 계획했던 무역품까지 모든 것을 잃었다. 원주민들은 그들의 포로가 네덜란드인이 아니라 영국인인 것을 알고는 그들의 목숨을 살려주었다. 그들은 결국 풀려나서 원래 오웬을 고용했던 백인 노예무역상 홀 씨Mr. Hall에게로 돌아갔다. 곧 오웬은 셰르브로Sherbro강에 있는 요크York섬의 작은 노예무역 요새의 폐허에 정착하여 현지 아프리카 집단과 유럽의 무역업자를 연결하는 중개자로 일했다.[9]

오웬은 "해상 생활의 수많은 위험을 세상에 전하기 위해" 일지를 기록하기 시작했다. 그 자신이 바로 가장 좋은 본보기였다. 그는 격랑이 치는 곳에서 살고 일하는 동안 자연적 위험도 겪었다. 원래 바다는 "인간에 대한 존경"을 표하지 않고 왕자라 할지라도 하찮은 선원처럼 죽여 버릴 수도 있었기에 이런 것은 참을 수 있었다. 더 중요한 문제는 "선원에게 봉급 외에 항해하는 삶에 대한 만족을 느낄 수 있는 다른 수단이 없다는 것이다." 그의 생계는 전적으로 돈에 달려 있었다. 오웬은 다음과 같은 비유로 이 점을 지적했다. "나는 그들(선원)이 노동으로 살아가는 농부보다 더 불쌍하다고 본다. 농부는 밤에 어둑한 침대에 누워 휴식을 취하지만 선원은 서릿발 같은 밤에 주돛대에 올라앉아 손가락에 입김을 불어가며 휴식을 취한다." 그는 "인류가 보편적인 신으로 섬기는 돈 때문에 죽음이 우리를 찾아온 순간까지 세상에 상처를 남기고 있다"라는 악담을 퍼부었다.

오웬은 소규모 노예 상인이 되어 봉급의 노예가 되는 것을 피하려고 했다. 그는 바다로 돌아갈 수도 있었고 "문명인과 고향 사람들 사이에서의" 삶으로 돌아갈 수도 있었다. 대신 그는 "신과 인간의 좋은 성품 모두를 알고 있는 미개한 사람" 사이에서 살기로 했다. 그는 이것이 선택이었다는 점을 인정했다. "어떤 사람들은 우리가 해안의 새로운 거처를 떠나버릴 기회가 무수히 많았음에도 앞서 말한 그들과 너무 오랫동안 함께 머물러 있는 것이 이상하다고 생각할 수도 있다." 그가 걱정했던 것은 집으로 돌아갔을 때 혀가 굳어버려서 그곳 사람들에게 "기니에서 막 돌아온 혼종"이라고 불리는 것이었다. 그래서 그는 제국의 끝에 눌러앉아 그가 보기에도 게으르고 나태한 생활을 하며 "인류의 보편적 신神"의 무자비한 규칙에 다른 사람들을 종속시키는 삶을 선택했다. 그 선택이 실패로 끝났다는 것은 오웬도 잘 알고 있으며 그의 비참한 일지에도 분명히 기록되어 있다. 그는 1759년 무일푼에 외톨이인 채 열병으로 삶을 마감했다. 그는 오랫동안 우울증을 앓았다.

윌리엄 스넬그레이브William Snelgrave 선장

윌리엄 스넬그레이브 선장은 베냉의 "노예 해안"Slave Coast에서 안티구아Antigua로 이송하기 위한 아프리카인 화물을 모으는 중에 놀랍게도 아르드라Ardra 또는 Allada의 왕에게 초대를 받았다. 이것은 딜레마였다. 한편으로 스넬그레이브는 미래의 노예 공급원의 비위를 맞추기 위해 감히 거절하지 않아야 했지만, 또 한편으로 그는 왕과 그의 무리가 "잔인하고 야만적인 식인종"이란 것을 알고 있었다. 선장은 "야만인들이 두려워할 만한 소총과 권총으로 잘 무장"한 선원 열 명을 호위로 데려가서 방문하기로 함으로써 이 딜레마를 해결했다.[10]

강 상류를 400미터 정도 거슬러 올라가자 스넬그레이브는 "그늘진 나무 아래 의자에 앉아서" 오십 명의 몸종과 전사들에게 둘러싸여 있는 왕을 발견할 수 있었다. 전사들은 활과 화살, 검과 미늘창으로 무장했다. 스넬그레이브가 기뻐하는 왕에게 선물을 증정하는 동안 무장한 선원들은 "그 반대편에 스무 걸음쯤 떨어져 서서" 호위 위치를 지켰다.

잠시 후 스넬그레이브는 "작은 흑인 아이가 말뚝에 다리를 묶여 땅속에 박혀 있다는 것"을 알아차렸다. 두 명의 아프리카 제사장이 근처에 서 있었다. 그 아이는 "18개월 정도 되어 보이는 잘 자란 아이"였지만, 고통스러워 보였고 몸은 파리와 해충으로 뒤덮여 있었다. 마음의 동요를 느낀 노예선 선장은 왕에게 "아이가 이런 식으로 묶여 있는 이유가 무엇입니까?"라고 물었다. 왕은 "에그보Egbo 신의 번영을 위해 오늘 밤 이 아이가 희생되어야 하기 때문이다"고 대답했다. 이 대답에 분노를 느낀 스넬그레이브는 재빨리 한 선원에게 아이를 땅속에서 꺼내서 보호해 주라고 명령했다. 그러는 동안 왕의 호위 중 하나가 선원에게 달려와서 창을 휘둘렀다. 스넬그레이브가 일어서서 권총을 꺼내자 그 남자는 그 자리에 얼어붙었고 왕은 두려움에 빠져 한바탕 소동이 일어났다.

질서가 회복되자 스넬그레이브는 왕에게 호위의 위협 행동에 대해 불만을 제기했다. 왕은 스넬그레이브 자신도 선원에게 "왕의 재산"인 아이를 붙잡으라고 명령한 것이 "잘한 것은 없다"고 대답했다. 선장은 자신의 종교에서는 "연약하고 순수한 아이를 죽음으로 내모는 일과 같은 끔찍한 일은 허락되지 않는다"고 설명하며 양해를 구했다. 또한 그는 "인간 본성의 대명제는 타인에게 행함에 있어 타인이 우리에게 행하기를 원하는 행동으로 행하는 것"이라는 황금률을 덧붙였다. 이 갈등은 결국 신학적 방식으로 해결되지 않았고 스넬그레이브가 아이를 사겠다는 제안을 함으로써 현금으로 해결되었다. 그는 "2.5실링 정도 하는 하늘색 구슬을 제시했고" 왕은 이 제안을 받아들였다. 스넬그레이브는 매우 싼 가격에 놀랐고 무역상으로서 생각하기를 왕과의 거래는 "어떤 상황이든 자신들에게 이득이 될 수 있을 것 같다"고 생각했다.

나머지 알현 시간은 스넬그레이브가 왕을 위해 가져온 유럽의 음식과 술을 먹고 마시는 것으로 채워졌다. 아프리카 야자수 와인도 있었지만 스넬그레이브는 "교묘하게 독을 탔을 수 있다"는 생각에 그것을 마시지 않았다. 선원들은 그런 생각 없이 열심히 퍼마셨다. 이별의 순간이 되자 왕은 이번 방문에 대한 "기쁨"을 표했고 이는 더 많은 노예를 보내주겠다는 의미였다. 배로 돌아오는 길에 스넬그레이브는 한 선원에게 "〔이미 승선한 노예 중〕가 없는 아이를 돌봐줄 수 있는 어미다운 여자에게 아이를 데려다주어라"고 했다. 선원은 "벌써 젖을 줄 수 있을 만한 여자를 봐두었다"고 대답했다.

스넬그레이브가 배에 오르자마자 그들이 이야기했던 여자가 그들을 보고는 달려와 "엄청난 기세로 백인의 팔에서 아이를 낚아채" 안아 들었다. 그 아이는 그 여자의 아이였다. 스넬그레이브 선장은 그 관계를 모른 채 이미 여자를 샀던 것이다. 스넬그레이브는 그 모습을 보고 "엄마와 아들, 이보다 더 감동스러운 모습은 있을 수 없다"고 생각했다.

배의 언어학자가 그 여자에게 무슨 일이 있었는지 이야기해 주었고 스넬그레이브의 기록에 따르자면 "제물로 바쳐질 뻔한 아이를 그가 구해 주었다"고 말해 주었다. 이 이야기는 배에 탑승해 있던 포로 300명들에게 널리 알려졌고 그들은 박수와 찬양 노래를 부르며 스넬그레이브에 대한 감사를 표했다. 스넬그레이브에 따르면 감사는 거기에 그치지 않았다. "이 일은 우리에게 큰 도움이 되었고 백인에 대한 좋은 개념을 갖도록 해 주었다. 그래서인지 우리 배에서는 전체 항해에서 반란도 없었다." 스넬그레이브의 자선 행위는 안티구아에 도착해서도 계속되었다. 노예 주인 스터들리 씨Mr. Studley는 스넬그레이브가 그들의 이야기를 전해 주자마자 "아이와 아이의 어머니를 같이 사들이고 친절한 주인이 되어 주었다."

이렇게 윌리엄 스넬그레이브는 아프리카인은 "잔인하고 야만적인 식인종"이며 자신은 윤리적이고 문명화된 구원자이고 좋은 성품의 가톨릭 신자로서 야만인들조차 이를 알아보고 환호한다고 생각했다. 그는 스스로 파괴했던 가족의 구세주가 된다고 여겼다. 그는 이미 수백 명의 노예를 끝없는 노역과 갑작스러운 사망이 기다리는 농장으로 보냈기 때문에 이 두 모자의 인간적 결말도 충분히 상상할 수 있었을 것이다. 그가 주장했던 정당성과 앞서 운운했던 황금률은 결국 반-노예제 운동의 핵심 주장이 된다.

윌리엄 왓킨스William Watkins 선장

1760년대 후반 윌리엄 왓킨스 선장이 이끄는 브리스틀 노예무역선 아프리카Africa호가 옛 칼라바르강에 닻을 내리자 배 아래에 대기하고 있던 수감자들은 바삐 움직이며 최대한 조용히 족쇄를 끊어내고 있었다. 많은 이들이 족쇄에서 벗어나 격자를 들어 올린 후 주갑판으로 올라갔다. 그들은 잃어버린 자유를 찾기 위해 사용할 무기들이 있는 배 뒤편의 무기고에 가려고 했다. 선원 헨리 엘리슨Henry Ellison의 설명에 의하면 노예들이 폭동을 일으키는 일반적인 이유는 "자유에 대한 갈망" "부당한 대우" 또는 "복수심"이다.[11]

아프리카호의 선원들은 놀랄 수밖에 없었다. 그들은 말 그대로 발밑에서 폭동이 일어나고 있는 것을 전혀 모르고 있었다. 그러나 "반란자들이 강제로 방책 통로를 열려고 하자마자" 엘리슨과 일곱 명의 동료 선원들이 "권총과 커틀러스로 잘 무장한 채로" 이웃해 정박 중이던 나이팅게일호에서 건너왔다. 그들은 무슨 일이 일어나는지 보고 있었고 방책을 설치하고 반란자들의 머리 위로 총을 쏴서 항복을 받으려고 했다. 총성은 그들을 막지 못했고 결국 그들은 총구를 낮춰 발사해 반란군 무리 중 한 명을 죽였다. 포로들은 방책 통로를 열기 위한 두 번째 시도를 했지만 선원들은 단단히 버텼고 그들에게 퇴각을 강요하며 도망가는 이들을 쫓았다. 무장한 선원들이 앞으로 나아가자 몇몇 반란자들은 바다로 뛰어내리고 몇몇은 아래로 달아났으며 일부는 갑판에 남아 싸움을 계속했다. 선원들이 다시 발포하여 두 명을 더 죽였다.

일단 선원들이 상황의 통제력을 되찾자 왓킨스 선장이 다시 명령을 내렸다. 그는 "본보기"를 보일 여덟 명의 반란자를 색출했다. 반란자들을 포박하고 아프리카호의 정규 선원 외에도 나이팅게일호의 선원 여덟 명까지 추가해서 각 선원이 차례로 채찍질하도록 명령했다. 선원들은 "기진맥진할 때까지 매질했다." 그 뒤 왓킨스 선장은 "고문가"tormentor라 불리는 도구를 들고 나타났다. 이 도구는 요리사의 집게와 의사가 석고 반죽을 펴 바를 때 쓰는 도구를 합친 것처럼 생겼다. 그는 이 도구를 뜨겁게 달군 뒤 여덟 명의 반란자의 살을 태우는 데 사용하였다. 엘리슨은 "이렇게 그들의 계획은 종지부를 찍었고 모두 하갑판에 구금했다"라고 설명했다. 분명한 것은 그들 모두가 살아 있었다는 것이다.

그러나 고문은 끝나지 않았다. 왓킨스 선장은 선원 중 한 명이 음모에 연루되어 "노예들의 봉기를 조장했다"고 의심했다. 그는 요리사로 일하고 있는 무명의 흑인 선원이 "노예들이 쇠사슬을 끊을 수 있게 철제 도구를 건네주었다"고 생각했다. 엘리슨은 이러한 혐의가 "어떤 증거도 없는 가정"일 뿐이라 부르며 의심했다.

그럼에도 불구하고 왓킨스 선장은 흑인 선원에게 반란을 일으킨 노예들에게나 사용하는 칼iron collar을 목에 채우도록 명령했다. 그런 뒤에 그 선원을 "앞돛대 망루에 무한정 매달아 두라고" 명령했다. 그 선원은 "하루에 질경이 한 뿌리와 물 한 잔만"을 먹을 수 있었다. 그가 갖춰 입은 한 벌의 바지는 "밤의 냉혹함을 막아주기"에는 턱없이 부족했다. 돛대에 묶인 이 선원은 삼 주 동안 천천히 굶주려 갔다.

아프리카호가 310명의 노예 화물을 모으고 선원들이 비아프라만을 떠날 준비를 마쳤을 때도 왓킨스 선장은 이 요리사에 대한 처벌이 계속되어야 한다고 생각했고 나이팅게일호의 선장 조셉 카터Joseph Carter에게 이 요리사를 보내서 다시 한번 앞돛대 망루에 매달아 두고 음식과 물도 똑같이 주도록 했다. 십여 일이 더 지나자 흑인 선원은 정신 이상을 보이기 시작했다. 엘리슨은 "그가 배고픔과 억압으로 뼈만 앙상해졌다"고 묘사했다. 약 사흘 동안 그는 구속에서 벗어나기 위해 미친 듯이 노력했고 "몸의 피부 여러 곳이" 쇠사슬에 스쳐 벗겨졌다. 목에 채어진 쇠고리는 "피부를 지나 뼈에 닿을 듯했다." 엘리슨이 보기에 "이 불행한 사람의 모습은 가장 충격적인 장면이었다." "두 함선에서 상상할 수도 없는 고통으로" 다섯 주를 보내고 난 뒤 그는 "편안한 죽음을 맞이했다." 엘리슨이 그의 시체를 앞돛대 망루에서 끌어내려 강에 던져버리는 일을 맡았다. 작아질 대로 작아진 그의 유해를 "상어들이 즉시 먹어치웠다."

제임스 프레이저James Fraser 선장

1787년 7월 토머스 클락슨이 노예무역 폐지 운동의 증거를 수집하기 위해 브리스틀의 노예무역항을 방문했을 때 그는 인간 상거래에 반대하는 편의 대리인 리처드 버지스Richard Burges로부터 조언을 구했다. 노예선 선장이라는 대화 주제가 제기되자 버지스는 흥분해서 "단 한 명만을 예외로 두고 모두 예전에 교수형에 처했어야 한다"고 소리 질렀다. 그 한 명이 바로 20년간 노예무역을 하며 보니Bonny로 다섯 번, 앙골라로 두 번, 칼라바르와 바람막이 해안 그리고 황금 해안으로 각각 한 번씩 항해한 경험이 있는 브리스틀의 선장 제임스 프레이저다. 프레이저를 칭송하는 노예무역 폐지론자는 버지스만이 아니었다. 의사이면서 노예무역에 대한 호소력 있는 고발장을 쓴 알렉산더 팔콘브리지Alexander Falconbridge는 프레이저와 함께 항해했으며 누구보다 그를 잘 알고 있었다. 그는 프레이저에 대해 "나는 그가 무역 업계에서 최고의 남자 중 한 명이라고 믿는다"고 말하였다. 클락슨도 역시 이러한 칭송에 동참했다.[12]

프레이저 선장은 최소한의 압제만으로 배를 운용했고 1790년 의회 위원회에서 그는 "앙골라 노예들은 매우 평화적이어서 철창에 가둬둘 필요가 거의 없다. 그들은 덥거나 추울 때 자유로이 갑판 상하부를 오갈 수 있었다"고 증언하였다. 그 결과 그들은 "즐거운 마음으로" 배를 탈 수 있었다. 그는 보니와 칼라바르의 노예들은 다르게 취급했다고 덧붙였다. 그들은 좀 더 "악의적"이었고 반란을 꾀하는 경향이 있었기 때문이다. 그러나 그들에게 역시 마찬가지로 보통의 일상에서는 온건한 태도를 보였다. "일단 육지가 육안으로 관찰되지 않기 시작하면 나는 그들의 수갑을 풀어 주고 잠시 후에는 다리의 족쇄도 풀어준다. 나는 중간항로 항해 동안 노예들을 쇠사슬로 묶어두지 않으며 황금 해안이든 바람막이 해안이든 마찬가지이다. 다만 몇몇 문제를 일으킨 범죄자와 백인들을 죽이자고 노예들을 설득하는 자들의 경우에는 예외로 했다." 그는 항상 노예들에게 깨끗한 거처와 운동시간을 제공했고 "그들 모국에서 자주 즐기던 여흥의 시간"도 주었다. 노예들은 모국의 땅에서 익숙하게 먹던 음식을 충분히 제공받았다. 먹기를 거부하는 노예들의 경우에 대해 프레이저는 "나는 언제나 설득하려고 노력했다. 강제력은 항상 효과가 없었다"고 설명했다. 병든 노예에게는 특별한 간호용 침상이 제공되었고 "의사들은 항상 노예들이 배에서 필요한 것이 있으면 무엇이든 가져다주도록 허가했다."

그가 의회 위원회에서 한 말 중에 가장 특이했던 것은 다음과 같다. "우리는 일반적으로 노예매매에 참여하거나 노예의 공급을 보급할 때 가장 인도주의적이며 선한 기질을 가진 선박회사와 계약한다." 그는 학대를 용납하지 않았다. "나는 흑인 노예에게 부당한 대우를 한 선원을 내 손으로 직접 처벌한다." 이러한 관행에 따른 논리적 귀결로 그의 배는 선원과 노예의 사망률이 아주 낮았다(전염병이 있는 경우는 예외로 한다). 그는 항상 그의 선원을 "인간성과 친절함"으로 대했다고 주장했다. 그는 그 증거로 선원들이 서너 번의 항해를 연속해서 함께했다는 점을 들었다. 팔콘브리지도 그와 함께 세 번의 항해를 했다.[13]

팔콘브리지는 몇 가지 주요 측면에서 프레이저의 증언을 반박했다. 그는 노예 중 상당수는 프레이저의 말처럼 납치된 이들을 되는대로 사들인 자들이 아니라 프레이저가 직접 납치한 자들이라고 생각했다. 함선의 물자 상황은 그의 설명보다 좋지 않았고 노예들이 즐겁고 평화롭지 않았다는 것은 몇 번의 자살로 증명된다. 그러나 그는 프레이저가 "항상 농장주에게 친척이나 친구 사이를 갈라놓지 말라고 조언했다"고 덧붙였다. 또 프레이저는 선원에 대해 언급했던 것처럼 그들을 "대단히 잘 대해 주었고 항상 아침에는 약간의 위스키를, 밤에는 그로그주를 마시도록 허락해 주었다. 선원 중 아픈 사람이 생기면 그는 언제나 자신이 먹을 것을 아픈 사람에게 건넸고 매일 그들의 건강에 관해 물어봐 주었다."

선장에서 상인으로, 로버트 노리스Robert Norris

로버트 노리스는 다양한 재능을 가진 사람이었다. 그는 경험 많고 성공한 리버풀의 노예선 선장이었으며 이미 충분한 돈을 벌어서 바다 생활을 접고 성공적인 노예무역 상인의 생활을 이어가고 있었다. 그는 작가이자 논객이었으며 때로는 역사가이기도 했다. 1788년에 그는 익명으로 『아프리카 노예무역에 대한 소고 ─ 지역적 지식을 바탕으로』를 집필하고 출판하였다. 다음 해에 그는 서아프리카에 대한 개인적 이해를 바탕으로 『보사 아디 지역과 다호메이 왕, 그리고 기니의 내륙 지역에 대한 회고록』을 저술했다. 후에 그는 아프리카에 대한 역사적 저술이 극히 적다는 것을 개탄하며 다음과 같은 설명을 덧붙이기도 했다. "원주민의 무지함은 정보를 조사하는 사람에게 넘지 못할 장벽과도 같다." 노리스는 1788년과 1791년 개최된 의회 청문회에서 리버풀 측의 관계자로 출석하기도 했다. 그는 노예무역에 관해서 가장 뛰

어난 변호인이었다.[14]

노리스는 1788년 6월 하원 전원위원회Committee of the Whole of the House of Commons에서 처음으로 중간항로에 대하여 자세하게 설명했다. 그가 설명하기를 노예들은 선원들이 정기적으로 깨끗이 청소해 주는 선미 하갑판에서 잘살고 있다고 했다. 환기구와 송풍통windsail이 숙소의 "공기를 상쾌하게 순환시켜 주었다." 그들은 "침대나 해먹"보다 위생적인 깨끗한 바닥에서 잠을 잤고 풍부한 양질의 음식을 먹었다. 남자들은 악기를 연주하고 춤추고 노래했으며 여자들은 "다양하게 제공된 구슬로 멋지게 치장하는 것을 스스로 즐겼다." 그들은 "담배와 파이프의 호사"를 누리기도 했고 심지어 추운 날에는 브랜디 한 모금으로 몸을 녹일 수도 있었다. 노리스가 설명한 이러한 좋은 대우가 제공된 것은 대서양 서쪽으로 건강하고 생기 넘치는 노예를 배달했을 때 선장이 받는 급여 외 6퍼센트의 상여금을 받기 위한 선장의 사적인 욕심 때문이었다. 노리스는 의회에서 노예무역에는 이러한 "이익"과 "인간성"이 완벽하게 조화를 이루고 있다고 설명하였다.

그러나 노리스가 쓴 글 중 출판할 의도가 없었으나 아직 남아 있는 문서에서 전하는 이야기는 평화롭지만은 않았다. 노리스는 1769년에서 1771년 사이에 리버풀에서 출발해 위다와 자메이카를 거쳐 다시 리버풀로 돌아오는 항해의 선장일지를 작성했다. 위다에서 닻을 올리고 대서양 횡단을 시작한 지 일주일 만에 노리스는 "노예들의 폭동이 일어나 여자 두 명의 손실이 있었다"라는 기록을 남겼다. 이 주 후에 노예들이 다시 봉기하여 선동한 이들을 추려내 특별 징벌을 내렸다. 노리스는 "각각 24번의 채찍질을 가했다." 삼 일 후에 그들 중 몇몇이 "수갑을 풀고" 세 번째 폭동을 시도했지만 노리스와 선원들이 진압하여 다시 그들을 철창에 가두었다. 다음 날 아침 네 번째 시도를 감행했다. "노예들은 밤새 서로의 몸을 묶어서 백인들을 모두 죽이든 자신들이 물에 빠져 죽든 끝을 볼 계획이었다." 노리스는 "그들이 남자든 여자든 모두 같이 백인들을 몰살시키는 계획이 좌절되면 함께 배에서 뛰어내리기로 하고 철창에 가로막혀 이마저도 좌절되면 배에 불을 지르기로 한 결정을 자백했다"고 덧붙였다. 그들은 계획이 실패하면 익사나 분신으로 대량 자살을 할 계획까지 세웠던 것이다. 노리스는 "그들의 완고함"이 너무도 커서 결국 주동자를 총으로 쏘아 죽여야 할 상황에 이르렀다고 기록했다. 그러나 그마저도 문제를 해결하지 못했다. 배에 오래 타고 있었던 노예 중 노리스가 "3번"이라고 부르는 남자와 "4번"이라고 부르는 여자도 이 광기의 구덩이에서 계속해서 저항했고 결국 그 안에서 죽음을 맞이했다. "그들은 폭동이 수포로 돌아가자 계속해서 물에 몸을 던지려고 시도했다."

상인 험프리 모리스Humphry Morice

험프리 모리스가 타고 있던 배 캐서린호의 존 대그Dagge 선장은 1727년에서 1728년 사이에 다양한 이유로 사망한 노예들에 대해 기록하였다. 중간항로 항해 도중 아프리카의 한 해안에서 남자와 여자가 한 명씩 배에서 뛰어내려 익사했다. 한 여자는 "마비로 사지를 쓰지 못하게 되었다." 남자는 "무기력한 우울"로 사망했는데 이는 단순한 "무력감이나 둔마"와는 다른 것이었다. "무기력"Sullen은 보통 구교묘 채찍질도 전혀 통하지 않게 된 상태의 사람을 의미할 때 사용되었다. "사지가 붓고 통증을 동반"하는 증상, 발열 증상, 혼수상태, 이질, 수종, 폐병 등을 앓고는 급작스럽게 사망하는 사람도 있었다. 누군가는 시나브로 앓다가 세상을 떠나기도 했다("빈약"Meager). 이질로 사망한 사람이 19명이었다. 한 소년은 "다호메이가 다가오면 달아나라"고 말하고 다녔는데, 아마도 다호메이족 사람이 그 병자 무리에 있었을 것이다.[15]

이 이름 없는 이들과 함께 대그 선장의 배를 타고 안티구아에 살아서 도착한 노예는 678명이었고 이들은 모두 런던의 상인 가문 상속인이며 의회 구성원인 동시에 총리 로버트 월폴Robert Walpole의 친구이자 최측근이고 영국 은행의 총수인 험프리 모리스의 소유였다. 그는 세계 무역 시장과 금융 자본 그리고 영제국 경제의 최고위층에 관여하고 있었다. 그는 콘월Cornwall 지방의 시골에 사치스러운 가족 별장과 런던에 멋진 저택을 소유하고 있었다. 하인은 귀족의 행동 하나하나를 거들었다. 그는 결혼을 통해 다른 막강한 상인 집안과의 전략적 결속을 만들어내기도 했다. 그는 지배 계급의 일원이었다.

또한, 모리스는 자유 무역상으로서 18세기 초 왕립 아프리카 회사^{Royal} African Company의 독점 전매권에 대한 대항을 이끌었다. 그는 노예무역상 윌리엄 스넬그레이브 선장의 고용주였다. 그는 1722년 2월 아프리카 해안에서 해적 바솔로뮤 로버츠를 물리친 대영제국 군함 스왈로우호를 급파하도록 영국 의회를 설득하는 데에도 큰 영향을 미쳤다. 모리스는 유럽(특히 네덜란드), 러시아, 서인도, 북아메리카와 교역했지만 역시나 마음은 아프리카를 향해 있었다. 그는 18세기 초부터 노예무역을 시작한 런던의 주도적인 노예무역 상인이었다.

캐서린호는 모리스가 아내와 딸의 이름을 따 명명한 노예선 소함대 중한 척이었다. (그의 아내 캐서린과 딸 사라가 만약 엉덩이에 캐서린의 K와 사라의 S 표식을 한 노예들이 자신의 이름을 딴 노예선에 가득 타고 있다는 것을 알았다면 어떻게 생각했을지 참 궁금하다.) 모리스의 배는 런던 노예무역 물동량의 10퍼센트를 담당하고 있었고 그 당시 런던은 리버풀보다 많고 브리스틀에 필적할 만큼 많은 아프리카 무역선을 보유하고 있었다. 그들은 62번의 항해로 6,000파운드에서 12,000파운드의 가치에 달하는 양질의 화물을 아프리카로 운송했고 2만 명의 사람들을 신세계의 농장으로 운송해 왔다. 이 숫자 안에는 선장들이 아프리카 해안에서 포르투갈 함선에 금을 받고 팔아넘긴 수많은 사람은 포함되지 않는다. 모리스가 즐겨 말한 것처럼 중간항로에서 금은 결코 죽지 않았다.

모리스는 수완이 좋은 상인이자 선주였다. 그는 무역에 대한 상세한 부분까지 배우면서 사업을 꾸려나갔고 선장들에게는 꼼꼼한 지시를 내렸다. 그는 아프리카 항구 하나하나에서의 무역 관행이 어떻게 다른지도 알고 있었고 화물 수집을 위해 해안에 지나치게 오래 머무르는 것이 사망률을 높이는 위험이 된다는 것도 알고 있었기 때문에 노예들을 빨리 빼내기 위해 함선들 간에 긴밀한 협조를 꾀하고자 했다. 그는 선장들에게 12살에서 25살 사이의 "장애가 없고 건강하고 질 좋은" 노예들을 구매하고 여자 한 명당 남자 두 명을 구매하도록 지시를 내렸다. 그는 자메이카인 중개상이 그에게 조언해 준 "신중히 피해야 할 결점"의 요건을 믿어 의심치 않았다.

난쟁이나 거인 크기의 노예는 모두 부적합
못생긴 얼굴
스페인 사람들이 싫어하는 길고 가는 유방
노란 피부
불치의 악령을 들게 하는 피부의 흙빛 점
흐린 눈빛
손가락, 발가락 또는 치아의 상실
튀어나온 배꼽
감바이 노예들은 탈장이 쉽게 옴
안짱다리
뾰족한 정강이뼈
광인
백치
정신 혼미[16]

그는 노예에게 어떻게 급식하고 식사는 어떻게 준비되어야 하는지에 대해서도 알고 있었다. 그는 선원과 노예가 좋은 대우를 받을 수 있도록 했고 배에 의사를 두고 라임을 싣는 것이 일반적 관행이 되기 전부터 의사를 배치하고 라임을 적재하였다. 그는 선장들로 하여금 "노예를 깨끗이 면도하고 청결하게 보이도록 하여 농장주와 구매자들에게 좋은 인상을 심어줄 수 있도록" 하였다.

모리스가 축적한 부가 얼마나 되는지를 가늠하는 것은 거의 불가능하다. 노예무역으로 끌어모은 저택과 토지, 함선, 주식, 채권을 통한 이익이 얼마나 되는지 알 수는 없었지만, 그는 이마저도 그의 생활 방식을 영위하는 데는 부적합하다고 생각했다. 결국, 그는 외국환의 허위 청구서를 작성하고 피신탁인으로 관리하던 자금을 잘못 관리하여 영국 은행에 대한 기망 행위

(약 29,000파운드로 현재 통화로 750만 달러의 가치)를 저질렀다. 모리스는 1731년 11월 16일 불명예스럽게 사망했다. 물론 캐서린호나 그가 소유한 다른 배에서 사망한 사람들의 상황과는 아주 달랐지만, 이야기로 남을 법한 노예 상인의 죽음은 그 자체로 끔찍한 소식이었다. 사람들은 "그가 아마도 독약을 마셨을 것"이라고 수군거렸다.

상인 헨리 로렌스Henry Laurens

1769년 4월, 미국의 가장 부유한 상인 중 한 명인 헨리 로렌스는 자메이카에서 사우스캐롤라이나의 찰스턴Charleston으로 옮겨갈 화물을 구하고 있던 힌슨 토드Hinson Todd 선장에게 편지를 보냈다. 로렌스는 노련한 노예 상인이었지만 토드의 경험이 상대적으로 적다는 점에서 걱정하고 있었다. 그래서 그는 자메이카에서 상인이 "배에 흑인들을 선적할 때에 폭동에 대비한 경계를 소홀히 하지 말 것을 당부했다. 또한, 절대 그들의 손에 잠시라도 자신의 목숨이 걸린 일을 맡기지 않아야 한다고 전하며, 그 잠시의 순간으로 선장의 목숨을 빼앗고 휘하의 모든 것들을 파괴할 수 있다고 전했다. 하지만 그러면서도 여전히 그들을 위대한 인간애로 대해야 한다고 강조했다." 이 말은 이상하게 들릴 수도 있지만 깊은 뜻이 담긴 말이었다. 로렌스는 선장들에게 눈 깜짝할 시간이라도 주어지면 순식간에 선장과 선원들을 몰살시킬 수 있는 노예들을 "위대한 인간애"로 대할 것을 지시했다. 이는 로렌스가 직면하고 있는 모순의 순간이었고, 이러한 모순에 맞닥뜨려 있는 것이 로렌스만은 아니었다. 그는 노예무역의 잔인한 현실과 빈번하게 발생하는 저항에 대해 잘 알고 있었고, 그래서 이러한 상황에 인간적인 면모를 덧붙이려고 애썼다. 아마도 그는 선장을 너무 겁주게 되면 그들의 과잉대처로 이 위험하고도 소중한 자산을 훼손할까 봐 두려웠을 것이다.[17]

로렌스는 이 시기에 이미 대서양 시장의 성황, 특히 노예무역의 활성화로 상당한 부를 축적했다. 1749년에 그는 25세라는 젊은 나이에 상업 조합 오스틴 앤 로렌스Austin & Laurens를 결성하였다. 십 년 후에는 이 조합에 조지

애플비George Appleby도 합세하게 된다. 아메리카 식민지와 미국 본토로 유입된 노예의 절반이 찰스턴을 통했고 이곳은 남부 지역에 대한 유통 요지의 역할을 수행했다. 그의 상회는 주도적인 역할을 수행했고 로렌스 자신은 노예선을 타고 도착한 다양한 아프리카 종족에 관한 지식을 쌓아갈 수 있었다. 그는 감비아 사람이나 황금 해안 쪽 사람들을 농장 일꾼으로 쓰기 좋아했고 이그보와 앙골라 사람들은 대놓고 싫어하는 모습을 보였다.[18]

한 시대 앞선 시기를 살았던 험프리 모리스와 마찬가지로 로렌스는 노예 화물을 약 60여 회 수입해 왔다. 주로 독자적 소유와 투자를 감행했던 모리스와는 다르게 로렌스는 동업자를 통해 돈을 끌어모아서 위험을 분산했다. 그는 "아프리카 무역은 우리가 아는 그 무엇보다 사고에 더 취약하며 그래서 이 분야에 뛰어든 사람들은 무역에서 일어날 수 있는 모든 좌절에 대비하는 모험가가 되는 것이 매우 중요하다"고 기록했다. 토드 선장에게 경고한 바와 같이 무역은 위험성이 높았지만, 수지타산이 맞는 "이득"이었으며, 그의 기록을 따르자면, "수익성"이 좋았다. 1760년 로렌스는 사우스캐롤라이나뿐만 아니라 아메리카 식민지 전체에서도 가장 부유한 상인 중 한 명이 되었다.

1763년에 로렌스가 토드 선장에게 보낸 편지에서 나타나듯이 그는 여전히 몇몇 노예 화물의 위탁에 관여하고 있었지만, 노예무역과 관련된 사업 영역에서 철수하겠다는 분명한 결정을 내렸다. 그는 동업자와 든든한 후원자를 잃었고 이제 위험에 대비할 능력이 제한될 수밖에 없는 상황이었다. 아니면 이 부유한 상인은 더 이상 "모험가"가 되지 않기로 했을 수도 있다. 어찌됐든 그는 노예무역에서 농장주, 땅 투기꾼, 정치인이 되는 것으로 관심을 돌렸다. 그는 광대한 면적의 땅을 축적했고 시간이 흐름에 따라 여섯 개의 농장을 소유하게 되었다. 브로턴Broughton섬과 뉴호프New Hope의 두 농장은 조지아에 있었고 왐바우Wambaw, 라이츠 사바나Wrights Savannah, 타키투스산Mount Tacitus, 맵킨Mepkin의 네 농장은 사우스캐롤라이나에 있었다. 그의 주 거지였던 맵킨의 농장은 3,143에이커에 달하는 넓이에 수백 명의 노예가 쌀과 기타 수출용 물자를 생산했다. 이러한 물자는 쿠퍼Cooper강을 따라 찰스턴으로 30마일가량 내려가서 선적되어 대서양의 경제로 나아갈 준비를 마치게 되었다.

로렌스는 그의 경제력을 차츰 정치권력으로 옮겨갔다. 그는 사우스캐롤라이나 의회와 대륙회의에서 일하는 공직에 17번이나 선출되었으며 짧은 시간에 대륙회의의 대표에도 올랐다. 그는 아메리카 식민지에 독립성을 부여한 파리 조약Treaty of Paris의 협상을 도왔으며 1787년 헌법 제정 회의Constitutional Convention에 사우스캐롤라이나 대표로 선출되기도 했다(그가 거부하여 성사되지 않았다). 토드 선장에게 노예가 된 아프리카인의 힘에 목숨을 맡기지 말라고 조언했던 이 남자는 농장주이자 노예무역 상인으로서 자신의 권력 아래 수백 수천 명의 목숨을 바쳐서 자신의 부와 지위, 우아한 삶을 지키고자 살아가고 있었다.

"탐욕스러운 강도"

노예선이 기니 해안에 도착하면 상어들이 따라붙기 시작한다. 세네감비아에서부터 바람막이 해안, 황금 해안, 노예 해안을 지나 콩고Kongo와 앙골라까지 배가 닻을 내리거나 천천히 움직일 때는 선원들이 상어를 발견할 수 있었고 대부분 죽은 듯이 조용한 모습이었다.[19] 상어들(뿐만 아니라 다른 물고기들)을 끌어들인 것은 인분이나 고기 찌꺼기, 잡동사니 같은 것이었다. "탐욕스러운 강도"처럼 상어는 "배에서 무언가 떨어지기를 기대하며 매일 배를 방문했다. 누군가 이 순간에 운 나쁘게도 배에서 떨어진다면 그는 분명 무자비한 죽임을 당할 것이다." 젊은 사환 사무엘 로빈슨은 이 탐욕스러운 약탈자의 서늘한 기운을 기억하고 있었다. "커다란 주둥이와 작은 눈으로 물 위로 2피트 정도 검은 지느러미를 드러내고 배 주위를 수영하는 악랄한 무리의 모습은 멀리서 보더라도 오한이 들 정도였다." 앞바다에 정박한 노예선에서 무역 요새나 육지의 마을로 옮겨가기 위해 소형선을 타고 있는데 파도가 높아진다면 상어는 특히나 더 위험할 수 있다. 상어는 작은 선체 주변에 무리 지어 머무르고 있다가 종종 물에서 튀어 나와 노의 한가운데를 물기도 하면서 배를 뒤집어버리려고도 했다. 상어는 "선원들에게 공포의 대상"으로

알려져 있었다.[20]

선원들이 죽기 시작하면 상어에 대한 공포는 더욱 커진다. 선장들은 가끔 죽은 선원을 보니섬의 해안가 같은 곳에 묻어 주었다. 이곳은 주요 거래지점에서 400미터쯤 떨어진 모래 곳으로 얕은 무덤에 시체를 매장하는 곳이었다. 그러나 강의 조수가 높아지면 조류가 모래를 씻어가서 불쾌한 악취를 풍기면서 상어를 불러들이게 된다. 해안은 끝없이 펼쳐져 있었지만, 노예선에는 땅에 묻힐 권리가 없었다. 1735년경 상투메 항구에서 실라스 톨드 Silas Told는 죽은 동료의 시신이 어떻게 처리되는지를 뚜렷이 목격했다. "첫 번째 놈[상어]가 그의 한쪽 엉덩이와 다리를 물고 단번에 비틀어 뜯어버렸다. 두 번째 놈은 다른 한쪽에 똑같은 짓을 했다. 세 번째 놈은 남아 있는 몸통을 격렬하게 물어뜯었고 결국 전부 삼켜버렸다." 선원들은 동료의 시체를 해먹이나 낡은 돛으로 싸고 대포알을 달아서 상어에게 먹히지 않고 바다에 가라앉을 수 있도록 수를 쓰기도 했다. 그러나 이 전략은 거의 성공하지 못했는데, 승선한 의사들의 기록에 따르면 "[상어들은] 거의 항상 시체가 바다에 떨어지자마자 낚아챘다. 커다란 무게가 더해져도 상어들은 거리낌이 없었고 해먹을 수의 삼아 입은 시체를 찢어발기고 삼켜버렸다.[21]

선원들에게 상어가 불안의 대상이었다면 노예들에게 상어는 눈앞의 공포였다. 노예선에서 죽은 아프리카 노예의 시체를 보호해 주거나 매장해 주려는 노력은 전혀 없었다. 여러 역사가들은 알렉산더 팔콘브리지가 보니섬에 대해서 "놀랄 만큼 많은 수의 상어가 노예선 주변에 무리 지어 있었고 흑인 노예의 시체가 바다로 던져지면 순식간에 달려들어 삼켜버렸다"고 이야기했다는 점을 반복해서 기록하고 있다.[22] 네덜란드의 상인 빌렘 보스만 Willem Bosman은 네다섯 마리의 상어가 흔적도 없이 시체를 미친 듯이 먹어치우는 모습을 묘사했다. 늦게 온 상어가 다른 상어에게 분노한 듯이 달려들면 "바다마저 떨리는 듯한 모습"으로 일렁거렸다. 모두가 함께 상어에 의해 시체가 분쇄되어가는 모습을 지켜봤고 이 모습을 지켜본 이들은 점점 더 노예화되어 갔다.[23]

상어들은 대서양을 가로질러 아메리카의 항구까지 노예선을 따라갔고 자메이카 킹스턴의 여러 신문은 1785년에 이 상황을 다룬 기사를 실었다. "많은 노예선이 항구에 도착하면서 커다란 상어가 함께 유입되고 있다. (해안에 정박한 함선에 머무르는 사람 중) 강에서 목욕하는 사람은 마을 상류 쪽이라 할지라도 극도로 위험할 수 있다. 지난 일요일 보이드Boyd 선장은 히버츠Hibberts에서 커다란 상어를 포획하기도 했다." 노예무역 폐지론자들은 노예무역을 따라 나타난 상어의 공포를 알리기 위해 많은 노력을 했지만, 사실 이 기사는 노예무역 폐지 운동이 일어나기 전의 노예제도 사회에서 출판된 기사이다. 열 번의 노예무역 항해를 한 기록이 있는 휴 크로우Hugh Crow 선장도 "상어가 함선을 따라 대양을 건너며 배에서 던져지는 죽은 이의 시체를 먹어치우고 있는 것으로 보인다"는 개인적 관찰기록을 남겼다.[24]

노예선 선장들은 항해 중에 공포를 조장하려고 의도적으로 상어를 활용했다. 그들은 인간 "화물"을 모으기 위해 아프리카의 해안에 오랫동안 머물러야 했던 기간 동안 선원의 이탈과 노예의 탈출을 막기 위해 상어에 의존했다. 해군 장교들 역시 상어의 공포를 활용했다. 1780년대 후반에 리버풀 노예무역선을 타고 자메이카에 도착한 케이프 코스트 출신의 한 아프리카 선원이 있었다. 그는 원래 노예였으나 운 좋게 선원이 되었고 당시 군함에 승선해 정박할 곳을 찾는 도중에 상어를 발견했다. 그는 선원들이 함선 주변에서 수영이나 목욕을 할 때 위험할 수 있다고 생각해서 상어를 죽여 버렸다. 동료들에게는 영웅으로 불릴 수 있을지 모르지만, 지휘 장교의 생각은 달랐다. 상어는 이미 여러 번 "선원의 이탈을 막아주고" 있었고 아프리카 선원은 그 상어를 죽인 죄로 "무자비한 채찍질"을 당했다. 해군 장교는 함선 주변에 상어를 잡아두기 위해 먹이를 주기도 했다.[25]

노예선 선장이 사회적 규율을 세우기 위해 테러를 의식적으로 활용했다는 점은 1774년 올리버 골드스미스Oliver Goldsmith의 상어의 자연사自然史에 관한 기록에도 잘 나타나 있다. 그는 노예무역이 주는 교훈을 강조했다. 테러리즘의 역사와 동물학의 역사가 만나는 지점이었다. 골드스미스는 두 가지 사례를 차례로 제시했다.

한 노예선 선주는 휘하의 노예 집단에 광적인 자살 사고思考가 돌고 있다는 것을 발견했다. 그들은 불행한 존재가 죽고 나면 그들의 땅이나 가족과 친구의 품으로 돌아갈 수 있다는 생각을 하고 있었다. 그들에게 죽음의 불명예를 최소한이라도 일깨워주고자 선주는 즉시 노예 시체 하나의 발목을 밧줄로 묶어 바다로 내리도록 명령했다. 시체는 물에 닿자마자 바로 다시 끌어올려졌지만, 상어들은 그 짧은 순간에 발목만 남기고 모든 것을 물고 뜯어가 버렸다.

두 번째 사례는 더 끔찍했다. "광적인 자살 사고"를 직면한 또 다른 선장은 "나머지 사람들에 대한 적당한 본보기"를 삼기 위해 한 여자를 이용했다. 그는 여자의 겨드랑이 아래를 밧줄로 묶어 물속으로 내려앉게 했다. "이 가엾은 존재는 이렇게 물속에 던져지게 되었고 몸이 절반쯤 물에 잠겼을 때 그녀는 끔찍한 비명을 질렀다. 사람들은 처음에 그녀가 물에 빠져 죽는 것에 대한 공포로 비명을 지른다고 생각했지만, 곧 그녀 주변의 물이 새빨갛게 물드는 것을 볼 수 있었다. 그녀의 몸이 다시 끌어올려지고 사람들은 배를 따라오던 상어가 몸통 한가운데를 물어뜯었다는 것을 알 수 있었다." 다른 노예선의 선장은 상어를 유인하기 위해 시체의 일부를 사용하는 일종의 테러 스포츠를 자행하기도 했다. "우리는 흑인의 시체를 매달고 상어를 유혹하며 시체를 다 먹어치울 때까지 따라오도록 한다."[26]

2장

노예선의 진화

토머스 고든Thomas Gordon은 저서 『조선공학의 원리』(1784)에서 다음과 같은 서술을 자주 활용했다. "배는 의심의 여지없이 가장 축복받은 기계이며 지금껏 발명된 기계 중 가장 유용한 기계이다. 그 때문에 배를 개량하려는 모든 시도는 인류의 존중을 받을 가치가 있으며 중요한 일이다." 그는 조선사로서 기술적인 정교함과 전문화의 중요성을 강조하면서 거대한 함선이 가지고 있는 웅장함과 유용성의 조합을 이루어 냈다. 그는 함선 건조의 발달이 국가에 제한되어서는 안 되며 모든 인류에게 적절히 돌아감으로써 세계의 인류를 연결하는 데 도움을 줄 수 있어야 한다고 강조했다. 가장 중요한 것은 그가 배를 인류가 발명한 것 중 가장 유용한 기계로 보고 있다는 것이다. 물론 그도 대양을 항해하는 유럽의 함선 ― 이 함선의 변형에 노예선도 포함된다 ― 이 크리스토퍼 콜럼버스 시대에서 그가 살고 있는 시대로 넘어오는 데 도움을 주었다는 것을 잘 알고 있다. 유럽의 함선은 자본주의의 출현을 담고 있는 역사적 선체船體였으며 16세기의 후반부터 시작된 새롭고 전례 없는 사회적·경제적 체계의 세계적 재구성을 알리는 신호탄이었다. 또한, 노예무역에 관한 중요한 인간극을 연기할 상황 소재이자 무대이기도 했다.[1]

　세계를 변화시킨 기계인 노예선의 기원과 시작은 15세기 후반으로 거슬러 올라간다. 포르투갈 사람들은 아프리카의 서쪽 해안으로 향하는 역사적 항해를 해냈고 그곳에서 금과 상아 그리고 인간을 사들였다. 이 초기의 "탐험"이 대서양 노예무역의 시발점이다. 항해 선박의 진화와 함선의 선구자로 불릴 수 있는 세 개의 돛대를 가진 캐랙carrack선이나 전장 범선full-rigged[최소 세 개 이상의 돛대에 모두 횡범장치를 갖춘 배]은 결국 유럽인을 전 세계 모든 곳으로 보내주었고 수백만 명의 유럽인과 아프리카인을 신세계로 인도하며, 결국 토머스 고든이 감탄해 마지않는 대상이 된다.[2]

　카를로 치폴라Carlo Cipolla가 자신의 고전 작품인 『대포, 범선, 제국』에서 설명했듯이, 서유럽 국가의 지배 계급은 1400년에서 1700년 사이에 두 가지 매우 구분되면서도 곧 강력한 조합을 갖추게 되는 기술적 발달의 결합으로 인해 세상을 정복할 수 있게 된다. 첫 번째 기술은 영국의 기술자들이 용광로와 주물로 강철 대포를 만들어 유럽 전역의 군대에 보급한 것이다. 두 번째 기술은 북유럽의 "퉁퉁하고 커다란 배"가 중세의 노가 달린 긴 배나 갤리선을 천천히 잠식한 것이다. 바다에 대한 야망을 품은 유럽의 지도자들은 배목수에게 크고 육중한 대포를 실은 견고하고 내항성 강한 선체의 함선을 요구했다. 해상 전투에도 범선과 총이 추가되고 노잡이oarsmen와 전투요원이 더 적은 수의 효율적인 선원들로 대체되었다. 인간의 행동력이 효율적으로 항해에 적용되면서 이 기계는 전대미문의 이동성과 속도, 파괴력을 갖추게 되었다. 그래서 아프리카, 아시아, 아메리카의 해안에 전장식muzzle-loading 대포를 갖춘 전장 범선이 나타나면 모두가 공포 아니면 놀라움을 표현하지 않을 수 없었다. 단지 대포 소리만으로도 공포를 불러일으켰다. 실제로 이러한 기술은 비非유럽인들이 예수 그리스도를 숭배하도록 유도하기에도 충분할 만큼 놀라운 것이었다.[3]

유럽의 지배자들은 이 혁명적 기술인 바다의 기계를 활용하여 항해와 탐험을 하며 광활한 바다를 지배했으며 무역과 전투, 새로운 영토 장악, 약탈 그리고 새로운 제국 건설에 열을 올렸다. 그 과정에서 그들은 유럽 외의 사람들과 싸우는 것과 마찬가지로 맹렬하게 서로 전투를 벌였다. 캐랙선과 갈레온의 활약과 함께 마침내 등장한 세 개의 돛대를 달고 대포를 장착한 전장 범선은 그들에게 새로운 자본주의의 질서를 확립시켜 주었다. 그들은 빠르게 세상의 주인이 되어갔고 아프리카 보니섬의 왕 홀리데이Holiday는 자신을 방문한 노예선 선장 휴 크로우에게 "신은 너희들에게 절대적인 책[성경]과 커다란 배를 주었구나"라고 말하기도 했다.[4]

배는 심오한 일련의 경제적 변화의 중심에 있었고 자본주의의 융성에 필수적으로 작용하며 새로운 영토의 장악, 수백만 명의 징용과 경제적 성장 시장으로의 재배치, 금과 은의 채굴과 담배와 사탕수수의 재배, 장거리 상거래 시장의 동반 상승, 마지막으로 세상 누구도 본 적 없던 자본과 부의 계획적 축적을 모두 이루어 냈다. 느리고 변덕스러우며 평탄하지 않지만 의심할 여지없는 저력으로 세계 시장과 국제적 자본주의 체제가 등장했다. 탐험에서 개척과 생산, 무역 그리고 새로운 경제 질서의 구성으로 옮겨가는 각 단계에서 거대한 함대가 필요했고 함대는 그 운송능력을 통해 징용된 노동자와 새로운 물자를 운송했다. 노예선은 체제의 요체要諦가 되었다.

노예선의 구체적인 중요성은 근대 노예제의 또 다른 기초가 되는 농장과도 밀접한 관계를 보인다. 농장은 중세 지중해에서 시작된 경제 조직이며 후에 대서양 동부의 섬(아조레스Azores, 마데이라Madeiras, 카나리아Canaries, 케이프 베르데Cape Verde[또는 카보베르데Cabo Verde])으로 퍼졌다. 또한, 농장은 신대륙에서도 혁신적으로 등장했고, 특히 17세기 동안 브라질, 카리브해, 북아메리카에서 많이 형성되었다.5 1650년대 사탕수수 생산의 확산으로 노동력의 품귀현상이 일어났다. 다음 두 세기 동안 수많은 배가 인간 화물을 토해 냈다. 처음에는 유럽에서 노예 계약을 맺은 사람들이었지만, 후에는 어마어마한 숫자의 아프리카 노예들이 쏟아졌다. 이들은 농장주에게 구매되어 생산을 위한 시설에 배치되었으며 엄격하고 폭력적인 관리감독하에 세계 시장을 위한 대량 물자 생산을 강요당했다. 산 도밍고(오늘날의 아이티)의 노동자에 대한 글을 쓴 로버트 제임스C.L.R. James는 실제로 "북쪽의 평원을 뒤덮고 있는 거대한 설탕 공장에서 수백 명의 사람들과 함께 일하고 생활하는 것을 보면 그들은 동시대를 사는 다른 어떤 노동자에 비교해 보아도 근대 프롤레타리아에 가깝다고 할 수 있다"고 기록했다. 1713년까지 노예 농장은 "유럽 자본주의와 식민주의 그리고 해상 권력의 독창적 산물"로 부상했다.6

배라는 기계는 또 다른 기계의 작동에도 관여했다. 1773년에 서인도의 한 농장주는 농장은 "잘 구성된 기계와 같이 다양한 톱니바퀴가 서로 다른 방향으로 돌아가지만, 결국은 계획되었던 위대한 결말을 향해 기여하고 있는 것"이라고 기록했다.7 이 바퀴를 돌리는 사람은 아프리카인이었고 "위대한 결말"은 전례 없는 세계적 규모의 자본 축적이었다. "농장 복합체"Plantation Complex의 필수요소인 노예선은 북유럽 국가와 영국을 도와 국가의 경제적 한계를 뛰어넘을 수 있도록 했고 로빈 블랙번Robin Blackburn의 말을 빌리자면 "산업과 세계의 미래를 발견"할 수 있도록 했다.8

노예선은 광범위한 활용 능력과 잘 무장된 공격 능력을 갖춘 강력한 항해용 기계였을 뿐만 아니라 그 이상의 독특한 무언가도 가지고 있었다. 토머스 고든과 그 시대의 사람들은 이를 잘 알고 있었다. 노예선은 공장이자 감옥이었으며 바로 이러한 조합에 노예선의 독특한 능력과 공포가 모두 담겨 있다. "공장"이라는 단어는 노예선이 16세기 후반 세계 무역에 활용되면서 나타났다. 공장factory의 어원은 그 시절 "상인"merchant과 동의어인 "중개인"factor이었다. 그래서 공장은 "국외에서 사업을 하는 무역업자를 위한 시설을 뜻했다. 바로 상인의 거래소였다.[9]

황금 해안의 케이프 코스트 성과 시에라리온 번스섬의 포트 제임스Fort James처럼 서아프리카 해안에 건설된 요새와 교역소가 바로 이런 "공장들"이었다. 그러나 노예선 역시 그 자체로 공장이었으며 때로는 무역의 미개발지 근처 해안에 영구적으로 정박하고 그곳을 사업 장소로 사용하기도 했다. 배의 갑판은 섬유 및 총기류와 같은 아프리카행 화물과 금 및 상아와 같은 유럽행 화물 그리고 노예와 같은 아메리카행 화물의 교환을 위한 연결점이었다. 뱃사람이었던 제임스 필드 스탠필드James Field Stanfield는 1774년 리버풀을 떠나 베냉으로 향하는 노예선 이글Eagle호에서 항해했고 이 배는 "떠다니는 공장의 역할을 하기 위해 해변에 남겨졌다."[10]

배는 원래 어원적 의미의 공장이었지만, 동시에 현대적 의미의 공장이기도 했다. 18세기 대양을 항해하는 함선은 역사적인 작업장이었다. 여기에서 상인 자본가들은 아직 주인조차 없는 이 노동자들을 모아서 가두어 두고 해상 관리자(선장이나 항해사)에게 그들의 협업을 조장하도록 하거나 적극적으로 짝을 지워주었다. 선원들은 엄격한 규율과 깐깐한 관리감독과 함께 기술적 도구를 활용하였고 이 결과물은 모두 국제 노동시장에서 벌어들일 수 있는 임금으로 교환되었다. 엠마 크리스토퍼Emma Christopher는 선원들이 국제 시장의 공장을 관리할 뿐만 아니라 직접 그 생산에 동참함으로써 "노예"라고 부르는 물자를 생산하여 아메리카 농장 사회에 판매하도록 하는 것을 보았다고 기록했다.[11]

노예선은 육지에 현대식 감옥이 설치되지 않았던 시절부터 존재한 이동식 항해용 감옥이었다. 이 사실은 당시 다양한 방식으로 나타났는데, 단지 노예무역에서 (노예 수용소, 요새, 감옥에서의) 감금이 필수적이었기 때문만은 아니다. 배 자체가 모든 노예를 하나의 사슬로 묶고 있었다. 노예무역에 대한 익명의 옹호자 한 명은 이것을 "이동식 수용시설"이라고 불렀지만, 스탠 필드는 이것을 "떠다니는 지하 감옥"이라고 불렀다. 리버풀의 선원들은 술집에서 빚을 지고 감옥에 가게 되면 한 배의 선장이 나타나 그들의 빚을 탕감해 주고 대신 그들의 노동력을 활용하는 일이 자주 있었다고 이야기했다. 그들은 단지 한 감옥에서 또 다른 감옥으로 옮겨가는 것뿐이었다. 그리고 만약 노예선이 선원에게 감옥이었다면 하루에 16시간 이상을 하갑판에 갇혀 있어야 했던 노예들은 어떻게 느꼈을지 상상해 보라. 이러한 상황에서 토머스 고든이 묘사한 고귀하고 유용한 기계는 인류 중 특정인들에게 다른 어떤 것보다 더 큰 이익을 가져다주고 있었다.[12]

말라키 퍼슬스웨이트Malachy Postlethwayt : 노예무역의 정치산술, 1745년

말라키 퍼슬스웨이트는 영국 상인으로 왕립 아프리카 회사의 로비스트로 일하고 있었다. 1740년대 중반 그는 서아프리카의 요새와 공장의 유지비 충당을 위해 노예무역에 대한 보조금을 지급하도록 의회를 설득하려 노력 중이었다. 그는 영제국에 노예무역의 중심성을 주장하였다. 그 자신의 지위와 경제적 이득으로 인해 그의 주장이 다소 과장된 점이 있기는 했지만, 반면 18세기의 상황을 더 장기적인 관점으로 바라보면 후에 노예무역은 그가 예상한 것보다 더 크게 극적으로 확장되었고 그가 가지고 있던 생각 중 일부는 지배 계급이 노예무역에 대해 가져야 하는 기초적 지식이 되었으며 더 거시적으로는 제국의 "정치산술"에서 중요한 자리를 차지하게 되었다.[13]

퍼슬스웨이트는 1745년 런던에서 출판된 그의 첫 번째 소책자인 「아프리카 무역, 아메리카에서의 영국 농경 무역의 대들보이자 받침대」에서 주요 논거를 주장했다. 그는 "우리의 서인도와 아프리카 무역은 국가적으로 가장 큰 이익을 가져오고 있다"는 주장으로 시작했다. 그는 농업 혁명이 제국을 변화시켰으며 이 과정이 노동력의 이송에 의존한다는 것을 잘 알고 있었다. 농장과 노예선에 관해서는 "하나 없이 다른 하나는 살아남을 수 없다"고 했다. 그는 또한 노예무역이 영국에 자본주의 제조업의 융성에도 중요하다는

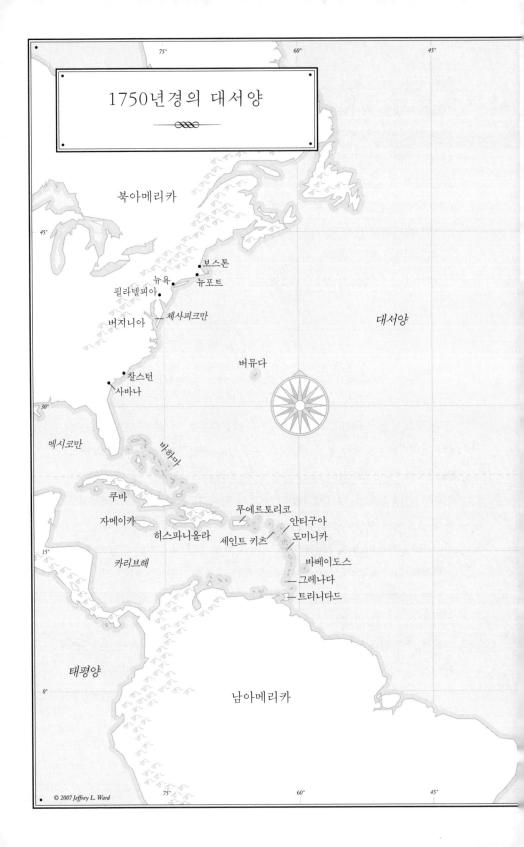

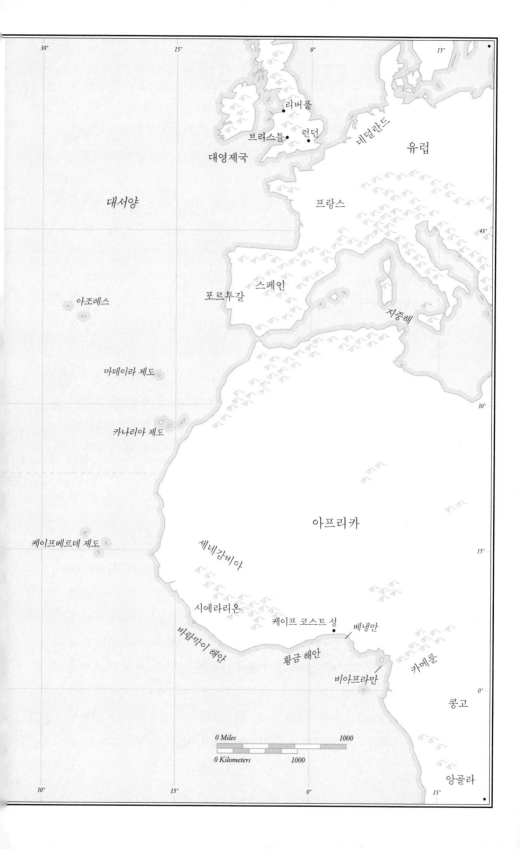

점을 지적했다. "노예선에 실려서 아프리카 각지로 보내지는 화물은 **영국** 제조업 생산량의 8분의 7에 해당하며 그로 인한 이익을 무시할 수는 없을 것이다." 그는 1780년대에 오랜 논쟁의 대상이 될 주장을 반복했다. 노예무역은 "바다의 황금알을 낳는 거위"이며 따라서 "해상력을 키울 수 있는 거대한 둥지"이다.

퍼슬스웨이트는 1740년대 초반에 이미 일부 사람들이 "노예무역"이라고 부르던 행위를 광적으로 비난하며 반대하고 있다는 것을 알고 있었기 때문에 "아프리카 무역"이라는 공손한 표현을 사용하며 비난에 대한 방어를 준비했다. "많은 사람이 기독교 국가에서 흑인을 거래하는 이 무역이 야만적이고 비인간적이며 불법적인 운송이라는 생각에 따라 반대하고 있었다." 그러나 다른 모든 노예무역업자처럼 그는 아프리카인들이 "문명화된 기독교 국가에서 사는 것"이 "야만인들" 사이에서의 삶보다 더 나을 것이라며 합리화했다. 어떤 경우에도 인도주의적 염려가 국가의 경제적·군사적 이익을 뛰어넘은 적은 없었다. 노예무역이 바로 "국가에 풍부한 자금과 해상력을 제공하고 있었던 것이다." 아프리카 무역을 촉진함으로써 의회는 많은 사람의 행복과 번영을 촉진할 수 있었다. 영국의 대서양 체제는 아프리카와 아메리카의 자원, 노동력, 자금에 의존하고 있었다. 이렇게 말함으로써 그는 반세기 후 화가 윌리엄 블레이크William Blake가 그리게 될 유명한 작품 〈유럽을 떠받치고 있는 아프리카와 아메리카〉라는 그림을 예견하였다.[14]

퍼슬스웨이트의 "삼각 무역"에 대한 전망은 다음 두 세기 반 동안 노예무역에 대한 지배적 관점으로 작용하였다. 삼각 무역이란 유럽(또는 아메리카)에서 제조업 상품을 싣고 출발한 배가 서아프리카로 향하고 그곳에서 노예를 거래한 후에 아메리카로 떠나 설탕, 담배, 쌀과 같은 농산물을 거래하는 방식이다. 최근 학계에서는 노예선 대부분이 서인도나 북아메리카에서 반환 화물을 싣지 못하였기 때문에 엄격하게 말해서 삼각 무역은 아니라는 점을 발견하기도 했다. 그렇지만 삼각 무역이라는 개념은 세 가지 핵심적 장소와 거래 요소 ─ 영국과 미국의 자본과 제조업, 서아프리카의 노동력, 아메리카의 생산물자(때로는 원재료) ─ 를 시각화해 주었다는 점에서 여전히 가치가 있었다.

퍼슬스웨이트가 글을 쓴 시기에는 이미 400만 명의 아프리카인이 서부 대서양의 항구에 배달되었다. 다른 대부분의 유럽 해양국가와 마찬가지로 영국 역시 1672년 무역 독점회사이자 퍼슬스웨이트의 고용주인 왕립 아프리카 회사에 허가증과 보조금을 교부하는 방식으로 노예무역의 초기 단계에서 중요한 역할을 담당했다. 노예무역은 고비용인 동시에 자원의 집중을 요하는 사업이었으므로 개별 자본만으로는 독자적으로 자금을 충당할 수 없었다. 18세기 초부터 소위 자유 무역이 규제된 독점에 대한 승리를 쟁취하게 되지만, 국가는 여전히 무역을 위한 인프라를 구축하여 도움을 제공했다. 사실 이것이 퍼슬스웨이트가 규제 완화의 시기에 보상과 지원을 청원한 이유이기도 했다.[15]

영국과 미국의 상인들은 높은 진입 비용과 거대한 위험이 도사리는 무역에 뛰어들어 기회를 엿봤다. 초기에는 소자본 투자자나 중간급 투자자, 또는 숙련기술공들이 일부 배당을 받거나 노예선에 화물을 싣는 방식으로 돈을 벌기도 했지만 18세기에 들어서면서 무역은 거대한 자본을 가진 상인의 손에 완전히 맡겨지게 되었다. 그들은 대부분 신중한 방식으로 무역에 관한 경험과 지식을 획득했다. 존 셰필드 경은 1790년에 이러한 변화가 무역은 "자본가들에 의해 수행되며 순간적으로 판단하는 모험가들은 여기에 참여하지 말아야 한다"는 것을 의미한다고 기록했다. 이 거대 상인들의 이익은 엄청나서 만약 일이 잘 풀린다면 투자 대비 100퍼센트의 이익을 얻을 수도 있었지만, 질병, 폭동, 난파, 해적의 나포와 같은 위험으로 인한 손해 역시 막대할 수도 있었다. 18세기 노예무역 투자자의 평균 수익률은 9~10퍼센트로 당시의 기준에 비해 과대하다고 볼 수는 없었다. 퍼슬스웨이트는 영국이나 유럽의 모든 해상 권력이 "아프리카를 기초로 하여 아메리카 상업과 해상 권력에 막강한 상부구조를 형성하고 있다"고 언급하면서 이러한 수익과 더 큰 제국주의 체제를 염두에 두고 있었다.[16]

조셉 마네스티Joseph Manesty : 노예선 건조, 1745년

리버풀의 상인 조셉 마네스티는 "아프리카 무역"을 위해 두 척의 배가 필요했고 그 배들이 어떤 식으로 건조되어야 할지도 잘 알고 있었다. 그는 함선을 대서양 건너편에 주문하기 위해 1745년 8월 2일 로드아일랜드 뉴포트의 존 바니스터John Bannister에게 편지를 보냈다. 당시 상황은 영국이 프랑스와 스페인 모두와 전쟁 중이었기 때문에 무역상에게는 매우 위험한 순간이었으며 실제로 마네스티는 바로 몇 개월 전 프랑스 사략선私掠船에 새로 건조했던 노예선 챈스Chance호를 잃은 상황이었다. 그럼에도 불구하고 무역의 수익이 여전히 손짓하고 있었고 마네스티와 같은 사람들은 런던과 브리스틀을 지나 영국의 대서양 노예무역 중심지인 리버풀로 몰려들었다.[17] 마네스티는 최소 8척의 함선의 주主선주(다른 몇 척에 대해서는 소小선주)였으며 존 뉴턴John Newton 선장을 고용하고 1745년에서 1758년 사이에 서아프리카와 활발한 거래를 이어갔다.[18] 그는 바니스터에게 "아프리카만큼 위대한 정신과 커다란 이유 – 다른 말로 큰 수익을 말한다 – 를 보여 주는 무역은 없었습니다"라는 편지를 썼다. 그러나 그는 "배가 너무 부족해서 여기서는 구할 방법이 없으니 이번 봄에 새로 한 척 충당하겠습니다"라고 덧붙이기도 했다.[19]

마네스티가 제시한 첫 번째 지시 사항은 그의 감옥선prison ship을 "최고급 백색 오크 목재"로 만드는 것이었다. 뉴잉글랜드New England의 삼림 지대는 고품질에 상대적으로 부식에 강했던 백색 오크목이 풍부했고 마네스티는 그것을 사용하고 싶었다. 또한, 그는 돛대의 품질에도 세심한 주의를 기울였다. 그는 5주 후에 "두 선박 모두 기니를 향해 항해하도록 설계되기 때문에 전체적으로 돛대의 우수성에 매우 주의해 달라고 당부하는" 편지를 쓰기도 했다. 돛대가 부러지면 아프리카 해안에서는 교체하기가 쉽지 않으며 항해 자체를 망칠 수도 있었다.[20]

함선에 관해 마네스티는 아주 자세하게 기록하였는데, "네모난 뱃고물"에 길이는 58피트, 너비는 22피트, 선창 깊이는 10피트에, 노예 감금을 위한 "5피트 높이의 사잇갑판"twixt deck을 주문했다. 주돛대는 60피트 길이에 하활main yard은 44피트, 주돛대의 큰 돛의 크기는 30피트로 주문했고 "그 외의 다른 돛과 하활의 길이는 균형에 맞도록" 요구했다. 노예무역에 사용되는 함선은 튼튼하고 내구성이 있어야 할 필요가 있었기 때문에 마네스티는 두 함선 "모두 굴곡이 완만하고 두꺼운 $2\frac{1}{2}$이나 3인치 판자"를 사용해야 한다고 강조했다(외판, 두꺼운 목재는 배 옆면의 접합부에 사용됨). 그는 격벽 bulkhead이 "단단한 대들보"가 되기를 바랐고 "주갑판의 외판은 14인치 두께"는 되어야 한다고 요구했다. 함선의 대포 숫자는 특정되지 않았지만 사략선에 대항해 방어할 수 있을 만큼 잘 무장되어 있어야 했다. 마네스티는 추신에 "뱃고물에도 두 개의 포구"를 덧붙이기도 했다.[21]

마네스티는 노예선의 선체가 충분히 "날카로운 형태"로 "가운데가 볼록한 모습"이어야 한다고 요구했는데, 이는 충분한 속도를 통해 중간항로 항해의 지속시간을 줄임으로써 노예의 사망률을 낮추고 물자의 안정성과 수송력을 갖추기 위해서였다. 또한, 이러한 형태는 적절한 군사력을 갖출 수 있도록 하는 동시에 아메리카의 농장에서 아프리카로 대량의 물자를 운반한 후에 다시 유럽으로 돌아가는 데에도 유리했다. 그는 인간 화물의 과도한 움직임에 따른 영향을 줄이기 위해 배의 요동을 줄일 수 있는 비대선full bodied vessel, 肥大船 함선을 원했다. 또한, 배의 옆면은 "흑인들을 가둔 사잇갑판에 적하의 편의성"을 위해 개방할 수 있는 형태가 되기를 바랐다. 그가 요구한 또 다른 특성은 "상부 갑판을 둥글게 만들어서 아래의 선수나 선미 하갑판에 있는 흑인에게 급식을 제공할 수 있게 만드는 것"이었다. 늑재ribs와 들보tim-bers는 자살하려는 노예가 바다로 뛰어드는 것을 막도록 고안된 그물을 설치할 수 있게 함선 주변의 난간을 지지할 수 있을 만큼 적당히 높게 설치되어야 했다. 마지막으로 그는 아프리카의 바다에 사는 벌레가 선체에 구멍을 내지 못하도록 배 밑판에 쇠판을 깔기를 원했다. 그는 배가 건조되는 동안 추가로 당시 표준이었던 방수 송판으로 안쪽을 덧대고 타르 칠과 말총 장식까지 추가해 줄 것을 주문했고 후에 함선을 동판으로 덮어서 마무리했다.[22]

혹시나 있을지 모를 전쟁과 나포의 위험 때문에 마네스티는 함선에 "가능한 한 돈을 적게 쓰려고 했다"고 기록했다. 그는 "뱃고물에 꾸밈을 없애고" 후방 창도 두지 않음으로써 선장실에 목수가 무언가를 꾸밀 것이 거의 없도록 했다. 그는 모든 일이 "검소하고 적합한 방식"으로 수행되기를 원했다. 마네스티가 함선 건조에 얼마나 많은 돈을 지급했는지는 알려지지 않았지만, 엘리자베스 도넌Elizabeth Donnan은 1747년 로드아일랜드 함선의 경우 톤당 24파운드면 구매할 수 있다고 기록했다.[23] 1752년에는 슬로프가 추가되면서 가격이 톤당 27파운드로 상승했고 이중 갑판 구조는 톤당 34파운드였다. 매사추세츠Massachusetts 근방의 스완시Swansea에서 함선이 건조된 적도 있는데 이곳의 가격은 5분의 1 수준으로 낮았다. 이는 아마도 7올드테너old tenor[매사추세츠주에서 발행한 지폐]의 가치가 영국 화폐 1파운드와 같았기 때문으로 보고 있다. 이를 통해 추측하면 마네스티의 이중 갑판 함선의 적재량은 약 100톤이었고 각각 500파운드 이상(2007년 기준 약 13만 달러)의 비용이 들었을 것으로 보인다. 대형 선박은 700파운드(18만2천 달러), 일부 고급 함선은 1천 파운드(26만 달러) 이상 비용이 소모되었지만, 그럼에도 불구하고 함선 건조 비용은 운송될 화물의 가치에 비해서는 양호한 수준이었다.[24]

마네스티는 함선의 필수 품목 중 일부를 리버풀에서 더 싸게 구매할 수 있다는 것을 깨닫고 무역 화물과 함께 "밧줄, 돛, 닻, 못"과 같은 물품을 함께 보내기 위해 준비했다. 유월 무렵 그는 이미 "피복용 못과 대못"과 같은 물자 몇 가지를 급히 보냈고 배목수들이 "기꺼이 함선 건조 기일을 지키리라는 것"을 알고 있었다. 아메리카 식민지의 임금이 상대적으로 높았기 때문에 이 점은 의심의 여지가 없었다. 마네스티는 배목수들이 함선을 완성하는 데 일 년이 걸린다는 것을 알고 있었고 이는 1746년 8월이면 배를 진수하게 된다는 것을 의미했다. 그는 그해 4월에 전문가를 파견하여 첫 배가 마무리되는 세부 과정을 감독하고 준비가 되는 대로 이른 시일 내에 아프리카로의 항해를 시작할 수 있도록 했다. 노예무역에 대한 그의 의지로 "이 함선이나 주문한 세부 사항을 더 싸게 즉시 구할 수 있다거나 아프리카 무역에 더 적합한 형태를 제안할 수 있다면 나는 일말의 망설임 없이 그 배를 선택할 것이다"라고 덧붙이기도 했다.[25]

마네스티는 여러 곳에서 노예선을 건조할 수도 있었고 또는 그냥 무역용 함선 한두 척을 사들여서 노예무역용으로 개조할 수도 있었다. 노예무역에 사용되는 함선 대부분은 특별히 그 용도로 만들어진 경우가 없었기 때문에 후자의 방법은 대부분 상인이 선호하는 방법이었다. 아래에 설명되는 유형 — 슬루프sloop[단돛대], 스쿠너schooner[쌍돛대], 브릭brig[사각 쌍돛대], 스노우snow[사각 쌍돛대에 추가 삼각돛], 쉽ship[세 개 이상의 돛과 횡범장치] — 은 모두 1720년대에 어느 정도 표준화되었다. 선체의 형태, 돛, 삭구rigging는 이후 백여 년 동안 상대적으로 조금씩 변화해서 19세기 초반에 들어서면서 더 뾰족한 형태의 빠른 배들이 선호되기 시작했다.[26]

마네스티가 몇 년 일찍 함선을 주문했다면 그는 18세기 초 유력한 노예무역 항구였던 런던이나 브리스틀로 갔을 수도 있다. 그러나 그가 배니스터에게 편지를 쓰던 시기에 리버풀은 노예무역과 노예선 건조 영역 모두에서 명성을 떨치고 있었다. 목재가 부족해짐에 따라 일부 상인은 가격이 낮은 아메리카 식민지의 조선소로 향하기도 했다. 아프리카 무역에 참가한 많은 배들이 점점 이곳으로 돌아왔고 영국 상인들은 그들이 "농장 건설"에 나섰다고 묘사하기도 했다. 그들은 로드아일랜드와 매사추세츠와 같은 뉴잉글랜드를 건설했다. 남부의 위쪽 지역에는 메릴랜드Maryland와 버지니아Virginia가 세워졌고 1760년대 남부의 아래쪽 지역에는 먼저 사우스캐롤라이나가 세워졌다. 이 시기에 노예선 상인에게 특히 인기가 있었던 배는 붉은 삼나무로 만들어져 가볍고 튼튼하며 부식에 강했던 버뮤다 슬루프였다. 18세기 동안 북동부 아메리카의 오크나무 숲이 천천히 고갈되고 해안으로 목재를 가져오는 비용이 증가함에 따라 남쪽의 소나무가 선호되는 자원으로 바뀌었다. 이때 노예선에 사용된 목재 대부분은 노예들이 벌목했고 이 노예들 역시 노예선을 타고 대서양을 건너온 이들이 대부분이었다. 리버풀 조선소는 자신의 앞마당에서 노예선을 건조하기 위해 버지니아와 캐롤라이나의 노예 기반 식민지에서 소나무를 수입하기도 했다. 배는 노동자를 실어 나르고 노동자는 나무를 베어 배를 만드는 것이다.[27]

리버풀은 1750년경에 맞춤식custom-build 노예선을 건조하기 시작하면서 머지않아 노예무역의 중심지로 발돋움하게 된다. 조선술은 오랫동안 도시의 상업적 번영에서 핵심으로 자리 잡고 있었고 도시의 상인들은 아프리카와의 무역에 더 많은 돈을 투자하면서 현지 조선소에 배를 주문하기 시작했다.

1792년에는 대형 선박 건조장 아홉 곳과 소형 선박 건조장 세 곳이 있었다. 배 대부분은 머지Mersey강 물머리에 있는 인공 "저수조"pool에서 건조되었다. 노예무역 폐지 전 이십 년 동안(1787~1808) 리버풀 조선소는 연평균 21척으로 총 469척의 함선을 건조하였다. (의심의 여지없이 최고로 손꼽히는 조선소이자 상인들이 신뢰하는 조선소는 조선사 마이클 험블Michael Humble과 윌리엄 허리William Hurry의 이름을 딴 험블 앤 허리Humble & Hurry[겸손과 신속] 조선소였다.) 1780년대에 노예무역 폐지 운동은 노예무역 본거지에서의 함선 건조를 정치적 쟁점으로 끌어올렸다. 퀘이커Quaker교의 상인들을 이끌던 윌리엄 래스본William Rathbone은 노예선을 만드는 건조장에 목재 판매를 거부했다. 그러나 노예선은 노예무역 폐지의 순간까지 계속 진수되었고 이 배들은 결국 후에 다른 목적으로 개조되어야 했다.[28]

원래 선원이었다가 예술가로 전향한 니콜라스 포콕Nicholas Pocock은 1760년 브리스틀 조선소의 모습을 그림으로 남겼고 이 그림은 조선사 시든햄 티스트Sydenham Teast가 소유했다. 이 그림에 그려진 배들이 노예선이었는지 확실하지는 않지만, 티스트 역시 노예무역 투자자 중 한 명이었기 때문에 브리스틀이 이때 노예무역에 깊숙이 관여하고 있었다는 것은 명백하다. 그의 작품을 보면 소규모의 노동자들이 평균적으로 200톤에 달하는 노예선을 건조하는 데 얼마나 많은 시간이 걸릴지 상상할 수 있다. 숙련된 조선장master shipwright은 십수 명의 노동자들이 참여해야 하는 복잡한 작업을 지시했고 용골을 놓고 늑재를 연결하는 것으로 작업을 시작했다. 선체가 커짐에 따라 주변에 비계를 설치해서 판재를 안팎으로 붙이고 연결할 수 있도록 했다. 판재 사이를 메꾸는 뱃밥(삼hemp을 갈아 만듦)이 이음매 사이에 채워졌다. 선체가 완성되면 새로운 기술자들이 도착하고 상황은 더욱 분주해졌다. 새로 참가한 이들은 난간을 짓고 내부를 마감했다. 대장장이는 철물 작업을 담당했다(또한 후반부에 닻을 장착하는 일도 했다). 벽돌공은 주방을 지탱할 수 있는 벽돌을 깔고(또한 노예선 내부에 특별한 난로와 화덕도 필요했다) 양철공은 배수구를 설치했으며 유리장인은 뱃고물 창에 유리를 끼워 넣었다. 돛대와 도르래, 밧줄을 담당할 제작자도 필요했고 그들이 도구를 만들고 나면 삭구 장비 담당자에게 가져가서 항해 채비에 적절하게 장착하도록 했다. 돛 제작자는 커다란 천으로 돛을 만들고 소형 선박 조선사는 노 제작자가 마련한 긴 노와 함께 잡용선yawl과 긴 소형선longboat을 가져와서 실었다. 통 제작자는 화물과 식량, 물을 담을 통을 제공했다. 배를 구매한 사람이 얼마만큼의 장식과 사치품을 원하는지에 따라 화가, 목공예가, 마무리공이 와서 작업하기도 했다. 마지막으로 식량 적재를 위해 푸줏간 주인, 제빵사, 양조사가 도착했다.[29]

조선술은 고도의 전문 지식이 수 세기에 걸친 숙달 체계를 통해 내려온 고대의 기술이다. 18세기 대부분의 조선사는 여전히 "눈대중"으로 또는 모형 본을 보고 건조했기 때문에 이 시대 함선의 축소본 그림은 상대적으로 거의 남아 있지 않다. 조선사들은 윌리엄 서덜랜드William Sutherland의 『조선사 보조』(1711)나 『영국의 영광; 함선 건조와 완성의 관리와 조선 기술』(1729)과 같은 출판물을 사용했다. 두 출판물 모두 상당한 영향력을 가지고 있었다. 널리 읽히던 또 다른 저술가로는 존 하딩햄John Hardingham, 먼고 머레이Mungo Murray, 프리드릭 헨릭 어프 채프먼Fredrik Henrik af Chapman, 마머독 스타카르트Marmaduke Stalkartt, 윌리엄 허친슨William Hutchinson, 데이빗 스틸David Steel, 토머스 고든Thomas Gordon이 있다.[30] 조선사들이 이곳저곳을 다니면서 조선술은 국제적 기술로 발돋움했고 정부는 여기에 대한 걱정거리가 많았다. 말하자면 현재에도 배는 여러 곳을 다니면서 기술과 지식, 공학을 상대적으로 쉽게 전달할 수 있도록 하고 있다. 조선사들은 주어진 시대의 최첨단 기술을 알아보기 위해 항상 다른 나라에서 생산된 선박을 연구했다. 이로 인해 함선의 설계와 생산에서 일반적인 통일성이 확산할 수 있었다. 18세기 동안 모든 유럽 국가의 노예선은 설계와 구성 측면에서 거의 유사했다.[31]

윌리엄 팔코너William Falconer의 『해양 보편 사전』 1780년 판의 "함선 건조"의 항과 다양한 주제에 대한 범국가적 과학 정보 수집과 보급을 위한 1791년 함선 건조 개량 협회Society for the Improvement of Naval Architecture의 구축에 의해 암시되듯이, "과학"은 서서히 기술 영역으로 진입하고 있었고 또 그것을 변형시키고 있었다. 협회에서는 조선이라는 주제의 범위를 해양사에서

부터 전술, 군사적 방어를 위한 물리학(유체 및 물질fluids and matter 물리학)
과 수학(환산표)에 이르는 것으로 공표했다. 그들은 선박의 톤수를 계산하
는 방법, 선체 구조를 강화하는 방법, 빌지bilge[배 밑 가운데 만곡부)를 제거
하는 방법, 돛과 활대를 조절하는 방법, 배에서 화재를 예방하거나 통제하
는 방법, 침몰하는 배를 구조하는 방법에 대한 과학적 제안을 하는 경연 대
회를 개최하고 상금을 지급하였다. 그들은 "서로 다른 속도로 물에서 움직
이는 동체에 대한 법칙"을 발견하고자 했다. 과학은 또한 브룩스호의 그림에
나타난 것처럼 신중한 비율과 뛰어난 원근법을 채택한 배의 그림을 그림으
로써 도해 표현의 능력도 보여 주었다.[32]

안소니 폭스Anthony Fox 선장 : 노예선의 선원, 1748년

브리스틀 상인 투자자 협회의 기록 보관소에 남아 있는 흔치 않은 문
서 하나가 한 노예선 선원의 모습을 잘 보여 주고 있다. 그 선원은 1748년 8
월 13일 아프리카로 떠나는 페기Peggy호에서 일하고 있었다. 안소니 폭스 선
장은 "스노우급 함선 페기호(쌍돛대 함선)에 소속된 사람들"에 대한 설명을
남겼고 여기에는 선장 자신과 그의 수하 38명의 사람에 관한 풍부한 정보가
담겨 있었다. 그들의 나이는 15살에서 42살까지 다양했으며 폭스 선장과 다
른 두 명이 승선 인원 중 가장 나이가 많았다. 평균 나이는 26살이었고 나이
가 좀 더 많은 고급 선원들을 제외한다면 일반 선원의 평균 나이는 더 낮아
질 수도 있다(폭스는 정보를 기록할 때 그들이 수행하고 있는 직무는 표시
하지 않았다). 상대적으로 어린 나이에도 불구하고 거의 선원의 3분의 1에
해당하는 39명 중 12명은 항해에서 사망하였다. 폭스 선장은 "덩치"라는 기
록으로 선원의 키를 남겼다. 아마도 자신이 5피트 10인치로 키가 가장 컸다
는 점을 의식했기 때문으로 보인다. 평균 키는 5피트 6인치였다.[33]

페기호에 탑승한 사람들은 순항했다. 폭스 선장이 남긴 기록 중에는
"거주지"가 아닌 "태어난 고향"을 조사한 항목이 있었다. 페기호의 선원은 주
로 영국의 항구도시 출신이었지만 넓게는 영국 본토와 웨일스, 스코틀랜드,

아일랜드 각지의 사람들이 다 모여 있었다. 일부는 해외 출신으로 네 명은 스웨덴 사람이었고, 네덜란드, 제노바, 기니 출신 사람도 있었다. 폭스 선장은 몬세라트Monserrat 출신이었다. 선원들은 여러 상인과 해군 함선을 타고 영국과 아프리카, 서인도, 북아메리카, 동인도, 지중해, 때로는 터키 연안까지 항해한 경험이 있었다. 선원 중에는 1748년 오스트리아 왕위 계승 전쟁 후에 강제 해산된 군인도 있었다. 그들은 이전에 대영제국 군함 러셀HMS Russell, 데본샤이어HMS Devonshire, 토베이HMS Torbay, 론세스턴HMS Launseston에 승선한 경험이 있었다. 한 선원은 "불도마뱀 폭탄"Salamander Bomb호에서 일했고, 아프리카인 선원 존 굿보이John Goodboy는 이전에 "전쟁의 용기"Defiance ship of war호에서 항해했다.

폭스 선장은 선원의 "피부색"을 기록했는데, 이는 아마도 항해 중 어느 시점에 있을지도 모르는 도망자를 색출하는 데 필요했기 때문으로 보인다. 피부색의 기록에서 선장은 "갈색"browne과 "검은색"blacke 단 두 가지 분류만 사용했다. 선장을 포함한 대부분은 "갈색"이었다. 스코틀랜드 출신 로버트 머레이Robert Murray, 아일랜드 출신 피터 던프리Peter Dunfry, 제노바 출신 페라토 바솔로뮤Perato Bartholomew, 아프리카인 존 굿보이는 "검은색"에 포함되었다.

폭스 선장의 노예선에서 노동 분업은 18세기의 대양 항해 함선에서 널리 보아왔던 것과 유사했으며 몇 가지 특징이 있었던 것으로 보인다. 전형적인 노예선은 선장과 일등 항해사, 이등 항해사, 의사, 목수, 갑판장, 포수(또는 병기공), 통 제작자, 요리사 각각 한 명씩, 열에서 열두 명의 숙련 선원과 다섯 명 정도의 풋내기 선원으로 구성된다. 더 큰 배에서는 삼등 항해사나 사등 항해사까지 두기도 하고 의사나 목수, 포수처럼 다양한 기술을 가진 사람은 두 명씩 두기도 했으며 숙련 선원과 풋내기 선원의 수도 늘어났다. 폭스 선장의 배에서 특이했던 점은 더 많은 항해사와 의사 그리고 숙련 선원 및 풋내기 선원을 고용한 것이다. 이러한 선원의 추가적 구성은 노예무역의 특별한 위험을 반영하는 것이며 노예를 지키고 아프리카 해안과 중간항로의 사망률을 버티기 위해 더 많은 인원이 필요했던 것으로 볼 수 있다. 노동 분업은 선원 사이의 작업 관계에서 책임과 체계를 갖도록 함으로써 노동 역할의 위계와 그에 상응하는 임금 수준을 결정했다. 노예선은 마치 전함처럼 매우 다양한 기술을 필요로 했다. 노예선은 초심자가 운영하기에는 "너무나 크고 관리하기 어려운 기계"였다.[34]

노예선에서의 노동 체계는 선장과 함께 시작되며 선장은 선주에 의해 가장 먼저 고용되는 사람인 동시에 항해가 끝나면 가장 마지막에 해임되는 사람이기도 했다. 그는 항해하는 동안 상인과 그들 자본의 대리인이었다. 선장의 임무는 "항로를 관리하고 [배의] 화물, 항해, 선원 등과 관련된 모든 것을 관리하는 것"이었다. 그는 선원을 고용하고 함선의 보급품을 준비하며 기존 화물을 관리했다. 또한, 아프리카에서 구매한 노예를 아메리카로 데려가 판매하는 모든 사업을 수행했다. 그는 나침반의 방향에 따라 항로를 결정하고 작업 명령을 내렸다. 다소 작은 배에 탔을 때 선장은 야간 2교대 근무 중 하나를 맡아야 했다. 그는 나무로 만든 세계의 군주였다. 그는 거의 모든 전권을 쥐고 있었고 그가 생각하기에 배 안에서 사회적 질서를 유지할 수 있다고 생각되면 언제든 그러한 권력을 사용하였다.

대부분 노예선에는 최소 두 명의 항해사가 있었는데, 이는 사망의 위험에 따라 배에 항법을 알고 있는 사람이 몇 명은 있어야 했기 때문이다. 수석 항해사는 선장과 비교하면 턱없이 낮은 권력을 가지긴 했지만, 두 번째로 높은 지휘권을 가지고 있었다. 그는 감시 근무를 명령하고 교대 시간 동안은 배의 기본적 기능을 유지하도록 하는 일을 했다. 그는 선원들의 일과를 관리하고 그들이 작업에 착수할 수 있도록 했다. 수석 항해사는 항상 함선의 보안을 염두에 두고 노예들이 통제 속에 있을 수 있도록 했다. 또한, 그는 노예에 대한 급식과 운동, 건강을 관리하기도 했다. 때로는 포로들을 하갑판에 "적재"하는 일을 담당하기도 했다. 소형선을 타고 나가 아프리카의 해안에서 교역해야 하는 일이 생기면 그는 소형선 중 하나를 담당하기도 했고 이는 수석 항해사 역시 자주 무역을 수행하면서 노예를 사들이거나 선박으로 운송하는 일을 했다는 것을 의미했다.

윌리엄 스넬그레이브 선장은 1727년 수석 항해사 존 마그누스John Magnus를 위해 작성된 "위다행 항해 중 일등 항해사를 위한 지침"에서 이러한 책임에 관한 내용을 대부분 다루고 있다. 그의 주요 관심은 보안이었다. 그는 특히 "거칠고 강한 남자 노예"에 대한 통제를 강력하게 권고했다. 족쇄를 자세히 확인하고 저녁 식사 중에는 파수병이 보초를 서게 하고 총기를 소유하도록 해서 "폭동"을 막도록 했다. 또한, 일등 항해사는 누구도 소형선을 탈취하거나 배에서 뛰어내리지 못하게 해야 했고 식량을 안전하고 깨끗하게 보관하며 노예들이 아프지 않도록 그들에게 줄 "댑댑"dab-a-dab(누에콩, 쌀, 옥수수를 섞은 것)을 잘 끓여놓아야 했다. 물은 하루에 세 번, 담배는 일주일에 한 번 제공하고 추운 날 아침에는 옥수수 브랜디 한 모금을 마실 수 있도록 허가해야 했다. 저녁에는 음악과 춤으로 기분을 풀어 주기도 해야 했다. 그는 몇몇 노예들에게 갑판 청소를 시키고 "주어진 일을 잘해 냈을 때는 보상으로 매일 간단한 음주"를 할 수 있도록 하는 방법도 제안했다. 노예들 사이에 천연두가 발병하면 감염된 사람을 즉시 격리해서 전염을 예방해야 했다. 선원이 아플 경우에는 설탕, 버터, 오트밀과 같은 특별식을 제공해야 했다. 그는 "노예가 죽게 되면 그들을 물속으로 보내줄 때 윌슨 씨Mr. Wilson와 몇몇 고급 선원이 그 자리에 함께할 수 있도록 하고 죽은 노예가 사망한 달과 병을 앓은 날짜를 적어두어야 한다"고 덧붙였다. 선원이 사망한 경우에는 "유류품의 목록을 작성하고 물건들을 상자에 넣어 죽은 이의 가슴 품에 두도록" 했다. 수석 항해사는 많은 책임을 지고 있었고 뒤로 이동, 삼등, 사등 항해사는 일정 비율로 그 책임이 줄어들었다.[35]

　의사는 대서양의 한편에서 맞은편으로 선원과 노예를 살려서 보내야 하는 어려운 일을 담당하고 있었다. 그는 노예의 질병과 쇠약의 징후를 상세히 조사함으로써 노예 구매를 보조했다. 건강은 아프리카 해안과 중간항로에서 생존의 기회를 높이는 최선의 요인이었고 아메리카의 시장에서는 높은 가격에 거래될 수 있도록 한다는 것을 잘 알고 있었다. 노예가 배에 도착하면 의사는 매일 그들을 돌아보고 불편한 점에 대한 답을 주기도 하며 병을 진단하고 약을 처방했다. 의사는 또한 서아프리카의 새로운 질병에 걸려 고생하는 선원을 치료하기도 했다. 18세기 초반에는 커다란 배에만 의사가 상주했고 주로 로드아일랜드에서 출발하는 작고 빠른 아메리카 노예선과 같은 배에는 의사가 탑승하는 경우가 거의 없었으며 선장이 약물 "조제법"이 적힌 책을 활용해서 의사의 역할을 대신했다. 1788년 돌벤법Dolben Act이나 노예 운반법Slave Carrying Bill이 통과된 후 영국은 모든 노예선의 의사 승선을 의무화했고 의사는 항해 중 질병과 사망에 관한 기록을 보관해야 했다.[36]

나무로 만들어진 이 작은 세상에서 목수는 선체의 구조적 안전성과 다양한 부품에 대한 책임을 지고 있었다. 그는 선체를 정기적으로 검사하고 함선에 물이 새지 않도록 판재의 이음매 사이에 나무 마개나 뱃밥을 밀어 넣는 일을 했다. 목수는 돛대와 활대, 기계장치의 수리도 담당했다. 노예선에는 목수가 담당하는 독특한 특징도 몇 가지 있었다. 노예무역을 위해 해외로 향하는 항해에서 목수는 주갑판의 방책과 하갑판의 격벽과 평단platform을 설치하여 일반 상선을 효율적인 노예선으로 변모시켰다. 바람막이 해안과 같은 곳에서 교역해야 하는 때에는 잡용선과 긴 소형선을 특별히 더 손질해 두기도 했다. 목수는 주로 견습생 과정을 거치며 기술을 배웠지만 때로는 배에서 동료에게 훈련을 받기도 했다.

갑판장, 포수, 통 제작자, 요리사는 그 수가 적었지만 숙련된 일꾼들이었다. 갑판장은 항해사와 마찬가지로 감독관의 역할을 했다. 그는 각종 삭구 장비와 닻과 닻줄을 책임졌고 일부 함선에서는 여자 노예를 관리하기도 했다. 포수 또는 병기공은 각종 화기와 탄약 및 대포뿐만 아니라 자물쇠와 쇠사슬도 관리했다. 무역 자체가 일종의 전쟁 형태를 띠던 시대에, 또한 떠다니는 감옥에서 전투가 발발하는 함선의 경우에 그의 역할은 더욱 중요해질 수밖에 없었다. 통 제작자는 크고 작은 통을 만들거나 수리해서 식량과 물뿐만 아니라 물자(특히 설탕과 담배)가 안전하게 적재되어 보존될 수 있도록 하는 일을 했고 추가적인 목공 일도 수행했다. 다른 함선과 마찬가지로 노예선에서 요리사는 가장 나이 많은 선원인 경우가 많았다. 이들은 항해에 대한 경험은 누구보다 많았지만, 돛대에 올라가거나 무거운 신체적 노동을 할여력은 없었다. 아니면 요리사가 아프리카계 아메리카인인 경우도 있었다. "흑인 요리사"의 모습은 18세기에 노예선을 비롯한 모든 종류의 배에서 익숙한 모습으로 등장하고 있었다. 요리사는 하루 두 번 삼백 명에서 사백 명의 인원들의 음식을 제공하기 위해 끊임없이 일해야 하는 사람이었다. 선원들의 관점에서나 어쩌면 노예들의 관점에서도(우리가 그들의 관점을 알 수 있다면) 요리사는 그렇게 "숙련된 기술"의 노동자로 간주되지는 않았을 것이다.

보통 선원은 오래된 문구 "조종, 축범, 조타"hand, reef, and steer에서 말하듯이 이러한 기술을 통해 배가 항해할 수 있도록 훈련된 사람을 말한다. 선원은 줄사다리를 오르내리고 돛을 세우며 줄의 매듭을 묶거나 잇고 배를 조타하는 방법을 알고 있다. 1700년까지는 어느 곳이든 선원으로 일한다는 것이 거의 다 비슷했다. 선원은 이 배 저 배를 옮겨 타고 다니며 할 일과 필요한 기술들을 찾아다녔지만 본질상 거의 같은 일이었다. "유능한 선원"은 모든 면에서 배에서 할 일들을 해낼 줄 아는 사람이었다. 노예선에도 선원은 탑승했지만 주로 낮은 임금을 받는 "일반 선원"들이었고 대부분 젊고 경험이 부족해서 여전히 위험한 직업의 새로운 점들을 배워가는 중이었다. 노예선의 선원은 교도관 역할도 수행했다. 선원은 노예들이 씻고 먹고 춤추고 주갑판에 앉아 있을 때도 그들을 관리하고 감시하며 많은 시간을 보냈다. 이들이 하는 일이 바로 노예선의 가사노동이자 집안 살림이었다.

1750년 이후부터 대부분 노예선은 풋내기 선원을 몇몇 고용하고 있었다. 이들은 젊고 미숙한 노동자로 시골 출신 도시 출신이 제각각 섞여 있었고 평화로웠던 시기였던 만큼 해안 지역에서 노동일을 구하기 어려워지자 노예선에 승선하기로 한 사람들이 많았다. 그들의 주 업무는 노예를 지키는 것이었지만 선상이나 해안에서 숙련을 필요로 하지 않는 다양한 육체적 노동에 불려가기도 했다. 항해가 진행되는 동안 그들은 배에서의 작업을 배우고 두세 번의 항해를 마치게 되면 이제 일반 선원의 자격을 얻을 수 있었다. 그때까지 그들은 작업 계급에서 사환 바로 위에 머물러야 했다. 여덟 살에서 열네 살 사이의 사환은 보통 한 명에서 세 명 정도 있었는데 그들은 보통 선장이 직접 가르치는 견습생으로 일하며 바닷사람으로 자랐다. 사무엘 로빈슨과 마찬가지로 그들은 이상한 직업 세계에 머물러 있었지만 잔인하거나 난폭하게 다루어지는 경우는 거의 없었다.

토머스 클락슨:노예무역 함선의 다양성, 1787년

노예무역 폐지론자 토머스 클락슨은 1787년 6월에 어떤 종류의 함선도 노예선으로 사용될 수 있었다는 점을 발견하고 놀라지 않을 수 없었다. 그는 노예무역에 관한 증거를 수집하기 위해 런던에서 브리스틀로 떠났다. 그는 곧 농장 노동자가 될 사람들을 실어 나르는 배의 "구조와 치수" 그리고 선체의 외장에 관심이 있었다. 클락슨은 몇 달 전에 템스강에 정박해 있던 콜리Colley 선장의 200톤급 함선 플라이Fly호에 올라본 후 노예선에 대한 뚜렷한 인상을 가지게 되었다. 그러나 그는 아프리카로 출항할 채비를 하고 있던 "작은 두 척의 슬루프선"을 보고 충격을 받았다. 한 척은 겨우 25톤 정도 되어 보이고 그 배의 선주는 70명 정도의 노예를 데리고 올 계획이었다. 다른 한 척은 심지어 더 작았다. 약 11톤 정도 되어 보이는 그 배에는 30명 정도의 노예밖에 태울 수 없을 것처럼 보였다. 클락슨의 동행 중 한 사람이 이 정도 크기의 함선은 때로는 부속선tender으로 사용되어 서아프리카 해안의 강을 거슬러 오르기도 하고 한 번에 서너 명의 노예를 싣고 해안에 정박 중인 커다란 배로 배달해 주기도 한다고 설명해 주었다. 그러나 클락슨이 발견한 작은 함선의 선주들은 자신을 노예상이라 말하며 서인도에서 자신의 노예를 싣고 운송해올 것이라고 했다.[37]

클락슨은 그 말을 믿을 수 없었다. 그는 자신에게 그런 말을 해준 선주들이 일부러 바보 같은 말을 하면서 자신을 속이려고 하는 것이 아닌가 하는 의문이 들 정도였다. 그만큼 노예무역에 대해 그들이 한 말은 쉽게 반박당할 수 있고 "대의에도 어긋나는 일이었다." 두 함선 중 하나는 원래 세번Severn강에서 "여섯 명을 태우고 다닐 수 있게 설계된 유람선"이었고 두 함선 모두 유람선으로 내놓았지만 팔리지 않아 결국 서인도에서 노예를 배달하게 되었다는 이야기도 들었다. 클락슨은 두 함선을 측정해 보고 동료에게 물어서 함선의 제작자를 찾은 다음 제작 수치도 받아 보기로 했다. 공식적 수치는 클락슨이 조사한 정보와 일치했다. 두 함선 중 더 큰 함선의 경우 노예들이 감금될 장소의 길이가 31피트 너비는 10피트 4인치에서 끝에는 5피트로 좁아졌다. 그의 계산에 따르면 각각의 노예는 3제곱피트의 공간을 얻게 된다. 작은 함선의 경우 노예실은 길이 22피트에 너비 8피트(4피트로 좁아짐)였다. 용골에서 들보까지의 높이는 5피트 8인치였지만 3피트는 "밸러스트 ballast[배의 중심을 잡기 위해 배의 하부에 싣는 바닥짐]과 화물, 식량"으로 채워졌고 남은 공간에 30명의 노예가 4제곱피트 넓이에 2피트 8인치 높이 공간에 머물러야 했다. 여전히 의심스러웠던 클락슨은 네 명의 동료에게 각자 함선이 아프리카로 가는 것이 맞는지 확인해 보도록 했다. 네 사람 모두 원래의 진술이 사실이라고 보고했고 클락슨도 곧 브리스틀 세관에서 그에 관한 공식적 서류를 확인했다.[38]

클락슨은 그가 발견한 11톤짜리 함선이 기록상 가장 작은 함선이 아니라는 점에서 다시 한번 놀랄 수밖에 없었다. 1761년 헤스케스Hesketh호라고 불리는 10톤짜리 함선은 리버풀에서 바람막이 해안으로 항해해서 세인트키츠St. Kitts로 30명의 노예를 운송해 왔고 같은 크기의 함선이 19세기 중반 쿠바와 브라질에 노예를 배달했다. 11톤짜리 함선 두 척인 샐리Sally호와 어드벤처Adventure호는 1764년과 1770년에 로드아일랜드에서 아프리카로 항해했다. 클락슨은 가장 작은 함선조차도 노예선이 될 수 있다는 것을 알게 되었다.[39]

함선을 크기별로 연속선상에 놓고 반대쪽 끝을 보면 베헤모스Behemoth 급으로 건조된 566톤 규모의 파르Parr호가 있었다. 이 함선은 조선사 존 라이트John Wright가 건조했고 유명한 지역 노예무역 가문의 일원인 토머스와 존 파르Thomas and John Parr의 이름을 땄다. 이 함선은 네모난 뱃고물에 이중 갑판으로 건조되어 127피트의 길이와 32피트의 너비, 세 개의 돛과 선미 전망대, 뱃머리에는 여성의 형상으로 조각한 선수상을 장착했다. 함선은 중무장하고 있었고 20파운드와 12파운드 카로네이드포를 각각 열여덟 문씩 갖춘 위용을 자랑했다. 당시의 기록에 따르면 "그녀[파르호]는 매우 아름다운 모습으로 감히 평가할 수 없는 대상이었고 아프리카 무역을 위해 이 항구에서 설계되어 출항한 함선 중에서 가장 컸다"고 기록되고 있다. 700명의 노예를 태울 수 있도록 설계되었고 항해하기 위해서는 100명의 선원을 필요로

했다. 파르호는 리버풀 노예선 중 가장 크기만 한 것이 아니라 전체 대서양
을 항해하는 영국 함선 중에서 가장 컸다. 그러나 라이트와 그의 동료들이
함선을 진수하고 얼마 지나지 않아 갑작스럽고 불행한 소식이 들려왔다. 무
역에서의 불명예스러운 인재人災의 역사 중 파르호는 가장 유명한 사례로 자
리 잡고 있다. 1798년 비아프라만의 보니섬으로 떠나는 파르호의 첫 항해에
서 데이빗 크리스천David Christian 선장이 해안에 도착해 200명의 노예를 실
은 직후, 배가 폭발해서 승선한 모두가 사망했다. 폭발의 원인은 알려지지
않았다.[40]

만약 클락슨이 발견한 소형 11톤짜리 슬루프가 함선 크기의 연속선에
서 가장 끝에 있고 그 반대편에는 파르호가 있다면 중간에 위치한 가장 전
형적인 크기의 함선의 형태와 크기는 무엇이었을까? 영국과 미국의 노예무
역상은 주로 슬루프, 스쿠너, 브릭, 브리간틴, 스노우, 바크 그리고 십급(이 명
칭은 모두 특정 형태의 함선을 말하며 동시에 함선을 분류하는 일반적인 명
칭이었다)의 함선을 사용했다. 노예선은 중간 정도의 크기와 운송능력을 갖
추고 있는 경우가 많았다. 이러한 함선은 동인도와 서인도 사이의 무역에 사
용되는 배보다는 작았고 지중해 항해에 사용되는 배의 크기와 비슷했으며
북유럽이나 연안 상업에 활용되는 배보다는 컸다. 18세기 무역에 사용된 대
부분 함선과 마찬가지로 노예선 역시 시간이 지남에 따라 규모가 커지는 경
향을 보였고 이러한 경향은 신세계의 항구보다는 브리스틀, 런던 그리고 특
히 리버풀에서 더 두드러지게 나타났다. 미국의 노예선 상인과 선장은 작은
함선, 특히 슬루프와 스쿠너와 같이 적은 선원으로 소수의 아프리카 노예를
운송하는 함선을 사용해서 아프리카 해안에는 짧게 머무르며 빠르게 노예
를 모으는 방식을 선호했다. 영국 상인은 다소 큰 함선을 선호했고 더 많은
물류 처리 협업을 요구하지만, 더 큰 이익을 보장하는 방식으로 소형 미국
함선의 이점을 공유하며 무역을 진행했다. 영국과 미국 한쪽의 항구에서 건
조된 함선이 다른 쪽 항구에서는 효용 가치가 없기도 했다. 리버풀의 노예무
역 상인들은 1774년에 미국의 노예선 데보라Deborah호에 대해 이야기하면서
"그녀[데보라호]는 로드아일랜드에서 아프리카로 가는 보통의 무역에 맞춰서

설계되었다. 아마도 럼주를 운송했을 것이다. 그녀는 리버풀의 무역 상황에는 전혀 적합하지 않다"고 말했다.[41]

클락슨이 본 가장 작은 함선은 슬루프였고 이는 아메리카의 항구 외에서는 노예무역에 쓰이는 경우가 거의 없었다. 슬루프급 함선은 보통 25톤에서 75톤 크기에 단돛대와 종범장치를 갖추었다. 주돛은 돛대에서 선두 쪽으로 연결되며 아래에는 긴 활대를 갖고 있었고 이 돛은 어느 방향으로든 움직일 수 있었다. 이 함선은 얕은 흘수와 가벼운 방향전환으로 수면을 빠르게 항해했고 쉽게 기동할 수 있었다. 항해에 필요한 선원도 간소하게 다섯에서 열 명 정도였다. 이러한 종류의 함선 중 한 척이 1765년 1월 7일에 『뉴포트 머큐리』(로드아일랜드)지에 실렸다. 매물로 나온 물품은 "50톤급 슬루프, 노예선으로 적합하며 모든 장비와 함께 몇몇 흑인 소년도 함께 제공합니다"라는 문구를 내걸었다.[42] 윌리엄 시어러William Shearer 선장은 세부 내용을 설명하면서 슬루프 낸시Nancy호가 1753년 4월 감비아강에서 반란을 일으킨 선원들에 의해 점거당했었다는 점을 자세히 설명했다. 낸시호는 코네티컷Connecticut에서 9개월 전에 건조되었고 70톤의 크기로 네모난 뱃고물에 만곡의 허리선을 가지고 있었다. 또한 한쪽 옆면에 여섯 개의 공기 배출구air port가 뚫려 있었고 네 문의 작은 대포도 장착했으며 타륜wheel으로 조타했다. 외관은 대부분 검은색으로 칠해져 있었다. 뱃고물에는 선실의 커튼과 근처의 소벽frieze에 어울리도록 노란색을 칠했다. 또 다른 벽면에는 진주색을 칠했고 배출구 주변과 후갑판 선실은 주황색을 칠했다. 시어러 선장은 함선에 "화물과 관련된 기록이나 세관 서류가 없다고 덧붙였는데 이는 아마도 선원들이 서류를 파기했기 때문으로 보인다. 마지막으로 그는 낸시호가 "뛰어난 함선이며 역풍과 순풍 모두 상관없이 좋은 항해능력을 보인다"고 언급했다.[43]

노예무역에서 쌍돛대 함선은 흔히 사용되고 있었다. 18세기 초반 아메리카의 조선소에서 출현한 스쿠너를 설명하는 데에는 1796년 사우스캐롤라이나의 찰스턴의 북부 선창 동업조합의 공공 경매에서 판매된 뱃시Betsey호가 좋은 예시가 된다. 이 함선은 "90톤의 적재량을 가진 뛰어난 이중 갑판 함선으로 노예선으로 활용되도록 설계되었으며 즉시 바다로 항해를 떠나도

양호한 상태"라고 설명되었다. 같은 선체에 다른 삭구 장치를 가진 브리간틴, 브릭 또는 스노우(스나우)급 함선도 역시 노예무역에서 인기가 좋았는데 그 이유는 대부분 중간 정도의 크기를 가지고 있었기 때문이다. 이 함선들은 30톤에서 150톤 사이의 규모였고 노예선의 평균은 100톤 정도였다. 1797년 의학박사였던 예레미야 피츠패트릭 경Sir Jeremiah Fitzpatrick M. D.이 지적한 바에 따르면 이 정도 규모의 함선은 대형 함선보다 톤당 실제 갑판과 선내 공간은 더 많았다.[44]

18세기의 가장 위대한 해양 사전을 편집했던 윌리엄 팔코너에 따르면 쉽급의 함선은 "대양을 항해하는 함선 중 최고의 함선"이다. 이 함선은 노예무역을 위해 출항한 함선 중 가장 컸고 좋은 항속과 충분한 적재 능력을 보유하고 있었다. 세 개의 돛이 각각 하부돛대와 상부돛대 그리고 최상부돛대로 이어졌다. 전함으로서의 쉽급 함선은 포열을 장착하고 거대한 파괴력을 보유한 "움직이는 요새 또는 성채"였다. 상선으로서의 쉽급 함선은 그 크기가 다양해서 100톤 이상에서부터 일부는 파르호와 같이 500톤을 웃돌기도 했고 700명 이상의 노예를 운송할 수 있는 능력을 갖추고 있었다. 평균적인 노예선의 규모는 클락슨이 처음 봤던 플라이호와 같이 200톤 정도였다. 1800년 5월 7일 찰스턴의 캐롤라이나 커피 하우스Carolina Coffee House에서 공공 경매로 판매된 엘리자호 역시 일반적인 노예선과 크게 다르지 않았다. "모든 부속 장비와 함께" 장래의 구매자를 기다리며 고이어Goyer의 부두에 정박 중이던 이 함선은 구리로 된 바닥 면을 가진 230톤의 쉽급 함선으로 "12개의 포문을 장착하고 놀랍도록 빠르게 항해하며 저장 능력이 좋고 출항 비용이 적어서 서인도 또는 아프리카 무역에 매우 적합"했다.[45]

노예무역이 수년에 걸쳐 성장하고 변화함에 따라 노예선도 진화했다. 대부분 노예선은 그 시대의 전형적인 범선의 형태였고 무역에 특화되어 건조되지 않았다. 1700년부터 1808년 사이의 기간 전반에 걸쳐 다양한 크기와 형태의 함선이 무역에 참여했지만 1750년 이후에는 리버풀의 조선소를 중심으로 노예무역에 특화된 함선이 나타나기 시작했다. 이 함선은 더 크고 특수한 기능을 갖추고 있었다. 공기 배출구와 구리 바닥, 갑판 사이에 더 많은 별실이 바로 그것이다. 이 배는 노예무역 폐지 운동으로 인한 압박과 선원과 노예의 건강과 치료 개선을 위한 의회 입법의 통과로 인해 1780년대에 추가적인 수정 작업을 거쳤다. 말라키 퍼슬스웨이트, 조셉 마네스티, 아브라함 폭스Abraham Fox, 토머스 클락슨 등 다양한 이해利害에 따른 관점으로 바라보더라도 노예선은 그 시대에 가장 중요한 기술 중 하나였다.

존 릴랜드John Riland : 노예선에 대한 묘사, 1801년

존 릴랜드는 공포에 떨며 그의 아버지로부터 받은 편지를 읽고 있었다. 그해는 1801년이었고 이 젊은이는 옥스퍼드Oxford의 그리스도 교회Christ Church에서 공부를 마치고 자메이카의 가족 농장으로 돌아가야 했던 시기였다. 그의 아버지는 아주 정확한 지시를 내리고 있었다. 그는 옥스퍼드에서 리버풀로 떠난 뒤 정박 중인 노예선에 승객으로 승선해야 했다. 거기에서 그는 아프리카의 바람막이 해안으로 항해하고 "살아 있는 화물"인 노예의 구매와 적재를 관찰한 뒤 그들과 함께 대서양을 건너 자메이카의 포트 로열Port Royal로 돌아오는 여정을 떠나야 했다. 젊은 릴랜드는 반-노예제도적 태도를 가지고 있었고 살아 있는 인간을 거래하는 당시의 관행을 심각하게 염려하고 있었다. 그는 "떠다니는 수용소에 불행하고 병든 노예의 무리와 함께 갇히기"를 원하지 않는다고 기록했다. 그는 동창생으로부터 중간항로와 노예선에 대한 폐지론자들의 최근 주장이 "악랄하게 과장되어 있다"는 말을 듣고 다소 위안을 얻기는 했다.[46]

릴랜드의 부친도 아들처럼 노예제도에 대하여 의문을 품기 시작했다. 그의 기독교적인 양심은 분명히 그에게 가족의 유산을 물려받게 될 젊은 아들이 노예무역이 무엇인지를 직접 볼 필요가 있다고 말하고 있었다. 부모에게 충실했던 아들은 결국 가장의 명령에 따르기로 했다. 그는 리버풀로 가서 "Y── 선장"과 함께 그의 배 리버티Liberty호에 승선해 특권층 승객으로 항해를 시작했다. 릴랜드는 그 경험을 바탕으로 노예선에 대한 가장 상세한 기록을 남겼다.[47]

릴랜드가 아프리카를 향해 대서양을 횡단하는 함선에 탑승했을 때, 선장은 분명히 그가 노예무역과는 무관한 사람이라는 것을 알았다. 그래서 나무로 만든 세상을 책임지고 있던 이 남자는 가능한 한 최선의 밝은 측면으로 배와 그 안의 모습들을 보여 주기로 했다. 릴랜드의 기록에 따르면 그는 "우리가 육지[아프리카]에 상륙하거나 해안에 머무를 때 직면할 수 있는, 또는 자메이카로 돌아오는 항해를 하면서 직면할 수 있는 불쾌한 상황을 완화"하려고 애썼다. 릴랜드는 선장이 구매한 200명 이상의 포로와 혼잡스러운 북적임, 필연적인 질병과 죽음에 대해서도 기록했다. 선장은 이 젊은 승객에 대한 교육도 책임져야 했다. 두 사람은 선장의 선실(릴랜드는 여기에서 숙식했다)에서 밤을 지새우며 흔들리는 등불의 희미한 빛으로 대화를 이어나갔다. 선장은 "함Ham의 아이들"[유색인종, 특히 흑인]이 부친 릴랜드가 운영하는 것과 같은 아메리카의 농장으로 보내지면 어떤 혜택을 누리게 되는지 인내심 있게 설명했다.

선장은 아프리카의 해안에서 "살아 있는 화물"을 확보한 직후 릴랜드에게 "노예선이 알려진 바와 아주 다르다는 것"을 직접 볼 수 있다고 말했다. 그는 노예무역 폐지론자의 선전 활동이 영국과 해외의 여론을 바꾸고 있다고 말했다. 선장은 릴랜드에게 "행복에 겨워하는 노예의 모습"을 모두에게 보여줄 것이라고 했다. 이 점을 증명하려는 듯이 그는 여자 노예에게 다가가 몇 마디를 건넸고 "그들은 세 번이나 환호하며 크게 웃었다." 그다음 그는 주갑판 앞에 서서 앞서와 같은 단어를 사람들에게 말했고, 그들 역시 똑같은 반응을 보여 주었다. 의기양양하게 돌아선 선장은 "이제 윌버포스 씨Mr. Wilberforce[윌리엄 윌버포스, 노예무역 폐지 운동을 이끈 정치인]가 노예선에 대한 그릇된 말들로 모두를 속이고 있었다는 말을 믿을 수 있겠나?"라고 말했다. 그는 노예 운송에서의 공포를 공공연하게 떠벌리고 다녔던 의회의 정당 지도자에 대해서도 언급했다. 릴랜드는 확신하지 못했다. 그러나 그는 호기심을 자극받았고 선장이 진실을 말하고 있는지 알고 싶었다. 그래서 그는 "노예선의 경제"를 더 상세히 관찰했다.[48]

대략 140톤 정도의 바크 또는 쉽급의 중형 함선에 관해 설명하기 위해 릴랜드는 하갑판부터 설명하기 시작했다. 하갑판에는 240명의 노예(남자 170명, 여자 70명)가 하루 16시간 이상 투옥되어 있었다. 릴랜드는 함선이 지하 감옥과 같은 특성이 있다고 보았다. 손목과 발목에 2인치 두께의 쇠고랑을 찬 사람들이 거의 140명에 달했고, 그들은 주돛에서부터 앞으로 쭉 연결되어 주갑판 바로 아래까지 이르는 거처에 차곡차곡 적재되어 있었다. 하갑판과 바로 위 들보까지의 거리는 4½피트였기 때문에 대부분 노예는 똑바로 설 수도 없었다. 평단은 노예선 하갑판에 주로 설치되어 함선 끝에서 안쪽으로 6피트 정도 되는 평평한 단을 놓은 것으로 운송할 수 있는 노예의 숫자를 늘리기 위한 것이었는데, 릴랜드는 여기에 대한 기록은 남기지 않았다. 함선은 아마도 1788년 돌벤법에 따라 운송할 수 있는 최대한의 노예를 적재하고 있었을 것이다. 해당 법에 따르면 함선의 적재능력 3톤당 5명의 노예를 운송하도록 허가되었다.

주갑판 위쪽으로는 노예들의 거처 입구를 덮는 커다란 나무 격자가 있었고 개방된 격자의 공간을 통해 "충분한 공기"를 보낼 수 있도록 고안되었다. 같은 목적으로 함선 옆면에는 공기가 드나들 수 있는 현창舷窓이 두세 개 뚫려 있었지만 이 구멍은 항상 열려 있지는 않다. 거처 가장 뒤쪽에는 목수가 하갑판을 통하는 공기의 순환을 방해하지 않도록 고안한 "아주 튼튼한 격벽"이 있었다. 그러나 릴랜드는 여전히 아래쪽의 공기 순환이 열악하다고 생각하고 있었고 노예들이 가장 불결하고 답답한 공기에 노출되어 있다고 보았다. 더 좋지 않았던 것은 너무나 작은 공간이었다. 할당된 공간은 "편안함이나 건강함을 고려하기에는 너무나 좁았다." 릴랜드는 아래쪽에서 끌려 나온 사람들이 "우울하고 낙담한 것처럼 보였을 뿐만 아니라 매우 창백하고 송장과 같은 모습"이었다고 했다. 항해가 끝날 무렵에 그들은 너무 오랜 시간 어둠 속에 머물러 있어서 아침에 햇빛을 보고 눈을 깜박이는 것조차 힘겨워했다.[49]

리버티호에서 하갑판 중간 부분의 주돛대 후방에서 뒷돛대까지 영역은 여자 노예의 거처였고 다른 대부분 노예선과 달리 어린아이들을 위한 거처는 따로 두지 않았다. 남자와 여자 노예를 가르기 위해 두 거처 사이에 10피트 정도의 공간이 있었고 이곳은 선원들이 무역품과 해상 물품, 보급품(식량, 물, 특대 "기니 술통") 보관 창고로 가는 통로로 사용했다. 여자 노예의 거처는 전후방 모두 튼튼한 격벽으로 둘러싸여 있었다. 여자 노예 대부분은 철창에 갇히지 않았고 남자 노예보다 더 넓은 공간과 이동의 자유가 있었다. 그래서 그들 중 45명만 이 거처에서 잠을 잤다. 주갑판 위쪽으로 3피트 되는 곳에는 상자와 같은 격자가 놓여 있었고 릴랜드는 "이 정도면 공기 순환은 잘 된다고 인정했다." 아래에 있는 사람들은 다르게 생각했을 것이다.[50]

선미 갑판 아래에는 두 개의 추가적인 거처가 있었는데 7피트 아래에서 주갑판을 받치고 있는 이 공간은 함선의 뱃고물까지 이어졌다. 가장 뒤쪽에 있는 것이 선장과 릴랜드가 머무는 선실이었다. 그러나 가장 큰 특권층인 이 두 사람조차 매일 밤 25명의 작은 아프리카 여자아이들과 잠드는 공간을 공유해야 했다. 아프리카 여자아이들은 바닥에서 잠을 잤다. 선장은 방을 같이 쓰는 릴랜드에게 "며칠간은 냄새가 불쾌하게 느껴질 것"이라고 말하며 "무역풍 지대에 들어서면 괜찮아질 것"이라고 알려주었다. 릴랜드가 나중에 쓰기를, 그는 신사다운 깔끔함을 다시 찾지 못했고 "밤새 나는 바닥에 뒤죽박죽 모인 노예로 인한 여파에 시달렸고 냄새는 거의 참을 수 없을 정도였다"고 했다.

상황은 주갑판으로 통하는 인접한 다른 방에서도 비슷했다. 여기는 의사와 일등 항해사가 숙소를 공유하고 있었고 그 아래 바닥에는 매일 29명의 남자아이가 잠을 잤다. 주갑판 위의 다른 공간은 아픈 사람들, 특히 이질이 있는 사람들을 "다른 사람과 분리"하기 위한 장소로 사용되었다. 남자 노예 중 아픈 사람은 긴 소형선에 두고 천막처럼 타르 방수포를 덮어두었다. 여자 노예 중 아픈 사람은 반갑판half deck으로 보냈다. 선원들이 사용할 수 있는 공간은 매우 작았다. 그들은 병자가 있는 소형선 아래에 해먹을 치기도 하면서 천막이 아프리카 해안의 밤이슬이나 병균으로부터 자신을 보호해 주길 기도했다.

릴랜드는 주갑판의 사회적 조직에서 말 그대로 핵심을 담당하는 또 다른 특징을 강조했다. 바로 배를 양분하며 주돛대 근처에 함선 옆면보다 2피트 이상 더 확장되어 둘러쳐진 튼튼한 나무 장벽인 10피트 높이의 방책이다. 이 구조물은 어떤 함선이든 노예선으로 탈바꿈시켜줄 수 있었고 남녀 노예를 떨어뜨려 놓거나 노예들이 선상 반란을 일으킨 경우에는 선원이 한쪽(여자 노예 쪽)으로 후퇴하여 방어할 수 있도록 하는 역할도 했다. 평소에는 승선한 노예를 지키거나 통제하기 위한 군사시설로 활용되었다. 릴랜드의 기록에 따르면 방책에 설치된 작은 문으로는 한 번에 한 사람만이 천천히 통과할 수 있었다. 언제든 노예들이 주갑판에 올라오면 무장한 경비 두 명이 문을 지켰고 "네 명은 나팔총을 들고 방책 위 노예들의 머리 위에 자리를 잡았으며 방책에 난 구멍으로 주갑판을 향해 장전된 소구경의 대포 두 문을 준비하고 그들을 맞이했다." 반란의 위협은 언제나 존재했다. 선장은 불안해하는 릴랜드에게 "반란이 일어나지 않을 거라는 방심은 추호도 없이 그들의 모든 시도를 무마시키기 위한 경계를 유지하고 있다"고 말하며 안심시켰다. 노예들은 이미 아프리카 해안에서 한 차례 시도했고 실패를 겪었다. 노예들이 위로 불려 올라오면 주갑판은 삼엄한 경계를 유지하는 교도소의 앞마당과 같이 변했다.

릴랜드는 아픈 노예들이 격리되었던 긴 소형선에 대해 언급했지만, 소형선이 배에서 갖는 중요성과 하는 일에 관해서는 설명하지 않았다. 이 튼튼한 선박은 길이가 30피트 이상에 돛을 갖추고 있었으며 종종 회전 포가(砲架)까지 갖추고 있었다. 소형선은 돛으로 항해하거나 노를 저어 이동하는 것이 모두 가능했고 상당한 무게의 화물을 옮길 수 있었다. 심지어 무풍지대에서는 함선을 매달고 끌고 가는 데 사용되기도 했다. 노예선에는 잡용선이라 불리는 또 다른 작은 선박을 싣고 가기도 했는데, 이 선박은 돛으로 항해하는 경우도 있었지만, 일반적으로는 네 명에서 여섯 명의 선원이 노를 저어 이동하는 방식이었다. 아프리카 해안에서 거의 모든 무역은 해안에 닻을 내린 함선에서 해변으로 제조업 제품을 가져다주고 노예를 실어오는 일을 끊임없이 반복하여 왔다 갔다 해야 했기 때문에 이 두 종류의 선박은 노예선에서 매우 중요한 역할을 하고 있었다(아프리카의 카누도 같은 역할을 했다). 두 소형선은 일반적으로 소중한 화물을 운반할 때에 얕은 선체로 쉽게 해안에

오르고 안정성을 보여줄 수 있었다.[51]

릴랜드가 언급하지 않은 것 중에도 노예선이 갖는 중요한 특징이 있었다. 일반적으로 선장의 선실 근처에 있던 (가능한 한 노예들의 거처에서는 최대한 멀리 떨어져 있는) 무기고는 함선의 포수가 관리하고 가까이에서 지켰다. 특수 대형 철 또는 구리 냄비는 주방의 요리사가 관리하는 영역이었고 이를 통해 요리사는 노예와 선원 등 총 270명의 요리를 준비할 수 있었다. 노예가 바다로 뛰어드는 것을 막기 위해 선원들은 담장과 같이 그물망과 밧줄을 엮은 것을 배 주변에 둘러놓기도 했다.[52]

리버티호 같은 노예선은 노예를 모으기 위해 아프리카 해안에서 오랜 시간을 보내야 했기 때문에 나무좀조개 같은 지긋지긋한 열대의 벌레와 연체동물을 막기 위해 구리 외장 선체를 갖추는 것이 보통이었다. 1800년대에 구리 외장 기술은 비교적 최신의 기술이었지만 널리 사용되고 있었다. 18세기 초에 열대 해역을 항해하는 함선의 선체는 (마네스티가 주문한 것처럼) 0.5인치 두께의 송판을 한 겹 더 못 박아 두던 것이 보통이었다. 1761년 초에 열대 해역을 정기적으로 순찰하던 영국 해군British Royal Navy은 구리 외장을 실험해 보았고 결과는 성공적이었다. 이러한 실험이 여전히 계속되고 있기는 했지만 몇 년 안에 노예선도 구리 외장을 선택하게 되었다. 1780년대에는 이러한 관행이 일반적이게 되었고 특히 대형 함선은 거의 구리 외장을 선택했다.[53] 리버풀에서 건조되어 전에는 노예선 넬리Nelly호라고 불렸던 350톤의 트라이엄프Triumph호는 1809년 로드아일랜드의 뉴포트의 경매에서 공매되었는데 "구리 외장 대판bends"과 "구리 결속 선체"를 강조했다.[54] 1783년에서 1808년까지 노예무역의 역사에서 노예선을 사고팔 때 일반적으로 가장 강조된 특성 중 하나가 바로 구리로 된 바닥이었다.[55]

1801년 리버티호가 항해를 시작했을 무렵 일부 대형 노예선은 공기 순환을 촉진하고 하갑판 노예의 건강을 증진할 수 있도록 송풍통을 사용했다. 이 송풍통은 베로 만들어져 위쪽이 뚫려 있고 아래로 향하는 구간에 테를 두른 구멍이 여러 개 장치된 굴뚝 모양의 관이었다. 이 기관은 갑판 승강구에 부착되어서 "배 아래쪽의 노예 거처에 신선한 공기를 내려보낼 수 있도록 했다." 송풍통은 원래 전함에서 선원의 건강을 유지할 수 있게 활용되도록 고안되었지만 이제 대부분 노예선에 적용되고 있었다. 혹자는 몇 년 전까지만 하더라도 노예선 스무 척 중에 한 척 정도만 송풍통을 달고 있었다고 했는데, 리버티호는 아마도 송풍통이 없는 다수에 속해 있었을 것으로 보인다.[56]

릴랜드는 또한 리버티호에 승선한 노예를 묶는 데 쓰인 쇠사슬에 대해서도 기록하면서 감옥선의 본질적인 부분을 다루었다. 바로 속박의 도구였다. 이러한 도구로는 수갑과 족쇄, 칼, 다양한 사슬이 있고, 아마도 낙인까지 여기에 포함될 것이다. 많은 노예선이 중세부터 고문에 사용되었던 나비나사를 반항적인 노예의 엄지손가락에 씌워서 죔쇠처럼 조인 후 부숴버리는 장치를 보유하고 있었고 때로는 자백을 강요하는 데 이 장치를 사용하기도 했다. 1804년 8월 2일 『코네티컷 센티넬』지에 실린 노예선 존John호의 판매 물품에는 "노예의 속박을 위해 적절하게 준비된 300쌍의 잘 만들어진 족쇄와 150개의 칼Iron Collars과 고리 나사 뭉치"가 등장했다.[57]

이러한 독특한 특징은 노예선에 재앙이 닥쳤을 때 쉽게 드러난다. 예를 들어, 바하마 제도의 그랜드 카이코스에서 돛대가 부러진 브릭급 함선이 해안의 암초에 부딪혀 있었는데 "함선 내에서 발견된 수갑의 숫자로 보아 그 배는 오래된 노예선"인 것으로 알려져 있었다.[58] 메리–앤Mary-Ann호의 달튼Dalton 선장은 플로리다의 해변에서 또 다른 유령선을 발견했다. 이 배는 한쪽으로 쓰러져 있었고 돛도 없었으며 내부는 물로 가득 찼고 주변에는 보이는 선원도 없었다. 이 배는 메인Maine주 포틀랜드Portland의 그레이하운드Grey-hound호인 것으로 드러났는데, 선장은 선수와 선미에 있는 격자를 보고 이 배가 노예선인 것을 알아차렸다. 존 릴랜드는 이런 재난을 겪지는 않았지만, 그 역시 독특한 종류의 기계와 같은 함선에 승선했다는 것을 잘 알고 있었다. 아프리카인들을 감금하고 운송하는 함선의 능력은 노동, 대농장, 무역, 제국과 자본주의라는 새로운 대서양 중심 세계를 가져오는 데 큰 역할을 했다.[59]

3장

아프리카에서
중간항로로 가는 길

1794년 후반 바람막이 해안에서 퐁가스강Rio Pongas 상류로 100마일 정도 거슬러 올라간 지점에 경쟁 관계에 있는 골라Gola 왕국과 이보Ibau 왕국의 두 사냥 무리가 사냥감을 쫓아 분쟁 지역으로 접어들었다. 이보의 남자가 창으로 사냥감을 꿰었지만 그건 이보 측의 주장이었고 골라는 당연히 사냥감은 자신들의 것이라고 주장했다. 싸움이 일어나서 골라의 남자가 한 명 죽고 이보는 몇몇이 다쳤다. 골라 측은 달아나고 이보는 승리의 귀환을 할 수 있었다. 그러나 곧 분노한 골라의 왕은 군대를 일으켜 가장 가까운 이보의 땅을 침략했고 몇 곳의 마을을 파괴하고 포로를 잡아 즉각 노예로 팔아넘겨 버렸다. 승리에 취한 그는 전체 왕국을 정복하기 위해 적국의 수도인 쾌파Quappa를 공격했다. 몇 차례의 혼전과 결정적 순간의 계산 착오로 그의 전사들은 함정에 빠졌고 왕은 후퇴하여 피신했지만 정예 군사 700명을 이보와의 전투에서 잃게 되었다. 이보의 왕은 포로들을 안전하게 포박하고 감금한 뒤 강 하류의 해안으로 전언을 내려서 "바다의 국가들"과 교역하기를 희망한다고 전했다. 해안에 도착한 노예선 찰스턴Charleston호가 그 거래에 응했다. 선장 제임스 코널리James Connolly는 아프리카 안내인과 조셉 호킨스Joseph Hawkins를 숲속 왕국으로 보냈고 1백 명의 골라 전사들을 구매하여 해안으로 데려오도록 했다.[1]

그동안 골라의 "가장 위대한 전사"들은 벌거벗은 채로, 말뚝에 고정된 밧줄로 손과 다리가 서로 되는 데로 묶여서 감금되어 있었다. 왕의 명에 따라 호킨스는 도착하는 대로 그가 원하는 노예를 선택할 수 있었다. 이보의 전사들은 줄에 묶인 한 무리의 노예를 바다로 데려갔다. 그들은 장대로 포로를 일렬로 고정해서 각각 4피트씩 떨어뜨려 놓았고 목에는 가는 가지로 만든 고리로 목을 둘렀으며, 팔꿈치는 뒤로 둘러 묶어두었다. 물가로 이어지는 행진을 시작하자 골라의 포로들은 "무기력한 우울"을 안색에 나타냈다. 그들이 멈춰 서서 돌아선 후 뒤를 돌아보았을 때 눈에는 눈물이 흐르고 있었다.[2]

평온했던 6일간의 행진 후에 노예들은 강의 끝에 도착했고 이제 전환의 시기를 마주하게 되었다 ― 육지에서 물로, 아프리카에서 유럽의 주인에게로,

하나의 통치 수단에서 또 다른 통제의 수단으로. 찰스턴호의 선원들은 강철 수갑과 족쇄를 들고 그들을 기다리고 있다가 부속선으로 강을 거슬러 올라온 후 포로들을 데려가기 위해 다시 소형선 두 대를 노 저어 강기슭으로 다가왔다. 포로들의 탈출 가망은 끝나버렸고 모든 희망이 사라졌다. 포로들이 울부짖기 시작했다. 호킨스는 "밧줄에서 강철 족쇄로 바꿔 차게 되면 모든 희망과 용기를 앗아가게 된다"고 기록했다.

소형선에서 부속선으로 옮겨 타는 동안 골라의 사람들 중에서 두 명이 배 밖으로 뛰어내렸다. 한 명은 소형선 뱃고물에 있던 선원에게 잡혔고 다른 한 명은 물속에서 노로 머리를 세게 얻어맞았다. 족쇄가 풀린 채로 갑판에 이미 오른 네 명과 아직 아래쪽에 묶여 있던 나머지 포로들은 이 모습을 보고 "비명을 지르기 시작했다." 갑판 위에 풀려 있던 포로들이 선원들을 물속에 던져버리려고 했지만, 비명을 들은 선원들이 총과 대검을 들고 갑판으로 달려왔다. 그동안 배에 갇혀 있던 노예 다섯 명은 족쇄를 느슨하게 해서 다른 이들을 풀어 주기 위해 고군분투했다. 아래에 감금되어 있던 노예들이 격자까지 올라와서 선원들의 다리를 붙잡으며 새로 잡혀 온 포로들을 격려했고 "위쪽 상황이 포로들이나 자신들에게 유리해지면 환호하고 소리쳤다." 양측이 상당한 유혈의 참사를 겪고 결국은 선원들이 승리했다. 노예 한 명이 죽고 아홉이 다쳤다. 나머지는 수갑과 족쇄를 차게 되었다. 호킨스(새끼손가락을 잃음)와 다섯 명의 선원이 상처를 입었지만, 선원 중에서 사망자는 없었다. 노예들은 곧 부속선에서 찰스턴호로 옮겨져서 400명의 노예 무리에 합류했고 이들은 모두 사우스캐롤라이나로 향했다. 골라의 전사 중 누구도 사냥 권리에 대한 갈등으로 5천 마일이나 떨어진 사우스캐롤라이나 찰스턴까지 오게 될 것으로 생각하지 못했다. 그들은 이제 또 다른 전쟁을 눈앞에 두고 있었다.[3]

수백만 명의 노예와 마찬가지로 골라의 포로들이 노예화되는 첫 단계는 아프리카 안에서 가족과 고향 땅으로부터 분리되고 신분을 박탈당하는 것으로 시작된다. 노예선에 도착하게 된 사람들 대부분은 그들의 의지에 반해서 강제로 노예가 된 사람들이었고 주로 여러 종류의 "전쟁"에서 포로로 잡히거나 원래 소속된 공동체에서 범죄에 대한 판결로 법적 처벌에 따라 포로가 된 경우가 많았다. 골라의 사례를 통해 살펴보면 기나긴 중간항로는 크게 두 개의 단계로 나누어 볼 수 있다. 첫 단계는 아프리카 내륙이나 수로(이 사례에서는 부속선이었지만 일반적으로는 카누)를 통해 이동하며 해안의 노예선으로 향하는 것이다. 노예무역상은 이렇게 노동력을 아프리카에서 세계 경제 시장으로 안전하게 이동시키는 경로를 "행로"path라 불렀다. 두 번째 단계는 아프리카 항구에서 아메리카의 어느 곳으로 중간항로 항해를 하는 해상의 노예선 안에서 발생한다. 이 두 단계를 합쳐서 그들은 대서양 한 편에서의 징용expropriation을 다른 편에서의 착취exploitation와 연결했다. 노예와 노예무역상 출신 사회의 종류에 따라 아프리카 내의 행로와 경험은 지역별로 다양했다. 노예가 된 사람들이 누구이며 어디에서 왔는지 어떻게 노예선에 왔는지에 따라 도착 후의 반응이 다양하게 나타났고 노예선을 운영하는 사람들이 노예들을 통제하려는 시도도 다양해질 수밖에 없었다. 일부 선원으로 돌아오는 경우를 제외하고 대부분 노예는 일단 아프리카를 떠나는 항해를 시작하면 영원히 돌아올 수 없었다. 노예선에 도착했다는 것은 돌아올 수 없는 시점에 도달했다는 것이었다.[4]

아프리카에서의 노예무역

1700년 서부와 중서부 아프리카의 인구는 2천5백만 명에 달했다. 이들은 세네감비아에서 앙골라에 이르는 4천 마일의 해안선을 따라 복잡한 계급 사회와 공납제 사회를 이루고 있었다. 가장 작은 단위는 국적 없이 모여 살던 소규모 부족으로 어느 정도의 내부적 계급을 이루고 있었다. 일부는 광대한 영토와 수익성 있는 무역, 대규모 군대를 통해 더 큰 계급 기반의 국가를 이루고 있었다. 후자의 유형에서는 서로 간의 정복을 통해 공물을 바치도록 하거나 상업과 전쟁에 관한 협조를 강제하는 대신 지역의 자치권과 영토 및 노동력에 대한 통제를 허용해 주는 경우가 빈번했다.[5]

노예제는 주로 전쟁 포로와 범죄자를 다루기 위해 지역의 거대 사회 전

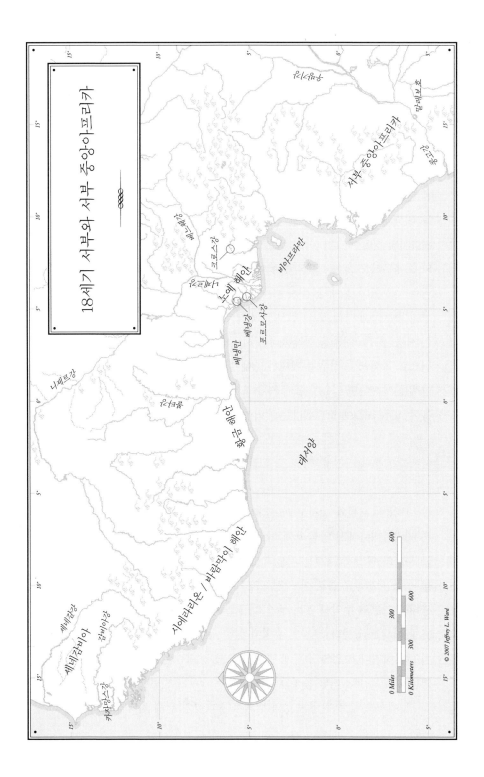

반에 걸쳐 고대부터 광범위하게 받아들여지고 있는 제도였다. 노예무역은 수 세기 동안 계속되었다. 7세기에서 19세기까지 900만 이상의 영혼이 북아프리카의 아랍 상인과 이슬람 동맹체들이 조직한 사하라 사막 횡단 무역을 통해 북쪽으로 건너갔다. 이 노예들은 고도로 발전된 상업 시장에서 거래되었다. 유럽의 노예무역 상인들은 해안에 도착하면 즉시 노예를 거래하는 것이 아니라 대부분 지역에서 이미 존재하던 거래의 장에 참가할 수 있었다.[6]

그러나 역사가 월터 로드니Walter Rodney가 지적했듯이 대서양 무역이 가장 활발했던 서아프리카에서 노예 소유와 계급 차별이 가장 급속도로 발전했다. 이는 부분적으로는 노예선 선장이 노예 거래를 할 때에 노동 자원에 대한 명령과 "상품" 배달을 지시할 수 있는 지배계층이나 권력자와 거래하기를 원했기 때문이었고, 또 다른 부분에서는 이러한 무역의 과정에서 이들에게 자본과 강력한 기술(특히 총기)이 전달되었기 때문이었다. 평등주의적인 작은 공동체에서도 노예무역에 일부 관여하기는 했지만 그들은 주로 식료품으로 쓰일 농산물을 판매하는 경우가 많았다. 총기와 화약을 구매했던 큰 집단은 중앙집권화된 강한 군사 국가(예, 흑인 도시국가 아샨티Asante, 다호메이, 오요Oyo, 콩고)로 성장했고, 화기를 사용해서 이웃 부족을 정복하고 노예를 잡아들인 후 거래해서 소총을 사들이고 있었다. 노예무역이 가장 광범위하게 이루어지던 지역에서는 노예 포획과 유지 및 운송에 관한 새로운 노동 분업이 성장했다. 상인들은 세관과 세금, 가격, 포로들의 공급을 통제하는 계급으로 점점 더 강력해져 갔다. 그들이 보유한 노예의 수와 아프리카 사회 제도로서의 노예제의 중요성은 대서양 노예무역의 시작으로 더욱 확대되었다.[7]

18세기경 포르투갈, 스웨덴, 덴마크, 네덜란드, 프랑스와 영국은 모두 그들만의 세력 범위를 가지고 있었고 선호하는 무역항도 있었지만 일반적으로 아프리카 상인들은 특정 유럽 국가에 대한 독점권을 갖지 않도록 하고 때에 따라 다양한 국가 집단과 거래했다. 따라서 아프리카 해안에서의 무역은 상대적으로 개방적이면서도 경쟁적이었으며, 아프리카의 상인들은 영국의 무역상들에게 미국 혁명 후에 애노마보Anomabu에서 신흥 독립국인 미국과의 교역을 계속하겠다고 선언하기도 했다. 이 무역은 밀물과 썰물처럼 성쇠를 반복했는데 주요 내란 전쟁 이후에 크게 증가했다가 지나치게 활발한 무역으로 지역의 노예 공급량이 소진되면 감소하기를 반복했다.[8]

노예무역은 지역과 거래 대상에 따라 두 가지 기본적인 방식의 차이를 보였다. "요새 무역"에서 노예선의 선장은 황금 해안의 케이프 코스트 성과 같은 지역에 상주하는 다른 유럽인들로부터 노예를 구매했다. "선상 무역"에서는 요새가 아닌 다른 여러 지역에서부터 노예를 데려왔고 주로 카누, 긴 소형선, 잡용선으로 화물을 승선시킨 후 노예선의 주갑판에서 사업을 진행했다. 이 거래는 주로 아프리카 상인의 주관으로 진행되었기 때문에 "검은 거래"black trade라고 불렸다. 이들 아프리카 상인은 때로는 큰 무역 국가의 대표였고 때로는 여러 지역의 중소 무역 집단을 대표하기도 했다. 때로는 두 가지 무역 형태가 공존하는 방식도 있었다.

세네감비아

말링케Malinke[만딩카, 마닌카, 만딩고 등으로 불림]의 무역상들이 데려온 남자는 키가 5피트 10인치로 컸고 말랐으며 스무 살쯤 되어 보였다. 그의 머리와 수염은 마치 전쟁 포로처럼 짧게 밀려 있었다. 아라벨라Arabella호의 스티븐 파이크Stephen Pike 선장이 그 노예를 구매했지만 힘들고 거친 노동에 익숙한지 확인하기 위해 손을 확인해 보지 않았음이 분명했다. 만약 손을 확인했다면 그 노예를 구매하지 않았을 것이다. 이 노예의 이름은 아유바, 분 살루메나, 분 히브라헤마Hyuba, Boon Salumena, Boon Hibrahema 또는 "솔로몬과 아브라함의 아들 욥"Job, son of Solomon, son of Abraham[욥 벤 솔로몬으로 알려진 이슬람 사제]이었다.[9] 그는 "마호메트교도" 또는 무슬림이었고 게다가 세네갈Senegal강 근방 푸타 잘론Futa Jallon 왕국의 분다Boonda라는 마을 대제사장 이맘Imam의 아들이었다. 그는 종이를 살 돈을 구하기 위해 이교도 "흑인 둘"을 내다 파는 노예무역에 직접 나섰다가 붙잡히게 되었다. 일단 노예선에 팔린 후에 그는 파이크 선장에게 어떻게든 그가 처한 곤경을 설명하고 자신의 아버지가 자신을 되살 수 있다는 제안을 했지만, 그의 가족은 너무나 멀리 떨어져 있었고 배는 곧 출발할 예정이었다. 메릴랜드에 도착한 그는 동정심 많은 변호사의 관심을 끌었고 그 변호사는 노예의 학식(그는 열다섯 살에 이미 코란을 외웠다)과 높은 사회적 신분에 깊은 인상을 받았다. "우리는 그가 평범한 노예가 아니라는 것은 알 수 있었습니다." 그는 영국으로 보내졌고 몇몇 신사들이 기부금을 모아 그에게 자유를 되찾아주었다. 그는 세간의 관심을 받는 유명인이 되어 여러 사람을 만났고 그중에는 왕과 왕비, 몬테규 공작Duke Montague과 같은 사람도 있었다. 그가 아라벨라호에 처음 승선한 지 삼 년이 되어갈 무렵, 왕립 아프리카 회사가 아프리카의 인재들을 감비아의 포트 제임스로 본국 송환했다. 아프리카에 도착한 그는 거기에서 바로 여자 노예 한 명과 말 두 마리를 샀다. 그가 분다의 가족들에게 돌아왔을 때 그는 "환호"와 "눈물의 홍수"로 환영받았다. 그의 아버지는 이미 죽은 뒤였고 아내 중 한 명도 다른 이를 따라 떠난 후였지만 그의 아엿 다섯은 생존해서 잘 성장해 있었다. 왕립 아프리카 회사는 집으로 돌아간 그가 회사의 이익을 높여 줄 것으로 희망했다. 그 역시 회사를 실망시키지 않았다.[10]

욥 벤 솔로몬의 모국으로 서아프리카에서 유럽에 가장 가까운 지역인 세네감비아는 가장 긴 대서양 노예무역의 역사를 가진 지역이다. 세네갈강을 따라 뻗어 있으며 남서쪽의 케이프 베르데에서부터 남동쪽의 감비아강과 멀리는 카자망스Casamance강에 이르기까지 세네감비아는 300마일 이상의 거리에 주요한 수로 세 개로 내륙과 해안을 연결하는 특징을 가진 국가였다. 해안을 따라 월로프Wolof 왕국의 주요 거주지가 네 개 있었고 그중 하나가 해안과 내륙 사이의 상거래를 주로 하던 (솔로몬의) 졸로프Jolof족이었다. 이들 부족의 지배자는 대부분 무슬림이었지만 18세기 후반이나 19세기 초반까지 평민들은 무슬림이 아닌 경우가 많았다. 내륙 깊숙한 곳에 만데Mande어를 하는 말링케족 역시 무슬림이었다. 그 외에도 세네갈강 유역의 중류에는 풀베Fulbe족(무슬림 목축민)도 있었고 강 상류에는 세라콜레Serrakole족[소닌케Soninke족]도 있었다. 내륙 지역에는 17세기 후반 군벌 칼라디안 쿨루발리Kaladian Kulubali에 의해 통일되어 전시-농경warrior-cultivators 사회로 변모

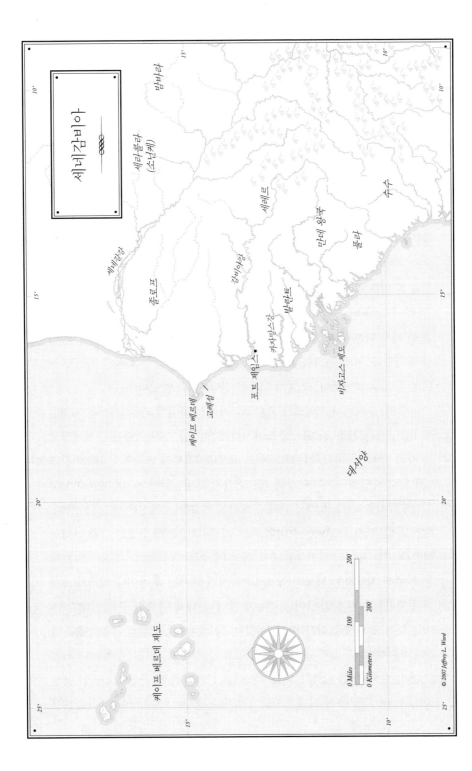

세네감비아

세네갈강

세라콜라
(소닌케)

남바라

밤바라

줄로프

감비아강

세레르

만디 잉구

수수

카자망스강

밤바토

비자고스 제도

풀라

포트 제임스

고레섬

케이프 베르데

대서양

케이프 베르데 제도

0 Miles   100   200

0 Kilometers   200

© 2007 Jeffrey L. Ward

된 밤바라Bambara족이 있었다. 중남부 지역에는 세레르Sereer족이 있었고 남쪽으로 더 내려가면 여러 말링케족이 살고 있었다. 해안을 따라서 발란트Balante족과 같은 소규모 공동체 사회가 산재했고 해안가 멀리에는 비자고스Bijagos 제도의 주민들도 있었다.[11]

이슬람교는 9세기에 세네감비아에 퍼지기 시작했고 18세기 무렵에는 여전히 논쟁의 여지가 있기는 했지만 지역의 현실에 뚜렷하게 나타나고 있었다. 귀족적이고 군국주의적인 유목민 말링케족의 확장에 따라 소규모 문화를 이루고 있던 많은 부족의 구성원들이 이들에게 붙잡혀 노예로 팔렸다. 비자고스의 남자들은 붙잡히면 자결했던 것으로 알려져 있다. 1720년대에는 비非이슬람 집단(과 허울뿐인 이슬람 지도자들)에 대한 지하드Jihad[이슬람의 교리를 지키기 위한 투쟁]가 나타나서 1740년대까지 지속하였고 1780년대와 1790년대에도 다시 활발해졌다. 노예화 과정 자체는 시간이나 장소에 따라 큰 변화가 없었지만, 푸타 잘론 지하드의 결과로 이 기간에 노예의 수출이 급증했다. 예를 들어, 1720년대에 풀라Fula족[또는 풀라니Fulani족] 소 목동들이 일부 영토에 대한 통제권을 얻으려고 수수Susu족 지도자에 대항하여 반란을 일으켰다. 실패하면 노예가 되는 상황에서 격렬한 저항 끝에 결국 이들은 노예선으로 팔려가게 되었다.

다른 평민들은 서서히 이슬람으로 개종했다. 상당수는 노예가 되지 않기 위한 개종이었고 감비아강 주변에서는 이러한 양상이 더했다. 한편 전통적인 유랑 중개상인 듈라Dyula[또는 줄라]족 상인들이 교역과 개종을 거듭하며 새로운 정착촌을 형성하면서 상업에도 이슬람이 퍼져갔다. 노예들은 주로 세 지역에서 잡혀 왔는데, 해안, 세네갈강과 감비아강의 상류 그리고 니제르Niger강 중상류 주변의 지역이었다. 그들은 대부분 경작이나 목축을 하고 있었고 서부 대서양 언어군의 말을 할 줄 아는 사람들이었다. 세네감비아는 기니의 어느 지역보다 이슬람/사하라 세력과 유럽/대서양 세력이 만나서 충돌하고 협조하는 지역이었고 이로 인해 결국 지역 자체가 변화했다. 18세기 동안 이 지역에서 약 40만 명의 노예가 노예선에 팔려갔고 신세계로 보내졌으며, 이 노예선 중 절반 정도는 영국과 미국의 함선이었다. 욥 벤 솔로몬은

노예생활을 했던 그 당시에 중간항로 항해 후 귀환한 단 두 사람 중 한 명으로 알려져 있다.[12]

시에라리온과 바람막이 해안

1750년대 동안 헨리 터커Henry Tucker는 시에라리온 해안의 "큰 인물" 중 한 사람이었다. 크다는 것은 그의 부와 권력, 지위와 함께 신체적인 크기까지 모두 포함하는 의미였다. 조그만 백인 무역상이었던 니콜라스 오웬은 자신의 상사였던 터커에 대해 "뚱뚱fat하지만 당당fair하게 말한다"고 했다. 터커가⁕는 1680년대 요크 섬에 있는 왕립 아프리카 회사의 대리인 피터 터커Peter Tucker와 그의 아프리카계 부인과 함께 시작해서 세대에 걸쳐 해안무역을 하던 집안이었다. 두 문화에 걸친 혼혈 상인 헨리는 스페인과 포르투갈, 영국을 여행했다. 그는 "영국인 방식"으로 살았고 그의 집은 많은 백랍 접시와 은제 장식으로 꾸며져 있었다. 그는 노예무역으로 많은 부를 축적했고 예닐곱의 아내와 많은 자식 그리고 더 많은 노예와 노동자("그루메또"grumettoes[13])가 모두 살 수 있는 마을 전체를 지었다. 거의 모두가 그에게 빚을 지고 있었기 때문에 그는 언제든 빚을 이유로 사람들을 노예로 팔 수 있었다. 그래서 그는 자신의 권력 아래에 있는 모든 이들에게 "존경받는 동시에 두려움의 대상"이었다. 오웬은 터커가 "유럽인들 사이에서는 공정한 무역을 하는 사람으로 통하지만, 흑인들 사이에서는 그 반대로 알려져 있다"고 덧붙였다. 존 뉴턴 선장은 그가 바람막이 해안에서 유일한 정직한 무역상이라고 생각했다. 터커는 노예선으로 끝도 없이 많은 수의 노예를 데려왔고 선장들은 그에게 와인과 정찬을 대접했다. 1750년대 중반까지 그의 재산은 그를 지역의 "왕 위에 군림하는" 존재로 만들어 주었다.[14]

시에라리온과 바람막이 해안에 있는 터커가⁕의 지역은 북부 기니 해안Upper Guinea Coast으로 불리기도 하며 일부 특정 지역은 곡물 해안Grain Coast, 상아 해안Ivory Coast[코트디부아르Cote d'Ivoire], 말라게타 해안Malaguetta Coast으로 불리기도 했다. 이 지역은 카자망스강에서부터 시작되어 우림지대와 몇

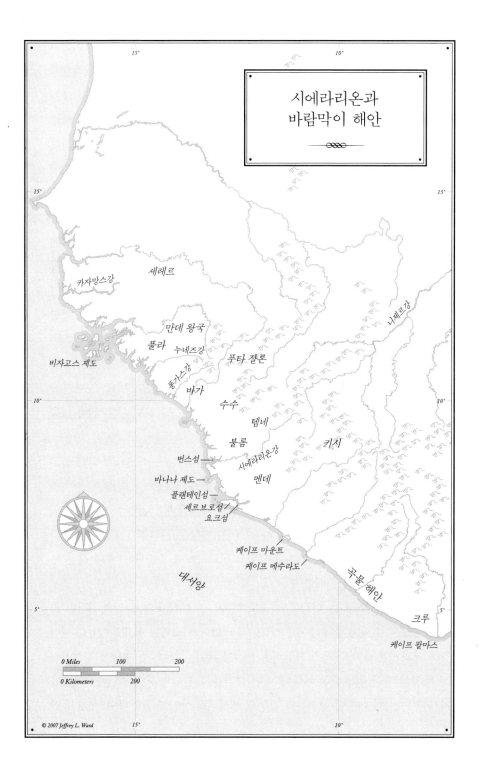

시에라리온과
바람막이 해안

세레르

카자망스강

만데 왕국

풀라   누네즈강   푸타 잘론

비자고스 제도   홍가스강

바가

수수

템네

불룸

번스섬 —   시에라리온강   키시

바나나 제도 —

플랜테인섬 —   멘데

세르브로섬 /

요크섬

케이프 마운트

케이프 메수라도 /   곡물 해안

대서양

크루

케이프 팔마스

0 Miles   100   200

0 Kilometers   200

© 2007 Jeffrey L. Ward

몇 훌륭한 항만을 따라 황금 해안 가장자리 아시니Assini의 항구까지 이어져 있으며 오늘날의 기니비사우와 기니, 시에라리온, 라이베리아와 코트디부아르를 아우르는 지역이다. 18세기에 이 지역에서의 무역은 기니 해안의 다른 지역에서 행해지는 무역과 상당히 달랐으며, 이는 노예무역에 국한되지 않았고 콜라나무 열매, 밀랍, 캠우드, 금, 말라게타 고추, 고급 상아 역시 마찬가지로 일반적인 무역과는 다른 모습으로 거래되었다. 노예선의 선장은 여기에서 많은 시간을 보내며 중간항로의 식량으로 쓰일 쌀을 구매했다.

이 지역의 인문 지리적 특징은 서아프리카에서 가장 복잡했는데, 규모가 큰 국가가 거의 없고 소규모 국가나 문화를 이루고 있는 부족이 광범위하게 흩뿌려져 있었다. 일부는 이슬람으로 개종했지만, 대부분은 그렇지 않았다. 대다수의 사람은 평등하게 공동생활을 하는 작은 마을에 살고 있었고 농부, 어부, 사냥꾼으로 일하고 있었다. 일부 지역에서는 여자들이 특별한 권력을 가지고 있었고 산데Sande와 분두Bundu[서아프리카 비밀사회 중 여성이 참여하는 단체, 남자의 경우는 포로Poro]처럼 비밀사회에 참여하고 있는 경우도 있었다. 정치적 분권화로 인해 헨리 터커와 같은 상인들은 해안을 따라 자리 잡아 생산 시설을 갖추고 배후 지역과 교환하여 부와 권력을 축적할 수 있었다.

해안에는 바가족, 불롬Bullom족, 크루Kru족과 같은 소규모 부족이 살고 있었고, 멀리 내륙 지역에는 더 큰 규모의 수수족, 템네Temne족, 멘데Mende족뿐만 아니라 점점 많아지고 있던 무슬림의 풀베족과 얄룬카Jallonke족이 있었다. 내륙 지역에도 골라족과 키시Kissi족(이들은 문화적으로는 멘데족과 같았다)과 같은 소규모 부족도 있었고 이보족이나 림바Limba족과 같은 부족이 십여 개는 더 존재했다. 16세기 후반과 17세기 초반의 마네Mane 15 전쟁 동안, 만데어를 하는 이들은 소규모 부족의 일부를 노예로 만들었지만 곧 그들도 수수족과 풀베족에게 점령당해 버렸다. 이슬람은 세네감비아를 넘어 시에라리온과 바람막이 해안까지 퍼졌다. 푸타 잘론의 무슬림 신정치는 토착 신앙을 실천하던 이들에 대한 공격을 감행하게 했고, 붙잡은 이들을 북부 지역의 이슬람 무역상과 남부의 해안 무역상에게 팔았다. 18세기 동안

이 넓은 지역에서 약 46만 명이 노예가 되어 배에 실렸고 이는 18세기 전체 노예 산출량의 6.5퍼센트에 해당한다. 그들 중 80퍼센트 이상이 대서양 횡단 항해를 통해 영국과 미국의 노예가 되었다.[16]

황금 해안

존 카베스John Kabes는 황금 해안의 내륙 지역에서 온 아프리카 무역상에게 "호통"을 치며 포트 코멘다Fort Komenda에 들어섰다. 그는 상인들이 어리석다고 소리쳤다. 그들은 노예의 값을 너무 후하게 치려고 하고 있었다. 관례상 4온스의 금이면 되던 것을 감히 6온스를 요구했다. 그는 1683년 이래로 흥정을 이끄는 일을 쭉 해 왔고 1714년에도 그랜드 코메니Grand Commany라고도 불린 아프리카 국가 에구아포Eguafo와 유럽 노예상들 사이에서 중개인으로 일하고 있었다. 영국인, 네덜란드인, 프랑스인이 번갈아 가며 그를 회유하고 협박했다. 한 영국인 도매상은 카베스가 없으면 "일이 돌아가지 않는다"고 말했다. 네덜란드인 상인은 그가 "배신자에 형편없는 겁쟁이"라고 했고, 프랑스인 한 명은 희망에 찬 말투로 "우리는 고수익을 보장한다"고 말하기도 했다. 그는 왕립 아프리카 회사의 고용인으로 수년 동안 대부분 영국을 위해 일했지만 요즘 말로 하는 것처럼 그들의 종처럼 살지는 않았다. 그는 자신의 이익을 위해 살아가는 영리한 수완가였다. 그는 자신에게 협조하지 않는다는 이유로 세 명의 회사 대리인을 해고했다. 한 회사 관리는 "그가 없다면 이득도 없다"고 15마일 떨어진 케이프 코스트 성에 있는 회사 당국에 편지를 쓰기도 했다. 실제로 포트 코멘다를 건설한 노동력을 조달한 것도 카베스였다. 그는 인력을 동원하여 커다랗고 위엄 있는 건물을 짓기 위한 돌을 채석하고 나무를 베도록 했다. 포트 브레든버그Fort Vredenburg에 머물러 있던 네덜란드인들은 요새를 짓는 것에 반대했고, 카베스는 그들의 동의를 얻기 위해 몇 차례 군사 원정을 떠나야 했다. 그 후 그는 요새 주변에 상당한 규모의 마을을 세웠다. 그러나 가장 중요한 것은 그가 노예무역을 했다는 것이다. 포트 코멘다의 성문을 통해 수천 명의 노예를 실은 노예선의 행렬이 이어졌다. 1722년 그가 사망하던 시기에 카베스는 주체적인 권력을 가질 수 있었고 아칸Akan족 사이에서는 궁극적인 정치 권력을 상징하는 "권좌"stool를 지닌 상업계의 왕자가 되어 있었다.[17]

황금 해안의 사람들은 원래부터 유럽인들과 오랫동안 거래를 해 왔다. 황금 해안이라는 이름 자체가 반짝이는 귀금속으로 인해 탐욕이 불거지고 거대한 요새가 세워지면서 지어진 것이었다. 처음 지어진 요새 엘 미나El Mina는 1482년 포르투갈인이 경쟁 관계에 있던 네덜란드, 프랑스, 영국으로부터 축재된 황금을 보호하기 위해 건축하였다. 결국 다른 해상 권력 국가들은 카베스와 같은 사람의 도움으로 요새를 짓거나 점령하였고 그 결과 서쪽의 아시니 항구에서 동쪽의 볼타강에 이르는 오늘날 코트디부아르의 동쪽 지역과 가나 영토의 대부분에 해당하는 500마일의 해안선을 요새화하였다.

영국인들은 딕코브Dixcove, 세콘디Sekondi, 코멘다Komenda, 애노마보Anomabu, 아크라Accra, 탄툼Tantum에 요새와 거래 시설을 운영했고 케이프 코스트 성에서 이 시설들을 관할했다. 이 전초기지에서 무역상들은 "검은 황금"인 포로들을 노예선 하갑판에 실어갔다. 요새의 건축은 아비렘폰abirempon 즉 카베스나 존 코니John Konny와 같은 "큰 손"을 위시로 한 신흥 소규모 독립국의 출현을 낳았다. 1700년 황금 해안 지역에 살던 사람 대부분은 아칸족(그 외에 구안Guan족, 엣시Etsi족과 가Ga족이 있었다)의 광범위한 문화권에 속한 부족이었다. 아칸족은 내부적 경쟁으로 분열되어 종종 적대국가로 발전하기도 했는데 그중 덴키에라Denkyira, 아콰무Akwamu, 아크옘Akyem은 유럽으로부터 총기를 지원받아 세기 초부터 해안을 따라 강세를 드러내며 융성했다. 새로 나타난 정예 부족을 아우라팜Awurafam이라고 불렀는데 이는 "화력의 주인"Master of firepower이라는 뜻이었다. 정치적 권력은 총부리에서 나오는 것이었다.

이 지역에서 가장 강력한 부족은 1680년에 서아프리카에서 가장 계층화되고 중앙집권화된 국가 중 하나로 성장했던 아샨티족이었다. 오세이 투투Osei Tutu는 지역 내 "큰 손"들을 규합하고 천천히 여러 문화의 부족을 그의 중앙집권하에 통합하여 황금의 권좌인 시카 드와sika dwa로 상징되는 아샨

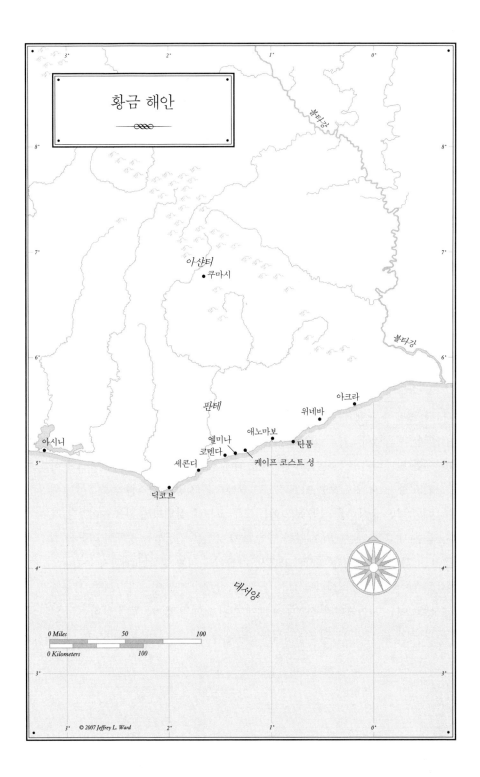

티헤네Asantehene 즉 최고 지도자의 자리에 올랐다. 새로운 아샨티의 주인은 1717년에 해안의 소규모 국가 몇몇을 정복한 후 (추가로 1742년에는 아크라와 아당메Adangme를 점령했다) 북쪽으로 확장을 계속하며 거기에 있는 작은 부족들을 정복했고 북쪽의 하우사Hausa족 상인들과 남쪽 해안에서 대기 중인 노예선으로 노예를 보냈다. 아샨티족은 전쟁에 능했다. 이는 그들 부족의 이름이 오사 니트osa nit 즉 "전쟁 때문에"라는 단어에서 파생되었다는 것에서도 잘 나타났다. 진정한 "아샨티"는 노예로 팔리지 않았던 것으로 알려져 있다. 1780년에는 아샨티는 8천 명의 강력한 군대를 보유했고 그중 절반은 화승총으로 무장했다. 18세기 전반에 지속하였던 아샨티의 노예무역은 그 자체가 주된 목적이었다기보다는 그들의 전쟁 도발과 국가 건설에 따른 결과였다. 그러나 노예를 잡아들이는 것은 금을 캐는 것보다 더 많은 이익을 가져오게 되었고 곧 아샨티는 독립적으로 노예무역을 하면서도 유럽의 노예무역에 신뢰할 만한 주자이면서 소중한 동반자가 되었다.[18]

노예무역의 또 다른 주요한 주자는 해안의 판테족이었는데 이들은 아샨티에 대한 반작용으로 19개의 독립적인 부족의 연합으로 발전한 집단이었다. 판테족은 때로는 영국과 조약을 맺기도 했지만 주로 여러 나라와 노예무역을 계속했다. 그들은 수많은 방식으로 노예무역에 참여했고 내륙에서 노예를 판매하기도 했으며 노예무역을 위해 임금을 받고 일할 사람을 고용하기도 했다. 모계 씨족을 이루고 있던 판테족은 지방의 자치권을 보호하기 위해 강력한 군사력을 사용했고 이는 모두 고도로 상업화된 활동들이었다. 그들은 내륙의 아샨티와 해안의 영국 노예 상인을 연결하는 중개인 역할을 했다. 그들은 노예제가 폐지된 1807년 아샨티에 의해 정복될 때까지 독립국으로 남아 있었다. 18세기에 걸쳐 황금 해안은 백만 명 이상의 노예를 산출해냈고 이는 서아프리카 전역에서 배에 실린 노예의 15퍼센트에 달하는 수였다. 전체 중 대략 3분의 2는 영국과 미국의 함선으로 운반되었다.[19]

베냉만

포르모사Formosa강의 입구에 있는 어촌 마을은 보통 부산한 모습을 보이지만, 1763년 어느 날에는 섬뜩하리만치 조용했다. 작은 카누를 탄 세 사람이 먼 곳에서부터 방문했는데, 그들은 자신이 어떤 위험에 처해 있는지 모르고 있었다. 그들은, 열 척의 전투 카누에 둘러싸인 채 베냉만에 닻을 내리고 정박한 커다란 브리간틴급 배를 보고 놀라고 있었을지도 모른다. 브리튼Briton호는 더 먼 곳에서 왔다. 이 배는 리버풀의 상인 존 웰치(또는 웰시)와 에드워드 파르의 가문 소속이었고 윌리엄 벡쇼William Bagshaw를 선장으로 두고 있었다. 전투 카누 중 몇몇은 꽤 커서 작은 대포인 회전 포가를 여섯에서 여덟 문까지 장착할 수 있었다. 이 카누들은 강 상류에서부터 내려왔는데 모두 노예무역을 하는 "일명 해적 제독"으로 불리는 레마레마Lemma Lemma 선장의 것이었다. 강 하류에 사는 사람들은 레마레마를 "강도나 약탈자"라고 생각했고 모두 "그의 전투 카누가 보이면 용기 있게 나서지 못하고 두려워했다." 그는 유럽의 노예선에 노예를 공급하는 중요한 공급원이었고 그 때문에 벡쇼 선장은 십 일 동안이나 음식과 술로 후하게 대접하고 교역을 잘 봐달라는 의미의 선물인 다쉬dashee[세금처럼 뇌물을 주는 관행이 있음]까지 제공했다.

노예선의 주갑판에서 레마레마는 낯선 이들이 노 저어 오는 것을 발견하고는 카누에 타고 있던 부하들에게 명령하여 그들을 붙잡도록 했다. 그들은 능숙하게 물을 탔고 노인과 젊은 남녀 세 사람을 붙잡아 배로 데려왔다. 레마레마는 벡쇼 선장에게 판매를 제안했고 선장은 젊은 두 사람을 구매했지만 노인은 거절했다. 레마레마는 노인을 다시 카누로 돌려보내고 다시 명령을 내렸다. "보트 바닥에 눕혀놓고 목을 베어라." 머리와 몸이 따로 바다에 버려졌다. 선장은 그의 아이들을 버지니아의 래퍼핸녹Rappahannock으로 데려갔다.[20]

볼타강과 베냉강 사이(오늘날의 토고, 베냉, 남서부 나이지리아)에 놓여 있는 베냉만은 18세기 노예무역 요지로 격동의 역사를 가지고 있다. 지난 세기 동안 베냉은 유럽의 화기를 대량으로 조달받은 첫 번째 왕국이었다. 그러나 아샨티와는 다르게 베냉 사람들은 무기를 사용할 만한 조직적 능력이 없

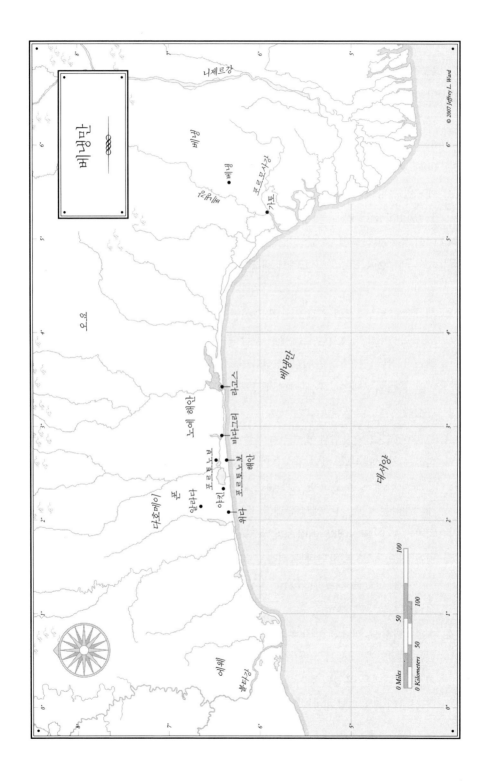

었고 곧 쇠퇴의 길로 접어들었다. 한때 번성했던 해안 지역의 인구가 감소했고 그들의 땅은 개발되지 않은 채 남게 되었다. 베냉은 여러 공납 국가나 공동체 발전의 토대만을 남겨두고 사라졌고 이들은 레마레마 선장의 노예무역이나 노예선을 통해 다시 연결점을 찾게 된다.

이 지역에서 주요한 문화를 이루고 있던 부족은 서쪽에서 백 개 이상의 작고 독립된 마을을 이루고 있던 에웨Ewe족과 중부 지역(원래는 내륙 지역)의 폰Fon족 그리고 동쪽 내륙 지역에서 위대한 오요 제국을 지배하던 강대한 다수의 요루바Yoruba족이었다. 18세기 초반 주요한 노예무역 항구는 위다와 아르드라의 항구 야킨Jakin이었다. 이 국가들은 1720년대와 1830년대 폰족에게 정복될 때까지 독립적으로 남아 있었고 후에 다호메이 왕국으로 통합되었다. 다호메이의 왕 아가자Agaja와 그의 일가는 강력하면서도 상대적으로 효율적인 중앙집권 국가를 건설했다. 그들은 중개상 없이 직접 노예선에 노예를 공급하기 위해 체계적인 침략을 조직하고 법적 판결 과정을 악용했고 대상 지역은 장기적 수탈로 항상 혼란스러운 상황에 놓여 있었다. 다호메이는 유명한 여전사의 무리와 함께 상비군을 유지했지만 결국 1730년대 강대한 이웃 나라 오요에 공물을 바치게 되었다(1747년 후로 정기적으로 공납). 오요 군사력의 중심에는 말과 기병대 그리고 초원을 통제하는 능력이 있었다. 오래전부터 사하라 사막의 노예무역에서 남과 북의 마차 행렬 노선에 닿아 있던 요루바족은 1770년에 포르토노보Proto Novo와 바다그리Badagry 항구에 대한 통제권을 얻었고 18세기 후반에는 라고스Lagos까지 얻게 되었지만, 1790년대에 쇠퇴하기 시작하면서 이들 거점에 대한 공급은 점차 줄어들게 되었다. 전체적으로 베냉만은 18세기에 약 140만 명의 노예를 수출해서 전체 교역량의 5분의 1을 담당했는데 지역의 전체 합 중 약 15퍼센트만이 영국과 미국의 노예선에 선적되었다. 이는 노예선이 점점 더 동쪽으로 가고 있다는 것을 의미했다.[21]

비아프라만

안테라 듀크Antera Duke는 18세기 후반 비아프라만의 옛 칼라바르에서 에피크Efik족 무역상을 이끌고 있었다. 그는 칼라바르강 어귀에서 약 20마일 쯤 떨어진 듀크 타운Duke Town에 살았다. 그의 사업은 시간이 지날수록 번성 했고 지역 엑페Ekpe(눈표범) 사회[에피크족, 오론Oron족 등이 함께 구성하던 일종의 비밀사회]의 일원이 되어 노예무역과 마을의 광범위한 대소사에 막 대한 힘을 발휘했다. 그는 공동체 행사에서 음악과 노래, 춤을 함께하면서 이것을 "공연"이라고 표현했다. 그는 자신과 비슷한 지위를 가진 동료의 장례 식에도 참여했는데 여기에서는 주인을 영적 세계로 인도할 수 있도록 돕기 위해 그를 섬기던 노예의 목을 참수해 바치는 제물 의식도 시행되었다. 그는 크고 작은 논쟁들을 해결하기도 했다. 심지어 그는 노예선 선장인 에드워드 아스피날Edward Aspinall의 장례식에서 "애도 의식"을 진행하고 절차를 감독하 기도 했다. 그는 끊임없이 몰려드는 선장들을 집으로 초대하고 때로는 대여 섯 명씩 모여서 밈보mimbo(야자수 와인)를 마시며 늦은 시간까지 대접하기 도 했다. 선장들은 차례로 휘하의 목수와 가구장이들을 보내서 그의 큰 집 에서 일을 돕도록 했다.[22]

안테라 듀크는 세븐 패덤 포인트Seven Fathoms Point[23]에서 대포의 울림소 리를 들었다. 이는 노예선이나 그 부속선이 무역을 위해 상류로 향하고 있다 는 것을 의미했다. 어느 날 일기에 그는 "화창한 아침부터 강에 아홉 척의 배 가 나타났다"고 기록했다. 그와 다른 에피크족 무역상들은 "백인 의복을 입 고" 늘 하던 대로 함선에 올라 차를 마시고 사업을 진행했다. 여기서 말하는 사업이란 다름 아닌 세금과 다쉬를 챙기고 물건과 가격을 흥정하며 포로를 팔고 값을 치르는 것과 철괴, 구리, 화약을 교역하고 중간항로용 식량으로 얌을 판매하는 것 따위의 일을 말하는 것이었다. 그는 노예를 팔기도 하고 스스로 노예를 잡아들이기도 했다. 그는 "톰 아쿠아Tom Aqua와 존 아쿠아가 포획꾼으로 참여했다"는 기록도 남겼다. 한 번은 그가 바카시Bakassey의 상인 들에게 보복한 일을 자랑스럽게 일기에 적어놓기도 했다. 그는 과거에 바카 시 상인들에게 붙잡혀서 자신의 노예 둘과 함께 노예선에 팔린 적이 있었다. 평소에 그는 외곽지역의 상인들에게 노예를 구매했다. 그가 일기를 썼던 삼

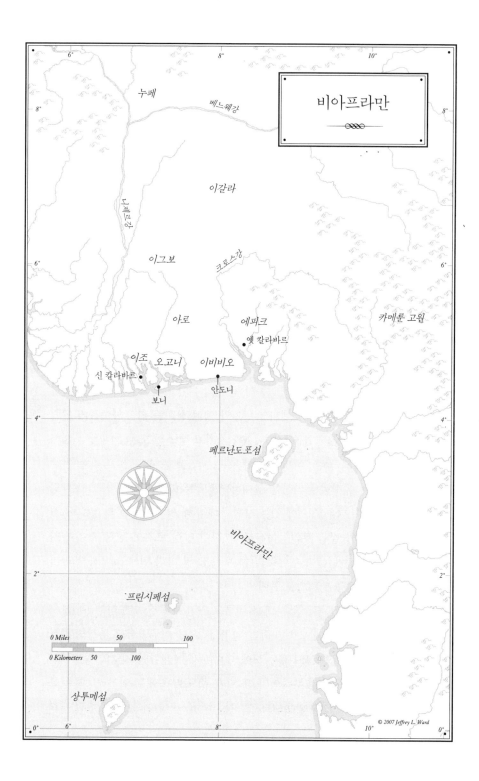

년의 기간(1785년에서 1788년) 동안 그는 스무 척의 노예선이 노예무역을 하도록 도와 출항시켰다고 기록했다. 그 함선들의 마지막 종착지는 항상 리버풀이었다. 그들은 거의 7천 명의 남녀와 아이들을 신세계의 농장으로 운반했다. 그가 쓴 일기의 도입부는 항상 같은 형식이었다. "1785년 6월 27일 타툼Tatum 선장이 395명의 노예를 데리고 떠났다."[24]

비아프라만은 베냉강에서부터 니제르강의 삼각주까지 이어지는 맹그로브 습지 해안선을 따라 크로스강과 서쪽 너머에까지 뻗어 있다. 안테라 듀크와 같은 상인들로 인해 이곳은 노예가 생산되는 주요 원천이 되었고 18세기 말까지 영국과 미국 상인에게 가장 중요한 거점 중 하나였다. 오늘날의 지도에서 동부 나이지리아와 서부 카메룬에 해당하는 이 지역에는 주요 세력 국가가 없었다. 노예의 물동량은 경쟁적인 관계에서 종종 서로 전쟁을 벌이던 세 개의 강대한 도시국가에 의해 좌지우지되었다. 이 나라가 바로 신 칼라바르New Calabar(엘렘 칼라바리Elem Kalabari로도 불림)와 보니 그리고 듀크가 소속되어 있던 옛 칼라바르였고 세 도시국가 모두 "카누 하우스"[25]를 운영하고 있었다. 신 칼라바르와 보니는 일종의 "군주국"이었고 옛 칼라바르는 공화국이었다. 옛 칼라바르에서는 에피크 일가가 엑페 사회를 활용하여 이방인과 노예를 확장된 가상의 친족 사회에 편입시키고 상업적 노동 체계를 유지하고 있었다. (듀크와 같은 "아버지"들이 "아들"과 "딸"을 편입했다.) 카누 하우스의 지도자는 유럽의 무역상을 상대하면서 부유하고 강대해졌고, 이는 당시 서아프리카의 다른 지역에 있는 사람들에 비해 월등한 의복과 문화에 잘 나타났다. 듀크와 같은 무역상들은 금색 끈이 달린 모자에 정복 조끼와 바지를 입고 노예선에 올라 영어로 말하며 욕도 몇 마디 던지고는 하루의 마무리를 위해 유럽풍 저택으로 돌아왔다.[26]

비아프라만에서 주요한 문화를 이루고 있던 부족은 안도니Andoni 항구 주변을 지배하던 이비비오Ibibio족과 더 많은 수를 이루면서도 분산되어 살던 이그보족이었다. 이그보족은 노예 대다수가 유래했던 지역의 광범위한 지리적 문화를 대표하는 부족이다. 또 다른 주요 부족에는 이갈라Igala족(북쪽 내륙 지역)과 오고니Ogoni족(크로스강 삼각주 근방)이 있었다. 주된 사회적 조직의 형태는 독립된 마을이었다. 일부 계급 차이가 있었던 것으로 알려져 있기는 하지만 평등한 관계 안에서 지역 명사나 원로 정도의 위치가 있을 뿐이었다. 노예제도가 없지는 않았지만 온건한 특성에 제한적으로 시행되었다. 대부분의 평민은 얌을 경작했다. 이그보족 삶의 방식은 "마을 민주주의"village democracy라는 최고의 묘사로 잘 요약되어 있다.

비아프라만에 접해 있던 광대한 토지의 해안과 수백 마일의 내륙에는 빽빽한 인구가 밀집되어 있었다. 이그보족은 특히 17세기에 급속한 인구 증가를 경험했는데 이는 일부 얌 재배의 생산성에 기인한 것이기도 했다. 해안과 강변에 살던 사람들은 주로 물고기를 잡았다. 넓고 깊은 강이 내륙으로 뻗어 있었고 이로 인해 카누는 여행과 의사소통, 노예 이동의 중심이 될 수 있었다. 니제르강, 베느웨Benue강, 크로스강을 둘러싼 지역은 포로들을 잡아오는 주요한 지역이었지만 일부는 카메룬 고원의 서부 지역까지 진출하기도 했다. 이 지역에는 대규모 전쟁이 흔치 않았기 때문에 대부분의 노예는 소규모 약탈로 잡아 왔다. 18세기 중반까지 상당수의 노예무역과 내륙 운송은 새로 문화를 이룬 부족인 아로Aro족이 맡았고 이들은 카누 하우스와 내륙을 연결하는 무역 망을 형성하기 위해 유럽의 다양한 제조품과 화기를 활용할 수 있었다. 18세기 동안, 특히 1730년대 이후로 비아프라만의 무역상들은 100만 명 이상의 노예를 수출했고 대부분은 이그보족이었으며 전체의 86퍼센트가 영국과 미국의 함선에 실렸다. 1730년에서 1770년 사이에 상당수의 노예가 버지니아로 향했고 대부분은 영국령 서인도 제도로 보내졌다.[27]

서부 중앙아프리카

보방기Bobangi족에게 전해져 내려오는 유래 설화에 따르면 그들은 서부 중앙아프리카의 콩고 지역에 있는 우방기Ubangi강을 따라 다른 부족으로부터 갈라져 나와 어부 생활을 시작했다고 한다. 시간이 지남에 따라 고지를 점령하고 농업을 확대(플랜테인plantain[요리용 바나나의 일종]과 특히 카사바)했으며 제한적인 제조업과 함께 지역적 특색을 살린 수상 무역도 발전시켰다. 그러나 그들은 18세기가 되어 노예무역을 시작하기 전까지는 대부분 여전히 어부로 남아 있었다. 그들은 카누를 사용해 포로들을 말레보호Malebo Pool로 보냈다. 이 호수는 해안과의 무역을 위한 연결점으로 해안에는 배 속을 비운 채 기다리는 굶주린 야수와 같은 노예선들이 닻을 내리고 정박해 있었다. 보방기족은 노예무역을 할 때 두 종류의 노예에 대한 구분을 두었다. 몬탐바Montamba는 그들 부족 내에서 노예가 된 사람으로 주로 범죄를 저지르거나 기근과 경제적 어려움으로 노예가 된 사람이었다. 두 번째로 몬탕게 Montange는 공식 전쟁이나 비공식 약탈 또는 납치 세 가지 방식 중 하나로 노예가 된 사람을 일컬었고 아마도 이들의 수는 18세기가 진행되는 동안 점점 더 늘어났을 것으로 추정된다. 노예의 가격이 점점 올라가자 보방기 상인들은 점점 더 많은 포로를 잡아들였고 로앙고Loango, 보마Boma, 암브리즈Ambriz 와 같은 여러 방향의 육로를 이용해서 이들을 해안까지 이동시켰다. 이 중개 무역상들은 지역적 명성을 얻었고 결국 18세기 로앙고에서 거래된 노예의 공급에서 실질적인 소수substantial minority를 차지하게 되었다. 그들의 언어는 우방기강江 상하류와 여러 지류에서 무역 공용어lingua franca 28가 되었다.29

서부 중앙아프리카에는 노예무역 주요 거점 두 곳인 콩고와 앙골라의 광대하게 펼쳐진 해안이 있었고 거기에는 각자의 문화를 이루고 있는 수백 개의 부족이 살고 있었다. 이 지역은 18세기의 무역에서 가장 중요한 지역 중 하나였고 1790년대에는 홀로 그 중요성을 지켜가고 있었다. 노예선은 페르난도포Fernando Po섬[오늘날의 비오코Bioko섬] 주변에서 시작해서 남쪽의 벵겔라Benguela와 케이프 니그로Cape Negro까지 뻗어 있는 1,200마일의 해안선을 따라 빈번하게 나타났다. 오늘날의 지도로 본다면 이 지역은 카메룬에서 시작해서 남쪽의 적도기니Equatorial Guinea와 가봉Gabon, 콩고 공화국, 콩고 민주공화국의 해안 일부와 대부분의 앙골라 지역까지 뻗어 있다. 서부 중앙아프리카는 역사적으로 해안과 내력 깊은 지역 모두에서 포르투갈 식민지배의 영향을 받았다. 17세기에는 그 영향으로 노예무역의 주요 고객 국가였던 콩고 왕국에서 기독교로의 대거 개종이 일어나기도 했다. 영국과 미국의 무역상들은 지속적인 성공을 통해 18세기 중반부터 서부 중앙아프리카를 잠식

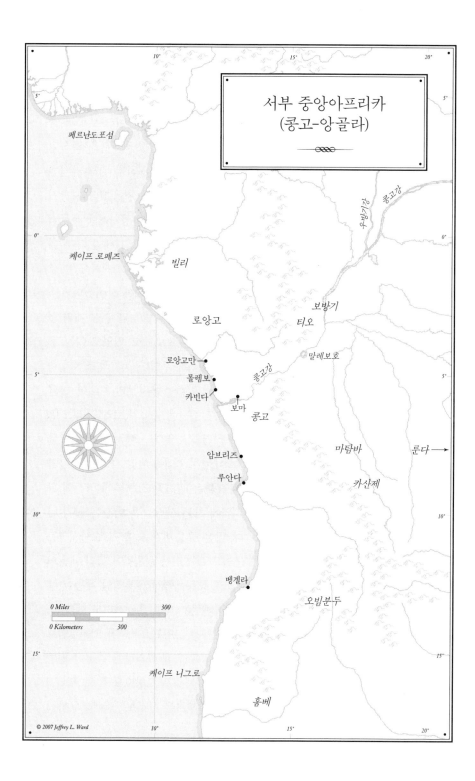

서부 중앙아프리카
(콩고-앙골라)

페르난도포섬

케이프 로페즈

빌리

로앙고

로앙고만
몰렘보
카빈다
보마
콩고

암브리즈
루안다

벵겔라

케이프 니그로

홈베

보방기
티오

말레보호

콩고강

마탐바

카산제

룬다 →

오빔분두

콩고강

0 Miles   300
0 Kilometers   300

© 2007 Jeffrey L. Ward

하기 시작했다.

이 지역의 노예 생산을 이끈 것은 앙골라 내륙 지역 룬다Lunda 제국의 확장이었다. 대부분 노예는 공식 전투와 습격, 약탈로 이어지는 정복 전쟁으로 잡혀 왔다. 상당한 숫자의 노예가 룬다 제국이 다스리는 여러 부족과 국가가 보내는 공물로 바쳐졌다. 룬다는 매우 효율적인 행정 체계를 구축하고 해안에 있는 배에 그들의 노예를 이동시키는 과정을 촉진하기 위해 카산제Kasanje와 마탐바Matamba와 같은 중간 규모의 중개 국가를 활용했다. 보방기족 외에 서부 중앙아프리카에 지대한 영향을 가져온 인간 상거래에 적극적으로 참여했던 또 다른 무리는 빌리Vili족 상인이다. 이들은 17세기 북부 내륙지역과 콩고 해안을 연결했다. 홈베Humbe와 오빔분두Ovimbundu와 같은 남쪽 국가들 역시 중개인으로서 수익성 있는 무역에 광범위하게 참여했다.

서부 중앙아프리카는 서로 다른 특별한 문화적 다양성과 수십 개의 언어를 가지고 있었지만 모두 반투Bantu족을 그 기원으로 하고 있었고 이는 '흩어져 사는 자'peoples in diaspora들의 공통점을 형성해 주었다. 정치적 조직의 형태도 광범위하게 나타나고 있어서 작고 독립된 마을에서부터 거대한 왕국까지 다양한 범위로 나타났으며 가장 중요한 집단은 콩고와 로앙고, 티오Tio 그리고 루안다Luanda에 위치한 포르투갈 식민 국가였다. 노예로 잡혀갈 확률이 가장 높았던 평민은 머무르고 있는 생태학적 영역에 따라 다양한 생활양식을 보였다. 해안과 강, 습지에 사는 사람들은 필연적으로 물에 의존해 살았고 주로 낚시를 했지만, 숲과 초원 지역에 사는 사람들은 여자는 농경 남자는 수렵 생활을 하는 경우가 많았다. 많은 공동체가 모계 씨족 사회였는데 이는 잦은 전쟁으로 많은 남자가 군인으로서 전쟁을 치러야 했기 때문이다. 노예무역의 영향이 점점 커지면서 많은 공동체에서 내부적인 계층이 생겨났고, "큰 손"을 뜻하는 쿠무Kumu가 등장해 상거래를 촉진하기도 했다. 북부에서 남부로 이어지는 이 지역의 주요 항구는 로앙고, 카빈다Cabinda, 암브리즈, 루안다 그리고 포르투갈인이 노예무역을 위해 마지막에 건설한 벵겔라가 있었다. 1700년부터 1807년 사이에 무역상들은 로앙고를 통해서만 백만 명의 영혼을 노예로 팔아버렸고 1750년 이후로는 몰렘보Molembo와 카빈다, 콩고 하구항을 통해 더 많은 이들이 팔려나갔다. 18세기에만 270만 명 이상의 노예가 운송되었다. 이는 18세기에 운송된 노예 전체 합의 38퍼센트를 구성하는 숫자로 이러한 무역은 상당한 이익과 함께 서부 중앙아프리카를 노예무역에서 가장 중요한 지역으로 만들었다.[30]

포로의 사회적 초상

여섯 개의 주요 노예무역 지역을 살펴보면 알 수 있듯이 노예선에 승선한 사람들은 전쟁의 여파로 노예가 되었고 특히 폰족이나 아샨티족과 같은 부족이 이웃 국가나 부족으로 정치적 지배력을 확장해가던 역사적인 순간에는 그 수가 더 많아졌다. 혹자는 소규모 부족 간의 소위 "끝없는 전쟁"이 노예 생산의 또 다른 주요 원천이라고 했다. 골라족과 이보족 사이의 갈등처럼 이러한 전쟁에는 그들만의 지정학적 논리와 원인이 있었고 항상 노예무역에 영향을 받았던 것은 아니다. 실제로 역사가이자 노예무역상인 로버트 노리스가 기록했듯이 아프리카의 전쟁은 유럽인들이 도착하기 훨씬 전에도 계속되고 있었고 전쟁을 일으킨 원인도 언제나 어디서나 결국은 "야망, 탐욕, 원한 등"이었다. 노예무역을 옹호한 사람이든 반대한 사람이든 전쟁이 서아프리카 노예의 주요 공급원이었다는 데에는 동의했다.[31]

그러나 그들은 전쟁의 구성요소에 대해서는 격하게 의견을 달리했다. 대부분의 옹호론자는 아프리카 상인들이 말하는 그대로 "전쟁"을 의미한다는 데 동의하고 있었다. 그러나 그들도 그 안에는 다양한 활동이 포함된다는 것은 인정해야만 했다. 리버풀 한 무역상은 1784년에 이렇게 외쳤다. "약탈… 전쟁이라 일컬어지다!" 인간 상거래를 강하게 옹호했던 존 매튜스John Matthews의 기록에 따르면 시에라리온에서는 "사소한 다툼"도 전쟁이라고 불렸다. 바다 생활을 했던 의사 존 앳킨스John Atkins는 서아프리카에서 전쟁이란 "오지의 무방비한 존재에 대한 약탈"을 일컫는 또 다른 이름일 뿐이라고 했다. 노예무역에 반대하는 사람들의 주장은 이에 더해서 "전쟁"이란 "노략질"에 지나지 않는다고 주장했고 이를 증명해줄 증인까지 찾아냈다. 영국인 선원 아이작 파커Isaac Parker는 1760년대 옛 칼라바르의 뉴타운New Town을 대상으로 한 습격과 약탈에 참여했고 이에 대해 증언해 주었다. 노예무역 폐지론자들은 "전쟁"이라 불리는 이러한 행위들이 대부분 납치를 의미한다고 주장했다. 게다가 "전쟁"은 주로 노예선이 해안에 출현하면 시작되었다. 전쟁이 개시되면 지역 상인들은 (노예선 선장의 도움으로 화기를 갖추고) 전쟁 준비를 해서 내륙으로 향하며 전쟁을 수행하고 노예를 잡아들였다. 이렇게 잡은 노예들은 처음 전쟁 준비의 채비를 도와준 선장에게 팔리게 된다. 그 반대의 경우에 관해 한 아프리카인이 노예선 선원에게 설명하기를 "만약 배 [노예선] 안 오면 노예 잡을 일 없다"라고 했다. 전쟁은 조직적인 인간 도둑질에 대한 완곡어법이었다.[32]

전쟁 다음으로 많은 노예를 만들어낸 두 번째 원천은 살인에서부터 도둑질, 간음, 요술과 빚에 이르기까지 범죄를 저지른 사람들에 대한 아프리카 사회의 법적 절차였다. 죄인들은 노예형에 처해지고 아프리카 상인들에게 팔리거나 바로 노예선 선장에게 팔리기도 했다. 이는 영국의 죄인들이 유죄 선고를 받고 1776년부터 아메리카 식민지로 보내지거나 1786년부터 호주의 보타니Botany만으로 보내지던 것과는 달랐다. 많은 아프리카인과 노예무역 폐지론을 펼치던 유럽인들은 서아프리카의 법적 절차가 무너졌고 수천 명이 잘못 고발되고 유죄 판결을 받았다고 느꼈다. 그들은 이러한 오심이 교역할 가치가 있는 노예를 최대한 생산하고자 했기 때문이라고 생각했다. 왕립 아프리카 회사에서 일했던 프랜시스 무어Francis Moore는 감비아 지역에서 1730년경 범죄로 유죄 판결을 받은 사람들의 경우 "모든 처벌이 노예형이었다"고 기록했다. 월터 로드니는 북부 기니 해안의 지방 지배 계급이 "노예무역을 보조해 주는" 법을 만들었다고 말했다.[33]

세 번째 주요 원천은 내륙이나 해안에서 약간 떨어진 지역에서 열리는 시장이나 정기 공매에서 노예를 구매하는 것이었고 시장은 종종 북쪽, 동쪽, 서쪽에 연결된 이슬람 노예무역 계통과 연결되기도 했다. 세네감비아와 황금 해안, 베냉만에서는 (대부분 원래는 자유인이었지만 깊은 오지에서 붙잡혀 노예가 된) 이 사람들을 구매하는 것이 흔한 일이었다. 1780년대까지 신 칼라바르, 보니, 옛 칼라바르에서 팔린 많은 노예는 내륙 수백 마일 지점이나 그보다 더 안쪽에서 구매되었고 다른 항구에서는 그보다도 더 깊은 내륙의 오지에서 노예를 데려왔다. 노예선 선장은 그들이 사들인 사람들이 전쟁이나 법적 절차에 의해 노예가 되었다고 생각했지만, 사실 그들은 어떻게 그들의 "화물"이 노예가 되었는지 알지 못했고 관심도 없었다. 그건 선장의 알 바가 아니었으며 1788년과 1791년의 의회 청문회에서도 이러한 증언이 하나 둘 이어졌다.[34]

17세기에 대부분 포로는 해안에서 50마일 이내의 지역 출신이었던 것으로 보인다. 그러나 18세기 초반에, 특히 유럽의 노예무역 규제 완화 이후(사설 무역이 독점 무역 회사를 능가하게 됨)에 무역과 포획 영역이 모두 넓어졌고 때로는 내륙 방향으로 수백 마일이 확장되기도 했다. 대부분의 역사가는 노예의 10분의 1에서 3분의 1 사이가 해안 지역에서 왔고 나머지가 내륙에서 왔다고 생각했다. 존 앳킨스가 1720년대 초의 경험을 기록한 내용에 따르면 노예의 "대부분"이 "촌놈"들이었고 약간의 재치를 담아 섣부르게 판단하기를 해안에서 멀어질수록 더 검은 피부를 띠었다고 했다. 반면 "해안가의 흑인들"은 날카로운 외모에 껄렁하기도 했고 영어도 곧잘 했으며 노예선과 무역에 대해서도 잘 알고 있는 편이었다. 해안이나 강가에서 온 사람들은 주로 법적 절차에 따라 노예가 된 경우가 많았지만 "촌놈"들은 일종의 "전쟁"으로 잡혀 온 경우가 많았다. 세기 말에는 점점 더 많은 노예가 "훨씬 먼 거리"에서 잡혀 와서 "몇 달"을 이동하며 도중에 몇 번씩 팔리기를 반복하기도 했다. 샌던Sandown호의 선장은 1793년 10월에 사들인 다섯 명의 남자들이 1천 마일을 이동해 왔다고 확신하기도 했다.[35]

노예가 된 이들은 즉각적이고 당연한 저항을 보였으며 특히 약탈이나 납치로 노예가 된 경우에 더 심했다. 그들은 맞서 싸우기도 하고 도망치기도 하며 노예 상인에게서 벗어나기 위해 할 수 있는 모든 노력을 다했다. 일단 노예로 붙잡혀서 한 무리씩 사슬로 묶이게 되면 주된 저항의 수단은 달아나는 것밖에 없었고 붙잡으려고 하는 자들은 다양한 통제의 기술과 무장한 보초를 동원해서 이를 막으려고 했다. 새로 노예가 된 사람 중 특히 남자들은 포도나무 덩굴이나 밧줄 또는 쇠사슬로 따로 결박당한 채 목에 줄을 연결해서 두 명에서 네 명 사이의 집단에 일단 묶어두었다가 나중에 무리의 인원을 다시 조정하기도 했다. 노예를 붙잡은 자들은 노예 무리에 무게를 가중해서 더 지치게 하여 저항하지 못하게 하려고 길고 무거운 통나무를 그들 위에 얹어 놓기도 했다. 모든 노예 무리는 묶여 있는 동시에 음식이나 물건, 가끔은 커다란 상아 엄니와 같은 물건을 나르는 짐꾼으로 일해야만 했다. 한 영악한 약탈 무리는 입을 막아버리는 기구를 고안하고 사용해서 긴 이동 기간 동안 동정심 많은 사람의 관심을 얻거나 도움을 받지 못하게 했다. 또 다른 저항의 형태는 음식 먹기를 거부하는 것으로 이는 종종 폭동을 일으키기 위해 활용되기도 했다. 노예가 된 자들은 숲으로 도망쳐서 일종의 탈주 노예 집단을 형성하기도 했다. 이 모든 형태의 저항은 노예선에 탑승했을 때, 항해가 완료되었을 때, 신세계 농장 사회에 도착했을 때까지 계속해서 이어졌다.[36]

대다수 노예가 몇 가지 작물을 경작하는 평민이었고 목축생활을 하던 유목민이나 수렵-채집 생활을 하던 사람도 일부 있었다. 더 큰 규모의 공동체에서는 기술공이나 가사 노예, 임금 노동자가 노예로 잡혀 오기도 했다. 해외로 보내진 노예의 3분의 2는 남자였고 대부분 젊었다. 그들은 대부분 전쟁에 나섰던 전사였고 따라서 전쟁에 익숙한 자들이었다. 대략 3분의 1은 여자였고 4분의 1은 아이였으나 18세기 후반에 여자와 아이의 비율 모두 증가했다. 아프리카의 고위층이나 권력자들이 노예가 되어 노예선에 승선하는 경우는 아주 드물었다. 이는 아프리카 군대의 고위층은 전투 후에 자신에게 대항하는 자들의 우두머리를 처형해서 새로운 통치자에 대한 저항이 이는 것을 막고자 했기 때문이다. 또한, 노예 약탈자들은 "거칠고 튼튼한" 노예들을 선택했고 노예선이나 노예생활에 적응하기 힘들어할 (욥 벤 솔로몬 같은) 특권층의 "반질한 흑인"은 피하고자 했다. 그리고 노예무역상은 어떤 경우에라도 젊은이를 선호했고 따라서 많은 아프리카 부족의 늙고 현명한 지도자들은 배제될 수밖에 없었다.[37]

이러한 선택의 결과로 사람들을 노예로 삼고 배에 싣는 과정은 아프리카의 평민과 지배계층 간에 골 깊은 파국을 지속하게 했고 이는 다시 흩어져 사는 부족의 문화 및 정치적 관행에 엄청난 영향을 미쳤다. 부당하게 유죄 판결을 받고 노예가 되어 통치자와 관습에 대한 존경심을 잃은 사람들에게 부족 문화의 지배계층 부재까지 더해져서 노예들은 노예선이나 신세계에서 살아남기 위해 더 자유롭고 창의적으로 길을 헤쳐 나갈 수밖에 없었다. 더 평등한 관계와 관행이 새로운 질서가 되었고 이는 휴 크로우 선장이 그의 배에 탄 이그보족의 모습을 관찰한 데에서도 잘 나타났다. "노예들에 대한 식량 지급을 줄였을 때 나는 그들이 마지막 고기 한 조각을 조금씩 서로 나누어 먹는 모습을 보았다."38

대약탈Grand Pillage : 루이스 아사–아사Louis Asa-Asa

노예를 만드는 주된 방법의 하나는 불시에 이루어지는 조직적인 마을 약탈 행위였다. 이는 프랑스어로 Grand Pillage[그랑 피야지, 대약탈]이라고 불렸다. 주로 한밤중에 진행되던 이 행위에서 약탈자들은 집을 불태우고 도망가는 주민들을 붙잡아서 한 무리씩 엮은 후에 해안가로 이동시켜 팔아버렸다. 루이스 아사–아사라고 불리던 한 남자는 13살의 어린 시절에 이 "대약탈"에 의해 노예가 되었다. 그는 자신의 정신적 외상trauma과 노예선으로 향하던 길을 상세하게 기록했다.39

아사–아사는 "바다에서 얼마간 떨어진 내륙지역의 큰 마을 에기Egie 근방의 비클라Bycla라고 불리는 시골"에서 부모와 다섯 형제자매와 함께 살고 있었다. 그의 가족은 존경받는 집안이었다. 그의 아버지는 "위대한 인물"은 아니었지만, 말과 땅을 소유하고 있었다. 반면 그의 삼촌은 많은 땅과 소를 소유하고 있었고 능히 사람들을 부려 자신을 위해 일을 시킬 수 있을 만큼 "위대한 인물"에 속하는 사람이었다. 그의 아버지는 소유한 땅에서 맏아들과 함께 목탄을 만드는 일을 했지만 아사–아사는 아직 어려서 함께 일할 수 없었다. 노예가 되기 전에 가졌던 아프리카의 삶과 가족에 대한 또렷한 기억은 단순한 말로 표현할 수 있었다. "우리는 모두 행복했다."40

행복은 불꽃처럼 순식간에 사그라졌다. 어느 날 아침 동트기 전 "천 명 가량"의 아디뉴Adinyé족 전사들이 에기 마을에 들이닥쳐서 오두막에 불을 지르고 혼란을 일으키며 사람들을 죽였고 이틀에 걸쳐 사람들을 붙잡아갔다. 그들은 포로들을 세워서 묶어두었다가 차례로 한 무리씩 엮어서 해안으로 이동시켰다. "해안에 도착한 무리는 포박에서 풀려났지만, 포로들이 도망치려고 했다면" 보초들이 유럽인이 빌려준 총으로 "그들을 쏴버렸을 것이다." 아디뉴족은 숙련되고 전문적인 약탈자였다. "그들은 마을을 발견하는 족족 태워 버렸다." 그들은 "형제, 자매, 남편, 아내를 가리지 않고" 닥치는 대로 약탈했다. 첫 번째 습격에서는 열 명 정도의 사람들이 잡혀 왔고 아사-아사는 이들을 "친구와 친족"이라고 기록했다. 잡혀 온 이들은 일부는 "옷감이나 화약"으로 일부는 "소금이나 총기"를 대가로 모두 유럽인들에게 팔렸다. 때로는 "한 사람당 총기를 네 정에서 다섯 정씩" 바꿔주었다. 아사-아사는 이것을 "영국 총"이라고 알고 있었다.[41]

아사-아사와 그의 가족은 그들의 집이 불타오르는 모습을 보았지만, 곧 마을을 빠져나와서 함께 붙어 다니며 이틀을 숲속에서 보냈다. 그들은 아디뉴족이 떠나고 집으로 돌아왔지만 모든 것이 불타있었다. 몇몇 이웃이 다친 채 누워 있었고 그들 역시 총상을 입은 상황이었다. 아사-아사는 머리를 얻어맞아 죽은 아이의 시체 네다섯 구를 보았다. "그들은 아이들의 부모를 모두 잡아갔지만, 노예가 되기에 너무 어린아이들은 죽여버렸다. 그들이 죽인 이들은 더 많았지만 아사-아사가 본 사람은 이들뿐이었다. 죽은 이들은 마치 길가에 개처럼 버려져 있었다."

아사-아사의 가족은 "작은 가림막"으로 쉴 곳을 만들었고 "천천히 안정을 찾아갔다." 그러나 일주일 후 아디뉴족이 돌아왔고 그들의 거처와 첫 번째 습격에서 놓쳤던 모든 집에 불을 질렀다. 아사-아사와 그의 삼촌을 포함한 가족은 다시 한번 숲으로 달아났지만, 다음날 전사들이 그들을 쫓아왔다. 그들은 어쩔 수 없이 더 깊은 숲으로 들어갈 수밖에 없었고 거기에서 "나흘을 꼬박" 머물렀다. 그들은 "감자 몇 개로 연명했고 거의 반 굶주린 상태였다." 아디뉴족이 곧 그들을 찾아냈다. 아사-아사는 그 순간을 다음과 같이 회상했다. "그들이 내 삼촌을 불러오라고 했지만 삼촌이 거부하자 바로 총으로 쏴 죽여 버렸다." 나머지 가족들은 놀라서 달아났지만 가장 어렸던 아사-아사는 뒤처질 수밖에 없었다. 그는 나무에 올라 추적자를 따돌리려고 했지만 결국 들켜서 잡히고 말았다. 발이 묶여 잡혀가던 그 순간을 그는 슬프게 회상했다. "그들이 아버지와 어머니, 형제와 자매들을 발견했는지도 알 수 없었다. 그들은 나보다 빨랐고 나는 반 마일쯤 가서 나무에 올랐다. 나는 그 이후로 그들을 본 적이 없다." 아사-아사는 함께 나무에 올랐던 사람도 기억했다. "나는 그들이 그 남자를 총으로 쐈을 것으로 생각한다. 그 역시 그 이후로 본 적이 없다."

어린 아사-아사는 스무 명의 무리에 섞여 바다로 이동했고 이들은 모두 제각각, 이동하는 동안 먹을 식량과 같은 짐을 지고 있었다. 아사-아사의 기록에 따르면 새로 노예가 된 사람들을 구타하는 일은 없었지만, 전에 이웃이었던 사람 한 명은 살해되었다. 그는 병들고 허약해서 자신의 짐을 들 수 없었고 그래서 "그들은 칼로 그의 몸을 베어버렸다." 그는 이동하는 길에서 사망한 유일한 사람이었다.

곧 일련의 판매가 시작되었고 매번 팔릴 때마다 아사-아사와 그의 무리는 점점 더 노예선에 다가가고 있었다. 13살의 어린 소년은 "여섯 번을 팔렸고 때로는 돈, 때로는 옷감, 때로는 총을 대가로 팔렸다." 심지어 노예의 무리가 해안에 도착한 이후에도 판매는 계속되었다. "우리는 작은 배를 타고 이곳저곳으로 다니며 멈추는 곳마다 팔리는 신세였다." 그들이 "백인"들의 "커다란 배"에 이르는 데는 꼬박 6개월이 걸렸다.[42]

납치 : 우콰소우 그로니오소우Ukawsaw Gronniosaw

속임수는 약탈만큼 빈번하지는 않았지만, 여전히 중요한 노예화의 수단이었다. 노예무역상은 속임수로 순진하고 의심 없는 사람들을 수탈했다. 유럽인 선원이나 꾐에 넘어간 노예들은 이 교활한 노동 계약을 "심령술"이라고 불렀고 때로는 그 대신 함정이나 납치라고 부르기도 했다. 1725년 우콰소우 그로니오소우[43]라는 소년이 밝힌 바에 따르면, 이러한 방식으로 배에 오르게 되면 어느 정도의 동의로 시작되어서 점점 강제적으로 진화해갔다.[44]

오늘날의 북동부 나이지리아 근방 차드Chad 호수 근처의 보르노Borno라는 마을에 상인이 도착했다. 그는 도착 후에 마을에 마법과 같은 이야기를 전했다. 그는 바다에 있는 "날개 달린 집이 물 위를 걷는" 이야기를 해 주었다. 또한, 날개 달린 수상 가옥에서 사는 신비로운 "백인들"에 대해서도 이야기해 주었다. 자라Zaara의 왕의 손자이자 여섯 아이 중 가장 어렸던 십 대의 그로니오소우는 이 이야기에 매료되었다. 그로니오소우는 후에 이를 "나는 이 신비로운 장소에 대한 이야기가 매우 즐거웠고 그곳에 가기를 열망했다"고 회상했다. 그의 가족도 그를 보내주는 것에 동의했다. 그는 상인과 함께 천 마일을 여행했는데 상인의 태도는 아이가 그의 부모와 마을을 떠나자마자 갑자기 달라졌다. 그로니오소우는 "불평과 불만"을 느꼈지만 죽을 수도 있다는 공포가 더 크게 엄습했다. 황금 해안에 도착했을 때, 그는 자신에게 "친구도 없고 도움을 구할 수단도 없다"는 것을 깨달았다. 그는 노예가 된 것이다.

해안 부족의 왕은 그로니오소우가 첩자라고 하면서 죽여버려야 한다고 했지만, 소년은 저항하며 말했다. "나는 물 위에 떠다니는 날개 달린 집과 백인들을 보기 위해 왔다." 왕은 기분을 누그러뜨리고 그로니오소우가 그 소원을 이룰 수 있도록 했지만 이 역시 사악하게 비꼬는 말이었다. 그는 날개 달린 집을 소유한 백인 집주인에게 팔렸다. 먼저 프랑스 선장에게 구매를 제안했지만, 그는 소년이 너무 작다는 이유로 제안을 거절했다. 네덜란드의 노예선에 승선한 그로니오소우는 이번에도 거절당하면 죽임을 당할 것으로 생각했고, 선장에게 매달려 데려가 줄 것을 간청했다. 선장은 호의를 보이는 것처럼 그를 "2야드의 방직 천"과 교환했다. 중간항로 동안에 그로니오소우는 "처음에는 심각한 멀미에 시달렸지만, 바다에 익숙해지면서 멀미를 벗어났다." 그의 기록에 따르면 그는 바베이도스에 도착해서 팔리기 전까지 선장에게 좋은 대우를 받았다고 했다. 그는 바베이도스에서 "50달러"에 팔렸다.

노예선, 또는 그로니오소우가 "날개 달린 집"이라고 불렀던 이곳을 처음 본 사람은 누구나 놀랄 수밖에 없을 것이다. 탐험가 먼고 파크Mungo Park는 1797년 그의 안내자 카르파Karfa와 서아프리카 내륙 지역 탐험을 끝내고 감비아강으로 돌아왔을 때 닻을 내리고 있던 스쿠너급 함선을 보고 이와 유사한 반응을 보았다. 파크는 "이 모습은 카르파가 전에 보지 못했던 놀라운 광경"이라고 기록했다. 내륙에 살던 아프리카인인 카르파는 대양을 항해하는 이 함선을 조심스레 조사했다. 그는 "함선을 구성하는 다양한 판자들을 서로 이어 주는 방법과 이음매를 메꿔서 물이 새지 않게 하는 방법"에 대해 궁금해했다. 그는 "돛대와 돛, 삭구 장치"의 사용에 매료되었다. 무엇보다도 그는 "여러 가지 장치를 사용해서 바람이라는 흔한 동력으로 커다란 선체를 앞으로 나아가게 하는 방법"에 대해 가장 큰 호기심을 품었다. 파크는 "모든 것이 그에게는 새로운 것"이라고 기록했다. 파크는 "닻줄과 닻을 내리고 있는 스쿠너급 함선을 보고 카르파는 하루 중 대부분을 깊은 명상을 가졌다"고 하며 글을 마무리했다.[45]

그로니오소우와 카르파의 반응과 극명한 대조를 보이는 아프리카인도 있었다. 존 뉴턴 선장은 해안에서 같이 무역을 하던 아프리카인에 대해 다음과 같이 묘사했다. "그들은 우리의 지역 언어 차이나 배의 세부적인 사항들을 매우 빠르게 눈치챘다. 배에 오른 지 5분도 되지 않아서 때로는 배에 오르기도 전에 그들은 함선이 브리스틀이나 리버풀 또는 런던에서 온 것인지 정확하게 알고 있었다." 상당한 기간에 황금 해안의 판테족을 포함해 많은 아프리카인이 카누로 노예무역을 돕거나 실제로 노예선에 올라 일을 하고 있었고 그래서 이들은 유럽인에 대해 잘 알고 있었고 국적 차이뿐만 아니라 지역 차이까지 눈치챌 수 있었다. 일부 아프리카인은 대서양 횡단 항해도 함께했고 그래서 이 커다란 배가 어떻게 물 위에서 "앞으로 나아가는지"도 완벽히 알고 있었다. 그러나 이 배로 향하는 길이 놀라움으로 끝났든 친숙함으로 끝났든 간에 결국에는 모두 공포로 변하게 될 것이었다.[46]

돌아올 수 없는 시점

포로들이 아프리카에서 징용되는 과정은 가족과 혈족, 마을 때로는 민족과 국가가 생활을 유지하도록 해 주는 모든 기반을 파괴했다. 많은 사람이 고향 땅에서 도둑질로 약탈당한 경험이 있었다. 1760년대 한 노예선 선원은 항해 중 아프리카인들이 반복해서 설명하기를 그들 모두는 다양한 방식으로 "훔쳐진" 상태였다고 했다. 우콰소우 그로니오소우는 자유로운 선택으로 시작된 개별적인 노예화를 경험했다. 루이스 아사-아사는 열세 살 소년의 눈으로 본 가족과 마을에 대한 폭력적인 약탈의 경험을 기록에 남겼다. 골라족 전사들은 노예선에 이르는 단체적이고 군사적이며 국가적인 경로를 따랐다. 후자의 두 가지 경험은 기묘하고 변화무쌍한 사회적 집합체인 노예 무리라는 경험을 했다. 이 경험은 몇 달간 지속하였고 이 기간에 해안으로 이동하는 중 소속 구성원이 죽거나 팔리기도 하고 다른 사람이 더해지기도 했다. 모든 사람이 폭력적인 징계와 죽음의 위협을 받았고 실제로 많은 사람이 도중에 사망했다. 포로들은 아프리카에 남기 위해 아프리카인과 맞서 싸워야 했지만 성공한 사람은 거의 없었다. 그들은 이 땅의 억눌리고 버림받은 자들이었다.[47]

상황은 악화일로였다. 사악한 배에 탑승하는 것은 아프리카인의 지배에서 유럽인의 지배로 옮겨가는 무서운 변화의 순간이었고 골라족 전사들도 이를 잘 경험했다. 포로들이 지금껏 알고 있던 것들은 이제 소용이 없어졌다. 아프리카인과 아프리카계 아메리카인들은 "돌아올 수 없는 문"door of no return 으로 상징되는 거친 출항의 순간을 표현했다. 여기에 대한 유명한 예시는 세네갈 고레Goree섬의 노예 거래소House of Slave와 가나의 케이프 코스트 성에서 찾을 수 있다. 노예가 된 사람들이 돌아올 수 없는 지점을 넘어서게 되면 이제 단순한 이동이 아닌 완전한 탈바꿈을 겪어야 한다. 노예상의 장막에 갇혀 족쇄를 찬 그들은 이제 다시 고향으로 돌아갈 수 없었고 살아남기 위해서는 완전히 새로운 방식으로 치열하고 복잡하며 끝이 없는 싸움을 계속해 나가야 했다. 옛것은 파괴되었고 고통은 가까이에 있었다. 그러나 모든 것이 황폐해져 가면서 그들의 정체성과 연합 그리고 행동은 새롭고 광대한 가능성을 열어 주었다.[48]

4장

올라우다 에퀴아노

놀라움과 공포

올라우다 에퀴아노가 처음 자신을 대서양 건너편으로 데려다줄 노예선을 보았을 때 그는 "놀라움을 느낄 수밖에 없었지만, 이는 곧 공포로 바뀌었다." 이그보족의 땅(오늘날의 나이지리아)에서 태어난 그는 노예가 되어 아메리카로 갔고 후에 자유를 얻어 대양을 항해하는 선원이 되었으며 마지막에는 영국 노예무역의 폐지 운동을 이끄는 인물이 되었다. 1789년에 그는 자서전에서 노예선에 대한 놀라움과 공포를 "나는 아직 이 감정을 잘 설명할 수 없다"고 기록했다. 그러나 노예선은 그의 인생사에 중심적인 소재였고 '다른 수백만 명의 노예에게도' 중요했기 때문에 그는 가능한 한 자세하게 설명했다.[1]

1754년 초에 아프리카 상인에 의해 함선에 승선한 11살의 소년은 배에 올라타자마자 "무서운 모습에 붉은 얼굴과 긴 머리를 한" 선원들에게 붙잡혔다. 선원들은 소년이 몸이 건강한지 이리저리 훑어보았다. 소년은 그들이 인간이 아닌 "악령"이라고 생각했다. 그들이 소년을 내려놓자 소년은 이제 주갑판을 둘러볼 수 있었고 맨 처음 본 것은 끓고 있는 커다란 구리 솥 근처에 모여 앉은 "여러 부족의 흑인들이 함께 묶여서 슬프고 낙담한 표정을 짓는 모습"이었다. 그는 굶주린 식인종 사이에 떨어져 버렸다고 생각하고 두려움을 느끼다가 공포와 고통에 압도되어버렸다. 그는 기절했다.

에퀴아노는 정신을 차린 후에도 여전히 두려움에 차 있었지만, 곧 그는 현재의 공포가 전주곡에 불과하다는 것을 알게 되었다. 그는 하갑판으로 끌려 내려갔고 그곳에는 그를 괴롭히는 역겨운 냄새가 나고 있었다. 그는 선원 둘이 내려와서 음식을 제공했을 때 힘겨워하며 거절했다. 그러자 그들은 다시 그를 주갑판으로 끌어올려서 양묘기windlass[닻을 감아올리는 윈치]에 묶어두고 매질했다. 비록 수영도 할 수 없는 그였지만, 그의 작은 몸에 고통이 가해졌을 때 그가 처음 떠올린 생각은 배의 옆면으로 뛰어내려 탈출하는 것이었다. 그러나 그는 곧 노예선 주변에는 바로 그런 절박한 행동을 막기 위해 그물을 쳐 놓았다는 것을 알게 되었다. 이렇게 노예선에서의 첫 경험과 그에 대한 기억은 폭력과 테러, 저항으로 가득 차 있었다.

에퀴아노는 당시에는 구스타부스 바사Gustavus Vassa로 더 잘 알려져 있었고 노예의 관점에서 노예무역에 대한 해박한 기록을 남긴 최초의 사람이었다. 그의 저서는 당시 노예무역 폐지 운동에서 아마도 가장 위대한 문헌이었고 동시에 오늘날 노예선의 중간항로에 관한 가장 유명한 서술이다. 그러나 오늘날에는 그의 출생지를 둘러싼 논쟁이 일어나서 그의 주장에 대한 진정성이 의심받기도 하고 있다. 그는 자신의 주장대로 아프리카에서 태어났을까? 아니면 문헌 연구자 빈센트 카레타Vincent Carretta가 말하듯이 사우스캐롤라이나에서 태어나서 후에 노예무역에 반대하는 더 큰 도덕적 근거를 세우기 위해 그의 아프리카 태생을 꾸며냈을까?[2]

이 문제에 관한 논의는 계속되겠지만, 현재의 목적을 위해서는 중요하지 않다. 만약 에퀴아노가 서아프리카에서 태어났다면 그는 노예가 된 경험과 노예선에서의 항해에 대해 그의 기억에 근거해 경험에 따라 일부 수정된 사실을 말하고 있다고 볼 수 있다. 만약 그가 사우스캐롤라이나에서 태어났다면 그는 아프리카에서 태어났던 사람과 공포의 중간항로를 경험한 사람들의 지식과 경험을 수집해야만 그가 알고 있던 내용을 배울 수 있었을 것이다. 그러한 방식으로 그는 노예무역에 관한 구술 역사가이자 서사의 전승자, 그리오griot[3]가 된다. 이는 그의 이야기가 실제 경험을 한 사람의 것에 비해 충실성이 떨어진다고 할 수 없다는 뜻이고 단지 그 근원이나 기원만이 차이가 난다는 것이다. 논쟁의 양측 어느 쪽에서든지 그를 연구한 사람들은 그가 수백만 명의 사람들을 대변하고 있다는 데 동의한다. 그는 자서전에서 "인류의 권익을 위해" 노예선의 놀라움과 공포에 관한 이야기를 기록했다. 그는 "침묵할 수밖에 없는 사람들을 대변하는 목소리"voice of voiceless였다.[4]

에퀴아노의 고향

에퀴아노는 "1745년 에사카Essaka라 불리는 아름답고 비옥한 마을에서 태어났다." 이 지역은 아마도 오늘날 나이지리아 중부의 은리-아우카Nri-Awka/이수아마Isuama[이그보족의 땅 남동부 지역을 이르는 말] 지역의 올루Orlu 근방에 있는 이세케Isseke인 것으로 보인다.[5] 그는 가족에서 "태어나 살아남은" 일곱 명의 아이 중 막내였다. 그의 아버지는 혈족의 우두머리Okpala이며 부유층Ogaranya에 존경받는 원로Ndichie이고 결정권을 가진 평의회 의원Ama ala으로서 마을의 대소사를 결정하는 중요인물이었다. 에퀴아노는 아버지의 발자취를 따르기 위해 다소간 두려움을 느끼며 이마에 이치ichi라는 난절 흉터6를 새기는 구별의 표시를 받았다. 그는 농업 기술과 전쟁(총기나 자벨린 javelin으로 불리던 창) 훈련에 도움을 주었던 어머니와 노예의 비극을 공유할 수 있었던 누이에게 특별한 애착을 가지고 있었다. 에퀴아노는 그의 아버지가 "많은 노예"를 소유하고 있다는 점을 언급하면서 가족의 번영과 그 입지를 설명했다.(그는 여기서 말하는 노예는 함께 살고 가족처럼 대우받는 이들을 말하며 아메리카에서나 볼 수 있는 동명의 잔인한 제도와는 전혀 다르다는 점을 서둘러 덧붙였다.) 그의 마을은 해안에서 매우 멀리 떨어져 있었기 때문에 그는 "바다는 물론 백인이나 유럽인에 대한 이야기를 들어본 적도 없었다."7

　에퀴아노가 태어난 시기는 위태로웠던 시기였고 거칠었던 변화는 온 나라를 휩쓸고 가면서 어린아이까지 함께 휩쓸어가 버렸다. 18세기 전반기에 이그보족의 땅에는 가뭄과 기근이 들었고 에퀴아노와 그 가족이 속해 있던 은리 문명은 이보다 더 심각하게 오랫동안 더디게 붕괴하고 있었다. 이로 인해 은리 문명은 아로Aro들의 지역으로 확장하는 길을 개척하게 되었다. 아로는 자신들을 "신의 아이들"이라는 뜻의 우무추쿠umuchukwu라고 부르는 전쟁 상인들의 연합으로 결혼, 동맹, 협박 그리고 전쟁을 통해 광대한 교역망을 구축하고 있었다. 그들은 니제르강Ⅱ과 이모Imo강, 크로스강의 지류를 따라 옛 칼라바르와 보니, 신 칼라바르의 상업 도시국가에 수천만 명의 노예를 쏟아부었다. 1700년부터 1807년까지 비아프라만 주위의 광범위한 지역에서 백만 명 이상이 노예가 되었다. 일부는 현지에서 판매되었지만, 상당수가 해안으로 이동하는 과정에서 사망했다. 거의 90만 명의 노예가 상자와 같은 노예선에 실렸고 대부분은 영국 함선이었다. 중간항로에서의 죽음의 운명을 피한 4분의 3 이상의 사람들은 신세계의 항구로 배달되었다. 이 지역에서 노예가 되어 함선에 승선한 노예 중 3분의 1에서 4분의 3 사이의 숫자(이 비율에 대해서는 여전히 논쟁이 진행 중이다)는 이그보족의 지역 출신이었다. 그 수십만 명의 사람 중 에퀴아노가 있었다.8

에퀴아노는 공동으로 토지를 소유하고 함께 일하는 사회 출신이었다. 에퀴아노의 기록에 따르면 자연은 풍요롭고 자비로웠다. 토양은 비옥했으며 농업도 생산적이었다. 단순한 삶의 방식에 사치도 적었지만, 식량은 풍부했고 무엇보다도 "빌어먹는 사람도 없었다." 그의 마을에서 남자와 여자 모두가 공동 토지에서 "몸으로" 일했고 어떤 이들은 집을 짓는 것과 같은 작업을 하기도 했다. 그들은 괭이, 도끼, 삽, 곡괭이pick(에퀴아노는 부리beak라고 불렀다)를 사용해서 다양한 작물을 재배했고 그중에는 가장 중요한 얌이 있었다. 얌을 삶아서 두드리면 그들의 주식인 푸푸fufu가 되었다. 역사학자 존 오리지John Oriji에 따르면 이그보족은 이 시기에 "세계에서 가장 열성적으로 얌을 재배하던 자"들이었다. 그들은 또한 토란, 플랜테인, 후추, 콩을 농사지어 먹었고 인디언 옥수수, 검은콩, 수박과 여러 가지 과일을 으깬 것도 자주 먹었다. 그들은 목화와 담배를 경작하고 가축(황소, 염소, 가금류)도 키웠으며 수공업 제조도 하고 있었다. 여자들은 목화를 잣고 기워서 의복을 만들기도 했고 도기 그릇처럼 큰 그릇이나 "흙 그릇"을 만들기도 했다. 대장장이들은 전쟁과 농업을 위한 도구를 만들었고 다른 금속 가공 전문가들은 섬세한 장식품이나 장신구를 만들었다. 대부분 생산품은 지역 내에서 소비되었으며 대부분 물물교환의 형태로 거래하고 돈을 쓰는 일은 "거의 없었다." 대부분 농작물인 상품들을 지역 주변에서 거래했기 때문에 그들의 경제가 고립되거나 자급자족의 수준을 갖추었다고는 볼 수 없었다.9

에퀴아노의 가족과 혈족들은 다른 사람들처럼 부계 씨족umunne을 이루고 있었고 가장 역할을 하는 남자와 원로 협의회가 함께 부족을 이끌어갔다. 토지를 공동으로 소유하고 경작했기 때문에 계급 구분이 제한적이었지만 노동의 분업은 분명히 존재했고 에퀴아노의 아버지를 보면 알 수 있듯이 신분의 차이도 있었다. 에퀴아노는 다양한 종류의 전문가들에 대해 소개하며 사제, 주술사, 현자, 의사, 치유사에 대해 언급했다. 이 직업들은 종종 디비아dibia라고 불리는 한 사람이 모두 담당하기도 했는데 그는 영적 세계의 영매이자 이그보족 사회에서 존경과 두려움의 대상이었다. 사회적 질서의 또 다른 측면에는 노예도 있었다. 이들은 전쟁에서 포로가 되었거나 범죄(에퀴아노는 납치와 간음과 같은 범죄라고 설명함)를 저질러 유죄판결을 받은 자들이었다. 종합해 보면 차별은 많지 않았고 대략적인 평등이 만연했다. 마을은 거의 자치적으로 운영되었고 계급이나 국가, 민족의식이 아닌 이러한 독립성이 바로 구성원이 정체성을 갖도록 하는 근원이었다. 에퀴아노는 "우리가 베냉의 왕에게 복종한 것은 명목상의 이유 외에는 아무것도 없었다"고 회상했다. 사실상 베냉의 왕이나 다른 누구에게도 실질적인 복종을 하지 않았다. 그 지역의 사람들은 그들의 뚜렷한 지방색에 대한 자부심이 있었고 정치적 중앙화에 대한 저항에 대해서도 자랑스럽게 생각했다. 그들을 일컫는 말 중 "이그보 엥웨흐 에제"Igbo enwegh eze란 말은 "이그보족은 왕이 없다"는 의미로 널리 알려져 있었다.[10]

에퀴아노는 동족 사람들에 대해 "우리는 모두가 춤꾼이었고 음악가이자 시인이었다"고 기록했다. 제사와 같은 중요한 때에는 조상의 영혼을 불러와 기쁘게 하도록 예술적이며 종교적인 행위로 정성스러운 의식을 행했다. 이그보족은 인간 세계와 영혼 세계 사이에, 또한 살아 있는 사람과 죽은 사람 사이에 희미한 연결이 존재한다고 믿었다. 실제로 선과 악의 영혼은 눈에 보이지 않는 형태로 이그보족의 사회에 항상 존재했고 영혼을 어떻게 대하느냐에 따라서 도움을 약속하기도 하지만 위협으로 방해하기도 했다. 영혼에게 재물(아자aja)을 바치는 것은 행운을 기원하는 데에 핵심이었다. 디비아는 이 영혼과 직접 소통했고 두 세계를 연결해 주었다. 또한, 이그보족은 갑작스러운 죽음을 악한 영혼의 소행이라고 믿었고 이 죽음의 영혼은 제대로 영면에 들 때까지 방황하고 떠돌아다닌다고 보았다. 이러한 믿음은 노예선에서의 생활에도 상당한 영향을 미쳤을 것이다.[11]

에퀴아노가 자서전에 밝혔듯이 그가 열한 살이 되었을 무렵 그가 출생한 이그보의 땅에서는 노예무역과 약탈이 다양하면서도 교활한 방식으로 광범위하게 성행하고 있었다. 마을의 어른들은 평소 일을 하러 가면서도 공격에 대비해 무기를 챙겨갔다. 그들은 또한 마을에 남겨진 아이들을 위한 대비책도 마련해 두었는데 그것은 아이들을 한 장소에 모아두고 계속해서 망을 보도록 하는 것이었다. 낯선 떠돌이는 두려움을 불러일으켰고 특히 그 낯선 이가 "멀리서 온 붉은 남자"라는 의미의 오이보Oye-Eboe 12라고 불리는 무역상인 경우에는 더욱 두려움의 대상이 되었다. 이들은 남쪽에서 온 "튼튼한 적갈색 피부의 남자들"로 아로의 사람들이었다. 그들은 합법적이고 합의된 무역을 했고 실제로 에퀴아노는 그의 마을에서 종종 노예를 대가로 유럽의 무역품인 총기, 화약, 모자, 구슬을 교환하기도 했다고 기록했다. 이 무역은 "작은 국가나 독립된 마을"에 대한 약탈을 조장했다. 유럽의 물건을 원하는 부족장은 무역을 위해 "이웃 부족을 공격해서 필사의 전투"를 벌였고, 거기에서 잡아들인 포로를 팔았다. 아로의 사람들이 직접 노예를 잡아가기도 했다. 에퀴아노는 어린 시절이라 확신할 수는 없지만, 회상을 통해 아로 사람들의 주요 사업이 "사람들을 함정에 빠뜨리는 일"이라는 것을 알아냈다. 그들은 어디에 가든 항상 "커다란 자루"를 가지고 다녔다. 불행하게도 에퀴아노는 곧 그 자루의 안쪽 면을 확인하게 되었다.13

납치

"어느 날 모든 마을 사람들이 평소처럼 일을 나갔을 때" 에퀴아노와 그의 누이만이 집을 보며 남아 있었다. 정확한 이유는 모르지만, 어른들은 평소처럼 예방 조처를 하지 않았다. 두 명의 남자와 한 명의 여자가 빠르게 가족 거주지 주변의 흙벽을 타고 올라와서 "순간 두 사람을 붙잡았다." 너무나 갑작스러운 일이라 아이들은 "울거나 저항할" 기회조차 없었다. 약탈자들은 "아이들의 입을 막고 근처 숲으로 달아났고" 거기에서 아이들의 손을 묶고는 해가 지기 전까지 서둘러서 최대한 멀리 마을에서 멀어졌다. 에퀴아노는 자신을 공격한 자들이 누구인지 밝히지 않았지만, 그들이 아로의 사람들이었다고 암시했다. 결국, 그들은 "어느 작은 집에 도착했고 거기서 약탈자들은 잠시 쉬면서 밤을 보냈다." 그들은 아이들의 결박을 풀어 주었지만, 그들은 음식을 먹기에도 버거운 상황이었다. 곧 "피로와 슬픔이 압도해 왔고 그들에게는 잠을 자는 것만이 유일한 위안이었다. 잠자리에 들자 이내 불행은 누그러졌다." 해안을 향한 길고 힘겨우며 상처 깊은 여정이 시작된 것이다.14

다음날 그들은 인적을 피하려고 숲을 통해 작은 무리를 유지하며 이동했다. 에퀴아노에게는 친숙한 길이었다. 사람들이 지나갈 때마다 소년은 "울면서 도움을 간청했다." 그러나 소용없는 일이었다. "나의 울음은 전혀 소득이 없었고 오히려 그들이 나를 더 세게 묶고 입을 막게 할 뿐이었다. 결국 그들은 나를 커다란 자루에 넣어버렸다. 내 누이의 손도 묶고 입을 막아버렸다. 이러한 상황은 우리가 사람들의 시야에서 완전히 벗어날 때까지 계속되었다." 피곤한 여행길의 하루가 또 지났을 때, 에퀴아노와 그의 누이는 먹을 음식을 받아들고도 먹기를 거부했다. 이는 노예선에서도 흔히 나타나는 저항의 형태이다. 마을과 가족 대부분에게서 강제적으로 떨어져나와서 사랑하는 모든 것을 잃은 에퀴아노에게 누이의 존재는 깊은 위로가 되었다. 에퀴아노는 "우리가 누릴 수 있는 유일한 위안은 서로의 팔에 안겨 밤을 지새우며 눈물로 서로를 씻겨주는 것뿐이었다"고 기록했다.

다음날에는 더 큰 마음의 상처를 입었다. 이날은 "평생의 그 어떤 날보다 슬픈 날"이었다. 에퀴아노를 잡아 온 자들이 손을 꼭 잡고 누워 있던 그와 누이 사이를 갈라놓았다. 아이들은 함께 있게 해달라고 간청했지만 소용없는 일이었다. "내가 말로 설명할 수 없는 혼란에 빠져 있는 동안 누이는 나에게서 떨어져서 즉시 다른 곳으로 끌려가 버렸다." 에퀴아노는 "끊임없이 울며 슬퍼했다." 그는 며칠 동안이나 음식을 먹지 않았지만, 곧 그들이 강제로 소년의 입에 음식을 밀어 넣었다. "함께 울며" 슬픔을 나누고 위안하던 마지막 남은 가족이 사라져버렸다. 그는 혈족과 마을에서 떨어져서 완전히 혼자가 되었다.

그날을 기점으로 이제 어린 소년을 끝없이 사고파는 날들이 시작되었다. 에퀴아노는 곧 쾌적한 시골 지역에서 대장장이 일을 하던 한 "족장"에게 팔리게 되었다. 아프리카 양식의 삶을 사는 가족을 만난 에퀴아노는 좋은 대우를 받았다. 그는 "아버지의 집에서 아주 오랫동안 멀리 떠나왔음에도 여전히 나와 같은 말을 하는 사람들을 만날 수 있었다"는 점에서 위안을 얻고 있었다. 그는 천천히 새로운 환경에서 활동의 자유도 얻었고 그 와중에 도망쳐서 마을로 돌아갈 방법에 대한 정보도 모을 수 있었다. "어머니와 친구들을 보고픈 마음과 슬픔에 압도되고 억눌려 살던" 그는 주위 형세를 둘러보고 그의 집이 "해가 떠오르는 방향"에 있다고 생각했다. 어느 날 그는 마을 사람의 닭을 실수로 죽여 버렸고 벌 받는 것이 무서워서 도망치기 위해 덤불 속에 숨어들었다. 그는 멀리서 그를 찾는 사람들이 그가 고향 땅 방향으로 도망갔을 것이라고 이야기하는 것을 들었다. 하지만 그의 마을은 너무 멀리 있었고 그가 도저히 다다를 수 없는 거리였다. 소년은 결코 집으로 돌아갈 수 없을 것이라는 생각에 "극단적인 공황 상태"에 빠졌다. 결국, 그는 주인에게 돌아갔고 곧 다른 곳으로 팔렸다. "나는 떠오르는 해를 오른편에 두고 계속 이동했고 황량한 폐허와 음침한 숲, 야생 동물의 끔찍한 울음소리들이 이어졌다." 여기에서 설명된 노예 운영 과정은 평범한 것으로 보였다. 그는 "사람들이 항상 잘 무장된 상태였다"라고도 언급했다.

그때, 모든 재앙의 한가운데에서 깜짝 놀랄 즐거움이 있었다. 해안으로 향하던 길을 따르던 중에 에퀴아노는 누이를 한 번 더 볼 수 있었다. 그의 자서전의 기록으로 비춰볼 때 이 순간은 그의 삶에서 가장 감동적인 순간이었다. "그녀는 나를 보자마자 크게 소리치며 내 품으로 달려들었다. 나는 감정을 억누를 수 없었고 우리 둘 다 말도 하지 못했다. 우리는 꽤 오랫동안 서로를 부둥켜안고 있으면서 우는 것 외에는 아무것도 할 수 있는 것이 없었다." 눈물 어린 포옹은 보고 있는 모두를 감동하게 했고 에퀴아노와 그 누이를 소유하고 있는 사람도 마찬가지였다. 그는 두 사람이 자신의 양옆에서 함께 잠을 잘 수 있도록 허락해 주었고 그들은 그 남자의 가슴팍 위로 밤새 손을 마주 잡고 함께 한다는 기쁨으로 모든 불행을 잊을 수 있었다. 그러나 "피할 수 없는 아침"이 밝아오고 그들은 다시 그리고 이번에는 영원히 헤어질 수밖에 없었다. 에퀴아노는 "나는 더 비참할 수 없는 상황 속에서 다시 깊은 나락으로 떨어졌다"고 기록했다. 그는 누이의 운명에 대해 고뇌했다. 에퀴아노는 몇 년 후의 기록에서 누이에 대해 "누이의 모습은 항상 내 마음속 깊이 새겨져 있었다"고 조심스레 기록했다.

해안을 향한 여정이 다시 시작되었다. 에퀴아노는 여기저기로 옮겨 다니며 팔렸고 결국 니제르 삼각주에 있는 아름다운 도시 테인마Tinmah의 부유한 상인에게 팔렸다. 여기에서 그는 처음으로 코코넛과 사탕수수 맛을 보았고 코레core(아코리akori)라고 불리던 화폐[15]도 볼 수 있었다. 그는 이웃의 부유한 과부의 아들과 친해졌는데 둘은 나이가 비슷해서 과부는 상인으로부터 에퀴아노를 사들였다. 그는 이제 노예라는 사실을 잊을 만큼 좋은 대우를 받았다. 그는 주인의 식탁에서 함께 밥을 먹었고 다른 노예가 시중을 들어 주었으며 "고향에서 하던 것처럼" 다른 아이들과 함께 활과 화살을 가지고 놀기도 했다. 두 달여가 흐르는 동안 그는 새로운 가족과 유대를 가지면서 "자신의 상황을 단념하고 감수하며 자신의 불행을 어느 정도 잊어가고 있었다." 어느 날 이른 아침 그는 갑자기 거칠게 깨우는 손길에 이끌려 집 밖으로 내몰렸고 다시 해안가로 향하는 길에 오르게 되었다. 내쫓기는 상황이 짐짓 새롭게 느껴지며 "신선한 슬픔"이 찾아왔다.

이 시점까지 에퀴아노가 여정에서 만난 사람들은 거의 모두가 그와 문화적으로 친숙한 사람들이었다. 그들은 대체로 같은 "풍속과 관습, 언어"를 가졌다. 모두 이그보족에 속해 있거나 곧 속하게 될 사람들이었다. 그러나 이제 에퀴아노는 문화적 친밀성이 사라지는 곳에 당도했다. 실제로 그는 해안가에 살던 이비비오족의 문화를 접하고 충격을 받았는데 그들은 할례도 받지 않았고 씻는 방식도 에퀴아노가 익숙하던 방식과 전혀 달랐다. 또한, 유럽인의 냄비나 무기를 사용했고 "주먹으로 서로 치고받으며 싸우는" 모습도 보였다. 에퀴아노는 이 부족의 여자들이 음란하다고 생각했는데 이는 그들이 자신의 짝인 남자와 함께 음식과 물을 먹고 함께 잠을 자는 모습을 보였기 때문이다. 그들은 이상한 형태의 흉터를 몸에 새겼고 이빨도 날카롭게 갈았다. 가장 놀라웠던 것은 그들이 신에게 적절한 제물과 공납을 바치지 않는다는 것이었다.

에퀴아노가 보니섬으로 보이는 큰 강의 사주沙洲[16]에 도착했을 때 그의 놀라움은 더욱 커졌다. 카누가 사방에 널려 있었고 사람들이 그 안에서 "모든 종류의 가재도구와 식료품을 가져다 두고" 살고 있었다. 이 소년은 아직 그만큼 많은 물이 모여 있는 것을 본 적이 없었고 이러한 방식으로 삶을 사는 사람도 거의 본 적이 없었다. 에퀴아노는 카누에 실렸고 그를 붙잡은 자들이 노를 저어 강을 따라 습지와 맹그로브 숲을 돌아가기도 하고 가로지르기도 했다. 에퀴아노의 놀라움은 점점 공포로 바뀌었다. 매일 밤 그들은 카누를 물가로 끌어와서 불을 지피고 텐트나 작은 집을 짓고는 밥을 먹고 잠을 잤다. 아침이 밝으면 다시 밥을 먹고 카누로 돌아가 강 하류로 내려가기를 반복했다. 에퀴아노는 사람들이 너무나 쉽게 물에 뛰어들고 수영했다고 기록했다. 여정은 "여러 지역과 나라를 통과하고" 육지와 물을 오가며 계속되었다. 납치된 지 6개월에서 7개월 만에 에퀴아노는 보니섬의 크고 번화한 노예무역 항구로 보이는 해안에 도착했다.

미지의 선상船上에서

에퀴아노가 처음 해안에 도착했을 때, 그에게 두려울 만큼 경외감을 불러일으켰던 노예선은 스노우급 함선으로, 60피트에서 70피트 사이의 선체 길이에 주돛대는 60피트 정도였고 주돛대의 큰 돛 크기만 30피트였다. 오그던Ogden호는 여덟 문의 대포와 서른두 명의 선원을 싣고 닻을 내린 채 정박해 있었고 "화물을 기다리고" 있었다. 에퀴아노도 순간 자신이 그 화물 중 하나가 된다는 것을 깨달았다.[17] 아프리카의 무역상들은 카누를 이용해서 에퀴아노와 다른 몇몇을 함선으로 실어 날랐고 줄사다리를 이용해 함선 옆면으로 끌어올려서 난간을 넘겨 주갑판에 데려다 두었다. 여기에서 에퀴아노는 무서운 선원들이 "전에 들어보지 못한 말을 하는" 모습을 보았다. 그는 끓고 있는 구리 냄비와 우울한 포로들을 보고는 식인 행위에 대한 두려움으로 기절해버렸다. 에퀴아노를 데려왔던 흑인 무역상들이 그를 깨우고 정신을 차리도록 노력했지만 "모두 다 허사였다." 에퀴아노는 저 끔찍한 얼굴의 백인들이 자신을 먹으려고 하는지 물었고 상인들은 아니라고 답했다. 선원 한 명이 다가와 독한 술 한잔으로 에퀴아노가 정신을 차릴 수 있도록 했지만 어린 소년은 그가 너무 무서워 술을 받지 않았다. 흑인 무역상 중 한 명이 술을 받아 다시 소년에게 주었다. 그가 술을 받아 마시자 선원의 의도와는 정반대의 효과가 나타났다. 한 번도 맛보지 못한 것을 마신 소년은 "더 큰 혼란에 빠졌다." 곧 상황은 더 나빠졌다. 거래를 끝낸 흑인 무역상들의 배가 떠나버렸고 에퀴아노는 그들이 떠나는 모습을 보고 절망했다. "나는 이제 고향 땅으로 돌아갈 모든 기회를 다 잃어버렸고 심지어 다시 한번 땅을 밟아볼 수 있을지에 대한 한 줄기 희망조차 없었다." 하갑판의 악취와 음식 거부에 대한 매질을 당한 후에 에퀴아노는 차라리 "제 나라의 가장 미천한 노예"가 되었으면 좋겠다고 간절히 바랐다. 결국, 그는 완전히 절망하여 "마지막 길동무가 될 죽음이 자신을 안식의 길로 이끌어 주기를" 소망했다.[18]

노예무역은 항상 비정상적으로 많은 사람들을 한 군데로 모으게 했고 그 안에서 그들의 문화적 차이를 어느 정도 상쇄시키기도 했다. 에퀴아노는 처음에는 "동족"을 찾지 못했지만, 찾기 위해 노력했다. 이그보족 외에도 승선한 부족을 살펴보면 에퀴아노 마을 북쪽에서 온 누페Nupe족, 이갈라족, 이도마Idoma족, 티브Tiv족, 아가투Agatu족이 있었고 남서쪽에서 온 이조Ijo족이 있었다. 동쪽에서 온 무리 중에는 이비비오족, 아낭Anang족, 에피크족(앞의 세 부족은 모두 에피크어를 말함), 오도돕Ododop족, 에코이Ekoi족, 에자감 Ejagham족, 엑리쿡Ekrikuk족, 우몬Umon족, 엔용Enyong족이 있었다. 이들 중 대부분은 여러 문화의 언어를 할 줄 알았고 이그보어는 내륙과 해안 모두에서 무역의 과정 동안 중요했기 때문에 상당수 혹은 대부분이 이그보어를 말하거나 이해할 수 있었다. 일부는 영어와 포르투갈어 일부를 섞은 혼용어를 말할 수 있었다. 함선에 오른 뒤 의사소통은 상당히 복잡해졌지만 다양한 수단을 활용할 수 있었다.[19]

노예선에서 에퀴아노와 다른 이들이 점점 서로가 이그보족이라는 사실을 알아내기 시작했다. 에퀴아노의 마을이나 내륙 전체에서 "이그보"라는 단어는 어떤 자기-자각이 있는 정체성을 뜻하는 단어는 아니었다. 나이지리아의 유명한 이그보족 작가 치누아 아체베Chinua Achebe에 따르면 오히려 원래의 "이그보"는 단어가 잘못 오용된 경우인데, 원래는 다른 곳에 사는 "타인"을 뜻했다. "이그보"는 마을 외부인을 지칭하는 일종의 모욕적인 단어였다. 에퀴아노는 이 모욕적 의미의 단어를 아로 사람인 "오이보"들을 부를 때나 사용한다고 주장했다. 그러나 노예선에서는 모두가 마을 외부인이었고 그러한 광범위한 유사성이 갑자기 지역의 차이보다 더 중요해지기 시작했다. 언어와 같은 문화적 동질성은 분명 공동체 형성과 협동에 필수적이었다. 다른 아프리카의 부족과 마찬가지로 이그보족은 여러 면에서 노예무역의 산물이라고 볼 수 있다. 다른 말로 하면 노예선 안에서 민족 문화가 형성되고 있었다는 것이다.[20]

에퀴아노는 곧 노예선에서 사용하는 체계적인 테러에 대해 알게 되었다. 에퀴아노는 "백인들이 야만적인 면모와 행동을 보인다고 생각했다. 그는 노예선에서 일어나는 그러한 잔악무도한 행위를 어디에서도 본 적이 없었다." "불쌍한 아프리카인"들은 감히 저항하지 못했고 음식을 거부하거나 배 밖으로 뛰어드는 시도를 한 사람은 살을 에는 매질과 구타를 당해야 했다. 에퀴아노도 음식을 거부해서 몇 차례 채찍질을 당했다. 그는 테러가 노예들에게만 적용되는 것은 아니었다고 기록했다. 어느 날 몇몇 노예들이 주갑판에 있는 동안 선장이 백인 선원을 거의 앞돛대까지 닿는 긴 채찍으로 무자비하게 매질해서 결국 그 선원이 죽어버렸다. 선원들은 마치 짐승을 다루듯이 시체를 갑판의 한쪽 편에 내버려 두었다. 이 사건은 우연한 사고가 아니라 공공연한 사안이었다. 선원에 대한 폭력의 행사는 공포를 더욱 가중했다. "이 사건으로 나는 그들이 더욱 두려워졌다. 나는 절대 그와 같은 대우를 받고 싶지 않았다."

에퀴아노가 노예선에서 보낸 시간을 기록한 내용 중 가장 중요한 부분은 하갑판에서 있었던 대화를 요약한 부분이다. 에퀴아노는 아직 어린아이였고 내륙 깊은 먼 곳에서 왔기 때문에 그는 노예 중 유럽인들과 그들의 방식에 대한 지식이 가장 적은 사람이었다. 다양한 문화를 가진 사람과 소통하기 위해 노력하면서 그는 "사슬에 묶인 가엾은 사람들" 사이에서 "동족"을 찾기 위해 노력했고 결국은 찾아냈다. 식인 행위에 대한 두려움 때문에 그가 가진 가장 절박한 질문은 "우리는 이제 어떻게 되는가?"였다. 찾아낸 노예 동족 중 한 남자가 "우리가 백인들의 나라에서 그들을 위해 일하기 위해 옮겨지고 있다"는 사실을 알려주었다. 에퀴아노는 이 대답에 위안을 얻었고 다음과 같이 설명했다. "그냥 일만 하는 것이라면 내 상황이 그렇게 나쁜 것도 아니었다."

그러나 야만적인 유럽인에 대한 두려움은 여전히 남아서 새로운 질문을 가지게 했다. 에퀴아노는 그 남자에게 "이 사람들은 나라가 없어서 이 텅 빈 곳 ─ 노예선 ─ 에 사는 겁니까?" 남자는 "그렇지는 않지만 그들의 나라는 아주 먼 곳에 있다"고 답해 주었다. 여전히 혼란스러웠지만 어린 소년은 "우리는 들어본 적도 없는 그들이 어떻게 우리의 나라까지 올 수 있었는지" 물었다. 그 이유는 "그들은 아주 먼 곳으로 다니며 살아가기 때문"이라고 했다. 에퀴아노는 다시 백인들의 여자는 어디에 있는지 물었다. "여자들도 그들과 같은가요?" 그들은 그렇다고 대답하고 "여자들은 그곳[유럽]에 남아 있다"고 했다.

다음은 놀라움과 공포의 근원이었던 노예선 자체에 대한 질문이 이어졌다. 여전히 눈으로 본 것에 압도되어 있던 에퀴아노는 어떻게 함선이 움직일 수 있는지 물었다. 다른 노예들은 여기에 대한 답을 명백히 제시해 주지는 못했지만, 그들이 배를 이해하기 위한 노력으로 많은 연구를 했음을 보여 주었다. "그들은 자신들도 정확하게는 알지 못하지만, 돛대에 줄로 지탱되고 있는 천이 있는 것을 보았고 그러면 배가 움직였다고 했다. 함선을 멈추고 싶을 때는 백인들이 물속에 주문이나 마법 같은 것을 집어넣었다고 했다." 에퀴아노는 "나는 이 말을 듣고 무척이나 놀랐고 진정으로 그들이 유령이라고 생각했다"고 밝혔다. 에퀴아노는 어느 날 갑판 위에서 돛을 완전히 펴고 그들에게 다가오는 함선을 보고 함선에 관한 더 깊은 의문을 갖게 되었다. 그와 함께 그 광경을 본 노예들은 모두 놀라움에 멍하니 서 있었다. "배는 가까이 다가올수록 더 커졌다." 다가오던 배가 마침내 닻을 떨어뜨렸을 때, 그 모습을 본 에퀴아노와 그의 동족들은 배가 멈추는 모습에 놀라워하며 혼비백산했고 모두 그것이 마술이었다고 믿게 되었다.

중간항로

에퀴아노의 중간항로 항해는 잔인함과 모욕 그리고 죽음의 향연이었다.[21] 중간항로는 모든 노예를 하갑판에 가둬서 "그들이 함선을 운용하는 방법을 모르게 하는 데"서부터 시작했고 이는 매우 중요한 사안이었다. 함선이 해안에 닻을 내리고 있는 동안 우리가 불평했던 모든 것들의 상황이 더 좋지 않아졌다. 이제 모두가 하갑판에 갇혔기 때문에 거처는 더욱 북적였고 "모두 간신히 몸만 돌릴 수 있을 정도의 공간밖에 없었다." 노예들은 숨 막힐 듯 가깝게 옆으로 누워 있었고 관속에 든 시체마냥 좁은 공간에 놓여 있었다. "걸리적거리는 쇠사슬"은 손목, 발목, 목의 연한 살들을 문질렀다. 노예들은 뜨거운 열기와 공기의 부족에 시달렸고 땀과 뱃멀미도 그들을 괴롭혔다. 지긋지긋한 악취는 "전염병처럼 퍼져 있었고" 땀과 구토, 피 그리고 어쩔 수 없이 존재해야 하던 배설물 통으로 그들은 거의 "질식 직전이었다." 겁먹은 사람들의 비명은 죽어가는 사람의 신음과 불협화음을 내며 뒤섞였다.[22]

　악천후로 인해 며칠간이나 하갑판에 갇혀 있으면서 에퀴아노는 그의 뱃동지들이 죽어가는 것을 보았고 "이렇게 희생자들은 그들을 구매한 자들의 허황한 탐욕 때문에 나락으로 떨어졌다." 노예선은 죽은 영혼으로 가득 찼지만 산 자들은 적절한 매장을 해줄 수도 없었고 제물을 바칠 수도 없었다. 질병이 "많은 목숨을 앗아갔고" 대부분은 "하혈" 또는 이질로 인한 것이었다. 비아프라만은 다른 어떤 노예무역 지역보다 높은 사망률을 보였고 오그던호가 노예 "화물"을 모으기 위해 보냈던 8개월의 기간은 이를 더 악화시켰다. 에퀴아노는 자신이 병을 얻고 죽게 될 것으로 기대했다. 실제로 그는 죽음에 대한 소망을 떠올리며 "비참한 삶을 끝낼 수 있기를 바랐다." 죽어서 바다에 던져지는 사람들을 바라보며 그는 "종종 심해로 빨려 들어가는 그들이 자신보다 훨씬 더 행복하다고 생각했고 그들이 느끼는 자유가 부러웠으며 나도 그들처럼 될 수 있기를 희망했다"고 조심스레 말했다. 에퀴아노는 배 밖으로 뛰어내려 목숨을 끊은 사람들이 여전히 살아 있고 행복하며 자유롭다고 생각했고 여전히 배에 있는 사람들과 교감을 유지하고 있다고 믿었다.[23]

　공포에 대한 반감과 죽음에 대한 소망은 그의 삶을 고집스럽고 저항적으로 만들었다. 에퀴아노는 살아남기 위해 동료 노예들과 계속해서 소통했다. 그는 이그보족인지 아닌지 모를 한 노예 여성에게 신세를 졌는데 그녀는 에퀴아노를 씻겨주기도 하고 엄마처럼 보호해 주었다. 그는 어린아이였기 때문에 족쇄를 차지 않았고 병약했기 때문에 "거의 내내 갑판 위에 머무를 수 있었다." 그곳에서 그는 엄청나게 격렬했던 규율에 대한 언쟁이나 저항을 목격할 수 있었다. 선원들은 노예들이 맞서 싸울 수 있는 수단을 찾기 시작함에 따라 더욱 잔인해졌다. 에퀴아노는 굶주린 동족 몇몇이 물고기를 훔쳐 먹었다가 그로 인해 잔인한 매질을 당하는 모습도 보았다. 얼마 지나지 않아 "바다가 잔잔하고 바람도 부드러운 어느 날" 에퀴아노는 노예 셋이 선원들에게서 벗어나 배 옆면으로 뛰어내리며 그물을 피해 물속으로 뛰어드는 모습을 가까이서 보았다. 선원들은 즉각 행동을 취해서 모두를 하갑판으로 내려보내서 자살 시도가 퍼지지 않도록 막았고(에퀴아노는 확실히 따라 할 작정이었다) 배 밖으로 뛰어내린 노예들을 다시 잡아 오기 위해 소형선을 내렸다. 배에 남은 노예들 사이에서는 에퀴아노가 "전에 듣지 못했던 소음과 혼란이 야기되었다." 선원들의 노력에도 불구하고 두 명의 노예는 성공적으로 익사하여 죽음을 맞이했다. 세 번째 노예는 다시 잡혀 왔고 갑판 위로 끌려와 "노예 생활보다 죽음을 더 원한 죄"로 맹렬한 채찍질을 당했다. 에퀴아노는 이렇게 노예들 사이에 형성되었던 저항의 문화를 기록했다.

에퀴아노가 택한 저항 전략 중 하나는 선원들에게서 배가 어떻게 작동하는지 가능한 모든 것을 배우는 것이었다. 이는 장기적으로 보면 자유를 향한 그만의 길이 될 수 있었고 결국 그는 선원으로 일하면서 급여를 모아 24살의 나이에 자신의 자유를 돈으로 살 수 있었다. 그는 자신이 승선한 사람 중 "가장 능동적"인 사람이었다고 설명했다. 이 말은 18세기 바닷사람들의 말로 배에서 맡은 일을 가장 원기 왕성하게 해낸다는 뜻이었다. 선원들이 고군분투하는 모습을 보며 자란 그는 그 모습에 매료되었고 동시에 사분의 quadrant를 사용하는 모습은 신비롭기까지 했다. "나는 선원들이 사분의를 관찰하는 모습을 놀라워하며 바라보곤 했다. 나는 그게 무엇을 의미하는지도 몰랐다." 선원들은 영리한 소년의 호기심에 주목했고 그들 중 한 명은 언젠가 이 소년의 호기심을 채워 주리라 다짐했다. 그는 에퀴아노에게 렌즈를 통해 바라보라고 했다. "그것은 내 궁금증을 더 고조시켰다. 나는 더욱 내가 전혀 다른 세상에 있다고 생각하게 되었고 내 주변을 둘러싼 모든 것이 마술이었다." 그것은 또 다른 세상인 동시에 바다 생활을 하는 하나의 사회였으며, 배울 수 있는 마술들로 가득했다. 에퀴아노는 새로운 시작을 맞이했다.[24]

바베이도스

곧 또 다른 세상이 수평선 너머로 등장했다. 선원들은 육지를 발견하면 "크게 환호"했고 "여러 가지로 즐거움을 표시"했다. 그러나 에퀴아노와 다른 노예들은 그들의 흥분을 공유하지 못했다. 그들은 어떻게 받아들여야 할지를 모르고 있었다. 바베이도스는 역사적인 설탕 개혁sugar revolution[25]의 진원지였고 영국 식민체제[카리브해]의 보배였으며 이미 세상 어디에도 없는 노예 사회를 완전히 실현하고 있었고 그만큼 잔인한 면모도 가지고 있었다. 이 작은 섬의 농장이 노예선에 승선한 포로들의 목적지였다.[26]

함선이 브리지타운Bridgetown의 분주한 항구에 닻을 내리고 여러 함선의 돛대가 숲처럼 우거진 사이에 자리를 잡았을 때 에퀴아노와 하갑판의 동료들은 새로운 공포에 사로잡혔다. 어두운 밤에 낯설고 처음 보는 이들이 배에 올라왔고 모든 노예는 검사를 받기 위해 갑판 위로 내몰렸다. 노예를 구매하고자 하는 상인과 농장주 들이 즉시 에퀴아노와 그의 뱃동지들을 찬찬히 살펴보았다. 에퀴아노는 "그들은 우리를 재빨리 일으켜 세우고는 마치 우리가 그곳으로 가야 한다는 듯이 육지를 가리켰다." 그들은 포로들을 "한 무리씩 떼어 내어" 판매할 수 있게 구분해 두었다.

에퀴아노는 시종일관 "이 못생긴 남자가 결국 다시 나타나 우리를 잡아먹을 것"이라고 생각했고 다른 이들도 분명 같은 생각이었을 것이다. 곧 모든 노예가 다시 하갑판으로 돌려보내졌지만 새로운 공포가 자라고 있었고 에퀴아노는 여기에 대해 "우리는 두렵고 떨렸으며 밤새 불안해하며 사무치는 울음소리만이 들려왔다"고 설명했다. 그 울음소리가 얼마나 오래 갔는지는 모르지만, 결국 그날 방문했던 백인들이 소리를 들었는지 몇몇 나이 많은 노예들을 육지로 불러 마음을 달래주었다. 바베이도스 농장 사회에서 경험이 많았던 그들은 "노예들에게 잡아먹으려는 것이 아니라 일하러 보내려는 것이고 곧 육지에 가면 더 많은 동족 사람들을 볼 수 있을 것"이라고 말해 주었다. 이 전략이 통했는지 "이 이야기를 전해 들은 우리는 훨씬 마음이 편해졌고 아니나 다를까 육지에 올라서자마자 우리는 온갖 종류의 아프리카 언어를 다 들을 수 있었다."

이내 해안에 있던 에퀴아노와 다른 이들은 에퀴아노가 "상인의 마당"이라고 부르는 곳으로 이동했다. 그들은 여기에서 "마치 양 떼를 우리 안에 집어넣듯"이 성별과 나이를 불문하고 좁은 우리에 갇히게 되었다. 노예선에서는 성별과 나이에 따른 구분을 경험한 터라 이는 다소 이상하게 느껴졌다. 새로운 상황이 주는 비참한 불확실성에도 불구하고 브리지타운의 광경은 에퀴아노에게 신선한 궁금증을 가지게 했다. 그는 아프리카와는 다르게 집들이 높고 여러 층이라는 점을 발견했다. 에퀴아노는 "나는 말을 탄 사람들을 보고 다시 한번 더 놀랐다. 말을 탄다는 것이 어떤 의미인지 알지 못했고 이들이 하는 일은 모두 마술처럼 보였다"고 기록했다.[27] 그러나 다른 뱃동지들은 놀라지 않았다. 북부 사바나같이 아프리카 먼 곳에서 온 것으로 보이는 일부 "동료 포로"들은 그들이 본 말이 자신의 나라에 있는 말과 똑같은 종류라고 했다. 어떤 이는 "내가 본 말보다는 크다"고 덧붙이기도 했다.[28]

며칠 후 "난장"亂場, scramble을 통한 판매가 시작되었다. 상인들은 마당에 인간 상품들을 배열해놓고 북을 두드리는 신호를 보내면 구매자들이 미친 듯이 달려들어서 원하는 상품을 구매하고자 했다. 아프리카인들은 그 순간의 "소음과 아우성" 때문에 두려움에 떨었고 이 탐욕스러운 구매자들이 그들 운명을 손에 쥐게 될 것으로 생각했다. 일부는 여전히 식인 행위에 대한 두려움을 가지고 있었다. 실제로 바베이도스의 설탕 생산 노동은 생명을 위협하고 소모했으므로 이러한 두려움은 충분히 근거 있는 것이기도 했다.

세 번째 헤어짐을 맞이했고 아프리카 해안에 정박해 있는 동안이나 중간항로 항해 동안 배에서 맺어진 관계가 끊어졌다. 에퀴아노는 이 순간에 대해 "동족이나 친구들과 헤어졌고 대부분은 다시는 만나지 못했다"고 거리낌 없이 기록했다. 그는 슬픈 운명을 지녔던 형제들이 함선의 좁은 거처에 갇혀 있다가 이제 서로 다른 주인을 만나 흩어져 팔려갔다고 회상했다. 그는 "이

별을 맞이하는 울음소리를 듣고 그 모습을 보고 있는 것은 심금을 울렸다"고 기록했다. 남편과 아내, 부모와 자식, 형제와 자매들이 이별을 맞이했다.

혈족들만이 헤어짐 앞에 소리치고 슬퍼한 것은 아니었다. 그들은 이미 가족에게서 한번 떨어져나와서 함께 "고통과 슬픔"을 나누며 배를 탄 "가장 소중한 친구이자 동족"이었다. 일부는 중간항로 항해 전에 이미 8개월이나 함께 배를 타고 있었다. 그들은 "깜깜한 노예생활"을 앞두고 서로를 위로했다. 그들은 "함께하며 얻는 작은 위안"을 나누며 함께 울고 함께 저항하고 함께 살아남았다. 노예선에서 형성된 새로운 공동체는 노예들이 강제로 "다른 방향"으로 흩어지며 산산이 찢겼다. 에퀴아노는 깊이 슬퍼하며 배에서 느꼈던 "모든 편안한 감정"은 이제 탐욕과 사치, "이익을 얻기 위한 욕망" 때문에 모두 희생될 것이라고 기록했다.[29]

긴 항해

에퀴아노와 그의 몇몇 뱃동지들의 중간항로 항해는 바베이도스에서 끝나지 않았다. 소수만 남은 이들은 "병약해서 팔 수 없는 자들"이었다. 힘겨운 항해는 분명 이들의 건강을 해쳐서 쇠약하며 병들고 우울하게 했다. 구매자들은 이들이 살아남을지 의심할 수밖에 없었고 구매하기를 거부했다. 그들은 "폐물 노예"가 되어버렸고 섬에 며칠간 더 머물러 있다가 다시 리처드 월리스Richard Wallis가 소유한 낸시호로 보이는 슬루프급의 작은 함선으로 옮겨져서 버지니아의 요크York강으로 향했다. 두 번째 항해는 첫 번째보다 쉬웠다. 노예선과 비교할 때 승선한 노예의 숫자도 훨씬 적었다. 선장은 이들의 건강을 회복시킨 후 북쪽으로 가서 팔아야 했기 때문에 긴장감이나 폭력성도 덜했고 음식도 더 나았다. 에퀴아노는 "그 항해에서 우리는 아프리카에서 올 때보다 더 좋은 대우를 받았고 쌀과 고기도 많이 먹을 수 있었다"고 기록했다. 하지만 바베이도스에서 팔려간 뱃동지들에 대한 상실감에 빠진 에퀴아노는 전혀 기쁘지 않았다. "이제 나는 동족과 함께 대화하는, 남아 있던 작은 위안마저 잃어버렸다. 나를 씻겨주고 보살펴주던 여인도 다른 곳으로 떠나버렸고 다시는 그들을 볼 수 없었다." 그들 중 한 명이라도 남아 있었다면 배에서의 경험에 따른 유대감을 다시 느끼고 더 새롭게 유대감을 강화할 수 있었을 것이다.[30]

소년은 말은 통하지 않았지만 슬루프급 함선에서 아프리카인 동료들과 새로운 유대감을 형성했다. 그러나 이들의 유대감 역시 버지니아에 상륙하자마자 흩어져버렸고 "결국 모든 동료가 떠난 후 에퀴아노만이 남아 있었다." 그는 다시 한번 홀로 되었고 함께 여럿이 팔려간 이들이 부럽기까지 했다고 설명했다. "나는 매우 비참했고 다른 동료들보다 내 상황이 훨씬 더 좋지 않다고 생각했다. 그들이 서로 이야기할 수 있었지만 나는 서로 이야기하고 이해할 수 있는 사람이 아무도 없었기 때문이었다." 이 상황에서 그는 죽음에 대한 소망을 다시 떠올렸다. "나는 끊임없이 슬퍼하고 한탄하며 다른 무엇보다도 죽음을 맞이하기를 바랐다."

에퀴아노는 외롭고 쓸쓸하게 홀로 남아 있다가 결국 전에 해군 장교로 일하다가 현재는 상선 선장을 맡고 있는 마이클 헨리 파스칼Michael Henry Pascal 선장에게 팔렸다. 선장은 소년을 구매해서 영국의 누군가에게 선물로 주려고 했다. 에퀴아노는 부지런한 꿀벌Industrious Bee호에 승선했는데 이 배는 "담배 같은 화물을 적재한 크고 훌륭한 함선으로 항해를 떠나기 직전이었다." 중간항로 항해는 끝없는 항해처럼 보였지만, 적어도 지금 그는 노예 수송을 목적으로 하지 않는 대양 함선에 승선하고 있었다. 그에 따라 삶의 조건도 개선되었다. "나는 돛에 기댈 수도 있었고 먹을 음식도 풍부했다. 또한, 모두 (적어도 처음에는) 나에게 친절하게 대했고 이전에 본 백인들과는 꽤 다른 모습이었다." 어쨌든 그들 모두가 악한 사람들은 아니었고 "백인"에 대해 가지고 있던 공포라는 만연한 생각은 점점 바뀌었다. "그래서 나는 그들이 모두 같은 성향을 가지고 있는 것은 아니라는 생각을 가지기 시작했다." 그는 또한 점점 영어로 말하기 시작했고 선원들과 대화하며 배에서의 일을 계속해서 배웠다.

아마도 에퀴아노가 이 항해에서 겪은 일 중 가장 중요한 것은 새로운 뱃동지인 15살의 소년 리처드 베이커Richard Baker를 만난 것이었다. 베이커는 미국인 노예 소유자의 아들(이며 실제로 자신에게 딸린 노예의 소유주)로 잘 교육받고 "온화한 기질"에 "편견을 뛰어넘는 마음"을 가지고 있었다. "그는 아프리카의 소년과 친구가 되었으며 에퀴아노를 특별히 좋아하며 관심을 두었고 에퀴아노도 그에게 호의를 가지게 되었다." 둘은 떼려야 뗄 수 없는 관계가 되었고 베이커는 에퀴아노를 위한 통역도 해 주고 다른 많은 유용한 것들을 가르쳐 주었다.

특권층 승객인 베이커는 선장의 식탁에서 함께 밥을 먹었다. 항해가 지체되어 식량이 부족해지자 파스칼 선장은 식사 중에 에퀴아노를 죽여서 잡아먹어야겠다는 잔인한 농담을 했다. 얼마 뒤 베이커는 에퀴아노에게 똑같은 말을 전하면서 "흑인은 맛이 없다"는 말을 덧붙이고 그러니 아마도 베이커를 먼저 먹고 그다음에 에퀴아노를 먹을 것 같다고 이야기했다. 또한, 파스칼은 에퀴아노에게 아프리카 동족들은 사람을 잡아먹는지 물었고 몹시 당황한 소년은 아니라고 대답했다.

이 대화는 에퀴아노가 노예선에서의 공포를 다시 떠올리게 했고 특히 선장이 승선한 모든 이들에 대한 식량 배급량을 줄였을 때 공포는 더 심해졌다. 에퀴아노는 "마지막에 우리는 일주일에 1.5파운드의 빵과 비슷한 양의 고기만을 배급받았고 물은 하루에 1쿼트밖에 받지 못했다"고 기억했다. 그들은 식량을 보충하기 위해 물고기도 잡았지만 남은 음식은 너무 적었다. 그 농담이 점점 나쁜 징조로 다가왔다. "나는 진지하게 생각했고 대단히 우울해져서 매 순간이 내 마지막 순간이라고 생각했다." 그는 친구이자 뱃동지인 베이커 때문에 걱정할 일도 많았다. 선장이나 선원들이 베이커를 부르면 에퀴아노는 "그들이 베이커를 죽이려고 하는지 엿보고 감시했다."

초자연적인 영혼이 자연 세계를 다스린다는 것을 믿었던 에퀴아노는 주변의 파도가 휘몰아치고 높게 일기 시작하면 특히 더 두려워졌다. 그는 "바다의 지배자가 화가 나서 내가 제물로 바쳐질 수 있겠다"고 생각했다. 나중에 어느 날 저녁 황혼 무렵에 선원들은 배 근처에서 범고래 떼를 발견했다. 에퀴아노는 그들이 바다의 영혼이라고 생각했고 자신이 제물로 바쳐질 것으로 생각했다. 항해 후반부에 그의 마음은 죽음에 대한 고뇌로 가득 찼고 그는 선장 앞에 가서 "울며 떨었다." 마침내 13주라는 시간이 흐르고 부지런한 꿀벌호의 선원들은 육지를 발견했다. 에퀴아노는 "해안에 도착하자 배에 탄 모든 이들의 마음에 기쁨이 넘쳤고 그중에 내가 제일 기뻤다"고 회상했다. 노예선의 공포는 처음 중간항로에서부터 에퀴아노가 마침내 그의 세 번째 함선을 떠나게 된 영국의 팰머스Falmouth까지 끈질기게 따라왔다.

흑과 백의 공포

에퀴아노는 아프리카에서의 징용에서부터 아메리카에서의 착취에 이르는 경로를 이해할 수 있었다. 에퀴아노나 그의 누이와 같은 수백만 명이 "아프리카 무역상의 폭력과 노예선의 끔찍한 악취의 희생양이 되어 유럽 식민지에서 길들고 감독 당하며 잔인하고 가차 없는 채찍질과 정욕에 희생당했다." 그는 충격적인 일련의 헤어짐을 겪어야 했고 이제 남은 중요한 일은 모든 것을 잃은 상황에 어떻게 반응하고 어떻게 다른 이들과 협력하는지에 대한 것이었다. 이 과정은 아프리카의 마을에서부터 시작해서 해안으로 향하는 내륙의 행로에서 시작해서 해안과 노예선 그리고 기나긴 중간항로까지 이어졌다.[31]

해안으로 향하는 힘겨운 길에서 에퀴아노는 그의 가족과 마을에 대한 마지막 연결점인 누이와 한동안 붙어 있었다. 그는 아프리카의 다른 가족과 두 번 합류할 수 있었다. 먼저 대장장이 족장의 가족과 한 달을 보냈고 다음으로 테인마의 부유한 과부와 그녀의 아들과 두 달을 보냈다. 여러 번 팔려가는 과정에서 분명히 그는 함께 다녔던 몇몇 아프리카 무역상이나 (누이 외의) 다른 노예들과 의미 있는 유대감을 형성하지 못했다. 실제로 그렇게 끝없이 사고팔리는 동안에 유대감을 형성하는 것은 불가능했을 것이다. 그는 철저하게 개별화된 상품이었다. 바로 노예이다.

그는 해안으로 행하는 동안은 이그보어를 말하는 사람들 사이에 있었기 때문에 아직 문화적으로 소외되지는 않았다. 그는 납치 후 수많은 날이 지나는 동안에도 여전히 그 주변 사람들은 같은 언어를 말하고 있었다고 기록했다. 테인마에서도 마찬가지였다. 실제로 그는 "내가 고향을 떠나온 뒤 해안에 이르기까지 항상 내 말을 이해해 주는 누군가가 있었다"고 기록했다. 에퀴아노는 방언에 따른 변형도 쉽게 배울 수 있었다. 그는 해안으로 가는 길에서 "두세 가지의 다른 언어도 배울 수 있었다고 덧붙였다." 비록 에퀴아노가 "아프리카 무역상의 폭력"으로 고생하기는 했지만, 그는 해안으로 향하는 행로에서 그들의 대우가 잔인하지는 않았다고 강조했다. 그는 자신의 책에서 독자들에게 "인간의 권리를 빼앗았던 그 검은 무리에 대해 이야기하자면, 도망가지 못하도록 필요할 때에 포박하는 경우를 제외하고 나는 한 번도 그들에게 사악한 대우를 받지 않았고 그들이 다른 노예를 그렇게 대하는 모습도 본 적이 없다"는 점을 주지시키려고 했다.

놀라움과 공포의 노예선에 올라선다는 것은 에퀴아노와 다른 많은 노예에게 아프리카인의 통제에서 유럽인의 통제로 넘어가는 잊지 못할 경험을 의미했다. 이 순간은 그에게 가장 극단적인 소외의 순간이었고 오랫동안 나타나고 사라지기를 반복하며 남아 있던 죽음에 대한 소망이 가장 고조되었던 순간이다. 노예선에 오르게 되면 사고하는 방식과 이해하는 방식이 경직되고 양극화되며 인종적으로 생각하게 된다. 어린 에퀴아노에게 선원들은 악령이며 끔찍한 모습의 "백인"으로 비쳤다. 재미있는 점은 그를 노예선까지 데려온 "흑인" 아프리카 무역상에게는 그가 갑작스럽게 공감을 표했다는 것이다. 그가 주갑판에서 기절했을 때 도와준 것도 그들이었고 에퀴아노와 고향을 이어 주는 유일한 살아 있는 연결점도 그들이었다. 그들이 배를 떠났을 때 에퀴아노는 "그들이 나를 절망에 두고 떠났고 이제 내 고향 땅으로 돌아갈 길은 하나도 없다"고 표현했다. 돌아올 수 없는 지점에서 그는 아프리카 노예들 사이에서 친숙함과 위안을 얻으며 그의 정체성이 "흑인"이라는 점을 분명히 했다. 에퀴아노는 최소한 흑인들은 자신을 잡아먹지는 않는다는 것을 알고 있었다.

배에서 보낸 나머지 시간 동안 에퀴아노는 마음속으로 "백인"을 신비로우면서도 압제적인 테러라는 말이 딱 어울리는 단일한 특성의 대상으로 보았다. 그가 기록한 동족과의 대화는 이상한 "백인"과 그들이 어디에서 왔고 왜 그들은 백인에 관해 이전에는 미처 몰랐는지, 여자도 있는지, 그들이 타고 온 그것 — 배 — 은 무엇인지에 관한 것들이었다. 선원에 대한 관찰은 대부분 주로 매질을 통한 폭력적인 징벌과 자살 방지에 관한 내용으로 이루어졌다. 에퀴아노가 그들을 묘사하는 데 가장 일반적으로 사용된 단어는 "잔인한" 이었다. 에퀴아노는 한 선원이 밧줄로 매를 맞아 죽고 배에서 비참하게 "짐승처럼" 버려졌던 경우를 제외하고 한 번도 노예선의 선장이나 고급 선원들에 대해 언급하지 않은 것에서 그가 선원들 사이의 위계와 계급에 대해 의식하고 있다는 점을 보여 주었다.

그러나 유럽인과의 관계에서 폭력성과 잔인함이 드러나지 않았던 순간도 있었다. 에퀴아노는 선원들이 술을 건네거나 (비록 더 큰 마음의 동요를 일으키기는 했지만) 그의 영혼을 위로해 주었던 일도 기록하고 있다. 다른 노예선에서 선원이 옮겨 탄 경우도 있었다. "몇몇 낯선 이들이 우리 흑인들과 악수를 했고 손짓으로 무언가를 표현했는데 아마도 우리가 그들의 나라로 가고 있다는 표시였던 것 같다. 하지만 우리는 그들의 말을 이해할 수 없었다." 어떤 선원은 사분의에 대한 그의 호기심을 채워주기도 했다. 그러나 에퀴아노가 "백인"에 대한 단일한 시각을 깨뜨리기 시작했던 것은 그가 노예선이 아닌 부지런한 꿀벌호에 승선하고 나서부터였다. 그가 가진 백인에 대한 초기의 인상은 그가 책을 소개하며 "모든 사람은 하나의 핏줄"이라는 근본적이고 반인종주의적인 문구를 인용했던 것과는 상당히 조화를 이루지 못한다고 할 수 있다.

이 빼앗김과 되찾음의 과정은 에퀴아노가 이름 없는 낯선 이들의 세계를 헤쳐 나가기 위해 노력하면서 이름을 사용하거나 사용하지 않는 것에서 잘 드러난다. 그가 고향에서 납치된 순간부터 버지니아에 도착할 때까지 육지와 물을 따라 장장 6개월 동안 계속된 그의 역사를 되짚어보면 그는 아프리카인이건 유럽인이건 사람의 이름을 한 번도 말하지 않아서 그가 느끼는 철저한 외로움과 소외를 강조하고 있다. 그는 아버지와 어머니, 누이의 이름조차 언급하지 않았다. 이는 의도적인 것이었고 에퀴아노는 이름을 부르는 것을 일종의 권력 행사라고 인식하고 있었다. 이름을 잃는다는 것이 문화적인 수탈인 것처럼 새로운 이름을 부여하는 것 역시 적대적인 지배 행위가 될 수 있다는 것이다. 올라우다 에퀴아노라는 이름은 노예선에서 **빼앗겨버렸**고 이 이름을 되찾는 데 35년이 걸렸다. 그는 "아프리카에서 스노우급 함선을 탔을 때 나는 마이클이라고 불렸다"고 기록했다. 다음의 버지니아로 향하던 슬루프급 함선에서 그의 이름은 제이콥이었다. 마지막으로 부지런한 꿀벌호에 승선했을 때 그의 새로운 주인 파스칼 선장은 그에게 구스타부스 바사라는 네 번째 이름을 주었다. 에퀴아노는 "나는 그렇게 불리는 것을 거부하고 그에게 될 수 있다면 제이콥이라고 불리면 좋겠다고 말했다"고 자랑스레 회상했다. (왜 그가 그 이름을 더 좋아했는지는 설명하지 않았다.) 그러나 선장은 새로운 이름을 고집했고 어린 소년은 "대답을 거부"했다. 에퀴아노는 이 저항 때문에 "여러 번 주먹으로 얻어맞았고 결국 굴복할 수밖에 없었다"고 기록했다. 이렇게 그는 폭력으로 원래의 이름을 잃어버리고 폭력으로 새로운 이름을 얻었다.[32]

에퀴아노는 동료 노예 ― "다양하게 얽혀 있는 흑인 무리" ― 를 다양한 계급과 부족, 성별이 뒤섞인 채 노예선에 승선한 잡다한 무리라고 보았다. 그는 그들이 살아남기 위해 소통하고 이해하려고 노력하는 모습을 보았다. 에퀴아노는 자신을 데려온 흑인 무역상과 이미 이러한 노력을 시도하고 있었다. 그 뒤 그는 하갑판의 좁은 거처에서 "동족"을 찾았다. 그는 이그보어를 하는 사람을 만날 수 있었고 바베이도스에서는 노예 소유주가 새로 도착한 "바다 건너온 흑인들"을 달래주며 보낸 곳에서 "아프리카의 모든 언어"를 들을 수 있었다. 에퀴아노는 버지니아로 향하는 길에서 동족과 같은 언어를 하는 동료들을 잃고 "이야기할 사람이 아무도 없음"에 슬퍼했다. 그러나 동시에 그는 다른 언어를 하는 사람들과 소통하기 시작했다. 그는 자신이 "아프리카의 저 멀리에서 온" 사람과도 이야기할 수 있었고 또한 여러 배를 옮겨 타면서 선원으로부터 영어도 배울 수 있었다고 기록했다. 영어는 그가 다른 아프리카인, 특히 해안 지역에서 온 사람들과 소통하는 데 도움이 되었다. 또한, 에퀴아노는 노예 세 명이 선원에게 반항하며 배 옆면으로 뛰어내리는 것과 같은 행동으로 표출되는 저항이라는 새로운 언어가 만들어지는 것도 목격했다. 이러한 행동적 언어는 노예선에서의 유대감과 공동체 형성에 기여할 수 있었다.

자고 나면 깨져버리는 불안정한 유대감 속에서도 그들은 "뱃동지"라고 부르는 새로운 혈족 관계를 형성했다.[33] 비록 에퀴아노는 이 단어를 사용하지 않았지만, 기본적인 유대의 본질은 분명히 표현하고 있다. 그리고 그는 아주 놀랍게도 이 유대감을 동료 아프리카인이 아니라 아주 가깝게 지내던 같은 십 대의 미국인 뱃동지 리처드 베이커와 나누었다. 그들은 좁은 선상에서도 함께 지내며 바다 생활의 세세한 어려움을 나누었다. "그와 나는 배 위에서 함께 수많은 고통을 이겨냈고 힘이 들 때면 우리는 서로 부둥켜안고 많은 밤을 지새웠다." 많은 노예선에서도 수백 명의 사람이 꼭 같은 일을 겪었을 것이다. 수탈당한 아프리카인들은 이러한 방식으로 스스럼없는 상호 조력의 공동체를 형성했고 가끔은 노예선의 하갑판에서 그들의 "나라"를 세우기도 했다. 에퀴아노와 그의 "동족"들은 천천히 이그보의 속담 이그웨 부 케Igwe bu ke — "다중Multitude이 힘이다" — 의 새로운 의미를 이해할 수 있었다.[34]

5장

제임스 필드
스탠필드와
떠다니는 지하 감옥

18세기에 제임스 필드 스탠필드보다 노예무역의 인간극을 더 잘 포착해 낼 수 있는 사람은 거의 없었다. 그는 1774년에서 1776년 사이에 리버풀에서 베냉과 자메이카로 향한 후 돌아오는 노예무역 항해를 했다. 소름 끼치는 항해였고 그 와중에 그는 노예 해안 내륙의 노예무역 공장에서 8개월간 생활하기도 했다. 잘 교육받은 그는 일생을 통해 어느 정도의 문학적 평판을 얻은 작가였다. 그리고 재미있게도 그는 극장에서 인류의 성공과 비극에 관한 작품을 연기하는 연기자이자 방랑하는 배우였다. 그래서 1780년대 후반에 스탠필드가 태동 중이던 노예무역 폐지 운동의 영향으로 노예무역의 공포에 관한 글을 쓰기로 했을 때 그는 그가 가진 독특한 재능과 경험을 조합할 수 있었다.[1]

스탠필드는 가장 먼저 노예무역에 대한 직접적인 체험을 기록한 사람 중 한 명이었다. 그의 「성직자 토머스 클락슨[2]과의 편지에 나타난 노예무역 항해에 대한 관찰」은 1788년 5월에 〈노예무역 폐지 시행을 위한 공동체〉에 의해 출판되었다.[3] 그해 말에 이 소책자는 지역의 폐지론자들에 의해 지역 신문 『프로비던스 가제트』에 일곱 차례에 걸쳐 연재되었다.[4] 다음 해에 스탠필드는 노예선에서의 경험을 토대로 세 권으로 된 『노예 항해에 관한 시 세 편』을 저술했다.[5] 1795년에 그는 『프리메이슨 매거진 총서』에 "1776년 아프리카의 해안에서 쓴 글"이라는 설명에 공식적인 제목이 없는 짧은 시를 실었다.[6] 이 두 작품을 읽어보면 이 글이 그가 노예선에 승선했던 경험을 극적으로 그리고 있다는 것을 알 수 있다. 갑판이 무대였고 대서양은 극장이었으며 여기에서 "노예 항해라는 연극"이 펼쳐졌다.[7] 1789년 『젠틀맨 매거진』의 평론가는 『노예 항해』가 이전의 『관찰』과 마찬가지로 "노예무역의 폐지라는 무대 장치를 추가"했다고 기록했다.[8] 아주 적절한 은유였다.

또한, 스탠필드는 일반 선원의 관점에서 노예무역에 관한 글을 쓴 최초의 사람이었다. 그는 이런 최초라는 점을 가장 중요하게 간주했다. 그는 "수년간 이 주제에 드리워져 있던 어두운 장막"에 분노했고 중요한 정보는 "흥미와 재간, 영향력으로 꾸며진 여러 가지 작용으로 인해 대중의 눈에서 멀어졌다"고 했다. 그는 신랄한 풍자로 다음과 같이 질문했다.

이 정보에 대해 꼭 알아야 할 사람은 누구인가? 명백한 증언을 해 줄 자격을 가진 사람은 누구인가? 자비로운 노예상인 한 명이 나서서 지금껏 자신이 탐욕으로 행한 약탈과 살인, 파괴에 대해 자수할 것인가? 인정 많은 노예선 선장이 정의감에 불타서 희생된[죽은] 선원의 목록에 이질, 이질, 이질로 반복해서 적혀 있는 사망 원인이 단지 실제의 사망 원인을 편리하게 감춰 주는 유용한 질병일 뿐이었다는 점을 알리고 진정한 원인을 밝혀줄 것인가? 미천한 항해사가 용감하게 출세할 생각을 버리고 소유주나 관리의 생각은 무시한 채 스스로 고되고 비참한 노동과 노예제도에 대한 의존을 감수하고서 그들이 목격한 끔찍한 장면과 그들이 행한 야만성, 그들이 아마도 어쩔 수 없이 가할 수밖에 없었던 잔인함을 폭로할 것인가?

스탠필드는 아니라고 대답했다. 그는 무역에 물질적 이권을 가진 사람들은 그것에 대한 진실을 말한다고 볼 수 없다고 했다. "꾸밈없고 선입견 없는 정보를 통해 진실을 전해줄 수 있는 자"는 노예무역을 직접 경험한 일반 선원뿐이었다. 문제는 노예무역 항해를 떠난 많은 선원이 죽거나 탈주하여 이야기를 전해줄 "생존자가 거의 없다"는 것이었다. 스탠필드는 그가 저술에서 정리하고 서술한 "노예 항해에 대한 전반적 내용"에 나타난 죽음과 실종을 밝힐 책임을 지기 위해 노예무역의 극적인 진실과 일반 선원으로서의 경험을 알리고자 했다. 인간 상거래에 대한 시를 쓴 십수 명의 사람 중에 그는 그가 "비인간적인 무역의 어두운 미로"라고 불렀던 여정을 실제로 다녀온 극소수의 사람 중 한 명이었다. 스탠필드가 묘사한 노예선과 무역은 실제로 일한 선원이 기록한 내용 중 최고로 꼽힌다.[9]

영국의 뱃사람이 된다는 것

스탠필드는 일종의 반항 행동으로 선원이 된 것으로 보인다. 1749년 또는 1750년에 아일랜드 더블린에서 태어난 그는 1760년대 후반 프랑스에 머무르며 사제 교육을 받던 도중 세속에 대한 눈을 뜨게 되었다. 그는 이 경험에 대해 "과학이 내 관점을 열어 주었다"고 묘사했다.[10] 그는 자연과 철학에서 즐거움과 미학을 탐구했다. 그는 이전 시대에 대한 낭만을 느끼고 있었다. 젊고 활기차며 자유롭고 이리저리 다니기 좋아하던 그는 바다로 갔다. 그곳에서 그는 여러모로 사제와는 정반대의 직업을 선택했다. 선원이라고 하면 불경한 언행과 자유로운 사고, 육욕, 행동이 신앙과 교리, 금욕, 묵상보다 앞서는 사람들이었다. 그는 세상의 여러 곳을 항해했고 선원으로서의 경험은 남은 생애 동안 그 자신의 정체성을 결정짓는 중요한 재산이 되었다. 1795년에 동료 배우는 스탠필드가 "선원이 될 사람이었고 영국 뱃사람의 귀감으로 용감하며 천재성과 함께 이해력도 뛰어났다"고 기록했다. 스탠필드는 그의 인생 말엽에 그보다 더 유명하고 널리 알려진 (토머스 클락슨의 이름을 딴) 아들인 화가 클락슨 스탠필드Clarkson Stanfield가 그려준 자화상에서 조끼 아래에 선원의 셔츠를 입었다.[11]

배우로서 스탠필드의 경력은 그가 바다를 떠난 직후인 1777년 맨체스터에서 시작된 것으로 보인다. 동시대의 많은 배우처럼 스탠필드는 벌이도 적었고 이마저도 드문드문 있었기 때문에 대부분 가난한 상황이었다. 게다가 그는 보살펴야 할 두 명의 아내와 열 명의 자식이 있어서 인생에서 "만성적인 경제적 어려움"을 겪어야 했다. 그러나 스탠필드는 밝은 성격의 사람이었다. 그는 영리한 머리와 독립심 강한 마음, 독특한 외모(그는 매우 못생겼다고 알려져 있다)로 유명했다. 스탠필드와 인생 후반부에 친구가 된 스코틀랜드의 화가 데이빗 로버츠David Roberts는 그를 "열정적이고 마음 따뜻한 아일랜드인"이라고 불렀다. 이 아일랜드 사람이 바다 생활에 나서자 그는 흥겨운 이야기꾼이자 직접 만든 노래까지 부르는 가수가 되었다.[12]

노예무역 항해를 했던 시기에 스탠필드는 이미 노련한 선원이었고 박학다식했다. 그는 "바다 생활"을 몇 년간 한 경험이 있었고 "유럽과 서인도, 북아메리카의 대부분 지역"을 항해했다. 그러한 경험 전후로 그는 다른 선원과 대화하며 노예선에서 자신의 경험과 다른 이들의 경험을 비교했다. 그는 고급 선원들의 역할이나 무역 활동은 대부분 항해에서 대략 비슷하다고 결론내렸다. 일부는 좀 나은 대우를 받고 있었고 일부는 다소 좋지 않은 대우를 받고 있었다. "나는 자신의 노예선 경험이 어느 정도 보통의 분위기였다고 말하는 경우를 한 번도 보지 못했다."13

스탠필드는 일반 선원이었지만 일반적인 인물은 아니었다. 다른 선원과 비교했을 때 그는 더 잘 교육받았고(그는 라틴어도 알았다) 명백히 형편도 더 좋았다(그는 리버풀에 있는 동안 커피 하우스에서 묵었다). 그러나 그는 배에 고급 선원으로 승선하지 않았다. 그는 선장과 같은 식탁에서 밥을 먹지 않았다. 대서양을 거의 다 횡단했던 시점에 그는 선임 선원의 사망으로 인해 어쩔 수 없이 항해사가 되었고 자격 없이 대체 의사 일까지 했다. 그러나 그의 관점은 여전히 일반 선원의 것으로 확고히 남아 있었다. 동료 선원들도 그를 신뢰하고 존경했으며 그에게 항해 동안 그들의 "얼마 안 되는" 돈과 필요 경비를 계산하고 기억해서 선장의 속임수로부터 보호해 주기를 부탁하기도 했다. 그가 승선한 배의 선원 명부를 살펴보면 그의 이름은 다른 선원들과 함께 적혀 있었고 어떤 특별한 계급이나 기술도 적혀 있지 않았다.14

스탠필드는 이글호라고 불리는 낡고 허름한 함선에서 데이빗 윌슨 선장을 위해 일하며 1774년 9월 7일 리버풀에서 출발해 베냉으로 향했다. 이 배는 후에 "해안에 남겨져 노예무역을 위한 떠다니는 공장으로 쓰였다."15 1774년 11월 함선이 베냉에 도착하자마자 이글호의 선원들은 병이 들고 죽어 나가기 시작했지만, 스탠필드는 바다에서 멀리 떨어진 "국가의 중심지인 내륙지 가토에Gatoe[가토Gato]"로 향하여 죽음을 피할 수 있었다. 스탠필드는 그곳의 노예무역 요새에서 1775년 6월까지 8개월간 머물렀다.16 그 후 "새로 만들어진 배" 트루 블루True Blue호가 도착했다. 이 배의 선장 존 웹스터John Webster는 두 함선의 소유주인 사무엘 샌디스Samuel Sandys를 대신해서 해안에서 사업을 수행했다. 그 뒤 윌슨이 트루 블루호의 지휘권을 이어받고 스탠필드를 포함한 열다섯 명의 새로운 선원을 고용하여 포로 화물을 싣고 자메이카를 향한 항해를 시작했다. 중간항로 항해 동안 절반 이상(여덟 명)의 선원이 죽었다. 그해 12월에 윌슨 선장은 리버풀로 돌아가기 전에 자메이카에서 190명의 노예를 팔았고 1776년 4월 12일에 리버풀로 돌아왔다. 스탠필드는 1776년 4월 15일이 마지막 봉급날이었기 때문에 아마도 함선의 화물 하역을 도왔을 것이다. 스탠필드는 윌슨 선장과 목수 헨리 포우샤Henry Fousha, 뱃사람 로버트 우드워드Robert Woodward와 함께 원래의 항구로 돌아온 네 명 중 한 명이었다.[17]

사슬 엮기

스탠필드에게 노예 항해의 인간극은 아프리카의 해안이나 노예선에서 부터 시작된 것이 아니라 상인들의 거래소나 커피 하우스 같은 신사적인 상황에서부터 시작되었다. 요컨대 노예무역상과 그들의 돈이 바로 출발점이었다. 그들은 자본을 끌어모아 배와 화물을 사고 선장과 선원을 고용했다. 스탠필드는 이것이 리버풀에서 출발해 서아프리카와 서인도를 두르고 있는 사슬의 첫 연결 고리를 엮는 것이라고 보았고 이 은유는 그의 저작에서 전반적으로 활용되고 있다.

> 마침내 상인들은 결속을 다졌고
> 한밤의 의회는 검은 형상을 품었다
> 무시무시한 사슬의 첫 고리를 떠라
> 그로 인해 고통의 왕국이 진동하리라

그는 "만족을 모르는 탐욕의 갈증"과 환상, 악행, 무절제, 우둔, 자만과 같은 여러 가지 이차원적 원인에 의해 견고한 음모론적 충동이 일어난다고 보았다. 그는 처음부터 항구 도시에 사는 소수의 사람이 가진 욕심과 대서양 주변에서 이루어지는 다수의 사람이 겪는 비참함 사이에 인과관계가 있다고 주장했다.[18]

스탠필드는 상인의 자본이 다양한 종류의 노동을 할 수 있게 함으로써 리버풀 부둣가에서 일하는 노동자들이 새로운 사슬의 연결고리를 만들어내도록 했다고 보았다. "모루의 울림이 먼 대양에 울려 퍼진다. / 무거운 망치질이 불행의 사슬을 단련한다." 소동 속에서 배가 수리되어 준비되고 무역 화물이 모이면 상인과 선장, 고급선원들은 아프리카로 향하는 항해를 함께할 "넵튠Neptune의 아들"을 찾는다. 스탠필드는 "노예 항해를 할 때 가장 어려운 것은 충분한 수의 일손을 확보하는 것이었다"고 기록했다.

제임스 스탠필드는 선원에 관해 알고 있었다. 그는 수년간 그들과 함께 살며 일했기 때문에 그들이 어떻게 생각하고 행동하는지 알았고 그들의 관념과 관습, 그들의 좋고 나쁜 습관이나 엉뚱한 속성까지도 이해하고 있었다. 그는 선원들이 노예무역을 좋아하지 않는다는 것을 알고 있었다. 또한, 그는 선원 대부분이 긴 항해에서 돌아와서 주머니 사정이 좀 나아지면 부둣가에서 춤추고 술 마시며 흥청거리며 "놀기를 좋아하고 뒷감당은 안중에도 없다"는 점을 알고 있었다. 돈이 있을 때 그들은 "50일의 군주"노릇을 했지만 그마저 오래가지 못했다. 그들은 부둣가 선술집에 모여들었고 거칠고 흥겹게 노는 와중에 어렵게 번 돈을 아낌없이 때로는 무분별하게 써댔다. 여기에는 영국 선원의 특징이라고 할 수 있는 "조심성 없고 부주의하며 방탕한 특징"이 반영되었다. 스탠필드는 또한 노예 상인과 노예선의 선장이 이 흥청망청한 현장을 그들 함선에 선원을 모을 기회로 보고 있다는 점도 알고 있었다. 그는 고용주들의 비법과 노예무역의 부둣가 노동 시장이 어떻게 돌아가는지를 설명했다. 그의 이야기는 허름한 부둣가 선술집에서 시작해서 도시의 감옥을 거쳐 해안에 정박한 노예선으로 이어진다.

스탠필드의 설명에 따르면 노예선이 취항할 계획이 생기면 상인과 선장, 회계 그리고 알선꾼(악랄한 인력 동원 대행업자)이 "끊임없이" 리버풀의 거리를 배회했다. 선원 하나하나를 다그쳐서 그들의 휘하에 있는 술집에 가도록 하고 선원들에게 음악과 매춘, 술을 제공했다. 스탠필드는 거리 하나를 걸어 내려가는 동안 "세 번이나 술집으로 끌려간" 경험이 있다고 했다. 일단 안에 들어서면 한바탕 북적이는 소동이 벌어지고 동업자들 간의 공감과 우정이 넘쳐나며 럼rum과 진gin이 끊임없이 제공되었다. 목표는 오직 선원들이 술과 빚에 절도록 하는 것이었고 두 경우 모두 결과적으로 노예선으로 불러들이는 수단이 되었다.

술에 취한 수많은 선원과 아마도 스탠필드 그 자신마저도 길고 방탕했던 술잔치 끝에 노예선 상인이나 선장과의 급여 계약인 "선원 고용 계약서"에 날인했다. 그렇게 계약을 맺은 이들은 대부분 젊고 경험이 없었지만, 일부는 상황을 좀 더 잘 파악하고 있던 늙은 일손도 있었다. 스탠필드는 "나는 많은 뱃사람이 자신은 약고 교활해서 알선꾼들을 따라서 술집에 가서도 충분히 한밤의 환락을 즐긴 후 상인을 속이고 교묘한 계약을 뚫고 나올 수 있다고 자만하는 모습을 보았다"고 말했다. 그러나 일단 술에 취하면 그들은 "이미 알고 있던 목적에 따라 그들이 두려워했던 상황 안으로 그들을 몰아넣고 있는 바로 그 사람"과 계약서를 쓰고 있었다. 그것은 위험한 게임이었다. 게임에 뛰어든 선원들은 거의 패해서 자신의 목숨을 담보로 걸 수밖에 없었다.

술잔치가 밤이 깊도록 계속되어 아침까지 이어지면 술집 주인은 선원들의 부풀려진 빚을 분필로 벽에다가 써뒀다. "분필 표시 네 번에 1실링"이라는 리버풀 속담도 있었다. 선원들이 취해갈수록 셈이 더해졌고 곧 진짜 빚과 가짜 빚이 더해져 배로 늘어났다. 계약서에 날인하기를 거부했던 사람들은 이제 다른 상황을 마주하게 되었다. 술집 주인은 거나하게 취한 채 빚을 지고 있는 선원들에게 거래를 제안했을 것이다. 만약 그들이 노예선에 승선하는 데 동의하면 그들의 급여를 미리 받아와서 당장 빚을 해결하는 데 쓸 수 있었다. 만약 선원들이 거래를 거부하면 술집 주인은 치안관을 불러서 그들을 감옥에 집어넣었을 것이다. 스탠필드는 이 과정을 한 편의 시로 기록했다. 상인이라는 제목으로 그는 다음과 같이 썼다.

> 허울 좋은 솜씨로 부주의한 마음을 옭아매고
> 거미줄로 휘감은 희생자를 묶어버렸다.
> 마침내 있지도 않은 빚에 짓눌리고
> 지하 감옥의 문 앞에 당도하게 된다.

일부 선원은 거래를 받아들이며 배에 탔고 일부는 지하 감옥을 택했다. 그러나 일단 감옥에 가게 되면 그들은 "그때부터는 어떤 함선도 그에게 접촉해오지 않으며 모든 배가 기꺼이 일할 선원들을 고용하고 있다는 것을 알게 된다. 또한, 선장들도 죄수라 불리는 자들에 대해서는 자연스럽게 반감이 있다는 것도 알게 된다. 스탠필드는 선원의 심정을 다음과 같이 묘사했다.

> 편안함이 사라진 지금, 불행 속에 괴로워한다.
> 정의와 구원이 사라짐과 같이 희망도 사라진다 ─
> 슬픔에 이르는 입구만을 눈앞에 두고
> 좁은 공간이 미어터지는 극한 상황에
> 노예선의 비범한 어두움은 그 철문을 들어 올려
> 무시무시한 웃음으로 기니의 해안을 가리킨다 ─

스탠필드는 감옥 문을 나서는 가엾은 이들을 보며 "다가오는 자신의 운명에 두려워했다"고 기록했다.[19] 교활한 상인이 그의 다리에도 사슬을 엮어둔 것이다.

올가미와 덫에 걸린 많은 사람이 배로 흘려 왔다. 어떤 사람은 술에 취해 빚을 떠안고 강제로 육지의 지하 감옥에서 떠다니는 지하 감옥으로 옮겨졌다. 이들 중에는 "부주의하고 침착하지 못한 젊은이"도 있었고 알선꾼의 허를 찌를 수 있다고 생각했다가 도리어 당한 이들도 있었다. 스탠필드는 "일부는 자발적으로 이 고난의 불씨를 품은 사람들"이라고 기록했다. 이들 중 몇몇은 "미덥지 못한 친구"에게 속았고 몇몇은 감옥이라는 받아들일 수 없는 불명예를 피해 도망 오기도 했으며 몇몇은 분명 법적인 문제 때문에 오게 되었다. 다른 이들은 여러 가지의 불행을 겪으면서 "인내할 수 없는 슬픔에 지친 자들"이었다. 몇몇은 가슴 찢어지는 사랑을 잃고 희망을 놓은 자들이었다. 스탠필드는 시의 마지막 부분에서 이들에 대해 이야기하며 그의 친구 러셀Russel을 "악하지 않은 혼을 가진 자여, 개중에 가장 온화하고 / 결코 야만적인 잔혹함을 보이지 않았다"고 썼다. 그는 "문득 떠오른 격렬한 열정과 바람을 따라" 노예선에 올랐다. 열대 지방으로 향하면서 이제 그는 "작열하는 태양의 시험을 받고 있다." 노예무역 선원들도 다른 무역 항해를 하는 선원들과 비슷했지만 아마도 약간 더 순진하고 빈털터리에 절박한 상황인 자들이 많았다. 스탠필드는 "1776년 아프리카 해안에서 쓴 글"(실제로는 1775년)이라는 시에서 그가 바다로 나선 동기에 대한 단서를 실었다. 그는 "경솔했던 젊음"과 "젊은 열정"을 언급하며 "내가 여러 무리와 함께 해안으로 내몰렸다"고 썼다. 이는 아마도 그가 알선꾼의 올가미에 걸려들었다는 것으로 볼 수 있다. 그러나 동시에 그는 아프리카에 대한 긍정적인 흥미에 관해서도 암시하고 있다. "광대한 자연"과 "자연의 아름다움" 그리고 "관찰"에 대한 흥미가 언급되고 있었다. 그는 "이 시대에 아무도 찾지 않는 곳"에서 "지식의 보고"와 "지혜의 보물"을 찾고 있었다.[20]

서른두 명의 선원이 이글호에 승선하고 항해할 시간이 다가왔다. 선원의 친구와 가족들이 부두에 모여 작별의 인사를 나누었다. 이 순간은 원래 즐거운 순간이어야 했지만, 스탠필드는 "이별하는 이들이 굽은 갑판 위에 모여들고 / 슬픔의 암영이 모두의 얼굴에 드리워졌다"고 설명했다. 마중 나온 이가 없는 선원도 있었다. 감옥에서 끌려온 이들은 그들이 어디로 가는지 설명할 기회조차 없었다. 그러나 스탠필드는 그럴 기회가 있었던 이들도 "친구들에게 그들이 향하는 곳에 대해 전혀 설명하지 않았다"고 생각했다. 이들은 분명 노예 항해를 하는 것을 부끄럽게 여겼고 아무도 그에 대해 알기를 바라지 않았다. 어떻든 간에 이별의 순간은 다가왔다. 해안의 이들이 "목 놓아 부르짖는 세 번의 고함이 하늘을 가르면", 선원은 "거친 목소리로 세 번 답하며 널리 퍼지는 메아리를 남긴다."

일단 바다에 나서면 선원은 바다와 함선만을 생각하며 뱃일에 집중했다.

위치를 사수하라, 명령에 복종하라,
항로를 바로 잡아라, 돛대 줄을 당겨라.
펄럭이는 돛대를 팽팽하게 당기고
거대한 기계를 계속 나아가게 하라.

이 "거대한 기계"는 이제 황금 해안과 베냉만으로 향했다. 이 모든 것이 속임수와 학대로 이룩된 것이었음에도 함선은 새로운 돛과 새로 칠한 페인트의 색을 뽐내며 물 위를 떠다녔고 깃발은 바닷바람에 휘날리며 아름다운 장면을 그려내고 있었다. 스탠필드에게 이 모든 것은 더 깊은 불안감을 은폐하는 것이었다.

> 빛나는 파도 위 물살을 가르는 함선을 보라
> 말쑥한 채비와 잔뜩 부풀린 거만함
> 기만하듯 내걸린 반짝이는 깃발
> 큰 웃음으로 가려버린 보이지 않는 해악
> 반짝이는 색의 화려한 치장
> 명예로운 정직한 거래로 가장하지만
> 돈으로 산 화려함 그 아래에 숨은 것은
> 교활한 올가미로 휘감은 독과 같은 목적뿐

야만적인 규율 집행

스탠필드는 항해가 보통 때처럼 시작되었다고 생각했다. "선원에 대한 처우도 온화했고 식량 배급량도 충분했다. 간단히 말하면 선장과 고급 선원들의 이런 행동은 다른 배에 고용되었을 때의 경험과 크게 다르지 않았다." 스탠필드는 몇 번의 무역 항해를 해봤기 때문에 이를 비교할 수 있었다. 그러나 그는 배가 항해를 계속하여 "더는 심적으로 탈주의 가능성을 갖지 못하며 정의도 적용되지 않을" 육지가 보이지 않는 거리에 닿았을 때 발생한 미묘한 변화에 주목했다. 선장과 고급 선원들은 매질에 관해 이야기하기 시작했다. 실제로 매질을 당한 이들은 없었는데 스탠필드는 그 이유가 배가 너무 낡아 리스본Lisbon에서 수리를 의뢰해야 할 수도 있었기 때문이라고 생각했다. 이 사실이 고급 선원들에게 완화 효과를 불러일으킨 것이다.[21]

일단 항구에서의 수리가 필요하지 않다는 것이 분명해지고 배가 리스본의 남쪽으로 무난하게 항해하면서 모든 것이 변했다. 선원들에게 제공되는 식량과 물이 줄어들었다. 스탠필드는 "뙤약볕 아래에서 고작 물 1쿼드라니!"라며 항의했지만, 한동안은 소금을 먹어가며 아침부터 밤까지 격한 육체적 노동을 해야 했다. 선원들은 자신의 땀방울까지 핥아야 할 정도로 수분이 부족한 상태였다. 스탠필드는 갑판에 있던 닭장 지붕 꼭대기에 밤새 이슬이 맺힌다는 것을 발견하고는 매일 아침 그 이슬을 빨아먹었다. 이는 다른 선원들이 그의 "맛있는 비밀"을 발견하기 전까지 계속되었다. 어떤 이들은 너무나 목이 마른 나머지 하루 치 일용할 물을 받아드는 즉시 그 자리에서 물을 다 마셔버리고 그 뒤 24시간을 "미칠듯한 갈증"의 상태로 보내기도 했다. 그동안 선장은 내내 넘치는 와인과 맥주, 물을 가지고 있었다.

스탠필드는 물이 부족했던 이유가 "함선이 적재된 무역품으로 가득 차서 보급품을 실을 공간을 만들어놓고도 우선하여 고려하지 않았기 때문"이라고 설명했다. 이는 사람보다 이윤을 우선시한 대표적인 사례였다. 모든 "〔배의〕 구석구석 틈틈이 운송할 물품으로 가득했고 물품이 가장 우선시되면서 노동과 성실에 대한 노고는 뒷전이 될 수밖에 없었다. 가치 없는 뱃사람의 건강과 생명은 셈법에서 거의 비중을 차지하지 않았다." 스탠필드가 말한 이 "탐욕스럽게 축적된 화물"로 인해 선원들은 그들의 해먹을 걸거나 침구를 깔 만한 자리도 없었다. 그들은 어쩔 수 없이 상자나 밧줄 위에 "대충 누워" 자야 했다. 열대 지방에 도착했을 때 그들은 "눅눅하고 해로운 이슬의 해악"에 노출된 채 갑판 위에서 잠을 잤다.

다음에는 주먹질과 매질, 고문이 나타났다. 시작은 카나리아 제도에서 멀지 않은 곳이었다. 스탠필드는 선장이 다른 고급 선원에게 다음과 같이 "야만적인 임무"를 부여하고 있는 것을 엿들었다. "지금 타고 있는 배는 노예선이다. 여느 뱃사람이 아니다. 그러니 호되게 말해서 감히 건방지게 답할 수 없게 해야 한다. 당연한 일이다. 만약 그들이 너를 불쾌하게 *한다면* 때려눕혀 버려라." 폭력이 곧 "전염병처럼 번졌다." 스탠필드는 배에 탄 사람 중 "가장 순진하고 열심히 일하며 필요한 존재"인 통 제작자에게 자행된 잔인한 사례에 관해서 설명했다. 그는 항해사에게 익살스러운 방식으로 대답했다가 크게 얻어맞았다. 그는 선장에게 항의하려고 겨우 기어가려고 하다가 두 번,

세 번, 네 번이나 다시 얻어맞았고 결국 "일부 선원들이 서둘러 〔그와 항해사〕 둘 사이를 갈라놓고 그를 피신시켰다." 작은 실수에도 곧 채찍질을 당해야 했고 때로는 세 선원이 한 번에 돛대 줄에 묶이기도 했다. 가끔은 매질 후에 고급 선원이 와서 말 그대로 상처에 소금을 치기도 했다. 그들은 악명 높은 구교묘 채찍으로 새긴 깊고 검붉은 상처에 그들이 "피클"pickle이라 부르는 소금물을 부어버렸다. 폭력은 양심의 가책 없이 행해졌고 "권위의 남용에 대한 책임을 질 필요도 없었다." 항해가 계속되면서 스탠필드는 "어두운 권력 / 야만적인 혹독함이 매 순간 더해만 간다"고 기록했다.[22]

잔인한 악마

아프리카 해안에의 도착은 스탠필드의 기록에 또 다른 일련의 변화를 알리는 신호탄이었다. 배, 선원, 선장 그리고 함께 무역하는 아프리카 사회에 큰 변화가 일었다. 선원들이 열대의 태양을 피하고 계속해서 늘어가는, 사들인 노예들의 탈출을 막기 위해 주갑판에 "집을 짓고" 뱃머리에서부터 주돛대 근처에 이르는 천막을 세우면서 배 자체가 실제로 변화했다. 집을 짓기 위해 선원들은 웃통을 벗고 뜨거운 태양에 노출된 채 강변이나 물속에서 일하며 천막을 세우기 위한 통나무와 대나무를 잘라야 했다. "그들은 끈적끈적한 진흙에 허리까지 잠긴 채 뱀과 벌레 그리고 독을 가진 파충류들에 고통받았고 모기와 수천 마리의 곤충에 괴로워했다. 발이 미끄러지기 일쑤였고 비정한 고급 선원들은 고통스러운 작업 중에도 조금의 휴식도 허락하지 않았다." 스탠필드는 이런 일이 선원들이 겪는 높은 사망률의 원인이라고 생각했고 그 외에도 노예들을 분리해 두기 위한 하갑판의 여러 격벽과 천막이 배를 통하는 공기의 적절한 순환을 막아서 승선한 모두의 건강에 악영향을 준다는 것에 대해서도 같은 의견이었다.[23]

선원들의 건강이 나빠지자 스탠필드의 선장은 배에서의 작업 명령에 또 다른 중요한 변화를 주었다. 그는 황금 해안에서 판테족 노동자들을 고용했다. 그들은 "튼튼하고 힘이 넘쳤고 배짱이 두둑"했으며 지역의 기후와 질병에 익숙했다. 스탠필드는 "이 나라의 많은 사람이 해안에 자주 출몰하는 유럽의 함선에서 어린 시절을 보낸다. 그들은 배에서 언어를 배우며 뱃일을 익혔고 특히 노예무역 사업에 관해 알아갔다"고 기록했다. 이는 일반적인 관행이었다. 선장은 판테족의 왕과 영국 정부가 케이프 코스트 성이나 다른 공장에 대해 맺은 서면 합의에 따라 판테족 노동자를 고용했다. 스탠필드는 그러한 합의가 노예무역에 필수적이라고 믿었다. "불쌍한 선원들이 〔병이 나〕 나가떨어지자 이 강건한 원주민들이 선장이 허가해 준 권한을 휘두르며 가혹한 사업을 계속해 나갔고 노동으로 착취당하고 얼마 먹지도 못했던 영국 선원들은 할 수 있는 일이 없었다. 이렇게 뒤섞인 선원들은 배가 아프리카 해안에 도착하는 순간부터 떠날 때까지 함께 일했고 때로는 함께 대서양을 건너기도 했다.

스탠필드의 관점에서 그들이 아프리카 해안에 도착했을 때 겪은 가장 큰 변화는 노예선 선장에 대한 것이었다. 그는 이렇게 말했다. "딱히 설명할 수는 없었지만 분명 노예선 선장이 해안을 본 순간 잔인한 악마가 그의 마음속에 자리 잡았던 것으로 보인다." 스탠필드는 같은 관점으로 시에서도 잔인한 악마가 배에 악령을 씌웠다는 우화적인 표현을 썼다. "가거라, 곧 이어지는 밤의 무리 지배자의 음성, / 저기 저 배가 내달리는 물길로." 악령이 날아들었다.

그러자 주인은 그 지긋한 눈을 돌린다;
번개의 격노와 같이 아래로 내리꽂아라,
그리고 그 마음에 피의 왕좌를 세워라.

만약 선장이 국외 항해에서 야만적인 것으로 보였다면 중간항로 항해에서의 그는 완전한 악마였고 그의 마음은 이제 잔인함에 잠식당한 것처럼 보였다. 스탠필드는 이 변화를 설명할 수 있는 구체적인 사례를 많이 들 수 있었다. 그는 갑자기 돌변하여 믿기 어려운 잔인함을 보여준 노예선 선장에 대해 다음과 같이 이야기했다. "그는 딱히 이유도 없이 선원을 매질했고 사환 소년을 고문했으며 그의 즐거움이란 것은 단지 고통을 주는 것뿐이었다."

"자랑스러운 베냉"에서

    스탠필드의 소책자 내용은 대부분 노예무역을 하는 일반 선원의 경험에 대한 것이었지만, 아프리카와 무역, 승선한 노예에 대한 내용도 반추하고 있었고 이러한 생각은 그의 시에 넓게 깔려 있었다. 스탠필드는 배만 탔던 것이 아니라 베냉의 노예무역 요새에서 8개월 동안 살았고 이 경험은 그의 관찰이 확고한 기반을 가질 수 있도록 해 주었다. 그의 가장 기본적인 결론은 당시에 널리 퍼져 있던 아프리카와 거기에 사는 사람들에 대한 찬-노예제도적 주장에 반하는 것이었다. "나는 *베냉* 왕국에 사는 사람보다 더 행복한 사람들을 본 적이 없다." 이들은 "편안하면서도 즐겁게 둘러앉아 대규모의 제조업을 함께했고 특히 천을 잘 만들었다." 노예무역을 제외하고 보면 이들의 사회는 "우정과 평온, 원시적인 독립의 모습"이 두드러진 점으로 보였다.[24]

    스탠필드는 노예무역에 파괴적인 힘이 있다고 보았고 실제로 그의 시가 갖는 가장 색다른 특징이 그가 노예무역을 아프리카인의 관점에서 이해하려고 했다는 점이다. 일단 노예선이 아프리카 해안에 도착했을 때 시의 시점이 배에서, 대지를 보호하는 여신이 깃든 "원시림"과 니제르강의 펼쳐진 광경으로 전환되었다. 노예제도의 사슬이 여기에 닿았을 때 스탠필드는 다음과 같이 물었다.

> 너는 야만적인 손길을 견뎌낼 수 있는가?
> 게걸스러운 탐욕이 대지를 좀먹는구나.
> 무자비한 사슬을 무표정하게 볼 수 있는가?
> 여전히 공포는 아무도 없는 평원으로 뻗어가는구나.

스탠필드가 볼 수 있었던 것과 같이 끝없는 전쟁과 노예 포획, 대서양을 횡단하는 강제 이주, 두려움을 무릅쓴 내륙으로의 자유 이주 등으로 인해 서

아프리카 해안 지역에 사는 사람의 수는 점점 줄어들었다. 대지를 보호하는 여신은 노예무역상이 "피로 물든 해안에 야만인들"을 몰아넣으며 "사슬로 엮어 짐처럼 부려" 나르는 모습을 보았다. 상황을 반대로 놓고 보면 이제 유럽인이 무리 지어 해안을 다니며 사슬을 손에 들고 아프리카인을 붙잡으러 다니는 야만인이었다. 스탠필드는 선원이 가진 두 얼굴을 인식해야 했다. 지금까지의 시의 시점에서 자아는 노예무역의 희생자였지만, 이제는 필수불가결한 가해자의 역할도 함께해야 했다. 그는 "유럽의 이방인이 저지른 비극"에 대해서도 솔직하게 이야기했다. 그는 "유럽의 창백한 이들이 야만적인 배를 저어 온다. / 그 안에 온갖 슬픔을 가득 담아 다가온다." 그는 "피의 약탈자 회색빛 상인"과 "인간의 피를 파는 악덕 상인", "백인 폭군"의 모습을 그렸다. 그는 "피의 대가를 치르는 음험한 상인"의 "슬픈 거래"에 대해 언급하였다. 선원도 이 포악한 행위에 한몫하고 있었다.

곧 "탐욕이 착한 이들을 집어삼키고, / 큰물이 범람하듯 불운의 대지를 쓸어버렸다." 흑인과 백인 무역상들은 아프리카인을 착취하고 가족과 공동체를 찢어놓고 꼬리표를 붙여 엮어가 버렸다.

우리의 왕국이여, 아! 슬프도다. 절망에 빠졌구나.
노예와 같이 족쇄를 차고 힘없이 가라앉는다.

그들은 어쩌다 족쇄를 차게 되었을까? 그들은 어쩌다 "저주받은 사슬"에 엮이게 되었을까? 스탠필드는 대부분 노예가 납치되어 배에 오르게 되었다고 확신했다. 그들은 노예무역 옹호론자들이 항상 주장하던 "전쟁 포로"는 아니었다. 베냉에서 그는 "여러 번 알아보았지만 어떤 전쟁에 관해서도 이야기를 들어본 적이 없었다." 노예가 된 자들은 유목 생활을 하는 독립 부족인 밧제카Badjeka 왕 휘하의 "조멘"Joe-men 25이라 불리는 자들에게 끌려와 배에 올랐다. 이들은 약탈 무리였고 여러 부족을 습격하기 좋은 위치를 골라 임시 거처를 세워두곤 했다. 그들은 노예를 사들이지는 않았지만, 노예선에 많은 사람을 팔아넘겼다. 곧 노예선에 오르게 될 이들에 대해 선원의 시는 다음과 같이 이야기했다. "하루의 일과를 마치고 돌아오는 순박한 자, / 수풀에서 붙잡혀 악당의 올가미에 걸려들었구나."

스탠필드는 아프리카에서 노예무역이 인간에게 미치는 영향을 독자들이 현실적으로 받아들일 수 있게 하려는 노력으로 아비에다Abyeda라고 불리는 한 아프리카 여자의 인생을 그의 시에 담았다. 시에서 그는 그녀가 어떻게 "혈족에서부터 떨어져 나와" 노예선으로 향하게 되었는지 이야기했다. 그녀가 실재 인물인지 가상 인물인지 아니면 두 요인의 조합인지는 알려지지 않았다. 어느 경우이든지 간에 그녀에 대한 글에서 스탠필드는 노예무역 폐지 운동에서 나타나는 주제를 이해하고 그것이 알려지도록 돕고자 했다. 그 주제는 바로 노예선에 탄 여자 노예가 겪는 특별한 학대와 고통이었다.[26]

스탠필드는 노예선에 붙잡혀 온 아비에다의 삶을 목가적인 방식으로 이야기했다. 그녀는 아름답고 행복한 처녀로 "젊은 쿠아마노Quam'no"와 사랑에 빠져 있었다. 그는 노예를 거래하는 "음험한 백인"들로부터 그녀를 보호했다. 오랫동안 기다려온 결혼식 날, 그녀가 잡혀가 버렸다.

> 끔찍한 소리를 지르는 약탈자들의 쇄도,
> 떨고 있는 먹이를 탐욕스러운 힘으로 붙잡고,
> 불운한 처녀를 해안으로 끌고 간다.

쿠아마노는 그녀를 구하려고 시도했지만 싸움에서 살해당했다. 망연자실한 아베이다는 노예선으로 옮겨졌고 여기에서 그녀는 사슬에 묶여 채찍질을 당했다(그 이유에 대해서 스탠필드는 말하지 않았다). 채찍질마다 스며 나오는 그녀의 신음에 배에 타고 있던 다른 여자들도 "슬픔을 나누며" 아프리카 특유의 감응하는 곡조로 함께 울었다. 곧 "그녀의 창백한 얼굴 위로 죽음의 누런빛이 드리워지고" 마침내 마지막 순간이 찾아왔다. "필사적으로 내뱉은 마지막 숨결, / 그리고 무시무시한 죽음으로 맞이하는 끔찍한 종결." 스탠필드의 묘사는 진정한 죽음을 의미하며 아마도 그는 이러한 장면을 여러 번 보았을 것이다.[27]

다른 한편에서는 아프리카 해안에서의 체류 기간이 길어지면서 선원의 불행도 깊어졌다. 배에서 한동안 떨어져 지내다가 돌아온 스탠필드는 이등 항해사가 "구급함을 등에 대고 머리를 아래로 떨구고 머리카락은 갑판에 널 브러져 주변에 오물을 쏟은 채 누워 있는 모습"을 보았다. 그는 아무도 모르게 이제 막 숨을 거둔 상태였다. 오물로 가득한 갑판에서 더 큰 문제는 선원 몇몇이 "돌봐주는 사람도 없고 아무 해결책도 없이 병마와 싸우면서 홀로 최후의 순간에 접어들며" 거기에 뻗어 있다는 것이었다. 그들은 거기에 누워서 세상에서 가장 슬픈 울음소리로 물 한 모금을 달라는 가녀린 목소리를 뽑아내고 있었지만, 그들에게 해 줄 수 있는 것은 아무것도 없었다. 스탠필드는 "그들과 비참한 밤을 함께 지새운 후에" 다음날이 자신의 운명의 날이 될 것으로 생각했다. 이날 죽은 이들 중에는 그의 친구("러셀")도 있었다. 시에서는 그가 "창백한 피부", "부패한 상처", "마비된 사지"로 "오물과 피" 한가운데에서 죽음을 맞이했다고 이야기했다. 러셀의 마지막 유언은 그의 사랑 마리아Maria에게 남겨졌다. 그의 시신은 "유동하는 무덤"에 버려졌고 "그의 명예로운 시신은 장엄한 최후를 맞이했다."

스탠필드는 에퀴아노가 놀라움과 두려움이라고 표현한 느낌도 포착하려고 했다. 그는 거대하고 신비로운 노예선에 오른 "하나하나의 동요하는 손님들"의 감정을 묘사했다.

가슴이 찢어지는 순간에도 놀라움은 부풀어 오르고,
거대한 기계 위로 제물을 바치면
경이로움이 고통과 섞이며 온몸을 뒤흔든다.
말로는 표현할 수 없는 낯선 장면에
눈길은 위아래로 갈 곳을 찾지만
보이는 건 모두 고통의 도구뿐이다.

포로들은 하나하나 떠다니는 지하 감옥에 "빼곡하게 적재되고" 하갑판은 "부패한 냄새"와 "죽음과 같은 암흑"에 빠져들었다. 마침내 배는 "돛을 펴고 황폐한 해안을 빠져나간다."

중간항로

스탠필드와 이글호의 다른 생존자들은 이제 자메이카로 가는 트루 블루호에 승선했다. 하갑판은 "족쇄를 차고 괴로워하는 자들"로 가득했다. 선원의 시는 이렇게 시작된 악명 높은 중간항로 항해의 "진정한 면모"를 묘사하기 위해 노력했다. 배는 다음 몇 주 동안 훨씬 더 섬뜩한 공포의 소굴이 되었다. 스탠필드는 "이 끔찍한 항해에서는 오직 잔인함, 끊임없는 노동, 사망과 질병만이 반복되었다"는 말로 그의 뜻을 전달했다. 국외 항해와 마찬가지로 오직 매질만이 유일한 즐거움이었다.[28]

윌슨 선장은 중간항로 내내 아팠지만, 스탠필드가 보기에 오히려 그의 압제는 더해졌다. 나무로 만들어진 이 세상의 군주는 약해진 상태에서도 선원들에게 자신의 몸을 들어 옮기도록 했고 그 와중에 "직업용 칼"trade knives[29]을 들고 다니다가 마음에 들지 않는 모습을 보면 어김없이 칼을 던져버렸다. 선원이 한 명씩 줄어들었다. 새로 임명된 이등 항해사도 갑판에서 선장에게 얻어맞고 머리에 칼에 베인 상처를 입고 얼마 안 가 죽음을 맞이했다. 요리사도 선장의 저녁 고기 요리를 조금 태웠다가 분노를 샀고 곧 "엄청나게 두들겨 맞았고 선장은 그에게 침까지 뱉었다." 그는 네발로 기어 다니다가 하루 이틀 사이에 세상을 떠났다.

선원은 아플 때도 일을 해야 했고 때로는 치명적인 결과를 맞이했다. 아파서 일어설 수도 없었던 갑판장은 변기통 하나를 가져와 그 위에 버팀목을 대고 앉아 함선의 타륜을 잡기도 했지만 사실 그는 그런 일을 해내기엔 너무나 약해진 상태였다. 그는 곧 죽음을 맞이했고 그의 "시체는 여느 때와 마찬가지로 셔츠 한 장만 달랑 입은 채로 바다에 버려졌다." 다음 날 그의 시체가 배 근처에서 떠올라 발견되었는데 몇 시간 동안이나 근처를 떠돌았다. 이 모습은 너무나 무서운 광경이었고 마치 그들의 야만성을 복수하기 위해 죽은 자의 시체가 그들을 저 세상으로 부르고 있다는 생각마저 들게 했다. 또 다른 병든 선원은 그의 해먹에서 기어 나와서 격자 위에 쓰러졌다. 스탠필드는 다음 날 아침 그가 발견된 모습을 다음과 같이 묘사했다. "그 어렴풋한 기억에도 내 온몸이 떨려온다. 그 남자는 아직 살아 있었지만, 온몸이 피투성이였다. 돼지들hogs 30이 그의 발가락을 잡아 뜯어 뼈가 보였고 그의 몸은 너무나 충격적이어서 따로 설명할 수 없을 정도로 엉망이었다."

대부분의 피비린내 나는 도륙은 사람이 행한 것이었고 실제로 선장은 이러한 도륙의 현장을 보는 것에 특별한 즐거움을 느끼는 것처럼 보였다. 선장은 몸이 약해지자 아무나 자신의 침대 기둥에 묶어두고 매질을 하라고 명령했다. 그런 뒤 그는 희생양의 얼굴을 마주 보며 "그들의 살점이 터져나가는 동안 지르는 괴로운 비명을 즐겼다. 이러한 일은 자주 있었고 선장이 가장 좋아하는 징벌의 방식이었다." 선장의 폭력은 더 많은 사람을 대상으로 했고 스탠필드의 관점에서는 선원과 노예 모두 같은 테러의 체제 안에 갇혀버린 듯했다.

흰색과 검은색, 자유의 무리와 족쇄의 무리
뒤섞여서 무법자의 손에 떨어지니
아이에서 어른, 남자든 여자든 구별 없이
법이나 인정이나 피 묻은 그의 팔을 막을 수 없네.

이 시는 선원과 노예 모두에게 현실이었다. "가장 좋아하는 운동처럼 매질은 불쌍한 흑인들에게뿐만 아니라 선원들에게도 지속해서 사용되었다." 인종, 나이, 성별, 법과 인정은 모두 소용없었다.

스탠필드와 여러 다른 선원들은 노예의 처지가 오히려 선원보다 나은 점이 있다고 생각했다. 최소한 선장에게는 중간항로 항해 동안 그들을 먹이고 살려둘 만한 경제적인 동기가 있었다. 그는 "항해의 목적이라고 할 수 있는 노예들의 건강과 식사에 대한 관심은 선원에 대한 것보다 우선되었다"라고 기록했다. 그러나 그는 곧 다른 말도 보탰다. "폭군의 변덕스럽고 난폭한 성미가 한번 발동하면 그 잔인함의 차이를 알 수는 없었다." 그는 또한 "이익"

을 위해 선장이 "화물"에게 잘 대해준다는 전형적인 찬-노예제도적 주장에 반론을 펴기도 했다. "이 관계에서 가장 핵심은 내적 성질이었는데 이는 통제력과는 정반대의 성질이었다." 잔인한 악마는 언제나 합리적인 관심을 뒤흔들고 억눌렀다.

배는 이제 "슬픔의 짐"을 가득 싣고 가고 있었다. 스탠필드는 한밤중에 비좁은 하갑판에 갇혀 지내는 노예에 대한 설득력 있는 시점의 글도 썼다.

슬픔을 벗 삼아 누운 냄새나는 무리가
사슬에 허덕이며 더운 자리를 더럽힌다.
줄지어 늘어선 고통은 예술품처럼 박제되어
습하고 더러운 연기를 들이쉬며 누워 있다.
피의 이슬이 맺힌 딱딱한 바닥
관절이 쓸려 곧 고통이 찾아와도
괴로움에 눌려 억센 판자에 웅크리고 앉아
그저 나아간다, ─ 그 안의 이야기는 너무나 비참하구나!

스탠필드는 노예선의 소리도 의식하고 있었다. 그는 "긴 신음", "고통의 곡조", 울음, 죽음의 노래, "고뇌의 비명과 절망의 울부짖음"을 듣고 있었다. 이 모든 것이 한밤중에 들려왔다. 대부분은 병을 앓고 있었다. "녹색의 전염병"[곰팡이] 가운데 "감염된 공기"를 호흡하면서 오물에 뒤덮인 갑판에는 열병 환자들이 널려 있었다. 스탠필드는 폐지론자 의사인 알렉산더 팔콘브리지의 말을 인용해서 노예선이 "도살장과 같이 피와 오물, 괴로움과 질병이 가득하다"라고 했다.

스탠필드는 이 냉혹한 현실에 대한 노예의 개별적인 반응을 기록했다. 이는 슬픈 좌절에서부터 격렬한 분노까지 다양하게 나타났다.

저 가엾은 자를 보아라 (슬프지 아니한가!)
눈에는 비탄이, 얼굴에는 절망이

> 그 옆의 동료를 보아라 — 분노에 핏발선 눈알로
> 창백한 폭군에게 던지는 성난 불덩이!

스탠필드는 중간항로에 관한 또 다른 공포에 관한 기록을 남겼다. 아침이 되면 하갑판의 어둠에서 열여섯 시간을 보낸 노예들이 쇠창살을 열고 밖으로 나왔다. 스탠필드는 이 구멍을 "악취의 구덩이"나 괴물의 입이라고 상상했다. 하갑판으로부터 "악취의 심연, 섬뜩한 증기를 토해내며, / 뜨거운 안개가 들보 아래에서 짙어졌다." "족쇄를 찬 무리가 고개를 숙인 채 나타났다." 그는 단단한 사슬로 아주 가깝게 묶여 있던 두 남자에 대해 묘사했다. 그들이 밖으로 끌려 나온 이유는 하나가 밤중에 죽었기 때문이었다. 족쇄를 풀면 죽은 이는 바다로 버려질 것이다. "시체를 사로잡는 야만적인 힘의 바다 괴물." 스탠필드는 상어도 노예선의 공포 중 일부라고 생각했다.

일과가 시작되고 "백인 폭군이 주는 즐겁지 않은 식사가 마련된다." 먹기를 거부한 자들에게는 "잔인한 분노를 담은 끝없는 채찍질이 이어졌다." 어떤 이들은 채찍질의 고통에 기절하기도 했다. 채찍을 맞고도 여전히 음식을 거부한 자들은 갑판에서 스페큘럼 오리스의 공포를 맛보아야 했다.

> 그때 나타난 잔인한 목적의 사악한 장치를 보아라.
> 가차 없이 턱을 죄여 꼼짝할 수가 없구나.
> 야만적인 힘의 고통스러운 도구가
> 역한 음식을 강제로 밀어 넣는다.

"배에서 가장 뛰어난 노예"였던 여자 두 명은 이러한 폭력을 보고 반항적인 행동을 취했다. 그들은 서로의 팔을 매섭게 부여잡고 "함선의 선미 갑판에서 바다로 뛰어들었다." 그들이 물에 가라앉을 때 배 위의 다른 여자들은 "세상에서 가장 애절한 소리로 울었고 많은 이들이 그들을 따라갈 준비를 했다." 선원들은 대량 자살을 막기 위해 그들을 즉시 하갑판에 가두었다.

스탠필드는 이미 "고통스러울 정도로 서로 부대끼고 있는" 하갑판의 노예들에게 새로 승선한 노예를 위한 공간을 더 만들라고 했던 어느 날 밤을 기억한다. 그 결과 공간이 비좁아져서 하갑판이 "더 시끄러워졌다." 결국, 여자들의 거처에서 새로 온 포로가 변기통 한군데에 던져졌다. 다음 날 아침 그녀는 소란을 일으킨 죄로 선장의 침대 기둥에 묶여 "선장과 얼굴을 마주보게" 되었다. 선장은 그녀를 채찍질하라고 명령했고 "마지못해 형을 집행하게 된 자"는 (스탠필드는 그가 선원인지 노예인지 말하지 않았고) 그녀가 불쌍했기에 선장이 명령한 만큼 강하게 채찍질을 하지 않았다. 결국, 그가 먼저 기둥에 묶여 "가혹한 채찍질"을 당했고 곧 그 여자에 대한 매질도 다시 가해졌다. 의사가 죽은 후 구급상자를 넘겨받았던 스탠필드는 의사 자격도 없었지만, 그녀의 상처를 치료해 주었다.

마지막으로 스탠필드는 선장이 어린 소녀를 강간했다는 것을 확신한다는 언급을 했지만 이를 묘사하기는 거부했다. 그는 "여덟 살이나 아홉 살 정도밖에 되지 않은 불운한 여자 노예에게 선장이 무언가를 저질렀다"라는 점에 대해 언급했다. 그러나 그는 범죄에 대해 정확한 이름을 댈 수는 없었다. "나는 어떤 말로도 표현할 수 없다"라고 하면서도 "입을 다물고 지나가기에는 너무나 흉악하고 잔인했다"라고 주장했다. 그는 그러한 행위가 노예무역에서 매일 일어나는 "야만성과 압제"의 예시라고 생각했다.

이 음산한 배가 카리브해의 농장으로 향하며 파도를 가르는 동안 선원들은 계속해서 쇠약해지고 죽어갔고 이로 인해 함선의 작업 명령에 다시 한번 재조정이 필요하게 되었다. 스탠필드는 "선원이 나가떨어지면서 축적된 노동의 하중이 살아남은 이들에게 과부하 되었고 중간항로의 끝이 다가올 무렵에는 노예들을 묶어두어야 한다는 생각마저 포기하게 되었다"라고 설명했다. 선장은 많은 노예를 풀어 주고 갑판으로 데려와서 뱃일하는 방법을 가르쳐주도록 명령했다. "백인 선원들은 이제는 밧줄 하나 힘차게 당길 힘도 충분히 남아 있지 않았기 때문이었다. 노예들은 "악을 쓰며 밧줄을 당겼고" 쇠약해진 선원들이 갑판에서 지시하는 대로 항해했다. 노예선은 이렇게 도착하자마자 팔려버릴 이들에 의해 그 목적지에 도달할 수 있었다.

어느 끔찍한 비명

배는 신세계의 목적지에 도달하고 다시 또 다른 변화를 겪었다. 이 변화는 함선에 승선한 노예를 판매하는 난장亂場이라는 관행과 관련이 있었다. 주갑판은 마치 텐트처럼 돛과 타르를 칠한 암막에 주변이 둘러싸여 어두웠다. "이제 악당처럼 차려입은 음울한 함선 위로, / 어두운 천이 드리워져 하늘을 가린다." 선원들은 노예를 씻기고 면도하고 기름을 칠해서 상처를 숨겼고 갑판에 정렬시켰지만, 노예들은 다음에 무슨 일이 생길지 전혀 이해하지 못하고 있었다. 그들은 실제로 또한 비유적으로 어둠 속에 있었고 일렬로 늘어서서 떨며 "쥐죽은 듯 가만히" 있었다. 일단 신호가 주어지자 구매를 희망하는 자들이 배 위로 미친 듯이 달려들어 무질서하게 다니며 구매하고자 하는 노예 주변에서 밧줄―대서양을 아우르는 사슬의 한쪽 끝―을 던졌다.

걸쳐진 밧줄과 사악한 사슬
목매다는 자의 형상이 주는 고통이
잡아먹을 듯 무서운 악마와 같이 달려든다.
떨고 있는 먹이를 탐욕스럽게 잡아챈다.

노예들은 배에서 다시 한번 겪게 된 판매 행위에 겁에 질리지 않을 수 없었다. 비명이 하늘을 찢었고 "상처 입은 눈"에서는 눈물이 쏟아져 나왔다. 몇몇 당황한 노예들은 천막으로 감싼 곳 중 벌어진 틈을 발견하고 그곳을 통해 물에 뛰어들었다가 곧 공포에 떨며 죽음을 맞이했다.

여기에 당황하며 나자빠지는 무리를 보라!
저기에 달려들어 심해로 고꾸라져 튀는 물보라!
(생명의 불씨를 꺼뜨리는 모진 바람)
저기에 떨어지는 처녀들, 비명―전율―소멸.

다음 단계에서 새로 사들인 노예들은 소형선에 나뉘어 실려 한 무리씩 옮겨져서 배의 노예들은 결국 뿔뿔이 흩어지게 되었다. 스탠필드는 이 순간이 또 다른 파괴의 순간이라고 느꼈다. 이번 파괴의 대상은 아프리카 해안에서 머무르는 동안과 중간항로 항해 동안에 배에서 노예들 사이에 형성된 유대감이었다. 밧줄에 졸려 서로의 사이가 갈리자 노예들은 가족과 친구, 동료를 꼭 붙잡으려고 했지만 소용없었다. 비명과 울음의 소동은 더 커질 뿐 잦아들 줄 몰랐다.

천지를 공포에 떨게 하는 한 번의 끔찍한 비명
친구들은 떨어져 슬픈 울음을 운다.
두려움에 떠는 비명으로 저주하며
어미는 아픈 자식을 미친 듯이 부른다.
하나같이 큰 소리로 주변에 고함치면
떠났던 작은 배에서 필사적인 답이 들려온다.

노예들은 다시 한번 "유대를 잃게 되고" 뱃동지들도 헤어지게 되었다. 노예 항해는 "공포의 상태"에서의 "필사적인 부름"으로 끝을 맺었다.[31]

진정한 계몽

제임스 필드 스탠필드가 보여준 노예무역에 관한 설명은 여러 면에서 1788년 5월까지 발행된 어떤 출판물보다 더 자세하고 소름 끼쳤으며 한마디로 말해서 더 극적이었다. 그가 직접 본 "무시무시한 장면" – 하갑판에서 끌려나온 자의 시뻘건 눈과 오물에 굳어버린 아픈 항해사의 긴 머리카락 – 은 그의 글에 설득력을 불어넣었다. 월간지의 한 비평가는 『노예 항해』에서 스탠필드가 "내내 잔혹한 이야기 속에 머물렀고 우리에게 복잡한 슬픔이 주는 모든 고통을 직면할 책임을 느끼도록 한다"라고 기록했다. 이것이 스탠필드의 극적인 전략이었고 노예선과 그 안의 사람들 그리고 그들의 고통을 현실적

으로 보여줄 수 있게 했다.[32]

스탠필드는 이 인간극의 배경 상황인 배 안에 직접 머무르며 다양한 방식으로 항해의 순간에 주어진 그 기능에 따라 다양한 시점으로 노예선을 관찰했다. 가장 처음 나타난 것은 노예선의 아름다움이었고 다음으로 선원들이 일하는 "거대한 기계"가 나타났다. 마지막으로 노예선은 선원과 노예 모두에게 "떠다니는 지하 감옥"으로 나타났다. 노예선에 타고 있는 사람 대부분은 어떤 면에서 포로나 마찬가지였고 관행적 테러 체제와 죽음에 지배당하고 있었다. 대서양을 아우르는 사슬은 모두를 휘감았고 리버풀의 감옥에서 치안관과 함께 노예선으로 걸어오던 길은 아프리카 내륙에서 약탈자들과 함께 이동하는 노예무리의 길과 다르지 않았다. 그러나 당연하게도 노예들에게는 노예선이 가장 악질이었다. 그들은 노예선이 "고통의 도구를 가득 싣고 온다"라고 생각했고 이 고통의 도구란 바로 족쇄, 수갑, 목 고리, 자물쇠, 사슬, 구교묘 채찍, 스페큘럼 오리스 같은 것들이다. 하갑판은 "떠다니는 구덩이"였고 입구는 괴물의 입처럼 트림해 댔다. 노예선의 감옥은 사람을 산 채로 먹어버렸다.

스탠필드의 인간극에 나오는 등장인물 중에는 "자비로운" 노예 상인이 있다. 이들의 탐욕이 절망과 파괴 그리고 살인을 낳았다. 실제로 상인은 자신의 이익을 창출하기 위해 얼마나 많은 노예가 "사망자 명단"에 이름을 올릴지 계산했기 때문에 죽음도 계획된 것이라고 볼 수 있다. 다음 인물은 "인간적"인 선장이다. 그는 떠다니는 지하 감옥의 교도관이었다. 고문과 강간 그리고 살인을 일삼은 그는 여러 면에서 야만적이고 포악했으며 잔학하고 독재적이었다. 그는 가장 악독한 악마였다. 그는 "어두운 권력 / 야만적 규율"에 미쳐 있었다. 원래는 고결하고 용감했던 배의 고급 선원들도 한편으로는 폭력의 대리인이 되었고 다른 한편으로는 폭력의 희생양도 되었다. 그들은 보살핌이나 위안도 없이 죽어갔다. 스탠필드는 선원 중 일부는 그러한 야만성과 잔인함의 "도구가 되기를 원하지 않았다"라는 관대한 생각을 하고 있었다.

스탠필드에 따르면 대부분 선원은 전형적인 유쾌한 뱃사람들이었다. 그들은 경솔하고 부주의했으며 자주 술에 취했지만 동시에 성실하고 선하며 열심히 일하는 자들이었다. 강제로 육지의 지하 감옥에서 떠다니는 지하 감옥으로 옮겨진 많은 선원의 경우 자원해서 승선한 다른 선원에 비해 노예무역의 공포에 대한 책임이 덜하다고는 할 수 있겠지만, 그들도 교도관으로서, 잔인한 "고통의 도구"를 사용하는 자로서 그리고 궁극적으로는 "백인"으로서 분명한 공범이 될 수밖에 없었다. 독자들이 제국의 보호자이자 영국 자부심의 상징인 이 선원들에게 동정심을 가질 것은 분명했기에, 스탠필드는 인종과 국가에 방점을 두고 주장을 펼치고 있던 클락슨을 비롯한 다른 폐지론자들과 뜻을 같이했다.

스탠필드는 다양한 방식으로 아프리카인을 묘사했다. 조멘과 같은 흑인 노예무역상은 백인 노예무역상과 마찬가지로 단순히 무자비한 약탈자로만 그려졌다. 노예선에서 일을 도왔던 판테족은 노예무역에서 중립을 유지하던 모습으로 그려졌다. 강하고 용기 있는 이들은 사람을 납치하던 무리에 비해서 성실하게 뱃일을 하는 품위 있는 모습으로 그려졌다. 스탠필드는 베냉에서의 경험을 바탕으로 자유인이던 아프리카인을 "우정, 평온, 원시적인 독립"으로 가득한 모습으로 그렸다. 아비에다는 노예로 잡혀가기 전까지는 "행복한 처녀"였다. 이런 사람들은 유럽의 야만적 약탈자들이 침입하고 파괴하여 노예들을 잡아들이기 전까지는 거의 "고귀한 미개인"의 낙원 국가에서 살고 있었다. 배로 끌려간 "족쇄의 무리"들은 주로 희생자로 나타났으며 가끔은 저항의 행동을 보이기도 했다. 하갑판은 오직 고통의 공간이었다. 주갑판에서는 다른 가능성도 나타났다. 여자 노예들 사이에서 집단적인 힘이 몇 차례 나타나기도 했다. 자메이카에서 팔리는 시점에서는 모두가 비참하고 겁에 질렸으며 죽음도 함께했다.

스탠필드는 (아마도 아비에다를 제외하고는) 항해 도중 어떤 아프리카인과도 실제로 알고 지냈다는 언급을 하지 않았으며 누군가를 풀어 주려는 시도도 하지 않았다. 그는 분명 당시에도 후에 회상할 때에도 "떠다니는 지하 감옥"에서 자신의 무력감을 느꼈다. 그가 윌슨 선장에게 채찍을 맞은 여자 노예의 상처를 치료해 주는 모습을 통해 볼 때 그는 여러 사람에게 동정심을 가졌을 것이다. 그는 배를 떠나면서 이러한 동정심을 확연하게 보여 주었다. 그는 노예무역에서의 경험에 대한 급격한 반동으로 사회 운동에 참여하여 중대한 반대 주장을 선동하고 촉진했다. 그는 또한 당시의 저속한 인종차별적 고정관념에 저항했고 반인종주의적 논변을 담은 노예무역에 관한 글을 썼고 그중 하나의 글에서 모든 사람이 "하나의 핏줄"이라고 썼다.

결국, 스탠필드는 노예무역에 관한 추상적 지식이 아닌 노예선에서의 직접적이고 본질적인 경험으로 호소하여 노예제도 폐지에 결정적인 도움을 주었다. 그는 "하나의 **실제적** 관점에서 본 하나의 순간으로서의 중간항로와 노예들의 공간에서 보낸 *잠시의 시간*은 로버트슨의 글이나 영국 상원의원들의 발언을 다 모은 것보다 인류애를 발휘해야 할 더 큰 이유를 주었다"라고 설명했다. 진정한 계몽은 스코틀랜드의 철학자나 의회의 구성원으로부터 얻는 것이 아니라 노예선이라는 "거대한 기계"를 타고 "고통의 도구"를 마주하고 있는 선원이나 노예와 만나며 얻을 수 있다.[33]

6장

존 뉴턴과
평화의 왕국

18세기의 바다에서 선장은 거의 무한한 권력을 가졌다고 할 수 있는 인물이었다. 이는 존 뉴턴이 노예선의 주인으로 나선 첫 항해의 초반에 그의 아내 메리Mary에게 쓴 편지에도 잘 드러난다.

비록 노예선이기는 하지만 지금 배를 타고 있는 내 상황을 부러워할 사람이 많을 겁니다. 나는 마치 유럽의 여느 군주들처럼 내 작은 왕국에서 (삶과 죽음을 제외한 모든 것을 통제하는) 절대자로 군림하고 있습니다. 내가 오라고 하면 오고 가라고 하면 갑니다. 만약 내가 누군가에게 무언가를 하라고 명령하면 아마도 서너 명이 그 일을 나누어 가려고 달려들 것입니다. 배에서는 누구도 내가 허락하기 전에는 식사를 하지 못하고 내가 먼저 판단해서 적절하게 시간을 알릴 때가 되었다고 생각하기 전에는 내가 듣는 데서 12시라느니 8시라느니 알리는 소리를 감히 하지 못합니다. 내가 배를 떠날 때도 내 권한은 유지됩니다. 내가 불시에 돌아왔을 때 예상치 못한 모습을 보이지 않도록 엄격한 감시가 유지됩니다. 내가 한밤까지 깨어 있어야 하는 날이면 내가 나타나서 잠들도록 허락하기 전까지는 그 누구도 감히 눈을 붙인다는 상상조차 하지 못합니다. (그런 이유로 필요한 경우가 아니면 일찍 잠에 들려고 합니다.) 아마도 당신은 이런 격식에 따른 나의 상황으로 볼 때 내가 그들 자체의 가치를 충분히 높이 사고 있지 않다고 판단하고 있을 수도 있습니다. 그러나 이런 격식은 오래전에 만들어진 관습이고 지켜질 필요가 있습니다. 왜냐하면 엄격한 규율 없이는 일반 선원들을 관리할 수는 없기 때문입니다.

배라는 독립된 공간 안에서 선장은 노동과 생계 수단에 관한 명령을 내렸고 심지어는 시간 예측마저 그의 명령에 따르게 했다. 노예선의 선장은 수십 명의 일반 선원뿐만 아니라 수백 명의 아프리카인 노예를 관리해야 했기 때문에 누구보다 커다란 권력을 휘둘렀다.[1]

존 뉴턴은 오랫동안 아프리카 노예무역의 역사에서 가장 잘 알려진 선장이었다. 그는 1748년부터 1754년까지 한 번은 항해사로 세 번은 선장으로 총 네 번의 항해를 했다. 그러나 그가 명성을 얻은 것은 이후 생애에서 복음주의 성향 영국 교회의 활동적인 현세 목사가 된 후 가장 유명했던 〈어메이징 그레이스〉Amazing Grace를 비롯한 몇 곡의 찬송가를 작곡하면서부터였다. 결국 그는 인생의 후반기에 과거의 삶을 공공연히 부정하고 노예무역 폐지론의 주장을 포용했다. 그는 1788년에 「아프리카 노예무역에 관한 사색」이라는 제목으로 노예무역의 공포에 관한 생생한 소책자를 썼고 1789년과 1790년에는 하원위원회에서 유사한 내용의 증언을 했다. 그는 자신이 삶에서의 잘못을 직접 목격한 죄인이라고 밝혔다.[2]

뉴턴은 노예무역에 참여하면서 선원으로서, "노예"로서, 항해사로서 그리고 마지막에는 선장으로서 진귀하고도 풍부한 문서 기록을 남겼다. 그는 기록광이었다. 대부분 배의 주인들과 마찬가지로 그는 일과와 바람, 날씨에 대한 상세한 내용을 담은 항해일지를 썼고 거기서 더 나아갔다. 그는 서신 왕래에 몹시도 열중해서 노예선 여정 중에 아내인 메리에게 127편의 편지를 썼고 성공회의 성직자인 데이빗 제닝스David Jennings에게도 일련의 편지를 남겼다. 그는 또한 마지막 두 번의 항해 동안에 영성 일기도 작성했다. 후에 그는 기독교 목사로서의 자기 성찰을 통해 자신의 삶에서 올바른 도덕적 교훈을 이끌어내기 위해서 1763년에 영성적·자전적 서술을 담은 일련의 편지를 집필했고 1780년대에는 노예무역 폐지 운동에 참가했다. 뉴턴은 거의 4세기에 걸친 노예무역에서 다른 어떤 선장들보다 노예선과 거기서 일어난 일에 관한 많은 기록을 남겼을 것이다.[3]

존 뉴턴은 그의 나무로 만든 세계에서 절대적인 권력을 휘둘렀고 노예선의 일과를 관리하며 올라우다 에퀴아노나 제임스 필드 스탠필드와 같은 부류의 사람들에게 통제력을 발휘했다. 그는 저항의 기질이 있는 선원과 노예 모두에게 "엄격한 규율"을 주장했다. 그는 통제력을 유지하고 과시하기 위해 다양한 방식으로 반응했고 자주 폭력을 휘둘렀다. 그의 권력과 위치는 에퀴아노에게는 테러terror였고 스탠필드에게는 공포horror였지만 선장 자신에게는 질서를 유지하는 도구였다. 그는 자신의 희망과 두려움, 생각과 행동 그리고 여러 사회적 관계를 조심스럽게 자기 성찰적으로 기록함으로써 노예선 선장의 삶에 대한 비할 데 없는 훌륭한 통찰을 제공했다.

반란 선원에서 기독교인 선장으로

　　존 뉴턴은 여러 면에서 함선의 선장이 될 운명이었다. 그의 아버지는 (지
중해 무역을 하는) 선장이었다. 그의 가정생활은 마치 선상에서의 생활을 그
대로 옮겨놓은 듯했고 그는 "아버지는 항상 거리감을 두고 심각한 태도를 보
여서 내 영혼을 위압하고 낙담시켰다"고 회상했다. 아버지 뉴턴은 어린 나이부
터 그의 아들을 뱃사람이 되도록 준비시켰다. 어린 뉴턴은 18세기의 말로 "바
다가 키웠다"고 할 수 있었다. 그는 열한 살의 나이에 견습생으로 배에 올랐고
거기서 일을 배우고 경험을 습득하며 선원들의 손에 키워졌다. 그는 1736년부
터 1742년 사이에 몇 번의 항해를 했고 1743년에는 대영제국 군함 하리치HMS
Harwich에 승선했다. 그의 아버지는 거기서 18살이 된 청년 아들을 해군 장교
후보생으로 승격시켜 주었다. 이제 그는 영국 해군의 일원이 되었고 선장의 후
원을 얻어 해상 세계에서 자신의 길을 찾아가는 것으로 보였다.[4]
　　그러나 어린 뉴턴은 거칠고 불량했으며 선장의 선실을 차지하기 위한
그의 길은 평탄하지 않았다. 바다에서 살고 일하면서 그는 "여러 사람에게
노출되어 살았지만 바람직한 선원이라기에는 부적절한 모습들을 보아왔다"
라고 회상했다. 이 모습들은 그가 곧 받아들이게 될 가치와 관행들과는 반
대되는 것이었다. 그는 자유 사상가, 자유주의자, 반란군이 되었다. 이 시기
를 돌아보며 뉴턴은 자신에게 평등주의적이고 반권위주의적인 추동趨動이
있었다고 회상했다. "나는 그 당시 우월성을 인정하지 않는 내 모습이 자랑스
러웠다."[5]
　　한때 뉴턴의 선장이 선원들의 탈주를 막기 위해 여러 명의 선원을 한꺼
번에 해안으로 보냈을 때 뉴턴은 혼자 몰래 탈주했지만 그리 길게 가지는 못
했다. 그는 곧 붙잡혔고 감옥에서 이틀을 보낸 뒤에 다시 배로 보내졌고 거기
에서 철창에 갇힌 뒤 "여러 사람 앞에서 옷이 벗겨진 후 채찍질을 당했다." 또
한, 그는 해군 장교 후보생에서 일반 선원으로 강등당했다. 그는 "나는 이제

가장 낮은 위치로 내려가 모든 이의 모욕을 받게 될 것이다"라고 기록했다. (그는 해군 장교 후보생으로서 건방지게 굴었다는 욕을 먹었다.) 그를 쫓아내서 벌을 주고 싶었던 해군 선장은 이 불온한 선원을 동인도행 배에서 5년 정도 항해하도록 배치할 계획이었다. 이 사실을 알게 된 뉴턴은 처음에는 자살을 생각했지만, 곧 그 대신 선장을 죽이기로 마음을 먹었다. 뉴턴은 후에 "나는 실제로 그의 목숨을 끊을 작정이었다"라고 고백했다.

우연히 수평선 저 멀리 노예선 하나가 나타나면서 선장의 목숨을 끊을 일은 없게 되었다. 노예선의 주인은 배에 몇몇 반란을 일으킬 만한 사람들을 태우고 있었는데 그들을 군함에 옮겨 싣는 대신 해군 선원 몇 명을 데려가고자 했다. 이는 당시에 흔히 있는 일이었다. 뉴턴은 동인도 항해의 위험을 피하고자 열렬히 지원했다. 선장도 그를 놓아주었고 아마도 속 시원히 잘 치워버렸다고 생각했을 것이다. 뉴턴은 이렇게 마음으로 생각한 반란과 우연한 노예선과의 만남의 조합으로 노예무역에 뛰어들게 되었다.

노예선의 선장은 우연히 뉴턴의 아버지를 알고 있었지만, 이러한 관계나 새로운 시작이 뉴턴의 삶의 방식을 바꾸지는 못했다. "여러 골칫거리와 적들에게 둘러싸여서 거의 보여줄 기회는 없었지만, 나에게는 변변치 않은 재주가 하나 있다. 무언가를 풍자하고 싶을 때 나는 노래를 만든다. 이 노래는 그 〔선장〕의 배와 그의 속마음, 그의 사람들을 희화화하고 있으며 나는 곧 이 노래가 모든 함선에서 불릴 수 있게 할 것이다." 선장은 뉴턴과 그 동료 선원들이 자신을 조롱하듯 부르는 그 노래를 즐겁게 느끼지 않았지만 별문제가 없었던 이유는 선장이 곧 죽어버렸기 때문이다. 문제는 지휘권을 물려받은 수석 항해사가 뉴턴을 그다지 좋아하지 않아서 수시로 그에게 기회만 되면 원래 왔던 군함으로 돌려보내 버리겠다고 위협한다는 것이었다. 생각해보니 덜컥 겁이 난 뉴턴은 등에 옷가지만을 달랑 들고 발 빠르게 움직여 배를 탈주했다. 그는 시에라리온 해변과 맞닿은 셰르브로강江 어귀의 플랜테인 Plantain섬의 해변에 상륙했다.

뉴턴은 아프리카의 상인과 노예선 사이에서 중개인 역할을 하던 지역 백인 무역상을 위해 일했다. 뉴턴은 얼마 안 가 새로운 고용주와 문제가 생겼고 결국 부당한 대우에 학대까지 받는 신세가 되었다. 그는 자신을 거의 노예 취급하던 무역상의 흑인 아내와 충돌하며 상황을 더 악화시켰다. 그는 쇠사슬에 묶이고 굶주린 채 얻어맞고 조롱당했다. 그는 거의 알몸이나 다름 없는 몸으로 열대의 태양에 화상을 입어가며 유클리드[기하학]를 공부해야 했고 "뜨거운 모래에 긴 막대기로 도형을 그려야 했다." 끝나지 않을 것 같던 한 해 동안 그는 생뿌리와 "낯선 이"들이 주는 음식으로 연명했다. "쇠사슬에 묶인 노예들조차도 (원래는 감히 그럴 수 없었지만) 얼마 안 되는 자신의 음식을 나누어서 몰래 나에게 먹여주었다." 그는 이 친절함을 기억했을까? 후에 그는 『에스겔서』 16장을 인용하여 자신을 "저 자신의 피에 버둥거리며 누워 있는 버림받은 자"라고 묘사했다. 뉴턴은 자신에 대한 대우는 "나의 본질과 영혼을 깨부쉈다"라고 기록했다. 그는 자신을 "노예"라고 생각했으며 가장 깊은 인간의 불행을 맛보고 있다고 여겼다.[6]

뉴턴은 결국 이 무역상으로부터 도망친 후 키땀Kittam으로 가서 다른 일을 찾았다. 그의 상황은 더 나아졌고 아프리카의 문화에 적응해감에 따라 행복을 느낄 수도 있었다. 그는 이러한 변화를 다음과 같이 설명했다.

이런 상황에서 자주 쓰이는 말이 있다. 백인으로 나서 흑인으로 자랐다. 이 말은 피부색의 변화가 아니라 신분의 변화를 말하는 것이다. 나는 30대에서 40대 사이의 나이에 아프리카에 정착해서 원주민의 풍속과 관습, 예법에 점차 동화되어가는 삶을 살았던 이들을 몇몇 알고 있다. 그들은 오히려 영국보다 그곳을 더 좋아하기까지 했다. 그들은 심지어 눈이 먼 흑인이 보여 주는 마술과 강령술, 부적, 점괘까지 맹신했고 현지 원주민 중 현명하다는 사람들보다 그런 미신을 더 믿기도 했다. 이러한 영성적인 심취가 내 안에서도 자라고 있었다. (그때는 전체의 흐름에 따를 수밖에 없었다.) 나는 원주민들과 긴밀한 관계를 맺었고 만약 주님께서 너그러이 나를 보살피지 않으셨다면 나는 그들 사이에서 비참하게 살다가 죽음을 맞이해야 했을 것이다.

뉴턴이 말한 "긴밀한 관계"는 아마도 그가 한 명 이상의 아프리카인 "아내"를 맞이했다는 의미였을 것이다. 그러나 상황은 일시적인 것이었고 흑인으로 자란 이 백인은 곧 원래의 모습으로 돌아갔다.

세 번째 노예 상인과의 일을 마치고 난 후 그는 1747년 2월의 어느 날 그레이하운드호라고 불리는 함선을 만나게 된다. 그 배의 선장은 해변으로 올라와 뉴턴에게 깜짝 놀랄 만한 질문을 했다. "이 교역소에서 혹시 존 뉴턴이라는 이름의 남자를 본 적이 없습니까?" 알고 보니 선장은 멀리까지 발을 뻗치고 있던 뉴턴 아버지의 친구였다. 아마도 뉴턴은 가혹한 아버지가 기다리는 먼 거리를 가야 한다는 데에 두려움을 느껴서 리버풀로 돌아가고 싶지 않았을 테지만, 선장도 쉽게 물러서지 않았다. 선장은 계략을 꾸며서 뉴턴이 최근 막대한 돈을 물려받았으며 이 권리를 주장하기 위해서는 영국으로 돌아가야 한다고 알렸다. 이에 뉴턴도 기꺼이 돌아가기로 했지만, 일단 배에 오른 뒤에 그는 다시 한번 역경을 맞이할 수밖에 없었다. 배 안에 있는 모든 이들은 짓궂은 장난에 즐거워하고 처음 듣는 욕설을 지어냈으며 "복음의 역사"를 조롱하며 "불경함과 세속성"을 찬양하고 있었다. 이 모든 문제의 근원인 선장은 자신을 조나Jonah라고 부르도록 했다.

집으로 가는 길에 뉴턴은 "단잠에 빠져 있다가 선체에 부딪히는 거친 바다의 풍랑에 놀라 잠에서 깨어났다." 그는 물에 젖고 놀란 채로 위쪽에서 들려오는 울부짖음을 들었다. 배가 가라앉고 있던 것이다. 뉴턴이 주갑판으로 기어 올라간 순간 동료 선원 한 명이 파도에 휩쓸려 바다로 떨어졌다. 바다는 선체의 한쪽 늑재를 뜯어가 버렸고 그곳으로 거친 물살이 쏟아져 들어왔다. 파도의 힘은 통을 부수고 가축들을 한쪽으로 휩쓸어버렸다. 모든 이들이 양동이와 들통으로 물을 퍼내고 옷가지와 뱃밥으로 물이 스며 나오는 틈을 메꾸는 동안 뉴턴과 몇몇 선원이 펌프를 가져왔다. 다행히도 함선에는 밀랍과 나무 같은 가벼운 화물만이 실려 있었고 이 화물들이 물에 뜨기는 했지만 지금 당장에는 어떤 도움도 되지 않았다. 뉴턴은 미친 듯이 펌프질하고 동료 선원을 격려했지만 들이치는 물에 그들은 낙담했다. 몇 시간 후 뉴턴은 선장에게 "만약 우리가 살아남는다면 그건 주님께서 우리에게 자비를 베풀었기 때문입니다"라고 말했다. 그는 자신이 이런 말을 했다는 데 놀라면서 다시 펌프질을 시작했다. 이제 모든 사람은 물에 휩쓸려가지 않게 밧줄로 몸을 묶어두고 있었다. 허리가 끊어질 듯한 아홉 시간의 작업 끝에 뉴턴은 죽은 듯이 침대에 쓰러졌고 "다시 일어날 수 있을지 알 수도 없고 알고 싶지도 않았다"라고 회상했다. 그는 천천히 기도하기 시작했다. 그의 종교적 귀의의 순간이 다가온 것이다. 마침내 바람과 파도가 잦아들었고 뉴턴은 그가 살아남은 것은 "신성한 힘이 응답하여 기적을 행한 것"이라고 생각했다. 살아남은 선원들은 아일랜드의 해안에 도착했고 마침내 리버풀로 돌아갈 수 있었다. 리버풀에 돌아온 뉴턴은 돈도 없고 친구도 없었으며 새로운 일자리를 찾을 길도 없었지만 새로운 믿음과 아프리카로 돌아가지 않으리라는 다짐은 가질 수 있었다.[7]

　　그의 결의가 곧 시험에 들었다. 뉴턴 아버지의 또 다른 친구인 상인 조셉 마네스티가 그에게 노예선 선장의 자리를 제안했다. 제대로 된 노예 항해를 해 본 적이 없었기 때문에 뉴턴은 이런 돈벌이 제안을 수락하는 것이 꺼려졌고 자신의 지식과 경험이 부족하다고 생각했다. 그래서 그는 리처드 잭슨Richard Jackson 선장의 브라운로우Brownlow호에 항해사로 한 번 항해하기로 했다. 뉴턴은 항해일지를 작성했지만, 다른 개인 기록과는 다르게 일지는 전해지지 않고 있다. 하지만 일지 없이도 그가 힘겨운 시간을 보냈다는 것은 다른 기록을 통해 충분히 드러나고 있다. 항해사로서 아프리카 해안에서 그가 맡은 주된 임무는 긴 소형선을 타고 이곳저곳으로 다니며 노예를 사들이는 것이었다. 우기가 되면 그는 소형선에서 그들 말로는 "마른 짚 하나 없이 자고 깨며" 대여섯 날을 보내기도 했다. 그는 해변에서 몇몇 선원들의 중독된 모습을 보았고 자신의 소형선에서만 고열로 쓰러진 예닐곱 명의 사람들을 묻어 주었다고 했다. 거센 파도로 몇 번이나 배에서 떨어졌고 "(수영을 못했기에) 거의 초주검이 되어 육지에 오르기도 했다." 익사한 사람들도 많았다. 그 뒤 노예들이 일으킨 선상 반란으로 상당수의 생명이 희생되었고 [미국] 사우스캐롤라이나의 찰스턴에 도착하기도 전에 많은 수의 노예가 죽었다. 218명 중 62명이 목숨을 잃었고 28.4퍼센트라는 높은 사망률을 보였다. 그러나 뉴턴은 이에 굴하지 않았고 1749년 12월 1일에 브라운로우호가 리버풀에 정박한 후 마네스티의 아가일 공작Duke of Argyle호를 지휘할 준비를 시작했다. 뉴턴은 이 함선을 타고 처음으로 선장으로서의 항해를 시작했다. 그의 나이는 스물네 살에 불과했지만, 핏속에는 바다가 흐르고 있었고 노예무역에서 어렵게 얻은 경험도 풍부했다.[8]

첫 항해, 1750년~1751년

마네스티와의 계약을 마무리하고 화물을 확보하면서 뉴턴은 선원을 고용하기 시작했다. 그는 선원들의 이름을 적은 목록을 작성했지만, 개인에 대한 이야기는 거의 남기지 않았다. 그러나 그는 선원들 사이의 공통적 특징 몇 가지는 기록했다. 그는 몇몇 선원이 자신과 마찬가지로 "어렸을 때부터" 바다에서 살았다고 기록했고 "편안한 노년의 삶을 사는 사람들은 이런 식으로 아이를 키우는 것에 대해 지나치게 부정적으로 생각하고 있다"고 덧붙였다. 따라서 대부분 선원은 좋은 배경을 가진 젊은이들은 아니었고 무역을 배워서 후에 권위 있는 자리에 오려고 하는 사람도 아니었다. 오히려 그들은 가난하고 쫓겨난 자들로 뉴턴은 이들을 "국가로부터 거부된 잉여 인물"이라고 불렀다. 그들 중 대다수는 죄수나 육군, 해군, 직장, 부모로부터 도망친 자들이었다. 이미 알코올 중독처럼 "망가질 대로 망가져 운을 다 써버린 자들도 있었다." 일부는 바다 경험이 전혀 없는 육지 사람이었다. "선량한 기질"을 가진 사람은 한 명도 없는 것으로 보였다. 뉴턴은 만약 좀 괜찮아 보이는 사람이 선원이 되겠다고 서명하면 어리석은 회사에서는 그들을 노예선 외에 다른 배에는 태우려고 하지 않아 결국 다 떠나버렸다고 후회하듯 기록했다. 이런 거친 선원들을 통제하는 것은 선장의 시간과 판단에서 많은 부분을 차지했을 것이다.[9]

뉴턴은 스물아홉 명의 남자 어른과 소년을 고용해서 아가일 공작호에서 필요한 구실을 하도록 했다. 이들은 각각 의사, 세 명의 항해사, 갑판장, 목수, 포수, 통 제작자, 재단사, 청지기, 요리사의 역할을 맡은 이들과 "유능한 선원" 열한 명, 덜 숙련된 기술의 "일반 선원" 세 명, 소년 사환이자 견습생 세 명으로 구성되었다. 또한, 뉴턴은 피들[비올라 종류의 현악기] 연주자도 한 명 고용했다. 이는 여흥을 위한 것임이 분명했지만, 그들이 완곡하게 표현하는 "춤"으로 노예들을 운동시키는 데도 쓰였을 것이다.

1750년 8월 11일 정오에 뉴턴은 출항명령을 내렸고 아가일 공작호는 리버풀을 떠나 아프리카의 바람막이 해안을 거쳐 서인도의 안티구아로 돌아오는 항해를 시작했다. 함선은 두 개의 돛대에 100톤 정도의 알맞은 크기에 10문의 대포가 실렸고 서른 명 정도의 선원에게 알맞은 스노우급 함선이었다. 배는 1729년에 건조되어서 다소 낡았고 노예선으로 항해를 떠나는 것은 이번이 두 번째였다. 상인 마네스티는 뉴턴이 배가 좁다고 느낄 만큼 많은 화물을 사들이고 싣도록 할 작정이었다 ─ 노예 250명 또는 톤당 2.5명 정도. 이러한 사실을 알고 있던 뉴턴은 즉시 선원의 규모를 계산했다. 서른 명의 선원으로 선원 대 노예의 비율이 1 대 8 정도 되는데 뉴턴은 당시 보통 1 대 10 정도로 구성하던 것에 비해서 이 정도면 좋은 조건이라고 생각했을 것이다.[10]

10주간 국외로 항해하는 동안 아가일 공작호는 목수와 포수, 갑판장이 통제를 위한 핵심적인 기술공학을 준비하면서 적절한 노예선의 모습으로 변했다. 뉴턴은 9월 25일에 다음과 같이 기록했다. "목수가 여자들의 거처에 격자를 세우기 시작했다." 그는 또한 여러 구획을 구분하고 남자와 여자, 소년들이 머무를 공간을 구분하는 격벽을 설치했다. 목수는 닻 사슬 근처에 여자 노예들을 위한 세면장을 짓고 난 뒤 하갑판에서 모든 노예의 거처 양쪽 측면에서 안으로 6피트 길이의 평단을 설치했다. 뉴턴의 배에서 갑판 사이의 공간은 5피트였기 때문에 평단 위와 아래에서 노예들이 움직일 수 있는 공간이라고는 대략 2피트 4인치 정도였다. 뉴턴은 11월 19일에 "목수가 방책을 마무리했다"라고 기록했고 (이미 이때에는 노예들이 배에 오르고 있었기 때문에) 어느 정도 안도할 수 있었을 것이다.

그 사이에 포수는 함선의 화력을 준비하고 함포와 회전 포가를 위한 탄약통을 만드느라 바빴다. 또한, 그는 소화기小火器를 정비하고 그것들이 하나하나 잘 작동하는지 점검했다. 일부 장비의 경우 포수가 뉴턴에게 "쓸 만한 데라고는 하나 없는 내 인생 최악의 장비다"라고 불평할 정도로 형편없는 것이었다. 갑판장은 노예들이 탈출하거나 자살하지 못하도록 막는 그물을 설치하는 자신의 임무를 수행했다. 12월 7일에 목수와 포수는 힘을 합쳐서 "하루 만에 방책에는 네 대의 회전포가 나팔총을, 주갑판에는 두 문의 함포를 설치했고 뉴턴은 이 정도면 노예들이 반란을 일으킬 생각조차 하지 못하게 할 만큼 충분하다고 생각했다." 이런 각종 화기는 감히 반란을 일으키려고 하는 자들에게 제압 사격을 하기 위해 높은 곳에 설치되었다.[11]

뉴턴은 10월 24일에 할리팩스Halifax호의 엘리스Ellis 선장을 방문하고 돌아온 후 첫 번째로 선원들과 중요 규율 문제를 직면했다. 갑판장이 그가 없을 때 "매우 난폭한 행동으로" 선원 몇 명을 학대했다는 사실이 드러났고 이러한 행동은 "무역 사업에 지장을 주는" 것이었다. 뉴턴은 즉시 경고의 의미로 "갑판장을 감옥에 가두고 노예를 배에 태운 상태에서 소동이 일어나는 것에 대한 우려를 표했다." 이것은 뉴턴이 처음으로 반란의 확산을 걱정한 사건이었다. 삼일 뒤에 갑판장은 충분한 반성을 했고 "태도를 바꾸겠다는 다짐과 약속에 따라" 뉴턴은 그를 감금에서 풀어 주었다. 이 행동은 그가 경고의 의미로 취한 첫 번째 행동이었다.

일주일 후 뉴턴은 소형선을 타고 바나나Banana제도에 갔다가 아가일 공작호로 돌아오게 되어 있던 한 무리의 선원들이 프랑스의 스쿠너급 배를 탔다가 술에 취해 돌아오지 않았다는 소식을 듣고 당황했다. 그들은 해안으로 돌아오려고 노력했지만 썰물 조류가 워낙 강했고 너무 취해서 제대로 노를 저을 수 없어 결국 그곳에 묶여 버렸다. 뉴턴은 어쩔 수 없이 그들에게 맨정신의 선원들을 보낼 수밖에 없었다. 결국 선장은 "휘하의 두 측근에게 적당한 매질을 가하고 한 명(윌리엄 리스William Lees)은 철창에 가두었다. 두 사람 모두 소형선에서의 행동과 지난밤에 보초 서기를 거부하고 갑판장을 위협하며 문제를 일으킨 것으로 징계를 받았다." 리스는 뻔뻔하게도 뉴턴에게 더는 복종하지 않겠다고 맹세했다. 그는 차라리 안티구아까지 돌아가는 내내 사슬에 묶여 있겠다고 했다. 갑판에 묶인 지 사흘이 되던 날 그는 마음을 바꿔 먹었다. 그는 선장에게 풀어 주기를 청원했고 더 좋은 행동을 보이겠다고 약속했다. 뉴턴도 그의 제안을 승낙했지만, 제멋대로 구는 이 선원과의 이야기는 여기서 끝나지 않았다.

아가일 공작호가 바나나 제도에서 출발할 준비를 할 때 리스는 해안에 숨어서 도망가려고 했다. 뉴턴은 결국 그를 찾았는데 다시 술에 취해서 호전적인 상태여서 어쩔 수 없이 현지 원주민에게 브랜디를 한 통 주고 그를 철창에 가둬서 배로 데려올 수밖에 없었다. 며칠 후 아프리카 무역상인 몇몇이 노예선에 올라탔는데 리스는 그때 그들 중에 자신을 붙잡는 것을 도왔던 사람이 있는 것을 보았고 목수의 망치를 집어 들어 그 남자의 머리에 맹렬하게 휘둘렀다. 망치는 아주 살짝 빗나가서 그의 가슴을 쳤다. 뉴턴은 사과의 의미로 상인에게 레이스 달린 모자를 주었다. 그는 리스에게 수갑을 채운 뒤 갑판에 다시 묶어두었다. 이미 갑판에는 이름마저 거만한 톰 크리드Creed[신조]와 톰 트루True[진리]라는 두 명의 선원이 좋은 본보기로 묶여 있었다. 뉴턴은 이 세 명과 다른 반란 선원 오웬 카바나Owen Cavanagh를 대영제국 군함 서프라이즈Surprize에 실어 보내고 해군의 배에서 네 명의 선원을 받는 것으로 이 일을 마무리했다.

곧 노예를 사들이기 시작했다. 바람막이 해안에는 노예선에 실리기 전인 많은 수의 노예들을 가둬둘 요새가 없었기 때문에 뉴턴은 자신의 배를 공장으로 활용했고 흑인 무역상들을 배로 불러들이는 동시에 소형선과 잡용선을 해안으로 보내서 "화물"을 해안으로부터 가져오도록 했다. 그는 처음부터 자기 일이 쉽지 않을 것이라고 알고 있었다. 10월 23일에 그는 콘월Cornwall호의 던컨Duncan 선장을 만났는데 선장은 6개월간 해안에 머무르며 겨우 오십 명의 노예만을 사들일 수 있었다고 했다.

보트와 카누가 아가일 공작호를 끊임없이 오가면서 혼잡하고 급박한 무역이 시작되었다. 해안의 무역상들은 밤중에도 큰 불을 피워서 승선 요구를 표시하기도 했다. 뉴턴은 차라Charra의 왕과 윌리엄 안사 세타라쿠William Ansah Setarakoo 왕자와 같은 고위층 사람들을 만나기도 했다 그들은 영국을 방문한 후 황금 해안으로 돌아가는 길이었고 하룻밤 선장을 만나며 저녁을 보내고자 했다. 뉴턴은 "이 근처 나와 같은 피부색을 한 사람들에게서는 거의 느끼지 못했던 예의 바른 행동과 충만한 느낌이 드는 것에 대해 매우 만족스럽게 느꼈다"라고 기록했다. 가장 자주 방문한 사람은 사무엘 스키너 Samuel Skinner라든지 "옐로우 윌"Yellow Will처럼 영국식 이름을 가진 무역상들 이었고 가장 중요한 인물은 혼혈 상인 헨리 터커였다. 그는 선상에서 하룻밤 의 연회를 치른 후 훗날 노예를 공급해 주겠다는 약속만으로 (당시에 주된 무역 화폐로 쓰이던) 많은 양의 "철괴"를 외상으로 제공해 주었다. 한 번은 뉴턴이 터커에게 무역 화물의 상당 부분을 주었을 때도 뉴턴은 "나는 이게 그에게 돈을 빌려주는 것으로 생각하지 않는다. 오히려 나는 이렇게 할 의무 가 있다"라고 기록했다. 뉴턴이 생각하기에 다른 이들이 아닌 터커와 거래할 때 가지는 주된 이점은 그의 정직성이었다. 그는 "터커를 제외한 모든 이들 은 악당이라고 생각한다"라고 기록했다. 뉴턴은 그런 악당들에게 의존할 수 밖에 없는 상황이었고 어쩔 수 없이 그들을 기쁘게 해 주어야 했으며 그러한 상황이 마음에 들지 않았다. 그는 3월 27일에 "더딘 구매 과정과 시간의 압 박은 나를 경멸스러운 행동이나 일삼는 그들의 환심이나 사는 인간으로 격 하시켰다"라고 기록했다. 그는 또한 해안에 오래 머무른다는 것은 높은 사 망률을 의미한다고 생각했고 그래서 "전혀 서두르지 않는 해안의 사람들에 게 즐거움과 편의만 제공하는 데 머무르고 있는 사업을 할 수밖에 없는" 상 황에 좌절했다. 그는 "참아라!"라는 절규를 덧붙였다.

무역 그 자체는 긴장감으로 가득 차 있었다. 실제로 뉴턴은 무역이 "전쟁 과 같은 평화" 속에서 이루어진다고 했다. 그는 계속 말하기를 "우리는 무기 에 둘러싸인 채 교역하고 주변에는 장검이 장식처럼 놓여 있다"라고 했다. 과 거의 약탈로 아프리카 무역상들은 항상 경계했고 보복도 흔했으며 사기는 양쪽 모두에게 일상에 가까웠다. 뉴턴은 한 흑인 무역상의 잘못을 비난했을 때 그가 화내며 한 대답을 듣고 아마도 몹시 놀랐을 것이다. "뭐라고! 내가 백 인인 줄 알아?"[12]

뉴턴은 마네스티 씨의 지시에 따라 처음에는 선별적으로 화물을 사들 였다. 그는 번스섬에서 일곱 명의 노예를 보았지만, 그중 세 명만 사들였다. 여자 노예 한 명도 제안받았지만, "가슴이 너무 길게 처져서 거부했다." 그는 곧 "가슴이 아래로 처진 여자" 노예 두 명과 너무 늙어 보이는 노예 네 명을 더 거절했다. 그러나 그는 곧 던컨 선장의 진실을 보았다. 무역은 더뎠고 가격은 높았다. 시에라리온 남쪽의 마나Mana[현재는 마노Mano]까지 정박하고 있는 노예선은 한 척도 없었고 "온 나라가 전쟁통이었다." 전쟁은 결국 노예를 만들어 냈지만, 지금 당장은 아니었다. 뉴턴은 결국 "질 낮은" 노예들을 사들이는 것을 생각할 수밖에 없었다. 1751년 1월 7일에 그는 "입이 거친" 여자 노예 한 명을 사들였다. 그는 불안해하면서도 더 많은 아이도 사들였다. 뉴턴은 이들이 어떻게 노예가 되었는지에 대해서는 거의 기록하지 않았지만, 인생 후기의 기록에 따르면 노예들은 전쟁 포로이거나 범죄자이며 일부는 아프리카의 태생적 노예로 팔린 자들과 단지 납치되었을 뿐인 사람들까지 다양했다. 뉴턴은 대부분 노예가 바람막이 해안 내륙의 멀리 떨어진 곳에서 왔다고 확신했다. 아마도 그들의 몸에 힘든 여정의 흔적이 남아 있었을 것이다.

3월 초에는 다소 섬뜩한 기회도 있었다. 뉴턴은 놀랍도록 많은 수의 우수한 노예를 사들이는 제안을 받았다. 그는 곧 즉시 ― 그리고 정당하게 ― 의심하기를 이들이 최근 근처 프랑스 노예선에서 "사슬을 끊고" 반란을 일으켜 선장과 선원들을 죽이고 도망쳤다가 해안의 무역상들에게 다시 잡혀 와 팔리는 이들이라고 생각했다. 뉴턴은 이 폭력적인 반란자들을 받아주었을까? 그는 다른 노예선 선장의 불행을 자신의 이익으로 삼았을까? 그랬다. 그는 두 번에 걸쳐 그들 중 여러 노예를 사들였고 "함선을 탈취한 주동자"도 포함되었다. 그는 "모두 프랑스인의 노예인데 다른 이의 불행에 빚을 지는 것 같아 유감스럽게 생각한다"라고 했다. 그러나 그는 "이런 현재의 속마음은 감추고 말을 아껴야 하며 그렇지 않으면 고통받는 자들에게도 아무런 도움이 되지 않고 나의 사업도 곤란하게 될 것이다"라고 했다. 그는 받을 수 있는 만큼 최대한의 노예들을 데려가기로 했다. 터커는 그 지역에서 노예를 잡아들이는 자들에게 잡혀 있던 프랑스인 선장을 구해 주었고 후에 뉴턴은 헨리 터커로부터 그 선장이 아직 살아 있다는 이야기를 듣고 위안을 얻었다. 이제 살해된 선원은 여섯이었고 배 밖으로 던져진 선원은 셋이었다. 뉴턴은 이제 자신의 함선에 거의 성공한 반란의 경험을 가진 자들을 들여놓게 되었다.

배에 타고 있는 노예들의 수가 점점 늘어나면서 그들을 감시하는 일도 어느 때보다 중요해졌지만, 노예를 사들이는 매일의 일과와 식량 저장, 노예 급식, 거처 청소처럼 중요한 일이 너무 많았다. 노예를 사들이던 초기 시점이던 12월 18일에 뉴턴은 "〔정원 36명 중〕 12명의 노예가 승선한 지금 하루는 쇠사슬과 보초로 시작된다"라고 기록했다. 승선한 노예들은 "적"이나 마찬가지였다. 뉴턴과 선원들은 그들이 속박에서 벗어나 자유를 얻기 위해서는 무엇이든 할 수 있다고 생각했다. 그래서 노예들은 보통은 두 명씩 쇠사슬에 묶여서 무장한 보초가 갑판을 오가며 감시했다. 뉴턴은 또한 종종 모두가 주갑판에 나와 있는 식사시간 중에 정기적으로 소화기를 발사했는데 이는 분명 그들에게 공포를 심어 주기 위해서였다. 총을 쏜 뒤에는 다시 청소하고 장전해 두고 다음 발포 일정이나 아니면 더 좋지 않은 상황에 대비했다. 뉴턴은 탈출을 막기 위한 그물도 수리하도록 했고 방책 꼭대기에는 못을 다시 달았으며 노예들의 거처에서 정기적으로 무기를 수색했다. 5월 6일의 밤 선장의 기록에는 "선원들이 남자들의 거처에서 칼 두 자루와 돌이 담긴 자루를 발견했다"라고 했다. 남자 포로들은 무기력했으며 대부분이 항해 내내 그런 상태였다. "타는 듯한 낮과 축축한 안개의 밤"은 긴장감으로 가득했다.[13]

　뉴턴은 노예들을 하갑판에 가두었는데 그곳의 공기는 도저히 참을 수 없을 정도로 "뜨겁고 오염된 공기"였다. 밤이 되면 포로들은 볼일을 해결하러 "꼭 가야 하는 곳"에 가다가 많은 사람과 어둠 때문에 어려움을 겪었다. 사슬에 묶인 사람들끼리 또는 누군가의 발을 밟았다가 격렬한 싸움이 일어났다. 뉴턴은 가끔은 "변기통"이 뒤집히면서 이 끔찍한 상황을 더 악화시켰다고 기록했다. 그러는 동안 노예들의 몸은 배의 세찬 움직임과 함께 사슬과 하갑판의 거친 판자 바닥에 뒹굴며 살갗이 벗겨졌다. 날씨가 좋은 날 아침이면 격자를 들어 올리고 노예들을 주갑판에 나오게 해서 "바람을 쐬도록" 했고 음식도 먹이고 "춤도 추게" 했다. 뉴턴과 선원들은 죽은 자와 산 자가 함께 족쇄에 묶여 있는 것을 보기도 했을 것이다. 죽은 노예는 배 한쪽 옆면으로 끌려 올라와야 했고 살아 있는 노예는 사슬로 다시 묶어 고리 나사로 갑판 사이에 가둬두었다. 노예들은 누에콩과 완두콩, 쌀을 약간의 소금간 된 고기와 섞은 식사를 하루에 두 번 먹을 수 있었다.[14]

뉴턴은 언제 끝날지 모르게 계속되는 해안에서의 정박과 중간항로 항해 동안 먹을 식량을 비축해 두었다. 폭풍우가 치면 빗물을 통에 받아두었고 기회가 될 때마다 추가적인 물을 사두었다. 그는 쌀을 한 통씩 수 톤이나 사들였고 특히 해안을 떠나야 하는 4월이 되었을 때는 더 많은 쌀을 비축해 두었다. 뉴턴은 배의 화덕을 가운데로 옮기고 더 많은 거처를 만드는 동시에 "화물"들에게 음식을 더 쉽게 줄 수 있도록 했다. 그는 선원들에게 노예들의 거처를 청소하고 배설물과 오물들을 박박 긁어내도록 했다. 그다음에 그는 "타르와 담배, 황"을 태워 연기를 내서 거처를 소독하고 악취를 중화했다.[15]

오래지 않아 선상에서 새로운 적이 나타났다. 아가일 공작호에는 쥐가 넘쳐났다. 뉴턴은 "쥐들이〔돛에〕주는 피해가 엄청났고, 우리는 손쓸 길이 없었다"라고 기록했다. 그는 리버풀을 떠날 때 고양이를 여러 마리 데려왔지만 모두 죽어버렸고 이제는 어떤 가격을 치르더라도 다른 고양이를 더 구할 수는 없었다. 뉴턴은 손상된 돛을 수선하도록 했지만, 쥐들은 그들이 수리할 수 있는 것보다 더 빨리 돛을 파괴하고 있었다. 곧 쥐들은 선상 생활에서 새로운 공포를 더해 주었다. "배에 쥐들이 너무 많아서 모든 것을 삼키려고 하고 있다." 게걸스러운 이 동물들은 배의 밧줄을 갉아 먹었고 "실제로 사람들이 자는 동안 그들을 깨물기도 했다."

무질서한 선원들을 관리하는 것도 여전히 힘든 일이었다. 대영제국 군함 서프라이즈호에서 반란자 네 명과의 교환으로 승선한 선원 중 한 명인 윌 라프워스Will Lapworth는 접견실에 침입해서 브랜디 한 통을 따서 먹다가 철창에 갇히게 되었고 구교묘 채찍으로 "따끔한 매질"을 당했다. 뉴턴은 또한 삼등 항해사 존 해밀턴John Hamilton이 예기치 않은 방식의 노예무역 경험이 있다는 것도 알게 되었다. 그는 "지난 여정 중에 케이프 마운트 근처 어딘가에서 누군가를 총으로 쏘았다." 이 항해사는 다시 같은 지역에서 교역하는 배에 탔고 뉴턴은 지역의 원주민이 그 사실을 알고 복수할까 봐 두려워했다.

뉴턴은 해안에 있는 다른 선장과 선원의 정보를 교환했다. 그는 마네스티 소유의 자매선인 애들링턴Adlington호에서 놀랄 만한 소식을 들었다고 기록했다. 리오 세스토스에서 아프리카인들이 "풀려나서" 긴 소형선을 타고 도망가는 과정에서 "항해사 한 명과 다른 한 명을 죽였다"는 소식이었다. 그는 헨리왕자Prince Henry호의 재스퍼Jasper 선장에게 "일손을 빌려줄 수 있는지" 물어보았다. (그는 헨리왕자호에서 미숙련된 선원 몇 명에게 충분한 급여를 주고 데려올 생각이었지만 거절당했다.) 그는 펨버튼Pemberton 선장, 프리먼Freeman 선장, 웨인라이트Wainwright 선장이 모두 탈주한 선원들에 의해 잡용선을 잃었다는 것도 알게 되었다. 그는 "세 함선에서 연달아 해적질하는 선원들이 나타난 것이 이상하다"고 생각했다. 그는 이 이상한 점이 해안에서 일하는 뱃사람들의 일과 생활환경에 의한 것이라는 생각을 떨칠 수가 없었다.

노예와 선원들의 저항에 관한 소식보다 더 걱정스러운 것은 그들의 건강이었다. 모두가 알다시피 아프리카의 열대 기후는 유럽인들에게 치명적이었고 결국 마네스티 같은 상인이나 뉴턴 같은 선장들은 아가일 공작호에서 그랬던 것과 같이 많은 선원을 고용해야 했다. 항해를 계획할 때부터 갑작스러운 사망에 대해 냉정한 계산을 했지만, 뉴턴은 질병의 위험이 여전히 걱정거리였다고 후일 전했다. 대부분 항해에서 선원들의 숫자와 신체적 능력은 점점 더 많은 노예가 승선하여 무역의 위험이 올라갈수록 줄어들었다.

선원들이 죽어 나가기 시작한 것은 아가일 공작호가 해안에 도착한 직후인 12월 10일부터였다. 에드워드 로슨Edward Lawson은 고열로 목숨을 잃었고 "전혀 예의를 갖추지 않고" 신속히 매장되었다. 한 달 후에 소형선 하나에 몇 명의 선원들이 쌀과 상아, 캠우드와 열한 명의 노예를 사서 함선으로 돌아왔는데 그들의 건강은 썩 좋지 않았다. 한 사람은 이미 죽어서 해안에 묻힌 뒤였고 네 사람이나 심하게 아팠기 때문에 배로 돌아오는 길에는 그들이 사들인 여자 노예가 노를 저어 와야 했다. 곧 한 사람이 "신경성 고열"로 죽었고 의사를 포함한 몇몇 노예들도 병에 걸렸다. 뉴턴은 신속하게 근처 노예선에서 의사를 확보해서 자신의 배로 데려온 후 할 일을 하게 했지만 그가 할 수 있는 것은 아무것도 없었다. 뉴턴은 수석 항해사 존 브릿슨John Bridson이 "생전 처음 보는 고약한 열병"에 걸려 죽었다고 기록했다. 죽은 이들의 시체를 묻어줄 건강한 선원은 거의 남아 있지 않았다.

노예가 처음 죽은 것은 1월 9일이었다. 뉴턴에 따르면 처음 죽은 노예는

"훌륭한 여자 노예였던 11번"이었고, 그녀는 "기면성 장애"를 보이며 죽었다. 이러한 증상을 보인 노예들은 대부분 회복하지 못했다. (죽은 선원은 정확한 이름으로 부르고 매장해 주었지만 죽은 아프리카인은 단지 승선할 때 부여된 숫자로만 기록되었고 상어가 기다리는 배 밖으로 던져졌다.) 전염이 두려웠던 뉴턴은 노예들의 거처 바닥을 긁어내고 두 시간 동안 연기를 피우도록 했고 식초로 갑판을 청소하도록 명령했다. 그러나 하갑판에서 죽음의 행렬은 계속되었다. "6번 남자 노예, 27번 남자아이, 33번 남자 노예"는 모두 갖은 약을 다 썼음에도 이질로 사망했다. 해안에 머무는 기간이 길어지고 우기의 위험이 다가오면서 열두 명이 더 병에 걸렸다. 100번, 79번, 92번이 죽었다. 92번 노예는 어린 소녀였는데 뉴턴은 이 아이를 해안의 흑인 무역상에게 돌려보냈다. 회복시키고자 한 행동이 아니라 "배에서 성가신 일을 하지 않기 위해서"였다. 분명 그녀의 병은 조용히 앓는 병은 아니었고 선장 입장에서는 그런 상황이 좋을 리가 없었다. 아가일 공작호는 이제 "우울한 기색이 완연한 골골대는 배의 모습"이었고 곧 상황은 더욱 나빠져서 뉴턴은 어쩔 수 없이 종교 예배도 취소해야 했다. 그러나 5월 초순이 되면서 상황은 안정되었다. 뉴턴은 "나는 이번 항해에서의 무역은 끝났다고 믿는다"라고 기록했다. 10일 후 그는 닻을 들어 올리고 안티구아로 향했고 항해에서 가장 위험한 부분이 끝났다는 점에서 안도할 수 있었다.

아프리카를 떠난 직후 뉴턴은 프랑스 노예선에서 반란을 일으킨 노예들을 사들이기로 한 결정을 후회했을지도 모른다. 5월 26일 저녁에 한 젊은이가 남자 노예들에게 쇠꼬챙이를 격자 아래로 몰래 밀어 넣어 주었다. 이 젊은이는 처음에는 큰 종기가 있어서 철창에 갇히지 않았고 그 후에도 그럴듯한 좋은 행실을 보여서 "항해 내내 철창을 면할 수 있었다." 노예들은 쇠꼬챙이로 족쇄를 풀고 자유를 얻었다. 이들은 "이 소리 없는 도구를 활용해서" 조용하고도 재빠르게 일을 처리했고 "거의 스무 명에 가까운 노예들이 족쇄를 풀었다." 그러나 의도한 음모가 완성되기 전에 그들의 시도는 발각되었다. 뉴턴은 선원 한 명이 젊은이가 하갑판으로 쇠꼬챙이를 건네주고 있는 모습을 보았다고 기록했다(그러나 그가 왜 한 시간이 넘는 시간 동안 보고하지 않았는지는 알려지지 않았다). 뉴턴은 즉시 모든 반란자를 다시 철창에 가뒀다. 다음날 그는 폭동의 주동자 여섯을 벌했지만, 어떤 벌을 주었는지는 기록하지 않았다. 아마도 그는 구교묘 채찍과 엄지손가락 고문용 나비나사를 사용했을 것이다. 그는 또한 목수에게 반란자들이 파괴한 하갑판 후미의 격벽을 수리하도록 했다.

뉴턴은 그와 선원들이 살아남은 것이 "주님의 은총"이라고 생각했다. 그는 "그들의 음모는 매우 잘 짜여 있었고 한 시간만 늦었더라도 우리는 상당한 어려움이나 피해를 보았을 것이다"라고 기록했다. 그는 또한 시기상 운이 좋았다고 생각하기도 했다. "나는 그들이 해안에서 그러한 시도를 하지 않았다는 점을 다행이라고 여긴다. 당시에 우리의 최선의 인력 일고여덟 명은 배를 빠져나가 있었고 나머지도 바빴다." 그는 저항이 끝난 것이 아니라는 것도 잘 알고 있었다. 노예들은 "여전히 매우 우울하고 무기력해 보였고 머릿속에는 분명 기회만 오면 터뜨려버릴 나쁜 생각으로 가득했다." 그는 (무엇이 되었든) 공개 처벌과 화기 발포 그리고 "신의 도움"으로 그와 선원들이 "노예들을 완전히 위압할 수 있기를" 희망했다. 공포가 만연했다.

몇 주가 지난 후 뉴턴에게 또 다른 걱정거리가 생겼다. 어떤 남자 노예들이 "갑판에 비축해둔 물통에 독을 타는 방법을 알아낸 것이다." 그들은 물통에 "토속 숭배물"이나 "부적"을 떨어트려 두었고 의심할 여지없이 거기에는 악의적인 저주가 걸려 있었다. 뉴턴은 이것이 "물을 마신 자들을 모두 죽이려는" 의미라고 생각했다. 그의 두려움은 조소로 바뀌었고 그는 미신에 사로잡힌 이교도들을 조롱했다. 그는 "만약 그들이 주님을 믿었다면 우리에게 죽음의 마법을 거는 것보다는 더 나은 시도를 했을 것이다. 그런 저주는 우리를 그다지 해하지 못하겠지만, 그들의 의도가 반갑지는 않다"라고 결론 내렸다.

아가일 공작호는 선원과 노예의 죽음을 몇 번 더 경험하기는 했지만, 결국 중간항로 항해를 마치고 1751년 7월 3일 안티구아에 도착했다. 뉴턴은 일지에 카리브해로 살아서 도착한 146명의 노예를 어떻게 판매했는지는 기록하지 않았다. 그는 사무적인 투로 새로운 화물을 받아서 "꽉 차서 무겁게 움직이는 함선을 타고" 리버풀로 돌아가는 귀향 항해를 시작했다고 기록했다. 귀향 항해에서 그는 친구인 의사 로버트 아서의 죽음을 겪었고 폭풍을 만나서 모든 선원이 펌프질로 배를 띄워두느라 바쁜 시간을 보내기도 했다. 그는 1751년 10월 7일 리버풀에 도착했다. 그의 일지는 "솔리 데오 글로리아"Soli Deo Gloria[라틴어로 오직 주님께 영광이라는 뜻]라는 말로 끝맺음한다.

항해의 결과는 선주와 선장 모두에게 실패였다. 선원은 (30명 중 7명) 4분의 1이 죽었고 노예는 (164명 중 28명) 6분의 1이 죽었다. 164명이라는 숫자는 분명 마네스티가 원했던 250명이라는 숫자만큼 컸어야 했다. 뉴턴이 후에 설명하기를 노예선의 주된 목표는 노예선을 "꽉 채우는 것"이었다. 그의 노예선은 그러지 못했고 원래의 의도와 실제 화물의 차이가 이번 항해의 수익성을 없앤 주된 이유였다. 노예선 선장으로서의 뉴턴의 경력은 불안정한 출발을 했다.16

두 번째 항해, 1752년~1753년

존 뉴턴이 그의 새 함선 아프리칸African호를 처음 본 것은 피셔Fisher의 조선소 "받침대 목재 위에서" 건조되고 있는 모습이었다. 그는 함선이 진수되는 떠들썩한 축제의 기간에도 자중하며 더 진지한 마음의 자세가 필요하다고 생각했다. 뉴턴의 삶은 첫 항해와 두 번째 항해 사이에 더 깊은 종교적인 변화를 겪었고 그는 세 가지 목적으로 영성 일지를 계속 써나갔다. 즉 "내 과거의 죄와 어리석음에 대해 깊이 인식하는 것"과 "마음을 넓히는 것" 그리고 "나의 마음이 온전한 평화와 모든 인류에 대한 사랑이 가득 차도록 하는 것"이었다. 그는 타락에 대한 두려움으로 하루에 두 번 기도했고 성경을 공부했다. 또한, 최대한 안식일을 지켰고 타인의 모범이 되는 "예수 그리스도의 깃발을 든 선한 용사"가 되고자 했다. 이전의 실패를 의식하고 현재의 "파멸"을 두려워하며 그는 항해의 성공을 간절히 기도했다.17

아프리칸호는 1752년 6월 30일에 리버풀을 떠났다. 아가일 공작호와 마찬가지로 새 함선은 100톤 정도의 적당한 적재량을 지닌 스노우급 함선이었다. 마네스티 씨는 뉴턴이 항해에서 본 손해에도 불구하고 노예무역에서 큰 성공을 거두고 있었다. 선주는 다시 한번 선장에게 바람막이 해안(시에라리온, 리오 누네즈, 케이프 메수라도Cape Mesurado, 케이프 팔Cape Pal)으로 가서 250명의 노예를 태운 뒤에 이번에는 세인트 키츠로 그들을 데려오도록 지시했다. 선원은 스물일곱 명으로 조금 적었지만 노동 분업은 지난번과 같았다. 지난 항해에 이어 다시 함께 항해를 떠난 선원은 청지기 조셉 펠로우즈Joseph Fellowes와 견습생 로버트 크로퍼Robert Cropper 두 명뿐이었다.[18]

11월 11일에 아프리칸호를 뒤흔들고 선원 몇 명을 놀라게 했던 거센 천둥번개를 제외하고 국외 항해는 조용하고 평온했다. 뉴턴은 노예선 사업보다는 성경과 라틴어, 프랑스어, 고전 그리고 수학 공부에 더 매진하고 있었는데 그는 분명 조만간 이것이 실수였다는 것을 알게 되었을 것이다. 그는 정기적으로 꽤 긴 영성 일지를 썼고 신중하게 그의 경건한 공부와 운동 그리고 휴식에 관한 일과를 나열했다. 그는 바다에서의 생활이 "마음을 일깨우는 데" 좋고 특히 "다른 사람들의 막돼먹은 불규칙성을 억제할 수 있는 사람에게" 바다는 더할 나위 없이 좋을 것이라고 생각했다. 그는 8월 13일 목요일에 "건강한 몸으로 별다른 사고 없이 항해 내내 편안하게" 시에라리온에 도착했다고 기록했다. 그는 자기 함선을 "평화의 왕국"이라고 불렀다.[19]

뉴턴은 곧 선원들의 "막돼먹은 불규칙성"을 억제하는 데 특별한 관심을 쏟기 시작했다. 그는 스스로 선원들의 성격을 고치고 영혼을 구제하는 데 관심을 두게 되었다고 이야기했다. 그는 "대부분 선원이 분별력 없이 무식하고 지나치게 무정한 상태"라고 생각했고 그들의 방탕한 행동과 불경한 마음, 냉담함 그리고 그들이 직면하고 있는 위험에 대해 염려했다. 이러한 특징은 아프리카 항해에서 더 두드러졌다. 그는 노예무역과 같은 "돈벌이 모험"이 많은 생명과 영혼을 대가로 한다고 기록했다. 그는 선원들이 일요일마다 하루 두 번씩 의무적으로 기도하도록 했고 성스러운 날을 엄격히 지키도록 요구했다. 그러나 그의 선원들은 분명 그의 사역을 환영하지 않았다. 그의 글 어디에도 독실한 선장의 지시를 반가워한 자들이 있었다는 이야기는 없다.[20]

"막돼먹은 불규칙성"은 지속하기만 한 게 아니라 악화하기까지 했다. 선장이 독실한 활동을 계속하자 몇몇 선원이 그에 대항하는 반란을 조직했다. 기독교적 포교가 너무 과했던 것이다. 11월 15일에 선원 윌리엄 쿠니William Cooney는 선장에게 리처드 스웨인Richard Swain이 그에게 와서 원형 연판장 round-robin 21에 날인하도록 했다고 알렸다. 배를 장악하고 해적이 되고자 한 선원들은 반란 행위에 대한 비밀을 유지하고 서로의 충절을 지키기 위한 맹세로 이 선동적 문서에 서명했다. 뉴턴은 매우 놀랐다. "나는 모든 선원이 항해 내내 매우 조용하게 행동했고 어떤 불평이나 불만도 들은 기억이 없었기 때문에 이런 종류의 위험으로부터는 안전하다고 생각했었다." 그는 선원들이 중얼거리는 소리를 듣기에는 너무나 멀리 있었고 너무나 부주의했던 것일까? 뉴턴은 갑작스럽게 "불안정한 시기"에 접어들었다. 그와 그에게 충성을 다하는 선원들은 계속해서 "노예들과 연판장에 서명한 사나이들에 대한 감시"를 이어나가야 했다. 뉴턴의 설명에 따르면 "나는 아직 누가 그들의 일당에 들어가고 들어가지 않았는지 알 수 없었기 때문에" 문제는 계속 악화하였다.[22]

두 번째 밀고자인 선원 존 새들러John Sadler는 세바르Shebar에서 소형선을 타고 일하는 도중에 멀리서 스웨인과 존 포레스터John Forrester를 비롯한 몇몇 선원들이 음모를 꾸미는 것을 들었다고 말했다. 그들 중 한 명이 "누군가는 대가를 치러야 한다"라고 말했고 다른 한 명은 "말만 하면 배를 타고 있는 모든 동료가 〔그의 편에〕 설 것이다"라고 말했다. 새들러는 다른 때에 포레스터가 "분명한 말로" 이야기하기를 그가 "의사 웰시 씨Mr. Welsh를 죽여버리거나 아니면 최소한 딱 〔그의〕 목숨만 붙여두겠다"라고 말하는 것을 들었다. 새들러는 가장 확실한 증거를 마지막으로 내놓았다. 며칠 전 그가 잡용선을 타고 해안으로 갔을 때 "스웨인은 그와 나머지 동료들에게 함선을 장악하자고 설득하기 위해 노력했다."

뉴턴은 살아남았다. 그는 병 덕분에 살아남았다고 생각했다. "나는 〔11월 12일에 시작된〕 최근 사흘 동안 선상에 만연했던 병 덕분에 거의 무르익어 가던 검은 음모의 실행을 막을 수 있었고 소형선이 예상치 못하게 오래 체류하면서 한 줄기 빛을 가져다주었다고 생각한다." 함께 음모에 참여했던 포레스터와 피터 맥도날드Peter Mackdonald는 병에 걸렸고 모반의 시행은 지연되었으며, 동시에 잡용선을 타고 돌아와야 했던 스웨인이 지체하는 도중에 쿠니가 뉴턴에게 모반의 사실을 알렸다. 스웨인이 돌아오자마자 선장은 그에게 수갑과 족쇄를 씌웠고 포레스터도 건강을 회복하는 대로 그와 함께해야 했다. "아픈 내내 헛소리와 정신착란을 보이던" 맥도날드도 그들과 함께했지만, 결국 그는 죽었다.[23]

뉴턴은 어떻게 반란자들을 처벌하고 선원 모두에게 그의 권위를 다시 세울 수 있을지 확실하게 알 수 없었다. 그는 분명 스웨인과 포레스터에게 채찍질은 하지 않기로 했는데 이는 아마도 그가 아직 정체를 드러내지 않고 배에 타고 있는 그들의 지지자 사이에 불만의 불씨가 퍼질까 봐 걱정했기 때문일 것이다. 그는 반란자들에게 가혹하게 대하지 않기로 마음먹었지만, "그렇다고 내가 이 일을 조용히 넘어가면 그런 반란 시도를 오히려 더 조장하게 될 것으로 생각했다." 그는 결국 반란 주동자를 배에서 내리도록 했다. 그는 (노예가 타고 있지 않은) "크고 깨끗한 배"인 할리팩스 백작Earl of Halifax호의 선장 다니엘 톰슨Daniel Thomson에게 도움을 요청해서 스웨인과 포레스터를 데리고 가서 처음 만나는 군함에 넘겨주도록 했다. 톰슨은 그 제안이 달갑지는 않았지만 결국 뉴턴은 그를 설득해낼 수 있었다.[24]

뉴턴은 "주님의 은총이 명백하게 개입하여" 살아남았고 "자신의 구원을 알려야겠다고" 결심했다. 그는 신에게 감사드리며 "가장 어두운 악행"으로부터 자신을 구해 주신 데 대한 특별 기도를 올렸다. 그가 결국 상황을 통제할 수 있게 된 후의 기록에 따르면 "종말은 물러갔다." 일단 스웨인과 포레스터를 보내고 난 뒤에 그는 "그들을 배 밖으로 내보내고 나니 진정으로 기쁘다. 그들은 감금된 동안 조용히 지내기는 했지만 우리 사이의 분열 흔적은 노예들이 문제를 일으키도록 하는 분위기를 조장했기 때문에 나는 여전히 경계 태세를 늦출 수 없었다. 잘은 모르지만 아마도 마지막까지 갔다면 노예와 반란자들이 서로 손을 잡았을 것이다"라고 기록했다. 하나의 "검은 음모"는 또다른 음모를 낳았고 흑과 백이 함께하는 음모로 더 악화할 수도 있었다.[25]

스웨인과 포레스터가 아프리칸호를 떠난 뒤 얼마 지나지 않아 뉴턴은 자

신이 가진 두려움의 증거를 만날 수 있었다. 뉴턴이 한 번은 하갑판에 내려
갔다가 "그들[노예] 중 두 명이 족쇄를 탈출하려는 시도를 하는 모습을 보
았다." 그는 신속하게 남자 노예들의 거처를 수색하도록 하고 배 안에서 자
유롭게 움직일 수 있었던 "소년" 몇 명을 심문했다. 뉴턴은 남자들 사이에서
"칼 몇 자루와 돌덩어리, 탄환 등과 함께 차가운 끌 하나"를 발견했다. 뉴턴
은 곧바로 철저한 조사를 했다. 그는 몇몇 소년이 노예들에게 도구를 건네
주었을 것으로 의심했고 곧 그들을 철창에 가두고 자백을 강요하는 고문을
시작했다. 그는 엄지손가락에 나비나사를 죄어두고는 "살짝" 압력을 가했다.
결국, 여덟 명의 핵심 인물과 도구를 제공한 네 명의 소년을 찾아냈다. 다음
날 그는 남자 노예들을 "조사"했고 이번에는 엄지손가락의 나비나사에 힘을
"살짝" 주는 것 이상으로 실었을 것이다. 그는 그들 중 여섯 명에게 구교묘
채찍으로 벌을 가했고 "네 명에게는 칼을 씌웠다." 이 칼을 목에 차고 있으면
움직이는 것도 힘들었고 휴식을 취하는 것은 불가능에 가까웠다. 이제 선원
은 스무 명밖에 남지 않았고 그들 중 몇몇은 어린 견습생이어서 숫자가 늘어
난 노예를 감시하는 일손이 부족해질 것을 염려한 뉴턴은 백인 반란 주동자
들과 마찬가지로 흑인 주동자들 역시 할리팩스 백작호로 보내기로 했다.

"주님의 은총"은 다시 한번 개입하였고 뉴턴은 자신의 영적 일기에 기록
한 기도로 감사를 표했다.

오 나의 영혼이여 항상 자비로움을 베푸시는 주님을 찬양하라. 주님께서는
은총을 주시고도 여전히 은총으로 충만하시니 저는 당신 안에 서 있습니
다. 이와 같은 사고들은 너무나 빈번하고 갑작스러우며 이유도 없이 일어나
니 지금까지 행하신 당신의 뚜렷한 애정과 같이 제가 계속 끔찍한 결과에
서 벗어날 수 있도록 하시고 제가 항상 준비될 수 있도록 하소서. 만약 언제
라도 당신께서 죽음으로 저를 당신 앞에 부르시려거든 저는 언제나 본분을
다하고 있겠사오니 부디 크게 당황하지 않도록 저에게 영광스러운 권한으
로 주님 옆에서 안식에 들 수 있다는 신념을 주시기 바랍니다. 자비로운 손
길로 제 영혼에 위안을 주시고 죽음에서 영원한 삶으로 이끄소서. 아멘.

그의 기도는 노예무역에 죽음이 산재해 있다는 점을 인정하고 있었다. 이것은 사업의 특성이었기 때문에 뉴턴은 신에게 이러한 점을 변화시켜달라고 기도하지는 않았고 오히려 죽음을 만날 준비를 할 수 있게 도와주기를 기도했다. 뉴턴은 노예 반란의 여파로 이런 식의 영적 수양을 쌓았다.

그해 말에 뉴턴은 선상의 명령 체계와 지휘권에 대한 신뢰를 다시 확립했다. 12월 31일에 그는 자신의 영적 일지에서 건강과 "기운찬 마음"에 대한 감사를 기록했다. 새해 첫날을 맞이하여 과거를 찬찬히 돌아보면서 그는 지금껏 너무나 많아서 하나씩 열거하기도 힘든 신에 대한 무례함과 자신이 받은 은총 – 건강, 친구, 고용주의 선의, 아내 – 을 떠올렸다. 마지막으로 그는 자신이 받은 구원을 하나하나 열거했다. 그는 "주님이 나를 보이지 않는 악마로부터 각별하게 구원하셨고 적시에 휘하의 사람들이 가담한 음모를 발견하도록 하셨으며 후에는 노예들 사이에서 있었던 반란까지 알려주셨다"라고 기록했다. 그는 단지 이러한 구원에 대해 기록할 뿐만이 아니라 "마음속에 깊이 새기고 싶었다." 그렇게 해서 "안전한 시기에도 항상 감사하는 마음을 환기할 준비를 하고 영혼을 바로 세우며 다른 위험이 다가왔을 때는 신에게 의지하고자 했다." 그는 "편안하고 만족하는 마음"을 가졌지만, 고난이 끝나지 않았다는 것도 알고 있었다. 그를 둘러싼 위험은 너무나 큰 것이었다.[26]

1월 31일 오후에 동료 선원들을 밀고했던 윌리엄 쿠니가 "여자 노예 한 명을 거처로 끌어들였고 선미 갑판이 훤히 보이는 곳에서 그녀를 짐승처럼 겁탈했다." 단지 83번이라고만 알려진 강간당한 여성은 임신한 상태였다. 뉴턴은 쿠니를 철창에 집어넣고 일지에 다음과 같이 기록했다. "나는 내 배에서 이런 일이 일어난 것이 이번이 처음이라고 믿고 싶다. 또한, 나는 가능하다면 이번 일을 조용히 처리하기로 했다." "조용히 처리한다"라는 것이 어떤 의미인지는 불명확하다. 이 일을 비밀에 부치겠다는 뜻이었을까? 쿠니같이 사악한 선원들을 조용히 시키겠다는 뜻이었을까? 아니면 노예들이 이번 일을 알게 되면 시끄러운 항의가 있을 거라고 예상한 것일까? 뉴턴의 마지막 말은 그가 재산에 관해 걱정하고 있었다는 것을 암시한다. "만약 여자에게 무슨 일이 생긴다면 그에게 여자와 여자가 밴 아기의 금액까지 함께 책임을 물을 것이다."

이 사건 직후 뉴턴은 이상하고 혼란스러운 꿈을 꾸었다. 꿈에서 그는 전 갈에 찔렸고 낯선 자가 그에게 고통을 감해 주는 "기름"을 주었다. 꿈에서 깬 후 누군가가 그에게 꿈은 "곧 일어날 일을 예언하는 것"이지만, 뉴턴은 꿈에 서 해를 입은 것은 아니므로 두려워할 필요는 없다고 이야기해 주었다. 꿈의 의미는 무엇이었을까? 전갈은 누구이고 침에 찔리는 것은 무엇이며 도움을 준 치료자는 누구였을까? 차례대로 선원, 반란, 밀고자 윌리엄 쿠니였을까? 노예, 반란 음모, 고자질한 소년이었을까? 선장은 그를 찌른 침은 다름 아닌 브라이언Bryan이라는 이름의 부유한 흑인 노예무역상이라고 결론 내렸다. 브 라이언은 해안에 나와 있는 동안 뉴턴이 "자신의 여러 아내 중 한 명과 놀아 났다"고 그를 비난했다. 뉴턴은 자신을 둘러싼 "돈에 눈먼 분노한 선원과 몰 래 복수하기 위해 항상 독을 품고 다니는 사람들 사이"에서 사업을 하러 해 안에 나가는 것이 두려워졌다. 뉴턴은 다른 선장과 그의 항해사 그리고 의사 가 있는 자리에서 자신의 무죄를 주장하는 문서를 작성해서 해안의 무역상 들에게 보냈다. 그 뒤 그는 자신의 긴 소형선을 쌀 4톤에 팔아버린 뒤 항해 를 떠났다.

뉴턴은 해안에서 인간 화물을 모으는 데 8개월 반이라는 긴 시간을 보 내야 했다. 첫 번째 항해에서만큼 죽음에 관해 면밀하게 기록하지는 않았 지만 이번에도 역시 전염병으로 어려움을 겪었다. 아마도 그는 거기에 익숙 해지고 있었거나 아니면 자신의 고용주가 나중에 조사할지도 모를 사망률 에 관한 기록을 굳이 남기고 싶지 않았을 수도 있다. 어쨌든 그는 해안의 다 른 어떤 선장들보다 무역을 더 잘했다고 느끼고 있었고 노예의 건강과 기분 이 향상됨에 따라 그의 행운도 더해졌다. "반란을 일으키려는 간절한 시도들 이 계속되어 경계를 늦출 수 없었던" 수개월이 지나고 이제 뉴턴은 "가장 조 용한 시기에도 그들은 언제나 기회를 엿보고 있다는 것"을 알고 있었고 또 한 그들의 성향이나 "기질"조차 변한다는 것에도 주의했다. 노예들은 "철창 과 사슬에 갇힌 노예가 아닌 한 가족의 어린아이처럼 행동하기 시작했고, 모 든 일에서 백인들보다 더 순종하고 정중하며 사려 깊은 태도를 보였다." 뉴턴은 기뻤지만 조심하는 태도를 바꾸지는 않았다. 뉴턴과 선원들은 원래 해오던 대로 신중하게 계속 그들을 감시했다. 뉴턴은 자신의 나약성을 강조하기 위해 성경을 인용했다. "주님이 성을 지키지 아니하시면 파수꾼의 깨어 있음이 헛되도다." 뉴턴은 "이 말은 어떤 배에서든 다 통하는 말이지만 특히 노예선에서는 더 명확한 사실이었다"고 이야기했다.

아프리칸호가 세인트 키츠에 거의 도달했을 때 뉴턴은 선원들에게 상품을 판매할 준비를 하도록 했고 선원들은 "노예의 머리를 면도했다." 뉴턴은 이곳의 시장 상황이 좋지 않아 자메이카나 버지니아로 가는 다른 항해가 필요할까 봐 걱정했다. 그는 해안에서 지나치게 오래 머물렀던 것과 중간항로 항해도 평소보다 길었던 점을 언급한 6월 3일의 기록에서 "우리는 남자 노예들을 배에 너무 오랫동안 태우고 있었고 이제 그들의 인내심도 바닥났다. 나는 그들을 빨리 내보내려면 또 다른 항해를 해야 한다고 생각한다"라고 기록했다. 그러나 공교롭게도 뉴턴은 세인트 키츠에서 남자와 여자, 아이 167명의 모든 화물을 다 팔아버렸기 때문에 그의 걱정은 빗나갔다. 귀향 항로를 거쳐 뉴턴은 1753년 8월 29일에 리버풀에 도착했다.

지난 항해보다 더 좋은 항해를 했지만 이번에도 뉴턴은 선주의 희망에 부응하지는 못했다. 그는 원래 계획된 250명이 아닌 207명의 노예를 태워왔고 사망률은 첫 항해 때보다 높았다. 그는 전체의 19.3퍼센트인 40명의 노예를 잃었다. 선원에 대한 결과는 더 좋았고 그들 (스물일곱 명) 중 한 명만을 잃었다. 그러나 이러한 수행은 마네스티 씨에게 이익이 되지 않았다. 오히려 탈주한 네 명의 선원과 초반에 배에서 내린 한 명의 선원의 경우 리버풀에서 그들의 급여를 받을 수 없었기 때문에 이익이 될 수 있었다. 이번에도 뉴턴은 바람막이 해안에서의 노예무역이 "너무나 부풀려져 있다"라고 불평했다.

세 번째 항해, 1753년~1754년

고작 8주라는 짧은 준비 기간 후에 뉴턴은 1753년 10월 23일에 다시 노예선 선장으로서 세 번째 항해를 위해 리버풀에서 출발했다. 마네스티 씨는 이번에도 그를 아프리칸호의 선장으로 고용했고 이번에도 바람막이 해안과 세인트 키츠로 항해하도록 했다. 뉴턴은 이번에는 첫 항해 때와 비슷하게 약간 더 많은 선원인 서른 명의 선원을 고용했는데 아마도 질병에 대한 기억과 노예 반란의 위협으로 이런 선택을 했을 것이다. 노동 분업은 똑같았지만 한 명의 예외가 있었다. 뉴턴은 당시 사정이 좋지 않던 노련한 뱃사람인 친구 욥 루이스Job Lewis를 "지원가 및 부선장"의 자격으로 데려갔다. 네 명의 선원이 지난 항해에 이어 다시 참여했으며 이들은 수석 항해사 알렉산더 웰시Alexander Welsh와 이등 항해사 제임스 빌링James Billinge, 견습생 로버트 크로퍼와 조나단 아일랜드Jonathan Ireland였다. 앞의 두 사람은 자발적인 선택이었고 뒤의 두 사람은 아마도 선택의 여지는 없었을 것이다. 확실한 것은 일반 선원 중에는 아무도 다시 함께한 사람이 없다는 점이었다. 아마도 그건 강제적인 종교 활동 때문이었을 것이다.[27]

다시 한번 뉴턴은 일찍 일어나 갑판을 걷고 성경 두세 장을 읽고 아침을 먹는 규율 바른 일정을 이어나갔다. 일요일 아침 11시에 그는 선원들을 위한 신앙 예식을 했다. 오후 4시에는 차를 마셨고 뒤이어 "성경공부"와 산책을 했다. 틈틈이 사업 업무도 했지만 뉴턴이 남긴 다양한 기록은 그가 꾸준히 세상사에 대한 관심보다는 신의 부름에 더 흥미를 느꼈다는 것을 명확히 보여주고 있었다. 그는 영적 삶에 대한 기록을 더 많이 남겼고 배의 일과에 대한 내용은 많이 기록하지 않았다. 그는 여전히 사업에 대해 낙관하고 있었다. 항해 초기에 그는 "우리는 모두 좋은 건강과 영혼을 유지하고 있다"고 기록했고 신속한 항해에 대한 소망을 표현했다. 그는 자연재해나 인위적인 사건 모두에서 큰 사고 없이 1753년 12월 3일 아프리카 해안에 도착했다.

뉴턴은 몇 차례에 걸쳐 선원들에게 징계를 가하기는 했지만 지난 항해에서 겪었던 반란만큼 심각한 일은 없었다. 12월 21일에 그는 목수와 꺼림칙한 상황을 겪기도 했다. 목수는 뉴턴이 배를 떠나 있는 동안 다른 고급 선원의 명령을 거부하며 반항적인 행동을 했고 이등 항해사에게 "거친 욕설"을 했지만, 당장에 필요한 방책을 건설해야 할 꼭 필요한 일손이기도 했다. 뉴턴은 그에게 스물네 대의 구교묘 채찍 형을 내렸지만, "그에게 족쇄나 수갑을 씌울 수는 없었다"라고 덧붙였다. 이틀 뒤 그는 "목수가 방책을 짓고 있다"고 기록했다. 해안에 머무르던 후반부에 뉴턴은 탈주 문제도 관리해야 했다. 리버풀에서 함께 출발했던 마누엘 안토니오Manuel Antonio라는 이름의 포르투갈 선원은 소형선으로 카슈고Cachugo[현재의 기니비사우 칸슝구Canchungo]에 잠시 머무는 동안 달아나버렸다. 뉴턴은 학대를 의심했지만 모든 고급 선원이 (아마도 진실은 아니었을 것이다) "누구도 그를 공격하지 않았다"라고 맹세했다. 뉴턴은 그가 "소형선에서 칼과 담배 따위를 훔치다가" 발각되어 탈주한 것으로 믿었다.[28]

뉴턴은 해안에 도착하자마자 지역의 소식을 들을 수 있었다. 레이스홀스Racehorse호에서는 노예들이 "탈출"했고, 어드벤처호는 반란으로 "완전히 소실"되었으며 그레이하운드호는 키땀에서 선원 세 명이 살해당했다. 무역의 속도는 느렸고 무역상들의 "악랄함"은 극에 달했다. 뉴턴은 "소음과 열기, 연기 그리고 사업"으로 빠르게 녹초가 되어갔다. 뉴턴은 욥 루이스와도 충돌했는데 그는 자신의 비종교적 방식을 고수하여 뉴턴이 선원들 사이에 퍼뜨리고자 한 기독교적 영향력을 훼손했다. 그는 함선 안팎으로부터의 공격에 대해서도 분명 걱정하고 있었고 그래서 뉴턴이 한때 항해사로 함께 항해한 적이 있던 잭슨Jackson 선장과 실질적인 동맹을 맺었다. 뉴턴은 또한 이번 항해도 또 실패로 돌아갈지에 관한 "더러운 돈 문제"의 걱정도 시작했다. 그는 아내인 메리에게 쓴 편지에서 다음과 같이 스스로 위로했다. "우리가 부자는 아니지만, 문제가 되지 않습니다. 우리에겐 풍요로운 사랑이 있습니다." 이런 합리화는 마네스티 씨에게는 씨알도 먹히지 않을 소리였다.[29]

뉴턴은 재난 속에서도 이점을 찾기로 했다. 12월 30일에 그는 수수족으로 보이는 사람들로부터 레이스홀스호를 사들였다. 그들은 아마도 배를 강탈했을 것이다. 이 배는 45톤급의 작은 함선이었지만 선체에는 새로운 구리 외장재를 입혔다. 뉴턴은 적당하게 130파운드를 지급했고 친구 욥 루이스를 그 배의 선장으로 앉혔다. 함선을 재정비하는 데 3주가 걸렸다. 2월 21일에 선장 루이스가 사망하면서 큰 좌절을 겪었다. 뉴턴은 자신의 수석 항해사 알렉산더 웰시에게 선장의 옷을 넘겨주고 그를 지휘관으로 승진시켰다. 뉴턴은 레이스홀스호를 구매함으로써 마네스티 씨의 이익에 일조하기를 희망했지만, 사실상 그 계획은 자기 잇속을 위한 것이었다. 그는 선원 몇 명을 그쪽으로 보내두고는 4개월 만에 단 87명의 노예라는 적은 화물만을 싣고 조기에 아프리카 해안을 떠났다. 그리고 레이스홀스호를 남겨두고는 남은 노예들을 모으도록 했다.[30]

아프리칸호가 아프리카의 해안을 출발한 바로 다음 날인 1754년 4월 8일에 뉴턴은 선장들 사이에 돌고 있던 소문과 소식 그리고 자신의 상황에 대해 다음과 같이 회고했다. "이 시기는 해안에 있는 많은 사람에게 치명적인 시기였다. 나는 한 해만에 그렇게 많은 사람이 죽고 사라지고 파괴되는 것을 들어본 적도 없었다. 그러나 나는 우리 배를 건강하게 유지했고 흑인과 백인 모두 죽은 자는 없었다." (그는 루이스가 별개의 배에서 죽었다고 여겼고 따라서 자신의 책임이 아니라고 생각했다.) 그러나 십 일이 지난 후 중간 항로의 초반부에 그는 자신의 말이 너무나 섣불렀다는 것을 알게 되었다. 뉴턴은 극심한 고열로 쇠약해졌다. 고온과 쓰린 눈에 고통받으면서 그는 자신이 곧 죽을 것으로 생각했다. 그는 "갈 곳 없는 대양의 한가운데에서 가까운 친구 하나 없이" 죽게 될 것이라는 생각에 두려웠지만, "[죽음을 통한] 영생을 준비"하기로 했다. 그는 메리에게 기도와 작별의 편지를 썼다.

뉴턴이 걸린 고열은 "가장 위험한 종류"의 것은 아니었으며 다른 선원이나 노예들이 자주 보인 고통과 착란은 보이지 않았다. 그는 여드레에서 열흘은 거의 사색이었고 고열이 지나간 후에도 거의 한 달 동안은 "기력이 없고 쇠약했다." 배가 세인트 키츠에 도착한 5월 21일 이후에도 완전히 기력을 찾을 수는 없었다. 뉴턴이 생각하기에 그의 회복이 이렇게 오래 걸린 이유는 "그가 아프기 전에 병든 선원들에게" 자신의 비품(먹을 것과 마실 것)을 관대하게 나누어 주었기 때문이었다.

뉴턴은 세인트 키츠에서 출발한 후 별다른 사건 없이 1754년 8월 7일 리버풀에 도착했다. 그의 세 번째 항해는 가장 빨리 끝났고 여러 면에서 가장 편안한 항해였지만, 경제적 측면에서는 성공적이었는지 알 길이 없었다. 뉴턴도 분명 의심스러운 점이 있었다. 세 번이나 계속된 항해에서 연속적으로 불확실한 이득만을 가져온 그는 성공을 다른 방식으로 생각해 볼 것을 호소했다. 그는 "아무 재난 없이 아프리카 항해를 수행했다"는 점을 자랑스럽게 공표했다. 그는 리버풀의 여러 교회를 다니면서 그들의 축복에 감사를 표했고 가는 곳마다 그가 선원과 노예 모두 하나도 잃지 않았다고 강조했다. 그는 "온 마을이 이 사실을 알고 서로 이야기하고 있으며 나는 최초로 이런 일을 해낸 것이다"라고 설명했다. 그는 물론 이것이 "주님의 은총"이 실현된 것으로 생각했다.[31]

의심스러움과 자랑스러움이 공존하는 상황에서 뉴턴은 마네스티 씨에게 다시 고용되었고 곧 새로운 노예선 꿀벌Bee호의 지휘권을 넘겨받았다. 그는 항해 이틀 만에 그의 경력과 일생에 갑작스럽고 예상치 못한 변화를 맞이하게 되었다. 후에 그는 "병으로 나를 멈춰주신 주님께 감사드린다"라고 기록했다. 뉴턴은 중풍 발작apoplectic stroke으로 "즉각적인 사망에 이르게 할 만큼 격렬한 발작을 겪고 거의 생존 징후도 없었지만, 약 한 시간 동안 숨은 쉴 수 있었다." 의사의 조언에 따라 그는 함선의 지휘권을 넘겨주고 노예무역을 완전히 떠났다 — 이는 자신의 의지가 아니었다는 점에 주목해야 한다. 그는 결국 리버풀의 조류 측량사로 일했다. 그가 노예무역에 관한 비판적인 말을 기록한 것은 그로부터 수년 후이며 노예무역에 반대한다고 선언할 때까지는 삼십 년 이상이 걸렸다.

길을 잃은 자와 찾은 자

존 뉴턴은 노예선의 선장이 신으로부터 부여받은 자신의 소명이라고 생각했다. 뉴턴은 "소명 안에 있을 때는 온전히 만족하였고 약속된 섭리에 따라 나를 거기에 두셨다"라고 기록했다. 그는 때로는 "주님께서 적당한 때에 저를 더욱 자비로운 소명으로 바꿔주시기를 기도하며 만약 그렇게 해 주신다면 내가 당신의 사람들과 더 많이 이야기할 수 있고 예배에 더 많이 참여할 수 있는 곳으로 보내주시기를 빕니다. 또한, 참기 힘든 가족과의 긴 이별에서 자유로울 수 있기를 희망합니다"라고 기도했다. 다른 소명을 원하는 세

가지 이유 중에 노예선의 비인간적인 일에 대한 염려는 고작 하나의 이유에 불과했다. 뉴턴은 1752년 8월 시에라리온 해안에서 데이빗 제닝스에게 쓴 글에서 한때 자신은 "신앙을 버린 불행하고 타락한" 길 잃은 자[lost]였지만, 이제는 기독교인 노예선 선장이 되어 길을 "찾은 자"[found]가 되었다고 기록했다. 이는 21년 후인 1773년에 뉴턴이 쓴 "어메이징 그레이스"의 가사를 냉정하게 비꼰 것이다.[32]

뉴턴의 기독교 신앙은 노예선에서 이중적인 역할을 했다. 한편으로는 그가 행하는 비인간적인 것들을 인식하지 못 하게 하는 차폐막이 되었다. 그는 선장의 선실에 앉아서 "예하의 동료들에게 선하게 대하겠다"라는 맹세를 하면서도 노예를 죽음으로 내모는 명령을 내렸다. 다른 한편으로 그의 기독교 신앙은 노예선에서 잔인함이 지나치게 만연하지 않도록 제한했다 ─ 그러나 완전히 제거하지는 못했다. 그는 하리치호에서 선원으로서 겪은 가혹한 처벌의 경험과 플랜테인섬에서 마치 노예처럼 학대당했던 경험을 잊지 않으려고 노력했다. 그는 두 번째 항해에서 자신에게 대항해 반란을 일으킨 선원들에게 잔인하게 대하지 않아야 한다고 스스로 다짐했다. 그는 선원들을 대할 때는 제한적이나마 기독교적인 온정을 행했지만, 노예를 대할 때는 전혀 그렇지 않았다. 뉴턴은 18세기의 대부분 노예선 선장보다 잔인함의 정도가 덜했겠지만, 그런데도 그는 선원의 반란과 노예의 폭동을 직면해야 했다. 거기에 대한 그의 대처는 쇠사슬, 채찍 그리고 엄지손가락 나비나사였다. 다시 말하면 테러였다.[33]

뉴턴은 1753년 7월 13일에 선장의 선실에 앉아 촛불 아래에서 그의 아내에게 편지를 쓰다가 자신의 인생을 되돌아보았다. 그는 특히 플랜테인섬에서 무역상에 의해 스스로 노예가 되어버렸던 "강제적 노동과 질병의 절망적 상태"의 1745년에 관해 떠올렸다. 그는 8년이라는 짧은 시기에 긴 길을 걸었다. 이제 그는 결혼했고 어느 정도의 재산과 지위를 갖게 되었으며 자랑스러운 기독교인이 되었다. 그는 "말씀대로 주님께서 나를 종으로 살던 집에서 이끌어내고 애굽[이집트] 밖으로 이끌어 주신 것처럼 노예의 삶과 아프리카 해안의 굶주림에서 이끌어내고 현재 상황에 이르게 하셨다"라고 설명했다. 그 말을 하던 그는 80명의 남자, 여자, 아이와 작은 나무로 만든 세계를 공유하며 중간항로를 통해 그들을 가장 힘든 종으로 살게 할 집으로 몰아가고 있었다. 뉴턴은 애굽을 벗어났지만, 지금은 파라오를 위한 일을 하고 있었다. 그는 같은 방향이지만 절대 만날 수 없는 평행선 위를 걷고 있다는 사실을 모르고 있었다.[34]

7장

선장이 만든 지옥

가족, 친구 그리고 사랑하는 사람들이 리버풀의 부두에 모여 노예선 브라운로우호에 탄 남자들에게 작별 인사를 하고 있다. 수석 항해사 존 뉴턴을 포함한 그들은 1748년 초에 아프리카의 바람막이 해안으로 항해를 시작했다. 리버풀의 노예무역은 호황을 누리고 있었고 그곳 사람들에게 기회와 위험을 동시에 제공해 주었다. "안녕을 기원하는 것"은 문자 그대로 희망에 불과했다. 상인과 선장은 때때로 일요일 아침 사람들이 예배드리는 곳에, 임박한 항해에 관한 공지를 게시하고 신도들에게 배에 탄 사람들의 이름을 한 명씩 차례로 불러서 그들의 안전과 성공적인 항해를 기도해 주기를 요청했다. 선장에서 사환까지 모든 선원들은 부두에서 손을 흔드는 것이 세상 사람들과의 마지막 소통이 될 수도 있다는 점을 알고 있었다. 바다에서의 죽음은 "사람을 차별하지 않았고" 언제든 닥칠 수 있었으며 특히나 노예무역에서는 사고나 질병 또는 인간에 의해 언제든 찾아왔다. 그러한 길고 위험한 항해의 출발에는 언제나 다양한 감정이 흘러넘쳤다.[1]

　　브라운로우호의 선미 갑판에 서 있던 리처드 잭슨 선장은 그때 사람들이 함께 나누던 감정에 별로 신경을 쓰지 않고 있었다. 그러나 그는 배가 부두를 떠나 밖으로 밀려 나오던 순간에 중요한 변화가 일어나고 있다는 점을 날카롭게 알아차렸다. 그와 휘하의 선원들은 가족과 교회, 공동체, 정부와 같은 사회적 조직에 거의 닿을 수 없는 곳으로 항해를 시작해서 일 년 이상의 긴 시간 동안 육지 생활을 떠나야 했다. 뉴턴은 수년 후 종교에 몸담은 뒤 종교적 의미의 경멸을 담아 이 장면을 회상하며 다음과 같이 표현했다. "리처드 잭슨 선장은 부두에 모인 사람들을 떠나오며 침착한 표정으로 자신에게 중얼거렸다. 이제 내가 만들어 갈 지옥이 펼쳐지겠군!"

　　선장이라는 위치는 급속히 팽창하는 국제적 자본주의 경제에서 전략적인 위치를 차지하고 있었기 때문에 대단한 권력을 휘두를 수 있었다. 그들의 권력은 단순히 바다 생활의 관행에서 나온 것이 아니라 법과 사회적 조직 배열을 통해 나타난 것이다. 국가는 세계 시장과의 연결점 역할을 하는 선장이 선원들 사이에서 "복종과 규율"을 유지하기 위해 신체적 체벌을 사용할 수 있도록 허용했다. 법정에서는 그의 권위에 대한 저항을 반란이나 폭동으로 해석할 수 있었고 두 경우 모두 교수형에 처할 수 있었다. 사회의 정부 기관과 동떨어져 지형적으로 고립된 배라는 공간은 선장이 가진 과대한 권력의 원천이 되는 동시에 거기에 정당성을 부여하고 있었다.[2]

리처드 잭슨과 같은 노예선 선장은 이와 유사한 형태 중 가장 강력한 예시라고 할 수 있다. 다른 선장과 마찬가지로 그 역시 일종의 장인匠人으로 복잡한 기계에 관해 매우 숙련되고 노련한 달인이었다. 그는 배의 작동을 위한 자연적 지식 ─ 바람, 파도, 해류와 육지, 바다, 하늘 ─ 과 매우 다양한 사람들을 어떻게 다룰지에 대한 사회적 지식을 포함한 기술적 지식을 가지고 있었다. 그는 머나먼 곳의 시장의 다양한 문화에서 상인들과 함께 일했다. 그는 매우 다양한 특성의 다루기 힘든 선원에 대한 감독자인 동시에 조정자였다. 또한, 그는 대양을 건너 만난 대륙에서 이송되는 수백 명의 노예 주인이었으며 관리자이자 교도관이었다. 이렇게 많은 역할을 성공적으로 수행하기 위해서 선장은 자기 자신뿐만 아니라 함선, 방대한 소유물, 일꾼들 그리고 그의 포로들에 대한 "통제"를 수행할 수 있어야 했다.[3]

배에 이르는 길

"크로우! 눈깔 조심해!" 리버풀의 상인 윌리엄 아스피날William Aspinall이 1798년 7월에 많은 노예를 실어오기 위해 보니섬으로 외눈박이 선장 휴 크로우를 보내며 외쳤던 말이다. 크로우는 이미 아프리카로 향하는 다섯 번의 항해를 한 경험이 있었고 노예선 선장으로서 길고 성공적인 경력을 이어가고 있었으며 1807년 노예무역이 폐지되기 전까지 다섯 번의 항해를 더 완료했다. 크로우는 노예무역을 했던 자신의 삶에 관한 회고록을 남겼고 이는 그가 죽은 후 1830년에 친구에 의해 출판되었다. 거기에서 그는 출생에서 노예선 선장이 되기까지의 길을 설명했다.[4]

크로우는 1765년 리버풀 북쪽 80마일 근방의 아일랜드해Irish Sea에 있는 맨섬Isle of Man 북쪽에 위치한 램지Ramsey에서 태어났다. 램지는 당시 호황을 누리고 있던 항구도시인 리버풀의 영향을 많이 받고 있었다. 젊은 시절의 그는 "우현右舷 쪽 눈"starboard eye 5이 멀었지만 그런데도 바다로 나가기를 소망하고 있었다. 그의 아버지는 해안가에서 존경받는 기능공이었다. 그는 "항구 마을에서 자라면서 나는 자연스럽게 바다 생활에 대한 동경을 갖게 되었다"고 설명했다.

아버지의 견습생으로 화이트헤이븐Whitehaven호의 함선 건조에 참여했던 크로우는 첫 항해를 가기 전에 2년간 일하며 약간의 교육을 받았고 17세에 석탄무역으로 첫 항해를 나섰다. 그는 곧 다음 4년 동안 아일랜드, 바베이도스, 자메이카, 찰스턴, 뉴펀들랜드Newfoundland, 노르웨이Norway에 이르는 멀고도 광범위한 항해를 다녔다. 그는 뱃멀미와 허리가 끊어질 듯한 펌프질, 폭풍을 겪었고 동료 선원의 손에 혹사당하기도 했다. 거의 익사할 뻔(다른 선원에 의해 구조됨)하기도 했고 고주망태의 무능력한 선장에 대항해서 (동료 선원들과 함께) 반란을 일으키기도 했다. 다섯 번의 항해 후에 크로우는 견습 생활을 마치고 선원의 자격을 얻었다. 그의 한쪽 눈은 큰 기회를 노리고 있었다. 그는 항해법을 공부하고 사분의도 사두었으며 해상의 위계에서 점점 위로 올라가기 시작했다.

그는 처음에 노예무역에 대한 "편견"을 가지고 있었다고 주장했지만, 결국에는 1790년 10월에 황금 해안으로 향하는 프린스Prince호에 수석 항해사로 승선하는 제안을 뿌리치지 못했다. 그는 항해사로서 아프리카행 항해를 네 번 더 마친 후에 아스피날로부터 처음으로 함선 지휘 제안을 받았다. 바다 생활을 한 지 16년 — 그중 절반이 노예무역이었다 — 만에 서른세살의 크로우는 메리Mary호의 키를 잡았다.6

아스피날에 의해 1798년 고용된 크로우는 외눈박이라는 점과 목숨이 위태로울 만한 일에서 살아남을 수 있었던 그의 능력을 제외하면 태생부터 전형적인 선장의 길을 걸어왔다. 크로우와 마찬가지로 대부분 노예선 선장은 큰 결정 하나가 아니라 여러 번의 작은 결정을 통해 노예무역에 참여하게 되었다. 해안 지역에서 태어나 "바다가 키워주었고" 어떤 경로를 통해 (때로는 선택의 여지없이) 노예선에 승선하게 된다. 첫 항해에서 살아남고 천천히 함선의 계급 체계의 발판을 하나씩 밟아 올라가면서 경험을 쌓고 선장과 상인들 사이에 명성을 얻게 된 후 결국에는 자신의 함선을 지휘하게 된다. 역사가 스티븐 베렌트는 1785년에서 1807년 사이에 리버풀과 브리스틀에서 출항한 영국 노예선 선장의 80퍼센트가 상업적인 배경을 가지고 있다는 점을 발견했다. 일부는 상인 아버지를 둔 그리 잘살지 못하는 집안 출신이었다. 일부는 존 뉴턴처럼 함선의 선장 자리를 물려받기도 했으며 리버풀의 노블Noble가※와 레이스Lace가※나 로드아일랜드의 드울프D'Wolfs가※처럼 노예선 선장의 자리를 대대로 이어온 경우도 있었다. 그러나 대부분은 크로우처럼 해안가에 살던 여러 기능공 집안의 아들인 경우가 많았다. 혈연을 통해 노예선의 선장이 되는 경우는 종종 있었지만 이는 바다에서 상당한 경험을 쌓고 난 후에나 가능한 일이었다. 평균적으로 처음으로 노예선을 지휘하는 나이는 리버풀의 경우 서른 살이었고 브리스틀의 경우 서른한 살이었다. 미국의 노예선 선장은 노예무역에 전문화하지는 않았지만, 로드아일랜드에서 노예무역을 하는 선장들도 유사한 길을 따랐다. 역사가 제이 커프트리Jay Coughtry는 노예선 선장들이 평균 2.2회의 아프리카행 항해를 하지만, 다섯 번 이상 아프리카행 항해를 마친 선장도 50명이나 있었다는 점을 발견했다. 영국 무역에 영향력 있는 여러 집안을 알고 있던 한 작가는 "이런 숫자는 노예무역의 위험한 본질을 잘 나타낸다. 노예선 선장들은 네 번 정도 항해를 하고 나면 살아서 건강하게 이 사업에서 빠져나가며 한몫 챙길 수 있다고 생각하던 것이 통념이었다"라고 이야기했다. 여기서 말하는 "한몫"은 딱 적당한 표현이었다. 왜냐하면, 네 번 이상의 항해에서 살아남은 선장은 당시 보통 사람들이 살면서 일생을 통해 벌어들이는 한 사람의 몫 이상의 부를 축적할 수 있었다. 노예무역은 위험했지만 돈이 되는 일이었고 선장들은 자유로운 선택을 할 수 있었다.[7]

상인 자본

선장은 배를 소유하고 항해에 자본을 대는 상인이나 상인 집단으로부터 지휘권을 넘겨받았다. 일단 고용이 되면 선장 역시 피고용인이 되어 사업 대리인으로서 무역에 쓰이는 실질적인 자산에 대한 책임을 져야 했다. 이는 복잡하고 모험적인 일이었으며 잠재적인 손해의 위험도 컸다. 또한, 선장은 투자자의 눈에서 벗어나 그들의 통제력이 닿지 않는 곳에서 일해야 했기 때문에 그 책임감은 더 컸다. 그들의 현실은 1782년 리버풀의 상인 데이빗 투오이David Tuohy가 블레이즈Blayds호의 헨리 무어Henry Moore 선장에게 쓴 편지에 잘 요약되어 있다. 그는 "당신[선장]은 엄청난 자본을 다루게 될 것입니다. 그러니 모든 과정에서 신중하게 행동하고 처신 하나하나에 조심할 필요가 있습니다"라고 분명히 말했다. 일부 노예선과 그 화물은 1만 파운드에서 1만2천 파운드의 가치에 달했고 현재 통화로는 대략 160만에서 200만 달러에 달하는 가치였다. 선장의 권력은 자본가들과의 연줄이 없다면 아무것도 아니었다.[8]

선장이 가져야 할 것은 단지 경험이었고 이는 본질적으로 두 종류로 나뉠 수 있었다. 일반적 경험으로는 바다에 관한 경험과 항해법과 해양에 관한 개인적 지식 그리고 배와 선원들을 지휘하는 개인적 경력이 있었다. 더욱 특별한 경험으로는 노예무역 그 자체에 관한 경험이 있었다. 전자는 필수적이었지만 후자는 그렇지 않았다. 다만 상인들 역시 노예무역이 매우 변화무쌍하다는 점을 알고 있었기 때문에 노예무역 경험을 매우 중요하게 여기긴 했다. 데이빗 투오이와 같은 일부 상인들은 노예선 선장에서 시작해서 자본을 축적하여 투자자의 위치까지 오른 사람이었다. 그들은 노예선에서 무슨 일이 일어나는지 정확하게 알고 있었고 사업에서 자신의 풍부한 실제적 지식을 활용했다. 그러나 대부분 노예무역 상인은 노예선 항해 경험도 없었고 아프리카나 중간항로의 경험도 없었다. 그들은 노예무역의 잠재력과 위험에 대해 알고 있었고 그들이 바라보고 있는 대서양 시장이 어떤지도 알고 있었지만, 대부분은 실제 노예선에서 어떤 일이 일어나는지 명확하게 알고 있지 않았다. 뉴포트의 상인 제이콥 리베라Jacob Rivera와 아론 로페즈Aaron Lopez는 1772년에 윌리엄 잉글리쉬William English 선장에게 자신들이 노예무역 물정을 전혀 모른다고 공공연하게 밝히기도 했다. "우리는 바람막이 해안 무역에 관해 가지고 있는 의견이 전혀 없습니다." 노예무역에 필요한 지식은 오직 경험을 통해서만 얻을 수 있는 것들이었다. 상인 토머스 레일랜드Thomas Leyland는 다섯 번의 노예선 항해 경험이 있는 노련한 찰스 와트Charles Watt 선장에게 쓴 편지에서 "우리는 당신이 콩고에서 가졌던 오랜 경험을 믿습니다." 대부분 노예선의 선주들은 노련하고 신뢰할 수 있는 선장이 실권을 쥐기 바랐고 그들이 상인의 재산을 "알뜰하게" 다뤄주기를 원했다.⁹

상인들은 자신의 함선에 고용한 선장에게 지시 사항을 담은 상세한 편지를 썼다. 그들은 선장이 어떤 식으로 일에 착수해서 언제 어디로 항해하며 상인의 권한을 위임받은 대리인으로서 사업은 어떻게 수행해야 하는지 하나하나 지시했다. 이러한 편지들은 그 형태가 매우 다양했는데 그 이유는 지역적인 사업 수행 방식의 차이에 일부 기인하며 편지를 쓴 상인과 편지를 받은 선장의 경험과 기질 차이에도 일부 기인한다. 노예선 선장으로서의 경험이 있는 상인은 마치 경험이 부족한 선장에게 지시하는 것처럼 주로 장황하고 상세한 편지를 썼다. 과거에 고용한 적이 있는 선장의 지식과 행동을 신뢰하여 다시 고용한 상인의 편지는 짧았다. 전체적으로 봤을 때 눈에 띄는 점은 편지 간에 상당한 유사성이 있다는 점이다. 이는 노예무역이 조직되고 사업이 수행되는 방식에 대체로 일관성이 있었다는 것을 의미한다.¹⁰

편지의 내용은 주로 노예무역에 관한 일반적인 작업 지식을 담고 있었고 투자자들이 가지고 있는 가장 깊은 두려움을 표현하기도 했다. 그들은 "항해를 완전히 망하게 하고 파괴할 수 있는" 세 가지 사항을 특히 강조해서 반복했다. 이 세 가지 중 첫째는 사고, 둘째는 선원과 노예의 반란이나 폭동, 그리고 셋째는 다름 아닌 탈주와 사망이었다. 토머스 레일랜드는 1803년 엔터프라이즈Enterprize호의 시저 로슨Caesar Lawson 선장에게 "폭동, 반란, 불"을 조심하라고 경고했다. 다른 상인과 마찬가지로 그 역시 노예무역 중 "흑인과 유럽인들 사이에 나타날 수 있는 높은 사망률"에 대해 걱정하고 있었다.¹¹

대부분 편지는 출항 항구인 영국의 브리스틀이나 미국의 로드아일랜드와 같은 출항 항구로부터 아프리카의 한 곳 이상의 지역으로 향하는 국외 항해의 항로와 서인도나 북아메리카의 항구로 향하는 중간항로의 경로 그리고 귀향 항해의 항로를 지정해 주었다. 가끔은 상인이 직접 선장에게 바르라Barra[감비아강 입구의 도시 국가]의 왕이나 왕립 아프리카 회사의 노인 플렁

킷Plunkett 12처럼 노예를 구매할 아프리카나 유럽의 무역상을 지정해 주기도 했다. 가끔은 자메이카나 버지니아에서 "화물"을 판매하는 것을 도와줄 대리인의 이름까지 정해 주는 상인도 있었다. 선장이 대서양 양쪽의 급변하는 시장 상황에 대응할 수 있어야 했기 때문에 위기 대처를 위한 합의 내용도 편지에 포함되었다. 어떤 상인은 편지에 "당신의 눈앞에 펼쳐질 많은 일은 스스로 신중하게 판단하여 재량껏 해결하시기 바랍니다"라는 글을 남겼다.[13]

아프리카로 향하는 무역상들은 다양한 상품을 취급했다. 그들은 선장에게 직물, 금속 제품(칼, 괭이, 놋쇠 냄비), 총기류, 상아나 "이빨"로 만든 가공품을 거래하도록 했는데 이는 한 상인이 설명했듯이 "사망률에 대한 걱정이 없었기 때문에" 편하게 거래할 수 있는 품목들이었다. 일부는 황금(특히 18세기 초), 캠우드(염료용), 밀랍, 팜유 또는 말라게타 후추를 원하기도 했다. 한 선장은 "진귀한 골동품"을 포함한 다양한 품목을 거래하라는 이야기를 듣기도 했다. 그러나 당연하게도 18세기 전체를 통틀어 가장 주된 구매 대상은 인간이었다.[14]

대부분 상인은 선장들에게 젊은 사람들을 사들이라고 지시했고 특별히 언급하지 않은 경우에도 당연히 그렇게 할 것으로 생각했다. 험프리 모리스는 열두 살에서 스물다섯 살 사이의 사람들을 남자 두 명에 여자 한 명 정도의 비율로 사들이기를 원했다. 토머스 레일랜드는 거의 남자 노예만을 원했지만, 계산법은 좀 달랐다. 그는 "열다섯 살에서 스물다섯 살 사이의 건장한 남자 흑인"으로 절반을 채우고 "열 살에서 열다섯 살" 소년은 8분의 3, 나머지 8분의 1은 "열 살에서 열여덟 살"의 여자로 채우기를 원했으며 모두 건강하고 가슴이 크며 활발하고 신체적 결점이 없어야 했다. 반면 제임스 라로쉬James Laroche는 열 살에서 열네 살의 "매우 검고 단정한" 모습의 소녀들을 더 선호했다. 영국의 남해 회사South Sea Company의 한 관리는 1717년에 "모두 처녀"로 데려오도록 무서운 요청을 하기도 했다. 건강하고 튼튼한 젊은이들은 해안에서의 체류와 "항해를 견뎌내고" 살아남을 확률이 더 높았다. 반대로 상인들은 때때로 선장에게 "노인과 가슴이 축 처진 여성"이나 탈장이나 불구와 같은 신체적 결함이 있는 사람들은 피하도록 지시했다.[15]

지시 사항에 고급 선원의 급여는 명시되어 있었지만, 선장과 직접 계약하는 선원의 급여는 명시되어 있지 않았고 이들은 보통 선장과 급여를 조정했다. 항해사와 의사 그리고 선장 자신의 경우 급여뿐만 아니라 수수료와 부수입도 고려해야 했기 때문에 더 복잡했다. 이런 급여 조정에 관한 상세한 예시는 한 상인 집단이 1776년에 스노우급 함선 아프리카Africa호의 토머스 베이커 선장에게 쓴 편지에 잘 나타났다. 베이커는 한 달에 5파운드를 급여로 받았고 여기에 추가로 노예의 평균 판매 가격에 따라 운송하고 판매한 노예 100명당 4명에 해당하는 노예의 가격을 수수료로 받았다. 또한, 그는 노예 일곱 명을 "선점"할 수 있고 이 노예들은 상인의 돈으로 사들이지만 팔 때는 그곳의 시장 가치에 따라 판매하여 자신의 이익으로 삼을 수도 있었다. 다른 고급 선원들은 급여(보통 한 달에 4파운드 정도)에 추가로 다음과 같은 내역을 받을 수 있었다. 수석 항해사 윌리엄 렌달 씨Mr. William Rendall는 두 명의 "선점" 노예, 이등 항해사 피터 버치 씨Mr. Peter Birch는 한 명의 "선점" 노예, 의사 토머스 스티븐스Dr. Thomas Stephens은 한 명의 "선점" 노예에 추가로 토바고Tobago에서 살아남은 채 운송된 아프리카인 한 명당 1실링을 "머릿수대로"head money 지급받았다. 마지막 합의 내용에 따라 "의사는 판매가 될 곳까지 노예를 돌보도록 하는 동기를 가질 수 있었다."[16] 공교롭게도 베이커의 함선은 노예가 승선하기 전에 난파당했지만, 만약 그의 항해가 예정대로 진행되었다면 그는 12개월간 매달 5파운드를 벌고 (각 28파운드에 사들인 250명의 노예에 대해) 10명의 노예에 해당하는 금액과 함께 같은 가격으로 7명의 노예까지 가질 수 있었을 것이다. 따라서 그는 항해가 끝나면 536파운드를 벌어들였을 것이며 이는 현재 통화로 10만 달러에 해당하는 금액이다. 같은 배에 탄 선원은 24파운드(현재 통화로 4,500달러)를 벌어들였다. 좀 더 큰 배에서는 (그리고 더 긴 항해에서는) 1774년의 로버트 보스톡Robert Bostock(774파운드)과 1754년의 리처드 채드윅Richard Chadwick(993파운드)의 사례와 같이 선장이 750파운드에서 1천 파운드까지 벌어들였다.[17] 제임스 페니 James Penny 선장은 1783년에서 84년까지 이어진 항해에서 14명의 선원과 134명의 노예를 잃었지만, 여전히 현재 통화로 34만 2천 달러 이상에 해당하는

1,940파운드를 벌어들였다.[18]

분명히 "특권"과 "모험"(자신의 돈으로 구매한 노예를 무료 운임으로 선적하는 것)[19]은 상당한 고수입을 챙길 수 있도록 했고 일반 선원과 고급 선원 사이를 차별화했으며 결국은 이것이 핵심이었다.[20] 급여 협상은 항해를 통한 선장(과 고급 선원의 우두머리)의 이익에 따라 달라질 수밖에 없었다. 다른 말로 하면 투자한 상인들은 그들(특히 선장)에게 항해를 통한 물질적 이해관계의 전권을 넘겨주었다. 선장과 함께 위험을 부담하게 되면서 상인들은 선장이 자신의 이익을 위한 엄격한 규율을 유지하도록 강제할 수 있었다. 1771년에 매튜 스트롱Mathew Strong은 리처드 스미스Richard Smyth 선장에게 "건강하고 훌륭한 화물을 가져오는 것이 당신과 우리 모두의 이익에 부합할 것입니다"라고 이야기했다.[21]

다음으로 큰 쟁점은 항해를 관리하는 것으로 배와 그 안의 사회적 질서를 어떻게 유지할지에 관한 문제였다. 여기서 상인들은 배를 수리하여 깨끗하고 기능적("함선의 밑바닥까지 잘 관리해 두기")으로 유지하고 적절한 보급품을 비축해 두며 선원과 노예에 대한 보살핌과 통제를 유지하는 것과 같은 일반적인 지시 사항을 전달했다. 또한, 상인들은 선장에게 아프리카의 해안에 있는 동안 (역시 같은 상인에 의해 고용된) 다른 선장과 협조하도록 지시했고 기회가 있을 때마다 새로운 정보를 편지로 보내 달라고 요청했다.[22]

일부 선주는 항해의 세세한 부분까지 관리하려고 했다. 리버풀의 상인 제임스 클레멘스James Clemens도 그중 한 명으로 그는 1750년대에 앙골라로 세 번 항해했으며 노예무역에 관한 확고한 자기주장을 자주 표현했다. 그는 1767년에 앙골라를 거쳐 바베이도스로 향하는 레인저Ranger호의 출항을 준비하면서 노련한 선장인 윌리엄 스피어스William Speers 선장에게 상세한 지시 사항을 담은 편지를 썼다. 클레멘스는 배를 "깨끗이" 하고 특정한 방식으로 "소독해서" 하갑판을 건조하게 유지해서 노예들을 더 건강하게 유지하도록 요구했다. 그는 깨끗한 공기와 환기에 대한 뚜렷한 견해를 가지고 있었고 스피어스에게 공기의 순환을 막지 않게 하려면 왜 소형선과 잡용선을 격자 주변에 두지 않아야 하는지 설명했을 뿐만 아니라 "조타용 중간 돛"topmast steering sail을 이용해 바람을 남자 노예들의 거처로 보내는 방법까지 설명했다. 클레멘스는 저녁이 되면 노예들을 씻기기를 원했고 노예들이 "매일 아침 서로의 몸을 헝겊으로 문질러서 혈액 순환을 촉진하고 붓기를 막을 수 있도록 했다." 앙골라의 노예들은 "고향에서부터 이미 아주 적은 음식에 익숙해진 상태였기 때문에" 과도하게 음식을 주지 않는 특정한 방식을 따르기를 원했다. 그는 폭동을 막기 위해 "몇몇 백인들은 항상 무장한 채로 있기"를 원했다. 이는 단지 폭동이 위험했기 때문만이 아니라 노예들의 폭동 시도가 실패했을 때 "노예들이 의기소침해져서 기운을 차리지 못하게 될 것"을 걱정했기 때문이었다. 실제로 일부 노예들은 폭동이 실패한 후에 무기력에 빠지거나 목숨을 잃기도 했기 때문에 처음부터 폭동을 막는 것이 더 좋다고 생각했을 것이다. 클레멘스는 또한 선원들이 항상 브랜디와 담배를 조금씩 가지고 다닌다는 점을 설명하면서 "모두 배에 따로 보관해 두거나 선장이 압수해 두(고 조금씩 나누어 주)어야 한다"라고 설명했다. 그는 스피어스에게 쉽게 불에 타는 브랜디 통 근처에서 불을 피우는 것이 얼마나 위험한지 경고했다. "어떻게든 구실을 만들어서 브랜디를 받아가려고 하는 자들이 불을 피워 들고 창고로 들어가게 돼서는 안 된다." 여기서 언급한 내용 이상의 지시 사항을 전달한 후에야 그는 나머지는 스피어스의 재량에 맡기는 것으로 관대하게 동의했다.[23]

상인들은 모든 종류의 사고를 두려워했고 특히 난파를 가장 걱정했지만, 지시 사항을 통해 그러한 사고를 예방할 수 있을 것으로 생각했다. 목재선의 경우 화재는 특히 위험했다. 토머스 레일랜드는 편지에서 "무엇보다도 화재에 주의하고 불이 나면 가장 끔찍한 결과가 기다리고 있다는 점을 항상 기억하도록" 지시했다. 불이 켜진 초는 항상 조심스럽게 다루어야 했다. 데이빗 투오이는 편지에 "화약과 브랜디가 일으킬 수 있는 수많은 위험한 사고를 생각할 수 있다면 그것들을 모두 조심스럽게 다루어야 한다는 것도 알 것입니다"라고 썼다. 노예선에 사고로 인한 화재이든 반란 포로들이 계획한 방화이든 일단 불이 나면 다 날아가 버리는 것으로 생각할 수밖에 없었다.[24]

선원과 노예 들의 저항은 두 번째로 큰 걱정이었다. 선원의 횡령과 탈주 그리고 반란은 이미 잘 알려진 걱정거리였다. 선장은 선원들이 럼주나 브랜디와 같은 화물을 마음껏 따서 마셔버리지 않도록 이러한 화물을 잘 지키도록 했다. 제임스 클레멘스는 업무의 할당도 신중히 처리해야 한다고 말했다. "반란이나 문제를 일으킬 수 있는 술 취한 사람들을 소형선으로 보내 노예를 사들이게 두지 말 것." 두려워할 일이 두 가지나 있었다. 만약 선원이 소형선이나 잡용선으로 탈주하게 되면 선장은 노동력을 잃게 되는 것뿐만 아니라 노예무역 과정에 필수적인 탈것도 잃을 수밖에 없었다. 최종적인 걱정거리는 반란이 일어나서 선원들이 함선을 장악하는 것이었다. 이런 일은 18세기 전반에 걸쳐 여러 번 일어났으며 모든 상인이 가진 잠재적인 걱정거리였다.[25]

상인들은 노예의 폭동과 자살을 두려워했다. 1725년에 아이작 호브하우스Issac Hobhouse와 공동 선주들은 "노예들이 선상에서 반란을 일으키거나 뛰어내리는 것이 두려워서" 그들을 반드시 그물과 사슬로 묶어두어야 한다고 조언했다. 험프리 모리스는 1730년 예레미야 피어스Jeremiah Pearce 선장에게 "당신이 배에 실은 흑인들이 폭동을 일으키지 않도록 경계와 보초에 만전을 기하고 계획대로 항해하는 동안 항상 최악의 상황에 대비하는 것이 좋을 것입니다"라고 이야기했다. 선주들은 끊임없이 조심하라고 강조했고 무장한 보초를 눈에 띄는 곳에 항상 세워두라고 재촉했다. 이름이 알려지지 않은 뉴잉글랜드의 한 선주는 1759년 윌리엄 엘러리William Ellery 선장에게 쓴 편지에서 "당신이 총과 사람들을 그냥 가지고만 있지 않고 필요할 때 잘 사용하기도 할 것이라고 믿습니다"라고 이야기했다.[26]

적절한 규율을 유지하는 것은 전체 사업의 핵심 난제였다. 상인들은 선장이 선원과 노예를 적절한 방식으로 통제할 것으로 여겼고 이를 위해 바다 생활의 일부가 되어버린 징벌적 폭력을 가할 것으로 생각하고 있었다. 그들은 또한 이 폭력이 쉽게 잔인하게 변질되어 선원 반란이나 노예 폭동과 같은 반응을 불러일으키는 재앙의 결과를 불러일으킬 수 있다는 점도 잘 알고 있었다. 그래서 상인들은 명령과 학대 사이에 선을 그으려고 노력했다. 휴 크로우는 이것이 엄격과 잔혹의 차이라고 덧붙였고 전자는 장려하지만, 후자는 금지해야 한다고 했다. 험프리 모리스는 습관적으로 자신이 고용한 선장에게 "흑인들에게 사려 깊고 친절하게 대하며 고급 선원과 일반 선원들도 그들에게 잘 대해줄 수 있도록 하라고" 말했다.[27]

노예에 대한 대우는 까다로운 문제였고 여러 상인은 그들이 바라는 기묘한 균형을 다음과 같이 설명했다. "노예들에게 친절하게 대하되 너무 친절하지는 말 것. 안전이 보장되는 범위 내에서 최대한 관대하게 행동할 것." 또 다른 상인은 "구매 기간과 중간항로 항해 동안 노예들을 예의 있게 대우하고 인정과 안전의 범위 내에서 모든 관심과 관대함을 보여야 합니다"라고 덧붙였다. 이러한 편지 조항은 선주들 역시 테러가 노예선을 운영하는 데 필수적이었다는 점을 인정하는 것과 다름없는 것이었다. 이러한 지시 사항은 여러 가지로 해석될 수 있었다.[28]

아마도 노예를 학대한 선장을 처벌하겠다고 경고한 사람은 리버풀의 상인 로버트 보스톡뿐이었을 것이다. 노예무역 폐지 운동이 영국과 대서양 전역에서 한창이었던 1791년에 보스톡은 베스Bess호의 제임스 프라이어James Fryer 선장에게 편지를 써서 "제가 특별히 바라건대 노예들에게 인정을 베풀어 주시고 어떤 경우에도 그들을 때리지 말고 휘하의 항해사나 선원들이 아주 조금이라도 노예에게 부적절한 대우를 하지 않도록 해 주시기 바랍니다. 만약 당신이 노예를 학대하거나 휘하 사람들이 학대했다는 증거가 조금이라도 발견된다면 당신은 당신이 가진 선점 권리와 수수료 수입을 포기해야 할 것입니다"라고 이야기했다. 수수료 수입과 선점 권리는 선장 급여 중 가장 알짜배기였기 때문에 이러한 조항은 상당한 위협이 되었다. 그러나 보스톡이나 다른 어떤 상인들도 노예에 대한 학대로 선장을 실제로 벌했다는 증거는 없다.[29]

상인은 사고나 반란이나 폭동을 통해 발생하는 사망을 훨씬 더 두려워했지만 가장 보편적으로 퍼져 있는 두려움은 질병의 발병이었다. 이 만성적인 위험은 일반 선원과 노예뿐만 아니라 고급 선원과 선장 자신에게까지 영향을 주었다. 브리스틀의 아프리카호 선주는 1774년 조지 메릭George Merrick 선장에게 보낸 편지에서 "〔우리는〕 당신이 사망하는 경우가 없기를 신께 간절히 바라지만, 만약 그런 일이 발생한다면 수석 항해사 존 매튜스John

Mattews가 우리 배의 지휘권을 이어받아 우리의 명령과 지시 사항을 따르도록 할 것입니다"라고 했다. 1801년에서 1807년 사이에는 선장이 일곱 명 중 한 명꼴로 항해 중에 사망했고 상인들은 지휘권을 이양할 명령 체계를 한 명 또는 두 명의 항해사까지 준비해야 했다. 선상의 권력이 쉽게 무너짐에 따라서 그 무자비함도 함께 증가했다.[30]

서아프리카가 이미 "선원들의 무덤"이라는 것은 잘 알려져 있었기 때문에 상인들은 건강을 돌볼 필요성에 대해 자주 언급했다. 열대 지방에서 폭음하게 되면 갑작스럽게 사망할 수 있었기 때문에 그들은 선원들이 술에 취하지 말고 맨정신으로 있도록 충고했다. 또한, 그들은 선원들이 적절한 관리를 받을 수 있도록 하고 "특히 아프거나 다쳤을 때" 주의하도록 요구했다. 또한, 선원들이 더운 기후에서 학대당하거나 과로하지 않도록 당부했다. 일부 상인들은 선원과 노예의 사망률이 관련이 있다는 것도 이해하고 있었다. "우리는 당신이 백인 선원들을 잘 관리해서 그들이 건강하게 흑인들도 관리할 수 있도록 해야 한다고 권장합니다."[31]

노예의 건강은 더 중요했다. 토머스 스타크Thomas Starke는 1700년 제임스 웨스트모어 선장에게 쓴 편지에서 "항해를 통해 얻는 모든 이익은 당신이 흑인들의 목숨을 얼마나 살려오느냐에 달려 있다"라고 명확하게 적시하고 있다. 두 미국인 상인 조셉Joseph과 조슈아 그라프턴Joshua Grafton도 1785년에 같은 점을 지적했다. "당신의 항해 전체가 노예들의 건강에 달려 있습니다." 한 상인 집단은 아픈 노예에게 먹일 "양고기 수프"를 선원들이 만들게 하려고 양과 염소를 배에 실어두도록 선장에게 말할 정도였다. 시간이 지남에 따라 상인들은 해안에 머무르는 시간이 길어질수록 사망자가 더 발생한다는 사실을 점점 알게 되었다. 로버트 보스톡은 1790년 사무엘 갬블Samuel Gamble 선장에게 해안 정박과 항해가 짧으면 사망률도 높지 않다는 내용의 편지를 썼다. 일부 상인들은 사망률을 줄이기 위해 노예가 배에 가득 차기도 전에 해안을 떠나라고 선장에게 충고하기도 했다. 브리스틀의 투자자 집단은 1774년 편지에서 "노예가 절반 정도 차게 되었을 때 질병이나 사망의 기운이 커지는 것을 느끼면 해안에 오래 머무르지 말아야 합니다"라고 이야기

했다.[32]

아무리 세부적으로 항해를 관리하려고 노력한들 상인들은 모든 것이 선장의 판단과 재량에 달려 있다는 것을 잘 알고 있었다. 조셉과 조슈아 그라프턴이 1785년 편지에서 "우리는 항해의 운영 전반을 당신의 좋은 판단력과 신중한 관리에 맡기며 어떤 경우에라도 우리의 이익을 위해 당신이 최선을 다할 것이라고 믿습니다"라고 쓴 것 역시 같은 맥락이었다. 이는 바다에서 선장에게 가장 큰 권위를 부여하는 해상의 "관습"에 따라 계약을 맺었기 때문이었다. 또한, 아프리카 무역은 예측할 수 없는 데다 유럽과 아메리카의 항구에서 멀리 떨어진 채로 이루어졌기 때문에 상인들도 어쩔 수 없었다. 가장 정성껏 세운 무역 계획도 새롭고 예상치 못한 장애물에 부딪힐 수 있었다. 예를 들면 상인 모리스는 위다로 노예선을 수년간 보내왔지만, 스넬그레이브 선장은 1727년 4월에 쓴 편지에서 다호메이의 왕이 그곳을 침략하고 정복한 후 이전 무역상들을 다 몰아내고 있다고 말했다. 그다음엔 어떻게 해야 할까? 그전에 이미 스넬그레이브는 선원에 의한 반란이나 노예에 의한 피비린내 나는 폭동으로 곤란을 겪고 있다고 편지를 썼다. 그다음엔 어떻게 해야 할까? 바로 선장이 결정해야 했다.[33]

"노예선의 의장艤裝"

의사 토머스 볼튼Thomas Boulton은 1768년에 『선원의 작별인사, 혹은 노예선의 의장, 세 막의 희곡』을 출판했다. 그는 1769년 7월에 리버풀에서 출발해서 케이프 마운트로 가는 노예선 딜라이트Delight호에서 항해할 예정이었기 때문에 아마도 이 책은 그의 개인적 경험을 다루었을 가능성이 크다. 어쨌든 1768년의 글에서는 재미있어 보였던 항해는 1769년 12월에는 전혀 다르게 다가왔다. 볼튼은 함선의 돛대 꼭대기 망루에 올라앉아서 아래쪽 노예들이 격렬한 폭동을 일으키며 동료 선원 아홉 명을 죽이는 것을 보았다. 스쿼럴Squirrel호의 토머스 피셔Thomas Fisher 선장의 도움으로 볼튼은 살아남을 수 있었고 이 사건에 대한 편지를 썼으며 후에 1770년 7월 9일 『뉴포트

머큐리』지에 글을 게재했다. 그가 쓴 내용은 말 그대로 "위에서 아래로 내려다본 역사"였다.[34]

볼튼은 고급 선원의 관점에서 어떻게 선장과 항해사들이 노예선에 선원을 모았는지에 대해 다루었기 때문에 『선원의 작별인사』는 또 다른 "위에서 아래로 내려다본 역사"였다. 볼튼이 충분하게 논의하지 못한 점은 어떻게 선장이 다른 모든 선원을 모으기 전에 일등 항해사와 이등 항해사 그리고 의사(볼튼 자신과 같은)를 소집했는지에 대한 내용이었다. 소규모 항해사 무리는 선상에서 선장이 가진 권력에 결정적인 동시에 말 그대로 사회적인 기초를 제공했다. 그는 이 자리에 바다의 일반적 전통을 알고 존중할 줄 알며 특히 노예무역의 방식에 익숙한 노련한 사람을 두고 싶었다. 그는 신뢰할 수 있는 사람을 원했고 주로 이전에 함께 항해를 해봤고 일을 잘 해낸 이들을 고용하려고 했다. 고급 선원의 경우 충성심이 매우 중요했기 때문에 때로는 혈연인 사람을 고용하기도 했다. 이들 고급 선원은 일단 한번 고용되면 선원을 모집하는 어려운 일을 하는 선장을 보조했다. 아마도 볼튼 역시 선원 모집에 참여했을 것이고 이 경험이 그의 희극에 기초가 되었을 것이다. 그는 자신의 희극에서 죽음의 무역에 사람들을 모집하는 일의 본질적 진실을 담고자 했다.

그의 희극은 "리버풀의 〔머지〕강江에 정박한 함선의 주인" 샤프Sharp 선장과 그의 항해사 윌 휘프Will Whiff가 선원을 찾는 장면으로 시작한다. 이 스노우급 함선이 강에 정박한 지 8일이 지난 뒤였고 선장은 "데려갈 사람이 없다"라며 씩씩거리고 있었다. 휘프가 좋은 소식을 가져왔다. 그는 오전 5시부터 사람을 모으러 나가 있었고 마침내 건장한 동료 두 명을 찾았으며 세 번째 동료도 가능해 보였다. 술집 여주인 코브웹 부인Mrs. Cobweb이 휘프의 돈으로 술을 마시고 곯아떨어진 세 명의 선원을 데리고 있었던 것이다. 선장은 그들의 승선을 승인하며 오늘 할 일은 다 했다고 하면서도 휘프에게 "낚싯바늘에 신선한 미끼를 더 달아두고 한 번 더 시도해 보게"라고 덧붙였다. 그는 약간의 조언을 더 하며 말을 마무리했다. "선원에게 병과 술잔 그리고 소금물을 주면 아마 금방 뻗어버릴 거야." "인생의 정수이며 선원의 영혼"이라고 할 수 있는 그로그^{grog주酒}는 노예선으로 그들을 꾀어내는 데 필수적이었다.

볼튼은 선원을 얻는 과정에서 자발적인 측면과 강제적인 측면을 모두 그리고 있으며 (고급 선원 입장에서) 가능한 최대한 밝게 그 모습들을 표현했다는 점은 그리 놀라운 것도 아니다. 그는 선장과 항해사들이 어떻게 선원들이 승선하도록 설득했는지 묘사했다. 고급 선원들이 먼저 그들을 술집에서 만나서 감언이설로 속여 가며 그로그주를 마시고 같이 노래를 부르면 선원들은 자신의 바다 생활 이야기를 늘어놓기 시작했다. 휘프는 스스로 "바다가 나를 키웠다"고 선언하며 자신은 "언제나 뱃사람의 친구"라고 이야기했다. 배가 아직 출항하지 못한 유일한 이유는 선원을 인간적으로 대할 줄 아는 고급 선원을 충분히 찾지 못했기 때문이라고 했다. "아니, 아니야. 지금 있는 항해사 둘은 모두 마음에 인정을 품고 있지." "형제 같은 선원들에게 몽둥이(갑판장이 들고 다니는 등나무 지팡이를 말하는 것)를 들이대는 사람은 없을 게야." 샤프 선장은 다음과 같이 말했다. "나는 선원으로 자랐고 공평한 대우를 하는 평등주의자야. 위계나 특권 같은 건 없다네. 난 자네들이 나를 누구누구 씨라거나 선장님이라고 부르기를 바라지 않아. 그냥 선원 잭 샤프라고 부르게. 내가 만약 다른 호칭을 원한다면 천벌을 받을 거야. 바다에 있으나 해변에 있으나 나는 그냥 나란 말이지." 선원들은 온갖 기대에 부풀어 있었다. 그들의 함선은? "지금껏 바다를 가른 스노우급 함선 중 가장 빼어난 함선"이었다. 그들은 좋은 급여 조건으로 "가장 깨끗한 해안"으로 향하는 짧은 항해를 한다고 했다. 선장과 항해사는 선원의 아내까지 끌어들여 좋은 대우와 안전한 귀환을 약속했다. 그 선원 중 한 명인 몰^{Moll}은 모순점을 눈치채고 다음과 같이 말했다. "노예선 선장이 모두 저렇게 착한 성미를 가지고 있다면 왜 그들이 [사람이 부족해서] 선원을 모으러 다니겠는가?"

선장과 항해사는 순진하고 어리석은 이들을 산 채로 잡아먹을 듯했다. 촌놈 티가 나는 밥 블러프^{Bob Bluff}가 "아프리카 땅은 어떤 곳입니까?"라고 묻자 휘프는 그곳은 황금이 가득하며 일할 필요도 없는 전설의 유토피아와 같은 곳이며 환락의 땅이라고 대답했다. "아니야 거기선 일 할 필요가 없네. 부드러운 여인의 무릎 위에 머리를 올려 두고 누워 있으면 그녀는 자네 머리카락을 가지고 놀겠지. 그러다 우리가 원하는 만큼 돈과 황금을 갖게 되면 자 메이카로 떠나게 되지. 자네 돈을 보관하려면 거기서 마호가니 나무로 상자를 만들어야 할 걸세. 그곳은 럼주가 강처럼 흐르고 설탕이 산처럼 쌓여 있으며 라임 나무가 무리를 이룬 곳이며 황제를 위한 술이 넘쳐나는데 누군들 아프리카에 가고 싶지 않겠나." 돈과 아프리카 여자에 대한 약속은 단지 노예 거래의 일부분일 뿐이었다. 대부분 노예선은 시골에서 갓 상경한 신출내기에 일거리도 없는 풋내기 선원을 고용했고 이들은 바다에 대한 경험도 없었고 아마도 아프리카에 대한 지식도 전혀 없었을 것이다.

볼튼은 술에 취한 친구 사이였던 두 선원 피터 파이프Peter Pipe와 조 치셀Joe Chissel이 정신을 차렸을 때는 감옥 안이었다고 묘사하며 선원 모집의 강제적 측면에 관해 설명했다. 그들은 술 마실 때 진 빚으로 술집 여주인에 의해 감옥에 보내졌다. 둘 다 아프리카에 가 본 적은 없었지만, 감옥을 나갈 방법은 잭 샤프와 같은 노예선 선장의 제안에 동참해서 그가 빚을 대신 갚아주도록 하는 길뿐이라는 것을 잘 알고 있었다. 파이프는 자신이 준비되었다고 공언했다. 그는 아프리카에 가서는 절대 술을 마시지 않겠다고 맹세하며 "건어물처럼 바짝 마른 채" 지내겠다고 했다. 치셀은 노예선이 감옥보다 나쁠 것이라는 생각에 주저했다. 그는 노예선에 탔다가 선장을 깡패라고 불러 왼쪽 눈이 도려내어진 불쌍한 윌 웨지Will Wedge라는 사람의 이야기를 해 주었다. 곧 샤프 선장이 나타났고 돈을 대신 내주겠다고 제안했다. 이 장면의 마무리는 설명되어 있지 않지만, 선원들은 이미 거래를 수락할 준비를 하는 것처럼 보였다. 선장은 선원들을 재빨리 배에 태웠고 곧 아프리카로 출항했다.

실제 선원이었던 실라스 톨드와 윌리엄 버터워스는 선장이 "바다에 있을 때와 뭍에 있을 때 전혀 다른 사람이었다"라고 주장했다. 항구에서 선원을 모집할 때에 그는 매력적이고 융통성 있는 사람이었다. 톨드는 첫 노예무역 항해에서 티모시 터커Timothy Tucker 선장이 이끄는 로열 조지Loyal George호를 타고 바다로 나섰다. "확언하건대 전에 없었던 악랄한 악당이었으나, 집에서는 성인처럼 굴었다." 버터워스 역시 휴디브라스호의 젠킨스 에번스 선장에게서 비슷한 경험을 했다. 뭍에서 선원을 모집하는 동안은 "겸손과 공손함, 정중함" 그 자체였던 사람이 일단 배에 오르자마자 "까다롭고 역정 부리는 폭군"으로 변했다. 선장은 "숙련된 위선자"였다. 선장은 자신만의 지옥을 만들어 가면서 점점 극적으로 변화되어갈 것이다.[35]

깡패 짓Bully

선원을 모집하던 마지막 몇 달 동안 술에 취한 선원과 맨정신의 선원이 각종 권모술수에 의해 배에 올랐고 그중 몇몇은 출항 직전에 배에 올라타기도 했다. 선장은 선주인 한 상인과 부지런히 항해를 준비했다. 상인은 전체 투자자 집단을 대표하고 있었고 마치 "함선과 결혼한 사이"인 듯이 행동했다. 함선에는 수리가 필요한 경우가 많았고 이는 선장이 배목수와 뱃밥 메우는 기능공, 소목장이, 대장장이, 벽돌공, 유리장이와 같은 소규모 기능공 무리에서부터 돛, 도르래, 밧줄 제작자와 돛대, 삭구, 소형선 제작자, 통 제작자와 화가 그리고 실내 장식업자까지 수많은 전문가를 만나 거래를 해야 한다는 것을 의미했다. 출항 전 마지막 날이 저물어 갈 때는 모든 것이 적절하게 준비되었는지 확인해야 했다. 그다음에는 식량을 공급해 주기 위해 도살자는 소고기를, 제빵사는 비스킷을, 양조사는 맥주를 가져왔다. 물은 필수품이었다. 선장은 의사가 의료 도구와 물품들을 모두 챙겼는지 포수가 필요한 권총과 장총 그리고 노예들에게 겁을 주기 위한 작은 대포를 준비해 뒀는지 확인했다. 선장은 수갑과 족쇄, 칼, 쇠사슬뿐만 아니라 구교묘나 스페큘럼 오리스, 엄지손가락용 나비나사와 같은 노예를 속박하기 위한 도구들도 살펴보았다. 이 도구들은 운송될 화물에게 필수적인 요소였으며 창고에 잘 보관되었다. 선장은 또한 선원 각각에 대한 장부를 만들어 선급금을 기록하고 아내나 가족에게 배당할 급여 비율을 정했으며 출항 후에는 선원이 사들인 물품의 가격을 계산해 두었다. 항해사와 선원들이 삭구를 당겨 돛을 펴고 닻을 끌어 올리면서 배는 출항 준비를 완전히 마치게 되었다. 함선이 해상에 진입하면 선장은 이제 배의 모든 상황을 전적으로 통제하게 된다. 단순히 배를 움직이는 것뿐만 아니라 그 안의 화물과 식량 및 물의 보급 그리고 배의

미시적인 경제와 사회적 체계까지 모두 그의 통제를 따랐다. 배 위의 세상은 모두 그의 것이었다.[36]

항해가 시작되자마자 선장은 자신의 권한을 과시하며 배에서의 작업 일과와 일을 수행할 사람을 정해 주었다. 그는 고급 선원들에게 자신의 권한을 위임해서 배에서 일어나는 다양한 노역의 과정을 감독하게 했지만, 실제 통제 권한이 누구에게 있는지는 모두 다 알고 있었다. 또한, 그는 권력의 내부 성소를 마련하고 그곳을 차지했다. 바로 선장의 선실이다. 그는 여기에서 잠을 자고 그를 위해 특별히 준비된 질 좋은 음식을 (주로 의사와 항해사들과 함께) 먹었으며 항해를 계획하고 다양한 기록을 작성하기도 했다. 그의 기록물에는 항해일지, 항해 중 식량과 물 소비 및 충당 장부, 여러 무역상과의 외상과 빚 목록, 사고판 화물에 대한 기록 등이 있었다. 누구도 허락 없이는 선장의 선실에 들어갈 수 없었고 그나마 허락을 받고 들어갈 수 있는 사람도 고급 선원들뿐이었다. 또한, 선실은 선장이 승선한 여자 노예들의 몸을 취하며 자신의 권력을 과시했던 곳으로 선장은 습관적으로 "아내"와 "총아"를 지목했고 그들이 선장의 거처에 머물며 성적 쾌락을 제공하도록 강요했다. 1795년에 찰스턴호에 승선했던 선장과 모든 고급 선원들이 서너 명의 "아내들"을 거느렸다가 신세계에 도착하자마자 그들을 모두 "좋은 가격"에 팔아 버린 것이 그 예라고 할 수 있다. 선장의 선실에서 일어난 일들은 언제나 선원들에게는 수수께끼와 같았고 이는 계획된 일이었다. 대부분 선장은 후에 "지휘 고립"command isolation이라고 불리게 될 이 방식에 익숙했다. 선원이나 노예들과의 지나친 친밀감은 권위를 약화할 수밖에 없었고 거리감과 격식 그리고 엄격한 태도가 권위를 향상시킬 수 있었다.[37]

실제로 선장에게 권위를 확립하는 것은 시급한 필요성을 가진 문제였다. 일부는 바다 생활의 전통을 통해 또 다른 일부는 경험과 지식을 통해 해결할 수 있는 문제였다. 항해기술에 대해 잘 아는 선장이라면 누구든 존경을 받을 수 있었고 특히 이전에 아프리카 해안으로 항해해 본 경험이 있는 선장이라면 그가 받는 존경심은 더 커졌을 것이다. 통제의 또 다른 측면은 선원들이 날인하여 명령 복종을 약속했던 급여 계약을 통해 이루어졌다. 명령에 복종하지 않을 시에는 급여를 잃게 되고 추가로 처벌도 받을 수 있었다. 이러한 처벌은 선장이 직접 하기도 했고 국가의 힘으로 처벌을 내릴 수도 있었다. 18세기 대양을 항해하는 어떤 함선이든 선장의 권력은 개인적이고 폭력적이며 독단적이었다. 선장은 선원에 대해 잘 알고 있었고 작은 사회 세계를 다스렸다. 그러나 노예선과 그 배의 선장은 사람들이 흔히 알고 있는 선장과는 다른 점이 있었다. 노예선은 어지럽고 폭발적인 사회적 긴장으로 가득했기 때문에 선장은 종종 항해가 시작되는 시점부터 극단적으로 자신의 권력을 과시하려고 했다. 선원들이 보기에 이러한 극단적 과정은 육지가 시야에서 사라진 직후부터 시작되는 경우가 많았다.

많은 노예선 선장은 "불리"[깡패 짓]이라는 한 단어로 요약할 수 있는 횡포한 방식의 지도력을 발휘했다. 그들은 거들먹거리고 호통치며 주변 사람들을 못살게 굴면서 깡패 짓을 했다. 이러한 유형을 가장 잘 보여준 예시는 1750년에서 1768년 사이에 리버풀에서 아홉 번의 항해를 했던 전설적인 인물 토머스 "불리" 로버츠Thomas "Bully" Roberts의 사례에 잘 나타난다. 1884년에 리버풀의 노예무역 역사에 관한 글을 통해 현지 민간전승 문학 기록을 남긴 리버풀의 작가 "딕키 샘"Dicky Sam 38에 따르면 로버츠는 "태어날 때부터 깡패"였고 "천성에 원래 그런 부분이 있는 것"처럼 보였다. 그러나 원래 태생과 천성이 어쨌든지 간에 그는 노예무역을 통해 더 잔인해졌고 그가 보인 선장의 모습은 "두려움을 모르는 대담한 성격에 냉혹한 자"의 모습이었다. 19세기에는 "벅코"bucko[약자를 모질게 학대하는 사람]라는 단어로 이러한 종류의 사람을 설명하기도 했다. 벅코라고 불리던 선장이나 항해사들은 항상 선상의 규율에서 보통 이상의 요구를 하며 부하를 마구 부리는 자들이었다. 이것 역시 계획된 것이었다.39

선장이 자신의 권력을 확립하는 주요한 방법은 선원 전체를 괴롭히거나 일부만 괴롭히는 것이었는데 보통은 일부만 괴롭히는 것을 선택했다. 일부 선장은 항해 초기부터 권력을 원색적으로 과시하려 마음먹고 (고급 선원을 제외한) 모든 선원에게 자신의 사물함을 가지고 갑판에 올라오도록 명령했다. 그리고는 마치 훔쳐 간 물건을 찾는 시늉을 하며 그들의 사물함을 박살 내고 찌그러뜨리고 불태워 버렸다. 이러한 행위들은 선원의 목숨에 관한 모든 면을 통제할 수 있다는 상징적 과시를 효율적으로 드러내 주었다.[40] 또한, 선장은 어리숙한 선원을 골라서 괴롭힘의 대상으로 삼았고 이를 통해 그 선원이 전체 선원들을 위협하는 매개체로 활용되도록 했다.[41] 괴롭힘은 때때로 살인(또는 자살)을 불러왔고 반대로 선장을 잔인하게 살해하는 경우가 발생하기도 했다. 그 예 중 한 명인 존 코너John Connor 선장은 1788년 선원들에 의해 살해당했다. 그는 "야만적이리만큼 가혹한 처사"를 계속한 것으로 알려졌다.[42]

한 사람을 꼭 집어서 괴롭히지 않는 경우에라도 폭력적인 징벌은 노예선에서 흔히 일어나는 일이었다. 가장 중요한 "교화 도구"는 구교묘 채찍으로 손쉽게 고문 도구로 활용할 수 있었다. 의사 알렉산더 팔콘브리지는 구교묘 채찍을 다음과 같이 묘사했다. "밧줄을 꼬아 둘레가 3인치 반 정도 되게 만든 자루 또는 손잡이에 8인치 길이로 된 아홉 개의 꼬리 또는 갈래의 측량 밧줄을 이어 만든 모양으로 각 갈래에는 서너 개의 매듭이 묶여 있다." 구교묘 채찍은 일과 작업과 사회적 일상 속에서 항상 사용되었고 사소한 위반과 무례한 행동을 교정하기 위해 사용되었으며 선원과 노예 모두에게 본보기가 되는 처벌을 하는 순간에도 사용되었다. (일부 선장들은 노예가 보는 앞에서 선원에게 채찍질하는 것을 꺼렸지만, 또 다른 일부의 경우 일부러 그렇게 하기도 했고 심지어 가끔 노예에게 선원에 대한 매질을 명령하기도 했다.) 어떤 고급 선원은 구교묘 채찍에 대한 애착이 너무 강해서 이것을 품에 두고 잠을 자기도 했다. 세 개의 매듭이 묶인 아홉 개의 꼬리(어떤 것은 철사가 중간에 끼워져 있기도 했다)의 목적은 희생양의 피부를 찢으려는 것이었다. 구교묘만이 유일한 징벌의 도구는 아니었다. 작살, 칼, 포크, 밧줄 고정핀, 밧줄을 풀 때 쓰는 쇠막대와 긴 펌프 나사들처럼 배에는 선장이나 항해사가 언제든 무기로 쓸 수 있을 만한 도구들이 넘쳐났다. 선장은 또한 반란의 기미가 있는 선원에게 수갑과 족쇄를 씌우기를 주저하지 않았고 극단적인 경우에는 매우 반항적인 노예에게 씌우려고 준비했던 칼을 그들의 목에 씌우기도 했다. 선장은 선원을 통제하기 위해 모든 테러의 기술을 다 동원했다.[43]

일부 선장들은 또 다른 권력을 과시했다. 그들은 아프리카 해안으로 가는 항해나 중간항로에서 선원에게 "할당량 삭감"이라는 방식을 적용했다. 이러한 방식을 적용한 근거는 불리한 항해 조건으로 항해가 길어지고 식량을 충당하기 힘든 상황으로 인해 이를 보존할 필요가 있다는 것이다. 아니면 선장이 단지 선원들에게 "너희들을 살찌우기 위해 데려온 것이 아니다"라고 선언해 버릴 수도 있었다. 선원들은 선장이 비용을 절감해서 선장과 선주의 이익을 챙기려고 자신의 식량을 잘라 먹었다는 생각에 분개하며 선장을 원망했다. 선원들을 위한 음식은 처음부터 질이 좋지 않았으며 물론 항해가 계속될수록 음식의 질은 더 저하되었다. 소금물에 절은 소고기는 뭉개져 버렸고 비스킷은 해충이 퍼져 나가며 오염되었다. 물은 특히 갈등을 불러일으키는 원천이었고 함선이 열대지방에 있을 때 이러한 갈등은 극에 달했다. 많은 노예선 선장들은 물의 소비를 제한하기 위해 기괴한 관행을 도입했다. 그들은 주돛대의 망루에 물통을 달아놓고 거기에 물을 마실 수 있게 고안된 포신으로 만든 수도꼭지를 하나 마련해 두었다. 선원들은 물 한 모금을 마시기 위해서 돛대의 꼭대기까지 올라가야 했다.[44]

선장이 내부 경제를 통제하려고 했던 또 다른 중요한 이유는 바다에 머무는 동안 선원들에게 "장구류"(작업복, 바지, 재킷, 모자)와 칼, 담배, 브랜디, 럼주와 같은 개인 품목을 판매하려고 했기 때문이다. 이러한 품목들은 주로 매우 높은 가격에 판매되었고 이 역시 선원들 사이에 분노를 불러일으켰다. 워낙 높은 가격에 급여가 남아나지 않았기 때문이다. 길고 위험한 항해를 마치고도 어떤 선원은 고향 항구에서 땡전 한 푼 받지 못했고 오히려 바다에서 구매한 물품들 때문에 선장에게 빚까지 지기도 했다. 선원들은 이러한 현상을 "브리스틀 항해"라고 불렀다. 이로 인해 일종의 부채 노동자가 발생하게 되었고 결국 그들은 선장에게 다음 노예무역 항해에도 써먹을 수 있는 준비된 노동력을 제공했다.[45]

장사꾼

노예선이 아프리카 해안에 도착하면 선장은 아프리카 해안의 유럽인과 아프리카인 무역상들에게 화물을 사고파는 장사꾼의 면모를 더욱 극명하게 드러냈다. "요새 무역"과 "소형선 무역"을 위해서는 지식과 경험이 필요했으며 특히 후자의 경우 아프리카인과 직접 교역하는 상황에서 이러한 가치는 더 빛을 발했다. 특정 지역의 누군가와 이전에 거래했던 경험이 있는 노예선 선장은 큰 이점을 누릴 수 있었다. 18세기 전반에 걸쳐서 선장은 해안의 어디서든 통역사를 쉽게 구할 수 있었으며 물론 많은 아프리카 무역상들 역시 피진어나 크리올creole 영어46를 구사할 수 있었다. 그러나 하나 이상의 아프리카 언어를 할 줄 아는 선장은 무역의 선택권이 훨씬 커졌다. 이로 인해 노예무역을 보며 "자란" 사람들은 어렸을 때부터 아프리카 언어를 배워가며 이점을 챙길 수 있었다. 휴 크로우의 경우 시작은 늦었지만 선원, 항해사, 선장으로서 비아프라만으로 향하는 항해를 여러 번 했고 스스로 이그보어를 말할 수 있다는 점을 자랑스럽게 생각했다. 크로우의 개방적인 성격은 그가 거래하던 무역상들 사이에서 좋은 평가를 받고 있었다. (아니면 단지 그의 회고록에 그렇게 적혀 있기만 했던 것일 수도 있다.)

교역 관계에서 권위를 확립하는 것은 쉬운 일이 아니었고 때때로 노예선 선장은 자신이 지휘하는 무시무시한 무장 함선의 강력한 힘을 빌리기도 했다. 노예선을 해안 가까이 정박할 수 있는 지역에서 선장은 지역 상인들이 노예를 더 많이 데려오게 하거나 그들을 더 싼 값에 제시하도록 "장려"하기 위해서 무역 마을을 향해 대포를 한두 방 쏘기도 했다. 선원이었던 헨리 엘리슨은 의회에서 1760년대에 일고여덟 명의 노예선 선장이 협동해서 감비아강의 무역 마을을 향해 "불덩이 포탄"47을 발사해서 몇몇 집에 불을 지름으로써 무역상들이 낮은 가격을 제시하도록 한 것을 본 적이 있다고 증언했다. 1793년 6월 카메룬에서도 유사한 일이 발생했다. 제임스 맥갈리James Mc-Gauley 선장은 흑인 무역상의 카누에 대포를 발사해서 한 명을 죽였고 이로써 맥갈리 자신의 배가 완전히 채워지기 전에 다른 배에 노예를 팔아서는 안된다는 메시지를 전달했다. 그러나 이러한 일은 예외적인 경우라는 점을 강조할 필요가 있다. 대부분 선장은 아프리카 무역상과의 관계를 신중하게 맺었고 특히 한 번의 항해로 무역을 끝낼 생각이 아닐 때 이러한 관계는 더 중요했다. 노예 거래는 그들의 신뢰와 동의에 크게 의존하고 있었다.[48]

무역을 처음 개시하기 위해 선장은 선원들에게 하갑판의 다양하고 값비싼 제조품들을 위로 끌어올리도록 명령했고 곧 이 물품들을 인간 화물과 교환했다. 함선의 주갑판이 시장으로 변했고 선장은 "큰 손"의 역할을 하며 또 다른 "큰 손"들과 거래했으며 때로는 지역의 "왕"에게 세금을 내고 그들과 거래하기도 했다. 상대가 최고 권력을 지닌 정치 지도자이든 그보다 지위가 낮은 무역상이든 선장은 다쉬[뇌물]와 코미comey[세금]을 쥐서 배로 노예들을 데려오도록 부추겼다. 그는 음식과 술을 대접하고 자주 영향력 있는 상인을 초대해서 함선에서 하룻밤 쉬어가도록 했다. 복잡하고도 지루한 거래의 과정이 이어지면서 하갑판은 아메리카로 운송될 노예들로 천천히 채워졌다. 사업 대리인으로서 선장의 업무는 1759년에서 1760년 사이에 보니섬으로 항해한 몰리Molly호의 윌리엄 젠킨스가 기록한 문서에 놀랍도록 자세하게 묘사되어 있다.[49]

젠킨스는 먼저 브리스틀을 떠나기 전에 선주가 함선에 적재한 물품을 기록했고 곧 그 물품들은 몰리호의 갑판에 나열되어 팔리게 되었다. 이 화물 중에는 총기류와 탄약, 섬유, 금속과 금속제품, 주류 그리고 모자나 보석(아랑고arrangoes[홍옥류의 보석으로 노예무역을 위한 화폐로 사용됨])과 같은 제조품이 있었다. 화물 중 가장 큰 비중을 차지하는 것은 소총(600정), 나팔총, 부싯돌 그리고 화약이었다. 그 외에는 다소 가치가 낮은 순서로 영국이나 인도에서 생산된 니카니스nicanees[인도의 직물], 로마울스romauls[순면 손수건], 첼로즈chelloes[올이 거친 직물]와 같은 여러 종류의 천과 철괴, 구리 막대, 칼, 철 냄비 그리고 일부 잡동사니 물품들이 있었다. 젠킨스 선장은 또한 1,885갤런의 브랜디를 담은 통들을 배에 실었고 추가로 술병과 "케그"caggs[keg]라 불리는 작은 통도 일부 배에 실었다.[50]

젠킨스가 기록한 문서에서 가장 주목할 만한 점은 그가 식량과 물을 위해 세금과 수수료를 지급하던 보니섬의 왕에서 시작해서 그와 함께 사업 거래를 했던 아프리카 상인들 모두에 대해 상세하게 기록한 부분이다. 젠킨스는 모든 무역상의 이름까지 하나하나 기록했다. 그는 "요크 영주"Lord York, "블랙 톰"Black Tom, "쿠죠"Cudjoe, "빨르멍 신사"Parlement Gentleman, "갤로우즈"Gallows 외에도 75명의 사람의 이름을 나열하고 왕과 관련된 인물과 거물 상인 존 멘도스John Mendoss와 관련된 인물로 나누어 기록하였다. 그러나 80명에게 다쉬를 지급하였음에도 58명은 몰리호로 단 한 명의 노예도 데려오지 않았다. 가장 크게 기록된 내용은 "보니섬의 왕 : 신뢰할 수 있음"이었고 그 외에도 다양한 내용이 표기되어 미래의 노예무역 거래에 참고할 만한 내용이 기록되어 있었다. 젠킨스는 분명 협력적이고 지속 가능한 관계를 수립하려는 의도를 보였다.[51]

대부분 무역상은 한 번에 한 명에서 세 명 정도의 노예만을 데려왔기 때문에 소규모 매입을 할 수밖에 없었고 이는 아프리카 대부분 해안에서 일반적인 형태였다. 오직 세 명의 상인만이 한 번에 스무 명이 넘는 노예를 데려왔고 여섯 명의 상인은 열 명이 넘는 노예를 데려왔으며 이런 경우는 흔하지 않았다. 주요 노예 공급자는 제미 샤프Jemmy Sharp였으며 그는 배에 일곱 번을 방문했고 총 스물여덟 명의 노예를 팔았다. 노예를 데려온 사람 중에 스물네 명은 다쉬를 받아 챙겼고 스물다섯 명은 받지 않았다. 그러나 다쉬를 받은 사람들이 총 216명의 노예를 데려와서 젠킨스가 최종적으로 구매했던 286명의 노예 중 4분의 3이 넘는 숫자를 그들이 책임졌다. 노예를 팔러 왔던 상인 중 열다섯 명을 제외한 나머지 모두는 한 번 이상 노예를 팔러 왔다. 이 상인들이 팔아넘긴 노예의 숫자는 267명이었으며 전체의 93.3퍼센트에 달했다. 몰리호에 가장 빈번하게 방문한 사람은 틸레보Tillebo라는 이름의 남자인데 그는 열한 번이나 노예를 팔기 위해 방문했다. 모두 합해서 보면 젠킨스 선장은 총 160번의 거래를 통해 노예를 구매했고 이는 단 3개월 만에 이루어진 것으로 보통 때보다 훨씬 빠른 "노예 모집"을 할 수 있었다. 그는 125명의 남자, 114명의 여자, 21명의 소년과 26명의 소녀를 인간 화물로 적재하며 일을 마무리했다. 상인들과의 교류를 통해 성공적인 거래를 했기 때문에 이러한 교류는 분명 투자의 가치가 있는 것이었다. 이제 선장에게는 배에 탄 난폭한 286명의 아프리카인 포로들과 함께하는 새로운 도전 과제가 기다리고 있었다.

형제 선장

　노예선 선장들은 서로 간의 관계 역시 잘 형성하고 있었으며 특히 노예를 사들이기 위해 아프리카의 해안에 머무는 몇 달 동안 이러한 관계는 더욱 중요했다. 다양한 선적 요충지가 모여 있는 곳에서 두세 명의 선장 또는 그 이상의 사람들이 모였고 때로는 해안의 아프리카인 상인까지 불러 정찬을 들었다. 그들은 이러한 모임을 통해 그들이 느끼는 지휘 고립을 극복하고 유용한 지식과 정보를 나누었다. 왕립 아프리카 회사의 조사원이었던 윌리엄 스미스William Smith는 1726년 감비아강 주변에 머무르는 노예선의 선장과 고급 선원들이 "매일 서로 왕래한다"라고 기록했다. 배가 모인 곳은 어디든 마찬가지였다. 그들은 무역을 빠르고 유리하게 완수해서 노예 화물을 가득 채운 후 신세계로 신속하게 항해해야 하는 경쟁 관계에 있었음에도 서로의 공통 관심사를 인정하고 협력하는 모습을 보였다.[52]

　존 뉴턴 역시 다른 선장을 정기적으로 방문하고 소통하며 무역의 상황과 노예의 상태 및 가격 그리고 위험과 재난 소식에 관한 종류의 유용한 정보를 교환했다. 그는 한 선장에게 반항적인 선원과 노예를 데려가 달라고 부탁하기도 했고 다른 선장에게는 의사를 빌려 달라고 요청하기도 했다. 그는 동료와 함께 "시시콜콜한 농담"을 나누기도 했는데 그 내용은 대부분 성적인 희롱이었다. 다른 선장들은 뉴턴이 오직 한 여자 그의 아내 메리에게만 헌신하는 노예 같은 삶을 산다고 그를 놀렸다. 그는 "그러는 당신들은 백 명의 주인을 가진 노예가 아니냐"라며 반박했다. 그 백 명에는 말할 것도 없이 해안에서 사들인 여자들도 포함되었다. 노예선 선장들은 그들끼리 하는 말로 익숙한 편안함을 제공해 주는 유흥을 즐기기도 했다.

　선장들이 서로 주고받은 정보 중 어떤 것은 생사가 달린 문제가 될 수도 있었다. 그들은 현지 아프리카인에게 "탈취"당한 노예선, 피의 폭동, 선원의 실종, 폭발, 난파와 같은 재난에 대해 반복적으로 이야기했다. 스트리트Street

선장은 1807년 바람막이 해안의 퐁가스강ㅠ에서 일어난 일을 이야기하며 이러한 사건들이 가지는 중요성을 강조했다. 그는 "노예로 배를 가득 채우고" 해안을 떠난 열세 척의 배를 하나하나 열거하며 그 배의 선장들이 중간항로에서 노예들을 먹이는 데 필요한 쌀을 구하는 데 어려움을 겪었던 일을 이야기했다. 그는 또한 현지의 노예무역 공장에 정박한 두 함선이 조류의 역류로 어떻게 파손되었는지도 설명해 주었으며 하인드Hind호의 맥브라이드Mc-Bride 선장이 겪은 반란과 살해 시도와 바임Byam호에서 일어난 선원들의 대량 탈주에 관해서도 이야기했다.[53]

대부분 선장은 서로 간의 만남에서 노예의 현황과 가격을 가장 중요하게 다루며 이야기를 나누었지만, 흑인 무역상과의 관계(누가 믿을 만하고 누가 그렇지 않은가에 대한 정보)나 무역상들이 꼭 사고 싶어 하는 물건이 무엇인지에 대한 정보도 나누었다. 또한, 그들은 자원을 공유하기도 하고 자신을 고용한 상인이나 선주의 이익에 해가 되지 않는 선에서 유능한 노동력(목수나 의사), 보급품(의약품), 음식 또는 무역 물품을 서로 빌려주기도 했다. 이러한 만남의 자리에서 가장 돋보이는 사람은 그 지역을 가장 잘 아는 선장이었다. 선원 윌리엄 버터워스는 함께 모인 집단에서 "가장 나이 많은"(가장 경험이 많다는 의미) 선장이 선두에서 함선들을 이끌고 무역을 하기 위해 칼라바르강의 카누 하우스로 향하는 관습이 있었다고 설명했다.[54]

선장은 또한 자신의 고급 선원과 일반 선원 그리고 노예에 대한 기록을 서로 비교했다. 선장은 미래의 항해에서 다음에도 고용하고 싶은 숙련되고 신뢰할 만한 사람들과 고용을 거절하고 싶은 사람들을 따로 기록해 두었고 이를 통해 고급 선원으로 성장하고 있는 사람들의 평판이 올라가거나 손상될 수 있었다. 그들은 의사에 관한 이야기도 자주 나누었는데 그 내용은 주로 그들의 자격에 관한 불평이었다. 의사들이 사망을 막지 못하면 그들은 이내 그들을 비난했다. 주로 더 잘 교육받았고 "계몽된" 지식층인 의사들은 때때로 선장과 심각한 갈등을 겪기도 했다.[55]

선원과 노예에 대한 대화는 주로 그들의 반항성과 건강에 초점을 두는 경향이 있었다. 피해야 할 선원 노동자의 목록을 작성하는 것도 이 회의의 주요 안건이었으며 가능하다면 반란 선원을 근처 군함으로 보내버리는 결정을 내리는 것도 이 회의에서 다루던 문제였다. 선장은 서로 기록한 처벌에 관한 내용을 비교하고 새로운 고문 방법을 알려주기도 했다. 아프리카인 노예에 대한 대화는 분명 인종주의적인 욕설이 가미되어 있기는 했지만, 그 주제는 선원에 대한 것과 크게 다르지 않았으며 다양한 종족 집단과 배를 본 그들의 반응에 관한 대화가 오갔다. 해안에서의 노예선 선장들의 형제애에 관해서 기록이 남지는 않았지만, 구두로 전해지는 규칙이 하나 있었다. 그들은 국적과 관계없이 선원과 노예를 다루는 데 서로 협력하며 특히 반란의 순간에는 적극적으로 협조하기로 했다.[56]

노예선 선장 집단은 아프리카 해안에서 일종의 정부와 같은 기능을 했다. 해당 지역에서 노예선과 관련된 쟁점이 발생하면 누군가 협의회를 소집해서 근처 모든 선장이 참석하도록 했다. 마치 전투 전략을 의논하기 위해 만난 해군 장교들처럼 노예선 선장들은 최선의 행동 방침에 관해 심사숙고하고 집단으로 판단했다. 윌리엄 스넬그레이브가 1721년 여덟 명의 노예가 폭동을 일으켰다가 실패했을 때 그랬던 것처럼 그들은 실패한 폭동 주동자의 운명을 결정하기도 했다. 그들은 주변의 가까운 배들을 모두 한데 모은 다음에 모든 노예를 갑판 위로 데려온 후 죄인을 공중에 매달아 두고는 총으로 쏴서 모두가 그 모습을 보고 테러의 교훈을 느낄 수 있도록 하는 판결을 내리기도 했다. 이때 문제가 되었던 노예는 자신의 경제적 가치가 높으므로 절대 처형될 리 없다는 확신을 가지고 있었지만, 그 생각은 잘못된 것이었다. 스넬그레이브와 다른 선장들은 어떤 아프리카인이든 "백인"을 죽이면 이렇게 된다는 메시지를 주기로 했다. 휴 크로우는 보니섬에서 선장들과의 회의를 소집하고 자주 술에 취해서 선원들 사이에 반란을 조장하고 선장의 목숨을 위협하는 항해사를 어떻게 해야 하는지 물어보았다. 그들의 평결은 그를 자신의 선실에 머무르게 하되 (왜냐하면, 그는 "리버풀의 존경받는 집안" 출신이었다) 그가 해야 할 임무에서는 손을 떼도록 하는 것이었다.[57]

선장들은 자신이 했던 사기 거래 관행을 자랑스레 이야기하기도 했다. 물을 탄 술과 화약통에 넣어둔 가짜 탄환, 커다란 천 한가운데를 크게 도려

내어 챙겨두기, 그 외에도 가능한 모든 방법을 동원해서 사람들이 "구매하는 물건의 숫자, 무게, 정량, 질을 속이는 방법"에 관한 대화가 오갔다. 뉴턴은 "가장 교묘한 사기 거래를 꾸미는 사람을 이 사업에서 가장 유능하고 똑똑한 사람으로 간주하였다"라고 회상했다. 사기가 무역의 기술이었다. 선장들은 전체적으로 서로 동지애와 동류의식을 가지고 공통의 이해관계를 가진 사람들이었다. 그들의 회의는 유산 계급 백인의 상호 조력 사회를 표방하고 있었다.[58]

교도관

노예를 사들이는 길고 느린 구매 과정은 서아프리카 해안의 "전쟁과 같은 평화" 속에서 이루어졌다. 노예선은 노예를 사들이는 과정이 끝나기까지 6개월 이상을 소비했고 중간항로 항해는 6주에서 10주가량 걸렸다. 일부 선장들은 자신의 배에 태울 "화물"에 여러 아프리카인 부족과 언어 집단이 섞이도록 해서 그들이 서로 소통하고 협력해서 저항할 가능성을 최소화하고자 노력했지만, 이는 쉬운 일이 아니었고 비용도 많이 들었으며 궁극적으로 비현실적이었다. 노예무역의 경쟁적 측면과 아프리카 측의 조직의 특성을 살펴보면 선장은 살 수 있는 노예에 대한 통제력이 거의 없었으며 그저 살 수 있는 노예가 있으면 그냥 사들이고 있었다. 이 긴 시간 동안 선장과 모든 선원은 자신의 의지에 반해 배로 끌려온 사람들이 탈출하기 위해서는 무엇이든 할 수 있다고 생각했다. 선장은 권력을 유지하기 위해 어느 때보다 야만적인 힘에 의존할 수밖에 없었다.

선장은 주로 노예들을 검사할 때나 처음 구매할 때 그들을 처음 보았고 그 장소는 요새, 공장, 해안 마을이 아니면 배였다. 선장과 의사는 고용주인 투자자들의 기준에 따라 각 노예의 나이와 건강 그리고 노동력을 평가했다. 또한, 그들은 서아프리카 부족 집단에 따라 특징적으로 나타나는 관습적 흉터와 종족 특성에 따른 행동을 경험적으로 이해함으로써 노예의 "원산지"를 "파악"했다. 선장들 사이에 떠도는 지식에 따르면 이그보족은 자살하기 쉬워서 잘 지켜봐야 했고 코로만티Coromantees족은 반항적이었기 때문에 꼭 사슬에 묶어두어야 했지만, 앙골라족은 수동적이어서 사슬에 묶어둘 필요가 없었다. 이러한 평가는 태도에 관한 것이었다. 즉, 개별 노예가 선상 체제에 얼마나 협력하거나 저항할지에 대한 개연성을 담고 있었다. 선장이 누군가를 사들이기로 하고 나면 그는 무역상에게 대가로 지급할 여러 상품을 제안하며 거래가 끝날 때까지 흥정을 계속했다. 노예가 된 자들은 그 순간부터 남자든 여자든 아이든 상관없이 선장에게 숫자로 불리게 된다. 처음 사들인 사람은 1번이었고 노예선이 완전히 "노예로 꽉 차고" 아메리카로 항해할 준비가 될 때까지 그 이후 번호들이 줄을 이었다.

　선장들이 배에서 일상생활에 관여하는 정도는 다양했다. 권한을 위임하고 나면 대부분 선장은 일상의 과업에는 무심한 채 멀리 떨어져서 지냈으며 선미 갑판을 천천히 걷는 모습을 보일 때처럼 특정하고도 제한된 시간에만 모습을 드러냈다. 일부 선장은 남자 노예들 앞에 나서기도 했지만, 꼭 중무장한 보초를 대동하고 있었고 웬만한 일로는 노예들이 가득한 하갑판에 내려가는 선장이 거의 없었다. 갤리선 페러즈Ferrers호의 프랜시스 메서비Francis Messervy 선장은 1721년에 그렇게 해야 하는 이유를 어려운 방식으로 깨달을 수 있었다. 동료 선장인 윌리엄 스넬그레이브에 따르면 메서비는 "그의 배에 올라탄 흑인들에게 지나치게 친절하고 과보호"하는 잘못을 저질렀다. 그는 노예들의 음식을 준비하고 가져다주는 것까지 도와주었다. 스넬그레이브는 "그가 하는 짓을 보고만 있을 수는 없었다. 그 얼마나 경솔한 행동인가. 지휘관이 가끔 앞에 나서서 일이 진행되는 것을 감독하는 것은 적절하지만, 적당한 때라는 것이 있고 당연히 백인들을 여럿 대동하고 나서야 한다. 그렇지 않으면 노예들은 선장을 자기들 멋대로 휘두르려고 할 것이고 결국 노예의 반란을 조장할 수 있다"라고 기록했다. 메서비는 이 충고를 무시했고 얼마 후 식사 시간에 노예 사이를 걷다가 "노예들에게 붙잡혔고 노예들이 밥을 덜어 먹던 작은 통에 얻어맞아 뇌가 거털 나버렸다." 노예들은 그 뒤 오랫동안 계획했던 폭동을 일으켰고 그로 인해 80명의 아프리카인이 총에 맞고 (물에 뛰어들었다가) 물에 빠져 죽거나 살해당했다. 대량 학살의 장면을 본 후 음식을 거부하여 굶주림으로 사망한 사람들도 있었다. 스넬그레이브가 보기에 이 이야기의 교훈은 선장이 노예들의 일과에 관여할 때에는 신중해야 한다는 것이었다. 최소한 그렇게 하면 노예들이 배의 위계를 알아내서 기회가 있을 때 가장 큰 권력을 지닌 사람을 제일 먼저 공격하지는 못하게 할 것이다. "그들은 언제나 배의 우두머리를 목표로 하고 목표를 정할 때는 백인들이 서로 존경을 표하는 모습을 통해 우두머리를 구분한다." 노예선에서 누가 중요한 인물인지 알아내는 것은 결코 어려운 일이 아니었다.[59]

새로운 노예의 무리가 배에 올라탈 때마다 선장과 선원들은 그들 중 누가 "보호자" 또는 "믿을 만한 노예"가 될 수 있을지 유심히 살폈다.[60] 이들은 선장이나 고급 선원들이 신뢰할 수 있고 동시에 선상의 질서를 유지하는 데 도움을 줄 수 있다고 느끼는 아프리카인들이었다. 자신을 잡아 온 자들에게도 잘 협조하면서 승선한 동족 노예들 사이에서 어느 정도 영향력을 발휘할 수 있는 사람에게 이러한 제안을 했다. "보호자"는 "나머지 노예들을 관리할 수 있는" 선택된 사람이었다. 영어를 할 수 있는 사람은 누구든 동족 사람이나 때로는 다른 부족의 사람들 사이에서 통역사 역할을 할 수 있었다. 여자 노예의 경우 요리사 일을 제안받기도 했고 때로는 선장의 요리사(이는 아마도 또 다른 임무까지도 암시했을 것이다)가 되기도 했다. 한 아프리카인은 선상의 노동 분업에서 재단사 일을 맡기도 했다. 그러나 가장 중요한 임무는 노예들 사이에 질서를 유지하며 그들을 관리하는 일이었다. 선장(또는 항해사)은 배 안의 전반적인 분위기를 알고 있던 소년들에게 어른들을 염탐하고 음모를 알려주면 특별한 상을 주겠다고 제안하기도 했다.[61]

윌리엄 스넬그레이브는 배를 관리하는 데에 노예가 어떻게 활용될 수 있는지 설명했다. 다호메이 왕과 가깝게 지내던 (아마도 왕비인) 한 늙은 여성은 왕의 총애를 잃고 사형 선고까지 받았다. 그녀는 왕의 명령에 따라 손이 묶인 채 카누에 태워져 상어들에게 던져졌다. 자세한 방법은 알 수 없지만, 여자는 호된 시련을 이겨내고 살아남았으며 크게 다치지 않은 채 스넬그레이브의 선원들에 의해 구조되어 배로 끌려왔다. 스넬그레이브는 그가 여자를 구한 것을 왕이 알게 되면 복수하지 않을까 두려웠고 그래서 그는 여자를 숨겼다. 늙은 노예는 "전혀 쓸모없다"라는 것을 인식할 수 있을 만큼 "분별 있는" 이 여자는 스넬그레이브가 자신의 목숨을 구해준 것이 고마웠고 항해 동안 그를 돕기 위해 무엇이든 해야겠다고 생각했다. 높은 사회적 지위로 인해 그녀는 노예가 되어 배에 탄 사람들에 대해 잘 알고 있었다. 그녀는 자신의 영향력을 이용하기로 했고 노예들에게 "백인들"은 사람들이 이야기하는 것만큼 나쁜 사람은 아니라고 설득했다. 그녀는 노예들을 위로했고 안심할 수 있도록 도왔다. 스넬그레이브의 기록에 따르면 그녀는 "시끄럽게 떠드는 소리 때문에 항상 문제가 되었던 여자 흑인들" 사이에 특별한 영향력을 발휘했다. 그들은 "이 여자로 인해 질서와 정숙을 되찾을 수 있었고 이러한 분위기는 이전의 어떤 항해에서도 겪어보지 못했던 것이었다." 스넬그레이브는 이 여자에 대한 보답으로 찰스 던발Charles Dunbar이라는 "관대하고 훌륭한" 주인을 찾아주며 감사를 표했다.[62]

또 다른 조력자 선발이나 거래는 자발적인 면이 거의 없었고 오히려 승선한 아프리카 여자에 대한 강간이나 성적 학대와 다를 바 없는 모습이었다. 선장과 고급 선원은 노예 여자 중에 "총아"를 골라두었고 그들을 하갑판에서 데려와 선장의 선실에 머무르게 했다. 그래서 그들은 더 넓은 공간에서 더 좋은 음식을 풍부하게 먹을 수 있었고 자유로움과 덜 가혹한 대우도 받을 수 있었다. 이러한 경우는 존 폭스John Fox의 스쿠너급 노예선에 승선한 여자 노예의 사례에서 찾아볼 수 있다. 그녀는 아프리카인들에게는 암바Amba로 알려져 있었고 선장이나 유럽인들 사이에는 벳시Betsey로 불렸다. 토머스 볼튼은 존 티틀John Tittle 선장과의 특권적 관계를 이용해 배에서 권력을 휘두르던 아프리카 여자에 대한 불평을 남기기도 했다. 그는 "디지아Dizia, 아프리카의 여인"이라는 글을 남겼다.

그녀의 칠흑 같은 매력이 그[선장]을 휘감았고
그는 엄숙하게 그녀를 제2의 선장으로 임명한다.
그녀는 언제나 엄격한 모습이었고
심지어 물 항아리조차 잠가 버린다.

높은 자리에 올라앉아서도

목마른 영혼을 위한 물 한 방울 내려주지 않는다.

선장은 데리고 있던 총아에게 싫증이 나면 그들을 "높은 자리"에서 끌어내리고 선실 바로 바깥에 연결된 여자 노예들의 거처에서 대체할 사람을 찾아왔다.[63]

선장은 또한 그들이 생각하기에 좋은 행실을 보인다고 여겨지는 사람들에게 보상을 제공했다. 휴 크로우는 1806년 프랑스 사략선에 공격당했을 때 노예들을 훈련해서 배의 함포를 쏘도록 했다. 그의 설명에 따르면 노예들은 보답으로 "각각 가벼운 바지와 셔츠 그리고 모자를 한 벌씩 받았고" 그로 인해 겉보기에는 노예가 아닌 선원으로 보였다. 상당수의 선장이 배에서 일했던 노예들에게 담배나 브랜디를 주었다. 그들이 했던 작업은 주로 하갑판의 거처를 긁어내는 일 따위의 것들이었다. 또 다른 보상에는 구슬이나 추가적 음식 또는 남자들의 경우 쇠사슬에서 풀려나는 특권과 같은 것들이 있었다. 1704년에 일어난 한 폭동에서 반역자들의 공격으로부터 선장을 보호하다가 팔에 골절상을 입은 열일곱 살의 남자 노예는 버지니아에 도착한 직후 자유를 얻게 되는 보상을 받았다. 이러한 긍정적인 유인책들은 노예선의 선상 질서를 유지하는 선장의 권력에 중요한 요인이었지만, 지나치게 과용되지 않아야 했다. 특별한 제안을 받은 노예들은 비교적 소수에 불과했고 어떤 노예선이든 상당수의 노예는 잔인한 폭력과 비참한 테러의 지배를 받았다.[64]

노예선에 대한 지배는 흔히 말하는 본보기 처벌과 그에 따라 발생하기를 바랐던 억제력에 의존하고 있었다. 따라서 선장의 징벌 도구가 선원들 사이에서 권력을 확립하고 유지하는 데 도움이 되었다면 선장은 노예들에게도 같은 방식의 처벌을 가하는 데에는 더욱 확신을 가지고 있었을 것이다. 노예들이 갑판에 있을 때 그들은 구교묘 채찍을 연신 휘둘렀고 특히 식사시간에는 더 가혹했다. 항해사와 갑판장은 노예들이 질서를 지키고 빠르게 움직이며 고분고분 줄을 서고 제대로 먹을 수 있도록 "격려"하기 위해 구교묘 채찍을 사용했다. 음식 먹기를 거부한 사람은 구교묘보다 더 긴 채찍으로 매질을 당했고 실제로 이것은 그들이 음식을 먹도록 하는 유일한 방법이었다. 여전히 음식을 거부했던 상당수의 노예는 또 다른 기능을 가진 공포의 도구 스페큘럼 오리스를 만나야 했다. 노예선에 승선한 승객이 1768년에 남긴 기록에 따르면 하갑판 자체도 반항적인 노예를 통제하는 데 활용되었다. "선장은 의도적으로 하갑판의 불쌍한 영혼들이 여러 날 동안 갑판 위로 올라오지 못하게 해서 그들의 정신이 착취당하게 했다." 선장이 마침내 그들을 주갑판으로 나오도록 해 주었을 때 노예들은 반발하고 격분했다. 여기에 자극받은 선장은 다시 통제력을 회복한 후에 그들에게 "너희들은 이제 바베이도스에 도착할 때까지 누구도 태양을 보지 못할 것이다"라고 말했다.[65]

실패한 폭동에 따른 여파에서 흔히 볼 수 있는 장면은 선장이 공포를 극대화하기 위해 주갑판에서 반란자 무리를 채찍질하고 고문한 후 처형하는 것이었다. 선장은 여기에서 관망하던 자세를 버리고 최대한의 노력과 효력을 다해 그의 권력을 증명했다. 이렇게 여러 사람 앞에서 본보기 처벌을 하는 동안 보통은 선장이 직접 구교묘 채찍을 휘두르고 엄지손가락의 나비나사를 돌리며 반란자를 고문하고 그들의 동포를 겁에 질리게 했다. 흔히 사용되던 또 다른 도구에는 "고문자"the tormentor라고 불리는 것이 있었다. 이 도구는 커다란 요리사용 포크로 빨갛게 달아오를 때까지 데웠다가 반란자의 살을 지지는 데 사용되었다. 노예들이 선장의 권력에 저항하면 할수록 지독한 선장의 권력은 그 모습을 더 극명하게 드러냈다.[66]

노예무역의 야만적 영혼

리처드 잭슨 선장이 출항하면서 자신이 만든 지옥이 펼쳐진다고 중얼거렸을 때 그는 스스로 악마의 역할을 자처하고 있었다. 수석 항해사 존 뉴턴을 포함해서 그의 배에 탔던 "많은 사람"도 그를 그렇게 보고 있었다. 물론 잭슨에 대한 기억을 이야기하던 때의 뉴턴은 자신을 거의 성자처럼 여기고 있었다. 그러나 잭슨은 물 위를 떠다니는 자신의 지옥에 관해 이야기할 때 자신뿐만 아니라 뉴턴을 포함한 일반적인 노예선 선장 모두에 관한 중요한 의미의 무언가를 전달했다. 그들의 권력은 불가피하게 인간을 통제하기 위한 수단으로서 잔인함과 고통을 가하는 데 의존하고 있었다. 한마디로 테러에 의존했다. 의도적으로 가해지는 고문이 존재하는 장소로서의 지옥이라는 단어의 표현은 너무나 적절하고 효과적인 표현이었고 결국 노예무역 폐지론자들은 그들의 주장을 통해 손쉽게 노예선 선장들을 악마라는 이름으로 묘사할 수 있었다. 모든 노예선 주인들이 악마는 아니었지만, 거의 모두가 마음속에 악마를 품고 있었다. 이것을 개인 성격이나 특성의 결함이라고 할 수는 없었다. 이는 단지 직업과 커다란 경제 체제를 꾸려나가기 위한 요구사항이었다.[67]

뉴턴은 삶의 끝자락에 다다랐을 때 이 점을 이해했다. 그는 선원, 항해사, 선장, 손님으로서 여러 노예선을 탔고 그동안 여러 선장의 현장 지식을 배우고 관행을 살펴보았다. 그는 노예무역에도 "정직하고 인간적인 사람이 일부 있다"라고 주장했다. 그는 "아프리카로 항해하는 배를 지휘하는 분별 있고 존경받을 만한 사람과 함선에서 적절한 규율과 규칙을 유지하고 있던 사람을 여럿 알고 있었다. 그러나 그렇지 않은 사람이 너무나 많았다." 잭슨을 포함해 그렇지 않은 많은 사람 사이에서 잔인함은 선장 권력의 결정적 특징이었고 이는 노예선 선장이 보여 주는 문화적 환경에 광범위하게 반영되고 있었다.[68]

뉴턴은 잔인함이 보여 주는 다양한 색채를 보았다. 주로 보라색과 파란색 그리고 빨간색이었다. 선장은 아픈 선원을 게으르다고 비난하며 매질했고 결국 그들은 죽었다. 선장은 긴 항해의 단조로운 시간 동안 선원들을 괴롭히며 즐거움을 얻었다. "여가를 통해 주로 추구한 즐거움은 어떻게 선원들이 싫어하는 방법으로 최대한 그들을 비참하게 만들지 연구하는 것이었다." 물론 노예에게 보여줄 테러는 훨씬 더 큰 것이었다. 선장은 여자 노예들에게 성적인 테러를 가했다. 남자 노예들에게 가해진 테러는 비록 방식은 달랐지만, 똑같이 끔찍했다. 뉴턴은 "무자비한 채찍질이 계속되며 가엾은 존재들은 비참함에 슬퍼할 기력도 잃어버리고 생명의 흔적조차 거의 남아 있지 않은 모습"을 보았다. 그는 노예들이 엄지손가락에 나비나사를 조인 채 몇 시간 동안이나 괴로워하는 모습을 보았다. 뉴턴이 알던 한 선장은 "가장 고통스러운 방법으로 죽음을 맞도록 하는 방법을 연구하는 데 대단히 큰 관심을 보이며 연구했다."

뉴턴은 자신의 소책자 「아프리카 노예무역에 관한 사색」을 읽는 독자나 자신이 증언했던 하원의 특별위원회 앞에서 노예선의 테러에 관한 모든 이야기를 다 전달할 수는 없었다. 그러나 1788년 7월에 폐지론자 리처드 필립스Richard Phillips에게 보낸 개인적 편지에서는 모든 것을 말했다. 그는 편지에서 언급되는 사람이 1748년에서 1749년 사이에 브라운로우호를 지휘한 지옥의 주인 리처드 잭슨이라는 점을 명확히 밝혔다. 뉴턴은 "잭슨이 자신의 잔인함을 제 입으로 떠들었던 이야기를 자주 들을 수 있었다."("자주" 언급했던 점과 암시된 자랑스러움에 주목해야 한다.) 실패로 돌아간 폭동 뒤에 잭슨은 반란을 일으킨 노예들에게 일단 사형을 먼저 선고한 후에 죽이는 방식을 선택했다. 첫 번째 무리에게는 다음과 같은 형벌을 내렸다.

능지처참. 도끼로 발을 먼저 잘라낸 후 정강이, 허벅지 순서로 절단하고 같은 방식으로 손과 팔꿈치 아래 팔 그리고 어깨를 잘라내서 마치 가지를 잘라낸 나무둥치처럼 남은 몸만 남겨둔다. 마지막으로 머리를 잘라낸다. 그는 이 과정을 직접 진행하면서 피가 낭자한 신체의 부분들과 머리를 주갑판에 묶인 채 떨고 있는 노예들 사이에 던졌다.

그 정도 테러로는 부족했는지 잭슨 선장은 두 번째 무리에게도 형벌을 내렸다.

그는 선원들이 머릿줄point이라고 부르는 부드럽고 넓적한 밧줄을 노예들의 머리 윗부분에 둘러매고 약간 느슨하게 해서 작은 지렛대를 끼워뒀다. 지렛대를 돌리면서 그는 머릿줄을 점점 더 팽팽하게 해서 거의 눈알이 머리에서 튀어나올 정도로 줄을 짧게 조였다. 그들의 고통에 충분히 만족하고 난 후에 선장은 그들의 머리를 잘라버렸다.

뉴턴이 이 형벌에 관해 단순히 전해 들었는지 아니면 직접 보고 참가하기까지 했는지는 분명하지 않다. 기억은 전해 들은 것을 이야기할 때보다 훨씬 생생하게 전달된다. 실제로 뉴턴이 폭동을 일으킨 노예들에게 야만적인 형벌을 가했던 브라운로우호에서의 특정 사건을 묘사한 것일 수도 있다. 이 이야기에서는 안전에 대한 열망이 인간성을 짓밟았다. 만약 뉴턴이 이 끔찍한 절차에 개입 — 수석항해사가 개입했다면 아마도 처형 집행인의 역할을 했을 것이다 — 했다면 자신이 가담한 일에 관해 단지 그런 일을 알고 있다고 주장하며 속 편하게 왜곡한 일이 비단 이 사건만은 아니었을 것이다. 『아프리카 노예무역에 관한 사색』에서 그는 "무자비한 손길로 엄지손가락을 고정한 나사를 조이면 참을 수 없는 고통을 주는 테러의 기계"를 사용하는 모습을 "보았다"고 기록했다. 좁은 의미의 기술적인 개념에서는 보았다는 말이 맞을 것이다. 뉴턴이 어린 노예들에게 **직접 나비나사를 사용했기** 때문에 그 과정을 "보았다"는 말이 더 확실한 표현이다. 뉴턴은 아내 메리에게 쓴 편지에서 그가 "이 작은 왕국에서 (삶과 죽음을 제외하고) 모든 것을 다스리는 절대자"라고 했다. 그러나 잭슨 선장에 관한 뉴턴의 이야기에서 명확히 드러나듯이 누군가 만들어 낸 지옥에서는 그가 삶과 죽음까지도 다스리는 절대자의 모습이었다.

　뉴턴은 왜 폭력과 잔인함 그리고 테러가 노예무역에 내재할 수밖에 없는지에 관한 이론을 밝혔다. 그는 전부는 아니지만, 대부분의 노예선 선장이 노예무역에 관한 경험이 없는 사람은 거의 이해할 수 없을 정도로 억센 기질을 갖고 있거나 더 기독교적인 말투로 이야기하자면 "냉담한 마음"의 소유자였다고 기록했다. 그는 "영혼의 야만스러움은 쉽게 설명할 수 없는 것이며 아프리카의 노예선에서 권력을 행사하는 선장에게서 시작해서 (관찰한 바에 따르면 몇몇 예외가 있기는 했지만) 아래로 내려가며 점점 퍼져갔다. 마치 악취 나는 공기처럼 야만스러움은 마치 무역의 정신이라도 되는 양 널리 전염되고 있었고 그에게서 벗어날 수 있는 사람은 거의 없었다"라고 기록했다. 폭력과 고통은 노예선에 너무나 만연하여 퍼져 있었고 "작업" — 인간 "화물"을 처벌하고 통제하는 것을 의미 — 은 윤리성을 상실한 채 모든 온화하고 인간적인 성향의 마음을 빼앗고 조금의 감수성도 없는 강철처럼 차갑고 단단한 방식으로 변질되는 경향이 있었다. 이렇게 노예무역은 모든 선원을 무정하고 폭력적인 도덕적 냉담에 빠져들게 했다.

　그중에 가장 야만적이고 포악한 영혼은 나무 세계의 통치자이자 "절대적인 명령권을 가진" 선장에게 깃들었다. 노예무역을 "보면서 자란" 이들은 지식을 얻는 과정에서 마음마저 함께 담금질했다. 뉴턴은 "많은 선장이 이 사업을 보며 자랐고 노예선의 주인이 되기 전에 견습 선원에서 평선원과 항해사라는 몇 단계를 겪으면서 무역에 관한 지식과 함께 점점 잔인한 성향을 얻었다"라고 설명했다. 잔인함을 습득하는 것은 무역 자체를 배우는 것의 본질과도 같았다. 보웬Bowen 선장은 리버풀의 인간 상거래에서 정기적으로 잔악한 폭력을 보이는 한 항해사를 말려보려고 노력하다가 이러한 사실을 깨달았다. 보웬은 그 남자가 "구제 불능"이라고 선언하며 그를 쫓아냈고 선장으로서 단 한 번의 노예무역 항해만을 마치고 그 바닥을 떠나버렸다. 뉴턴 역시 선원과 노예 모두에게 적용된 테러의 체제 중 일부였고 단지 무자비한 폭력을 보여 주기만 한 것이 아니라 찬양하기까지 했다.[69]

　노예무역에 관여했던 많은 다른 사람들 역시 뉴턴이 경험했던 폭력과 잔인함을 동일하게 기술했다. 선원 윌리엄 버터워스는 자신이 타고 있던 배의 고급 선원들이 "마치 키클롭스[70]들이 무딘 심장을 담금질하듯이" 잔인해져 갔다고 설명했다. 1734년에 보스턴에서 기독교로 개종하며 노예무역에서 "구원"받은 선원 실라스 톨드는 선장의 잔인함과 테러는 개인적 문제가 아니라 체제의 문제라는 점을 인정했다. 그는 놀랄 만큼 정직하게 자신에 대해 말하며 "내가 (아마도 선장급으로 승진하게 된다면) 이 바닥에서 가장 야만적인 것으로 악명 높은 인물이 될 수도 있다"라고 말했다. "아프리카인"의 입장에서 노예무역에 관한 글을 쓴 윌리엄 레이William Leigh도 같은 점을 언급했다. 선장처럼 "일부 개인이 보이는 잔인한 행실"이 문제가 아니라 오히려 "체제의 일반적인 잔인함"이 바로 쟁점이었다. 이것이 리차드 잭슨이 만든 브라운로우호의 지옥이 갖는 궁극적인 의미였다.[71]

아프리카에서의 징용과 노예화 과정이 아메리카에서의 착취로 이어지는 여정에는 카누를 통해 해안에서 배로 노예를 운송하는 과정이 포함되었으며 이는 17세기 후반 황금 해안의 수상 기술에 관한 삽화에 잘 나타난다.

"블랙 바트" 로버츠는 타고 있던 노예선이 1719년 해적선에 나포될 당시 항해사로 배에 타고 있었다. 그는 해적 무리에 합류했고 곧 "해적의 황금시대"에 가장 악명 높은 선장이 되었다. 그가 노예무역을 방해하자 의회는 서아프리카의 해군 정찰을 강화했으며 결국 로버츠는 1722년 해군과의 전투에서 사망했다. 52명의 다양한 인종의 동료 선원들은 케이프 코스트 성에 목이 매달렸다.

18세기 초 런던의 노예무역상을 이끌던 험프리 모리스는 당시 영국 은행의 총수이며 의회 구성원으로서 가장 막강한 권력을 가진 사람 중 한 명이었다. 다비드 르 마르샹(David Le Marchand)은 아프리카에서 들어온 상아로 그의 흉상을 제작했다.

헨리 로렌스는 18세기 중엽 영국령 북아메리카의 노예무역상을 이끌었다. 그는 노예무역을 통해 축적한 부를 활용하여 사우스캐롤라이나의 최고위층으로 올라섰으며 초기 미국 사회와 정치에 깊이 관여하였다. 1777년 대륙회의의 대표로 선임되기도 했다.

상어는 대서양 전역에서 굶주린 채 노예선을 따라다니면서 죽은 선원의 시체나 배 밖으로 던져지는 노예를 잡아먹었다. 노예선의 선장은 의식적으로 상어를 활용하여 통제를 위한 테러의 수단으로 삼기도 했다.

선원이었던 화가 니콜라스 포콕은 1760년 시든햄 티스트가 소유했던 브리스틀 조선소의 그림에서 노예선으로 보이는 심해 선박 세 척의 모습을 보여 주었다. 그림에 나타난 함선은 서로 다른 건조 단계에 있었으며 수많은 기술공과 일꾼에게 둘러싸여 있었는데 그들 중 몇몇은 분명 아프리카인의 후손이었다.

리버풀은 영국 제일의 노예무역 항구였으며 18세기 후반에는 세계 제일의 노예무역 항구가 되었다. 도시의 상인들은 해양 화가 윌리엄 잭슨(William Jackson)이 1780년경에 그린 그림에 나오는 세 개의 돛대가 달린 커다란 배 십수 척을 운용하였다.

일반적으로 노예무역에는 슬루프나 스쿠너급 함선과
같은 작은 함선이 활용되었고 이는 특히 북아메리카
의 상인들에게 인기가 있었다. 커다란 돛 두 개가 달
린 브리간틴(이나 스노우급 함선)도 자주 활용되었다.

방책은 폭동이 일어났을 때 선원들이 뒤로 후퇴할 수 있는 격벽이었으며 질서를 회복하기 위한 무기를 발사할 수 있도록 고안되었다. 19세기 초반 프랑스 노예선의 그림에 나타난 이 방책은 높이가 너무 낮고 개방된 틈이 약해 보여서 현실성이 떨어지지만, 이 그림만으로도 어떻게 남자와 여자가 나누어져 있고 노예선에서 다르게 대우받았는지를 알 수 있게 해준다.

세네감비아 지역의 이슬람 사제 욥 벤 솔로몬은
아프리카 무역상에게 납치되어 1730년에 노예
선에 팔리게 되었다. 뛰어난 재능과 배움으로 눈
에 띄어 결국 그는 자유를 얻을 수 있게 되었고
왕립 아프리카 회사에 의해 본국으로 돌아갈 수
있다. 후에 그 보답으로 회사의 사업에 다양한
도움을 제공하였다.

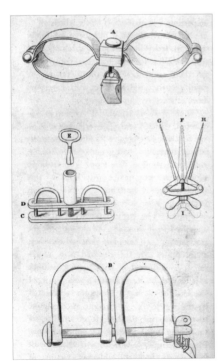

노예선은 보통 손목에 차는 수갑과 발목에 차는
족쇄를 갖추고 있었다. 선장은 엄지손가락을 죄
는 나비나사(중앙 좌측)로 반항적인 노예를 고문
하고 스펙큘럼 오리스(중앙 우측)로 강제로 목구
멍을 개방하여 음식을 거부하는 자들의 입에 귀
리로 만든 죽을 퍼부었다.

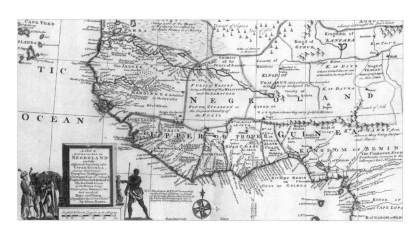

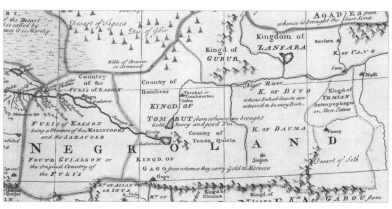

"기니"가 관습적으로 아프리카의 주요 노예무역 지역을 이르는 말이었으나, 1747년 지도제작자 엠마뉴엘 보웬(Emmanuel Bowen)은 더욱 인종주의적인 의미를 담은 "검둥이들의 땅"(Negroland)이라는 용어를 사용하였으며 이는 당시 대서양 노예무역 체제에서 다른 인류를 어떻게 바라보고 있었는지를 보여주는 하나의 사례였다.

황금 해안에 위치한 애노마보 무역 요새의 역사에는 금과 노예에 대한 격렬한 제국적 경쟁이 고스란히 담겨 있다. 이 요새는 네덜란드와 스웨덴 그리고 덴마크에 의해 점령되었다가 다시 애노마보 현지인이 탈환했으며 결국에는 영국의 소유가 되었다. 영국은 18세기 후반에 이 요새를 주요 거점 요새 여섯 곳 중 하나로 활용하였다.

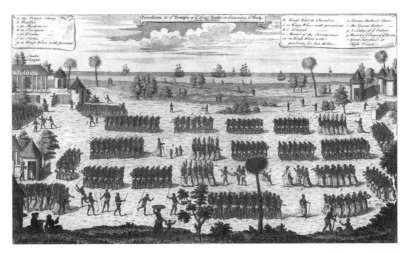

다호메이는 전략적으로 "노예 해안"에 왕국을 세웠다. 노예 해안이라는 지명에는 이미 노예화를 통해 얻어낸 권력과 국력이 기여하고 있는 바를 잘 반영하고 있으며 이는 그림에 엄격한 계율에 따라 행진하는 모습에도 잘 나타난다. 먼 곳에 정박 중인 일곱 척의 유럽 함선은 의심할 여지없이 노예를 사들이는 큰 사업을 벌이기 위해 기다리고 있는 모습이다.

콩고 지역에 위치한 로앙고의 빌리 왕국은 아프리카 전체에서 가장 큰 노예 포획의 원천 중 하나였다. 그림 전면에 보이는 노예를 잡아들이는 무리는 포로들을 해안과 끝없이 늘어선 노예선으로 운송하고 있다. 18세기에만 백만 명에 달하는 가엾은 영혼이 로앙고를 거쳐 간 것으로 추정된다.

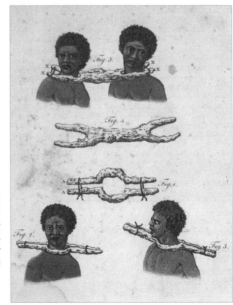

18세기 서아프리카에 전에 없이 많은 수의 노예선이 나타나면서 노예를 잡아들이는 지점도 점점 더 내륙 깊은 곳으로 옮겨갔고 그 결과 바다로 더 멀리 행진해야 할 필요가 있었다. 그림에 나타난 속박 도구는 아프리카인 상인들이 사슬로 묶은 노예들을 해변의 배로 이동시키고 통제하는 데 사용되었다.

구스타부스 바사라는 이름으로도 알려진 올라우다 에퀴아노는 18세기 노예무역 체제에서 "침묵할 수밖에 없는 사람들의 목소리를 대변했다." 그는 11살 소년이 노예선에 끌려왔던 "놀랍고도 끔찍한" 경험을 담은 글을 통해 아프리카인의 입장에서 노예무역 폐지 운동에 지대한 영향을 준 글을 저술하였다.

제임스 필드 스탠필드는 1774년 노예선 이글호를 타고 베냉으로 향했다. 1780년대에 노예무역 폐지 운동이 나타나자 스탠필드는 일반 선원으로서 노예무역을 바라본 입장을 진술하는 글을 써서 배를 항해한 사람들이 경험한 공포를 알렸다.

존 뉴턴은 1748년에서 1754년 사이에 네 번의 항해를 했으며 그중 한 번은 항해사로 나머지 세 번은 선장으로 항해했다. 생애 후반에 그는 복음주의 성향의 목사로 전향하였고 유명한 찬송가 〈어메이징 그레이스〉를 작곡하며 마침내 자신은 스스로 생계 수단으로 삼던 인간 상거래에 굳건하게 대적하고자 한다고 선언했다.

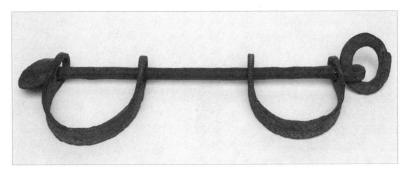

노예선은 떠다니는 감옥이었고 죄수의 숫자가 교도관보다 열 배 또는 그 이상이 되는 경우도 있었다. 그런 이유로 수용된 남자(그리고 반항적인 여자)는 저항 능력을 제한하기 위해 수갑을 차고 있어야 했다.

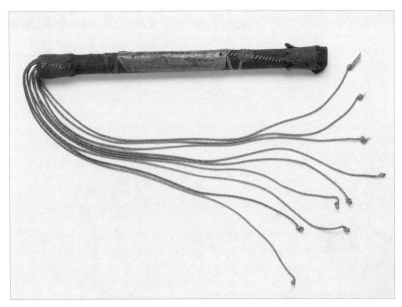

"구교묘 채찍"은 갑판에서 사람들을 이동시키거나 하갑판에 적재할 때 사용되었고 음식 거부나 폭동 시도와 같은 모든 위반 행위에 대한 처벌에도 쓰였다. 끝에 매듭이 지어진 아홉 가닥의 꼬리는 매질 당하는 사람의 피부를 찢고 고통을 극대화하기 위해 고안되었다.

에드워드 킴버(Edward Kimber) 선장은 벌거벗고 춤추기를 거부한 15살 소녀를 죽을 때까지 매질했다. 그는 이 일로 재판까지 받았는데 결국 석방되었다. 그가 석방된 이유는 소녀를 죽인 일이 사실이 아니라고 판명되었기 때문이 아니라 사건을 알린 그의 선원 두 명이 선장에 대한 앙심을 품고 있다고 판단되었기 때문이다.

선장과 의사는 모두 배에 탄 노예들이 건강하기 위해서는 운동을 하는 것이 필수적이라고 믿었기 때문에 매일 남자와 여자 포로들이 갑판에서 춤을 추는 시간을 가지도록 했다. 때로는 음악으로 흥을 돋우기도 했지만, 보통은 그림 좌우에 위치한 항해사들처럼 채찍으로 동작을 부추겼다.

〈알바트로스호에 나포된 알바로즈호의 노예갑판〉(The Slave Deck of the Albaroz, Prize to the Albatorss, 1845)는 노예선 하갑판의 실상을 그린 드문 작품이다. 이 그림은 영국 해군 함선 알바트로스호에 승선한 프란시스 메이넬(Francis Meynell) 대위에 의해 그려졌으며 그는 브라질과 포르투갈의 노예선을 나포하여 배에 타고 있던 300명의 노예를 해방해 주었다.

〈죽어가는 흑인〉(The Dying Negro)이라는 제목의 이 그림은 1773년 바다에서 발생한 노예의 자살에 관한 런던의 신문을 읽은 존 비크넬(John Bicknell)과 토머스 데이(Thomas Day)가 지은 시의 한 장면을 그린 그림이다. 이 그림은 노예선에서 노예들의 저항이 어떻게 대도시로 전해져서 반-노예제도적 담론에 영향을 주었는지 보여 준다.

REPRESENTATION of an INSURRECTION
on board
A SLAVE-SHIP.

Shewing how the crew fire upon the unhappy Slaves from behind the
BARRICADO, *erected on board all Slave ships, as a security whenever*
such commotions may happen.

유명한 노예선 브룩스호의 그림에 반듯이 누워 있는 아프리카인 노예들의 모습과는 극명한 대조를 이루는 이 그림은 저항과 무질서로 초래된 노예 폭동의 모습을 보여 준다. 선원들은 방책 뒤로 후퇴해서 일부 방책을 넘어가려는 반란 무리에게 소총을 발포하고 있다.

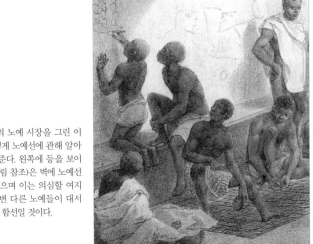

19세기 초반 브라질의 노예 시장을 그린 이 그림은 노예들이 어떻게 노예선에 관해 알아 가고 있는지를 보여 준다. 왼쪽에 등을 보이는 소년(우측 확대 그림 참조)은 벽에 노예선의 모습을 그리고 있으며 이는 의심할 여지 없이 그 소년이나 주변 다른 노예들이 대서양을 건널 때 타고 온 함선일 것이다.

토머스 클락슨은 1787년 브리스틀과 리버풀을 다니면서 노예무역에 관한 증거를 수집했다. 노예 상인과 선장들은 그의 의도를 알고 난 후에는 그와 이야기하기를 거부했다. 그는 반체제적 성향을 가진 일반 선원에게 관심을 돌렸다. 그들 대부분이 이미 노예무역의 희생양이었고 노예선이 어떻게 기능하는지에 관한 잔인한 실상을 상세하게 설명해 주었다.

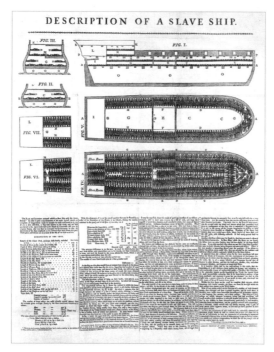

〈노예무역 폐지 시행을 위한 공동체〉는 리버풀의 브룩스호 그림에서 실제 측량한 수치를 활용하여 그림을 그렸고 거기에 클락슨이 조사한 노예선의 끔찍한 사회적 현실을 반영했다. 출판된 인쇄물은 노예무역에 반하는 선전 활동의 강력한 상징이 되었다.

8장

거대한 선원 집단

아직 어두운 새벽 5시에 두 남자가 리버풀의 부두를 걷다가 피들 연주 소리를 들었다. 한 명은 노예선 선장이었고 다른 한 명은 의사인 것으로 보였다. 그들은 "노예선을 아프리카의 케이프 마운트로 끌고 갈 일손"을 구하는 중이었다. 거기에서 그들은 인간 화물을 싣고 대서양을 건너 아메리카의 농장으로 갈 계획이었다. 그들은 곧 흘러나오는 피들 연주와 이야기 소리가 들려오는 술집의 위치를 확인한 후 "자연스럽게 그 시간에 그런 곳에서 깨어 있는 사람은 선원밖에 없을 것이라는 결론을 내렸다." 그들은 찾고자 하는 것을 발견했다.[1]

당시는 노예무역을 할 사람을 모집하기에 좋은 시기가 아니었고 그들도 그러한 사실을 알고 있었다. 노예무역 상인들이 임금을 삭감하자 분노한 수천 명의 선원이 리버풀의 거리로 쏟아져 나오면서 리버풀의 긴장된 분위기는 높아져만 갔다. 그래도 여전히 그들은 선원을 모아야 했고 긴장한 채 찢어지는 듯한 피들 연주가 들리는 문을 향해 걸어 들어갔다. 거기에서는 잠들었는지 기절했는지 아니면 술에 곯아떨어졌는지 모를 술집 여주인이 의자에 앉아 있었다. "그녀의 모습은 벗어진 머리에 눈꺼풀은 석탄처럼 검었고 이마 한쪽에는 커다란 혹이 나 있었다. 콧구멍에서 피가 흘러 하관까지 핏자국이 남아 있었다." 근처에는 남편으로 보이는 남자가 뒤집어진 탁자 옆에 빈 술병과 양철 맥주잔과 함께 어지럽게 바닥에 널려 있었다. 그의 모습도 말이 아니었다. 머리 장식은 뒤쪽 굴뚝에 걸려 있었고 코트가 벗겨진 채 손에는 부서진 파이프를 들고 있었다. 긴 양말이 발목까지 끌어 내려져서 정강이에 든 멍이 다 보였다. 선장과 의사는 이 둘에게 가까이 가지 않고 "음악이라고 불러야 할지 모를" 소리가 나는 곳으로 향했다. 몇 개의 계단을 올라가서 꼭대기에 다다르자 "반쯤 열린 문이 그들을 맞이했다."[2]

그들이 거기서 본 것은 장님 피들 연주자와 "셔츠와 바지를 입고 야단법석을 떨며 방을 뛰어다니는" 한 명의 선원이었다. 춤추던 선원은 손님이 있다는 것을 즉시 알아차리지는 못했지만, 방을 한 바퀴 돌다가 손님의 존재를 알아보고는 멈춰서 그들을 노려봤다. 뱃사람들의 말투로 그는 그들에게 무엇을 원하는지 물어보았다. 의사는 노예선의 일손을 모집한다는 의미로 "입 밖으로 꺼내기에 위험한 일이다"라고 설명했다. 이렇게 "은근한 암시만을 주는 것"은 그들이 목적지조차 불분명한 배에서 일할 사람을 구한다는 의미였다.

선원은 "욕지거를 남발하며" 그들의 어리석음을 나무랐다. 선원은 그들이 선원에 대해 너무 모르고 있다고 설명하며 "밤새 피들 연주를 들으며 춤을 추고 낮에는 원하는 만큼 잠을 잘 수 있는 사람이 바다로 따라나서겠느냐"라고 이야기했다. 그렇지 않았다. 그는 경제적 요구에 따라 어쩔 수 없이 가야 할 때가 오기 전에는 바다에 나가지 않을 것이다. 그의 주머니에는 여전히 15실링이 있었다. 그마저도 곧 써버릴 작정이었지만, "오늘 빈털터리가 되겠지만, 아무 상관 없이 즐기지!"라며 그는 여전히 춤만 추고 있었다.

선장과 의사는 그의 이야기를 잘 듣고 "답이 없는 놈"이라 판단해서 떠나려고 했다. 그러나 선원이 그들을 불러서 "신사분들 잘 들으시오"라고 하더니 "그… 저 아래 눈탱이 검은 여자가 내일 나를 벗겨 먹을 계획을 짜고 있소"라고 말했다. 그 말은 그가 진 빚으로 인해 그를 치안관에게 넘겨버릴 더러운 속임수가 진행 중이라는 뜻이었다. 그녀는 아마 리버풀의 다른 여관 주인이나 술집 여자들이 하듯이 그를 국외 항해를 준비하는 노예선에 팔아버리고 선원의 급여 두세 달 치를 우선 받아서 빚을 충당할 계획이었을 것이다. 그가 말하기를 내일이 되면 "가짜 비취 구슬을 줘버리고" 그녀가 더러운 계획을 실행하기 전에 마을을 떠나버릴 것이라고 했다. 그러고 나서 선원은 "어디로 가는 배인지 물어보는 것을 깜빡했다"라고 말했지만, 이내 손을 내저으며 신경 쓰지 말라고 말했다. 다시 원래 하던 일로 돌아간 선원은 "연주해라. 늙고 눈먼 놈아!"라고 소리 질렀다.

이 사람은 가장 흔한 유형의 유쾌한 선원이었다 ─ 춤추고 흥청거리며 입담이 더러운 "떠돌이"로 내일은 생각하지 않았다. 그러나 이 사람은 주머니 사정이 허용하는 한도 내에서 자주성을 소중히 여기는 자유로운 영혼의 소유자이면서 소위 상류층 사람들과 장차 자기를 고용하게 될 사람들까지 경멸하는 사람이었다. 그가 결국 아프리카에 갔을까? 아마도 그럴 것이다. 그는 가능성을 열어두었다. 전 세계가 집이라는 듯이 체념하는 태도로 그는 배가 그를 어디로 데려가는지는 전혀 중요하지 않다고 암시했다. 배에 오르고자 하는 그의 동기는 근본적으로 돈이었다. 프롤레타리아로서 그는 현금 급여에 의존했다. 그는 주머니가 비어야 다시 바다로 돌아왔다.

이러한 종류의 만남은 일종의 전쟁과 같은 상황에서 빈번하게 일어났다. 여기서 말하는 전쟁은 두 가지로 구분되며 서로 어느 정도 관련이 있다. 첫 번째는 국가 간의 전쟁으로 18세기 전반에 흔한 방식이었다. 실제로 영국과 아메리카 식민지는 1700년에서 1807년 사이에 거의 절반에 가까운 기간 동안 전쟁에 휩쓸렸고 주로 프랑스나 스페인과 시장, 상업, 지배권을 위한 다툼을 벌였다. 앞의 두 사람이 리버풀의 춤추는 선원과 대화를 했던 1775년에는 이미 미국의 독립전쟁이 시작된 시기였다. 영국은 대규모 군사력을 동원할 계획이었다.

이러한 군사력의 동원이 두 번째 전쟁을 더 격렬하게 만들었다. 이 전쟁은 계급, 해상 노동력 간의 전쟁이었고 국왕의 행정부와 사법부, 상인, 선장, 고급 선원이 다른 한편에 일반 선원들을 두고 벌이는 전쟁이었다. 전자의 집단은 전쟁과 무역 그리고 사략을 위한 배에 충분한 선원을 찾기 위해 노력했고 때로는 그들 집단 내의 구성원끼리 선원을 모집할 권리를 두고 싸움을 벌이기도 했다. 그들은 폭력과 특별한 미끼 – 프레스 갱press-gang3이나 알선꾼 – 와 높은 급여와 좋은 작업 환경으로 선원을 유혹했다. 노동력을 동원하기 위한 이러한 전쟁 안에서 선원들은 자신의 자율성과 이익을 위해 계속 투쟁했다.

춤추던 선원이 그 선장의 노예선에 합류했는지에 관해 의사가 기록을 남기지는 않았지만, 그 선원과 같은 수천 명의 사람이 그렇게 배에 올랐다는 것은 분명한 사실이다. 해마다 상인과 선장들은 여러 가지 방법으로 아프리카 해안으로 향하는 수십 척의 배를 운영하는 데 필요한 일꾼들을 찾았다. 350만 명의 노예를 신세계로 이송하기 위해서 그들은 35만 명의 선원을 고용해야 했다. 이 중 30퍼센트는 고급 선원이나 숙련된 기술자였다. 이들은 필요성이 더 높았기 때문에 일반 선원보다 더 자주 항해에 나섰다. 만약 이들이 세 번 정도씩 항해를 한다고 가정하면 항해 핵심기술을 가진 고급선원은 대략 3만5천 명 정도 필요했을 것이다. 일반 선원(견습생과 풋내기 선원 포함)이 한두 번 정도 항해를 한다고 가정하면 필요한 일반 선원의 수는 대략 21만 명이었을 것이다.

상인과 선장은 어떻게 이들을 끌어들였을까? 그들은 어떻게 해상의 노동력 전쟁에서 승리하거나 아니면 적어도 노예무역에서 경제적인 목적을 성취할 수 있을 만큼의 충분한 이권을 가져왔을까? 그들은 어떻게 적은 임금에 가혹한 조건, 부족한 식량과 커다란 사망의 위험(사고, 지나친 징벌, 노예 반란 또는 질병)이 도사리는 무역의 현장에서 수천 명의 노동자를 관리했을까? 이 장에서는 선원 시인 제임스 필드 스탠필드의 삶과 글을 더 넓은 맥락에 적용하여 노예무역 선원들의 공통적인 일과 경험을 탐색하고자 한다. 이는 전쟁, 돈, 계급, 폭력, 인종, 죽음에 관한 이야기이며 모두 스탠필드가 "거대한 기계"라고 불렀던 떠다니는 선원들의 일터와 관련이 있는 이야기이다.[4]

항구에서 배로

해상의 노동력에 대한 전쟁을 조사한 결과 노예선으로 선원을 유인하는 것에 관한 의사의 결론은 스탠필드가 주장한 내용과 일치했다. 의사는 "사람을 배에 태우려는 노고는 이 불쾌한 항해에서 가장 불쾌한 〔부분〕이라고" 생각했다. 선원들은 노예무역을 좋아하지 않았다. 그들은 오랫동안 배에 갇혀 있어야 하는 상황과 고급 선원들이 그들을 "멋대로 대하는 것"을 싫어했다. 15실링밖에 없었던 춤추는 선원처럼 대부분 선원은 "주머니 속에 푼돈이라도 있고 어쩔 수 없이 나서야 하는 상황이 아니라면 바다로 가지 않았고 특히나 아프리카로 가는 것은 더욱 꺼렸다." 오직 현지 술집 주인에게 돈을 다 써버리고 빚이 한참 쌓인 후에 그리고 오직 눈앞에 감옥을 마주하고 있을 때만 그들은 노예선 항해를 가는 것에 동의했고 그 후에는 "오직 자유의 대가만큼"만 일했다. 이러한 상황 속에서 선원들은 "노예선의 속박에서 벗어나지 못하고 〔오히려〕 옮겨 다니기만 할 뿐"이었다. 그들은 감옥을 빠져나오는 것을 너무 서두르다가 아프리카 해안이나 서인도로 향한다는 사실에 대한 미래의 전망조차 갖지 못한 상태로 배에 올랐다. 노예무역에 찬성하는 의

사나 노예무역에 반대하는 선원들 모두 노예선에서 근무하는 것은 복역하는 것과 같다는 데 동의했다.[5]

많은 선원이 어떻게 그들이 노예선이라는 종점에 도달하게 되었는지 설명했다. 윌리엄 버터워스는 자발적인 선택을 한 사람 중의 한 명이었고 어린 시절 영국 해군 제복을 입은 사촌을 보고 그때부터 장래에 선원이 되기로 했다. 그는 1786년에 리버풀에 갔다가 사기를 당했고 곧 노예무역에 대해 경고해 준 늙은 선원도 만났다. 버터워스는 늙은 선원이 한 이야기에 반박할 수 없었고 그래서 그는 도저히 이해할 수 없다는 투로 "다른 사람들이 자신의 목숨과 운을 걸고 시도하고 있다면 나는 왜 못하겠습니까?"라고 물었다. 결국, 그는 배에 올랐다.[6] 런던의 쉴즈Shields 출신으로 스물두 살에 이미 석탄선을 타고 스무 번의 항해를 한 노련한 선원 윌리엄 리처드슨William Richardson은 템스강에서 "멋진 배"를 훔쳐보다가 그 배에 완전히 홀려버렸고 그 배가 어디로 가는지 상관하지도 않고 함께 가기로 해버렸다.[7] 존 리처드슨은 영국 해군에서 수습 장교의 지위에 있다가 자주 술에 취하고 소동을 일으키고 감옥에 갔혔다가 결국은 쫓겨났다. 그는 얼마 뒤에 노예선에서 모습을 드러냈고 사물함이나 옷가지 하나 없이 배에 타겠다고 이야기했다.[8]

선택의 여지없이 노예선에서 일하게 된 선원들도 있었다. 실라스 톨드는 14세의 나이에 바다로 와서 견습생이 되었다. 그의 스승은 그를 데리고 서인도로 향하는 세 번의 항해를 했고 그 후에 그를 아프리카로 향하는 로열 조지호의 티모시 터커 선장에게 넘겼다.[9] 토머스 톰슨Thomas Thompson은 서인도로 향하는 항해에 날인했지만, "실상은 아프리카로 향하는 사기를 당했다."[10] 또 다른 경우에는 술집 주인이 빚으로 "선원을 묶어둔 뒤" 감옥으로 보냈고 결국 선원들은 혐오스럽고 폭력적인 선장과 노예선 항해를 떠나기도 했다.[11] 열 번의 노예무역 항해를 했던 헨리 엘리슨은 일부 선원들이 자발적으로 노예무역에 뛰어들기는 하지만 "훨씬 더 많은 선원이 불가피하게 노예무역에 참여하게 된다"라고 생각했다. 어떤 이들은 일자리를 찾지 못하다가 원해서 노예무역을 떠났고 어떤 이들은 빚에 허덕이다 감옥을 빠져나오려고 노예무역을 떠났다. 엘리슨은 그렇게 노예무역에 뛰어든 사람들을 여럿 알

고 있었고 그들 중 결국 "훌륭한 선원"이 된 이들도 많이 알고 있었다.[12]

노예무역 선원은 고아나 범죄자에서부터 상당수의 노동자 계급과 중간 계급 가정까지 다양한 사회적 배경을 가지고 있었다. 그러나 18세기 영국과 아메리카에서 선원은 전반적으로 가난한 직업군으로 알려져 있었고 그래서 후자의 배경보다는 전자의 배경을 가진 집단이 훨씬 더 많았다. 실제로 존 뉴턴은 노예무역 선원들이 "국가로부터 거부된 잉여 인물"이며 "감옥이나 술집"에 처박혀 사는 도망자들이라고 묘사했다. 대부분 선원이 (톨드처럼) "어린 시절부터 그렇게 자라왔지만", 일부는 (버터워스처럼) "부모나 스승처럼 되고 싶어 안달 난 소년의 모습"과 (리처드슨처럼) "부도덕한 악행으로 파멸의 길을 걷는 성인의 모습"을 한 사람들도 있었다.[13] 휴 크로우도 이러한 묘사에 대부분 동의했다. 그는 노예선에서 일하는 "백인 노예"들의 본질은 "공동체 사회의 잉여 인간"이라고 했다. 일부는 수감자였고 일부는 바다에 관한 잘못된 설명을 듣고는 허영된 겉치레에 속아 날인한 풋내기 선원들이었다. 적은 수였지만 부모에게 버려진 자들도 있었다.[14] 노예무역 상인 제임스 페니는 리버풀의 함선에서 항해하는 일부 풋내기 선원들은 도시의 프롤레타리아들로 맨체스터 같은 "제조업 도시에서 온 게으름뱅이들"이라고 했다.[15]

노예무역 옹호론자들은 노예선에 승선한 풋내기 선원의 수가 상당수라는 점을 강조했다. 일부는 풋내기 선원이 전체의 절반 이상이라고 주장하기도 했다.[16] 풋내기 선원은 노예선의 선원 목록에 이름을 올리기는 했지만, 실제로 그 수는 소수였다. 윌리엄 시튼William Seaton은 1775년 스위프트Swift호를 운영할 때 단 두 명의 풋내기 선원만을 받았다. 1780년에서 1781년 사이에 전시 항해 동안은 노동 수요가 극에 달해서 풋내기 선원에 대한 요구가 매우 컸지만 호크Hawk호는 전체 46명의 선원 중 단 세 명의 풋내기 선원만을 배에 태웠다.[17] 풋내기 선원으로 바다에서의 일을 시작한 사람들은 항해를 거치면서 더 높은 계급으로 올라갔고 "반쪽 [급여] 선원"과 "4분의 3 [급여] 선원"을 거치며 마침내 완전한 [급여를 받는] 유능한 선원으로 거듭났다.[18]

제임스 필드 스탠필드는 선택에 의해 노예선에 승선한 선원의 수는 훨씬 적고 그 선택조차 종종 필요성이나 강제성에 의한 선택이라고 보았다. 알선꾼들은 선원을 노예선 선장에게 "팔아넘겼을 뿐"만 아니라 버터워스의 경우와 같이 승낙을 받고 선원들을 배로 보내기도 했다. 술집 주인은 토머스 톰슨을 감옥으로 보내버린 후에 거기에서 그의 "동의"를 받고 그를 노예선으로 보내주었다. 선택은 노예선에 거처를 두고자 하는 가난한 선원들의 필요성에 따라서 결정되기도 했다. 선원들은 평시 항해에서는 한 달에 40실링을 받았고 전시 항해에서는 한 달에 60실링이나 70실링까지 받았는데 이는 모두 다른 무역 항해의 급여보다 20에서 25퍼센트 정도 높은 것이었다. 이 선원들은 항해 동안은 (비록 품질이 의심스럽기는 하지만) 식량 급여도 보장받았다. 많은 노예무역 상인은 선원들이 그들 급여의 일부를 아내나 어머니에게 할당하도록 해서 고향 항구에서도 이를 매달 받을 수 있도록 했다. 심지어 금지된 사항이긴 했지만, 약간의 돈을 가지고 있던 선원들은 노예선 합류에 날인하고 사적인 무역 계획을 세우기도 했다. 그들은 현지에서 생산된 칼과 레이스 달린 모자와 같은 물품을 가져간 후 아프리카에서 보다 값비싼 물품들(앵무새나 작은 상아 조각)로 교환했다.[19]

노예무역이 가장 먼저 선원들에게 쥐여 준 것은 두세 달 치의 급여를 우선해서 받는 선급금이었다. 이것은 선원들이 좋아하지도 않는 노예무역에 그들을 끌어들인 열쇠와도 같은 것이었다. 일반 선원은 (1760년에) 4파운드에서 6파운드를 선급금으로 받을 수 있었다. 이는 현재 기준으로 1,000달러에서 1,500달러에 달하는 금액이었으며 가난한 사람들과 특히 가족을 먹여 살리는 데 어려움을 겪고 있는 사람에게는 상당한 양의 액수였다. 때때로 선원들은 이 선급금으로 동료 선원과 떠들썩하고 방탕한 술자리를 벌이기도 했다. 리버풀의 세관원은 1788년 의회에서 이 점을 지적하기도 했다. 선원들은 "오늘만 신경 쓰고 내일을 걱정하지 않는 분별없는 사람들이기 때문에 상당수의 선원이 항해 전에 주는 선급금 때문에 전에 없는 위험을 겪게 될 항해에 뛰어들었다." 고정관념이 서려 있는 말이긴 했지만, 세관원의 말이 사실이었다. 다른 생존 수단이 없는 프롤레타리아인 선원들은 그 대가가 가혹하더라도 선급금이 필요했다.[20]

역사가인 엠마 크리스토퍼가 강조했듯이 노예무역은 제한적이긴 했지만, 위쪽 계급으로 올라갈 기회를 제공했다. 모든 무역 항해가 다 그렇듯이 능력과 야망이 있는 사람들은 위로 올라갔고 특히 노예무역에서 흔하게 발생하는 상급자의 죽음이나 이탈이 있을 때는 더 많은 기회가 있었다. 실라스 톨드는 견습생으로 세 번의 항해를 한 뒤에 바로 포수로 뛰어올랐다. 헨리 엘리슨은 열 번 이상의 항해 끝에 견습생의 지위에서 벗어날 수 있었고 1790년에는 다음과 같이 증언했다. "포수의 [지위]가 내가 가졌던 가장 높은 지위였다. 나는 한 번도 항해사가 되는 법에 대해 배워본 적이 없었다." 그는 교육받은 자와 가난한 자를 나누는 벽에 가로막혔다. 교육받은 자들만이 항해법을 배우고 책을 읽을 수 있었던 것이다.[21]

노예무역 선원들은 "전 세계에서 흘러들어온 잡다한 무리"였다. 아마도 상당수의 많은 이들이 넓은 의미의 영국인 – 잉글랜드, 스코틀랜드, 웨일스, 아일랜드 그리고 영국의 해외 식민지나 신생국 출신 – 이었지만, 배에는 많은 수의 다른 유럽인과 아프리카인 그리고 아시아인(특히 라스카르[외국 배에 탄 동인도사람을 지칭하는 말]) 등이 타고 있었다. 브루스 그로브Bruce Grove호에는 31명의 선원이 있었고 이 중에는 네 명의 스웨덴인, 한 명의 포르투갈인과 동인도인(라스카르)이 있었고 유명한 흑인 요리사도 있었다. 미국 함선 타르타르Tartar호의 선원 명부에는 단 14명의 선원의 이름만 적혀 있었음에도 그 구성은 제각각이었다. 여기에는 미국의 해안지방(매사추세츠에서 사우스캐롤라이나), 덴마크, 프랑스, 프로이센, 시칠리아, 스웨덴 사람이 모두 섞여 있었다. 통 제작자는 곧 새롭게 독립할 아이티 공화국의 옛 지명인 산 도밍고 출신의 "자유인"이었고 요리사는 그들이 향하고 있던 아프리카 바람막이 해안의 퐁가스강江에서 태어났다.[22]

타르타르호의 요리사처럼 아프리카 연안에서 많은 사람이 노예선에 합류했고 이들 중 상당수가 판테족이나 크루족처럼 해안지역에서 살아온 배경을 가지고 있었다. 일부는 노예선이 해안에 있는 동안 짧은 기간을 일하는 "그루메또"였다. 어떤 이들은 대서양을 횡단하는 항해까지 함께했다. 존 스메일John Smale 선장의 지휘 아래 리버풀에서 황금 해안과 카메룬강을 거쳐 세인트 루시아St. Lucia로 항해했던 호크호의 급여 장부에는 아콰이Ackway, 랜슬로츠 아베이Lancelots Abey, 쿠죠, 쿠와쉬Quashey, 리버풀, 조 딕Joe Dick과 같은 이름의 사람들이 급여를 받아간 기록이 있었는데 이들은 모두 "판테족" 사람이었다. 이들 중 네 명은 〔아프리카〕 해안에 있는 동안 황금으로 급여를 먼저 지급받았다. 아프리카 출신의 자유인 선원들은 유럽이나 아메리카의 항구에서 출발하는 항해에 합류하기도 했다. 이는 그들에게 주어진 고용의 기회가 상대적으로 적었고 항해의 경우 가장 개방적이며 활용 가능한 고용 기회 중 하나였기 때문이다. 제임스 필드 스탠필드는 이들이 배에 오르는 목적과 자신보다 가난한 선원들이 돈에 유혹되는 것을 이해하지 못했고 이는 그가 선택의 역할을 가볍게 보도록 하는 계기가 되었다. 많은 이들이 필요에 의한 강제적 선택을 하고 있었다.[23]

일반 선원의 문화

노예선에 승선한 모든 선원은 뿌리깊은 계급적 관계 속에서 생활했다. 단지 엑스표 하나를 그리는 것이라 할지라도 상인이나 선장과 함께 계약서에 날인하는 것은 돈을 위해 항해를 위한 노동력을 제공하겠다는 약속이었다. 앞으로 10개월에서 14개월 동안 그들은 선상의 사회생활을 경험할 것이다. 그들은 아프리카와 아메리카로 항해하고 그동안 다양한 노동을 수행한다. 그들은 엄격한 위계와 모진 규율에 따라 먹고 잠자고 살아간다. 그는 계급사회를 축소해놓은 듯한 배의 일원이 될 것이다.[24]

그러나 각각의 선원이 독립된 개인으로서 배에 오른 것은 아니었다. 사무엘 로빈슨이 1800년에서 1804년 사이에 노예선의 사환으로 두 번의 항해를 하면서 발견한 바에 따르면 그들은 대부분 이미 강하고 독특한 문화를 구성하고 있었다. 선원들은 (뱃사람의 말투와 은유가 가득한) 그들만의 방식으로 말하고 (흔들리는 갑판에서 균형을 맞추기 위해 큰 보폭으로 걷는) 그들만의 방식으로 걸으며 세상을 보고 행동하는 그들만의 방식을 배워 갔다. 이 모든 것은 협력적이면서도 위험했던 그들의 일을 기반으로 하고 있었다. 선원들은 살아남기 위해 서로에게 의존했고 그들의 사회적 태도와 관계는 이러한 근본적인 사실을 반영하고 있었다. 로빈슨은 그들이 "동료 선원과 함선에 대한 강한 애착"을 형성하고 있다고 기록했다. 연대의식은 직업적 풍조였고 실제로 선원들 사이에서 가장 좋아하던 말은 "모두가 하나"였다.

　로빈슨은 선원들이 바다 생활만이 거친 남자를 위한 유일한 삶이라고 여겼기 때문에 그들의 직업에 강한 애착을 가졌다고 기록했다. 그 문화에 속하지 않은 사람은 거칠게 다루어질 수 있었다. 선원들은 물에 익숙하지 않은 뭍사람은 존중하지 않았고 육지의 군인들과는 만나기만 하면 싸우며 악의적인 경멸을 쏟아냈다. 이러한 점은 아프리카인, 특히 내륙 사회에서 온 사람들에 대한 태도에서 중요한 역할을 했다. 선상에서 사환과 초짜 선원들은 언제나 놀림과 타박의 대상이었고 때로는 오랜 괴롭힘의 대상이 되기도 했다. 그러나 시간이 지나면서 이러한 초심자들도 일을 배우고 관습을 따라 하다 보면 대양의 선원 세계에 섞여들게 된다. 예를 들어 배에 처음 탄 사람들은 첫 장거리 항해에서 북회귀선이나 적도를 "넘어가면서" 넵튠 왕으로부터 세례를 받는 풍습이 있었다. 엠마 크리스토퍼는 선원들이 다양한 국가와 문화 그리고 인종적 배경을 가진 노동자들 간에 협력을 위해 "가상의 친족"을 만들어 냈다고 기록했다. 이 잡다한 무리는 일을 통해 단합을 이루어 냈다. 이들은 "형제 선원들"이었다.

　선원이 되는 법을 배운다는 것은 두려움 없이 위험을 감수하고 원하는 대로 살아가는 방법을 배우는 것을 의미했다. 그러므로 신체적·정신적 강인함은 선원의 문화적 태도에서 매우 중요했다. 이에 대해 로빈슨은 "하나의 사회적 계급으로서 선원은 낙관적이고 무모한 기질에 항상 밝은 측면만을 보려고 하는 경향을 보이며 눈앞의 파란을 보려고 하지 않는다. 누구든 괴로워하고 무력화될 수 있는 고난과 피로가 있더라도 단호하게 참아내려 하지만, 사실 그들이 편안이라고 느끼는 것은 그 모습을 감추고 가장하고 있는 비참함일 뿐이었다"라고 기록했다. 위험과 고통을 나눔으로써 선원들은 서로 간의 유대와 상호 조력의 윤리를 형성했다. 로빈슨은 선원이 "친절하고 개방적이며 관대하다"는 점을 발견했다. 이는 단순한 도덕적 기준이 아니라 생명에 대한 위협을 똑같이 나누는 것이 모두를 돕는 길이라는 가정에 근거한 생존 전략이었다. 나에게 아무것도 없을 때 누군가 가진 것을 나누어 주리라는 희망으로 지금 내 것을 나누는 것은 더 나은 선택이라고 볼 수 있었다. 형제 선원을 위해서라면 무엇이든 할 수 있었다. 로빈슨은 이러한 믿음의 결과로 "비열한 자가 아니라면 누구든 부자 되고자 하는 욕망을 가장 천박한 가치로 여겼다"라고 기록했다.

이 문화에 깊이 뿌리박혀 있는 것은 반항적 감수성이었다. 로빈슨은 배에서 선원들 사이에 고기와 빵을 나누는 식사 장면을 통해 이를 묘사했다. 로빈슨에 따르면 그들은 "감사를 표해야 하는" 그 시간에 "모두가 마치 인생의 원수가 함께 배에 있는 듯이 서로의 눈과 사지를 저주하고 배와 선장, 선주를 포함한 모든 잡다한 것들이 이름을 말할 필요도 없는 그곳[지옥]에 떨어지기를 바라는 소망을 표현했다." 이러한 일련의 태도는 항해의 과정 동안 탈주, 반란, 해적 행위와 같은 다양한 형태의 저항으로 표현된다. 선장의 권력 집중에 반해서 일반 선원들은 아래에서 그들의 힘을 주장하고 나섰다. 그들은 자신보다 아래에 있는 사람들에게 권력을 휘둘렀고 이는 그들이 가진 직업 문화의 한계를 잘 보여 주었다.

뱃일

영국이나 아메리카의 항구에서 서아프리카로 향하는 국외 항해에서 선원들은 대체로 대양을 항해하는 함선에서 하는 작업과 같은 일을 했다. 작업 구성은 좌현, 우현의 교대 근무조로 구성되었고 작은 배에서는 선장과 수석 항해사가 한쪽씩 맡아서 작업을 지휘했으며 큰 배에서는 항해사들이 각각의 작업을 담당했다. 아침 8시부터 저녁 6시까지는 모두가 갑판에 나와 일을 했고 그 후에는 4시간씩 교대로 아침까지 근무를 섰다. 항해사나 갑판장이 배의 종소리를 울리거나 호루라기를 불어서 망보기의 교대를 알렸다. 선원들에게는 얼마 안 되는 휴식시간이 있었지만, 날씨가 갑자기 바뀌면 모두 갑판으로 불려 나와 돛을 붙잡고 항로를 조정해야 했기 때문에 휴식이 날아가 버리는 일도 허다했다. 윌리엄 버터워스는 "항해 내내 한 번도 충분한 잠

을 즐길 수 없었다"라고 불평했다.[25]

각각의 교대 근무조에는 대여섯 명의 선원이 대충 조직되어 있었고 항해사는 이 근무조에 매주 식량을 할당해 주었다. 1729년 어느 노예무역 상인에 따르면 "상인의 배를 타고 아프리카 해안에 머무는 배에서 선원들에게 지급하는 일반적인 식량 할당량은 다섯 명의 선원당 4에서 5파운드가량의 고기 조각을 소금에 절여 배급하고 거기에 반 통 정도의 완두콩과 밀가루 2분의 1파운드가 매일 주어졌으며 추가로 각 선원당 5파운드의 빵이 일주일에 한 번 주어졌다." 여기에 선원에게 충분한 기술이 있다면 물고기를 잡아서 할당량을 보충할 수 있었다. 가끔 제공되는 그로그주나 브랜디는 주간 식량 할당에서 중요한 관례와도 같았고 동시에 이로 인해 날카로운 분쟁이 일어나기도 했다. 때로는 선장이 그들의 할당량을 깎아서 각 집단에 주는 식량과 음료의 양을 줄이기도 했는데 이로 인한 선원들의 악담은 피할 수 없었다. 특히 선장의 선실로 향하는 음식의 양이 그대로라면 (실제로 선장의 음식은 항상 좋았다) 선원들의 독설은 더욱 심해졌다.[26]

항해 중에 해야 하는 일들 ─ 조종, 축범, 조타 ─ 은 대부분 일반 선원의 몫이었다. 그들은 (주로 돛대 위에 올라) 돛을 관리하면서 주어진 상황에 따라 돛을 펴거나 접었고 (보통 한 번에 두 시간씩) 키를 맡아서 교대 조 항해사의 지시에 따라 배의 움직임을 관리했다. 많은 선장이 배에서 게으름을 허용하지 않았기 때문에 근무시간에는 항상 일거리가 있었고 때로는 갑판을 긁어내거나 닦음돌로 문지르기도 했다. 선원들은 작은 밧줄이나 방적사로 두껍게 짠 직물 망을 기워서 고정된 삭구가 다른 밧줄과의 마찰로 손상되지 않도록 보호했다. 밧줄을 땋아서 더 두꺼운 밧줄을 만들어두었다가 함선이 아프리카 해안에 도착하면 하갑판과 거처로 내려가서 교환을 위한 무역 물품을 끌어 올리는 데 그 밧줄을 사용했다.

그러나 몇 가지 작업 요소들은 노예선 특유의 것이었다. 이 배에서 무장 경계를 서는 것은 목숨이 달린 문제였고 포수는 소화기들을 신중하게 점검하고 정비했다. 포수는 또한 선원들이 탄약과 탄약통을 조립하는 동안 나팔총과 회전포가를 손질해 두었다. 선원들은 노예들이 배 밖으로 도망가지 못하게 하거나 초대하지 않은 무역상이 배에 오르는 것을 막기 위한 그물을 직접 짜기도 했다. 블랙 프린스Black Prince호의 윌리엄 밀러William Miller 선장은 1764년 항해일지에 "부하들이 그물과 다른 필요한 것들을 만들고 있다"라고 기록했다. 선원들은 또한 무역에서 화폐로 쓰일 카우리 조개껍데기를 세어서 가방에 넣어두기도 했다.[27]

노예선이 아프리카의 해안에 도착하게 되면 선원들은 단순한 선원의 일 이상을 해야 했다. 그들은 닻을 내리거나 올리는 일이나 함선을 여기저기로 옮기기 위해 돛을 올리는 일을 계속했고 특히 바람막이 해안의 많은 함선이 그랬듯이 선장이 여러 지역을 옮겨 다니며 노예를 사들이기 위해 "해안 항해"를 할 마음을 먹었다면 이러한 작업은 더 중요했다. 선원들은 돛을 청소하고 수선하며 삭구를 고치고 비축 물자를 지키며 배를 유지하기 위한 노력도 계속했다. 제임스 필드 스탠필드의 설명에 따르면 동시에 그들은 함선의 주갑판 대부분 영역에 천막이나 타르 칠한 천을 덮어서 열대의 태양을 막아줄 그늘을 마련하고 선장이 사들인 노예가 도망가지 못하게 했다. 일단 실제 구매와 판매가 시작되면 선원들은 노를 저어 잡용선과 긴 소형선을 타고 나가서 함선에서 때로는 가깝고 때로는 멀리 있는 해안과 다른 배를 오가며 무역 물품과 사람 그리고 식량(얌, 옥수수, 쌀, 물)을 운반했다. 무역 물품이 사람으로 변하면 (다른 말로 선장이 노예를 사들이기 시작하면) 선원들의 사회적 기능이 변했다. 그들은 갑자기 교도관의 역할을 하게 되었다. 그들은 앞으로 해안에서 5개월에서 7개월 이상 그리고 중간항로에서 2개월에서 3개월을, 모두 7개월에서 10개월 동안 함선이 아메리카의 항구에 도착할 때까지 그러한 역할을 해야 했다.

노예가 함선에 올라타자마자 "지킨다"라는 것은 다른 의미로 쓰이게 된다. 선장은 노예가 있는 경우에는 항상 주갑판에 보초를 동원해 두었고 경계를 소홀히 하지 않았다. 각 보초는 권총이나 소총과 함께 무장을 한 채로 허리춤에는 커틀러스 칼을 두르고 쇠줄로 묶어 반항적인 노예들이 가져가지 못하게 했다.[28] 항해의 이 시점에서 주요한 걱정은 탈출과 폭동이었다. (비록 멀리 떨어진 내륙의 고향으로 돌아가려다가 다시 잡혀 와서 팔려가는 일이 빈번했지만) 배가 해안에 가까이 있고 원래 살던 사회로 돌아갈 수 있다는 희망이 커질수록 이러한 걱정은 더 커졌다. 이제 선원이 하는 일의 주목적은 선장과 선주의 인적 자산에 대한 주의 깊은 경계와 보존이었다.

약 10명 정도의 노예들이 배에 올라타면 그때부터는 그들 모두와 그 이후에 배에 오르는 노예들은 족쇄와 수갑을 차게 된다. 선장과 항해사 아니면 병기공이나 포수의 지시에 따라 선원들은 적당한 곳에 쇠고리를 엮어두고 두 명의 노예 중 한 명의 왼손과 왼쪽 발목을 다른 한 명의 오른손과 오른쪽 발목에 묶어두었다. 이후에 이들이 주갑판에 올라오게 되었을 때 선원들은 쇠사슬을 그들의 다리 사이로 꿰어서 열 무리씩 하나의 고리 나사에 고정해 두었다. 선원들은 적어도 하루에 두 번씩 아침저녁으로 신중하게 그리고 정기적으로 노예들을 묶어둔 사슬을 점검했다.[29] 여자와 아이들은 특별히 반항하지 않는 이상 보통은 묶어두지 않았다. 노예들의 거처 입구가 열려 있을 때 선원들은 방책에 사람을 배치했고 틈새의 "사격구"로 소총을 발사할 수 있도록 했다. 두 선원은 높은 곳에서 4파운드 대포에 "산탄 탄약을 장전해 두고 주갑판을 향해 조준해 두어서 만약에라도 일어날 수 있는 모든 상황에 대비했다."[30]

배가 가득 차고 나면 선원들은 하갑판과 주갑판 모두에서 노예들의 일상을 감독했다. 하갑판에서 선원들은 노예들을 "적재"하는 것 ─ 즉, 각각의 노예가 해안에 머무는 동안이나 중간항로를 항해하는 동안 눕거나 앉을 수 있는 특정한 공간을 할당하는 것 ─ 을 거들었다. 수석 항해사와 갑판장은 손에 구교묘 채찍을 들고 남자 노예 적재를 감독했고 이등 항해사와 포수는 여자 쪽을 맡았다. 선원들은 노예들을 함께 단단히 묶는 것을 거들었고 "팔과 다리는 정해진 공간 안에서만 움직일 수 있도록 했다." 빨리 정해진 위치에 자리 잡지 못한 자들은 채찍 맛을 봐야 했다. 1767년에 옛 칼라바르로 항해한 캔터베리Canterbury호에서 근무한 조지 밀러George Millar는 "나는 남자 노예 쪽을 맡았는데 그들을 다 실어놓고 보니 사람 사이에 막대기 하나 찔러 넣을 공간도 없었다"라고 회상했다.[31]

낮 동안 노예들이 주갑판에 올라오면 선원 몇 명이 아래로 내려가서 그들의 거처를 청소했다. 때로는 노예들 스스로 이 작업을 하기도 했지만, 보통은 선원이 하는 경우가 많았고 당연히 그들은 이 일을 싫어했다. 이 작업은 몇 가지 측면으로 나누어 볼 수 있는데 일부는 일상적인 과제였고 또 다른 일부는 가끔 있는 일이었다. 일상적 과제 중 하나는 소변과 배설물이 담긴 변기통을 비우는 것이었다. 알렉산더 팔콘브리지는 "각 거처에는 바닥은 2피트에 위쪽 주둥이는 1피트 정도 되고 깊이가 28인치쯤 되는 서너 개의 큰 원뿔 형태의 양동이를 놓아두고 흑인들이 필요할 때 쓸 수 있도록 했다"라고 기록했다. 선원들은 모래와 여러 연마제로 갑판과 용골을 문질러서 말라붙은 오물과 토사물 그리고 점액 따위의 것들을 닦아냈다. 한두 주에 한 번씩 선원들은 거처를 청소한 후에 여러 가지 방법으로 연기를 피워 소독했다. 윌리엄 리틀턴William Littleton 선장은 "식초에 빨갛게 달아오른 철봉을 넣어" 연기를 피웠고 그 연기가 목조 부위에 닿을 수 있도록 했다. 선원 사무엘 로빈슨은 그의 배에서는 하갑판을 "일주일에 두 번씩 물로 씻고 모래로 문지른 후에 화로에 식초와 담배 연기를 피워서 말리는 꼼꼼한 청소를 했고 필요에 따라서는 적당한 위치에 커다란 증기 통을 두고 뚜껑을 닫아서 연기를 피우기도 했다"라고 기록했다.[32]

　　선원들이 가장 싫어했던 또 하나의 일은 밤새 노예들 사이에서 보초를 서는 일이었다. 모든 선장이 이런 근무를 요구한 것은 아니었고 일부 선장들은 그저 노예를 아래에 가둬두고 다음 날 아침에 다시 확인하는 것으로 만족하기도 했다. 그러나 어떤 배에서는 그러한 임무를 요구했고 윌리엄 버터워스는 그 일이 어떠했는지에 대한 상세한 기록을 남겼다. 휴디브라스호의 젠킨스 에번스 선장은 노예들의 폭동 실패의 여파로 "밤중에도 남자 노예들의 거처를 누군가 지켜야 할 필요가 있다"라고 생각했다. 버터워스는 그 소식을 듣고 기분이 좋지 않았다. 그는 "좋지 않은 상황에서 좋지 않은 자리를 지키겠군!"이라고 생각했다. 그러나 선장의 의지가 (또한 운명이) 그렇게 나타났고 그와 다른 선원들은 임무를 수행해야 했다. 버터워스는 "노예들도 다 자기네 고향으로 돌아가 버리고 자신도 안전한 고향 마을로 돌아가고 싶다"는 소망이 갑자기 머리에 떠올랐고 얼른 몸을 숨겨서 그 임무를 맡지 않으려고 노력했다. 하지만 결국 소용없는 짓이었다. 그는 발견되어 하갑판으로 내려가는 사다리 위에 앉아 그곳을 네 시간 동안 지키게 되었다. 그는 "손에는 하갑판 입구의 격자를〔꽉 쥐었고〕눈에는 눈물이 찔끔 났다"라고 기록했다. 버터워스는 벌벌 떨며 아래로 내려갔고 가능한 한 "가장 서로를 존중할 수 있는 거리"에서 노예들을 지키며 가장 먼 쪽에 자리를 잡을 만큼 무서워하고 있었다. 그는 열 명을 묶어둔 무리에 함께 엮여 있던 코로만티족과 이그보족의 우두머리를 묶어둔 족쇄가 절거덕거리는 소리를 들으며 느리게 흘러가는 시간을 보냈다. 여전히 공포에 떨고 있는 그는 두 번째로 네 시간짜리 보초 역할을 맡았다. 이번에는 그가 "하갑판 권력의 징표"라고 부르는 구교묘 채찍을 들고 내려갔고 자신에게 다가오는 "늙은 공격자" ― 이미 튼튼한 족쇄에 묶여 있는 노예 ― 를 뒤로 물러서게 하려고 채찍을 휘둘렀다. 버터워스는 곧 졸음을 느꼈지만, 그랬다가는 사지가 갈가리 찢길 것 같은 두려움을 느꼈다. 그는 같은 편을 만들어두려는 희망으로 근처 이그보족 남자 노예에게 천천히 말을 걸었다. 다음날 다시 보초를 서면서 그는 이 방법이 자신의 안전을 보장해 줄 것 같다고 여겼다. 그는 또 다른 폭동이 계획되고 있다는 것을 전혀 알지 못했다. 얼마 후 버터워스가 감시하던 노예 중 두 명이 커다란 칼을 소지하고 있던 것이 발견되었다. 그는 명백히 감시해야 할 노예들에 대해 너무 안일하게 생각했다.[33]

선원들이 수행한 또 다른 중요한 일은 노예들 사이에서 날카로운 도구나 무기로 사용될 만한 모든 것을 찾아내는 일이었다. 이는 폭동으로부터 선원을 보호하고 자살로부터 그들을 보호하며 뜨겁고 복잡하며 비참한 하갑판의 상황에서 자주 발생하는 사소한 다툼으로부터 서로를 보호하기 위한 행동이었다. 어떤 배에서는 잠재적으로 반항할 수 있는 사람의 손톱을 뭉툭하게 깎아두기도 했다. 대부분 배에서는 더 잘 돌아다닐 수 있는 여자와 아이 노예들에 대한 감시를 강화해서 그들이 이따금 격자 아래의 남자 노예들에게 도구들을 전달하지 못 하게 했다. 선원들은 하갑판의 노예들이 공간이나 질병, 청결 또는 문화적 차이로 인한 갈등으로 싸움을 일으키면 이를 해결하기 위해 출동하기도 했다. 노예무역상 로버트 노리스는 자신의 인간성을 자랑하면서 (자신이 한 말에 모순도 전혀 느끼지 못하며) "강자가 약자를 억압하지 못하도록" 노예들 간의 싸움에 관심을 기울일 필요가 있다고 설명했다.[34]

날씨가 좋은 날이면 아침 8시 언저리에 일부 선원들이 무장하고 다른 선원들이 노예들을 하갑판에서 데리고 나와서 남자 노예들은 방책 앞에 양쪽으로 서게 하고 여자와 아이들은 뒤쪽에 서게 했다. 갑판에 서 있는 남자 노예들을 사슬로 묶고 나면 선원들은 그들이 아침 세수를 할 수 있도록 거들었고 그 후에 의사가 회진하듯 각각의 몸을 살펴보고 불편한 곳에 관한 이야기도 들으며 질병의 징후를 조사했다. 열 시쯤 되면 선원들은 아침 식사를 가져다주기 시작했다. 요리는 노예들이 잡혀 온 지역에 따라 다른 아프리카 음식으로 준비되었다. 세네감비아와 바람막이 해안에서 온 사람들에게는 쌀을, 황금 해안에서 온 사람들에게는 옥수수를, 베냉만과 비아프라만에서 온 사람들에게는 얌을 주었다. 선원들은 작은 잔에 물을 담아 노예들에게 주기도 했다. 식사 후에 선원들은 "크루"crew라고 부르는[초승달 형태를 뜻하는 라틴어 crēscēns의 변형] 식사 그릇과 숟가락을 모아서 모두 씻을 수 있게 정돈해 두었다. 정오가 되면 오후 활동을 시작했다. 오후 활동에서 중요한 것은 "춤"이라고 부르는 활동이었다.

의사와 노예무역상은 모두 운동이 노예의 건강을 유지하는 데 도움이 된다고 믿었다. 그래서 오후마다 아프리카인들에게 춤을 추도록 했다(또한, 많은 배에서는 노래도 함께 부르도록 했다). 이 활동은 여러 형태로 시행되었다. 아프리카의 악기와 함께 대체로 자유롭게 참여를 선택하는 경우(주로 여자 노예들 사이에서 흔한 경우)에서부터 끌려 나와 쇠사슬을 절거덕거리며 춤을 추는 경우(주로 남자 노예들 사이에서 흔한 경우)까지 다양했다. 일부 노예들은 운동에 참여하는 것을 완전히 거부했고 또 다른 일부는 무기력하게 참여했다. 이러한 반응을 본 항해사나 갑판장은 여지없이 구교묘 채찍을 휘둘렀다.

급식의 경우에도 대개 마찬가지였다. 일부 노예들은 고의로 또는 병이나 우울감에 빠져서 음식을 거부했고 그러면 선원들이 폭력으로 그들을 강제로 먹게 했다. 고급선원들은 역시나 어디서나 찾을 수 있던 구교묘 채찍을 들고 휘둘렀다. 많은 이들이 이러한 방법이 항상 효과가 있지는 않았다고 기록했다. 많은 노예가 여전히 음식을 거부했고 그로 인해 뜨거운 석탄이나 스페큘럼 오리스와 같은 또 다른 강제적 수단이 동원되었다. 선원들은 이러한 고문을 돕기는 했지만 직접 나서서 진행하지는 않았다.

오후의 어느 시점이 되면 노예들에게 빵과 담배 파이프 그리고 가끔은 브랜디 한 모금이 제공되었다. 어떤 배에서는 여자 노예들에게 구슬을 주고 장식품을 만들 수 있도록 했다. 점심은 4시쯤 제공되었고 보통은 누에콩과 완두콩을 소금에 절인 고기나 물고기와 함께 섞은 유럽식 음식이었다. 많은 요리사가 쌀과 후추, 팜유와 소금에 절인 고기를 약간 섞은 "댑댑"을 만들었다. 오후 4시에서 6시 사이쯤 해서 하루가 끝나면 남자 노예들은 다시 아래로 끌려가 갇혔다. 여자와 아이들은 보통 주갑판에 조금 더 오래 머물렀지만, 결국 그들도 곧 어두운 거처로 끌려가 다음 열두 시간에서 열네 시간을 보내야 했다.[35]

"춤"과 급식은 노예선에 관한 중요한 진실을 드러냈다. 고급 선원들은 폭력을 주요한 수단으로 활용하고 있었다. 아이작 윌슨Issac Wilson은 오직 선장과 의사만이 배에 탄 노예들을 매질할 수 있게 허용되었다고 회상했다. 다른 이들도 동의했다. 알렉산더 팔콘브리지는 오직 선장과 수석항해사 그리고 의사(그 자신)만이 구교묘 채찍을 쓸 수 있도록 허가받았다고 말했다. 일반 선원들은 보통 하갑판에 내려갔을 때와 폭동 실패에 따른 잔인한 영향이 있었을 때를 제외하고는 구교묘 채찍을 휘두르는 일이 거의 없었다.[36]

선원의 마지막 작업 단계는 배가 항구에 가까워지면 노예들을 판매할 준비를 하는 것이었다. 엠마 크리스토퍼가 강조했듯이 이 작업은 선원이 아프리카의 포로들을 판매 상품으로 변형시키는 일종의 생산업이었다. 이를 위해 도착 열흘 전부터 남자 노예들의 손목과 발목에서 속박을 떼어내서 피부의 손상을 회복할 수 있도록 했다. 또한, 남자 노예들의 (수염 그리고 때로는 머리까지) 면도하고 깨끗이 씻긴 후 질산은lunar caustic을 피부에 발라서 상처를 숨겼다. 회색으로 변해버린 머리카락을 뽑거나 검은색으로 염색하기도 했다. 마지막으로 선원은 아프리카인의 몸을 팜유로 문질렀다. 이 모든 과정이 노예의 가치를 창출하고 높이기 위한 것이었다. 선원들의 노고에 힘입어 배에 실린 값비싼 상품들은 곧 판매할 수 있게 되었다.[37]

선원, 노예 그리고 폭력

리버풀의 작가 "딕키 샘"은 노예선의 폭력적인 현실을 다음과 같이 묘사했다. "선장이 선원들을 괴롭히면 선원은 노예를 고문했고 노예들의 심정은 절망으로 무너졌다." 이 문장은 중요한 사실을 전달하고 있다. 폭력은 선장에서부터 고급선원 그리고 일반 선원을 거쳐 노예에게로 계승되고 있었다. 자주 두들겨 맞고 학대당했던 선원은 자신이 겪은 고초를 더 비참하고 힘없는 노예들에게 고스란히 물려주었다. 막대한 위세를 가진 선장의 영향력에 크게 의존하고 있는 대부분 배에서 어떻게 이런 일이 일어날 수 있었을까? 선장과 고급 선원이 징벌적 폭력을 실시하는 주된 행위자였기는 하지만, 선원 역시 배 위에서 일어나는 사회적 전쟁의 최전선을 담당하고 있었다. 제임스 필드 스탠필드는 노예무역 항해를 극적으로 그린 그의 이야기에서 선원과 노예 간의 경계를 흐리게 하려는 의도를 보였지만, 실상은 그렇지 않았기 때문에 이는 꼭 강조될 필요가 있다.[38]

가장 만연한 폭력 – 거칠고 잔인했던 일상생활에서의 폭력 – 은 노예선에서의 폭력에 관한 기록 중 가장 적은 분량을 차지했다. 영 히어로Young Hero 호의 의사 에크로이드 클랙스턴Dr. Ecroyde Claxton은 몰리뉴Molineux 선장이 노예들은 잘 대우했지만 선원들에게는 그렇지 않았다고 기록했다. 한 번은 병든 노예 무리를 갑판 위로 데려와 돛천으로 덮어 주었는데 곧 "그들의 몸에서 어쩔 수 없이 흐르는 피와 점액"이 스며 나왔다. 그것을 청소해야 했던 선원들은 화가 나서 노예들을 "비인간적"으로 구타했다. 이로 인해 두려움에 떨던 병든 노예들은 "화장실에 가서 앉은 상황에서도 항상 긴장을 유지할 수밖에 없었다." 의사의 기록에 따르면 이로 인해 "항문탈출증prolapsus ani이 발병했는데 도저히 고칠 수 없는 병이었다." 이렇게 매일 일어나는 테러의 사

례가 수천 건씩 있었다.[39]

배의 선원들을 가장 폭력적으로 변모시키는 경우는 바로 노예들의 폭동이 실패로 돌아갔을 때이다. 주동자는 주갑판에서 모든 노예가 보는 앞에서 선장과 항해사에 의해 끔찍한 처벌을 받게 된다. 고급 선원들이 반복되는 채찍질에 지쳐 가면 그들은 채찍을 선원들에게 넘겨주고 계속 매질하게 했다. 어떨 때에는 선원들이 패배한 반란 무리의 피부를 커틀러스 끝으로 쑤시며 고문했다. 아주 가끔은 끔찍한 방법으로 사형을 집행하는 것까지 선원의 업무에 포함되기도 했다. 선원은 이렇게 단지 속박을 유지하는 일만 한 것이 아니라 탈출을 시도한 이들에게 악의적인 처벌을 하기도 했다.

1781년 종Zong호에서 있었던 일은 선원들이 저지른 또 다른 극단적인 폭력을 설명하고 있다. 이 사례는 선원의 "업무"에 때로는 명백한 살인까지 포함된다는 것을 보여 주었다. 루크 콜링우드Luke Collingwood 선장은 17명의 선원과 470명의 빼곡히 쌓인 노예 "화물"을 서아프리카에서 자메이카로 운반하는 항해를 했다. 배에 병이 돌면서 60명의 아프리카인과 7명의 선원이 목숨을 잃었다. "적자 항해"가 두려웠던 콜링우드는 선원을 불러 모아서 "만약 노예들이 자연사한다면 그건 선주의 손해겠지만, 만약 그들이 산 채로 바다에 버려지면 그건 항해를 보증한 보험업자들의 손실이 될 것이다"라고 말했다. 항해사 제임스 켈살James Kelsal을 포함한 일부 선원은 반대했지만, 콜링우드는 이들을 무시하고 그날 밤 54명의 노예의 손을 묶고 바다로 던져버렸다. 이틀 뒤에는 또 다른 42명의 노예를 바다로 던졌고 곧 26명을 더 버렸다. 열 명 정도의 노예들이 숨어서 이 장면을 지켜보다가 스스로 바다에 뛰어들어 자살해서 총 죽은 노예의 숫자는 132명에 달했다. 콜링우드는 후에 이러한 행동의 이유가 물의 부족 때문이라고 주장했다. 그러나 선원과 노예 모두 식량 배급량이 줄어들지 않았고 실제로 부두에 정박했을 때 배에는 420갤런의 물이 남아 있었다. 보험업자가 손해배상 청구를 거절하자 선주가 이에 대응하여 고발하면서 사건은 법정에 넘겨졌다. 재판을 통해 노예무역의 잔인함이 공론화되었고 이는 올라우다 에퀴아노나 그랜빌 샤프Granville Sharp와 같은 노예무역 폐지론자들이 대중 운동의 태동기를 구축하도록 하는 전환점이 되었다. 이는 아마도 400년에 이르는 노예무역의 역사에서 가장 놀랄 만큼 잔인한 이야기일 것이다. 살아 있는 자들을 배 밖으로 던져버리라는 명령을 따르는 것은 순전히 선원에게 달린 일이었다.[40]

선원들이 노예에게 폭력을 행사하여 얻고자 했던 중요한 또 다른 목적은 목사 존 뉴턴이 1788년 런던에서 출판한 그의 소책자 「아프리카 노예무역에 관한 사색」에서 강조되고 있다. 그가 묘사한 장면은 참혹했다.

여자 어른과 아이들이 벌거벗겨진 채 두려움에 떨며 배에 오르던 때에 그들은 아마 추위와 피로 그리고 굶주림으로 몹시 지쳐 있었을 것이다. 그들은 야만적인 백인들의 음탕한 희롱에 노출되어 있었다. 가엾은 존재들은 들리는 말조차 이해할 수 없었지만, 말하는 사람의 모습과 태도로 충분히 이해하고 있었다. 선원들은 오직 임기응변만으로 희생양들을 그 자리에서 나누어 데려갔고 기회가 올 때까지 데리고 있었다. 저항이나 거부는 아무 소용이 없었고 허락의 여부는 당연히 고려되지 않았다.

뉴턴은 당시에 "이곳에는 거의 알려지지 않았던" 노예선에서 일어난 "중범죄"에 대해 "이 이야기는 공공연하게 할 이야기는 아니다"라며 언급을 중지했다. 아마도 그와 다른 폐지론자들은 공공연하게 논의하기에는 너무 예민한 주제라고 생각했을 수도 있고 아니면 아마도 그들이 영국 선원들을 노예무역의 희생자로 만들어 대중의 동정을 얻어내려고 했던 계획에 차질을 빚을까 봐 꽁무니를 뺀 것일 수도 있다. 뉴턴을 "야만적 백인"에 성적 약탈을 자행한 연쇄 강간범으로 묘사하는 것은 아니다. 그러나 이는 노예무역 선원 일부의 모습이었다. 어떤 남자들은 처음에 노예무역에 지원한 이유가 아프리카 여자의 몸을 마음껏 취하고 싶었기 때문이라고 보는 것도 충분히 가능한 일이다. 토머스 볼튼의 『선원의 작별인사, 혹은 노예선의 의장』에서 선원을 모집하던 항해사는 선원 후보에게 "부드러운 아프리카 여인"이 그를 기다리고 있을 것이라고 말했다. 실제 선원이 완톤Wanton 선장이 지휘하는 프리 러브Free Love호[41]라는 로드아일랜드의 노예선에 합류하면서 과연 그는 무슨 생각을 했을까?[42]

　노예무역 상인들은 배에서는 어떤 여자 노예도 선원에게 학대당하고 있지 않으며 "좋은 질서"를 유지하고 있다는 점을 강조하면서 이 문제를 덮으려고 최선을 다했다. 조사위원회 의원 중 한 명이 로버트 노리스에게 "백인 남자와 흑인 여자 간의 성적인 행위를 막으려는 어떤 노력이라도 있었습니까?"라고 물었다. 노리스는 선장다운 목소리로 대담하게 "명령은 일반적으로 지휘관이 목적을 갖고 하달합니다"라고 대답했다. 노예무역에 동조하고 있던 질문자는 이 대답이 너무 약한 반응이라고 생각했고 그래서 그는 추가 질문을 통해 모두가 성적인 학대는 용인되지 않고 있다는 것을 알 수 있게 했다. 그는 "영국 선원이 흑인 여자에게 폭력을 행사하면 그 선원은 선장에게 중대한 처벌을 받지 않나요?"라고 물었다. 노리스는 "그는 분명 큰 책망을 당할 것입니다"라고 답했다. 존 녹스John Knox는 여기에 계약에 따라서는 "악행"의 죄를 지은 선원은 항해 중에 한 달의 임금을 잃게 된다고 덧붙였다.[43]

　상인들이 묘사했던 "좋은 질서"라는 것이 무엇을 뜻하는지는 명확했지만, (초기 노예무역 시대에 기초한 지식을 가지고 있던) 뉴턴에 따르면 그것은 상대적으로 흔한 상황은 아니었다. 그의 기록에 따르면 선원들은 "선상에서 제재를 받을 수도 있었고 실제로 일부 배에서는 제재를 가하기도 했지만, 그러한 제재는 전혀 일반적인 것이 아니었다." 이는 모두 언제든 마음만 먹으면 여자 노예를 보호할 힘을 가지고 있었던 선장에게 달려 있었다. 뉴턴은 그가 생각하기에 적절한 규율이라는 것을 유지했던 지휘관을 몇 명 알고 있었지만, 이들은 분명 소수였을 것이다. "아마도 대부분 배에서는 이러한 행위에 대한 허가가 제한 없이 내려졌을 것이다." 누구든 맡은 일을 제대로 해낸 자들은 "다른 쪽에 가서는 쾌락을 추구했다." 목사 윌리엄 레이는 노예무역 항해 중에는 종종 "난잡한 성교"와 "방탕한 장면"을 적나라하게 볼 수 있었다고 덧붙였다. 두 명의 목사 모두가 애통해했던 이 문제의 도덕성에 관한 질문은 한 번도 제기되지 않았다.[44]

　이 문제의 계급적 특성에 관한 질문은 제기되었다. 노예선의 일상을 관찰했던 대부분 목격자는 고급 선원들이 여자 노예에 대한 제한 없는 접근

권한을 가졌지만, 일반 선원은 그렇지 않았다는 데 동의했다. 알렉산더 팔콘브리지는 "일부 배에서는 흑인 여자들의 동의를 받은 일부 선원이 그들과 성관계를 할 수 있는 경우도 있었다"라고 기록했다. 반면 고급 선원의 경우에는 "흑인 여자들 사이에서 원하는 만큼 쾌락을 채울 수 있었고 때로는 인간 본성을 해하는 이러한 잔인한 행위에 죄책감을 느끼기도 했다." 목사 레이도 동의했다. "선장과 고급 선원은 제한 없이 그들의 욕망을 채울 수 있었고 일반 선원은 동의를 받아낸 흑인 여자만을 데리고 갈 수 있었다." 아무도 저항의 수단이나 권리가 없던 여자들의 상황에서 "동의"가 무슨 의미가 있을 수 있는지에 대해 생각해 보는 여유를 보여 주지는 않았다. 뉴턴의 말을 빌리자면 동의라는 것은 단지 "맨 처음 사람[선원]의 악한 의지에 포기하고 저항하지 않는 것"을 의미했다.

불완전하기는 하지만 일부 아프리카 여자들이 선원과 어느 정도의 동의를 받고 관계를 맺었다는 것을 암시하는 증거도 있었다. 이는 아마도 여자 노예가 좋지 않은 상황에서라도 최선의 결과를 만들어내기 위해서 다른 약탈자로부터 자신을 지켜줄 한 남자와 전략적 동맹을 맺은 것일 수 있다. 배에서 높은 위계를 가진 보호자일수록 더 안정적으로 보호해 줄 수 있었다. 선원이 한 여자와 짝을 이루게 되면 선원은 그녀에게 자신의 식량을 나누어 주었고 이를 통해 선장과 상인은 돈을 절약할 수 있었다. 레이는 배가 아메리카의 항구로 들어와서 노예를 팔 시간이 다가오면 이러한 만남을 가졌던 사람 중 일부는 결국 비극적인 장면을 만들어 냈다고 이야기했다. 그는 "흑인 여자가 팔려나가면서 함께 생활하던 선원과 떨어지게 되면 선원을 강제로 배 밖으로 불러내려고 자해를 하거나 바다로 뛰어들려고 시도하는 경우도 있었다"라고 말했다.[45]

존 뉴턴이 묘사했던 "담금질 된 선장의 마음"이 선원들에게는 적용되지 않을 것으로 생각할 이유는 전혀 없다. 실제로 선원들은 노예와 더 사적인 일상 관계를 맺고 있었고 두 달에서 열 달까지 지속하는 항해에서 가까운 거리에 거처를 두고 지냈기 때문에 이러한 "담금질"은 더 많이 적용되었다. 몇몇 배의 선장은 노예들의 주인 노릇을 하려는 선원을 제지하고 노예의 소유권이 누구에게 있는지 분명히 알 수 있도록 할 필요가 있다고 이야기했다. 윌리엄 스넬그레이브는 "농장으로 노예를 운송하는 배에서 불쌍한 노예들을 학대하는 선원에 의해서" 노예의 필사적인 폭동이 일어난다고 확신했다. 영국 해군의 존 사무엘 스미스John Samuel Smith 선장은 1791년에 노예무역 선원들을 군대로 징병하는 과정에서 어려움을 겪었다고 증언했다. 왜냐하면, 노예무역 선원들이 너무나 병약하고 부패해서 그의 함선에 올라탔다가는 다른 사람들에게까지 병을 옮길 것 같았기 때문이다. 두 명 정도는 징병할 수 있을 만한 상태였지만, "유능한 선원이었음에도 너무나 잔인하고 비정한 모습을 보여서 배에서 내리도록 해야 할 필요가 있었다."[46]

사망자 명단

서아프리카 해안을 따라가다 보면 선원들은 이전에 보지 못했던 장벽을 만날 수 있었다. 이 장벽은 병원성 미생물로 만들어져서 그 지역을 "백인의 무덤"으로 만들어버렸다. 18세기에 서아프리카로 향했던 유럽인 — 대부분 선원 — 의 절반이 일 년 안에 사망했다. 이러한 높은 사망률의 주된 원인은 "고열"이었다. 노예선의 선체 아래에 고인 썩은 물에는 벌레들이 자랐고 그중 모기로 매개되는 말라리아와 황열은 모두 노예선에서 쉽게 전염되었다. 또 다른 사망 원인은 이질, 천연두, 사고, 살인 그리고 가끔 발병하는 괴혈병 등이 있었다. 질병의 유행(과 면역의 결핍)은 어려운 작업 및 생활 조건(작업 피로와 부족한 음식 그리고 호된 징벌)과 합쳐져서 노예선의 선원들은 노예들보다 오히려 더 높은 비율로 사망했다. 물론 선원과 노예의 사망 원인은 달랐고 항해 중 사망하는 시기적 경향성(항해 초기와 해안에 머무르는 시기에 더 높은 사망률)과 아프리카의 지역에 따른 차이(황금 해안은 상대적으로 건강한 지역이었지만 베냉과 비아프라만은 치명적이었다)도 보였다. 1784년과 1790년 사이에 350명의 브리스틀과 리버풀의 노예선 선원의 사망률을 조사한 하원의 한 의원은 선원의 21.6퍼센트가 사망했다고 밝혔고 이는 당시 토머스 클락슨이 추정한 수치나 현대의 연구와도 일치한다. 1780년에서

1807년 사이에 약 2만 명의 영국 노예무역 선원이 사망했다. 아프리카 노예들과 마찬가지로 선원에게도 노예선에서 수 개월간 살아가는 것은 그 자체로 생존을 위한 투쟁이었다.[47]

노예무역의 역사는 선원의 죽음에 관한 무서운 이야기로 가득하고 질병과 죽음으로 무력화된 배는 뚜렷한 재앙 없이도 충분히 항해에 실패하곤 했다. 1721년에 어떤 선장은 병에 걸린 선원을 "걸어 다니는 유령"이라고 칭하기도 했다. 18세기 후반에는 또 다른 선장은 그의 항해 일지에 "지저분하고 나약한 몰골"의 선원을 보니 "죽은 자가 부활한 것 같다"라고 기록했다. 실제로는 죽은 경우만 있었지 죽다 살아난 경우는 없었다. 데이빗 해리슨David Harrison 선장은 1770년에 감비아강江으로부터 로드아일랜드의 프로비던스로 향하는 브릭급의 엘리자베스Elizabeth호의 "모든 선원"이 죽었고 배는 유령선이 되어 정박해 있다는 소식을 가져왔다. 1796년에 볼티모어Baltimore의 쿠크Cooke 선장은 "흑인 남자 어른과 아이를 제외한 모든 일손"을 잃기도 했다. 때로는 항해에서 한 가족 전체가 목숨을 잃기도 했다. 로드아일랜드 배링턴Barrington의 조시아 보웬Josiah Bowen은 1801년에 아프리카 해안에서 목숨을 잃었고 신문에서는 그의 아버지가 최근 5년 동안에 바다에서 아들 다섯을 잃었다고 보도했다.[48] 역사가들이 노예선을 모든 종류의 치명적인 질병으로 고통받는 사람이 가득한 "떠다니는 중환자실" 아니면 "바다의 중환자실"이라고 불렀던 것은 단지 노예에 대한 이야기만은 아니었다.[49]

다친 사람들과 죽은 사람들에 관한 섬뜩한 초상은 선원과 그들의 가족이 선박 회사에서 5년 이상 일한 사람들을 위해 브리스틀 상인 조합에 제출한 탄원서에서 잘 드러난다. 존 필딩John Fielding은 "심한 괴혈병"을 앓으면서 왼발 엄지발가락을 잃었다. 벤자민 윌리엄스Benjamin Williams는 다리에 궤양이 생겨서 오른쪽 다리를 절단했다. 윌리엄 빅터William Victor는 (버지니아에서 노예를 팔기 위해 노예선에 천막을 세우다가) 천막 지지대가 무너져 내리면서 양쪽 다리가 부러졌다. 존 스미스John Smith와 코넬리우스 칼라한Cornelius Calahan은 "눈이 탁해지는 병에 걸렸고 이 병은 곧 노예선마다 옮겨 다니며 사람들의 시력을 빼앗았다." 그저 시력만 잃은 사람들은 운이 좋은 경우였다. 존 그렌빌John Grenville은 주갑판에서 아래 거처로 바로 떨어져서 사망했다. 리처드 루스Richard Ruth는 "아프리카 해안에서 카누가 옆으로 구르면서 목숨을 잃었고" 윌리엄 데이비스William Davis는 다른 여섯 명과 함께 소형선을 타고 가다가 배가 전복되어 익사했다. 제임스 하딩James Harding은 아프리카 무역상들에 의해 독살당했고 조지 핸콕George Hancock은 "노예들이 봉기하는 통에" 죽임을 당했다.[50]

배의 상황이 너무나 좋지 않아서 때로는 자살하는 선원들도 있었다. 특히 선장이나 항해사에 의한 괴롭힘이 있었을 때 이 문제는 더욱 불거졌다. 토머스 터커Thomas Tucker 선장은 요리사 존 번디John Bundy를 너무 심하게 학대했다. 실라스 톨드의 기록에 따르면 선장은 요리사를 채찍질하고 어떤 때는 얼굴을 칼로 찌르기도 해서 이 불쌍한 사람의 삶은 "슬프고 견디기 힘든 나날"이었다. 그가 바다로 뛰어들어버리겠다고 넌지시 이야기했을 때 동료 선원들은 그를 말리려고 했지만, 어느 날 아침 8시에 그는 "바다로 몸을 던졌다." 브루스 그로브Bruce Grove호에 승선한 15살의 사환 토머스 질레트Thomas Jillett는 동료들의 괴롭힘으로 "삶에 넌더리가 난다"고 소리치고는 곧 배 옆면으로 사라져버렸다. 1762년 브리튼호에 승선한 패디Paddy라는 이름의 아일랜드 소년은 찻주전자를 제시간에 끓여놓지 않았다는 이유로 심하게 매질 당하고 난 후에 배에서 뛰어내려 익사했다.[51]

아프리카 해안에서 시작된 선원의 신체적 쇠약은 중간항로를 통하는 동안 더 심해져서 문자 그대로 치명적인 부조화를 만들어 냈다. 더 많은 노예가 배에 올라탈수록 선원은 아프고 약해지고 죽어 나갔고 배를 항해하고 노예의 폭동으로부터 지킬 일꾼의 수는 점점 줄어들었다. 노예선에 승선했던 한 목격자는 "우리는 죽은 선원을 밤에 배 밖으로 내다 버려서 흑인들이 선원의 죽음을 [알지 못 하게 했다] 그렇게 함으로써 8명의 선원이 죽고 대부분이 병에 걸려서 우리가 약해져 있다는 것을 그들이 알지 못하게 하고 폭동을 일으킬 마음을 갖지 않게 할 수 있었다. 아프지 않은 선원은 나를 포함해 고작 12명이었다"라고 기록했다. 거기에다 방책의 장점이 빛을 발했다. 남자 노예들은 방책 너머를 볼 수 없었기 때문에 반대편에 살아남아 일하고 있는

선원이 몇 명인지 알 수 없었다.[52]

선원은 복잡한 관습에는 관심이 없던 "담백한 사람"이었기 때문에 그들은 죽게 되면 간단한 장례식만을 치렀다. 만약 아프리카 해안에서 죽음을 맞이했다면 보통 선장은 해안에 그를 묻어 주려고 했다(보니섬의 노예무역 항구를 예로 들면 거기에서는 강가에 선원을 묻어 주었다). 바다 위에서 죽음을 맞이했다면 시체를 해먹이나 낡은 돛천으로 감싸고 포탄을 달아서 바다에 가라앉혔다. 그러나 이런 간소한 매장은 결국 시체가 가라앉기도 전에 대부분 상어에 의해 갈기갈기 찢어지는 상황에 직면해야 했다. 많은 선원의 종착지는 단순히 비석 없는 무덤이었을 뿐만 아니라 "심해의 물고기 밥"이 되는 신세였다. 수치스러운 인생의 종말이었다.[53]

이렇게 삶을 마감한 사람들은 흔적조차 거의 남기지 않았다. 1783년 11월 13일 피터 포터Peter Potter 선장이 지휘하는 에섹스Essex호에 승선한 선원 조지 글로버George Glover는 알 수 없는 이유로 생을 마감했다. 포터는 그의 소지품 중 얼마 안 되는 값나갈 만한 물건을 모아오도록 했다. 선원의 관습에 따르면 이 물건들을 "돛대 주변의 주갑판"에 모아두고 동료 선원에게 팔고 그 수입을 과부나 가족들에게 전달했다. 글로버의 가장 값나가는 물건은 13실링 6펜스에 팔린 그의 재킷이었다. 그에게는 두 벌의 바지가 있었지만 그 중 하나는 "쓸모없는 것"이었다. 그 외에도 두 벌의 셔츠(체크무늬 셔츠 한 벌과 플란넬 셔츠 한 벌)와 신발, 스타킹, 속바지 두 벌, 버클 두 개, 가방 그리고 쓸모없는 모자가 있었다. 셔츠 한 벌과 신발 그리고 모자는 그가 항해 중에 높은 가격에 선장으로부터 사들인 것이었다. 결국, 글로버가 배에서 가지고 있던 모든 물건은 1파운드 10실링의 가치밖에 되지 않았다. 선원들이 남겨진 가족을 돕기 위해 항상 원래의 가치보다 훨씬 더 큰 금액을 지급했기 때문에 실제로는 이 정도의 가치마저도 부풀려진 금액이라고 볼 수 있었다. 보통 사망한 일반 선원은 글로버보다 약간 더 많은 유산을 남겼고 때로는 더 적기도 했다. 어떤 사람은 "쿠퍼라는 이름의 앵무새 한 마리"를 남기기도 했다.[54] 에섹스호 같은 배가 리버풀에 돌아오면 "우울한 제사"가 시작되었다. 처음 출발했던 선원들의 가족과 친구는 배가 도착한 부두에 모여서 배 위의

누군가가 불러주는 "사망자 명단"을 경청했다.[55]

반란과 탈주

1749년 황금 해안에서 앤틸러프Antelope호의 토머스 샌더슨Thomas Sand-erson 선장은 선원들을 갑판 위로 소집했지만, 그들 중 일부는 명령을 거부했다. 갑판 아래에 남아 있는 다섯 명을 잡아들이라는 두 번째 명령이 이어졌고 여전히 선장의 권위를 인정하고 있던 자들에 의해 명령이 수행되었다. 남아 있던 에드워드 수틀Edward Suttle, 마이클 심슨Michael Simpson, 존 터너John Turner, 윌리엄 퍼킨스William Perkins, 니콜라스 반즈Nicolas Barnes는 철창에 갇히게 되었다. 샌더슨은 그들을 배에서 내쫓고 싶어서 근처에 정박 중인 다른 상선으로 그들을 보내버렸다. 그러는 동안 다른 세 명의 선원이 긴 소형선을 타고 탈주했다.[56]

샌더슨 선장은 반란 외의 다른 문제도 가지고 있었다. 그는 상당히 많은 노예를 하갑판에 가두고 있었는데 벌써 세 명의 선원을 잃은 것이다. 그래서 그는 반항적이었던 선원 다섯 명을 다시 배로 데려왔지만, 그들은 다시 일하기를 거부했고 이번에는 뜻을 더 확고하게 표현하기 위해 커틀러스 칼로 무장하기까지 했다. 샌더슨 선장이 닻을 올리라는 명령을 계속 고집하자 존 터너는 "누구든 닻을 올리는 양묘기에 지레 손잡이를 집어넣는 첫 번째 사람을 때려눕혀 버리겠다"라고 협박했다. 이 시점에서 샌더슨 선장은 다른 노예 무역상인 홈즈Holmes 선장에게 도움을 청했고 그가 배로 와서 선원들을 호되게 꾸짖었다. 반란 선원들은 그를 배 밖으로 던져버리겠다고 위협했다. 이제 샌더슨은 그가 더 이상 선원들의 복종에 기대고만 있을 수는 없다고 느꼈고 그래서 근처 네덜란드 선장에게 선원 한 무리를 파견해 달라고 요청했다. 그들은 소동을 진압하고 반란자들을 다시 철창에 가두었다.

여전히 일손이 부족했던 샌더슨은 아마도 복종의 약속을 받은 후에 다시 한번 그들을 풀어 주었지만, 이는 곧 해안의 안개 속으로 사라져버릴 약속이었다. 이번에 선원들은 몽둥이를 들고 샌더슨에게 와서 "항복하고 고분

고분 따를 것"을 요구했다. 그들은 배를 장악하고 세상을 뒤집어버렸다. 그들은 샌더슨과 의사 그리고 일부 선원들을 사슬에 묶어 가두었지만, 그들에게 다른 해를 가하지는 않았다. 후에 그들은 선장과 그를 지지하는 자들을 소형선에 태우고 음식을 나누어 준 후에 해안으로 보냈다. 버려진 자들은 고난에 처한 동료 선장을 도우러 온 조셉 벨라미Joseph Bellamy 선장의 스피드웰 Speedwell호에 승선했다. 그는 즉시 앤틸러프호를 뒤쫓았다. 결국, 반란자들은 다시 붙잡혔고 세 번째로 철창에 갇히게 되었다.

함선을 되찾은 샌더슨 선장이 배에 올라서 발견한 것은 수많은 빈 병과 준비가 끝난 상태의 화약(그는 이 화약이 방어용이었는지 함선을 파괴하기 위한 것이었는지는 이야기하지 않았다)이었다. 그는 또한 자신이 소중히 여기던 화물인 "인도 물품"(면직물)의 상자가 부서져 있는 것을 발견했다. 한 선원이 상자를 부수고 열어서 안에 있는 것을 "배에 있던 여자 노예들"에게 준 것이다. 누군가 갇혀 있는 자들에게 배를 가지고 무엇을 할 계획이었는지 물어보았을 때 그들 중 한 명이 답했다. 스스로 "터너 선장"이라고 칭하던 그는 "선원 몇 명은 배를 브라질로 가져갈 계획이었고 일부는 에우스타티아 Eustatia 섬으로 가져가려고 했고 거기서 그들을 처분하려고 했다"라고 말했다. 그가 말한 그들이란 하갑판의 노예들이었다. 반란에도 완전한 자유가 있는 것은 아니었다.

의사의 동료였던 윌리엄 스틸William Steele은 법정 증언을 통해 반란의 원인을 분명히 밝혔다. 첫째, 몇몇 선원들은 샌더슨이 바다의 관습을 위반했다고 생각했으며 가장 주요한 위반은 그로그주를 마실 수 있다는 선원의 권리를 침해한 것이었다. 샌더슨이 "당시 해안에 정박한 보통의 다른 배의 주인들과는 다르게 도수가 높은 술을 허용하지 않은 점"에 불평을 가지고 있던 선원 두 명은 제 손으로 이 문제를 해결하기로 했다. 그들은 저장실에 침입해서 영혼spirits을 일깨워주는 독주spirits를 찾았고 거기에서 술에 취해버린 후 선장과 다툼까지 벌였다. 둘째, 폭력을 비롯해 "선장이 그들에게 행한 행동으로 인해 선상의 삶이 불편하고 불안정했다." 샌더슨이 아프리카 해안을 향하는 머나먼 동쪽 항해를 할 것이라고 알렸을 때 "갑판에는 볼멘소리"

가 가득했다. 선원들은 "선장이 이전 항해에서도 선원들을 부당하게 대했으니 선장의 말을 따라 바람막이 해안 같은 곳에 가게 되면 다른 배의 보는 눈이 [없는] 그곳 — 교역선이 별로 없는 아프리카를 의미함 — 에서 더 나쁜 행실을 보일 것을 예상할 수 있었다"라고 말했다. 고립된 곳에서 그의 폭정은 더했을 것이다. 셋째, 더 구체적인 원인(또는 아마도 두 번째 원인에 실제 예시)은 선장이 갑판장을 구타한 것이었다. 이 일이 일어났을 때 선원 중 몇 명은 감히 이견을 제시하며 그가 "노인(갑판장이 매우 나이 많은 사람이었다)을 때려서는 안 된다"라고 말했다. 고함이 잇따라 오갔고 그 와중에 어떤 선원이 선장에게 "못된 말"을 했다. 이 일이 있고 바로 다음 날 첫 항명이 있었다. 아마도 이날의 대항이 분열의 첫 시점이었을 것이다.[57]

상대적으로 본다면 샌더슨 선장은 목숨을 부지한 채 해코지당하지 않고 도망칠 수 있었기 때문에 운이 좋았다.[58] 1721년에 엔데버Endeavor호에 탔던 반란 무리는 선장 존 로John Wroe를 매질했다. 앤틸러프호에서와 같은 이유로 선장을 잔인하게 죽여 버리는 일도 있었다.[59] 1719년 애빙턴Abington호에 승선한 반란 무리는 그들의 작업 환경에 대해 "빌어먹을. 그렇게 살 바에는 교수형을 당하고 말겠다"라고 말했다.[60] 1734년 벅스턴Buxton호에 승선한 선원들은 도끼로 제임스 비어드James Beard 선장의 목을 베어버렸다. 이 일을 마치고 난 일반선원 토머스 윌리엄스Thomas Williams는 안도의 한숨을 내쉬며 "빌어먹을 개새끼를 마침내 보내 버렸군. 한참 전에 이미 이렇게 해야 했어"라고 말했다. 2년 정도 후에는 펄 갤리Pearl Galley호에 승선했던 불만 가득한 선원들이 유스터스 하드윅Eustace Hardwicke과 다른 몇 명의 사람들에게 비어드 선장의 운명을 기억하느냐고 물으며 신경전을 벌였다. 이 말은 같은 일이 곧 일어날 수도 있다는 위협이었다.[61] 1737년 튜크스베리Tewkesbury호를 탄 "젊은이"는 선원들이 보는 앞에서 선장을 도끼로 쳐서 죽이고 그를 배 밖으로 던져버렸다. 반란자 존 커넬리John Kennelly는 "이제 럼주를 실컷 마실 수 있겠군"이라고 말했고 존 리어든John Rearden은 "우리 일곱 명이 선장에게 죽을 일은 없겠군"이라고 자랑스레 떠벌렸다. 그들은 곧 붙잡혀서 케이프 코스트 성에 끌려왔고 거기에서 재판을 받고 유죄가 선언되었다. 반란자 두 명은

7년간 무역상의 종복으로 사는 노예 계약을 해야 했고 나머지 다섯 명은 요새의 수문에 목이 매달렸다.[62]

　어떤 반란 무리는 해적이 되기도 했다. 특히 1710년대에서 1720년대 사이에 "블랙 바트" 로버츠와 같은 노예무역 선원은 바다를 배회하며 무역 상품을 차지하면서 대서양 무역 체제에 중대한 손실을 입혔다. 이러한 해적의 양산은 끔찍한 방식의 처형과 엄격한 해군의 순찰을 통해 어느 정도 저지되었지만, 그럼에도 아프리카 해안의 반란 무리는 종종 해적으로 변하기도 했다. 1766년에 애노마보의 노예무역 항구의 관리는 상인들에게 "해안에 해적이 출몰하고 있습니다. 특히 스쿠너급에 선체를 동으로 칠한 함선은 하이드 Hide라는 자가 지휘하고 있고 서른네 명의 선원이 타고 있으며 회전포가와 소화기로 잘 무장하고 있으니 주의해야 합니다"라고 공지했다. 이 해적은 총 12척에서 14척의 작은 함선을 약탈하고 영국 화폐로 1,200파운드에 달하는 물품과 50온스의 사금을 훔쳐 달아났다. 블랙 프린스호에 승선한 선원들은 1769년 선상 반란 후에 "검은 깃발을 내걸고" 함선의 이름을 자유Liberty호로 바꾸었다.[63]

　반란과 해적질 외에 선원들이 취한 저항의 형태는 대부분 탈주였다. 엠마 크리스토퍼는 아프리카 해안에서는 선원들이 달아나는 경우가 허다했다는 것을 보여 주었다. 그러나 배에서 도망친 노예의 경우와 마찬가지로 선원 역시 자유를 찾는 것은 쉬운 일이 아니었다. 왜냐하면, 아프리카의 노예무역 상과 그들의 동맹이 거의 항상 (얼마간의 대가를 받고) 도망자를 잡아다가 선장에게 돌려주었다. 서아프리카 물속에서 천천히 배회하던 상어 역시 탈주를 소망하던 많은 선원의 계획을 단념시켰지만, 일부는 배 위의 괴물을 피해 물속에서 또 다른 괴물을 직접 만나고자 했다. 탈주의 또 다른 제한점은 선원 스스로 가지고 있던 생각이었다. 한 선원은 법정에서 그와 동료 선원들이 보니섬에서 선장을 피해 "도망칠 의도가 있었지만," 그곳이 "식인의 풍습이 있는 야만적인 곳"이라서 그렇게 하지 못했다고 설명했다.[64]

항해의 끝

노예선에 있는 선원들에게 항해는 언제나 네 가지 방식 중 하나 — 죽음, 저항(탈주나 반란을 의미하며 이는 도주에서 교수형까지 다양한 결과를 야기했다), 중간항로 항해 후 노예들을 배달한 항구에서의 합법적 또는 불법적 해고, 귀향 항해 후 고향 항구에서의 해고 — 로 끝났다.

중간항로의 끝에서 많은 선장이 문제에 직면했다. 350명의 노예를 통제하기 위해 35명의 선원이 필요하던 200톤급의 함선이 이제는 설탕 같은 화물(아니면 밸러스트만)을 싣고 고향 항구로 돌아가는데 여기에 필요한 선원은 열여섯 명 혹은 그보다 더 적었다. 만약 많은 선장이 그랬듯이 그가 돈을 아끼고 싶다면 불필요한 선원들에게는 어떤 일이 일어났을까? 일부는 도중에 죽었고 일부는 선장과 배에 질려버려서 상당량의 급여를 잃어버리는 대가를 감수하고도 기뻐하며 탈주했지만, 많은 선원이 어렵게 번 돈을 지키고 싶어 했고 특히 가족과 공동체가 기다리는 고향 항구로 돌아가고 싶어 했다. 노예선 선장은 이러한 과잉 노동력을 처리할 전략을 고안했다.[65]

중간항로 항해가 끝날 무렵 (노예를 시장에 팔기 위해) 노예들에 대한 처우가 좋아지기 시작하자마자 선장은 선원 전체 혹은 일부를 혹독하게 대하기 시작한다. 이는 그들이 도착한 항구에서 탈주해버리기를 바라는 강도 높은 괴롭힘이었다. 모든 선장이 그렇게 하지는 않았지만 이러한 관행이 널리 알려질 만큼 많은 선장이 이런 행동을 취했다. 그 유명한 영제국의 전쟁 영웅이자 구세주인 "영광스러운 바스 훈위를 수여받은 기사, 백색 함대의 제독, 영국 해군의 부제독"인 로드니 경Lord Rodney은 1790년 노예무역에 관한 의회 회의에서 "나는 서인도에서 휘하의 사람들을 제거해버리기 위해 선장이 선원들을 혹독하게 다루었던 경우가 많이 있었다고 믿는다"라고 증언했다.[66]

이러한 행위들은 의도적으로 설계된 것이었고 실제로 상인들은 때때로 항해가 끝나기 전에 남은 선원을 제거하기 위한 명확한 지시를 내리기도 했다. 1784년 마일즈 바버Miles Barber는 제임스 페니 선장에게 편지를 써서 "나는 가능하다면 당신이 일부 말 안 듣는 선원을 세인트 키츠나 세인트 토머스St. Thomas에서 해고하고 다른 외국인 선원을 일부 데려왔으면 합니다"라고 전했다. 그는 이것이 불법인 줄 알고 있었고 그래서 페니가 항해사들에게 "말이 새어나가지 않도록" 전하라고 충고했다. 상인이 선원을 내쫓는 것에 대해 언급하지 않았더라도 선장은 일상적으로 그러한 행동을 해 왔다. 프랜시스 포프Francis Pope 선장은 1740년에 아브라함 레드우드Abraham Redwood라는 이름의 로드아일랜드 상인에게 편지를 써서 "나는 당신의 이윤을 남기기 위해서 가능한 한 적은 사람들만 남겨둘 생각입니다"라고 전했다. 노동력에 대한 지출을 절약함으로써 항해의 이윤을 늘일 수 있다는 점은 노예제도에 찬성하던 셰필드 경Lord Sheffield도 어쩔 수 없이 인정하고 있었다. 그러나 고려해야 할 또 다른 점도 있었다. 노예선에서의 엄한 대우와 팽팽한 긴장감 아래에서 선장은 반항적이거나 "말 안 듣는" 자들을 내쫓고 싶었을 것이다. 또 다른 셈법으로 본다면 상당수, 또는 때에 따라 대부분 선원의 건강 상태가 너무나 좋지 않아서 노예무역 항해가 끝날 시점 정도에는 전혀 일하지 못하는 상태가 되기도 했다. 그들은 말라리아나 안염眼炎(안과 질환), "기니 벌레"(다리에 기생해서 엄청난 크기로 자라는 기생충) 그리고 여러 종류의 궤양으로 고통받았고 특히 아프리카의 전염성 피부 질환인 딸기종Yaws도 크게 유행했다.67

이렇게 서인도에 도착한 선원들은 딱한 모습이었다. 바베이도스에서 선원 헨리 엘리슨은 "노예선 선원 몇 명이 다리가 벼룩에게 뜯어 먹혀서 궤양을 앓고 있었고 발가락도 썩어가고 있었지만 보살펴 주는 사람 한 명 없는 극심한 고통을 겪으면서 물과 음식을 달라고 갈구하는 모습"을 보았다. 자메이카에서도 마찬가지로 선원들이 "부두에 늘어져 궤양과 무기력에 휩싸인 모습"을 보였다. 그들은 "무릎 슬개골에서부터 발목까지" 썩어가고 있었고 "이들을 받아주는 배는 한 척도 없었다." 이들 중에는 엘리슨이 개인적으로 아는 사람도 있었다. 그들은 "잔인한 방식으로 이용당했고" 돈까지 떼어먹혔다. 엘리슨은 자신의 배에서 음식을 가져다가 그들에게 주었다. 그들은 "부두 낭인"wharfingers, "폐선 잡부"scow-banker, 또는 부두 외의 다른 곳에서는 "해변 약쟁이"beach horners로 불렸다. 그들은 때로는 죽을 작정으로 부두에 놓인 빈 설탕통으로 기어들어 가기도 했다.68

이들의 처지는 제값에 팔기에는 너무 병약했던 "폐물 노예들"과 별반 다를 바 없어 보였지만 차이점은 있었다. 이들은 당연히 "백인"이었고 법적으로 팔 수 없는 자들이었으며 이렇게 완전히 망가진 선원은 누구에게도 필요하지 않은 존재인 동시에 지난 몇 달간 그들이 몸 바쳐 일했던 사람들에게는 오히려 손해만 끼치는 존재였다. 그들을 팔 수는 없었지만, 배에서 내리게 해서 버릴 수는 있었다. 가난하고 병든 선원은 부두의 거지가 되었고 이들은 아메리카의 노예 배달 항구 전역에서 찾아볼 수 있었다.

이 문제가 크게 대두되자 여러 식민지와 항구 도시의 정부는 행동을 취했고 일부에서는 선원을 위한 특별 병원을 만들었다. 바베이도스의 브리지타운에서는 난민소가 노예선 선원으로 들끓었다. 그들은 도미니카Dominica와 그레나다의 해변과 항구에도 마찬가지로 나타났다. 1784년 찰스턴의 보고서에는 "미국 배 소속이었던 선원 60명 정도가 이 도시에 버려졌고 대부분은 죽어서 시의 예산으로 매장됐다"라고 기록되었다. 자메이카에서는 이미 1759년에 법안을 통과시켰고 이후에도 계속 갱신하면서 "불구"가 되거나 다친 선원들을 관리했다. 1791년의 기록에는 "킹스턴 병원에 있는 사람 대부분이 노예선 선원이었다"라고 적혀 있었다. "절름발이나 궤양을 앓고 있거나 병든 선원"을 유기하는 것은 "킹스턴 공동체 사회에서도 상당히 성가시고 비용이 드는 일이었기 때문에" 자메이카의 입법부는 선주들이 불구가 된 선원들을 해안에 두고 떠나지 못하게 하는 법안을 통과시켰다.[69]

부두 낭인이었던 선원 두 명이 그들이 겪은 곤경을 설명했다. 윌리엄 버터워스는 하갑판 승강구에서 넘어지면서 다리에 열창을 입었다가 선장에 의해 킹스턴에서 해고되었다. 그는 "낯선 나라에 나약하고 절뚝거리는 모습으로 돈 한 푼 없이 서 있던 자신의 모습에 망연자실함"을 느꼈다고 했다. 제임스 타운James Towne도 비슷한 상황을 겪었다. "나는 사우스캐롤라이나의 찰스 타운Charles Town의 해변에 돈도 없이 다른 두 명의 선원과 함께 버려졌다. 결국, 그 둘은 죽었다."[70]

폭동 : 리버풀, 1755년

선원들이 앙골라와 자메이카로 향하는 항해를 준비하며 더비Derby호의 의장을 마쳤다. 루크 만Luke Mann 선장은 선원들에게 한 달 전에 매달 30실링을 급여로 지급하겠다고 약속했지만 이제 8월 25일이 되자 항구에 실직 중인 선원이 너무 많아서 "데려올 일손이 충분하다는" 구실로 단 20실링만을 지급하겠다고 알렸다. 이러한 결정은 배의 소유주 중 지역 상인으로 보이는 토머스 예이츠Thomas Yates로부터 직접 하달된 명령이었다. 더비호의 선원들은 분노했다. 그들은 그 즉시 배의 삭구장치를 끊어서 주갑판에 헝클어진 밧줄을 던져두고 떠나버렸다.[71]

누군가 치안관을 불러서 아홉 명의 선원이 체포됐다. 그들은 치안 판사에게 재판을 받고 결국 감옥에 갇히게 되었다. 그러는 동안 앞선 이야기와 선원의 투옥 소식이 부둣가를 휩쓸었고 곧 이삼천 명의 선원들이 (다양한 이유로) 선원의 전통적 무기인 지렛대와 몽둥이를 들고 형제 선원의 자유를 외치며 워터 스트리트Water Street의 올드 타워Old Tower로 행진했다. 선원들은 창문을 부수고 교도소 관리국으로 들어가서 문서와 기록을 파기했다. 교도관들은 항복하고 여덟 명의 선원을 풀어 주며 성난 군중이 빨리 돌아가기를 바랐다. 환호하던 군중은 자유에 도취하였고 그러다가 동료 선원 한 명을 남겨두고 온 것을 깨닫게 되었다. 그들은 다시 감옥으로 돌아가 한 남자를 찾아 풀어 주었고 마찬가지로 폭도들을 돕다가 감옥에 갇힌 한 여자도 풀어 주었다. 선원들은 그 뒤 밤새 부두를 돌며 승리를 과시했고 지역 주민들은 큰 소리로 떠들며 승리를 자축하던 그들의 모습에 두려움을 느꼈다. 그들은 곧 항구에 있는 수많은 배에 올라타서 삭구장치를 최대한 많이 풀어버렸다.[72]

더비호에서 있었던 사건은 직접적인 작업 행동에서부터 시작해서 파업으로 커지더니 마침내 지역의 폭동으로 발전했다. 주말이었던 8월 26일과 27일에는 조용했지만, 상인들이 임금을 삭감하려는 조짐을 계속해서 보이자 선원들은 매일 밤 부두를 몰래 다니면서 삭구를 끊고 돛대를 부러뜨리며 항구 도시의 활력이라고 할 수 있는 함선을 무력화시켰다. 월요일 이른 아침에 선원들은 배를 옮겨 다니며 사람들이 작업 중단work stoppage에 참여하도록 독려했다. 거부하는 사람들은 강제로 배에서 내리게 했다. 선원 토머스 코켓

Thomas Cocket에 따르면 "그들은 모든 배에 다 올라가서 모든 사람을 배에서 다 내리게 했다." 파업이 확산하면서 분주하던 해안가가 조용해졌다. 도시가 내려다보이는 북부 레이디스워크North Lady's Walk 거리에 있던 선원들은 상업 거래소로 가서 상인들에게 급여에 관한 불만을 제기하고 구제를 요구하기로 했다. 그들은 화가 난 상태였지만, 평화적으로 무장하지 않고 갔다. 그들의 요구는 수용되지 않았고 그들이 거래소를 떠날 때 일부 선원들이 다음날 다시 와서 건물을 다 박살 내 버리겠다고 위협했다. 상인들은 이 협박을 진심으로 받아들였다. 더 폭력적인 다음의 대치 상황이 두려웠던 상인들은 거래소에 덧문을 달고 방책을 세웠다. 또한, 그들은 의용대를 뽑아서 무장해 두었는데 의용대 중에는 "높은 지위"의 신사도 포함되어 있었다. 상인들은 추가로 120명의 노동자를 뽑아 건물을 지키도록 했다.[73]

8월 29일 화요일 정오에 선원들은 호전적인 분위기로 많은 수를 이루어 다시 거래소를 찾아서 "만세를 부르고 소리쳤다." 그들은 여전히 협상을 바라고 있었지만, 이번에도 그들의 요구는 수용되지 않았다. 점점 긴장이 고조되자 지방 당국은 소요 단속법Riot Act에 따라 그들에게 해산할 것을 요구했다. 선원들은 이를 거절하고 결국 거래소 주변을 둘러싸고 위협을 계속했다. 몇몇 시위대가 창문에 막대기와 벽돌을 던지기 시작했다. 선원 존 피셔John Fisher는 갈퀴로 멀쩡한 건물의 유리를 박살 냈다. 긴장감이 고조되자 건물 안에 있던 (상인 토머스 래드클리프Thomas Radcliffe인지 아니면 부두 감시꾼 토머스 엘리스Thomas Ellis인지 정확하지는 않지만) 누군가가 시위대를 향해 총을 쏘았다. 총성이 울리고 선원 몇 명이 쓰러져 죽었다. 목격자들은 "다친 사람들의 울음과 신음은 차마 들을 수 없을 정도로 음울했다"고 회상했다. 너무나 혼란스러운 상황이었기 때문에 정확한 사상자의 수는 누구도 알지 못했다. 적게는 두 명에서 많게는 일곱 명의 선원이 죽었고 최소 15명에서 최대 40명이 다쳤다. 거래소에 덧문과 방어 계획을 세워둔 것은 총을 쏘면 선원들이 반격할 것이라는 점을 모두 예상하였다는 것을 의미했다. 부자들은 귀중품을 숨기고 아이들을 다른 곳으로 보냈다. 노예무역 상인 토머스 스타니포스Thomas Staniforth는 건초더미에 은을 숨기기도 했다.[74]

수요일 아침이 되자 1천여 명의 선원들이 머리에 붉은 리본을 달고 거리로 쏟아져 나왔다. 그들은 총포상과 창고에 침입해서 300여 정의 소총과 화약을 탈취했고 다른 곳에서 나팔총과 권총도 가져왔다. 그러나 이 정도의 무기로 상인들과 대적하기에는 부족했기 때문에 말을 부려서 부둣가로 간 다음에 배에 있던 대포를 수레에 싣고 거래소가 있는 언덕으로 끌고 왔다.[75] 곧 "칼과 대포의 울음소리"가 도시의 자갈길을 가득 메웠다. 선원들은 "피 묻은 깃발"을 들었던 조지 올리버George Oliver 뒤에 모여 서서 행진하며 모두가 하나라는 의미로 같이 죽거나 같이 살자고 소리쳤다. 이것은 사력을 다한 싸움이었다. 정오가 되자 그들은 데일가Dale Street와 캐슬가Castle Street의 전략적 지점에 대포를 배치하고 거래소를 남쪽과 북쪽에서 공격할 수 있도록 했다. 그들은 그 후 "하루의 대부분 시간" 동안 포탄과 총알로 건물을 공격했다. "거위를 조준하라"라는 외침이 있었다. 분노한 선원들은 대포와 소총을 "리버 버드"liver bird[가마우지와 유사한 형태를 지닌 상상의 동물로 리버풀의 상징] 조각상으로 돌렸다. 이 조각상은 리버풀의 모든 유력한 회사의 상징인 동시에 도시 그 자체의 상징이었다. 그들은 조각상을 가루로 만들어버렸다. 그들이 쏟아부은 포화의 충격으로 "근처에 성한 유리창이 거의 없을 정도였다." 꾸준한 포격으로 일부 사람들은 포위되었고 한 기록원에 따르면 네 명 이상의 사망자가 발생했다.[76]

총성이 도시의 사업과 이권 그리고 권력의 중심까지 미치자 도시는 공포에 휩싸였다. 상인들은 거리 모퉁이에서 "공포에 질린 얼굴로" 전투를 지켜봤다. 어떤 사람은 놀랍도록 솔직한 투로 "나는 겁쟁이였던 것이 사실이지만, 누구든 그랬을 것이다"라고 기록했다. 도시의 통치자들도 선원들의 분노에 맞서 도시를 방어할 능력이 없다는 점을 인지하고 도움을 요청했다. 두 명의 신사가 서둘러 맨체스터로 향했고 거기서 서둘러 군대를 파견해 주지 않으면 "리버풀은 잿더미로 변하고 모든 주민이 살해되고 말 것"이라고 설명했다. 이는 물론 펨브로크 경Lord Pembroke의 왕립 용기병 연대Royal Regiment of Dragoons[77]를 이동시키려는 의도의 과장된 표현이었다. 통치자들이 방위군을 모으자 선원들은 투쟁의 방향을 새롭게 확장했다. 늦은 오후가 되면 일부 선원들이 집집마다 찾아다니며 잘 사는 집 주민들을 위협하고 때로는 총까지 들이대며 돈을 "요구"했다. 돈은 거래소에서 살해당한 사람들을 묻어 주는 데 쓰였다. 어떤 사람들은 북을 두드리고 깃발을 휘날리며 대형을 갖추어 행진하는 무리를 만들기도 했다. 이들 무리는 노예무역 상인의 거처를 향해 행진했다. 한 목격자는 그들이 "함선 상징이나 깃발을 들고 대다수 선원이 나팔총이나 소총 또는 다른 무기로 무장한 채 행진했다"라고 말했다.[78]

그들이 처음 찾아간 상인은 얼마 전 거래소에서 처음 총을 쏜 사람으로 여겨지던 토머스 래드클리프였다. 그는 거래소 북쪽에 있는 화이트채플Whitechapel의 프로그 래인Frog Lane에 살고 있었다. 선원들은 그의 집에 도착해서 몇몇이 집 안으로 들어간 후 집기를 거리로 내던졌다. 목격자의 말에 따르면 그들은 값비싼 가구를 가지고 나와서 산산조각으로 박살 내버렸다. 그들은 좋은 옷감이 가득 차 있는 서랍장을 가지고 나와서 "갈기갈기 찢어버리기도 했다." 그들은 좋은 도자기와 양피지 문서도 파괴했다. 그들은 "깃털 침대와 베개와 같은 것들을 밖으로 던져버린 후 속을 찢어서 깃털을 사방에 흩뿌렸다." 그들은 신사로 여겨지던 래드클리프가 하인들의 침구에는 사실 깃털이 아니라 밀의 왕겨를 채워 넣었다는 것을 발견하고 놀라지 않을 수 없었다. 이는 리버풀 하층민에 대한 모욕으로 오랫동안 기억되었다. 그러나 그들이 모든 물건을 박살 내기만 한 것은 아니었다. 일명 선원들의 "창부"라고 불리던 같은 무리의 여자들은 집 안의 물건 몇 가지를 훔쳐서 달아나기도 했다.[79]

다음으로 그들은 레인포드 가든Rainford Gardens으로 가서 윌리엄 제임스William James의 집을 찾아갔다. 그는 한때 29척의 노예무역 함선을 소유했던, 당시 가장 막강한 권력을 가진 아프리카 무역상 중 한 명이었다. 제임스는 어떤 방법으로 군중의 의도를 사전에 알게 되었고 귀중품을 시골에 있는 집으로 옮길 수 있었을 뿐만 아니라 공격에 대비해 방비할 수도 있었지만 이는 무용지물이었다. 한 선원이 덧문을 부수고 창문을 깬 후에 군중에게 "여기로 들어가자! 집을 박살 내자!"라고 소리쳤다. 무리에 있던 조셉 블랙과 다른 이들은 저항하는 사람이 있을 것에 대비해서 총부리를 건물로 향해 조준했다. 선원들이 집 안으로 들어가자 온갖 가구와 침구, 옷감, 백랍 기물, 도자기, 은제 식기가 밖으로 쏟아져 나왔다. 다시 한번 부의 특권이 농락당하고 거리에 내던져졌다. 손해액은 1,000파운드(2007년 기준으로 17만7천 달러) 이상이었다. 폭도들은 집에서 와인과 럼 저장고를 발견했지만, 이상할 정도로 그쪽 영역은 파괴하지 않았다. 또한, 대형 괘종시계 안으로 숨어들어 간 "어린 흑인 소년"에게 역시 해를 끼치지 않았다.[80]

비록 파괴의 정도가 덜하기는 했지만 다른 두 명의 상인도 집을 공격받았다. 클리브랜드 광장Cleveland Square에 살던 (이 모든 분쟁이 시작된) 더비 호의 소유주 토머스 예이츠와 세인트 폴 광장St. Paul's Square에 살던 존 시몬스John Simmons가 그들이었다. 선원들이 목표로 했던 장소에 도착했을 때 집에 있던 상인은 없었다. 상인 토머스 미들턴Thomas Middleton에 따르면 그들이 만약 집에 있었다면 아마 살해당했을 것이다. 선원들은 "그들이 도시의 모든 노예무역 상인의 집을 찾아갈 것"이라는 무서운 소식을 전했다. 그들은 "대담한 침입"을 계속할 생각이었다.[81]

복수의 시간이 계속되었고 이제 상인만이 대상은 아니었다. 노예선 선장인 헨리 빌링Henry Billinge은 선원 토머스 피어슨Thomas Pearson이 한 여성으로부터 "저자가 노예선 선장이야"라는 말을 듣자마자 그를 몽둥이로 내려쳤다고 증언했다. 베냉Benin호의 토머스 블런델Thomas Blundell 선장은 선원의 무리가 나타나자 "그들을 피하려고 하노버 거리Hanover Street로 도망가기도 했다." 페레Ferret호의 온 안소니 테일러Anthony Taylor 선장은 "폭도들이 생명을 위협해서 대중 앞에 나서기를 두려워하며" 몸을 숨겼다. 공포에 질린 목격자는 "그들은 원한을 품은 자들을 대할 때를 제외하고 다른 모든 사람에게는 아주 좋은 품행을 보였다"라고 인정할 수밖에 없었다.[82]

목요일 아침에 상인들은 올리브 나뭇가지[평화의 상징으로 협상을 요구할 때 쓰임]를 흔들고 북부 레이디스워크에 대표단을 파견하여 협상을 시작했다. 상인들은 선원들이 항의를 중지하면 새로운 일거리를 주겠다고 제안했다. 당시 선원들은 동료 선원의 시신을 묻어 주느라 바빴고 그래서 상인들의 제안을 고려할 시간이 없었다. 그러나 대표단은 런던의 선원이자 폭동의 주동자였던 조지 힐George Hill에게 간단한 의사를 전달할 수 있었다. 힐은 배에서 포수로 일했고 자신의 대포에 "늙은 마누라"라는 애정 어린 호칭을 붙여준 사람이었다. 그는 방문자에게 "나는 선원이다. 삽 따위를 쓰는 사람이 아니다"라고 말하며 제안을 고려해 보지 않겠다고 했다. 게다가 그와 동료 선원들은 아직 일을 마무리 짓지 못했다고 느끼고 있었다. 그는 "거래소가 완전히 무너질 때까지는 멈추지 않을 것이며 그 외에는 아무것도 나를 만족하게 할 수 없다"라고 맹세했다. 동료들을 제대로 매장해 주고 난 뒤 그들은 더 큰 대포를 가지고 와서 거래소를 겨누었다. 상인의 대표단은 "그들은 쌓아 올린 돌멩이 하나 남기지 않기로 한 것으로 보인다"라는 말을 남기고 떠났다.[83]

한편 펨브로크 경의 군대는 맨체스터를 떠나 빗속을 뚫고 밤새 행진했다. 군대와 동행한 한 신사에 따르면 그들이 리버풀에 도착한 시간은 목요일 오후 4시였는데 "꽤 많은" 리버풀 사람들이 덧문을 붙인 창문 뒤에 숨어서 군대를 바라보다가 이내 그들의 도착을 환영했다. 그들은 맞서고 있는 선원들 역시 곧 발견했지만, 선원들은 기병대에 의해 대열을 잃고 혼란 속에 후퇴할 수밖에 없었다. 오십 명의 시위대가 군대에 체포되어 랭커스터Lancaster 감옥으로 보내졌다. 금요일 아침에 폭동은 끝이 났다. 용기병은 후에 "눈앞으로 다가왔던 마을과 해운 사업의 파괴를 구원해준 것"으로 칭송받았다. 그러나 선원들은 모든 해운 사업과 선장 또는 상인을 공격하지 않았다. 그들은 단지 노예무역과 관련된 자들만을 공격했다.[84]

춤추던 선원의 이야기로 돌아가서

춤추던 선원이 리버풀의 폭동에 참가했을까? "소동"이 시작되면서 그는 이미 종속되어 살아오던 앞 시대의 선원들을 저주하며 자신의 독립성을 자랑하며 다녔을 것이다. 그가 삭구장치를 자르고 거래소에 대포를 쏘고 증오하던 노예무역 상인들의 귀중품을 거리로 던지면서 상류 계층에 대한 증오심을 표현하는 모습을 상상하는 것이 어렵지는 않다. 그는 현대 사회에서 "파업"이라고 부르는 관행을 거들었을 것이다. 사실 이 파업strike이라는 단어는 역사적으로 선원들이 함선의 돛을 "접어서"struck 내리는 투쟁적 행위에서 파생되었다. 그 선원은 아마도 18세기 후반 대서양에서 가장 큰 도시 단위의 봉기를 거들었으며 동시에 군중이 국가나 사업 당국을 향해 대포를 사용한 유일한 폭동에 참여한 사람이 되기도 할 것이다.

아니면 그 대신 선원이 피들 연주에 춤을 추다가 선장과 의사를 만난 바로 다음 날 "거대한 기계"인 노예선에 승선하지는 않았을까? 그랬다면 그는 아마도 선상에서 수직적 공동체와 수평적 공동체가 겹쳐서 갈등하는 모습을 보았을 것이다. 첫 번째의 수직적 공동체는 배에서 일하는 전체 승무원의 노동계층을 최상위 계층에서 최하위 계층까지 연결하는 조직 공동체였다. 이 공동체는 "우리는 모두 같은 배를 탔다"라는 문장으로 요약될 수 있다. 두 번째의 수평적 공동체는 선장과 고급 선원에 대항하는 일반 선원들이 나란히 늘어선 계급 공동체였다. 보통 초급 항해사와 숙련되지 않은 기술직 근무자는 그사이에 끼어서 양측 중에서 한쪽 편을 선택했다. 아프리카로 향하는 국외 항해에서 선장이 과도한 징계를 가하면 오히려 고급 선원과 일반 선원의 관계에 주요한 긴장의 관계가 형성되었다. 이는 선상 사회의 중요한 모순이라고 할 수 있다.

배가 아프리카 해안에 도착하고 많은 수의 노예가 승선하게 되면 모든 것이 변한다. 이제 선원은 아프리카 노예가 강제로 추는 춤을 감독하게 된다. 선원의 역할은 교도관이 되며 수백 명의 아프리카인을 그들의 의지에 반해서 폭력적으로 가둬두어야 했다. 갑자기 어떻게 처음 배를 타게 되었고 얼마나 선장을 싫어하는지는 중요하지 않게 되었다. 항구에서 있었던 갈등이나 국외 항해 동안 느꼈던 고생은 사라지기 시작했다. 두려움으로 하나가 된 전체 승무원들은 새로운 사회적 유대감으로 선장에서 사환까지 똘똘 뭉쳤다. 그들의 목숨은 이제 단결된 경계와 행동에 달렸고 더 많은 수에 강력한 힘이 잠재된 노예 집단 한가운데서 어떻게 협력하느냐가 중요했다. 선원과 선장이 서로 가까이서 협력할수록 조직 공동체의 힘은 강해졌지만, 계급 공동체의 힘은 완전히 사라지지는 않되 상당히 약해졌다. 이제는 더 깊은 대립관계가 배를 지배했으며 거기에서 새로운 규율이 나타났다. 이것을 "인종"이라고 부를 수 있다.

선원의 문화적 또는 인종적 배경이 무엇인지도 중요하지 않았다. 아프리카 해안에 배가 머무는 동안 한동안은 "거대한 기계"가 인종적 분류와 정체성을 형성하는 데 도움을 제공했기 때문에 당분간 선원은 그저 "백인"으로 지낼 수 있었다. 일반적으로 노예무역에 관여하는 사람들은 누구나 아프리카인이든 유럽인이든 상관없이 노예선 선원들을 "백인"으로 지칭하는 것이 당시의 관행이었다. 선원 중에 잡다한 특성이 뒤섞여 일부 "유색" 인종이나 확연히 백인이 아닌 자들이 있어도 그들은 여전히 백인으로 불렸다. 선원의 "백인"이라는 신분은 노예 노동 시장에 팔려나가지 않는다는 것을 보장해 주었고 동시에 상인이나 상인의 자본을 대신해서 노예에게 폭력이나 징벌을 가할 수 있는 사람이라는 것을 의미했다. 윌리엄 스넬그레이브가 지적했듯이 노예선에서의 교훈 중 하나는 노예가 절대로 "소동을 일으키거나 백인을 때리게 두어서는 안 된다"라는 것이었다. 만약 그런 일이 벌어지면 그들은 "심각한 처벌"을 받거나 처형될 수도 있었다. 그러나 이러한 상태가 선원들을 선장과 고급 선원의 폭력이나 징벌로부터 지켜준다는 보장은 하지 못했으며 다른 대우 기준을 보장해 주는 것도 아니었다.[85]

선장과 선원 사이에 존재하던 중요한 모순점은 아프리카 해안과 중간항로에서는 별로 중요하지 않았다. 비록 선원들이 "백인 의식"wages of whiteness를 갖고 있기는 했지만, 그럼에도 그들은 새로운 상황에 불만을 가졌다. 그들은 배에서 그들보다 노예들이 더 좋은 대우를 받는다는 불만을 가차 없이 제기했지만, 이는 이기적이고 불성실한 불평이었다. 그들은 거처에 대해서도 불만을 가졌다. 아프리카의 노예들이 배에 오르면서 그들은 잘 곳을 잃었다. 그들은 건강에 관한 불만도 가졌다. 1788년에서 1789년 사이에 노예선 알비온Albion호에 있다가 바람막이 해안에서 대영제국 군함 어드벤처Adventure호로 옮겨 탄 선원은 "노예선의 의사가 자신은 노예를 돌보기 위한 급여만 받고 있다고 주장하며 아픈 선원을 방임했다"라는 혐의를 진술했다. 음식에 관한 불만이 가장 컸다. 노예들이 선원보다 더 잘 먹고 있었다. 노예들의 식량이 더 풍부했고 신선했고, 사무엘 로빈슨에 따르면 "노예들의 음식을 나르던 중 한 줌 훔쳐내다가 발각된 선원은 심한 벌을 받았다." 한 선원은 때때로 선원들이 "어쩔 수 없이 노예들의 식량을 구걸하기도 했다"라며 불평했다. 소위 자유 노동자 계급이라는 자들의 대우가 노예보다 좋지 않았다. 상인과 선장 모두 더 높은 자산 가치를 가진 노예들에게 더 많은 투자를 했기 때문이었다. 또한, 선원들은 이러한 변변치 않은 "백인 특권"이 항해가 끝날 무렵이나 중간항로 항해 도중이라도 반전될 수 있다는 것도 알게 되었다. 그들의 노동력은 소모품과 같았고 노동력이 넘치게 되면 선원은 학대당하고 버려져서 혼자 아픈 몸을 돌봐야 했다. 선원들은 복수심과 함께 자신의 계급을 뼈저리게 실감할 수 있었다.[86]

선원은 커다란 두 고래의 싸움에 낀 새우와 같은 제삼자였다. 한쪽에는 상인이라는 고래가 한 손에는 자본과 다른 손에는 자신의 계급을 쥐고 있었고 다른 쪽에는 아프리카 노예라는 고래가 한 손에는 노동력과 다른 손에는 새롭게 형성되는 계급[노예]을 쥐고 있었다. 선원들은 중간자적 태도를 유지하고 위험한 업무로 착취되는 것을 제한하기 위한 노력으로 1775년 리버풀에서 임금 삭감에 저항했지만, 노예무역 자체에 대항해서 파업을 했던 것은 아니었다. 그들은 더 나은 임금 조건을 위한 파업을 했다. 이러한 행위들은 그들의 급진적이고 연대적인 관행의 한계였다.[87] 선원의 모순된 입장은 1763년 아프리카 해안을 떠나 북아메리카에 도착한 노예선 선원들의 술 취하고 미쳐 있는 듯한 비극적인 모습에서 잘 표현되었다. 한 선원은 "술에 취한 채 겉옷을 찢어서 노예들에게 나누어 주었다. 그러고는 흑인 소년 하나를 팔에 품고 나도 종을 한 명 부리겠다고 말하고는 아이와 함께 강물에 뛰어들어버렸다. 결국, 두 사람 모두 물에 빠져 죽었다."[88]

9장

노예에서 뱃동지로

한 남자가 음식을 거부했다. 그는 병을 앓고 있었고 "뼈만 앙상하게" 남았다. 그는 분명 죽음을 결심한 것으로 보였다. 1727년 로열 조지호를 타고 바베이도스에서 출발해 대서양을 건너던 티모시 터커 선장은 이 남자의 행동에 격분했고 동시에 그의 행동이 본보기가 되어 배에 타고 있던 200명 이상의 노예에게 퍼지지 않을까 두려웠다. 선장은 흑인 사환 로빈에게 일러서 자신의 채찍을 가져오도록 했다. 그의 채찍은 구교묘 채찍 같은 것이 아니라 말채찍으로 쓰일 법한 훨씬 더 큰 채찍이었다. 후에 이 이야기를 전했던 실라스 톨드는 당시 견습 선원이었는데 "선장이 남자를 묶어두고 채찍질했고 남자는 목에서부터 발끝까지 온통 피범벅이 되었다"라고 전했다. 그동안 남자는 아무런 저항도 아무런 말도 하지 않았다. 남자의 이러한 태도는 선장을 더 화나게 했다. 결국, 선장은 아프리카의 언어로 "이놈을 죽여 버려라tickera-voo"라고 위협했고 남자는 "그렇게 하라"Adomma라고 대답했다.[1]

그러자 선장은 "초주검이 된" 남자를 남겨두고 선미 갑판으로 저녁을 먹으러 갔다. "돼지처럼" 식사를 마친 터커 선장은 다시 처벌을 재개할 준비를 했다. 이번에는 또 다른 사환 존 래드John Lad에게 일러서 선실에 있는 장전된 권총 두 자루를 가져오도록 했다. 그 뒤 터커 선장과 존 래드는 주갑판으로 가서 함선 좌현의 뱃전에 기대어 앉아 있는 무명의 굶주린 남자에게 다가갔다. 터커는 "악의에 찬" 썩은 웃음을 지으며 권총을 남자에게 겨누고 먹지 않으면 죽여 버리겠다는 말을 반복했다. 남자는 단지 이전처럼 그렇게 하라는 말만 되뇌었다. 선장은 권총의 총열을 남자의 이마에 대고 방아쇠를 당겼다. 남자의 머리에서 피가 "뚜껑을 딴 통에서 물이 흘러나오듯" 세차게 분출했지만 그는 죽지 않고 상처를 두 손으로 누른 채 선장을 노려보았다. 선장은 노발대발하며 욕설을 퍼부었다. 선장은 "이걸로는 죽일 수 없겠어!"라며 소리치고 사환을 다시 불러서 다른 총을 가져오게 했다. 이번에는 남자의 귀에 권총을 대고 다시 쏘았다. 톨드와 함께 그 장면을 보고 있던 모든 사람은 "그러고도 죽지 않은 그의 모습"에 놀랄 수밖에 없었다. 결국, 선장은 존 래드에게 남자의 심장을 쏘도록 명령했고 "그제야 남자는 죽음을 맞이했다."

이 "비범했던 살인"의 결과로 나머지 남자 노예들은 "뱃놈들이 결국 우리를 모두 죽이려고 하는구나"라며 복수심에 불타는 분노와 함께 봉기를 일으켰다. 선원들은 혼란 속에 방책 뒤로 후퇴했다. 일단 뒤로 물러선 선원들은 거기에서 회전 포가의 위치를 잡았다. 선원들은 사방에서 달려드는 반란자들에게 포화를 퍼부으며 주갑판을 쓸어버렸다. 어떤 이들은 숨을 곳을 찾아 하갑판으로 뛰어들었고 어떤 이들은 바다로 뛰어들기도 했다. 선원들이 주갑판을 장악하자마자 그들은 소형선을 내려서 바다에 뛰어든 노예들을 건지려 했지만 "바다가 사나웠고" 노예들은 하나같이 빠져 죽으려고만 했기 때문에 단지 한두 명만을 구할 수 있었다. 상당히 많은 수라고만 알려진 노예들이 죽었다. 이렇게 개인의 저항 행동이 집단적 반란의 불씨를 댕길 수도 있었고 하나의 저항 형태가 또 다른 것으로 이어지기도 했다. 음식 거부 행동은 일종의 순교로 이어졌고 이는 다시 폭동을 이끌어 냈으며 이것이 실패한 후에는 집단 자살을 다시 이끌어 냈다.[2]

이러한 장면은 여러 노예선에서 볼 수 있는 모습이었다. 이 장면은 징벌과 저항의 변증법을 잘 요약해준다. 한편에서 선장은 극단적인 폭력을 동원하여 발생하는 공포를 통해 노예들을 지배하는 데 도움을 얻고자 한다. 그에 반해 노예들은 폭력과 테러에 대해 각자 그리고 결국은 집단적으로 극단적인 대항을 한다. 그러나 이러한 반응에는 의문을 품을 수 있다. 어떻게 노예선에 던져진 수백 명의 다인종 아프리카인 무리가 집단으로 행동하는 방법을 배웠을까? 그들은 처음 배로 끌려왔을 때부터 새로운 질서 아래 사회화되었다. 이 질서는 오직 폭력, 의학적 조사, 숫자 부여, 사슬 엮기, 하갑판 "적재" 그리고 음식 섭취에서 "춤추기"에 이르는 작업의 사회적 일과를 통해 한 개인을 노동력 객체로 구체화하고 훈련하고 특수화하려는 계획이었다. 그러면 노예들은 서로 의사소통하면서 개인적으로 그리고 집단으로 대항했다. 이 말은 모든 노예선에서는 위로부터 문화를 빼앗으려는 과정과 아래로부터 문화를 만들어내려는 반대의 과정이 모두 존재한다는 의미였다. 죽음의 그림자 안에서 노예선을 타고 대서양 횡단 항해를 마친 수백만 명의 사람들이 새로운 삶, 새로운 언어, 새로운 표현 수단, 새로운 저항, 그리고 새로운 공동체 의식을 형성했다. 이것이 바로 한때 아프리카계 아메리칸이나 범아

프리칸Pan-African이라 불렸던 창조적이며 파괴 불가능한 문화의 해상 기원이라고 할 수 있다.[3]

승선

아프리카에 정박한 함선의 위치와 지역에서의 무역이 어떻게 준비되는지에 따라서 노예들은 해안에서 의사와 선장 (또는 항해사)에게 조사를 받기도 했고 함선에 올라 주갑판에 서서 조사를 받기도 했다. 노예들의 신체적 상태는 어떻게 노예가 되었는지 얼마나 멀리서 왔는지 그리고 어떤 상황이었는지에 따라서 상당히 다양했다. 일부는 병이 들기도 했고 일부는 다쳤으며 일부는 상당히 쇠약해진 상태였다. 또한, 일부 노예들은 충격을 받은 상태에 있거나 "우울"에 빠져들기 시작하기도 했다. 최소한 그들은 이성을 유지하고 있거나 회복 가능한 상태여야 했고 그렇지 않으면 노예무역상이 그들을 사들이지 않았다.

노예들을 발가벗기는 과정은 옷을 입은 흑인 무역상과 백인의 폭력적인 위협 아래에 진행되었다. 곧 노예들의 이름과 정체성 그리고 일부 문화까지 빼앗았다. 적어도 노예를 붙잡아온 자들은 그랬기를 바랐다. 여러 상인과 선장들은 노예의 옷을 빼앗는 것에 관한 공식적인 이유를 대고 있었다. 해충과 질병의 가능성을 줄여서 "건강을 유지하도록" 한다는 핑계였다. 일부 여자 노예들은 옷이 벗겨지자마자 즉시 음부를 가리기 위해 주저앉기도 했다. (숫자는 알려지지 않았지만, 일부 노예선 선장은 여자 노예들에게 작고 네모난 천 조각을 주어서 허리에 두를 수 있도록 했다.) 이렇게 옷을 빼앗은 이유로 언급된 적이 거의 없기는 하지만, 어쩌면 선장에게는 노예들이 무기와 같은 것들을 숨길만 한 곳을 가질 수 없도록 하려는 의도가 더 중요했을 수도 있다.[4]

잡혀 온 자들의 정신 상태도 매우 다양했다. 수백 마일 떨어진 곳에서부터 이동하여 해안까지 온 것으로 보이는 스물일곱 살의 여자는 노예선 선원의 모습을 보고 "대단한 놀라움"을 표했다. 그녀는 지금껏 백인을 본 적이 없었기 때문에 호기심이 넘쳐흐르는 모습이었다. 노예무역상 존 매튜스는 "백인을 보고 놀라워하면서도 전혀 두려워하지 않았던 건장한 체구의 남자 노예"에 관해 묘사했다. 그는 조심스레 백인의 피부와 자신의 피부를 번갈아 보았고 다음으로는 머리카락을 살폈다. 그러다가 그는 "자신의 모습과 정반대의 낯선 외모에 갑작스레 웃음을 터뜨리기도 했다." 한편 매튜스는 절망적인 공포에 사로잡혀 승선한 수많은 사람에 관한 기록도 남겼다. 이들은 배에 오른 뒤 한동안은 마비된 듯한 무감각 상태를 유지했고 "백인들이 자신을 신에게 제물로 바치거나 식량으로 먹어버리기 위해 사들인 것"이라고 생각했다.[5]

식인풍습은 노예무역이라는 이름을 내건 전쟁에서 자주 등장하는 단어이다. 유럽인들은 오랫동안 아프리카의 야만적인 식인종이 "더 나은" 삶을 경험하고 유럽의 기독교적 사고를 접하도록 하여 문명화해야 한다고 말하며 다양한 방식으로 노예제도와 노예무역을 정당화했다. 많은 아프리카인은 날개 달린 집을 타고 나타난 이 창백한 남자들이 분명 사람을 잡아먹는 부류이며 그들의 살을 뜯어 먹고 피를 마시고 싶어 할 것으로 확신하고 있었다. 이러한 믿음은 아프리카의 상류층이 자신의 노예를 징계하기 위해 노예무역을 활용하면서 더 강화되었다. "노예의 주인이나 사제들은 항상 자신의 노예들에게 유럽인이 사람을 죽이고 잡아먹으며 만약 제대로 행동하지 않으면 그들에게 팔아버릴 것이라고 일러두었다. 그렇게 함으로써 노예들이 유럽인들에게 팔려가는 것에 대한 두려움으로 질서를 더 잘 유지하도록 했다." 어쨌든 에퀴아노와 같은 수많은 사람이 산 채로 잡아먹힌다는 병적인 공포속에서 배에 도착했다. 아프리카의 특정 지역에서는 이러한 믿음이 더 강했다. 해안 지역의 사람들보다 내륙 지역 사람들이 그리고 아칸족보다는 이그보족이 이러한 믿음을 더 강하게 가지고 있었다. 식인에 대한 두려움은 음식의 거부에서부터 자살 그리고 폭동에 이르는 모든 종류의 저항에 가장 강력한 동기가 되었다.[6]

아마도 노예선에서 가장 악명 높은 통제의 상징은 속박의 도구라 불리는 수갑, 족쇄, 칼, 쇠사슬일 것이다. 많은 노예는 배에 올라탈 때 이미 묶여 있는 상태였고 특히 소위 말하는 건장한 남자들(신체적으로 강한 어른들)

은 반드시 묶여 있어야 했다. 아프리카의 밧줄이나 넝쿨로 묶여 있다가 유럽인의 기술이 첨가된 쇠사슬에 묶이게 되면 더한 공포가 피어올랐다. 수갑은 쇠고리에서부터 둥근 죔쇠의 형태까지 다양했다. 족쇄는 빌보스bilbloes라고 알려진 일자의 쇠막대기에 U자형 금속 고리를 끼워둔 형태였다. 막대의 한쪽 끝은 크고 평평하게 마감되어 있었고 반대쪽 끝에는 자물쇠 또는 일반적으로는 둥근 고리가 끼워져 있어서 두 명 이상의 노예들을 주갑판으로 올려보낼 때 사슬을 엮을 수 있도록 했다. 가장 고통스러운 속박은 가장 반항적인 노예를 위해 준비된 것으로 목에 커다란 철 칼을 씌워서 움직이거나 눕거나 휴식을 취하는 것조차 힘겨워지도록 했다. 이 모든 도구의 요점은 움직임을 제한하고 잠재적인 저항을 통제하는 데 있었다.

　일반적인 규칙은 모든 남자의 손목과 다리에 수갑과 족쇄를 채우고 여자와 아이들은 속박하지 않는 것이었다. 그러나 선장은 속박의 도구를 사용하는 데 매우 다양한 태도를 보였다. 일부 선장들은 특정 아프리카 부족(판테족과 이비비오족)은 항상 묶어두지만, 폭동을 일으킬 가능성이 적다고 여겨지던 다른 부족(참바Chamba족과 앙골라족)은 묶어두지 않았다. 아샨티족은 어떻게 노예선에 오게 되었는지에 따라서 쇠사슬에 묶이는 경우도 있었다. 일부 선장들은 아프리카 해안을 떠나면 남자 노예라 할지라도 사슬에 묶어두지 않겠다고 공언하기도 했지만, 노련한 선장들은 그 말에 동의하지 않았다. 어떤 선장들은 수갑과 족쇄 중 하나만 사용했다. 한 선장은 노예들이 배에 탄 운명에 "단념한 것"으로 보이면 사슬을 풀어 주었다고 이야기했다. 여자 노예 중에서도 반항적인 사람이 발견되면 재빨리 족쇄를 채웠다.[7]

　철로 된 속박 도구들은 살점을 파고들었다. 아주 작은 움직임도 고통스러울 수 있었다. 묶여 있는 두 사람이 같이 여러 사람이 뒤섞여 있는 하갑판을 통과해 변기통을 찾으러 가는 것은 참기 어려울 정도로 고통스러웠고 운동을 위해 주갑판에서 강제적으로 추는 "춤"은 고문과도 같았다. 1780년대 후반에 젊은 존 릴랜드는 (영국에서) 시저Caesar라는 이름의 늙은 아프리카인과 친구가 되었는데 그는 아직도 노예선에서 찼던 족쇄의 흉터를 간직하고 있었다. 그의 발목 피부는 "갈라지고 너덜너덜했고" 특히 서로 언어를 이해할 수 없는 사람과 함께 사슬에 묶인 덕분에 움직임을 함께하는 데 더 어려움이 있어서 흉터는 더욱 컸다. 함께 묶여 있던 짝이 병에 걸리거나 깜짝 놀라 벌벌 떨거나 경련을 일으키면 그 움직임으로 인해 쇠붙이는 두 사람의 발목을 찢어놓았다. 시저는 릴랜드에게 이러한 족쇄를 차고 있었던 경험은 절대 잊지 못할 것이라고 설명했다. "그 쇠붙이들이 우리의 영혼까지 찢고 들어왔지!"[8]

초기 노예무역의 역사에서 유럽인들은 노예들의 어깨나 흉부 또는 허벅지의 피부에 불로 지진 상징을 찍어 일종의 소인燒印을 남김으로써 노예들을 통제했다. 노예를 사들인 주체가 왕립 아프리카 회사나 남해회사South Sea Company 같은 대형 공인 회사인 경우에 이러한 소인은 더 일반적으로 사용되었다. 일부 상인은 선장이 선점 노예들에게 미리 소인을 찍어두도록 요구해서 노예의 사망에 조금 더 유의할 수 있게 하기도 했다. 그러나 소인을 찍는 관행은 시간이 갈수록 사라졌다. 1800년대 초기에는 거의 언급되지 않았다.[9]

인간을 하나의 소유물로 바꾸기 위한 보다 "합리적인" 다른 수단이 생겨났다. 18세기 전반에 걸쳐 유행한 방식은 노예의 죽음을 익명성으로 가리기 위해 여러 노예선에서 도입한 집계 체계였다. 팔려온 노예들은 각각 숫자나 때로는 새로운 이름을 부여받았다. 숫자 체계가 더욱 많이 사용되고 있었고 매일같이 죽은 노예를 ("33번" 남자, "27번" 남자아이, "11"번 여자, "92번" 여자아이 ─ 이런 식으로) 일지나 기록에 남겨둬야 했던 선장과 의사에게 더 기능적이었다. 공식적인 항해 기록에 따르면 기록 체계에서 각 노예에게 주어진 번호가 일관되지 않기도 했다. 선장은 살아 있는 노예가 배에 오르는 순서대로 번호를 매겼고 의사는 바다에 던져버리는 순서대로 번호를 매겼다.[10]

작업

상당수의 노예가 함선에 오른 후에 선상 경제에 중심적인 다양한 업무를 수행했다. 아마도 가장 일반적인 작업은 넓은 의미의 "가사 노동"으로 배에서 수행되는 필수적이며 일과적인 재생산 노동이었을 것이다. 상당수의 여자 노예들은 음식 준비에 관여하고 있었다. 그들은 익숙한 작업을 수행했다. 그들은 쌀을 씻고 얌을 다지고 옥수수를 갈았다. 여자들은 요리사 일도 맡았는데 직접 요리를 하거나 요리사를 보조하는 방식으로 배에 타고 있는 수백 명의 음식을 준비했다. 가끔은 (신뢰할 수 있다고 판단되는 경우) 여자 노예가 선장의 식탁에 오를 고급 요리를 만들기도 했다. 다른 남자와 여자 노예들은 주갑판과 노예들의 거처를 청소했다. 일부 노예들은 선상 경제에서 자기 자리를 찾아내고 선원들의 옷을 빨래해 주거나 수선해 주는 역할을 담당하기도 했다. 그들은 종종 이러한 작업의 대가로 브랜디 한 모금이나 담배 또는 추가적인 음식을 "지급"받기도 했다.[11]

다른 작업은 보통 문제 상황 발생 시에 하는 일이었다. 태풍이 오거나 함선에 손상이 생기면 남자 노예들을 동원해서 물을 퍼내는 작업을 했다. 메리호의 존 로린슨John Rawlinson 선장은 1737년에 "배의 물을 퍼내는 것을 돕게 하려고 흑인들을 사슬에서 풀어 주었고" 마찬가지로 찰스타운Charles-Town호의 찰스 해리스Charles Harris 선장도 같은 방식을 활용했다. 후에 탐험가 먼고 파크는 "노예들에게 작업을 시키는 것은 필수불가결한 것이었고 따라서 가장 유능해 보이는 흑인 남자를 사슬에서 풀어 주고 일을 시켰는데 종종 그들은 이러한 작업을 몹시 힘겨워했다"라고 보고했다. 노예들의 힘은 배를 전복할 때와 배를 항구로 항해할 때 다소 차이를 보였다.[12]

전시가 되면 일부 선장은 적국의 사략선 공격에 대비해 남자 노예 중 일부를 뽑아 칼, 창, 소화기 또는 대포를 사용하는 방법을 훈련했다. 스노우급 함선 씨플라워Seaflower호의 에드워즈Edwards 선장은 1741년 스페인 사략선에 맞섰는데 오직 여섯 명의 선원과 한 명의 사환뿐이었지만, 배에는 159명의 노예가 있었다. 그는 항복하지 않고 무기함을 열어서 "화승총과 권총 그리고 커틀러스 칼을 흑인 노예들의 손에 쥐여 주고 사략선을 향해 총을 쏘고 칼을 휘두르고 불을 던지며 그들만의 방식으로 결전을 벌이도록 했다." 사략선에서 두 번이나 배에 난입하려고 했지만, 노예들은 용감하게 선장을 구하고 배와 화물 ─ "화물"은 노예들 자신이었다 ─ 을 지켰다. 사략선은 어쩔 수 없이 전리품 하나 없이 "멀어질 수밖에 없었고" 그들이 준 피해도 거의 없었다. 피터 휘트필드 브랭커Peter Whitfield Branker 선장은 1779년에 상원 의원에서 증언하기를 그는 중간항로에서 매일 밤 많은 수의 노예들을 훈련했다고 말했다. "나는 최소 백오십 명 정도의 노예들에게 포술과 항해술 그리고 소화기 사용법을 훈련했습니다. 실제 휘하의 선원은 22명뿐이었습니다. 각 망루에는 열 명의 노예를 배치했고 그들은 거기에 계속 머무르면서 영국 군함의 망루 요원이 하는 것과 같이 돛을 손수 운용했습니다."[13]

마지막 문장은 남자 노예들이 배의 항해를 돕는 것이 매우 일반적인 작업이었다는 점을 지적한다. 이러한 작업 역시 대부분 필수불가결한 것이었다. 1803년에서 1804년에 열 명의 선원이 머큐리Mercury호를 탈주했을 때 배에는 "흑인 노예들이 넘쳐났다." 일반적으로는 탈주가 아니라 병과 죽음으로 이러한 상황이 발생했고 그에 따라 노예들에게 선원의 작업을 맡기게 되었다. 1760년 테티스Thetis호에서 스물두 명의 선원 중 19명이 병에 걸렸을 때 "안염"에 걸려 서서히 시력을 잃어가던 목수는 그들이 "배에 타고 있던 노예들의 도움으로 항해했고 그들이 없었다면 항해는 절대 가능하지 않았을 것이다"라고 기록했다. 많은 선장이 노예들의 노동력이 없었다면 절대로 배를 항구까지 끌고 돌아올 수 없었을 것이라고 공언했다.[14]

배에 타고 있던 아프리카 남자아이들은 선원과 함께 일했고 실제로 일부는 선원이 되는 훈련도 받았다. 일부 선장의 선점 노예들은 시장 가치를 높이기 위해 훈련을 받기도 했다. 한 선장은 노예 남자아이들이 "선원과 함께 일하며 높은 활대에도 오르고 있으니 이들을 선박 회사의 일원으로 간주해야 한다"라고 주장했다. 이는 다소 억지가 있는 말이기는 하지만, 여기에는 다른 사람의 진술에서도 드러나는 진실이 담겨 있다. 1770년대 초에 노예선 벤슨Benson호가 다가오는 모습을 바라보던 넵튠Neptune호의 항해사 존 애슐리 홀John Ashley Hall은 "활대에서 돛을 말아 올리고 있던 사람 중 백인은 두 명뿐이었고 나머지는 모두 노예인 흑인 남자아이였다"라고 언급했다. 1805년 엘리자호에 승선한 세 명의 "사환" 톰, 피터, 잭은 배의 항해를 도왔을 뿐만 아니라 다른 노예들과 이야기하며 그들에게 선원으로부터 무엇을 배웠는

지 모두 이야기해 주기도 했다.[15]

싸움

폭력은 노예선의 핵심과도 같았다. 함포를 장착한 배는 그 자체로도 전쟁의 도구이자 제국 건설의 수단이 되었고 당연하게도 배에 타고 있는 사람은 누구나 어떤 종류의 폭력에 가담하고 있었다. 게다가 노예선에서 일어나고 있는 모든 일이 폭력의 위협 또는 위협에 뒤따른 실제 폭력이라고 볼 수 있었다. 그렇게 본다면 함께 노예선에 끌려온 아프리카인들이 주어진 공포와 광기 그리고 좌절을 느끼며 때로는 서로 싸우기도 한다는 점은 그리 놀라운 것도 아니다. 아프리카인들 간에 갈등이 발생한 이유는 다른 무엇보다도 환경적인 요인이 컸다. 사람으로 가득 차서 덥고 냄새나는 하갑판의 잔인한 상황과 속박은 참기 힘든 것이었다. 그러나 문화적인 차이 역시 선상의 소동을 일으키는 원인이 될 수 있었다.

하갑판의 불쾌한 상황은 수없이 많은 싸움을 일으켰고 특히 밤에 노예들이 보초 없이 갇혀 있는 동안에는 더했다. 대부분의 싸움은 노예들이 볼일을 보러 수많은 사람 사이를 지나 변기통에 가려고 하다가 발생했다. 싸움은 남자 노예들의 거처에서 더 심했는데 이는 단지 남자들이 더 많이 다투는 경향이 있어서 그렇다기보다는 남자들이 차고 있는 수갑과 족쇄로 인해 변기통에 다가가기가 더 어려웠기 때문이었다. 1790년에 하원 의회의 한 의원은 노예무역을 조사하면서 의사 알렉산더 팔콘브리지에게 "함께 묶어두었던 노예들 사이에 다툼이 발생한 경우에 대해 알고 있습니까?"라고 물었다. 그는 "나는 그런 일은 노예선에서 흔한 일이라고 봅니다"라고 대답했다. 실제로도 그랬다. 하갑판의 남자들 사이에는 "끊임없는 다툼"이 있었다.[16]

생리적 현상을 해결해야 하는 사람은 누구든 짝으로 묶여 있는 사람과 협력해서 이동해야 했다. 그러나 그 짝이 방해받지 않고 싶어 한다면 그 자체로 싸움이 발생할 수도 있었다. 만약 짝이 기꺼이 함께 갈 의향을 보인다면 두 사람은 수많은 군중의 몸 사이를 지나면서 흔들리는 배의 움직임에 맞추어 움직이며 길을 찾으려고 노력했을 것이다. 필연적으로 한 번은 누군 가의 발을 밟거나 다른 사람에게 넘어질 수밖에 없었고 그러면 "그 충격에 방해를 받고 언짢음을 느낀" 상대방은 "사고 유발자"를 때렸다. 그러면 또 다 른 누군가가 얻어맞은 누군가를 방어해 주려다가 맞받아쳤다. 복잡한 상황 속에서 충돌은 급속도로 확대되었고 곧 사건은 윌리엄 버터워스가 "전투"라 고 부르는 지경까지 악화하였다.[17]

그러나 이러한 곤경은 하갑판에 질병, 특히 이질이나 설사를 유발하는 여러 종류의 병이 휘몰아칠 때와 비교하면 아무것도 아니었다. 갑자기 복통 을 느끼게 되면 변기통에 가는 것도 쉽지 않았고 때로는 움직이기에 너무 병 약해진 경우도 있었으며 특히 변기통에서 멀리 떨어진 사람들은 더 힘들었 다. 병든 자들이 누워 있던 그 자리에서 "볼일을 보면" 격한 소동이 발생했 다. 이러한 사건과 하갑판의 전반적인 불결한 상황은 항상 개인의 청결을 자 랑거리로 생각하던 서아프리카의 사람들에게 특히 더 고통스러웠다. 그래서 싸움은 항상 만연했다.[18]

싸움의 또 다른 측면에는 문화적 요인이 있었고 여기에서 노예선의 선 장은 딜레마에 직면했다. 제임스 보웬James Bowen 선장은 "서로 다른 나라에 서 온 남자들"이 함께 수갑을 차고 있으면서 자주 "다툼과 싸움"을 하는 모 습을 보았다. 그들은 협력해서 움직이지 않고 한 사람이 "다른 사람을 끌고 갔고" 결국 소동이 일어났다. 일부 선장은 서로 언어가 통하는 사람들끼리 는 묶어두지 않는다고 말하기도 했다. 하지만 이는 위험한 생각이었다. 선장 은 같은 나라 사람을 함께 묶어서 협력과 음모를 꾸밀 위험을 감수해야 했 을까 아니면 다른 나라 사람을 함께 묶어서 소동과 혼란 그리고 부상의 위 험을 감수해야 했을까? 보웬은 싸움을 줄이는 방법을 선택했다고 주장했지 만, 다른 선장들의 선택은 대부분 달랐다.[19]

황금 해안의 판테족과 참바족 사이에는 18세기 후반의 시점에 한차례 사건이 있었다. 해안에 살던 판테족은 오랫동안 영국의 노예무역에 중요한 동반자 역할을 해 왔지만, 때로는 그들도 죄를 저질러 노예선에 노예로 오르 기도 했다. 내륙에서 농경 생활을 하던 (때로는 던코Dunco족으로 잘못 불리기도 하는) 참바족은 유괴를 꾀하는 판테족의 음모에 빠지면 노예선에 끌려 가게 될 것으로 생각하고 있었다. 한 노예선 선장은 "그들은 판테족이 불행의 씨앗이라고 생각하고 있었고 고향 밖으로 끌려 나오게 되는 주된 계기가 바로 그들이라고 보았다"라고 기록했다. 이 두 부족이 한 노예선에 같이 있으면 그들은 가차 없이 싸움을 벌였다. 실제로 판테족이 자주 폭동을 일으켰을 때 참바족은 "복수라도 하듯이 항상 선원들 편에 서서 그들의 반란을 진압하고 복종하게 하는 것을 도왔다." 다른 말로 하면 판테족은 유럽의 선원들보다 더 큰 적이었고 참바족과 판테족은 항상 대립했다.[20]

때로는 노예들 간의 싸움이 심각한 부상이나 장애 심지어 죽음까지 야기하기도 했다. 1714년 플로리다Florida호에서는 식사 중에 노예들이 "자주 싸우고 서로 물어뜯었는데 때로는 물려 죽은 이들도 있었다." 사무엘 갬블 선장의 항해일지에 기록된 1794년 4월 4일의 기록에 따르면 비슷한 일이 샌던호에서도 일어났다. "오후 6시에 다른 노예에게 물려서 괴사 중이던 한 노예의 손가락을 의사가 절단했다. 그의 손가락을 물었던 10번 노예는 이미 오후 5시에 세상을 떠났다." 신 칼라바르에서 무역을 하던 선장은 그가 사들인 노예의 "잔인하고 살벌한" 기질에 관해 기록했다. "그들은 항상 다투고 깨물고 싸웠고 때로는 서로 목을 조르거나 살해하는 일도 있었으며 전혀 용서라고는 몰랐다. 이런 일은 우리 배에서만 여러 번 일어났다." 일부 선장은 그들이 배에서 그들만의 혼란스럽고도 끔찍한 전쟁을 벌이고 있는 것으로 생각했다.[21]

대부분의 싸움은 하갑판에서 일어났지만, 때로는 주갑판에서 싸움이 발생하기도 했다. 예를 들어 중간항로 항해가 길어지거나 아프리카에서 충분한 식량을 구매할 수 없었던 경우에 배에 오른 모든 사람은 적은 식량만을 할당받았다. 이러한 상황에서 굶주린 사람들은 음식을 놓고 싸웠고 이 상황을 경험한 노예선 선장들은 자신이 나약한 노예를 강자[선원이나 또 다른 건강한 노예들]로부터 인도주의적으로 보호해 주었다고 자랑했다. 여자 노예들도 낮 동안 주갑판에서 장신구를 만들기 위해 받아온 구슬을 가지고 자주 싸웠다. 어린 노예들은 종종 나이 많은 노예들을 조롱하기도 했다. "노예 남자아이가 쇠사슬에 묶여 쉽게 움직이지 못하는 남자 노예를 조롱하는 장면은 흔히 볼 수 있었다."[22]

죽음

노예선에 승선한 아프리카인에게 질병과 죽음은 뗄 수 없는 경험이었다. 노예의 건강과 생존에 물질적으로 직접적인 이해관계를 가진 상인과 선장 그리고 의사가 수많은 노력을 기울였고 18세기 후반에 접어들면서 노예의 사망률도 감소했지만, 질병과 사망은 여전히 노예선에 널리 퍼져 있었다. 일부 노예들은 건강이 좋지 않은 상태에서 노예선에 오르기도 했다. 이는 노예를 잡아들이거나 해안으로 행진하는 과정에서의 부적절한 영양 상태와 가혹한 환경에 의한 것이었다. 황금 해안에서 잡혀 온 자들은 더 건강했고 따라서 배에 오른 뒤에도 더 낮은 사망률을 보였다. 반면 베냉이나 비아프라만에서 잡혀 온 자들은 훨씬 더 많은 수가 죽음을 맞이했다. 전체 노예 중 5퍼센트에서 7퍼센트 정도만 사망하는 상대적으로 건강이 잘 유지된 항해조차도 그 안에서의 경험은 잊지 못할 정도로 끔찍했다. 좁고 붐비는 거처에 서로 피부를 맞대고 있는 배 안에서 죽음은 도처에 산재한 채 매섭게 주위를 맴돌고 있었다. 통제할 수 없는 파국적인 전염병이 수시로 유행했기 때문에 사람들은 노예선을 "바다 위의 요양소" 또는 "떠다니는 관棺"이라고 불렀다. 유명한 노예선 브룩스호의 도면은 수백 구의 시체를 안치해 놓은 듯한 거대한 관의 형태를 닮았다. 하갑판에서는 끊임없이 속삭이는 유령처럼 "야라!Yarra! 야라!"(우리 아프다) 또는 "키커라부!Kickeraboo! 키커라부!"(우리 죽는다)라는 가는 목소리가 새어 나왔다.[23]

"병든 배"의 공포가 상상을 초월한다는 점에 모두가 동의했다. 환자는 침구도 없이 판자 바닥에 그대로 누워 있었고 배가 움직일 때마다 엉덩이와 팔꿈치 그리고 어깨에는 마찰로 찰과상이 생겼다. 하갑판의 남자 노예들은 때로는 아침에 일어나서 자신의 짝이 죽어 있는 모습을 보기도 했다. 대부분 노예선에는 "병원"으로 쓸 공간을 따로 두지 않았고 혹시나 그런 공간이 있는 경우에도 곧 넘치는 화물이 그 공간을 채워버렸다. 루이스 아사-아사는 같은 배에 타고 있던 많은 병자가 의료적 관심을 받지 못했다고 기록했다. 일부 노예는 그러한 관심을 아예 원하지 않기도 했다. 제임스 프레이저 선장은 아프리카인들이 "선천적으로 약을 먹는 것을 싫어한다"라고 기록했지만, 이는 서양의 약을 의미하는 것이었다. 아마도 병든 배에 관한 가장 널리 알려진 모습은 의사 알렉산더 팔콘브리지가 묘사한 것으로 그는 이질과 고열이 휩쓸고 간 하갑판을 다녀온 후 다음과 같은 기록을 남겼다. "갑판 바닥이 피와 점액질로 뒤덮여 있는 모습은 가히 도살장이라고 부르는 것 외에 달리 비교할 것이 없었고 악취와 더러운 공기도 마찬가지로 견딜 수 없을 정도였다."[24]

1788년에서 1797년 사이에 기록된 (또한, 하원 위원회에 제출된) 의사의 기록은 앞서 묘사된 것과 같이 죽음의 주요 원인에 관한 몇 가지 주요 원인을 대충이나마 드러내고 있었다. 가장 큰 사망 요인은 당시에 "설사"flux 또는 "하혈"F血. blood flux이라고 부르던 (바실루스균 또는 아메바성) 이질이었다. 두 번째로 많이 죽음에 이르게 했던 원인은 일반적인 "고열"을 일으키는 병들로 의사는 "신경성", "소모성[영양실조]", "늑막성", "간헐성", "염증성", "부패성" 또는 "악성"과 같은 다양한 유형을 기록했다. 비록 많은 서아프리카인이 다음의 질병에 부분적인 면역성을 가지고 있기는 했지만, 이러한 고열에는 말라리아(치명적인 열대열말라리아원충Plasmodium falciparum에 의한 말라리아와 쇠약성의 삼일열형P. vivax과 난원형P. ovale 말라리아)와 황열도 포함되었다. 기타 상대적으로 빈도가 낮았던 사망 원인은 홍역, 천연두, 독감이 있었고 이 질병조차 한번 휩쓸고 지나가면 언제든 배를 집어삼킬 수 있었다.[25] 괴혈병은 18세기가 지나면서 점점 비타민C의 결핍증이라는 것이 더 잘 알려졌지만 신선한 식량과 감귤류 과일을 준비하지 않았거나 준비하지 못한 선장의 배에서는 이따금 치명적인 결과를 야기했다. 한편 사망의 또 다른 원인에는 탈수증도 있었다. 이는 물 공급이 제한적인 함선의 지저분한 하갑판에서 특히 열대의 위험이 함께할 때 치명적이었다. 이보다 덜 흔한 죽음의 원인으로는 우울("만성무기력"), 감염("괴저"), 뇌졸중("중풍"), 심장마비("심장 근육 기능 저하")가 있었고 아주 가끔은 기생충("유충"), 피부질환("매종")으로 죽은 이들도 있었다. 의사의 기록에서 "염증", "경련", "섬망"과 같은 증상은 그 원인을 정확히 알기 어려웠다. 마지막으로 (의학적 원인의 반대 의미로) 죽음의 사회적 원인에는 "무력감"sulk 26, "배 밖으로 투신", "목매어 자살", "폭동"이 있었다. 대부분 배에서는 이 중 몇 가지 질병을 경험했으며 일부의 경우 가장 치명적인 종류의 질병이 함께 나타나기도 했다. 1784년 뒤 노르 백작The Comte du Nord호는 이질과 홍역 그리고 괴혈병의 치명적인 조합을 한꺼번에 겪으면서 하루에 노예 예닐곱 명이 죽어 나가며 총 136명의 사망자를 만들어 냈다. 마지막 죽음의 원인은 의사가 아니라 노예무역 폐지론자 J. 필모어[27]의 글에 나타난다. 그가 기록하기를 어떤 사람들은 "마음의 상처"를 입고 죽었다.[28]

이렇게 끝없이 반복되는 재앙과도 같은 죽음과 배가 지나는 길을 따라 아래에서 기다리는 상어에게 버려지는 수많은 시체를 바라보는 아프리카인의 심정은 단지 추측할 수밖에 없다. 그러나 우리는 아마도 서아프리카 사회의 많은 사람이 질병과 죽음이 사악한 영혼에 의한 것이라고 믿는다는 점을 통해 그 문화적 중요성을 이해할 수 있을 것이다. 바람막이 해안에 관해 잘 알고 있는 한 목격자는 그들이 죽음을 항상 "어떤 악의적인 적"의 소행으로 보았다고 기록했다. 시에라리온에서 수년간 살았던 니콜라스 오웬은 그 지역의 아프리카인들은 "모든 질병이 마녀나 악마의 소행이라고 생각한다"라고 믿었다. 노예선에서 누가 악의적인 적인지를 상상해 보는 것은 어려운 일이 아닐 것이지만, 적의 정체를 알더라도 아프리카인들이 "악의적인 적"들이 하는 행동을 이해하기는 쉽지 않았다. 덧붙여 그들이 하는 행동은 죽은 이를 어떠한 관례적 방식으로 대해야 하는가에 관한 대부분 서아프리카의 문화적 가르침에도 어긋났다. 그들은 죽은 이를 어떻게 치장하고 어디에 매장하며 어떻게 다음 세상으로 보내주어야 하는지 알고 있었지만, 배에서는 그러한 행동을 찾아볼 수 없었다. 다민족으로 구성된 아프리카인들이 이러한 죽음의 방식에 필수적으로 동의할 필요가 있는 것은 아니었지만, 요점은 노예로 구속되어 지내면서 그들은 관습적인 애도와 삶의 끝맺음을 할 수 없었다는 것이다. 비록 배에 머무르는 의사가 노예를 살려두기 위해 할 수 있는 일을 다 하지만, 질병과 죽음이 노예선에서의 공포 경험 한가운데 있었다는 점은 의심의 여지가 없다.[29]

　서아프리카는 세계에서 가장 풍부한 언어가 존재하는 지역이며 노예선에 오르는 이들이 사용하는 언어가 족히 스무 가지는 되었다는 것은 오래전부터 알려진 사실이었다. 유럽과 아메리카의 노예무역상도 이 사실을 의식하고 있었고 실제로 그들은 여기에서도 이점을 취했다. 리처드 심슨은 17세기 후반 항해일지에 다음과 같은 분명한 기록을 남겼다. "아프리카로 향한 무역상들이 흑인을 조용히 시키는 수단으로 선택한 것은 서로 다른 언어를 사용하는 지역의 노예를 사들여서 그들이 협동할 방법을 찾지 못하게 하고 서로 이야기하지도 못하게 하는 것이었다. 따라서 노예들은 서로의 표현을 이해할 방법을 찾지 못했기 때문에 소통할 수 없었다." 왕립 아프리카 회사의 조사원 윌리엄 스미스도 같은 생각을 표현했다. 그는 세네감비아 지역의 언어가 "너무 많고 서로 달라서 강을 마주하고 있는 원주민 간에도 서로 소통할 수 없었다"라고 기록했다. 그는 "다양한 종류[지역]의 노예를 [노예선]에 태우는 것만으로 그들이 폭동의 음모에 성공할 가능성은 바벨탑을 쌓는 것보다 낮았고 이는 유럽인들에게는 더 없는 편안함을 주었다"라고도 썼다. 반대로 이야기하면 무역상들은 같은 배에 "한 마을에서 온 같은 언어를 쓰는" 사람들을 너무 많이 데려오면 그들의 협력과 폭동에 관해 걱정해야 했다.[30]

　어떤 노예선이든 그 안에는 몇 가지 아프리카 문화와 언어를 가진 사람들이 함께 모여 있었으며 노예 간에 서로를 이해하려는 노력은 항상 중요한 쟁점이 되었다. 윌리엄 스넬그레이브 선장은 바람막이 해안에서 엘리자베스호에 승선한 노예들은 황금 해안 지역 사람들과 "말이 통하지 않기 때문에" 황금 해안에서 승선한 노예 무리가 일으킨 폭동에 관여하지 않았을 것으로 확신했다. 극단적인 소통 불가의 사례는 소통할 수 있는 사람이 전혀 없는 누군가가 홀로 배에 올랐을 때 발생했다. 의사 에크로이드 클랙스턴의 설명에 따르면 이런 일은 흔하지 않았지만, 만약 그런 일이 생기면 그 결과는 비참했다. "누구도 알지 못하는 언어를 사용하는 한 남자가 있었는데 소통할 수 있는 사람이 없는 그는 상당히 슬퍼했고 항상 낙담한 모습을 보였다. 나는 이러한 상황이 결국 광기를 낳았다고 믿는다."[31]

그러나 최근 연구는 서아프리카인들 간에 적어도 큰 문화적 지역 내에서는 다언어주의[32]와 상호 이해가 가능했다는 점을 강조하기 시작했고 과거 생각하던 것보다 노예선에서의 언어적 구분이 심하지 않았을 것이라고 제안하고 있다. 의사소통의 수단이 무역의 과정을 통해 오랜 시간과 상당한 거리를 거쳐 다듬어졌고 특히 서아프리카의 해안선과 수많은 강의 지류를 따라 내륙 깊은 곳까지 전파된 것으로 보인다. 한 역사가가 "해상 언어"maritime tongues라고 부르던 말이 아프리카인들 간의 의사소통에서 특히 중요했다.[33]

해상 언어 중 일부는 다른 언어를 사용하는 사람들 간의 거래를 가능하게 하려고 형성된 피진어였다. 서아프리카에서는 영어와 포르투갈어에 기반을 둔 피진어가 가장 흔하게 사용되었다. 그 외에도 말링케, 판테 그리고 이그보족의 언어도 같은 목적으로 사용되었다. 제임스 릭비James Rigby 선장에 따르면 케이프 마운트에서 케이프 팔마스Cape Palmas까지 250마일의 거리에 이르는 바람막이 해안의 해안가에 살면서 일하는 모든 사람은 서로 말이 통했다. 황금 해안에 살았던 선교사 토머스 톰슨은 아주 작은 단위의 언어적 구획을 기록했지만 동시에 케이프 아폴로니아Cape Apollonia에서 볼타강江까지 300마일의 거리에 이르는 멀리 떨어진 사람들을 연결해 주는 항해용 언어의 존재에 관한 기록도 남겼다. 1790년대에 시에라리온 사람들은 무역 용어를 사용했지만, 동시에 "영어, 프랑스어, 독일어 또는 포르투갈어를 꽤 유창하게" 말할 수 있었다. 윌리엄 매킨토시William McIntosh 선장은 1770년대에 갈람Galam에서 사들인 세네갈 내륙의 노예들이 "황금 해안에서 사들인 노예들의 언어를 완벽하게 이해하는" 것을 발견했다. 두 부족은 분명 서로 언어적으로 소통하기에는 너무 먼 내륙의 부족이었다.[34]

아프리카인들은 또한 선상에서 영어를 배우며 서로 소통했다. 대부분 선원과 이야기를 나누면서 영어를 배울 수 있었다. 이들의 대화에는 일상적인 대화뿐만 아니라 항해 업무에 관한 것도 있었다. 후자의 대화는 선원들과 함께 일했던 남자아이들에게는 필수적이었다. 그러나 영어를 배우는 것은 거의 모두에게 시급한 문제였다. 바람막이 해안 출신의 케이프 마운트 잭 Cape Mount Jack이라고 이름 붙여진 노예가 1784년 에밀리아Emilia호에 승선했을 때 "그는 영어를 거의 하지 못했지만", 시간이 흐를수록 "더 많이 배워서" 자신이 납치된 이야기를 영어로 말할 수 있게 되었다. 영어는 또 다른 해상 언어였고 특히 영어권 식민지로 향해야 하는 사람들에게는 그 중요성이 더욱 컸다.[35]

배에서 사용되는 공식적인 언어의 다양성이 의사소통의 가능성을 소진하지는 못했다. 오히려 그 반대였다. 선원 윌리엄 버터워스와 사무엘 로빈슨은 "손짓과 몸짓"으로 노예들과 대화했다고 회상했고 물론 아프리카인들도 서로 같은 방식으로 대화했다. 그렇게 해서 모든 배에서는 다양하고도 중요한 표현 문화의 형태가 생겨났다. 여기에는 노래와 춤(강제적 춤이 아닌 자발적이고 다양한 춤), 두드리기(나무로 된 배를 다 같이 두드리면 하나의 거대한 타악기가 됨), 이야기하기와 같은 방식이 있었다. 한 목격자는 여자 노예들이 전해준 "놀랍고도 불가사의한" 아프리카인의 추억 — 물론 구전 이야기를 참조한 것이다 — 과 이야기는 "이솝우화의 방식을 뛰어넘는 것"이며 이솝이 아프리카에서 다시 태어난 것 같다고 기록했다. 또 다른 표현 문화의 형태는 노예선의 주갑판을 무대 삼아 벌어지는 포괄적이고 치유적인 사회적 의미를 담은 인간극이었다. 의사 토머스 트로터는 악명높은 브룩스호의 1783년에서 1784년 사이 항해에서 "배에 타고 있던 일부 남자아이들이 노예잡기 또는 덤불 싸움이라고 부르는 일종의 놀이를 했다"라고 기록했다. 이러한 놀이는 약탈자들이 그들과 그들의 가족을 붙잡아가는 과정에서의 잊지 못할 경험을 구체화한 것이었다. 트로터는 "나는 그들이 덤불 싸움을 하는 동안 뛰어오르고 공격하고 후퇴하는 것과 같은 전투 기동을 하는 모습을 보았다"라고 덧붙였다. 트로터가 배에 타고 있던 여자 노예들에게 이 놀이에 관해 물어보았을 때 "돌아오는 대답은 격하게 터뜨리는 울음뿐이었다." 약탈과 노예화의 인간극은 이렇게 재현되어 다시 한번 경험을 상기하게 하였고 더 깊은 탄식과 함께 선상의 기억으로 남았다.[36]

하갑판의 의사소통

하갑판의 노예들 사이에서 어떻게 의사소통이 이루어졌는지에 관한 최고의 설명은 휴디브라스호에서 항해한 윌리엄 버터워스가 1786년에서 1787년 사이에 리버풀에서 출발하여 옛 칼라바르와 바베이도스를 거쳐 그레나다로 향하던 중에 남긴 기록이다. 버터워스는 젠킨스 에번스 선장이 최초에 "14개의 서로 다른 종족이나 국적"을 가진 150명의 노예를 사들였다고 기록했다. 중간항로를 출발할 때 360명의 노예 중에는 몇 개의 부족 집단이 있었는지는 명확하지 않지만, 분명한 것은 당시 비아프라만에서의 대부분 노예무역 사례와 마찬가지로 이그보족이 상당수를 차지했다는 것은 분명했다.[37]

버터워스는 하갑판의 거처에서 서로 멀리 떨어져 있는 사람들이 의사소통하는 방식을 설명했다. 남자 노예들이 "배에서 일하는 사람들을 모두 죽이고 함선을 점거하려다가" 여자 노예들의 도움을 받지 못해 폭동이 실패하자 노예들은 분노하며 서로를 탓했다. 남자 노예들은 하갑판의 앞쪽에 갇혀 있었고 그들 머리 위에는 무장한 보초가 주갑판 격자를 순찰하고 있었다. 남자들은 여자들에게 "자유를 되찾기 위한 도움도 주지 않는" 겁쟁이에 배신자라고 소리쳤다. 여자들은 "그들의 음모가 들통나고 계획이 실패할 줄 알았다"라고 되받아쳤다. 그전에 선장이 물어보았을 때 여자들은 음모에 관해서 아무것도 모른다고 부인했지만, 한밤에 일어난 대화는 그렇지 않은 것으로 나타났다. 갑판에 있던 선원들이 열띤 언쟁을 모두 들었다. 이미 비아프라만으로 향하는 항해를 두 번이나 해 본 적이 있던 에번스 선장을 비롯한 일부 사람들은 그들이 하는 말을 이해할 수 있었을 것이다. 이해에 부족한 부분은 그 지역의 모든 언어를 잘 알고 있던 브리스틀이라는 이름의 아프리카인 사환을 불러서 통역사 노릇을 시켜서 채워 넣을 수 있었다.

선장과 선원이 알아듣든 알아듣지 못하든 상관하지 않고 일부 남자 노예들은 두 번째 폭동을 계획했고 이번에는 좀 더 책임감 있는 역할을 하기로 마음먹은 여자 노예들과 함께였다. 이번에는 "남자아이를 매개로 서로의 의견을 교환했기 때문에 배의 양쪽 끝에서 큰소리를 낼 필요는 없었다." 남자아이들은 격벽을 사이에 두고 양쪽 끝에 있는 남자와 여자 노예들의 거처를 왔다 갔다 하며 서로의 밀담을 전달해 주었다. 때로는 누군가 비밀을 유지하려는 규칙을 깨고 큰 소리로 말하기도 했다. 이런 행동을 하는 사람은 "갑판장 베스Bess"라고 불리던 강한 힘을 가진 한 여자 노예였는데 그녀의 모습은 버터워스가 보기에 "그 단어가 가진 모든 의미에서 여전사 '아마존' 같은" 모습이었다. 그녀는 에번스 선장으로부터 "동족 여자들을 감시할 권리"와 선원의 복장까지 받아냈다. 그들의 계획은 격벽을 부수고 주갑판으로 올라가서 거기서 베스와 다른 여자 노예들에게 포크와 칼 그리고 도끼 등을 받아 무장한 후 폭동을 이끄는 것이었다. 사환 브리스틀의 도움으로 음모는 실행되기도 전에 소멸하여 버렸다. 남자 주동자들은 매질을 당했고 갑판장 베스와 네 명의 여자 노예들은 젖은 돛천으로 감싸져 바다에 "던져 버려졌다."

버터워스는 또 다른 중요한 의사소통의 수단에 관해서도 기록했다. 특히 이 방법은 여자 노예들이 가까이에서 감시당하고 있을 때 사용한 방법이었다. 그는 한 무명의 여자가 어떻게 여자 노예들 사이에서 "두루 존중받고" 특히 "동족" 여자들 사이에서 더 높이 평가받았는지를 기록했다. 그녀는 "이야기를 많이 알고 있는 현인"이었고 "연설가"인 동시에 "노래하는 사람"이었다. 그녀는 "고향을 떠나는 자매들의 현재 순간을 좀 더 편안하게 만들어 주려는" 목적으로 이야기하고 노래했다. 그녀의 문화적 배경은 알려지지 않았지만, 버터워스가 그녀의 말을 이해하지 못한 것으로 볼 때 그녀는 이그보족은 아니었다. 그러나 그녀의 이야기는 여러 종족으로 구성된 청중의 마음을 사로잡았고 얼마 후 그녀가 갑작스럽게 사망하자 동료 여자 노예들은 오랜 시간 동안 깊은 애도의 눈물을 쏟았다.

이 여자 노예가 이야기하거나 노래할 때 휴디브라스호의 여자 노예들은 선미 갑판에 원을 그리며 둘러섰다. "어린 사람들이 가장 안쪽의 원을 만들었고 나이에 따라 몇 겹의 원을 그리면서 가장 나이 많은 여자들이 가장 바깥쪽 원을 만들었다." 노래하는 사람은 가장 안쪽 원 한가운데 서거나 무릎을 꿇고 "느린 곡조로 애통한 분위기"의 노래를 불렀다. 의심할 필요도 없이 고향에서 쫓겨나 노예가 된 것에 관한 슬픔을 표현한 것이었다. 버터워스는 흘러나오는 곡조와 분위기 그리고 감정을 통해 판단해볼 때 "그들이 이제는 곁에 없는 멀리 떨어진 곳의 친구와 고향 집에 관해 이야기하고 있는 것 같다"라고 추측했다. 또한, 그녀는 연설도 했는데 버터워스는 이것이 어떤 서사적인 시를 암송하는 것으로 생각했다. 이러한 하나하나의 이야기는 그 환상과 분위기에 따라 "열정을 불러일으키고 즐거움과 슬픔, 쾌락과 고통을 이끌어 냈다." 주위를 둘러싸고 있는 여자들은 전통적인 아프리카 특유의 감응을 통해 그녀의 이야기에 밀접하게 참여했다. 그들은 "특정 문장의 끝맺음마다 일종의 합창을 하는 방식"으로 함께했다. 이는 모두가 깊이 함께하는 순간이었고 "전체적으로 엄숙한 분위기로 진행되었다." 그들의 말을 알아듣지 못하는 젊은 영국인에게도 감동을 불러일으킬 정도였다. 그는 놀랍게도 "무의식적인 연민의 눈물이 흐르는 것"을 느꼈다. 그는 여자들이 회합하는 모습이 "우울"하면서도 진지한 생각을 불러일으킨다고 느꼈다.

버터워스는 어떻게 하갑판 한쪽 구석에서 드러난 정보가 빠르고 폭발적으로 전체 배에 전달되는지도 보여 주었다. 공교롭게도 8주간의 기진맥진했던 대서양 항해가 끝나가던 때에 배에 상주하던 의사 디킨슨^{Dickinson}이 (아마도 농담으로) 한 여자 노예에게 바베이도스에 잠시 머무른 후에 다시 두 달 이상의 항해를 더 할 것이라고 이야기했다. 여자 노예는 고통스러운 바다 생활이 더 길어진다는 것에 몹시 분노했고 하갑판에 같이 갇혀 있던 다른 여자들에게 이 소식과 자신의 감정을 전달했다. 버터워스의 기록에 따르면 갑자기 "도화선에 불이 붙은 것처럼 이 소식은 거처에 있던 남자아이를 통해 불만이 쌓일 대로 쌓인 남자들에게도 전달되었다." 버터워스는 "아래쪽에서 들려오는 시끄러운 불만의 소리"를 들었고 이것이 "무서운 폭발"로 이어질까 두려웠다. 마찬가지였던 에번스 선장은 즉시 의사 디킨슨과 하갑판의 남자와 여자 노예들을 불러서 모두가 볼 수 있는 공개 만남의 자리를 열었다. 선장은 모인 사람들에게 (실제로 배에 있는 모든 사람에게) 의사가 한 말은 진실이 아니며 그들이 곧 그레나다에 도착할 것이라고 설명했다. 그는 의사를 질책하고 그가 공개적으로 사과하도록 함으로써 분노와 불만의 여파에서 사회적 질서를 유지할 수 있도록 했다.

버터워스가 분명히 밝혔듯이 노예선에서는 노래가 끊임없이 흘러나왔다. 때로는 선원들이 악기를 연주하고 노래를 불렀지만, 보통은 아프리카인들이 밤낮으로 노래를 불렀다. 때로는 강제로 노래를 부르기도 했지만, 어떤 노래는 "자발적으로 부르는 것이었다." 누구나 노래를 불렀던 것으로 보인다. 이전에 노예선 선장이었던 어떤 사람의 설명에 따르면 "남자들은 고향의 노래"를 부르며 자신의 고향 문화에 관해 이야기했고 "남자아이들은 거기에 맞춰 춤을 추며 즐겼다." 버터워스의 것을 포함한 모든 기록에서는 노예선에서 흘러나오는 노래의 가장 중요한 부분을 항상 여자가 맡았다.[38]

노래는 서로 대화할 수 없는 상황에 있는 사람들에게 필수적인 의사소통 수단이었다. 주갑판에 가로놓여 있는 방책은 남자와 여자 노예를 분리했고 서로를 볼 수조차 없게 했지만, 소리를 막아서 듣지 못하게 하거나 서로 대화도 하지 못하게 할 수는 없었다. 1760년대 후반과 1770년대 초반에 아프리카로 네 번의 항해를 했던 잔브린Janverin이라는 항해사는 한 면담에서 "그들은 자주 노래를 불렀고 남자와 여자는 서로의 노래에 답했지만, 그 노래의 내용이 무엇인지 〔나는〕 알지 못했다"라고 설명했다.[39]

물론 그것이 요점이었다. 아프리카의 말로 된 노래를 통해 노예들은 유럽인 선장과 선원이 모르게 의사소통할 수 있었다. 또한, 노래는 혈족이나 이웃 그리고 동족을 찾고 배에 어떤 문화를 가진 부족이 있는지 알아보는 방법으로 활용되었다. 노래는 상황과 대우, 저항, 사건 그리고 배가 어디로 향하고 있는지에 관한 중요한 정보를 소통하는 수단이었다. 그들은 노래를 통해 공동의 지식 기반을 형성하고 집단 정체성을 다졌다.

그러나 일부 선원은 사람들이 부르는 노래의 언어를 알고 있기도 했고 아니면 가사의 일반적이거나 특정적인 의미를 해석해 줄 사람을 데리고 있기도 했다. 이에 관한 좋은 예시는 1780년대 후반에 항해에 참여했던 두 명의 의사의 이야기에서 찾을 수 있다. 이들 중 한 명은 가봉으로 다른 한 명은 보니섬으로 향했다. 그들은 강제적인 노래에 관해 묘사했는데 이러한 노래는 그 곡조나 의미가 상당히 달랐다. 선원들은 아프리카의 북을 두드리고 구교묘 채찍을 휘두르며 노예들에게 특정한 노래 가사를 부르도록 요구했다. 그 가사는 "메세Messe, 메세, 매카리드Mackaride" 즉 "잘 먹고 잘살아라 백인들아"라는 뜻이었다. 한 의사는 "노예들에게 그들을 잘살게 대해준 우리를 찬양하라고 요구했다"라고 비아냥거리듯 설명했다. 다른 함선에서 노예들은 찬양이 아닌 항거의 노래를 불렀다. 그 노래의 "마따!Madda 마따! 이에라!Yiera 이에라! 베미니!Bemini 베미니! 마따! 아우페라!Aufera"라는 가사로 "그들은 모두 병에 걸렸다. 한 명씩 쓰러져서 다 사라져버려라!"라는 뜻이었다. 이 의사는 "그들은 또한 얻어맞는 것에 대한 두려움, 음식에 대한 갈망, 특히 고향음식을 원하는 마음, 고국으로 돌아갈 수 없는 심정을 담은 표현적인 노래를 불렀다"라고 덧붙였다.[40]

그러나 모든 노래가 항거의 의미로 불렸던 것은 아니며 노래는 몇 가지 다양한 목적을 담고 있었다. 1713년 옛 칼라바르에 정박한 앤Anne호에 승선한 노예들은 윌리엄 스넬그레이브 선장이 현지의 아프리카 왕에게 희생당할 뻔했던 아이를 구해서 배에 타고 있던 여자 노예에게 돌려주었을 때 그를 칭송하는 노래를 불렀다. 휴디브라스호에 타고 있던 노예들도 반항적인 "불만"을 말한 후 선장으로부터 사과와 함께 남은 항해의 기간과 목적지를 명확하게 들은 후 "기쁨의 노래"를 불렀다. 노래는 밤새 계속되었고 "새로운 땅"에서의 삶에 대한 희망을 표현했다. 영국 해군의 부제독이었던 리처드 에드워즈 역시 유사한 기록을 남겼다. 서인도의 항구에 도착한 노예선에서 "흑인들은 보통 기쁜 모습으로 노래를 불렀다. 배에 탄 흑인들이 춤추고 노래 부르는 소리만으로 보지 않고도 노예선이 도착한 것을 알 수 있을 정도였다." 부제독은 그들이 무엇 때문에 그렇게 즐거워했는지는 기록하지 않았다.[41]

그러나 행복의 노래는 예외적인 경우였다. 보통은 밤이 되면 하갑판에서 노예, 특히 여자 노예들은 "슬픔" ─ 정확하지는 않지만 노래를 들은 자들은 슬픔이라고 생각했다 ─ 의 노래를 불렀다. 이 노래는 고향에서 쫓겨나 노예가 되어 멀리 떠나온 상실에 관한 애처롭고 구슬픈 노래였고 종종 노래 중간에 모두가 함께 울음을 터뜨리기도 했다. 존 릴랜드는 "어떤 여자 노예들은 그들만 남겨져 있을 때가 되면 매우 감미로운 목소리로 애처로운 곡조의 노래를 불렀다"라고 회상했다. 그들의 노래는 가족, 친구, 동족을 잃은 심정을 노래했다. 그들의 노래는 "고향 땅을 떠나온 이들의 애가哀歌"였다. 토머스 클락슨은 주갑판 돛대에 사슬로 묶인 채 서서히 미쳐가며 노래를 부르던 여자 노예들에 대한 기록을 남겼다. "그들은 노래로 잃어버린 가족과 친구를 떠올렸고 고향에 작별을 고했다. 그들은 풍요로웠던 대지와 거기에서 보냈던 행복한 나날을 떠올렸다. 얼마의 시간이 흐른 후 그들은 노래도 부르지 않고 말도 하지 않았고 오직 무기력하고 낙담한 모습을 보이며 억수 같은 눈물로 슬픔을 쏟아냈다. 다시 얼마의 시간이 흐른 후 그들은 춤추고 비명을 지르며 미쳐갔다. 그러한 장면은 오직 노예선의 음울한 소굴에서만 볼 수 있는 무서운 장면이었다."42

이러한 노래는 어떤 면에서는 그리오[일종의 음유시인]의 방식처럼 역사를 적극적으로 회상하도록 했다. 선원 데이빗 헨더슨David Henderson은 "고통의 역사와 불행한 상황"에 관한 노래를 들었다. 의사 제임스 아놀드James Arnold는 여자 노예들이 "그들 삶의 역사와 친구와 고국으로부터 떨어져나온 이야기"를 노래하는 것을 들었다. 그는 이러한 저항의 노래를 잘 알고 있었던 조셉 윌리엄스Joseph Williams 선장이 이런 노래를 "전혀 마음에 들어 하지 않았다"라고 덧붙였다. 선장은 감히 노래를 통해 과거를 추억한 여자 노예들을 "끔찍한 방식으로 매질했고" 매 맞은 여자 노예들의 상처는 아무는 데 2주에서 3주나 걸릴 정도로 깊었다. 이렇게 여자 노예들이 기억하려고 애쓰는 것은 극단적인 사회적 대격변이라는 상황 속에서 역사적 정체성을 유지하려는 노력이었다. 노래는 배에서 활발하게 성장하던 저항 문화의 핵심적 요소였다.43

저항 : 음식 거부

노예선의 폭력과 밀집된 공동체 생활과 같은 착취와 노예화의 경험을 통해 갇혀 있는 아프리카인 사이에 공동체 형성을 위한 잠재력이 형성되고,

작업과 의사소통 노래와 같은 사회적 관행이 그러한 잠재력을 깨닫는 데 도움이 된다면, 집단 정체성을 형성하는 공동의 계획에 있어서는 저항만큼 중요한 것이 없을 것이다. 저항은 그 자체가 새로운 언어였고 이러한 행동의 언어는 그들이 음식을 거부하고 배에서 바다로 뛰어내리며 폭동을 일으킬 때마다 효력을 발휘했다. 이러한 언어는 보편적인 언어로서 문화적 배경에 상관없이 누구나 이해할 수 있었고 적극적으로 표현하지 않으려고 할 때조차 그 뜻을 전달해 주었다. 노예들은 크고 작은 모든 저항의 행동을 통해 창의성과 함께 새로운 미래를 그리면서 노예화와 사회적 죽음을 거부했다. 거부 행동은 공통된 투쟁 안에서 전에 없이 깊은 방식으로 사람들을 한데로 결속시켰다.[44]

대서양 노예무역은 여러 의미에서 400년간의 단식 투쟁이라고 할 수 있다. 15세기 초반에 시작되어 18세기 후반까지 계속된 해양 인간 상거래에서 아프리카의 노예들은 끊임없이 그들에게 주어진 음식을 거부하는 모습을 보였다. 어떤 노예들은 배에 오른 후에 "굳은 표정의 무기력"에 빠져들었고 우울로 인해 음식을 먹으라는 지시를 포함해서 자신을 붙잡아온 자들이 하는 말이나 요구에 전혀 응하지 않았다. 병이 들어서 먹고 싶어도 음식을 먹을 수 없는 사람도 있었다. 그러나 우울에 빠진 사람이나 병에 걸린 사람들 사이에서, 그리고 더 많은 수의 건강한 사람들 사이에서 음식의 거부는 의식적인 선택인 경우가 많았다. 노예들이 이러한 행동을 한 이유는 몇 가지 중요한 목적이 있었기 때문이다. 선장이 상인에게 부여받은 주요 임무는 최대한 많은 아프리카인을 건강하게 살아 있는 상태로 신세계의 항구에 데려가는 것이었고 어떤 이유에서건 음식을 거부하는 것은 이익을 위협하고 권위를 뒤흔드는 행동이었다. 따라서 음식 거부는 첫째로 저항의 행동이라고 볼 수 있었으며 이 행동은 또 다른 저항의 행동에 영감을 주기도 했다. 둘째로 음식 거부는 협상의 전략이었다. 학대는 단식 투쟁을 촉발하기도 했다. 셋째로 음식 거부는 "그들"에 대항하는 "우리"의 선상 저항 문화를 형성하도록 도왔다. 단식 파업을 통해 전달하고자 하는 의미는 다음과 같았다. "우리는 물건이 아니다. 우리는 일꾼이 되지 않을 것이다. 우리는 당신들이 우리를 산 채로 잡아먹게 두지 않을 것이다."

1801년 존 릴랜드가 타고 있던 리버티호에서 몇몇 노예들이 음식을 거부했다. 이를 처음 발견한 고급 선원은 그들에게 음식을 먹지 않으면 맹세코 배 밖으로 던져버리겠다고 선언했고 그 뒤에는 구교묘 채찍으로 위협했다. 이 방법은 (최소한 그의 눈에는) 효과가 있는 것처럼 보였다. "노예들은 그 뒤 쌀을 조금씩 입에 집어넣으며 음식을 먹는 모습을 보였지만, 고급 선원이 등만 보이면 즉시 음식을 바다로 던져버렸다." 선원 제임스 몰리James Morley 또한 노예들이 "입이 한가득 터지기 직전까지" 음식을 입에 머금고 있으면서 먹는 척하는 모습을 보았다. 고급 선원은 아마도 "무력하게 늘어져 있는" 그들에게 욕을 퍼부었을 것이다. 고급 선원은 아마도 노예들에게 강제로 음식을 먹이기 위해 구교묘 채찍과 엄지손가락 나비나사도 사용해 보고 "넓적한 칼"이나 막대기(입을 벌리게 하기 위한 것) 또는 스페큘럼 오리스나 "깔때기"를 사용해서 강제로 음식을 목구멍에 부어버리기도 했을 것이다.[45]

누구든 음식을 거부하는 행동은 그 행동 자체가 본보기가 되어 퍼지면서 비극적인 결과를 낳을 수 있었기 때문에 선장은 직접 자신의 권력을 동원하여 이 문제에 맞섰다. 선원 아이작 파커는 1791년 노예무역을 조사하던 하원 위원회에서 이에 관한 냉혹한 현실을 증언했다. 1765년 블랙 조크 Black Joke호에 승선한 한 어린아이는 "무기력한 모습을 보이며 음식을 거부했다." 제 어미와 함께 배를 타고 있던 아이는 어미의 젖뿐만 아니라 팜유를 섞은 쌀 요리도 먹지 않았다. 토머스 마셜Thomas Marshall 선장은 구교묘 채찍으로 아이를 매질했고 남자 노예들은 방책의 갈라진 틈으로 이 모습을 지켜봤다. 그들은 "큰 불만을 표시하며" 항의했다. 아이는 여전히 음식을 거부했고 며칠 뒤에 선장은 다시 채찍을 휘둘렀고 이번에는 아이의 목에 18에서 20인치 길이에 12에서 13파운드 정도의 무게는 되어 보이는 망고나무 둥치를 줄로 묶어두었다. 파커는 "선장은 마지막으로 아이를 들어 올려서 매질하고는 갑판 바닥에 던져버렸다"고 설명했다. 선장은 그 뒤에 "망할 것 … 내가 널 먹게 하지 못하면 널 죽게 할 것이다"라고 말했다. 한 시간도 되지 않아 아이는 숨을 거두었다. 이 잔인한 행동의 끝은 선장이 어미에게 숨을 거둔 아이의 작은 몸을 직접 바다로 던져버리게 하는 것이었다. 그녀가 거부하자 선장은 그녀를 때렸다. 결국, 그녀는 선장의 말을 따랐고 그렇게 아이를 보낸 그녀는 "매우 슬픈 모습으로 몇 시간을 울었다." 블랙 조크호에서는 갓 9개월 된 아이의 가장 작은 반항조차 허용되지 않았다.[46]

마셜과 같은 선장들이 저항의 전염을 두려워했는지는 1730년의 해군 고등법원에 제기된 사건에서 잘 설명되었다. 시티 오브 런던City of London호(남해 회사 소유)의 선장 제임스 케틀James Kettle은 선원 에드워드 펜티먼Edward Fentiman이 노예들을 지나치게 폭력적으로 대한다는 이유로 그를 고발했다. 그는 무명의 여자 노예를 폭행했고 그 후 배에 타고 있던 377명의 노예 모두가 음식 먹기를 거부했다. 이로 인해 케틀 선장은 펜티먼을 구타했고 선장은 법정에서 이러한 일이 더 큰 문제의 일부일 뿐이라고 설명했다. "흑인들의 본성과 기질상 노예선에서 누구든 매를 맞거나 학대를 당하면 전체 노예 무리가 모두 함께 분개하거나 함께 무기력에 빠져들었고 다 같이 음식을 거부함에 따라서 많은 이들이 건강을 잃거나 죽어 나갔다."[47]

의사인 T. 어브리T. Aubrey는 케틀 선장의 주장을 보강해서 이러한 사실을 일반화 수준까지 끌어올렸다. 그는 노예선의 의사로 일하면서 항시 지참하던 일지에서 노예에 대한 폭력적인 학대는 자주 음식의 거부로 이어진다고 설명했다. 일단 그들이 음식 먹기를 중지하면 "곧 그들은 식욕을 잃었고 영양의 부족과 학대의 슬픔으로 병에 걸렸다." 말할 것도 없이 일단 그들이 저항의 마음을 품으면 "어떤 의사의 처방이나 기술로도 그들의 목숨을 부지할 수 없었다. 그들은 어떠한 수단을 동원해도 먹지 않을 것이며 학대당하느니 차라리 죽음을 택했다." 물론 그는 노예들에게 음식을 먹이는 데 사용된 여러 폭력적인 도구에 관해서도 언급했다. 노예들은 이러한 폭력적인 시도를 모두 견뎌냈고 음식을 거부하려는 의지를 꺾지 못하면 어떤 것도 소용없었다. 케틀과 마찬가지로 어브리는 단식 투쟁이 모든 노예선의 격한 투쟁에 활용된 전략이었다는 점을 분명히 했다.[48]

실라스 톨드가 회상했던 것과 같이 로열 조지호의 단식 투쟁은 직접적인 폭동으로 이어졌고 이러한 폭동이 실패하자 다시 집단 자살로 이어졌다.

저항의 과정은 그 반대 방향으로도 작용해서 폭동의 실패 뒤에 단식 투쟁이 뒤따르기도 했다. 1721년 갤리선 페러즈호에서 노예들이 폭동을 일으킨 후에 "80명에 가까운" 노예가 죽거나 익사했다. 윌리엄 스넬그레이브 선장의 기록에 따르면 살아남은 이들 대부분이 "무기력에 빠져들었고" 그들 중 몇몇은 완고하게 음식을 거부하며 굶어서 죽었다. 1781년 보니강에 정박했던 무명의 함선에서 폭동이 일어난 후에 상처를 입은 세 명의 주동자들은 "스스로 굶어 죽겠다는 굳은 결심을 했다." 위협과 폭력이 있었지만, "어떤 음식도 먹지 않겠다는 굳은 결심 앞에 어떠한 테러도 소용이 없었다." 마찬가지로 1783년 와스프Wasp호에서도 두 번의 폭동이 발생했다. 여자 노예들이 선장을 붙잡아 바다에 던져버리려고 시도했던 첫 번째 폭동 후에 12명이 죽었고 그들 중 일부는 음식을 거부하며 죽어갔다. 더 큰 반향을 일으킨 두 번째 폭동 후에는 55명의 아프리카인이 죽었고 그들의 사망 원인은 "타박상, 익사, 실패의 분함 그리고 금식"이었다.[49]

배 밖으로 뛰어내리기

아마도 음식의 거부보다 더 극적인 형태의 저항은 배 밖으로 뛰어내리는 행동일 것이다. 일부 노예들은 아프리카 항구에 정박 중일 때 탈출의 희망을 품고 배 밖으로 뛰어내렸지만, 반면 또 다른 이들은 긴 단식 끝에 신세계의 농장에 노예로 팔려갈 인생을 끝내기 위한 수단으로 물에 빠지는 것을 선택했다. 이러한 종류의 저항은 광범위하게 행해지고 있어서 무역을 계획한 사람들이 걱정하지 않을 수 없을 정도였다. 상인들은 선장에게 공식적 또는 비공식적 지시 사항을 전달하면서 이에 관해 경고했다. 그러면 선장은 배 주변에 그물이 확실히 설치되어 있는지 확인했다. 또한, 그들은 남자 노예들이 주갑판에 나오면 언제나 고리에 사슬을 엮어두는 동시에 경계를 늦추지 않고 계속 감시했다. 노예가 바다로 뛰어들면 선장은 급히 비상 구조대를 소형선으로 내려보내서 그들을 다시 잡아들이도록 했다.

배에서 여자 노예들은 남자보다 더 자유롭게 움직일 수 있었고 그래서 그들은 이러한 종류의 저항에서 중요한 역할을 맡았다. 1714년에 플로리다호가 옛 칼라바르에 도착했을 때 "임신한" 여자 노예 한 명을 포함한 네 명의 여자들이 바다에 뛰어들었다. 배에 있었던 사람의 기록에 따르면 "그들은 미끄러지듯 움직이며 빠르게 헤엄쳐갔다." 선원들이 즉시 그들을 쫓아갔지만 "나머지 여자들처럼 잘 움직일 수 없었던" 임신한 여자만을 붙잡을 수 있었다. 1732년 황금 해안의 애노마보에서 제임스 호그James Hogg 선장은 한밤중에 여섯 명의 여자 노예들이 배 밖으로 뛰어내리는 모습을 보았지만, 선원들은 단지 뒤따라 뛰어내리려는 사람들을 막으려는 노력밖에 하지 못했다. 아무리 수영에 익숙한 사람이라도 이러한 탈출은 위험했고 해안 지역 출신의 많은 노예가 목숨을 잃었다. 배에서 뛰어내렸다가 바다에서 다시 붙잡혀 온 사람들은 심한 처벌을 받아야 했고 때로는 배로 끌려와서 죽임(다른 이들에게 보여 주기 위한 본보기)을 당하기도 했다. 만약 도망친 자들이 해안에 닿을 수 있더라도 대부분 아프리카의 노예 포획자에게 다시 붙잡혀서 노예선으로 반환되는 경우가 많았다. 또한, 사람들이 배에서 뛰어내려 해안으로 가는 물길 주변에는 대부분 상어가 득실대고 있었다. 휴 크로우 선장은 그의 함선에서 물에 뛰어들었다가 그 즉시 상어에게 갈가리 찢기는 꼴을 당했던 두 명의 이그보족 여자를 기억하고 있었다.[50]

　일부 노예들은 자유를 얻고자 하는 계산된 행동이 아니라 특정 사건에 대한 우발적인 반응으로 배에서 뛰어내리기도 했다. 1786년 여섯 명의 무리는 배에 타고 있던 의사가 사망한 동족의 신체를 해부학적으로 분석하는 모습을 보고 "격노 또는 공포"에 질려서 "바다에 뛰어들었고 곧 익사했다." 그보다 몇 년 전에는 자메이카에 정박 중인 함선의 갑판에서 무서운 분위기로 노예를 사고파는 난장에서 40명~50명의 노예가 바다로 뛰어들었다. 1737년 세인트 키츠에서는 프린스 오브 오렌지Prince of Orange호가 부두에 정박하고 노예들의 사슬을 풀자마자 100명에 가까운 노예들이 바다로 뛰어들었고 그들 중 33명은 구해 주려는 선원의 도움을 거부하고 익사했다. 그들은 "죽기로 마음먹고 직접 몸을 아래로 가라앉혔다." 야벳 버드Japhet Bird 선장에 따르면 이러한 집단행동의 원인은 한 아프리카 동족 노예가 배에 올라와서는

"농담으로" 그들이 곧 눈이 가려진 채 백인들에게 잡아먹힐 것이라고 말했기 때문이었다.[51]

이러한 자포자기의 탈출에서 주목해야 할 측면은 물에 들어간 이들이 표현한 기쁨이다. 선원 아이작 윌슨은 바다로 뛰어든 노예가 "마치 탈출에 성공하기라도 한 것처럼 기뻐하며 물속으로 가라앉았다"라고 회상했다. 하갑판의 변기통을 비울 때 그물을 느슨하게 한다는 것을 알고 있었던 또 다른 남자 노예는 선원이 있는 곳에서 벗어난 후 "그물 사이의 틈으로 몸을 날려 바다로 뛰어들었다." 선원들이 그를 쫓아가서 거의 잡아채려고 할 때 그는 다시 물속으로 잠수해 들어갔다가 먼 곳에서 떠오르며 자신을 잡으려고 하는 선원들을 피했다. 배에서 이 모습을 보고 있던 의사는 "도저히 이해할 수 없는 모습이었지만, 그러는 동안 그가 마치 우리로부터 탈출해서 행복하다는 듯한 표현의 몸짓을 보였다"라고 회상했다. 마침내 그가 다시 한번 물속으로 들어갔고 "다시는 모습을 보이지 않았다." 1742년 나소Nassau호에서 일어난 핏빛 폭동이 진압되고 난 후 선장은 다친 노예들을 모두 갑판으로 데려오도록 명령했다. 그 항해에 사환으로 함께했던 사람에 따르면 선장은 그들 중 회복이 불분명했던 이들을 "배 밖으로 뛰어내리게 했고" 그렇게 스스로 바다로 뛰어든 많은 이들은 죽음을 "반가워하는 모습"이었다. 악명 높은 함선 종호에서도 같은 일이 발생했다. 루크 콜링우드 선장은 122명의 병든 노예를 배 밖으로 던져버렸고 이 모습을 본 또 다른 10명의 노예는 스스로 바다에 뛰어들었다.[52]

단식 투쟁과 배 밖으로 뛰어내리는 행동만이 자기를 파괴하는 유일한 수단은 아니었다. 일부 병든 노예들은 "죽기를 바라며" 치료를 거부했다. 1788년에서 1789년 사이에 엘리자베스호에 승선했던 두 명의 여자 노예는 목을 매달아 자살했다. 날카롭고 날이 선 물건이나 손톱으로 스스로 목을 베어버리기도 했다. 톰슨Thompson이라는 이름의 선원은 "자기가 알던 [하갑판에 갇혀 있던] 노예들은 그들의 상황이 지속되거나 외국에 노예로 팔려나가기보다는 차라리 스스로 물에 빠져 죽는 것을 택했고 강풍이 불 때 배가 기우는 쪽으로 다 같이 몸을 움직여서 배를 뒤집으려고 했다"라고 기록했다.[53]

아주 드문 일이기는 하지만 가장 극적인 대량 자살은 배를 폭파해 버리는 것이었다. 1773년 1월 뉴 브리태니아New Britannia호의 하갑판에 있던 남자 노예들은 돌아다니던 사환이 그들에게 몰래 건네준 도구를 사용해서 격벽을 뚫고 나와 화약고에 들어갔다. 거기에는 수많은 무기가 있었고 그들은 무기를 집어 들고 선원과 한 시간이 넘게 전투를 벌여서 양쪽 모두에 상당한 인명 손실이 발생했다. 노예들은 선원들 손에 패배할 것이 불 보듯 뻔해지자 "화약에 불을 붙여서 함선을 날려버렸고" 배에 타고 있던 300명에 달하는 사람은 모두 죽었다. 1785년 10월 제임스 찰스James Charles 선장이, 감비아의 포로들이 (선장과 선원 모두를 죽이고) 네덜란드의 노예선을 나포했다는 소식을 들었을 때 그 함선을 추격하기로 마음먹은 것은 단지 반란자들을 붙잡으려는 것이 아니라 그들을 물리치면 그 배가 자신의 소유가 되기 때문이었다. 세 시간의 추격과 혼전 끝에 그의 선원들은 화력을 동원해 자유인이 된 노예들의 배를 점거했다. 열 명의 선원과 고급 선원 한 명이 그 배에 올랐고 갑판에서의 작은 싸움 후에 "노예들을 하갑판의 구덩이로 몰아넣을 수 있었다." 싸움은 계속되었고 누군가 "엄청난 폭발과 함께" 배를 폭파했으며 "배에 타고 있던 모든 이들의 영혼이 소멸해버렸다." 잔해 일부는 찰스 선장의 함선 아프리카호의 갑판에 떨어졌다.[54]

노예무역에 관한 문서에서 자살에 관한 기록은 피 묻은 실타래처럼 끊임없이 이어지지만, 이러한 사례가 얼마나 일반적이었는지는 알기 어렵다. 제한된 기간 안에 그 정도를 알아보기 위해서는 1788년 돌벤법과 노예 운반법의 여파로 필수적으로 기록을 남겨야 했던 노예선 의사들의 일지를 찾아볼 수 있을 것이다. 1788년에서 1797년 사이 동안 36척의 함선의 의사들이 자신이 담당한 아프리카인의 사망 원인에 관한 기록을 남겼고 이 중 자살의 비율은 꽤 높았다. 25명의 의사는 한 가지 이상의 자기 파괴적 행동에 관해 기록했다. 여덟 척의 함선에서는 한 명 이상이 배에서 뛰어내렸고 다른 세 척에서는 폭동 후에 노예의 "실종"(분명 바다로 뛰어든 것이다)을 기록하고 있었다. 또 다른 세 척의 함선에서는 그 종류를 기록하지 않은 자살을 겪었고 다른 12척의 함선에서는 "손실", "익사", "무력감", "금식"과 같은 원인을 기록하고 있었다. 표본에 포함된 함선 중 거의 3분의 1은 자살을 언급하고 있었지만, 실상은 이조차 노예선의 비인간성에 대한 책임이 언급되던 시기에 자살을 보고 하지 않기를 원하던 의사가 상당히 어림잡아 기록한 것이었다.[55] 자살의 건수를 줄이거나 감추어야 했던 또 다른 이유는 판사 맨스필드Mansfield가 주재한 1785년 개정기Trinity Term의 영국 법원 명령에서 찾을 수 있다. 보험회사는 피보험자인 노예가 폭동에서 사망했을 경우에 보상금을 지급해야 했지만 우울이나 금식 또는 절망으로 사망한 사람들에 대해서는 보상금을 지급할 필요가 없었다. 더 구체적으로 말하자면 "바다로 뛰어들어 사망한 사람들은 돈이 되지 않았다."[56]

폭동

노예선이 차갑고 비 오는 날씨에 항해하고 있을 때는 하갑판에 빼곡히 들어찬 수백 명의 몸이 발산하는 강력한 기운을 느낄 수 있었다. 그런 날이면 하갑판에 무리 지어 있는 뜨거운 몸에서 뿜어져 나오는 증기가 격자를 통해 선원들이 일하는 주갑판으로 올라왔다. 1760년대에 노예선 나이팅게일호에 승선한 선원 헨리 엘리슨은 "마치 용광로처럼 격자를 통해 증기가 올라오는 모습"을 보았다. 아래쪽에 자리한 인간 용광로가 폭발하여 폭동을 일으키는 모습은 드문 일이 아니었다. 노예무역 특유의 이 독특한 전쟁은 배에서 공공연하게 벌어지는 전투였다.[57]

그러나 노예선에서의 폭동은 우발적이고 자연적인 과정으로 발생하는 것은 아니었다. 오히려 폭동은 조심스러운 의사소통과 세부적인 계획, 정확한 실행을 포함한 인간의 계산된 노력의 결과였다. 노예선 자체에서 폭동을 막기 위한 모든 노력을 기울이고 있었다는 점에서 모든 폭동은 그 성공의 여부와 관계없이 훌륭한 성취라고 할 수 있었다. 상인과 선장, 고급선원 그리고 일반 선원들은 모두 폭동에 관해 생각하고 걱정했으며 이를 막기 위한 실제적인 행동을 취했다. 그들은 모두 노예들이 기회만 주어진다면 반란을 일으켜 분노하며 모두를 파괴해버릴 것으로 생각했다. 노예선을 운영하는 사람이라면 모두 폭동을 의심할 여지없는 최악의 악몽이라고 생각했다. 폭동은 한순간의 폭발적인 섬광과 함께 모든 이익과 생명을 앗아가 버릴 수 있었다.

집단적 행동은 공동의 문제를 가진 사람들이 공동의 해결책을 찾기 위해 서로 소통하면서 시작되었다. 그들은 두세 명이 작은 무리를 이루어 대화하다가 눅눅하고 냄새나는 하갑판의 공기를 마시며 한밤중에 선장과 선원의 귀를 피해서 문자 그대로 (함께 숨 쉬며) 음모conspiring[con(함께)+spire(숨쉬다)]를 꾸몄다. 하갑판은 일반적으로 혼잡했지만, 수갑과 족쇄를 찬 사람들이라도 어느 정도 움직일 수 있었기 때문에 잠재적인 반란자들이 돌아다니며 서로를 찾아 이야기할 수도 있었다. 일단 그들이 계획을 세우면 핵심 공모자들이 모여서 서로의 피를 나누어 마시며 서로 함께하기를 맹세했다. 그 뒤에 그들은 위험에 관한 모순점을 고려하며 다른 이들을 끌어들였다. 음모에 참여하는 사람의 숫자가 많아질수록 성공의 기회가 커졌지만, 동시에 누군가 배반할 위험도 커졌다. 따라서 대부분 경우에는 더 호전적이고 확실한 소수의 인물만을 선택해서 폭동을 진행하고 일단 폭동이 시작되면 다른 이들이 참가하는 방식을 선택했다. 공모자 대부분은 조심스럽게 일을 진행하며 공격의 순간을 기다렸다.[58]

노예무역의 운영에 관여하던 모든 사람은 정확하게 폭동을 일으킬 가능성이 가장 높은 사람은 남자 노예들이라고 가정하고 그들이 하갑판에 있든 주갑판에 있든 상관없이 언제나 족쇄와 사슬을 채워두었다. 그러나 여자와 아이들도 폭동에 중요한 역할을 했으며 이는 특히 그들이 배에서 이동의 자유를 가지고 있었기 때문이었다. 실제로 여자 노예들은 때때로 폭동을 이끄는 역할도 했으며 1785년 와스프호에서 리처드 보웬 선장을 붙잡아 배 밖으로 던져버리려고 시도한 사건이 그 예라고 할 수 있다. 유니티Unity호(1769~1771)의 노예들과 토머스Thomas호(1797)의 노예들 역시 "여자 노예의 주도로" 폭동을 일으켰다. 또 다른 경우에 여자 노예들은 이동의 자유를 발판으로 스스로 권력에 접근해서 선장이나 고급 선원의 암살을 계획하거나 하갑판의 남자들에게 도구를 전달해 주기도 했다. 뉴 브리태니아호에 승선한 사환은 감비아에 정박해 있던 당시 하갑판의 남자들에게 "목수의 도구를 건네주어서 그것으로 하갑판을 뜯고 나와 총기류와 탄환 그리고 화약을 손에 넣을 수 있도록 도왔다."[59]

노예들의 봉기에서 가장 중요한 것은 관여하는 이들의 이전 경험이었다. (골라족 같은) 몇몇 남자들과 아마도 (다호메이에서 온) 소수의 여자는 전에 전사의 삶을 살았고 그래서 이미 용맹과 훈련 그리고 전쟁 기술을 습득한 자들이었다. 그들은 이미 좁은 거처에서의 싸움에 익숙했고 협력적인 방식으로 행동할 줄 알았으며 물러서지 않고 자리를 지켜낼 수 있는 훈련을 받았다. 어떤 이들은 유럽인들에 관한 귀중한 지식을 가지고 있어서 그들이 대응하는 방식이나 함선에 관한 정보를 제공해 주었다. 선원 윌리엄 버터워스는 "칼라바르와 근처 이웃 마을에 살아서 영어를 유창하게 구사할 수 있던" 몇몇 노예들에 대해 기술했다. 그들은 "어떤 범죄를 저질렀다가 자유를 잃었고 어떤 위험을 감수하고서라도 다시 자유를 되찾고자 하는 큰 열망을 가지고 있어서, 자신들보다 죄가 덜하지만 동일하게 불행한 남자와 여자 노예들에게 상당 기간 동안 불만의 씨앗을 뿌리고 있었다." 이렇게 실제적 지식을 가지고 있던 항구 도시의 남자와 여자 노예들은 자신을 잡아 가두고 있는 자들의 "속내"를 알 수 있었고 심지어 배에 관해서도 알 수 있었다. 항구 도시의 거주민 중에는 대양 항해 함선의 운영에 익숙한 아프리카인 선원이 있었고 이들은 아마도 폭동의 시도에서 가장 유용한 사람이었을 것이다. 대부분의 해안 지역과 강가에 사는 이들도 마찬가지였겠지만, 바람막이 해안의 크루족과 황금 해안의 판테족은 유럽의 함선과 항해에 관해 특히 더 잘 알고 있는 것으로 알려져 있었다. 이러한 이유로 노예선 선장은 해안에서 잡혀 온 노예는 특히 더 안전에 위협이 된다고 생각했다.[60]

1753년 3월 감비아강ⅡⅡ에 정박 중이던 토머스호에서는 유럽 무기에 관한 지식도 중요한 역할을 했다. 87명의 노예가 "각자 사슬을 끊고" 갑판으로 올라와 수석 항해사를 배 밖으로 던져버렸다. 놀란 선원들이 각자 가지고 있던 총기를 발사해서 반란 무리를 아래로 밀어 넣었다. 그러나 일부 노예들이 선원의 무기가 제대로 작동하지 않는다는 것을 알아차렸고 그 즉시 "각목과 판자"를 집어 들고 다시 갑판 위로 올라갔다. 전투를 벌인 선원의 수는 고작 여덟 명에 불과했고 그들은 소형선으로 밀려날 수밖에 없었다. 선원들이 도망친 후 "노예들 소유가 된 슬루프급 함선"에 타고 있는 이들은 이제 노예가 아니었다. 두 명의 노예선 선장이 슬루프급 함선을 재탈환하기 위해 노력했고 그들은 맹렬한 교전을 벌였다. "노예들은 상대를 맞아서 숙련된 태도로 대응하며 회전포가를 쏘고 소화기도 잘 다루는 모습을 보였다. 만약 노예가 이러한 총기에 접근할 수 있었더라도 이렇게 익숙하게 무기를 사용하는 모습은 흔한 일이 아니었다.[61]

특정 문화의 부족 집단은 더 반항적인 것으로 알려져 있었다. 몇몇 목격자들은 세네감비아 지역에서 잡혀 온 노예들이 특히 더 노예제도에 대한 반감을 품었고 따라서 이들은 노예선에서 위험한 존재였다고 기록했다. 왕립 아프리카 회사 소속의 윌리엄 스미스는 "감비아인들은 태생적으로 나태하고 게으르며 노예 제도를 혐오했기 때문에 자유를 얻기 위해서는 극단적인 방식까지 사용하여 무엇이든 시도해 보았을 것이다"라고 기록했다. 의사 토머스 트로터는 1780년대의 경험을 바탕으로 황금 해안의 판테족이 "어떤 위험을 무릅쓰고라도 폭동을 감행할" 준비가 되어 있었다고 기록했다. 알렉산더 팔콘브리지도 여기에 동의했다. 그는 "황금 해안에서 온 그들은 매우 대담하고 강건했고 그들이 배에 오르면 다른 해안 지역의 흑인들만 있을 때보다 더 자주 폭동이 일어났다"라고 기록했다. 휴 크로우 선장의 기록에 따르면 18세기 후반에 "쿠아Quaws족" 또는 아메리카에서 "모코Moco족"으로 알려진 비아프라만의 이비비오족 역시 "가장 필사적인 부류의 남자들이었고" 항상 "노예들 사이에 골칫거리나 폭동이 발생하면 제일 선두에 서 있었다." 그들은 많은 선원을 죽였으며 배를 폭파한 것으로도 유명했다. 크로우는 "이 부족의 여자들도 남자들만큼이나 사납고 공격적이었다"라고 덧붙였다. 실제로 이비비오족은 너무 위험했기 때문에 선장들은 "자신의 화물 가운데 그들을 최소한 적게 포함하려고" 노력했다. 선장이 그들을 배에 태울 때는 "항상 갑판 사이에 이들을 위한 거처를 따로 마련하여 분리해 두었다." 이비비오족은 너무 반항적이었기 때문에 선장이 특별한 거처를 마련해서 고립적으로 수용해

야 했던 유일한 부족이었다.[62]

폭동의 인원 보충을 위한 주된 방식에서 여자와 남자아이 노예들 그리고 부족 간에는 잠재적인 분열이 존재했다. 당시에는 남자나 여자 쪽에서 폭동을 계획해도 다른 쪽 성별 집단이 지원하지 않은 경우가 많았고 이는 물론 선원들이 더 쉽게 폭동을 진압할 수 있게 했다. 예를 들어 1785년 와스프호에서 여자 노예들이 보웬 선장을 공격했을 때 남자 노예들은 아무 행동도 취하지 않았고 1786년 휴디브라스호에서 남자들이 일으킨 폭동에는 여자들이 참여하지 않았다. 남자아이들은 갇혀 있는 노예들에게 날카로운 도구를 넘겨주며 도움을 주기도 했지만 반대로 선원들에게 하갑판에서 일어나고 있는 음모를 알려 주기도 했다. 또한, 특정 아프리카 부족 집단이 반란의 경향성을 띠더라도 배에 타고 있던 다른 부족 집단이 항상 그들의 군사적 방식에 동의한 것은 아니었다. 이비비오족과 이그보족은 "철천지원수"사이였고 참바족은 판테족을 경멸했으며 1752년 후반의 폭동 중에 이그보족과 코로만티족 반란자들이 서로 싸움을 벌이기도 하였다. 이러한 사례에서 분열이 이전의 역사에서 비롯하였는지 부적절한 의사소통과 준비에서 비롯하였는지 아니면 폭동을 일으킨 목표의 정당성에서 비롯하였는지는 명확하지 않았다.[63]

폭동을 일으키려면 배를 잘 알고 있을 필요가 있었다. 그러므로 노예들은 주로 그들의 거처와 하갑판, 주갑판, 선장의 선실, 무기고에 관해 아는 바를 서로 속삭였고 이러한 지식을 바탕으로 어떻게 진행해야 할지에 관한 이야기를 나누었다. 노예들은 유럽인과 그들의 기술에 관한 특정한 세 가지 지식이 필요하다는 것을 알고 있었다. 이 세 가지 지식은 폭동의 과정을 구분하는 세 단계와 관련이 있는 것으로 어떻게 사슬에서 풀려나고 어떻게 무기를 찾아서 선원들에게 사용하며 성공한 후에는 어떻게 배를 항해하는가에 관한 것이었다. 이러한 과정의 순간 중 하나라도 실패하면 폭동은 수포로 돌아갈 수밖에 없었다.

수갑과 족쇄 그리고 쇠사슬이라는 철제 도구의 기술 공학은 수 세기 동안 지속적으로 노예나 또 다른 수감자들에게 사용되면서 그 목적을 달성하는 데 매우 효과적이었다는 점은 분명한 사실이었다. 하지만 하갑판에 묶인 남자 노예들이 쇠사슬을 빠져나오는 방법을 어김없이 찾아냈다는 것 역시 분명한 사실이었다. 때로는 쇠붙이가 너무 헐거워서 노예들이 피부를 부드럽게 한 후 조금씩 움직이며 약간의 노력만 하면 쉽게 벗어날 수 있는 경우도 있었다. 또 다른 경우에 그들은 손톱이나 꼬챙이, 나무 조각이나 아니면 자물쇠를 쑤실 수 있는 어떤 도구를 사용하기도 했고 날카로운 단면을 가진 도구(아마도 여자나 남자아이 노예들이 아래로 밀어 넣어 주었을 톱, 끌, 칼, 망치, 손도끼나 도끼)를 사용해서 쇠사슬을 끊거나 부수기도 했다. 추가로 어려웠던 점은 자유를 찾기 위해 쇠사슬을 부수는 과정에서 들키지 않도록 이러한 도구를 조용히 사용하는 것이었다. 일단 쇠사슬을 끊고 나면 반란자들은 밤중에는 항상 잠겨 있는 강화된 격자를 통과해야 했다. 밤중에 누군가 선원을 속여서 격자를 열도록 하지 않는다면 아침에 격자를 여는 시기를 기다렸다가 그 순간 깜짝 놀라게 튀어 나가는 것이 가장 좋은 기회가 될 수 있었다.[64]

다음 단계는 하갑판의 폭발적인 기운을 내뿜는 것으로 선원들을 겁주는 "비범한 함성"과 "살해당하는 선원이" 지르는 "몇 가지 끔찍한 비명"이 오가는 단계였다. 아프리카인들의 울부짖음은 아침의 정적을 찢었다. 예고 없이 빠르고 강하게 그리고 맹렬하게 공격하는 것이 중요했다. 왜냐하면, 그렇게 하면 선원들이 놀라서 폭동을 피하려고 긴 소형선으로 달아났기 때문이다. 한편 배의 선두 부분에서는 맨손 전투가 격렬히 벌어졌고 만약 상당수 노예가 사슬을 끊고 탈출했다면 그들은 상대하는 선원과 비교해서 뚜렷한 수적 우세를 점할 수 있었을 것이다. 그러나 선원들에게는 커틀러스 칼이 있었고 반란자들은 갑판에서 집어 든 밧줄 고정용 핀이나 막대기 아니면 노 한두 개를 제외하고는 무기가 없었다. 만약 여자 노예들이 남자 노예들의 폭동에 협조했다면 전투는 방책 뒤쪽 배의 후미 부분에서 벌어졌을 것이다. 거기에서는 작살이나 요리사의 손도끼와 같은 더 나은 물자를 구할 수 있었기 때문이다. 대부분 반란자는 하나의 무리를 이루어서 달빛이 비치는 갑판으로 몸만 덩그러니 뛰쳐나왔다. "그들은 총기류 무기를 가지고 있지 않았고 주갑판에서 집어 든 엉성한 물품들을 제외하고는 무기조차 없었다."[65]

모든 일손이 폭동을 진압하기 위해 갑판으로 몰려들면서 권총과 소총을 집어 들었고 방책에 자리를 잡은 후에 사격구를 통해 남자 노예들에게 발포했다. 그들은 또한 방책 위에 자리 잡은 회전포가를 사용해서 갑판을 쓸어버리기도 했다. 결정적인 순간이었다. 만약 노예들이 승리하고자 한다면 방책을 뚫거나 최소한 무기고에 들어갈 수 있어야 했지만 무기고는 남자들의 구획에서 최대한 멀리 떨어진 선미 갑판에 있는 선장의 선실 근처에 있었고 많은 선원이 주변을 지키고 있었다. 따라서 반란자들은 방책의 작은 문을 부수고 들어가거나 8피트에서 12피트에 달하는 높이에 꼭대기에는 대못이 박혀 있는 벽을 기어오르려고 노력했다. 만약 그들이 방책을 넘어설 수 있었다면 그리고 그들이 무기고에 도달해서 문을 부수고 들어갈 수 있었고 (군대 경험이 있는 많은 아프리카인이 그랬듯이) 유럽의 무기를 사용하는 방법을 알았다면 그들은 아마도 1750년 앤Ann호에서 노예들이 거둔 성과와 유사한 결과를 얻었을 것이다. "흑인들은 새벽 3시경에 무기와 화약을 탈취한 후 백인들에 대한 폭동을 일으켰다. 중간에 숨어버린 두 사람을 제외하고는 모두 크게 다칠 만큼 격렬한 전투 후에 그들은 함선을 케이프 로페즈 Cape Lopez 남쪽 해안으로 몰아갔고 탈출을 감행했다."[66]

전투가 격렬해지면 반란 무리는 원래의 계획을 수행했다. 그들이 선원을 어떻게 했을까? 대부분의 경우에 그들은 간단한 답을 제시할 수 있었다. 죽여 버리는 것이었다. 1732년 브리스틀을 출항했던 무명의 함선에서도 같은 선택을 한 노예들이 있었다. 그들은 "폭동을 일으켜서 모든 선원을 죽인 후 선장의 머리와 팔다리를 잘라버렸다." 그러나 이러한 선택은 또 다른 복잡한 문제를 불러일으켰다. 즉, 아프리카인들 사이에 배를 항해하는 방법을 아는 사람이 있었느냐는 것이었다. 유럽인들은 일단 배가 바다로 나오기만 하면 이러한 지식의 부재가 폭동을 막는 중요한 보루의 역할을 할 수 있다고 생각했다. 1735년 존 앳킨스는 이에 관해 다음과 같은 기록을 남겼다. "보통은 흑인들이 항해법에 무지하다는 점이 일종의 안전장치로 생각될 수 있었다." 따라서 일부 반란자들은 아프리카로 배를 돌려 항해하는 것을 돕기

위해 몇몇 선원들은 살려두어야 한다는 점을 강조하기도 했다.[67]

노예선에서 일어난 폭동의 결과는 보통 세 가지 중 하나로 볼 수 있었다. 이 중 첫 번째는 1729년 갤리선 클레어Clare호에서 그 예를 찾아볼 수 있었다. 10명의 선원만으로 황금 해안을 벗어나 바다로 나왔을 때 노예들은 "폭동을 일으켜 화약과 무기를 챙겼고" 선장과 선원이 그들의 분노를 피해 소형선으로 달아나면서 그들은 배의 통제권을 갖게 되었다. 폭동에 성공한 이들이 배를 항해했는지 아니면 그저 해안으로 밀려들어 온 건지 명확하지는 않지만, 어쨌든 그들은 상륙에 성공했고 케이프 코스트 성에서 멀지 않은 곳에서 자유를 찾아 도망칠 수 있었다. 더 극적인 폭동은 1749년 바람막이 해안에서 발생했다. 노예들은 족쇄의 자물쇠를 따고 갑판을 뜯어 커다란 나무 조각을 집어 든 후 선원들과 싸웠고 두 시간에 걸친 싸움 끝에 그들을 압도하며 선원들을 선장의 선실로 밀어낸 후 거기에 가둬 버렸다. 다음날 노예들이 선미 갑판을 뜯어내어 선실을 열려고 하자 선원 다섯 명은 도망치기 위해 바다로 뛰어내렸다. 그러나 총기를 사용할 줄 알았던 몇몇 아프리카인들로 인해 탈출은 쉽지 않았고 결국 그들은 물에서 총을 맞고 사망했다. 폭동에 성공한 이들은 남은 선원들에게 항복할 것을 명령했고 거부하면 화약고를 폭파하겠다고 위협했다. 곧 배는 얕은 뭍에 올라와 좌초했고 승자들은 배를 버리기 전에 물건들을 챙겼다. 그들 중 몇몇은 해안에 올라왔을 때 원래 배에서 있던 벌거벗은 모습이 아니라 선원의 옷을 입은 모습이었다.[68]

때로는 폭동으로 다투는 사이 양쪽 모두 파멸하는 결과가 발생하기도 했다. 1785년 어떤 함선에 의해 발견된 대서양을 떠돌던 "유령선"이 그 예가 될 수 있다. 이 무명의 스쿠너급 노예선은 일 년쯤 전에 로드아일랜드의 뉴포트를 떠나 아프리카로 항해를 떠났다. 발견 당시 돛도 선원도 없이 오직 15명의 아프리카인만 실은 채 떠돌고 있었고 그들의 모습은 "초췌하고 비참한 상황이었다." 그들을 발견한 사람들은 아마도 그들이 "오랫동안 바다를 떠돌았을 것"이라고 생각했다. 또한, 노예들이 선상에서 폭동을 일으켰고 "폭동 후에 선장과 선원을 살해했으며" 그동안 그리고 그 이후에도 "많은 흑인이 죽었을 것"이라고 생각했다. 아마도 배에서 항해할 줄 아는 사람이 아무

도 없어서 그들은 천천히 굶주림에 죽어갈 수밖에 없었을 것이다.[69]

단연코 가장 일반적인 선상 반란의 결과는 패배였고 그 여파로 고문과 괴롭힘 그리고 테러가 뒤따랐다. 폭동에 주도적인 역할을 한 사람은 나머지 사람들에게 본보기가 되었다. 그들은 다양한 방식으로 매질 당하고 찔리고 잘리고 베어지고 잡아 당겨지고 부러지고 팔다리가 잘리고 참수되었으며 이 모두는 흥분한 선장의 명령에 따라 이행되었다. 전쟁은 이러한 야만적 처벌에서도 계속되었고 반란자들은 채찍질을 당해도 아무 소리도 내지 않고 참았으며 조용히 죽음을 맞이했다. 악명 높은 코로만티족 역시 "그들의 처벌과 죽음을 조롱하며" 죽음을 받아들였다. 때로는 패배한 이들의 신체 일부를 남아 있는 노예들 사이에 걸어두고 배의 어느 곳에서라도 볼 수 있게 해서 감히 폭동을 일으킨 이들의 결과를 상기할 수 있게 했다. 노예선은 그 자체로 인간을 통제하기 위한 잘 조직된 요새였다는 점을 수없이 반복해서 증명해 보였다. 처음 설계에서부터 노예선은 수감자들이 배를 점거하거나 자유를 향해 항해하기에 극도로 어렵게 만들어졌다.[70]

노예들이 폭동을 일으키는 주된 원인은 노예제도였다. 실제로 아프리카인들 스스로 배에서 이야기했던 폭동 이유 역시 이러한 사실을 뒷받침했다. 바람막이 해안의 주요 무역 언어를 "거의 영어만큼" 잘 알고 있었던 선원 제임스 타운은 노예와 이야기하면서 그들의 불만을 알 수 있었다. 1791년 의회위원회가 그에게 노예들이 선상에서 폭동을 일으키려고 시도했던 사례에 관해 알고 있는지 물었을 때 그는 알고 있다고 대답했다. 다시 "그런 폭동의 원인이 무엇인지 물어본 적이 있습니까?"라는 질문에 그는 "그런 적이 있습니다. 내가 들은 대답은 '도대체 무슨 사업이길래 우리를 노예로 만들어서 고국을 떠나게 만드는가? 우리는 아내와 아이들이 있고 그들과 함께 있고 싶다'라는 말이었습니다"라고 대답했다. 어떤 사람은 노예선에서 폭동을 일으키는 또 다른 이유가 해안으로의 근접성(일단 함선이 바다로 나가면 항해법에 관해 걱정해야 했기 때문에)과 선원의 병약한 상태 또는 경계 태만이 있었다고 지적했다. 노예무역의 영향 확대로 인해 아프리카의 전쟁을 경험한 적이 있는 노예들은 폭동의 가능성을 더 증가시켰다.[71]

역사가인 데이빗 리처드슨은 노예선의 폭동이 무역의 수행에 실질적인 영향을 미친다는 것을 보여 주었다. 1731년 『보스턴 뉴스레터』의 한 저자가 인정한 바와 같이 폭동은 손실을 야기했고 운송비용을 높였으며 투자자들의 투자 행동을 방해했다. "그쪽〔황금 해안〕으로 향했던 항해의 후반부에 일어난 흑인들의 폭동이나 다른 여러 계산 착오들은 상인의 이익에 큰 손실을 야기했다." 리처드슨은 거의 열 척 중 한 척의 함선은 폭동을 경험했으며 각 폭동으로 인한 평균 사망자는 대략 25명이라고 추산했다. 이를 통틀어 보면 십만 명의 금전적 가치가 있는 노예가 폭동의 결과로 사망했다. 또한, 폭동은 다른 경제적 효과(비용의 증가와 수요의 감소)를 가져와서 아메리카로 향하는 "노예의 운송량을 현저하게 감소시켰다." 전체 노예무역 역사를 통틀어 보면 1백만 명이 감소했고 1698년에서 1807년 사이의 기간을 두고 본다면 60만 명이 감소했다.[72]

또한, 대서양 양쪽 모두의 신문에서 끊임없이 노예의 피비린내 나는 폭동을 다루면서 폭동은 독자층에도 영향을 주었다. 이러한 신문 보도에 따라 노예무역에 반대하는 사람들은 "노예들이 보여준 절박한 결심과 놀라운 영웅적 행위"를 지적하며 하갑판으로부터의 투쟁에도 목소리를 부여했고 이러한 상황 역시 때로는 신문에서 다루어졌다. 그들은 수감자들이 "잃어버린 자유"를 되찾으려고 노력하고 있으며 이는 그들의 천부적인 권리라고 주장했다. 게다가 1787년 영국과 미국에서 노예무역에 관한 대중적 논쟁이 대두되었을 때 노예무역 폐지론자들은 노예들의 저항을 활용하여 노예무역에 이권을 가진 자들이 주장하는 노예선 환경과 처우의 적절함을 반박했다. 만약 노예선의 상황이 상인과 선장의 주장대로라면 왜 그들이 굶주리며 죽어가고 스스로 함선에서 몸을 던지거나 죽음을 무릅쓰고 폭동을 일으키겠는가?[73]

토머스 클락슨은 "가장 눈부신 영웅의 모습이 노예선의 선창과 갑판에서 반복적으로 그려졌다"라고 기록했다. 저자들은 이 위대하고 고귀한 행위가 "그리스와 로마의 위인들이 행한 웅대한 업적에 필적하는 것"이라고 기록했다. 그는 다음과 같이 덧붙였다.

그러나 이 노예와 위인들의 운명이 얼마나 큰 차이를 보이는가. 노예들의 행위는 비열한 행위로 간주하며 고문과 죽음으로 벌하여졌지만, 위인들의 행위는 대중의 사랑과 칭송을 받는다. 다시 전자의 행위는 꾸준히 잊히기만 하고 흔적조차 남겨지지 않으며 겨우 기록이 남아 있는 경우에만 알 수 있지만, 후자의 행위는 꾸준히 기록에 남아 후세에 모범이 된다.[74]

클락슨은 영웅적 행위와 고문, 죽음 그리고 그리스와 로마 역사의 끝없는 영광에 관해서는 옳았지만, 반란이 남긴 것에 관해서는 틀렸다. 노예선에 타고 있던 노예들이 폭동의 계획에 참여하는 정도는 다양했지만, 폭동의 영향은 고스란히 모든 노예에게 전해졌다. 노예제도를 거부하고 투쟁을 시작한 이들의 투쟁은 수백 년간 계속되었다. 그들은 순교자로서 하갑판과 해안가 그리고 노예 농장에 남아 있던 이들의 오랜 기억에 남아 민간의 이야기로 전승되었다. 반란은 기억될 것이며 투쟁도 계속될 것이다.[75]

아프리카로의 귀향

죽음의 경험과 다양한 형태로 나타난 저항의 충동은 넓게 보면 서아프리카의 영적인 믿음과 관련이 있다. 18세기 초부터 노예제가 폐지되는 시기까지 대부분의 노예는 죽으면 고향으로 돌아간다는 믿음을 가지고 있었던 것으로 보인다. 이러한 믿음은 그들이 "자신의 운명을 꿋꿋하고 담담하게 받아들일 수 있도록" 했다. 이러한 믿음은 특히 비아프라만에서 온 사람들 사이에서 더 두드러졌지만, 세네감비아와 바람막이 해안 그리고 황금 해안에서 온 사람들 사이에서도 나타났다. 이러한 믿음은 중간항로 이후로 오랫동안 지속하였다. 북아메리카나 서인도에서 아프리카 혈통인 사람들은 종종 장례식에서 기쁨과 환희의 표현을 하기도 했는데 이는 죽음이 "아프리카로의 귀향"을 의미했기 때문이었다.[76]

18세기 초에 한 무명의 목격자는 배에서 죽어가는 사람에 관한 기록을 남겼는데 "죽음의 순간에 그들은 이제 조국으로 돌아갈 수 있다고 생각했고 이러한 생각 때문에 음식조차 먹기를 거부했다. 스스로 굶주림에 몰아넣는 것이 고향으로 돌아가는 〔가장〕 빠른 길이었다." 1760년대에 옛 칼라바르에서 온 한 여자 노예는 노예선에서 스스로 굶주리며 죽어가면서 죽기 전날 밤에 다른 여자 노예들에게 "친구들에게 갈 것"이라고 말했다. 18세기 말에 조셉 호킨스는 이보족은 죽은 후에 "고향으로 돌아가서 걱정과 고통 없이 영원히 살 것"이라고 기록했다. 노예무역 폐지론자들은 영혼이 먼 곳으로 돌아간다는 믿음에 관해 잘 알고 있었다. 토머스 클락슨은 "대부분 아프리카인은 죽음이 그들을 압제자들의 손에서 풀어 주고 그들의 영혼은 즉시 고향의 평원으로 돌아가서 그곳에 존재하며 사랑했던 동족들의 모습을 바라보며 즐거워할 수 있다는 믿음을 보편적으로 품고 있었다. 그들은 새로운 존재로서 고요와 기쁨의 장면을 누릴 수 있다고 믿었으며 이러한 개념이 너무 강력하게 작용했기 때문에 그들은 종종 스스로 목숨을 끊으려는 무시무시하고 극단적인 행동을 보이기도 했다"라고 설명했다. 누군가 죽음을 맞이하게 되면 아프리카인들은 "그는 행복의 나라로 떠났다"라고 말했다.[77]

　　노예선에 타고 있던 여러 노예와 대화했던 한 유럽인 목격자는 대다수의 노예가 "그들이 원래 살던 고향에 원래의 몸으로 다시 돌아갈 수 있다는 허황한 믿음"을 가지고 있었다고 기록했다. 일부 노예들은 심지어 "옛 추억"에 깃들어 이전에 살았던 삶으로 완전히 돌아갈 수 있다고 생각했다. ("좀 더 현명한" 아프리카인이라고 부른) 다른 이들은 "광대한 아프리카 대륙의 알지 못하는 어딘가로" 돌아갈 수 있다고 생각했다. "아프리카의 낙원"에서 그들은 인생의 기쁨과 호사를 두려움 없이 느끼고자 했을 것이다. 노예선에 승선한 이슬람 노예들은 "모든 진정한 무슬림이라면 계승하고 있는 율법"을 따랐다. 그러나 그들은 내세에 함께하게 될 사람이 누구인지에 관해서는 의견이 달랐다. 어떤 이는 "원래의 아내와 함께 떠나게 될 것"이라고 생각했고 어떤 이는 "파란 눈의 처녀"와 함께할 것으로 생각했다. 이러한 구전 이야기를 수집하던 한 남자는 인류학적인 관점에서 그들을 이해하고자 하는 시도는 전혀 소용이 없었고 "이 문제에 관한 그들의 의견은 너무나 난해하고 암담했기 때문에 우리가 이를 다룰 만한 가치는 없는 것으로 보였다"고 말했다.[78]

노예무역 상인과 노예선 선장은 서로 다른 생각을 하고 있었다. 그들은 이러한 믿음에 커다란 관심을 보였고 이와 관련하여 다양한 생각과 행동을 나타냈다. 그들은 단지 자살을 막는 그물을 치고 강제로 음식을 먹이는 장치를 사용하기만 한 것이 아니라 의도적인 테러를 활용할 줄 알았다. 많은 아프리카인이 자신의 몸에 깃들어서 고향 땅으로 돌아갈 것이라고 믿고 있었기 때문에 선장은 "예방적 조치"로서 죽은 이들의 시체를 위협의 수단으로 삼아 모든 이들이 볼 수 있게 했다. 한 선장은 모든 노예를 갑판에 불러모은 후에 목수가 처음으로 죽은 노예의 목을 잘라서 배 밖으로 던져버리는 모습을 보도록 했다. 이는 "그들이 고향으로 돌아가고자 한다면 목 없이 돌아가야 할 것이라는 일종의 위협이었다." 그는 이후에 노예들이 죽을 때마다 이런 소름 끼치는 의식을 반복했다. 윌리엄 스넬그레이브 선장도 같은 생각이었다. 폭동을 주도했던 한 남자 노예를 참수한 후 그는 "흑인들에게 누구든 질서를 어지럽히는 자는 같은 방식으로 대해질 것이라는 점을 알리기 위해 참수가 행해졌다. 이는 많은 흑인이 죽은 후에 사지가 멀쩡하게 바다에 버려지면 고향으로 돌아갈 수 있다고 믿었기 때문에 충분히 위협이 될 수 있었다"라고 설명했다. 휴 크로우는 그러한 신념을 활용하여 종종 "문제의 원인을 완전히 소멸"할 수도 있다는 점을 알고 있었다. 급성장하는 대서양의 자본주의 경제에서 수많은 역할을 담당하던 노예선 선장에게 하나의 역할이 더 부여되었다. 그것은 바로 테러리스트였다.[79]

또한, "아프리카로의 귀향"이라는 결심은 폭동의 목적이 항상 배의 점거가 아니었다는 것을 암시한다. 많은 경우에 폭동의 목적은 집단 자살이었다. 토머스 클락슨의 설명에 따르면 노예들은 "스스로 바라던 죽음을 얻기 위한 수단으로 선원에게 대항하여 폭동을 일으켰고 압제자들의 몇몇 목숨을 대가로 소망을 이루고자 했다. 이러한 목적을 고려할 때 노예들의 관점에서는 훨씬 더 많은 수의 폭동이 성공한 것으로 간주하여야 한다. 반란자들은 죽음과 영적 귀환을 통해 착취와 노예화 그리고 추방의 경험을 처음으로 되돌렸다reversed.[80]

결속

폭력적인 징용과 노예화는 강제로 노예선에 오른 거의 모든 사람의 삶을 규정하던 친족의 구조를 산산이 부숴버렸다. 이러한 파괴가 더 깊어지고 혼란과 분열이 초래될 때 노예들은 수동적으로 당하고만 있지는 않았다. 그들은 이러한 친족 관계에서 아직 남아 있는 것들을 보존하기 위해 할 수 있는 모든 일을 다 했고 노예선으로 오기 전에 이동하는 노예의 무리나 "노예 거래소"나 공장 또는 요새에서는 아직 만들어내지 못했던 새로운 친족 관계를 수립하는 것 역시 중요하게 생각했다. 올라우다 에퀴아노는 그의 "동족"과 새로운 유대를 형성했다. 여기서 말하는 "동족"이라는 단어는 이그보족 동료를 의미할 수도 있지만, 배에서 그가 만날 수 있었던 모든 아프리카인을 의미할 수도 있었다. 인류학자들이 "가상의 친족"이라고 불렀던 이러한 관계는 노예선 하갑판에 형성된 실제적이고 끊임없이 되풀이되는 일련의 축소된 상호 조력 사회였다. 이들은 서로를 "뱃동지"라고 불렀다.

친족 관계에 관해 가장 먼저 강조해야 할 점은 이러한 관계 중 가상의 친족이 아닌 실제 가족이 노예선에 같이 타고 있는 경우가 있었으며 이런 일이 노예선에서 흔히 발생했다는 것이다. 한 목격자는 남편과 아내, 부모와 아이들, 형제자매 그리고 대가족과 핵가족의 구성원 모두 한 배에 타고 있는 경우가 많았다고 지적했다. 이런 일이 가능했던 것은 아프리카에서 노예를 만드는 주된 수단의 특성 때문이었다. 한 마을 전체에 대한 "대약탈"[그냥 피야지]로 한밤중에 마을이 불타오르면 가족과 전체 부족 그리고 때로는 하나의 공동체가 통째로 적군의 약탈에 휩쓸려 해안으로 운반되어 다 함께 "전쟁 포로"로 팔리기도 했다. 존 손튼John Thornton이 기록한 바와 같이 "하나의 노예선을 꽉 채우고 있는 이들은 단지 같은 문화권에서 끌려온 사람들이 아니라 함께 자라온 사람들이었다."[81]

노예선에서는 친족들 간의 만남이 잦았다. (에퀴아노의 아버지처럼) "고위층의 면모를 보이는" 원로 이그보족 사람은 타고 있던 배의 주갑판에서 자신과 닮은 "외모와 피부색"의 누이를 만났다. 두 사람은 북받치는 감정으로

"놀라서 말도 못 하는 모습으로 선 채로" 서로를 바라보았고 이내 "달려가서 서로를 두 팔로 꼭 안았다." "매우 똑똑하고 영리한" 15세 소녀는 3개월간 여러 노예선을 옮겨 다니면서 "자신과 닮은 모습을 한" 8살의 여동생을 찾기 위해 노력했다. 결국, 함께 만나게 된 두 사람은 "곧 서로를 부둥켜안고 함께 하갑판으로 내려갔다." 이런 일은 노예선에서 반복적으로 발생했고 "형제자매와 부부와 같이 함께 배로 끌려온 친족과 혈족들은 배에서 다시 서로 분리되기도 했다." 형제들은 함께 밥을 먹을 수 있었고 자매들 역시 마찬가지였지만, 남자와 여자는 서로 구분되었기 때문에 모든 혈족이 서로 만나는 것은 쉬운 일이 아니었다. 예를 들어 남편과 아내 사이의 의사소통은 "갑판 주위를 오가는 남자아이들을 통해서" 이루어질 수 있었다.[82]

남아 있는 기록으로 우리가 정확하게 알 수는 없지만, 친족의 의미는 천천히 넓어져서 처음에는 아주 가까운 가족을 의미하다가 점점 함께 먹는 사람, 함께 일하는 동료, 친구, 동족 그리고 하갑판에 함께 있는 모든 이들을 의미하게 되었다. 그 과정의 중심에는 서아프리카 문화의 혼합적additive 특성이 있었다. 존 매튜스의 설명에 따르면 시에라리온 사람들은 특히 "새로운 유대를 형성하는 것에 매우 능수능란했다." 제임스 보웬 선장은 노예들이 유대를 형성하는 과정을 기술하기도 했다. 그의 배에는 "여러 관계"가 뒤섞인 아프리카인들이 타고 있었다. 그가 확실히 설명하기를 이들은 전통적인 친족 관계는 아니었지만, 최근에 형성한 어떤 관계를 맺고 있는 것처럼 보였다. 이들은 "서로 간의 결속을 발견하고 서로 떨어지지 않았으며 같은 음식을 나누어 먹고 항해 내내 같은 자리에서 함께 잠을 잤다." 간단히 말해서 그들은 폭력과 공포 그리고 어려운 상황을 함께 나눌 뿐만 아니라 함께 저항하고 함께 공동체를 만들며 노예선의 하갑판에서 함께 생존했다. 그들은 "새로운 유대"를 형성했다. 그들이 바로 뱃동지였다.[83]

의사 토머스 윈터바텀Thomas Winterbottom은 이 용어의 중요성에 관해 설명했다. 그는 1790년대 초에 시에라리온 식민지에서 의사로 일했고 노예선과 신세계에서 아프리카의 친족 관계를 관찰했다. 그는 "특정 나이의 남자들 이름 앞에 '파'pa 또는 '아버지'라는 호칭을 붙이거나 여자의 이름 앞에 '마'ma

또는 '어머니'라는 호칭을 붙여서 존경을 표했다"라고 기록했다. 그의 기록에 따르면 "이러한 풍습은 서인도의 노예들 사이에도 그대로 나타났다." 또한, 그는 노예선이 어떻게 연결 고리를 제공하는지 관찰할 수 있었다. "같은 배를 타고 서인도로 끌려간 이 불행한 사람들이 그 뒤로도 쭉 서로 애정 어린 강한 애착을 유지했다는 점은 충분히 주목할 만한 가치가 있다. 그들은 **뱃동지**라는 이름으로 서로를 거의 형제자매처럼 대했으며 서로 부부와 같은 애정관계를 형성하는 일은 거의 없었다." 이러한 현상은 대서양 식민지 전역에서 발생하고 있었다. 네덜란드의 식민지에서는 같은 배를 타고 온 이들이 서로를 시비sibi 또는 시삐sippi라고 불렀다. 포르투갈의 브라질 식민지에서 함께 항해한 친족을 이르는 단어는 말룽고malungo였다. 프랑스계의 카리브해 크리올[유럽인과 아프리카인의 혼혈]들은 이를 바티마batiment라고 불렀다. 버지니아에서 바베이도스와 자메이카에 이르는 지역에서는 "뱃동지"라고 불렀다. 이러한 친족 관계는 후에 함께 배를 타고 온 사람들끼리 자신의 아이들에게 그들의 뱃동지를 "삼촌"이나 "숙모"로 부르게 하면서 더 확대되었다. 선원 윌리엄 버터워스는 중간항로 항해 동안 자신이 탔던 배에서 일어났던 사회적 관계의 변화에 관해 이야기하면서 "단 몇 주간의 항해 동안 너무나 많은 것이 변화되었다"라고 기록했다.[84]

이러한 결속의 증거는 항해의 끝에서 그들이 팔려나가며 서로 헤어질 때 뱃동지들이 겪는 극한의 불안과 고통을 통해 나타났다. 그들이 동요하는 이유는 물론 알지 못하는 농장으로 끌려가는 것에 대한 두려움이 컸지만, 일부는 노예선의 고통과 절박한 희망 속에서 만들어낸 관계의 상실로 인한 것이었다. 1788년과 1792년 사이에 있었던 노예무역에 관한 하원 위원회의 청문회에서 의사 알렉산더 팔콘브리지와 선원 헨리 엘리슨은 의회 위원회에서 "당신이 탔던 배의 노예를 서인도에서 팔 때 심한 괴로움을 표한 노예가 있었습니까?"라는 공통된 질문에 그렇다고 동의하며 "그들은 서로 떨어지게 된다는 사실에 슬퍼했던 것으로 보입니다"라고 답했다. 팔콘브리지는 그런 장면을 네 번 보았다고 말했고 더 오랜 경험이 있었던 엘리슨은 열 번 보았다고 말했다. 그들이 말한 네 번과 열 번의 노예 판매에서 그들은 4,000명 이상의 아프리카인이 팔려나가는 것을 보았다. 그들이 말한 심한 괴로움은 단지 전통적인 친족들 사이에서의 괴로움을 말한 것은 아니었다. 오히려 실제 친족이 헤어지며 슬퍼했던 사례는 훨씬 더 소수였을 것이다. 그들은 아마도 노예선에 타고 있던 노예들 전체가 "서로 헤어짐을 슬퍼했다"고 일반화해서 말했을 것이다.[85]

어떤 이들은 더 세부적인 관찰 내용을 덧붙이기도 했다. 의사 토머스 트로터는 자신과 같은 배에 타고 있던 사람들이 "헤어짐의 순간에 괴로움을 표현할 수 있는 모든 수단을 다 동원하여 친구들과 함께 슬퍼했다"라고 기록했다. 그는 "이 순간에 몇몇 부부가 서로 헤어지기도 했으며 다양한 관계로 맺어진 동족, 즉 가까운 가족에서부터 마을 이웃과 동족 그리고 새로운 뱃동지에 이르는 확대된 친족들에게 역시 이별의 순간이었다"라고 기록했다. 보웬 선장은 "혈족 또는 애착으로 맺어진" 사람들을 (난장에서) 한데 묶어 팔려고 노력했지만, 그의 계획이 성공적이지는 않았다. 노예들은 "비명을 지르고 당황스러워하며" 기절하기까지 했고 선장은 서로를 아끼던 이들은 이제 헤어져서 다시는 보지 못할 것으로 생각했다. 1804년 사우스캐롤라이나의 찰스턴에 정박한 함선에서 "동향 출신"인 세 명의 소녀를 마지막으로 팔아치우고 서로를 떨어뜨려 놓으려고 했다. 이 과정에서 세 명의 소녀 중 "다른 두 명의 친구에게서 떨어져 나가는 것에 대한 두려움과 당황스러움에 북받친" 한 명이 "너무나 사무치는 고통"을 표현했다. 그들은 번갈아 가며 "서로를 응시했고 마침내 그들은 서로 달려들어 부둥켜안고 구슬픈 절규를 터뜨렸다. 그들은 서로 꼭 달라붙어서 울며 소리쳤고 서로를 눈물로 적셨다." 결국, 그들은 서로 헤어졌고 그중 한 소녀는 "자신이 걸고 있던 구슬 목걸이를 풀어서 입을 맞춘 후 친구의 목에 걸어 주었다."[86]

1766년에서 1780년 사이에 아홉 번의 노예무역 항해를 했던 노련한 토머스 킹Thomas King 선장은 또 다른 형태의 선상 공동체의 형성에 관해 언급했다. 킹 선장은 특정 부족의 "종교 제사장"이 승선한 노예들 사이에서 폭동을 부추기는 것을 보았다. 이 영적 지도자들은 "폭동을 시도함으로써 배를 해안으로 돌린 후 해안에서 그들만의 공동체를 이루어 살아갈 수 있을 것이라는 희망을 품도록" 다른 사람들을 설득했다. 배에서 새로운 공동체가 형성된 것이었다. 이 공동체는 아프리카의 아담과 이브가 배에 타면서 이미 만들어졌고 농장 공동체와 도망자 공동체, 교회 공동체 그리고 지역 공동체로 계속될 것이다. 이는 견디기 힘든 압박에 대한 저항이 공동체의 결속으로 변해가는 일련의 연금술과도 같았다. 불가사의했던 노예선은 이제 그들 스스로 "검은 민족"이라는 정체성을 발견한 이들이 창의적인 저항을 이어가는 곳이 되었다. 막강한 권력의 변증법을 통해 노예선에 승선하여 고통받는 인간의 공동체는 도전적이고 탄력적이며 단연코 생명이 넘치는 아프리카계 아메리칸 문화 그리고 범아프리칸 문화의 탄생을 낳았다.[87]

10장

노예선 브룩스호의
긴 항해

1780년대 후반까지 노예선은 대서양을 수천 번 건너서 수백만 명의 노예를 신세계 농장으로 데려왔고 강력하고 새로운 대서양 자본주의 경제를 형성할 수 있도록 도왔다. 1788년에서 1789년 사이에 갑자기 그들에게 귀향 명령이 내려졌다. 정확하게 말하자면 노예선에서 일어나고 있는 비도덕적인 행태를 알고 있던 노예무역 폐지론자들이 노예선의 폭력성을 고향 항구인 영국의 런던, 리버풀, 브리스틀 그리고 미국의 보스턴, 뉴욕, 필라델피아에 알렸기 때문이었다. 노예무역에 반대하던 사람들은 이렇게 대도시의 독자층이 노예선의 실체를 깨닫게 하는 격렬한 선전 활동을 벌였고 시민 사회의 한계를 넘어서 오랫동안 운영되어 온 노예선을 공적인 감시 체계와 그들이 바라던 정치적 통제 안으로 편입시키는 데 성공했다.[1]

노예선의 실체를 깨닫게 하려는 다양한 방식이 시행되었다. 소책자와 연설, 강연, 시와 같은 수단이 활용되었지만, 가장 강력한 수단은 직접 보여 주는 것이었다. 폐지론자들은 노예선의 모습을 그려냈다. 이 그림은 이전에 만들어진 어떤 사회적 운동의 선전물보다 더 큰 효과를 가지고 있었다. 이러한 그림 중 그때부터 지금까지 가장 유명한 것은 노예선 브룩스호의 그림이다. 이 그림은 1788년 11월 윌리엄 엘포드William Elford와 〈노예무역 폐지 달성을 위한 공동체〉의 플리머스 지부가 공동으로 그려서 출판한 첫 인쇄물이었다. 브룩스호의 그림은 이후 수년간 대서양 전역에서 수없이 다시 그려지고 재출판되었고 실제로 이 그림은 18세기와 19세기의 대서양 노예무역의 잔인성뿐만 아니라 거기에 대항하는 다양한 측면의 투쟁까지 축약하여 보여 주었다. 토머스 클락슨은 폐지론자로서의 조직적인 운동 역사에서 "단연코 이 그림을 보는 사람이라면 누구나 순식간에 공포의 감정을 느낄 수 있었다"라고 설명했다. 이 그림은 보는 사람으로 하여금 "다른 방법으로는 알 수 없는 〔아프리카인의〕 운송에 대한 공포를 잘 떠올릴 수 있게 해 주었고 … 대중이 우리의 대의를 지지하는 마음을 갖도록 하는 데 크게 기여했다."[2]

브룩스의 그림의 인쇄는 영국과 미국 그리고 그 외에 노예무역이 시행되고 있는 모든 곳의 사람들을 교육하고 그들의 관심을 끌어서 행동에 나서도록 하는 큰 전략의 일부였다. 맨체스터의 급진주의자 토머스 쿠퍼Thomas Cooper는 1787년에 이런 접근법에 관해 설명했다. "모든 사람이 전반적인 맥락에서 노예무역을 비난하지만, 이러한 상거래의 심각성을 보여줄 수 있는 특별한 예시를 통해 전체적인 대의를 바로 잡고자 하는 사람들을 설득하여 이 문제를 활발하게 논의할 필요가 있다." 운동을 성립시키기 위해서 노예무역에 관한 지식은 구체적이고 본질적이면서도 인간적이어야 한다. 이러한 지식은 과장되어서는 안 되며 "실로 수백만 명에 달하는 동포 노예들을 아우를 수 있는 비극의 서사"여야 했다. 또한, 이 이야기의 비극은 "탐욕과 억압으로 제정되고 강제되는 법이라는 이름으로 해결할 수 없는 심각하고 중대한 비극이라는 점"을 밝혀야 했다. 그는 이 이야기가 "동정심을 자극하기 위해 계산된 부가적인 상황이 동반된 **극심한** 고통"의 이야기이며 사람들이 행동하도록 동기를 부여했다고 결론 내렸다. 쿠퍼는 이렇게 폐지론자들의 작업을 성공으로 이끄는 원칙을 분명하게 주장했다.[3]

브룩스호는 폐지론자들이 찾을 수 있는 그 무엇보다도 노예무역의 비극과 심각성을 이해하기 쉽게 그림으로 보여 주었다. 선전 활동의 결과로 폭력과 잔인함, 비인간적 환경 그리고 끔찍한 죽음의 장소라는 노예선의 진상을 널리 알릴 수 있었다. 그들은 노예선 그 자체를 야만적인 장소인 동시에 실로 거대하고 복잡하며 기술적으로 정교한 고문의 도구라는 점을 소름 끼치도록 구체적으로 보여 주었다. 이 문제에 대한 공적 토론이 시작된 시점에서 노예선은 수백만 명의 아프리카인을 노예제도 안으로 끌고 들어왔을 뿐만 아니라 동시에 그 제도를 파괴할 씨앗까지 함께 가지고 온 것이다.[4]

왜 브룩스호였을까?

브룩스호의 항해의 악명이 시작된 것은 어떤 단순한 기록이 알려지면서부터였다. 이 기록은 영국 해군의 페리Parrey 선장이 작성한 것으로 그는 몇몇 노예선의 톤수와 내부 치수를 측정하기 위해 리버풀에 파견되었다. 그의 기록은 다음과 같다. "297톤을 수용할 수 있는 브룩스호에는 흑인들을 위한 4,178제곱피트의 거처가 마련되어 있다. 함선은 총 609명의 노예를 운송할 수 있는데 그중 절반의 인원에게는 일 인당 5피트 6인치 길이에 18인치 너비의 공간을 제공하고 다른 절반의 인원에게는 5피트 길이에 13인치 너비 또는 6피트 10인치의 공간을 제공했다." 페리는 26척의 함선을 조사했고 그중 아홉 척의 치수를 쟀으며 그중 세 척은 브룩스호보다 큰 함선이었고 다섯 척은 더 작은 함선이었다. 각 함선의 제곱피트를 최종 항해의 운송 노예의 숫자로 나누었을 때 브룩스호는 노예당 공간의 너비가 두 번째로 작은 함선이었다. 그 외의 모든 면에서는 전형적인 수준이었다.[5]

브룩스호는 페리의 측정 기록을 얻어낸 폐지론자들의 선전 활동에 등장하게 되었다. 수상 윌리엄 피트Prime Minister William Pitt는 페리를 처음으로 리버풀로 파견했고 플리머스와 런던의 노예무역 폐지 위원회가 페리의 자료를 얻는 데 중요한 역할을 담당했다. 처음 제작한 인쇄물의 글에서 엘포드는 브룩스를 "주력함"a capital ship으로 소개하면서 비판의 근거를 제시했다. 플리머스 지회의 인쇄물을 승인해 주었던 런던 위원회도 이런 접근이 필요하다고 생각했다. 클락슨의 말을 빌리자면 "노예무역에 관여했던 함선 하나를 골라서 실제 치수와 함께 그들이 노예 운송에 적합한 환경을 제공했는지 알아볼 필요"가 있었다. 그러므로 브룩스호는 세 가지 이점을 제공했다. 첫 번째 이점은 우연히도 페리 선장이 임의로 선택하여 브룩스호를 골라 기록을 남겼다는 것이었다. 이는 두 번째 이점인 폐지 반대자들이 "과장에 대한 불평"을 할 수 없다는 점으로 이어졌다. 마지막으로 "이 배가 노예무역에서 잘 알려져 있다는 이점"이 있었다.[6]

브룩스호는 1781년에 건조되었고 선박을 의뢰한 최초의 소유주이자 리버풀의 노예무역상인 조셉 브룩스 주니어Joseph Brooks Jr.의 이름을 따서 명명되었다. 노예선인 점을 고려하더라도 297톤수의 적재량은 (평균 200톤에 비해) 당시의 기준으로 보면 상당히 큰 배였다. 페리 선장이 보고서에 기록했듯이 이 함선은 "〔노예〕무역을 위해" 건조되었다. 노예들이 적재되는 하갑판의 공기 순환을 위해 배의 측면에 뚫려 있는 14개의 현창과 공기 배출구가 그 증거였다. (가축이나 죄수를 수송하는 경우를 제외하고는 "화물"에 공기 순환이 필요하지 않았다.) 브룩스호는 노예선으로 오랫동안 항해했고 거의 25년 동안 열 번의 성공적인 항해를 해냈다. 역대 브룩스호의 선장들은 총 5,163명의 아프리카인을 사들였고 산 채로 운송에 성공한 노예의 수는 4,559명이었다. 브룩스호의 사망률 11.7퍼센트는 4세기에 걸친 노예무역 함선의 평균 사망률(12.1퍼센트)에 거의 근접하는 것이었지만, 당시의 사망률(1775년에서 1800년 사이에 영국 함선의 평균 사망률은 7.95퍼센트였다)에 비하면 다소 높았다. 돌벤법의 시행 전에 브룩스호는 그림에 나타난 노예의 수보다 훨씬 더 많은 수의 노예를 운송했다. 1781년에서 1783년에는 666명의 노예를 운송했고 1783년에서 1784년에는 638명, 1785년에서 1786년에는 놀랄 만큼 많은 수인 740명 그리고 페리 선장의 조사 전 마지막 항해였던 1786년에서 1787년에는 609명을 운송했다.[7]

첫 번째 그림 : 플리머스

엘포드와 플리머스 위원회가 제작한 인쇄물 가장 위쪽에는 294명의 아프리카인을 빼곡히 실은 브룩스호의 그림이 있었다. 노예들은 왼쪽(뱃고물)에서부터 "여자아이 거처", "여자 거처", "남자아이 거처", "남자 거처"라는 이름이 붙여진 네 개의 거처에 질서정연하게 정렬하고 있었다. 그려진 사람들은 각각 구분되어 그려졌고 허리감개만을 두르고 있었다. 남자 노예들의 발목에는 쇠사슬이 걸려 있었다. 가로 20인치 세로 30인치의 인쇄물에서 함선이 차지하는 공간은 지면의 4분의 1보다도 작았다. 그림 바로 아래에는 "함선 적재용량 1톤당 단 *흑인* 1명의 비율로 표현한 *아프리카 함선*의 하갑판 개요"Plan of an AFRICAN SHIP'S Lower Deck with NEGROES in the proportion of Only One to a Ton라는 표제가 적혀 있었다. 표제어 가운데에는 또 다른 그림이 있었다. 이 그림은 타원형 테두리 안에 애원하는 노예가 사슬에 묶여 있는 모습으로 손을 들어 올리고 "나는 인간도 형제도 아닙니까?"라고 묻고 있었다. 타원형 테두리 왼쪽에는 수갑이 있었고 오른쪽에는 구교묘 채찍이 있었다. 이 그림은 폐지론자 공동체의 주요 상징의 초기 형태라고 할 수 있다.[8]

그림과 표제어 아래에는 설명글이 (여덟 개의 문단) 두 단으로 적혀서

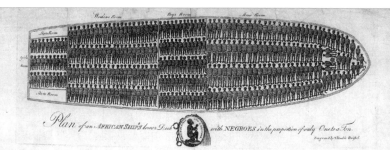

Plan of an AFRICAN SHIP'S lower Deck with NEGROES, in the proportion of only One to a Ton.

THE above Plate represents the lower deck of an African Ship of 297 tons burthen, with the Slaves stowed on it, in the proportion of not quite one to a ton.

In the Men's apartment, the space allowed to each is six feet in length, by sixteen inches in breadth.—The Boys are each allowed five feet by fourteen inches.—The Women, five feet ten inches, by sixteen inches; and the Girls, four feet by one foot each.—The perpendicular height between the Decks, is five feet eight inches.

The Men are fastened together two and two, by hand-cuffs on their wrists, and by irons rivetted on their legs.—They are brought up on the main deck every day, about eight o'clock, and as each pair ascend, a strong chain, fastened by ring-bolts to the deck, is passed through their Shackles; a precaution absolutely necessary to prevent insurrections.—In this state, if the weather is favourable, they are permitted to remain about one-third part of the twenty four hours, and during this interval they are fed, and their apartment below is cleaned; but when the weather is bad, even these indulgences cannot be granted them, and they are only permitted to come up in small companies, of about ten at a time, to be fed, where after remaining a quarter of an hour, each mess is obliged to give place to the next in rotation.

It may perhaps be conceived, from the crouded state in which the Slaves appear in the Plate, that an unusual and exaggerated instance has been produced; this, however, is so far from being the case, that no Ship, if her intended cargo can be procured, ever carries a less number than one to a ton, and the usual practice has been to carry nearly double that number: The Bill which was passed during the last Session of Parliament, only restricts the carriage, to five Slaves for three tons; and the Brooks, of Liverpool, a capital Ship from which the above sketch was proportioned, did, in one voyage, actually carry 609 Slaves, which is more than double the number that appear in the plate.——The mode of stowing them was as follows:—Platforms, or wide shelves were erected, between the decks, extending so far from the sides towards the middle of the vessel, as to be capable of containing four additional rows of Slaves, by which means the perpendicular height between each tier, after allowing for the beams and platforms, was reduced to two feet six inches; so that they could not even sit in an erect posture; besides which, in the Men's apartment, instead of four rows, five were stowed, by placing the heads of one between the thighs of another.—All the horrors of this situation are still multiplied in the smaller vessels.—The Kitty, of 137 tons, had only one foot ten inches, and the Venus, of 140 tons, only one foot nine inches perpendicular height above each layer.

The above mode of carrying the Slaves, however, is only one, among a thousand other miseries, which those unhappy and devoted creatures suffer from this disgraceful Traffick of the Human Species; which in every part of its progress, exhibits scenes that strike us with horror and indignation.—If we regard the first stage of it on the Continent of Africa, we find that a hundred thousand Slaves are annually produced there for exportation, the greatest part of whom consists of innocent persons, torn from their dearest friends and connections, sometimes by force, and sometimes by treachery. Of these, experience has shewn, that five and forty thousand perish, either in the dreadful mode of conveyance before described, or within two years after their arrival at the plantations, before they are seasoned to the climate.—Those who unhappily survive these hardships, are destined like beasts of burthen, to exhaust their lives in the unremitting labours of a Slavery, without recompence, and without hope.

The Inhumanity of this Trade, indeed, is so notorious, and so universally admitted, that even the advocates for the continuance of it, have rested all their arguments on the political inexpediency of its abolition; and in order to strengthen a weak cause, have either maliciously or ignorantly confounded together the emancipation of the negroes already in Slavery, with the abolition of the Trade; and thus many well-meaning people have become enemies to the cause, by the apprehensions that private property will be materially injured by the success of it.—To such, it becomes a necessary information, that liberating the Slaves forms no part of the present system, and so far will the prohibition of a future trade be from injuring private property, that the value of every Slave will be very considerably increased, from the moment that event takes place, and a more kind and tender treatment will immediately be insured to them by their Masters, from the necessity every Planter will then be under to keep up his stock, by natural means; a practice which some humane inhabitants of the Islands have pursued with the greatest success, and upon whose estates no new Negroes have been purchased for a number of years, the death vacancies having been supplied by young ones, born and bred in their own Plantations.—Thus then the value of private property will not only suffer no diminution, but will be very considerably inhanced by the abolition of the Trade.—It now only remains to see how the Public and the Slave Merchants will be affected by it.

It is said by the well-wishers to this Trade, that the suppression of it will destroy a great nursery for seamen, and annihilate a very considerable source of commercial profit.—In answer to these objections, Mr. Clarkson, in his admirable treatise on the impolicy of the Trade, lays down two positions, which he has proved from the most incontestible authority.—First, that so far from being a Nursery, it has been constantly and regularly a Grave for our Seamen; for that in this Traffick only, more Men perish in ONE Year, than in all the other Trades of Great-Britain, in TWO Years: And, secondly, that the balance of the trade, from its extreme precariousness and uncertainty, is so notoriously against the Merchants, that if all the vessels, employed in it were the property of one Man, he would infallibly, at the end of their voyages, find himself a loser.

As then the Cruelty and Inhumanity of this Trade must be universally admitted and lamented, and as the policy or impolicy of its abolition is a question which the wisdom of the Legislature must ultimately decide upon, and which it can only be enabled to form a just estimate of, by the most thorough investigation of all its relations and dependencies; it becomes the indispensible duty of every friend to humanity, however his speculations may have led him to conclude on the political tendency of the measure, to stand forward, and to assist the Committees, either by producing such facts as he may himself be acquainted with, or by subscribing, to enable them to procure and transmit to the Legislature, such evidence as will tend to throw the necessary lights on the subject.—And people would do well to consider that it does not often fall to the lot of individuals, to have an opportunity of performing so important a moral and religious duty, as that of endeavouring to put an end to a practice, which may, without exaggeration, be filled one of the greatest evils at this day existing upon the earth.

By the Plymouth Committee,

W. Elford, Chairman.

브룩스호, 플리머스 판형, 브리스틀에서 제작

인쇄물의 4분의 3을 차지하고 있었다. 글의 시작은 다음과 같다. "위의 삽화는 297톤급의 아프리카 노예선 하갑판의 모습을 그린 것으로 톤당 한 명의 노예보다도 적은 비율로 노예가 적재된 모습을 나타낸 것이다." 다음 문단에서는 공간 할당에 관해 묘사한다. "남자 어른은 세로 6피트 가로 17인치, 남자아이는 세로 5피트 가로 14인치, 여자 어른은 세로 5피트 10인치 가로 16인치, 여자아이는 세로 4피트 가로 14인치를 차지했고 하갑판 바닥에서 천장까지의 높이는 5피트 8인치였다." 그다음으로는 함선 내의 사회적 환경에 관한 간단한 설명이 이어졌다. 즉 남자 노예들은 어떻게 족쇄를 차고 있는지, 어떻게 노예들을 갑판 위로 데리고 올라와 밥을 먹이는지에 관한 내용이었다. 최근 통과된 돌벤법이 함선의 톤수에 따라 운송할 수 있는 노예의 수를 제한하고 있다는 점을 언급한 후에 글의 내용은 다시 노예의 적재 방법에 관한 질문으로 돌아갔다. 그 뒤에는 노예들이 겪는 "수천 가지의 불행"에 관해 기술했다. 여기에서는 친족과 고향 땅으로부터의 결별, "보상도 희망도 없는 노예제도하에서의 끊임없는 노동", 그리고 갑작스러운 죽음에 관해 다루었다.

그다음으로는 현재의 폐지 운동은 단지 노예무역에 관한 것이며 누군가 주장하는 것처럼 "사유 재산"을 침해하는 노예 해방에 관한 것은 아니라는 설명이 뒤따랐다. 하지만 반대로 노예무역이 종식되면 이미 소유하고 있던 노예에 대한 대우가 좋아질 수밖에 없을 것이다. "따라서 노예무역의 폐지로 인해 사유 재산의 가치가 평가절하되는 일이 없을 뿐만 아니라 편안하게 집에 앉아서 재산 가치를 높일 수 있을 것이다."

끝에서 두 번째 문단은 노예무역의 지지자들이 "노예무역을 억압하면 선원들을 양성할 좋은 기회가 사라지며 매우 중요한 상업적 이익의 원천이 소멸할 것"이라고 하는 주장을 반박했다. 토머스 클락슨의 연구는 노예무역이 선원의 "양성소"가 아니라 오히려 무덤에 가까웠다는 점을 새로이 증명해 보였다. 게다가 무역의 불안정하고 불확실한 특성은 상인의 투자를 위험하게 하고 때로는 파산까지 불러왔다.

이 글은 대중에게 직접적인 행동을 요구하며 마무리되었다. 여기에서는 현재 노예무역에 관한 의회 조사를 언급하며 시민들이 "앞장서" 줄 것을 요청하고 "이 문제에 한 줄기 빛이 될 수 있는" 관련 정보를 제시하여 브룩스호와 다른 노예선의 어두운 하갑판을 밝혀주었다. 마지막 문장은 초기 사회적 운동이 가지는 보이지 않는 힘을 언급했다. "사람들은 지금 이 순간에 지구 상에 존재하고 있는 커다란 악과 기존의 관행을 끝내 버릴 도덕적이고 종교적인 중요한 의무를 수행할 수 있는 사람이 많지 않다고 생각한다." 플리머스 위원회는 "아프리카 무역상들이 노예를 적재하는 방식과 그에 관한 비평을 담은 인쇄물 1,500장을 무료로 배포"하기로 했다.[9]

전이 : 필라델피아와 뉴욕

필라델피아와 뉴욕에서 제작된 브룩스호의 초기 판형은 그림과 글로 이루어진 플리머스의 형식을 따랐다. 최초의 판형은 1789년 5월 미국 박물관American Museum의 매튜 캐리Mathew Carey에 의해 출판되었고 이후 2,500부의 인쇄물이 만들어졌다. 캐리는 그림과 글의 위치를 모두 수정하여 가로로 길게 놓은 지면 위쪽에 브룩스호를 놓고 원본의 표제어를 그림 위에 배치한 후 아래쪽에는 "노예무역에 관한 비평"Remarks on the Slave Trade이라는 문장을 적어 넣었다. 그는 전체적인 크기를 대략 세로 13인치 가로 17인치(세로 33센티미터 가로 40센티미터)로 줄였는데 이는 아마도 잡지를 통해 출판했기 때문으로 보인다. 뉴욕의 인쇄업자 사무엘 우드Samuel Wood는 필라델피아의 글과 플리머스의 배치를 조합했다. 그의 판형은 캐리의 것보다 큰 가로 19인치 세로 24인치(가로 48센티미터 세로 60센티미터) 정도의 크기였지만, 플리머스의 원본보다는 조금 작았다.[10]

미국의 인쇄업자는 글에서 세 가지 큰 변화를 주었는데 그중 두 가지 내용의 삭제와 한 가지 내용의 첨가를 통해 그들만의 인쇄물로 더 뚜렷하고 급진적인 내용을 표현할 수 있도록 했다. 첫 번째로 캐리는 무릎 꿇은 노예의 모습을 삭제했다. 또한 전체 문단에서 노예무역에 반하는 선전 활동이 노예의 해방을 암시하지 않으며 사유재산을 손상하지 않고 오히려 그 가치를 높

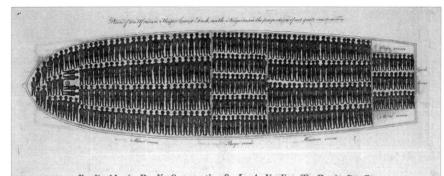

브룩스호, 필라델피아 판형

일 수 있을 것이라는 설명을 모두 들어냈다. 그 뒤에 그는 글의 시작 부분에 새로운 문단을 추가하고 이러한 인쇄물의 목적이 〈노예제도의 *폐지*를 촉진하기 위한 펜실베이니아 공동체〉의 노력이라는 점을 분명히 했다. 이 인쇄물은 이제 노예제도 그 자체를 공격하는 데 사용되었다.

또한, 새로운 단락은 독자들이 브룩스호에 승선한 "불행한 아프리카인들"에 대한 공감을 강화하고자 했다. "우리가 눈으로 보고 있는 가장 끔찍한 모습 속에서 수많은 인간 생명체가 통 속에 쌓아 둔 청어처럼 포개어진 모습은 마치 생매장된 것처럼 쇠약한 모습이었다. 그들은 단지 목숨을 연명할 정도의 공기만을 들이마시며 그 상황 안에서 느껴지는 모든 공포에 몸서리치고 있었다." 캐리는 역시 1784년 아일랜드에서 필라델피아로 강제 이주를 당

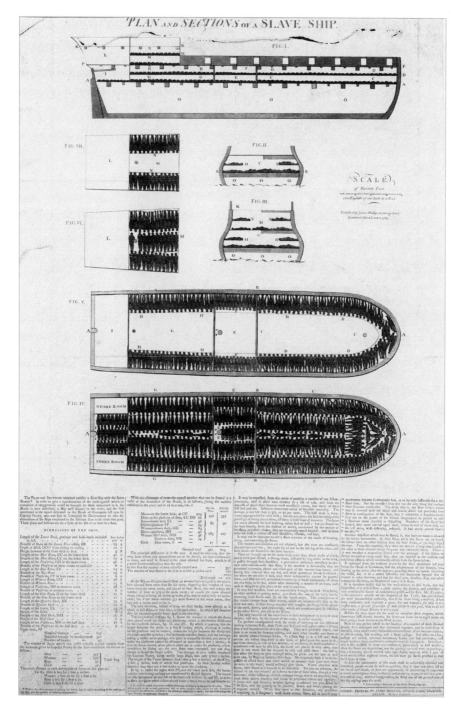

브룩스호, 런던 판형

했기 때문에 대서양을 건너는 여정이 매우 거칠다는 것을 잘 알고 있었지만, 이 그림에 나온 "버림받고 불운한 사람들"은 좁은 거처에서 앉지도 못하고 돌아눕지도 못하며 뱃멀미와 질병에 시달리며 훨씬 심한 고통을 겪었다. 캐리는 배의 그림에 관해 "우리는 이보다 더 노예무역의 야만성을 충격적으로 보여 주는 그림을 본 적이 없다"라고 썼다.[11]

개량된 그림 : 런던

　토머스 클락슨은 『영국 의회에 의한 아프리카 노예무역 폐지의 기원과 진척 그리고 달성의 역사』(1808)에서 브룩스호의 그림에 대해 "플리머스 위원회가 처음 개념을 제안했지만, 런던에서는 이를 더 개선했다"라고 기록했다. 인쇄물 내의 그림과 글 모두에서 매우 극적인 변화와 확장이 있었으며 제목은 이제 더 간소하게 "노예선 개요와 단면"으로 적었고 이는 후에 더 유명한 "노예선에 관한 묘사"라는 제목으로 바뀌게 된다. 런던에서 이루어진 모든 변화는 노예선의 모습과 그 안에서 이루어지는 일들을 더 실제적이고 깊게 이해할 수 있도록 하는 것이었고 이는 그림을 검토해 주고 새로운 글을 써 주었던 토머스 클락슨의 지식이 반영된 것이라고 할 수 있었다. 그는 브룩스호의 모든 면에 대해 더 경험적이고 과학적으로 접근하여 설명했다. 확실한 목표는 더 객관적으로 설명하는 것이었고 이를 통해 "관련자"들이 노예선에 관한 "사실"을 반박할 수 없게 하는 것이었다.[12]

　플리머스의 그림에서는 브룩스의 하갑판을 단일 조망으로 그렸지만, 이제는 일곱 개의 조망도가 제시되었다. 일곱 개의 조망도에는 함선 전체의 측면도(또는 "종단면도"longitudinal view), 하갑판 바닥과 2피트 반의 평단에 노예의 몸을 정렬시켜 둔 하갑판의 평면도 두 개, 유사한 조망으로 함선 뱃고물 방향의 반갑판 평면도 두 개, 그리고 갑판과 평단의 수직 구조를 보여 주는 "횡단면도"transverse view 두 개가 있었다. 그림 아래의 글도 두 배나 많아져서 두 단에 걸친 1,200단어가 네 단에 걸친 2,400단어로 늘어났다. 전체 인쇄물은 여전히 커서 대략 가로 20인치 세로 30인치(가로 50센티미터 세로 71센티미터) 크기로 함선의 조망도가 전체의 3분의 2 정도로 더 많은 부분을 차지했다. 여기에서 브룩스호는 돌벤법에서 허용하는 수준인 482명의 남자와 여자 그리고 아이들을 수용하고 있는 모습이었다. 각각의 노예는 적절한 거처에 꼼꼼히 적재되어 있었다.[13]

　브룩스호의 새로운 그림은 변화의 과정 중 특정한 순간에 형성된 것이었다. 18세기 후반과 19세기 초반 동안 영국의 함선 건조는 기능 공예에서 현대 산업으로 변화하는 중이었다. 조선공의 기술과 비법에 관한 의문이 증가했고 새로운 법칙인 과학을 따르는 사람들이 이를 "개량"했다. 문화 비평가 마커스 우드Marcus Wood가 지적했듯이 런던 위원회가 제시한 브룩스호의 개요와 단면은 "계몽적" 양식으로 표현되었다. 예를 들면 그들은 함선 건조 개량 협회와 연계해서 그림을 그렸고 이 협회는 새로운 조선 과학 분야에서 공익을 위한 국제적 협력을 조직하기 위해 동시대에 구성된 조직이었다.[14]

　또한, 경험적이고 과학적인 접근은 늘어난 글에서도 명확히 드러났다. 추가된 글의 전반부는 브룩스호에 노예를 적재하는 것에 관한 실제적인 질문을 다루고 있었다. 이 배에 관한 페리 선장의 보고서는 정밀한 세부 사항을 알려주었고 글에는 그가 측정한 일곱 개의 조망도 길이와 너비 그리고 높이 측정치 25개가 포함되었다. 또한, 함선의 톤수(공식적으로는 297톤, 측정치는 320톤)와 최근 고용된 선원의 수(45명), 분류(남자 351명, 여자 127명, 남자아이 90명, 여자아이 41명)에 따른 최근 운송한 노예의 수(609명)도 언급되었다. 인원 분류에 따른 공간 할당량도 명확히 기술되었고 바로 뒤이어 가설상의 숫자와 실제 숫자를 비교하여 함선의 각 영역에 적재될 수 있는 사람의 수를 계산하여 제시하였다. 다음 내용에서는 갑판의 높이와 사람 한 명 앉기도 힘든 평단과 들보(선체 보강재) 간의 2피트 6인치의 높이에 관한 상세한 설명이 뒤따랐다. 브룩스호의 그림은 실제로 운송된 609명이 아니라 단 482명의 노예만을 표시했기 때문에 그림에 표현된 밀집도는 극히 최소화된 것이라는 점과 각 거처의 "변기통"이나 "평단과 갑판을 받치고 있는 기둥"도 표현하지 않았다는 점이 강조되었다. 또한, 그림에 표현된 각 노예에게 제공된 공간의 크기는 페리 선장과 하원 위원회에서 증언한 리버풀의 여러 대표자의 관찰을 통해 알 수 있었던 실제 노예들이 차지한 공간에 비해 더 크게 표현되었다. 그러므로 여기에 표현된 그림은 과소평가된 것이었다.[15]

런던 인쇄물의 글 후반부에서는 (브룩스호라는 한정된 주제를 넘어서) 선상 공간의 사회적 조직과 노예선에 승선한 노예들의 경험을 다루었다. 이러한 내용을 통해 흔들리는 배에서 헐벗고 사슬에 묶인 채 피부가 벗겨지고 상처를 입은 "우리의 동포"들이 겪는 고통을 직시할 수 있게 했다. 배에서 이루어지는 일과(식사, "바람 쐬기", "춤추기")와 질병 그리고 죽음에 관한 짧은 설명도 제시되었다. 죽음에 관한 내용을 다룰 때는 통계적인 자료와 함께 하갑판의 공포를 생생하게 묘사한 의사 알렉산더 팔콘브리지의 목격담을 함께 활용했다. 그는 질병이 발생한 후의 갑판의 모습은 마치 "도살장" 같다고 묘사했다. 팔콘브리지의 설명에 따르면 "그 상황의 끔찍함과 역겨움은 인간의 상상력으로 설명할 수 없을 정도였다."[16]

마지막 단에서는 선원들의 상황을 다루었다. 그들은 혼잡한 노예선에서 침구를 놓을 거처조차 없었다. 그들은 하갑판에서 올라오는 악취에 고통받고 있었고 점점 많은 수의 선원들이 병에 걸리거나 죽어 나갔다. 노예선은 요양소라고 부를 수도 없을 정도가 되었고 "점점 선원들의 무덤이 되어갔다." 필라델피아와 뉴욕에서 제작된 인쇄물과 마찬가지로 런던 인쇄물의 글에서도 "사유 재산"의 보호에 관한 문단은 삭제되었지만, 사악한 노예무역이 폐지되도록 인쇄물을 보는 사람들이 행동을 취할 것을 요구하는 마지막 문장은 그대로 유지했다.[17]

"일차적 해양 지식"

1787년 6월 런던의 폐지 위원회가 구성되고 한 달도 채 되지 않았을 때 클락슨과 그의 동료 회원들은 매우 난처한 상황에 있었다. 그들은 노예무역의 폐지를 결심했지만, 그것에 관해 아는 것이 별로 없었다. 클락슨은 케임브리지에서 노예제도에 관한 석사 논문을 썼지만, 자료의 출처가 제한적이었고 그것만으로는 예정된 청문회가 "증거 없이는 진행되지 않을 것"이라고 말하는 의회 의원과 대중을 설득하기에 부족했다. 위원회는 6월 12일에 클락슨을 브리스틀과 리버풀 그리고 그 외에 다른 곳으로 보내서 "노예무역이라는 주제에 관한 자료를 수집하도록" 결정했다.[18]

클락슨은 증거를 수집하기 위한 전략을 고안했다. 그는 역사가 중에서도 사회 역사가와 같은 임무를 수행했다. 그는 브리스틀과 리버풀의 상인 회관과 세관을 방문했고 거기에서 함선 물품 목록과 같은 역사적 기록에 파묻혀 지내면서 사망률을 계산해 냈다. 그는 2만 명이 넘는 선원의 이름을 모아서 그들이 어떻게 되었는지 알아보았다. 또한, 그는 선원들의 고용 계약서와 급여 계약서의 인쇄 자료와 원본 자료를 수집했고 이를 통해 항해 고용 조건을 탐구했다. 가장 중요한 것은 해안가 사람들과 면담을 진행하는 것이었다. 그는 구술 역사를 기반으로 접근했고 이는 그도 예상하지 못했던 아래로부터의 역사의 기초가 되었다.

클락슨은 1787년 6월 25일 항구를 돌아보기 시작했다. 그는 처음에 브리스틀로 향했다. 그는 도시에 들어서면서 갑자기 그가 맞서야 하는 것을 떠올리며 절망을 느꼈다. 그는 자신이 도전해야 하는 부유하고 사리사욕을 추구하는 사람들의 권력에 두려움을 느꼈다. 그는 증거를 모으는 과정에서 상당한 방해가 있을 것이라는 점을 예상할 수 있었다. 그는 "살아서 도시를 떠날 수 있을지"조차 확신할 수 없었다. 런던의 동료 활동가 몇 사람 역시 같은 걱정을 가지고 있었고 다음 몇 주간 브리스틀의 지인에게 지속적으로 편지를 써서 클락슨이 아직 살아서 활동하고 있는지 물어보았다.[19]

클락슨은 일단 항구를 돌아볼 때 도움을 줄 퀘이커 교도와 다른 동맹들을 찾았다. 그러나 그가 진정 이야기를 나누고 싶었던 사람은 신뢰할 수 있고 "존경할 만한" 목격자와 노예무역을 직접적으로 잘 알고 있는 상인과 노예선 선장이었다. 그러나 이들은 클락슨의 의도를 알고 나서 그와 만나기를 꺼렸다. 그가 길을 걷고 있으면 사람들은 반대편 길로 건너가 버렸고 클락슨은 "내가 마치 늑대나 호랑이 아니면 다른 위험한 맹수가 된 것 같았다"라고 회상했다. 또한, 선주와 상인 들은 고용한 사람들이 클락슨과 이야기하는 것을 금지했다. 클락슨은 곧 "이 구역에서 어떤 증거라도 수집할 수 있을 거라는 희망을 포기할 수밖에 없었다." 그는 어쩔 수 없이 구체적 경험과 지식을 가지고 있는 유일한 대안인 일반 선원들로 관심을 돌릴 수밖에 없었다.[20]

클락슨은 노예무역 선원과의 첫 만남을 개인 일지에 기록했다. 그는 7월 3일 에이번Avon강을 건너다가 "뱃고물에 아프리카를 그려 넣은 배를 보았다." 클락슨은 선원들에게 인사하며 그들이 노예선 아프리카호 소속인지 물어보았고 그들은 그렇다고 대답했다. 그는 바로 뒤이어서 선원들의 사망률이 높은데 아프리카에 가는 것이 두렵지 않은지 물었다. 한 남자가 "만약 내가 아프리카에서 죽을 운명이라면 그렇게 될 것이고 거기서 죽을 운명이 아니라면 거기 가도 죽지 않겠지. 그리고 내가 만약 살 운명이라면 거기든 어디든 잘 살아남을 수 있지 않겠소"라고 설명했다. 대화는 킹로드에서 항해 준비를 마치고 정박 중인 브라더즈Brothers호라고 불리는 노예선으로 이어졌다. "잔인한 악당" 휴렛Hewlett 선장이 선원 모집에 어려움을 겪으면서 항해가 지연되고 있다는 이야기였다. 많은 무리가 서명하고 함선에 올랐지만 새로운 지휘관의 성질을 알아보고는 곧 달아나버렸다. 클락슨은 이 정보를 기록해 두었다. 또한, 그는 자신의 배움이 새로운 국면에 접어들었다는 점을 깨닫고 있었을 것이다.[21]

클락슨은 후에 이날의 만남의 중요성을 다음과 같이 회고했다.

나는 아프리카에 속한 불행한 친구들을 바라보는 내 감정을 어떻게 설명할 수가 없다. 일곱 명의 선원은 모두 22세나 23세로 어렸고 원기 왕성했다. 이제껏 본 이들 중 가장 건실해 보이는 친구들이었지만, 그들 중 몇몇은 희생될(죽을) 테고 지금 얼마나 건강한지는 몰라도 결국 다시는 고향 집에 돌아가지 못하게 될 수도 있다는 생각을 한 내 마음은 아무도 모를 것이다. 나는 또 생각하기를 영국의 영광은 저렇게 건강하고 원기 왕성하며 튼튼한 동시에 혈기가 넘치는 고귀한 이가 사라져가면서 점점 퇴색하고 있으며, 적국 프랑스의 해군 병력에 맞설 우리의 역량이 부족해진다고 보았다.

이러한 "국가의 기둥"을 바라보는 그의 감정에는 국가주의와 동지애가 뒤섞였고 향후 그는 선원과 그들의 경험을 폐지 운동의 중심으로 삼았다. 그는 한층 더 그들에게 의존해 증거와 정보를 수집했고 그것이 노예선 하갑판에 밝은 빛을 가져다줄 수 있다고 생각했다.

얼마 후 클락슨은 그의 첫 정보원 존 딘John Dean을 만났다. 흑인 선원인 그의 엉망이 된 등은 노예선에서 일하는 도중에 겪은 고문의 잔인한 증거가 되기에 충분했다. 클락슨은 톰슨Thompson이라는 이름의 술집 주인을 만나 자정에서 새벽 3시까지 마쉬 거리Marsh Street를 오가다가 선원들이 자주 가는 음침한 술집으로 끌려가기도 했다. 그곳은 "음악과 춤, 소동, 만취, 그리고 욕설이 가득한 곳"이었다. 그가 만난 선원들은 절름발이이거나 장님이거나 괴사에 걸렸거나 열병에 걸린 자들이었다. 그는 토머스호의 수석 항해사로부터 윌리엄 린스William Lines의 살인 사건에 관해 전해 듣기도 했다. 그는 선원들을 추적하고 충분한 증거를 모아서 항해사를 체포하고 시장이 주관하는 법정에 그를 세웠다. 법정에서 그는 출석한 "노예 상인"의 "야만적인 모습"을 볼 수 있었다. 이런 공개적인 대립은 노예제도를 반대하는 브리스틀 중간 계급을 두렵게 만들었다. 그들은 "공개적인 분위기에서 앞으로 나서는 것이 두려웠다." 그러나 선원들은 그들이 겪은 "다양한 야만적인 경험"에 관해 설명하기 위해 폐지론자들에게 몰려들었다. 클락슨은 마침내 "노예무역의 공포를 몸소 겪은 사람"을 찾은 것이었다.[22]

클락슨은 방금 항구로 돌아온 노예선 알프레드Alfred호에 타고 있던 토머스라는 선원이 에드워드 로브Edward Robe 선장의 손에 심각한 상처를 입은 채 돌아왔다는 소식을 들었다. 오랜 수소문 끝에 그는 형편없는 몰골을 한 토머스를 숙소에서 찾을 수 있었다. 그의 다리와 몸에는 상처를 감싸주는 헝겊이 싸여 있었다. 토머스는 의식이 흐릿해서 클락슨이 누구인지 구분하지도 못했다. 그는 낯선 이의 출현에 겁먹고 안절부절못했다. 클락슨의 기록에 따르면 그는 반복적으로 "변호사신가요?"라고 물으며 "내가 로브 선장 편에 선 사람인지 확인하려고 했다." 그는 "그러면 나를 죽이러 왔나요?"라고 물었고 클락슨은 "아니라고 답한 뒤에 자신이 그의〔편에〕서서 로브 선장을 처벌할 것"이라고〔말했다.〕아마도 토머스는 상태가 너무나 혼란스러웠기 때문에 상황을 이해하지 못했고 특히 한 신사가 자신의 편에 서 줄 것이라는 상상조차 못 하고 있었다. 그 남자를 면담할 수 없다고 생각한 클락슨은 그의 동료 선원들에게서 들은 이야기들을 끼워 맞춰보았다. 로브는 자주 토머스를 구타해서 토머스는 상어가 우글대는 바다로 뛰어들어 자살하려고까지 했다. 동료 항해사가 그를 바다에서 건져 올린 후 선장은 그를 갑판에 쇠사슬로 묶어두었고 그곳에서 구타는 계속되었다. 클락슨이 방문하고 얼마 되지 않아 토머스는 사망했지만, 학대받아 엉망이 된 선원의 모습이 "밤낮으로" 떠올라 클락슨을 괴롭혔다. 이런 만남은 클락슨의 마음속에 "분노의 불"을 지폈다.[23]

조셉 브룩스 주니어와 브룩스호의 고향인 리버풀에는 브리스틀보다 네 배나 더 많은 노예선이 있었기 때문에 리버풀은 훨씬 더 거친 곳이었다. 노예무역을 폐지하고 도시의 "영광"을 파괴하려고 하는 남자가 마을에 나타났고 더구나 매일 밤 킹스암즈the King's Arms에서 공공연하게 저녁을 먹고 있다는 이야기가 나돌자 호기심에 찬 사람들이 그를 보고 대화하려고 나타났다. 이들은 주로 노예 상인과 노예선 선장이었다. 그들은 클락슨과 열띤 논쟁을 펼쳤고 논쟁은 이내 욕설과 위협으로 변질되었다. 클락슨은 자신의 편에 폐지론자 의사 알렉산더 팔콘브리지가 있다는 사실이 행복했다. 그는 "강건하고 굳은 의지를 가진" 사람으로 네 번의 노예무역 항해를 했으며 여러 면에서 노예무역에 관한 논쟁에 힘을 실어줄 수 있었다. 클락슨이 밤에 어디론가 외출을 하면 팔콘브리지는 항상 "잘 무장한 후" 그를 따라나섰다. 클락슨이 즉시 마을을 떠나지 않으면 죽여 버리겠다는 익명의 협박 편지가 오기도 했다. 클락슨은 "사나이답지 않게 두려워하는 것"은 사람들을 배신하는 것이며 대의에 좋지 않게 작용할 수 있다고 생각하며 마을을 떠나지 않은 것은 물론이고 숙소조차 바꾸지 않았다.[24]

이제 리버풀의 대부분의 노예무역 상인과 선장들은 클락슨을 피하기 시작했고 그를 피하지 않는 이들은 오직 그를 죽이려는 자들뿐이었다. 비바람이 치던 어느 오후 여덟아홉 명의 남자들(두세 명은 이미 킹스암즈에서 본 적이 있는 자였다)이 나타나 그를 부두 끝에서 바다로 던져버리려고 했다. 그럼에도 그는 단념하지 않았고 오히려 어느 때보다 더 굳은 결심을 세웠다. 클락슨은 곧 그가 생각하기에 피터 그린Peter Green이라는 선원의 살인 사건에 책임이 있는 상인과 선장 그리고 항해사를 기소하기에 충분해 보이는 증거를 수집했지만, 리버풀에 있던 그의 친구들[상대편]은 그 소식에 놀라서 그를 "갈기갈기 찢어 죽이고 묵고 있는 숙소도 불태워버릴 것"이라고 공언했다. 폐지론자 의사 제임스 커리James Currie는 클락슨이 명망 있는 시민 계급에 관한 일에서 "최하층 계급인 선원"의 증언을 선호하고 있다고 비판했다. 문제는 커리처럼 노예제도에 반대하는 "존경할 만한" 사람들은 노예 상인 권력의 공포 아래에 살면서 목소리를 내지 않는다는 점이었다. 브리스틀의 상황도 마찬가지였다.[25]

그 사이에 클락슨의 존재와 목적에 관한 말들이 해안가에 퍼졌고 선원들은 그들이 겪은 잔인한 학대에 관한 이야기를 하기 위해 두세 명씩 짝을 지어 킹스암즈에 나타났다. 클락슨은 "선원 이외에는 노예무역에 관한 정보를 주러 내 가까이 오는 사람은 아무도 없었지만, 그들[선원들]만은 항상 바로 나를 찾아와서 말을 걸고 그들이 가진 불만을 이야기했다. 그들은 마치 내가 그들을 구제할 수 있는 유일한 희망인 것처럼 나를 대했다." 최종적으로 클락슨은 선원들을 도와서 브리스틀과 리버풀에서 아홉 건의 사건을 고발했다. 그들 중 누구도 법원에 출두하지는 않았지만, 클락슨은 학대당한 선원과 그들의 가족들이 보상금 협상을 유리하게 가져갈 수 있게 하도록 모든 사건을 잘 처리해 주었다. 그는 모두 선원으로 이루어진 19명의 목격자에게 자비를 들여가며 유죄를 위한 증거는 대서양 한가운데 있는 배에 있는 것이 아니라 그들이 직접 손에 쥐고 있다는 점을 끊임없이 주지시킴으로써 이 작은 승리를 가능케 했다. 선원들에 대한 폭력을 근거로 그는 노예무역이 "시작부터 끝까지 하나같이 야만적인 체제일 뿐이라고" 결론 내렸다.[26]

클락슨은 자신에 관한 이야기를 3인칭으로 쓰면서 브리스틀과 리버풀에서 선원들과 겪은 그의 경험을 요약했다. "법과는 전혀 인연이 없던 한 사람이 3개월도 되지 않아 63개 이상의 탄원서를 써서 각자의 배에서 고급 선원들의 맹위에 시달렸던 선원들을 구제해 주었다." 두 사람을 제외하고는 모두가 노예선에서 일했다. 클락슨은 그들이 전해준 이야기뿐만 아니라 그들이 보여준 신체적 상황에 마음을 움직였다. 그는 소책자의 서문에서 그가 존 딘과 다른 선원들 사이에서 모은 증거들에 관해 설명하면서 "나는 그들의 엉망이 된 몸이 증거로 인정될 수 있게 하려고 그들을 직접 데려가서 상처를 보여 주기까지 했다"라고 기록했다.[27]

이들 선원과의 교류를 통해 클락슨이 앞으로 수년간 노예무역 폐지 운동에서 할 수 있는 거의 모든 것들이 형성되었다. 그가 선원들에게서 듣고 보며 얻은 지식은 1788년 7월에 출판된 『아프리카 노예무역의 문제점에 관한 소론』과 1789년 4월에 발행된 『노예무역 규제 또는 폐지 비교에 관한 소론』의 상당 부분을 차지했다. 그러나 이러한 저작 중 가장 중요한 것은 22명의 뱃사람과 함께했던 면담을 모아서 1789년 4월에 출판한 『1788년 가을 여정에서 수집한 각양각색의 노예무역 관련자들이 알려준 생생한 증거』라는 제목의 모음집과, 같은 시기에 런던 위원회에서 준비한 "노예선의 개요와 구획"이라는 인쇄물이었다. 이 두 출판물은 5월 11일로 예정되었던 노예무역에 관한 투표에 앞서 모든 의회 의원들에게 배포되었다. 면담했던 이들 중 16명은 노예무역을 했던 선원들이었고 나머지 6명은 영국 해군 소속으로 복무하며 아프리카를 둘러보고 가까이에서 노예무역을 관찰한 사람들이었다. 노예선에서 일했던 사람 중 절반은 선상 위계에서 가장 낮은 "평선원"(일반 선원)이나 "사환"(견습생)이었다. 두 명은 노예무역을 했던 선장이었고 여섯 명은 항해사 또는 숙련 선원(그중 세 명은 낮은 계급에서 승진했다)이었다.[28]

브룩스호에 관한 인쇄물과 선원의 면담을 함께 살펴보는 것은 상당히 도움이 되었다. 면담 자료는 1787년 6월 런던 위원회가 클락슨을 파견하여 수집한 것이었고 섬뜩할 만큼 상세한 정보가 담겨 있었다. 여러 선원이 앞다투어 노예선의 창고와 하갑판 그리고 주갑판의 상황은 어떠했으며 얼마나 많은 노예가 함께 묶여 있는지, 얼마나 많은 노예가 하갑판에 적재되어 있는지, 어떻게 그들을 먹이고 지키고 강제로 "춤"추며 운동하게 했는지, 선원과 노예 모두에게 만연했던 질병과 높은 사망률은 어떠했는지 설명했다. 선원들은 클락슨에게 노예선은 노예무역을 옹호하는 자들이 주장하는 것처럼 선원들의 "양성소"가 아니며 오히려 공동묘지에 더 가깝다고 이야기했다. 가장 주목해야 할 점은 브룩스호의 그림에 동반된 거의 모든 글에서 인쇄물의 구상과 출판 그리고 배포되기 직전에 클락슨이 선원들과 함께했던 면담의 내용을 찾을 수 있다는 점일 것이다.[29]

확대되는 폐지 운동에서 선원을 동정의 대상으로 지목했다는 것에는 잔인한 모순점이 있었다. 선원들 역시 노예무역에서 수많은 악행을 저질렀다. 분명 클락슨과 런던 위원회의 구성원들은 "상처 입은 아프리카인"들의 처지를 강조했지만, 당시 런던과 리버풀 그리고 브리스틀에서 쉽게 알아볼 수 있었던 노예선과 중간항로 위에서의 **노예들의** 이야기는 수집하지 않았다. 결국, 아래로부터의 역사(문자 그대로 갑판 아래)에서 가장 중요한 것은 노예들의 이야기였고 실제로 올라우다 에퀴아노는 큰 영향력을 보였던 자서전 『올라우다 에퀴아노의 흥미로운 이야기』(1789)를 출판했을 때 아프리카인의 목소리가 배제되어 있다는 사실과 필연적으로 그 목소리에 관한 요구가 있을 것이라는 점을 잘 이해하고 있었다. 선원의 불행한 운명을 강조하면서 클락슨과 그의 동료 폐지론자들은 영국 정부와 대중이 민족과 국가에 기반을 둔 호소에 응답할 것이라고 여겼다. 그러나 낮은 계층의 선원만을 정보의 출처로 사용하게 되면 부도덕한 상류층의 조롱만 살 뿐 그들의 증언이 통하지 않을 것이라는 점에서 이는 위험한 도박이었다. 1790년 3월 하원 위원회의 청문회에서 선원 아이작 파커가 소개되었을 때 한 목격자는 "전체 하원 의원들이 비웃었다"라고 기록했다. 노예무역에 찬성하는 위원들은 의회 폐지론자들을 이끄는 윌리엄 윌버포스에게 "우리의 함선을 이끄는 제독과 신사들과의 논쟁 자리에 배나 지키고 청소하는 자들을 모두 데려올 겁니까? 이제 당신의 증거는 그만 볼 때가 된 것 같군요!"라고 꾸짖었다. 파커는 이에 굴하지 않고 대담하면서도 짧고 간명한 문장으로 말했다. 그는 다른 무엇보다도 1764년 블랙 조크호에서 음식을 먹지 않는 노예 아이를 매질하고 고문한 뒤 죽음으로 몰고 간 토머스 마셜 선장의 이야기를 꺼냈다. 다른 십수 명의 선원들과 마찬가지로 파커는 진실을 폭로했다. 그의 상세한 증언은 추상적인 도덕적 비난만으로는 절대 이룰 수 없었던 방식으로 노예무역의 실상

을 혹독하게 까발렸다.[30]

　케임브리지에서 교육받은 성직자로 다소 순진한 중간계급의 젊은이였던 토머스 클락슨은 이제 노예무역 항구의 해안과 여러 함선에서 격렬히 벌어지는 계급 간의 투쟁을 직면하게 되었다. 그는 망설임 없이 선원들의 편에 섰다. 그렇게 함으로써 그는 선원들의 신뢰와 함께 폐지 운동에 헤아릴 수 없이 귀중한 지식도 얻을 수 있었다. 그는 탈주자, 불구, 반란자, 낙오자, 양심의 가책을 느끼는 자들을 모두 만났다. 다시 말하면 이들은 노예무역을 내부에서부터 알고 있고 이를 반대하는 동시에 이와 관련한 무서운 이야기들을 전해줄 수 있는 사람들이었다. 그는 이 이야기들을 활용하여 대부분 사람들에게 추상적이고 먼 곳의 이야기였던 노예무역을 더 구체적이고 인간적이며 시급한 문제로 다루었다. 브룩스호는 이렇게 클락슨의 급진적인 정보 조사와 공개 활동investigative journalism을 통한 하나의 승리로 남게 되었다. 위대하고도 영향력 있었던 논란의 효과로 그는 "일차적 해양 지식"first-rated nautical knowledge이라 불렀던 이러한 정보를 폐지 운동에 도입했다. 이는 노예무역 폐지의 근간을 이룬 성취였다.[31]

브룩스호에 관한 논쟁

　노예무역을 반대하는 사람들과 지지하는 사람들은 1788년부터 1792년까지 일반적인 노예선에 관한 격렬한 논쟁을 벌였고 이 과정에서 브룩스호는 특히 중심적인 역할을 맡았다. 선원들과 함께했던 클락슨의 작업은 하나의 경험을 또 다른 지식으로 전환함으로써 프롤레타리아 경험의 새로운 순환을 가능케 했다. 그는 노예무역 선원과 인간 상거래를 조사하던 의회 의원을 연결했고 다시 노예무역과 전혀 동떨어진 삶을 살던 대부분 대도시 독자층을 연결해서 그들이 궁금해하던 끔찍한 일에 관한 정보를 전달했다. 선원의 이야기를 공론화함으로써 클락슨은 이 이야기들을 말과 문서의 새로운 형태로 퍼트렸다. 연설(윌리엄 윌버포스), 강의(사무엘 테일러 콜리지Samuel Taylor Coleridge), 시(로버트 사우디Robert Southey, 해나 모어Hannah More), 설교

(조셉 프리스틀리Joseph Priestley), 삽화(아이작 크룩섕크Isaac Cruikshank), 증언, 통계표, 기사, 소책자, 책이 대서양 전역으로 퍼져나갔다. 클락슨의 연구의 거의 전부가 그러했듯이 이러한 노예선의 모습과 현실은 광범위하게 전파되었다. 브룩스호의 모습은 끊임없이 재생산되어 파리와 에딘버러Edinburgh 그리고 글래스고Glasgow에 수천 부가 뿌려졌으며 대서양을 건너 필라델피아, 뉴욕, 찰스턴, 뉴포트, 프로비던스, 로드아일랜드에서도 "우리의 동포들이 노예선에서 겪는 고통을 우아하면서도 비참한 동판 활자로 새긴 수많은 기사"가 실린 신문을 사볼 수 있었다. 브룩스호는 시대를 대변하는 그림이 되었고 대서양 전역에서 청원 운동을 위해 공공장소에 게시되거나 집과 술집 주변에 걸렸다.[32]

윌리엄 윌버포스는 노예선을 보고 나서 잊지 못할 구절을 되뇌었다. "수많은 불행이 너무나 좁은 곳에 몰려 있는 모습은 인간이 상상할 수 있는 모습 이상이었습니다." 이 말은 전략적 논제 설정과 당면한 과제를 알리는 말이었다. 여러 폐지론자가 노예선의 잦은 구타와 잔인성, 선장의 폭정, 질병과 사망 같은 공포를 되풀이하여 강조했다. 다시 말해서 클락슨이 선원들과의 대화에서 찾아낸 모든 주제가 논의의 대상이 된 것이다. 만약 노예무역이 그토록 오랫동안 지속한 이유가 대도시의 무관심 속에서 자행되었기 때문이라면 이제 반대자들은 그 악취 나고 잔인한 현실을 피할 수 없는 방식으로 우리의 집 바로 앞으로 가져오기로 한 것이다.[33]

의회 청문회에서 증언한 리버풀 도시의 공식 대리인들처럼 노예선에 대한 공격을 막으려고 시도한 사람들은 호기롭게 나서서 노예선이 안전하고 현대적이며 위생적인 기술이라고 주장했다. 전에는 노예선 선장이었고 이제는 노예무역 상인인 로버트 노리스는 궁정 위원회Privy Council[추밀원]과 의회 위원회에 노예들이 (유향과 석회로 청소한) 깨끗한 거처에 머무르며 좋은 음식을 먹고 음악과 노래, 춤을 즐기고 있으며 심지어 담배와 브랜디 그리고 여자들을 위한 구슬과 같은 호사까지 누리고 있다고 설명했다. 또한, 노예들은 "깨끗한 바닥"에서 잠을 자는데 침구나 해먹보다 훨씬 건강에 좋았기 때문에 노리스 선장 자신조차 침대를 포기하고 맨바닥을 선택했다고 했다. 비좁은 적재 역시 노예들이 "자발적으로 선택해서 가까이 모여들어 누운 것"이기 때문에 문제가 되지 않는다고 했다. 그들은 실제로 "함께 모여 있는 것"을 좋아했다. 그들의 머리 바로 위에는 "커다란 격자"와 일렬로 늘어선 공기 배출구가 함선 양측을 둘러싸고 있어서 상쾌한 공기가 막힘없이 순환되었다고 했다. 노리스는 이렇게 노예선을 방어하기 위해 최선을 다했지만, 폐지론자 측의 목격자들이 보여준 잔인한 증거와 정반대되는 그의 설명은 터무니없는 이야기였다. 윌버포스는 1789년 5월 12일에 있었던 유명한 연설에서 이를 조롱했다. "향수가 뿌려진 내실에서 좋은 음식을 먹으며 선상의 풍류를 즐기던 노리스는 마치 온 배에 즐거움과 오락이 가득 찼던 것처럼 말하지만, 아프리카인들도 진정 포로가 된 신세를 즐겼을까?"[34]

　　노예무역을 지지하는 사람들은 논쟁에서 지고 있었고 그들도 그 사실을 알고 있었다. 이는 두 가지 기본적인 방식으로 나타났다. 첫 번째로 그들은 너무나도 재빨리 경쟁자들이 자주 언급하는 "인류애"라는 단어를 채용했다. 노예를 사들이지 않으면 야만적인 아프리카의 약탈자들이 그들을 죽여 버릴 것이기 때문에 노예의 구매가 실제로는 인도주의적인 행동이라는 것이다. 이런 논리로 본다면 영국 노예선이 생명을 살리고 있는 것이었다! 이들이 논쟁에서 지고 있다는 더 뚜렷한 징후는 전략적 후퇴로 나타났다. 노예선의 테러에 관한 증거들이 끊임없이 대두되고 비난을 직면하면서 노예무역 지지자의 대표들은 "학대"가 있었다는 점을 인정하고 규제의 근거를 포용하며 완전한 폐지만은 막고자 노력했다. 곧 그들은 재빨리 오랫동안 선호해온 경제론을 들고 나왔다. 인간 상거래에 유감스러운 측면이 있기는 하지만, 대서양의 영어권 국가에서 노예무역과 전체적인 노예제도라는 체제는 대영제국의 국가적이고 제국적인 경제적 이익에 크게 기여하고 있다는 것이었다. 리버풀, 브리스틀, 런던, 맨체스터의 상인과 제조업자 그리고 노동자들은 제출한 탄원서에서 아프리카 무역은 상업과 산업 그리고 고용에 필수적이라고 설명했다. 그들에게 노예무역을 폐지하거나, 또는 더 많은 이들이 걱정스럽게 여겼던 것처럼 이를 최대 라이벌인 프랑스에 넘겨준다는 것은 생각할 수도 없는 일이었다. 논쟁의 전반에 걸쳐 노예선에 대한 폐지론자들의 공격에 맞

선 노예무역을 지지하는 사람들에게 가장 효율적인 방법은 주제를 바꿔버리는 것이었다.[35]

　일반적인 노예선과 특별한 브룩스호의 그림은 의회 논쟁에서 중요하게 다루어졌다. 옥스퍼드 대학을 대표한 온건파 의회 의원인 윌리엄 돌벤 경Sir William Dolben은 템스강에 정박한 노예선에 승선했고 이 경험은 그의 인생을 변화시켰다. 갑자기 좁은 곳에 함께 꽉 들어차 앉아 있는 "가엾고 불행한 사람들"의 운명을 그려볼 수 있게 된 그는 노예선의 군집을 해소할 수 있는 선전 운동을 이끌었다. 평소에 달변가로 소문난 찰스 제임스 폭스Charles James Fox는 1791년 4월 하원 위원회에서 연설하다가 중간항로에 관해 언급하는 대목에서 말을 멈추었다. 그는 동료 의회 의원들에게 "나누어준 종이에 노예선에 관한 부분을 보면 혀로 설명할 것들을 짧은 순간에 눈으로 이해할 수 있을 것"이라고 이야기했다. 그로부터 얼마 지나지 않아 윈드햄 경Lord Windham 또한 노예무역으로 인한 고통을 다음과 같이 표현해 보려고 노력했다. "그러나 노예선의 단면을 살펴보면 말로 설명하지 못하는 부분까지 다 이해할 수 있을 것이며 이 주제에 관한 논쟁이 더는 필요 없을 정도입니다."[36]

　또한, 브룩스호는 개혁을 외치던 파리에도 영향을 미쳤다. 클락슨은 1789년에 6개월간 파리에 머무르며 명분을 찾기 위해 노력하며 기회가 될 때마다 브룩스호의 그림을 배포했다. 그의 기록에 따르면 샤르트르 주교the bishop of Chartres는 노예선의 모습을 보고 노예무역은 "도저히 믿을 수 없을 정도로 야만적인 것"이라고 선언했다. 액스Aix 대주교는 처음 노예선의 모습을 보고 "그 공포에 너무나 충격받아서 말을 잊지 못했다." 프랑스 혁명의 위대한 웅변가인 미라보 백작Count Mirabeau은 이 그림에 매료되어 즉시 목공예 기술자를 불러서 모형을 만들고 "그 안에 작은 나무로 된 남자와 여자 만들어 검은 물감으로 칠한 뒤 적절한 장소에 배치하여 노예들이 적재된 모습을 표현했다." 그는 3피트 크기의 축소 모형을 식당에 두었고 국민 의회National Assembly에서 있을 노예무역에 대한 연설에서 이 모형을 활용할 계획이었다. 국왕 루이 16세King Louis XVI는 국무성 장관이며 심의관인 자크 네케르Jacques Necker에게 갑자기 쟁점이 된 인간 상거래에 관한 자료를 가져오도록

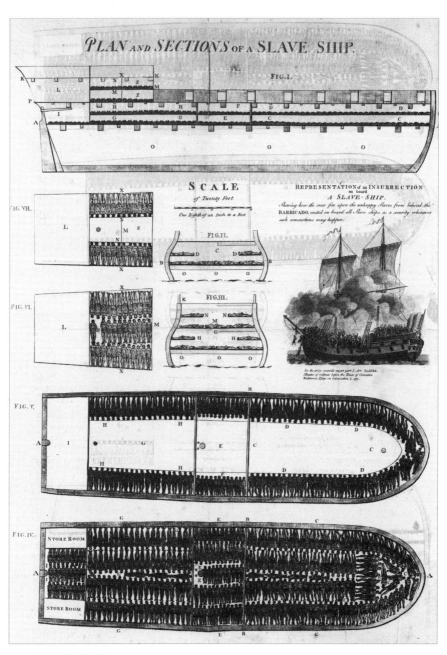

브룩스호와 선상 반란

했고 왕의 고문顧問은 클락슨의 『아프리카 노예무역의 문제점에 관한 소론』
과 "아프리카에서 데려온 노예의 견본"을 보여 주었지만 노예선의 모습을 보
여 주는 것에는 반대했다. 그는 "당시에 왕이 병을 앓고 있었기 때문에 그림
이 폐하께 너무 큰 영향을 줄 수 있다고 생각했다."[37]

　폭넓은 공개 토론에서 급진적인 폐지론자들은 단순히 노예가 된 아프리
카인의 고통을 폭로하는 것으로만 만족하지 않았다. 그들은 노예선에서 마
주하는 열악한 조건에 항거하기 위한 개인적이고 집단적인 반항 행동을 자
세하게 열거했다. 그들은 노예들이 폭동을 일으키고 빼앗긴 "자유"라는 권리
를 가지고 있다고 주장했다. 클락슨은 아이티의 노예들이 자신을 스스로 해
방하며 "인간이 가진 불변의 권리를 스스로 되찾기 위한 노력을 해 왔다"고
주장하며 아이티 혁명을 옹호하는 데까지 주장을 이어갔다. 폭동에 관한 고
찰과 그 현실은 브룩스호의 그림과 함께 실린 글에서도 잘 나타났다. 플리머
스와 필라델피아 그리고 뉴욕의 인쇄물에서는 이에 관한 내용을 한 번씩 언
급했으며 런던의 판형에서는 두 번이나 언급했다. 폐지론자들은 시각적 선
전 활동에 바다에서 폭동을 일으키는 노예의 모습까지 포함했다. 칼 버나드
와드스트롬Carl Bernard Wadstrom이 두 가지 관점에서 바라본 『아프리카 서부
해안의 식민지 건설에 관한 소론』(런던, 1794)에 나타난 "노예선에서 일어난
폭동의 묘사"Representation of an Insurrection on board a Slave-Ship라는 제목의 삽화
에는 선원이 방책 뒤에서 반란을 일으킨 노예를 향해 총을 쏘고 있는 모습
이 그려졌는데 이 그림은 추후 브룩스호의 인쇄물에서 단면도 옆에 추가되
었다.[38]

새로운 논쟁

　논쟁 내에서 브룩스호는 새로운 각본에 따라 1790년 웨스트민스터West-
minster라는 무대 중심에 서서 온 국민의 관심을 받으며 그 역할을 넓혀갔
다. 의회 청문회는 1783년에서 1784년에 함께 브룩스호로 항해했던 의사 토
머스 트로터와 클레먼트 노블 선장을 내세웠다. 의사는 당시 젊은 청년이었

고 영국 해군에서 의사가 되었다가 미국 전쟁 이후 제대하고 노예선에 올랐다. 그는 노예선에서 겪은 경험에 경악했고 지금은 노예무역에 반대하고 있었다.[39] 선장은 아프리카로 총 아홉 번의 항해를 했고 그중 두 번은 항해사로 나머지 일곱 번은 선장으로 항해했으며 후반부 네 번의 항해에서는 브룩스호를 지휘했다. 그가 항해했던 시기는 아직 브룩스호의 개요와 단면에 관한 인쇄물이 출판되기 전이었다. 그의 사업은 번창했고 그는 선주이자 상인이 되었다. 그는 노예무역의 든든한 옹호자였다.[40]

마치 인쇄물에 실린 브룩스의 모습에 말로 추임새를 넣듯이 트로터는 위원회에 하갑판의 상황이 심연의 구덩이처럼 최악이었다고 설명했다. 수석 항해사는 매일 아침 노예들을 확인했고 "그들만의 용어에 따르면 숟가락을 늘어놓듯이 줄지어 엮어두었다." 누구든 자리를 벗어나면 구교묘 채찍의 폭력으로 강제로 제자리로 돌아갈 수밖에 없었다. 그 결과 수많은 사람이 한데 비좁게 뭉쳐 있을 수밖에 없었고 매일 하갑판을 드나들던 트로터는 "그들을 밟지 않고서는 한 발자국도 걸어갈 수 없을 정도였다." 게다가 폐소공포증을 유발할 정도의 속박 속에서 노예들은 호흡조차 힘들었고 "질식의 공포" 속에서 살아갔다. 트로터는 일부는 실제로 질식으로 죽었다고 생각했다. 트로터는 또한 브룩스호에서 있었던 노예들의 "춤"에 대해서도 지적했다. 쇠사슬에 묶인 노예들은 "일어서서 할 수 있는 대로 움직이라는 명령"을 받았다. 저항하는 자들은 "구교묘 채찍으로 강제로 춤추게" 했지만, 많은 이들이 지속적으로 저항했고 "아무리 심각한 수준의 처벌을 내리더라도" 명령을 따르지 않았다.[41]

노블 선장에게도 일련의 질문이 이어졌다. 브룩스호의 그림을 본 누군가가 각각의 노예에게 배정된 공간은 어느 정도였는지 물어보았을 때 노블은 "공간의 크기는 모릅니다. 재어본 적도 없고 그들의 거처에 대해 어떤 계산도 해 본 적이 없습니다. 그들에게는 언제나 누워 잘 수 있는 충분한 공간이 있었고 그들이 차지한 공간은 다 함께 달라붙어 누울 수 있는 공간의 세 배는 되었습니다. 그들[노예]은 거처가 반만 차도 항상 불평했습니다"라고 대답했다. 그의 증언에 따르면 하갑판의 환경은 좋았고 물론 그는 다른 선장과는 달리 하갑판에 자주 내려갔기 때문에 그러한 환경을 잘 알고 있었을 것이다. 그는 일부 노예들은 처음 승선하고는 한동안 풀 죽어 있었지만, "보통은 곧 상심을 털어버리고 배에 타고 있는 내내 밝은 마음으로 지냈다"라고 증언했다. 트로터와 반대로 그는 남자 노예들이 "춤추는 것을 매우 좋아했다"라고 덧붙였다. 또한, 그는 일부 무력한 모습의 노예들에게는 항해사가 "춤을 추도록 설득"해 보기도 했지만, 만약 설득이 실패하면 "그냥 원하는 대로 하도록 두었다"라고 했다.[42]

권위의 문제에 관해 트로터는 선원들이 노예와 마찬가지로 "노예무역과 완벽히 어울리는 성격을 가진" 폭군의 압제에 시달렸다고 언급했다. 트로터는 노블 선장이 이전 항해에서 선원들에게 쓰려고 고안한 형벌을 동료 선장들에게 뽐내며 자랑하는 것을 한 번 들은 적이 있었다. 당시 선장은 (사적인 무역을 통해) 개인적 이득을 취하기 위해 12마리의 작고 이국적인 새를 수송하여 서인도에서 팔려고 했다. 하지만 새들은 죽어버렸고 선장은 필라델피아 출신의 반항적이던 흑인 선원이 새들을 죽인 것으로 의심했다. 그는 선원을 채찍질 한 후에 12일 동안이나 돛대에 묶어두었고 그동안 매일 한 마리의 죽은 새(한 마리 크기가 참새보다 약간 크고 지빠귀보다는 약간 작았다)만을 먹을 수 있게 했다. 노블은 이런 권력에 관한 우화는 "인디언 머리 가죽 벗기는 것은 저리 가라 할 정도로 승리감과 만족을 가져온다"라고 이야기했다. 그가 말을 마치자 동료 선장들은 환호하며 "참신한 형벌의 발명에 박수를 보냈다." 트로터는 이런 "터무니없는 야만적인 대화"를 듣고 오싹함을 느꼈다. 그는 그가 함께했던 항해에서 몇몇 선원들이 "무자비하게 매질" 당했고 노블의 학대는 거의 반란 직전의 분위기를 만들었다고 덧붙였다.[43]

노블 선장은 자신이 합리적이고 인간적인 사람으로 모두가 행복한 함선을 운영한 사람이라고 내세우며 이에 대응했다. 그는 선원과 노예를 잘 대우해줬으며 결과적으로 최소한의 사망자 수를 기록했다. 트로터와 함께 한 항해에서 그는 단 세 명의 선원만을 잃었고 한 명은 천연두, 한 명은 익사, 한 명은 "자연사"라고 주장했다. 노예는 58명을 잃었는데 그 이유는 의사 트로터가 "자신의 임무에 매우 부주의했고 옷차림을 꾸미는 데 너무 많은 시간을 보냈기 때문(트로터가 멋쟁이였나 하는 의문이 들 수 있다)"이라고 했다. 노블은 자신의 "징벌"로 사망한 노예는 단 한 명도 없다고 주장했고 "노예를 학대하고 자신에게 무례한 행동을 한 선원"을 징계한 적은 있으며 "그것이 항해 동안 유일하게 선원에게 매질했던 경우였다"라고 회상했다. 그는 자신이 실제로 휘하 선원들이 항해를 마친 후에도 다음 항해를 함께 떠나기를 원했던 훌륭하고 친절한 지휘관이며 "나는 대립이라는 것을 모르고 살아왔다"라고 자신 있게 주장했다.[44]

노블 선장에게는 공교롭게도 브룩스호의 인명부는 트로터가 설명한 선장과 선원의 관계를 더 지지했다. 노블 선장이 지휘한 세 번의 항해 동안 162명의 선원 중 단 13명만이 다음 항해에 다시 지원했으며 이들 대부분은 (특별 보수를 받는) 항해사나 가족 구성원 또는 선택의 여지가 없던 견습생이었다. 너그럽게 보면 의회 위원회 앞에서 선장의 기억력이 다소 떨어졌다고도 할 수 있지만, 그냥 거짓말로 보는 것이 더 정확할 것이다.[45]

트로터는 생생한 증언을 통해 정체불명의 무기력한 노예를 생기 있게 묘사함으로써 브룩스호의 그림을 넘어서는 증거를 제시했다. 그는 클락슨을 따라 의회 위원회에 구술 역사를 전달했다. 그는 배에 탄 남자와 여자 그리고 아이들과 함께 때로는 영어로 때로는 몸짓 언어(그는 "몸짓과 행동"이라고 불렀다)를 동원해 이야기를 나누었고 때로는 통역사를 통하기도 했다. 그는 "나는 배로 끌려온 거의 모든 노예에게 왜 그들이 노예가 되었는지 물어보았다"고 설명했다. 트로터는 브룩스호에 승선한 부족 중 아프리카 내에서 오랫동안 적대적인 관계를 유지해온 두 부족에 관해 기록했다. 한 부족은 해안의 판테족이었고 다른 한 부족은 그가 "던코족"이라고 불렀던 내륙의 참바족("던코"는 판테족 말로 "멍청이들"이라는 뜻이다)이었다. 노블 선장은 흑인 무역상에게 "모든 수단을 동원해서 노예를 데려오라고" 요구하며 노예들을 팔아버릴 권한에 대해 조금도 의심하지 않았고 그들이 왜 노예가 되었는지도 묻지 않았다. 이에 반해 트로터는 그들이 어떻게 배로 오게 되었는지 물어보았고 그들 대부분이 납치되었다는 사실을 알게 되었다. 그들에게 "전쟁 포로"라는 거짓 명칭이 붙어 있었다. 또한, 그는 그들이 가족과 고향으로부터 분리되어 절망하고 있다는 것도 알게 되었다. 한밤중에 트로터는 자주 노예들이 "음울한 소리로 울부짖으며 극도의 괴로움을 표현하는 것"을 들을 수 있었다. 그는 통역을 해 주었던 한 여자 노예를 통해 그 이유를 알 수 있었다. 그녀는 뱃속에서 끓어오르는 울음은 사람들이 고향에 돌아가 사랑하는 사람을 다시 만나는 꿈을 꾸다가 깨어나서 끔찍한 배의 하갑판에 누워 있는 자신을 발견했을 때 내는 소리라고 이야기해 주었다.[46]

브룩스호에 관한 의사의 설명은 일 년 반 전에 출판된 노예선의 그림과 함께 쓰인 폐지론자들의 글과 유사했다. 선원에 대한 대우와 함께 더 중요하게 언급된 주요 주제는 노예에 대한 대우였고 노예들이 어떻게 좁은 공간에 묶여서 적재되고 어떻게 편성되었으며 어떻게 죽거나 살아남았는지를 다루었다. 트로터가 하원의 특별 위원회 앞에 섰던 1790년 5월에 폐지론자들의 운동은 이미 이러한 주제에 관심을 기울임으로써 노예무역에 관한 대중의 담론을 이루어내고 있었다. 유별난 운명의 장난으로 브룩스호의 그림은 실제로 브룩스호에서 있었던 일에 관한 대중의 증언을 이끌어내는 것을 도왔다. 토머스 클락슨과 동료 폐지론자들은 먼저 의회 전체에 "노예선의 개요와 단면"을 배포했고 거기에 윌버포스나 다른 의회 의원들과 협력하여 이전의 지식을 기반으로 일련의 질문을 준비한 후 트로터나 노블 그리고 다른 수많은 목격자에게 노예의 적재와 공간 할당, 사회적 일과 그리고 선원과 노예에 대한 대우를 물어볼 준비를 했다.

충돌

클락슨은 항상 브룩스호의 그림이 가진 힘은 본질적으로 그림을 보는 사람으로 하여금 "상처 입은 아프리카인"을 이해하고 공감하도록 만드는 능력에 있다고 주장했다. 인쇄물은 "보는 사람들이 중간항로의 비극을 직접 겪은 노예들에게 직접 전해 들은 것처럼 그곳에서 아프리카인이 겪는 고통을 생각하도록 고안된 것"이었다. 따라서 이 그림은 사람들을 동요시키고 움직여서 토머스 쿠퍼가 바란 대로 노예무역에 관한 논쟁에 참여하게 했으며 새롭고 더 인간적인 이해를 할 수 있게 했다. 바로 여기에 성패가 달려 있었다. 노예 운송의 공포를 전하는 과정에서 그림은 관찰자들의 감정에 호소했고 이 문제를 그들 기억 깊숙이 새겨주었다. "고통받는 이들에 대한 동정심에 눈물이 흘러나왔고 그들의 고통이 내 심장 깊이 박혔다." 이런 작용과 함께 그림은 "누구나 알아볼 수 있으면서도 누구도 저항할 수 없는 언어"가 되었다. 따라서 클락슨은 현대 학자들이 "상징적 어휘"와 "시각적 상징"visual identity이라고 부르는 것을 이미 당시에 형성하여 폐지론자들의 운동에 적용했다.[47]

클락슨이 판단한 이러한 영향력은 의심의 여지없이 옳았다. 어쨌든 그는 인쇄물을 직접 나누어 주며 수많은 사람과 이에 관한 이야기를 나누었다. 그는 그림을 조직 구성을 위한 도구로 활용했기 때문에 그림이 사람들을 어떻게 움직이며 그가 그림이 만들어낸 감정과 이해를 기반으로 어떤 성과를 낼 수 있을지 알 필요가 있었다. 그러므로 그는 브룩스호의 의미를 따져볼 때 가장 중요한 자리를 차지할 자격이 있는 사람이었다. 그러나 이 모든 면을 고려하더라도 클락슨은 그림이 가진 힘을 완전히 설명하지는 못했다. 이 그림에는 클락슨이 이해하고는 있었지만 거의 논의하지 않았던 또 다른 차원이 있었다.

플리머스 인쇄본의 원래 제목은 "함선 적재용량 1톤당 단 1인의 비율로 표현한 아프리카 함선의 하갑판 개요"였다. 함선 적재용량 1톤당 노예의 수라는 비율의 근거는 브룩스호의 그림이 그려지기 4개월 전인 1788년 7월에 국왕의 재가를 받고 첨예한 논쟁을 벌이고 있던 돌벤법과 노예 운반법을 특별히 참고한 것이었다. 논쟁의 쟁점은 노예무역의 수익성에 관한 것이었다. 브룩스호의 글과 그림은 면담 자료를 수집하여 출판한 『1788년 가을 여정에서 수집한 각양각색의 노예무역 관련자들이 알려준 생생한 증거』에서 찾아볼 수 있었을 뿐만 아니라 클락슨이 처음으로 노예선의 그림을 실어 출판했던 「노예무역 규제 또는 폐지 비교에 관한 소론」이라는 소책자에서도 찾아볼 수 있었다.

클락슨은 소책자의 서두에서 1788년 하원 위원회에서 리버풀의 노예무역으로 이익을 얻는 사람들의 대표가 증언한 내용을 소개했다. "리버풀 상회의 법률고문" 피곳 씨Mr. Piggot는 "1톤당 1인으로 운영하라는 말은 실질적으로 노예무역의 폐지와 다를 바 없다"라고 증언했다. 다른 대표단 역시 합창하듯이 같은 내용을 반복해서 주장했다. 로버트 노리스는 1 대 1의 비율로는 "전혀 이익이 남지 않는다"고 덧붙였다. 알렉산더 달지엘Alexander Dalziel은 노예무역은 이미 쇠퇴하고 있는데 거기에 운송될 노예의 숫자를 제한하면 쇠퇴를 "더 부추길 것"이라고 주장했다. 제임스 페니는 1톤당 2인 이하의 비율이 적용되면 "이익을 남기며 무역을 하는 것"이 불가능해지며 1톤당 1.5명 또는 1명의 비율은 폐지와 마찬가지라고 주장했다. 존 타를튼John Tarleton은 "(나의 개인적 의견도 마찬가지이지만) 리버풀 상회의 권한을 위임받아 말하건대 1톤당 2인 이하의 비율은 결국 아프리카 노예무역을 완전히 폐지해버릴 것이다"라고 설명했다. 존 매튜스는 100톤급 함선의 추정된 이익과 손해를 좀 더 상세하게 계산했고 1톤당 2.5명일 경우 761파운드 5실링 6펜스의 이익이 나고 1톤당 2명일 경우 180파운드 3실링 6펜스의 이익이 나지만 1톤당 1.5명일 경우에는 206파운드 19실링 9펜스의 손해가 나고 1톤당 1명일 경우에는 590파운드 1실링의 손해가 난다고 주장했다. 이렇게 리버풀의 대표단은 규제에 반대했고 돌벤법이 통과되면서 국지적인 패배를 겪을 수밖에 없었다. 돌벤법에서는 처음에 톤당 노예의 비율을 200톤 이하에서는 5 대 3으로 설정하고 그 이상에서는 1 대 1로 설정했다. 그들은 곧 이러한 변화가 막을 수 없는 조류라고 인정했고 완전한 폐지만은 막기 위해서 이를 수용했다.

브룩스호의 그림은 단순한 노예무역에 대한 비평이 아니었다. 노예무역을 아무리 인간적인 방식으로 규제한다 하더라도 브룩스호의 그림은 똑같은 방식으로 이를 비난할 것이다. 이 그림은 가장 최근에 아프리카에서 미국으로 실려 온 609명의 노예를 보여 주는 것이 아니라 더 적은 482명이라는 미화된 숫자의 노예를 보여 주었다. 클락슨의 소책자와 마찬가지로 이 그림은 노예무역이란 아무리 규제하더라도 여전히 끔찍한 것이라는 점을 보여 주었다. 클락슨은 인쇄물을 본 많은 이들이 "노예무역에 대한 규제 자체가 완벽한 야만적인 행위라고 생각했다"라고 기록했다.[48]

"야만적 행위"의 개념은 브룩스호의 숨겨진 의미를 이해하는 열쇠였다.

매튜 캐리는 이 그림을 "노예무역의 야만성을 한눈에 보여 주는 삽화"라고 불렀다. 샤르트르 주교는 브룩스호가 노예무역에 대해 떠도는 수많은 말도 안 되는 이야기들을 믿을 수 있게 만들었다고 생각했다. 이런 이야기 대부분은 스스로 받은 야만적인 대우를 이야기했던 선원들로부터 흘러나온 것들이었다. 클락슨은 그들의 이야기를 들은 후 인간의 몸을 사고파는 것은 처음부터 끝까지 야만성으로 가득 차 있다고 결론 내렸다. 오직 폐지만이 노예무역이 가진 "야만성의 근원을 완전히 파괴할 수 있었다." 이 잔인하고 폭력적인 야만적 행위의 전달자는 누구일까? 아니면 같은 질문을 다른 방식으로 해서 누가 이 끔찍한 배를 생각해 냈을까? 누가 고안했을까? 누가 이런 방식으로 사람들을 적재하는 생각을 했을까? 브룩스호의 그림은 "공감의 눈물"만을 끄집어낸 것이 아니라 도덕적인 충격까지 불러왔다.[49]

브룩스호의 그림이 진화하면서 이러한 질문이 가진 힘도 함께 커졌다. 플리머스의 인쇄물에서 〈노예무역 폐지 시행을 위한 공동체〉가 그려 넣은 애원하는 노예의 상징이 사라짐에 따라 "동포"에 관한 언급 역시 글에서 사라졌고 결국 글과 제목 모두 줄어들다가 결국에는 사라져버렸다. 브룩스호의 그림을 보는 많은 사람은 그것이 폐지론자들의 선전물이라는 점을 알지 못했다. 그들은 그저 그 그림이 노예무역 상인의 돈을 받은 조선사가 그린 도면이라고 생각했다. 이런 모호함을 통해 폐지론자들은 상대편을 악마처럼 묘사할 수 있었고 이는 폐지 운동에 아주 유용했다. 결국, 누가 야만인가? 분명 아프리카인은 아니었고 기술적인 수완을 발휘했음에도 노예무역의 이차적 희생자로 그려진 선원들도 아니었다.

선원들이 클락슨에게 반복적으로 말했듯이 폭력, 잔인성, 고문 그리고 테러를 실제적으로 전달한 사람은 노예선 선장이었다. 『노예무역 규제 또는 폐지 비교에 관한 소론』에서도 그는 노예선 선장을 "지구상에서 가장 야비한 사람"이라고 불렀다. 클레먼트 노블 선장은 아마도 한 번도 자신의 배를 "측정해 보거나〔노예들의〕거처를 계산해 본 적이 없어서" 배의 "공간을 알지 못한다"라고 주장할 수도 있지만, 브룩스호의 그림을 통해서 명백하게 알수 있듯이 그는 분명 어떻게 수백 명의 몸을 좁은 공간에 적재할지 알고 있었다. 그가 알고 있는 것이 과학적인 지식은 아니었지만 아마도 경험적인 지식을 통해 막연하게 이를 알고 있었을 것이고 또한 그는 이를 해냈다. 이 과정에서 폭력과 이익이 발생했다. 토머스 트로터에 따르면 그는 "야만성"을 실천하는 사람이었다.[50]

선장의 머리 위에는 더 크고 야만적인 존재가 있었다. 이 존재는 클락슨이 생사를 건 전투를 벌여야 할 대상으로 바로 선장의 고용주인 상인이었다. 그는 『노예무역 규제 또는 폐지 비교에 관한 소론』에서 모든 대중의 계층을 다루었지만, 자신을 죽이려고 시도했던 "노예 상인"만은 예외였다. 이들이 바로 브룩스호 뒤에 숨어 있던 전달자들이며 이 고문의 도구를 만들어낸 사람들이었다. 상인이야말로 노예선을 상상해내고 만들어낸 장본인이었으며 궁극적으로는 새로운 사회적 질서를 구축하고 스스로 상거래를 조직하여 야만적 행위를 통한 이익을 가져갔다.[51]

상인의 폭력은 실용적이면서도 개념적인 요소를 동시에 가지고 있었다. 이 두 가지 요소는 노예선이 국제 노동 시장을 위해 "노예"라는 상품의 생산하는 기계로 작동하는 데 필수적이었다. 노예화 과정에서 나타난 폭력과 추상화의 폭력은 함께 성장하며 서로를 강화했다. 점점 더 많은 사람을 잡아들여 노예로 만들고 운송하고 착취하면서 상인들은 단기적이고 장기적인 노동 수요를 계산하는 방법을 알게 되었고 노예선, 농장, 시장 그리고 전체 대서양 자본주의 체제를 통해 국경을 초월하는 노동력 흐름을 측정하고 조절할 수 있게 되었다.[52]

브룩스호 그림의 뛰어난 점은 사악한 산업적 특성을 가진 두 가지 종류의 폭력 모두를 잘 보여 주는 동시에 비판했다는 점이었다. 스코틀랜드의 폐지론자들은 "함선의 한쪽 끝에서부터 반대편까지 단 한 사람도 더 들어앉을 자리가 없다"라는 의미의 "가혹한 살림"이라는 단어로 그림을 표현했다. 이는 세심하게 노동력의 대량 생산을 고안하고 계획적이고 체계적으로 노예들의 정체성을 소멸시킨다는 것을 의미했다. 이 그림은 노예선의 폭력과 테러를 그리는 동시에 상인의 사업이 가지는 잔인한 논리와 냉정하고 이성적인 정신을 포착했다. 상인의 눈에 인간은 자산으로 퇴화해버렸고 인간의 노동은 물건이나 물품으로 인식되어 모은 윤리적 고려사항들이 사라져버렸다. 경제적 개념이 도덕적인 것에서 정치적인 것으로 변화하던 불안정한 시대에 브룩스호는 그 과정에서 나타날 수 있는 가장 악몽 같은 결과를 보여 주었다. 월터 로드니가 지적했듯이 당시의 사람들은 새롭고 현대적인 경제 체제 앞에 벌거벗은 채 떨어야 했고 [노예들처럼] 허리감개 하나 두르지 못하고 자본주의를 받아들여야 했다. 브룩스호를 "주력함"[주력함 capital ship은 다른 말로 자본선이라고 할 수 있다]이라고 부르는 데에는 다 이유가 있었다. 브룩스호는 그 자체로 자본의 집합체였고 세상이 돌아가는 원리에 대한 자본주의자들의 전제와 실제를 직접 전달하고 있었다.[53]

인간이 자산으로 퇴화하는 폭력적인 과정에서 사회적 죽음뿐만 아니라 신체적 죽음까지 수반되었다. 비록 노예를 아메리카에 팔기 위해서 그리고 선원의 노동력을 이용하고 안전을 유지하기 위해서였기는 하지만, 상인과 선장은 그들의 목숨을 보전하기 위해 노력했고 그러한 노력에도 불구하고 노예선은 수많은 죽음을 양산했다. 이 과정에서 상인은 죽음조차 모든 항해의 사회적 계획에 포함했다. 노예와 선원은 죽을 것이지만, 이는 사업 방식에 따른 중립적이고 경험적인 사실에 불과했다. 현대의 군사학자들은 이러한 죽음을 "부수적 피해"collateral damage[큰 목적을 달성하기 위한 부가적인 민간의 피해]라고 불렀다. 상인과 선장에게 이러한 피해는 화물과 노동력의 "손실"이었다. 학자들은 브룩스호의 모습이 관처럼 생긴 것이 우연이 아니라고 지적했다.[54]

가장 급진적인 폐지론자들은 이러한 죽음을 살인이라고 해석했다. 종 Zong호의 주갑판에서 살아 있는 사람 122명을 바다로 던져버린 것은 명백한 살인이었고 올라우다 에퀴아노와 그랜빌 샤프Granville Sharp와 같은 폐지론자들은 이를 직접 고발하기도 했다. 그러나 자유를 찾기 위한 시도가 실패한 후 채찍을 맞고 죽은 이들은 어떻게 바라볼 것인가? 또 단지 끔찍한 환경을 비관하여 스스로 죽음을 택한 이들은 어떻게 바라볼 것인가? 이러한 죽음은 아마도 "사회적 살인"이라고 할 수 있을 것이다. 오또바 쿠고아노에서부터 J. 필모어까지 노예무역을 비평했던 수많은 이들은 노예무역이 계산된 살인이라는 점을 전혀 의심하지 않았다. 모든 항해에서 조셉 브룩스 주니어와 클레먼트 노블 선장 같은 상인과 선장들은 이 문제를 구체적으로 다루었고 폭력과 테러 그리고 죽음을 활용하기 위해 "악마적인 계산"을 했다. 그들의 살인 논리와 "계산된 범위 내의" 살인 행위는 브룩스호를 보여준 "노예선의 개요와 단면"을 통해 대중들에게 공개되었다.[55]

마지막 항구

영국과 미국의 폐지론자들은 브룩스호와 그 외의 여러 선동과 설득의 수단을 최대한 활용함으로써 결국 노예무역에 대한 국가적 검토를 이끌어 냈다. 이들은 거의 같은 시기인 1787년에서 1808년 사이에 대서양의 양쪽에서 서로 다른 방식으로 활약을 펼쳤다. 그들은 수단과 목표를 공유하며 활동가들 사이에서 대서양을 넘나드는 중요한 협동과 협력을 이끌어 냈고 결국 그들은 양쪽 모두에서 공식적인 노예무역의 폐지를 이끌어 냈다. 브룩스호와 같은 배들은 이제 합법적으로 영국과 아메리카의 항구를 오가며 아프리카의 노예를 모아 아메리카의 농장 사회로 데려가는 일을 할 수 없게 되었다.

5년 정도 계속된 격렬한 동요는 1792년 4월 2일에 극에 달했고 그 날은 의회의 밤샘 논쟁을 통해 전에 없었던 최고의 연설로 회의장을 가득 채웠다. 그 결과는 이 방면에 정통한 스코틀랜드인 헨리 던다스Henry Dundas가 제안한 타협안으로 "점진적으로" 노예무역을 폐지하는 것이었다. 곧 프랑스와 산도밍고[아이티]의 혁명이 새로운 국면에 접어들고 영국 내에 급진주의가 부상하여 지배층 권력 집단을 공포에 떨게 하면서 폐지에 관한 국제적 맥락이 변화했다. 하원에서 통과된 점진적 폐지 법안은 상원에서 지속적인 저항에 직면했다. 1793년 2월 프랑스와의 전쟁이 발발했을 때는 국가와 제국의 이익이 무엇보다 중요했고 수년간 폐지론자들과 그들의 대의는 뒷전이 될 수밖에 없었다. 병약해진 클락슨은 1794년 공직에서 은퇴했다. 그럼에도 작은 승리가 계속되어 대의를 쌓고 있었다. 예를 들면 1799년 노예 운반법은 최초 수립된 1788년의 돌벤법에서 제시한 규제를 더욱 확대했다. 1806년 폐지론자들의 활동이 재개되었고 같은 해에 해외 노예무역법Foreign Slave Trade Bill이

의회를 통과하여 영국의 노예무역상들이 스페인과 네덜란드의 신세계 식민지와 거래하는 것을 금지했다. 이는 1807년 5월 1일 선언된 완전한 노예무역의 폐지를 위한 준비였다.[56]

미국에서는 다른 방식으로 노예무역의 폐지가 이루어졌다. 미국의 주요 쟁점은 상인의 적재가 아니라 농장주들의 노예 수입과 구매였다. 안소니 베네제Anthony Benezet와 같은 퀘이커 교도들은 1770년대에 영국에 대한 미국의 독립운동으로 촉발된 자유의 기조를 바탕으로 노예무역에 대항하는 투쟁을 벌였다. 대륙회의에서는 1774년에 자체적으로 노예를 포함한 영국으로부터의 모든 수입에 반대한다고 선언했다. 미국의 폐지론자들은 토머스 제퍼슨Thomas Jefferson과 제임스 매디슨James Madison 같은 생각하지도 못했던 동맹을 얻었다. 그들은 체사피크에서 노예를 소유하고 있었는데 이미 자체적으로 노예를 재생산하고 있었기 때문에 그들에게 노예선을 통한 지역적 수입은 필요도 없었고 솔직히 경제적이지도 않았다. 제퍼슨은 곧 독립 선언문 초안에서 노예무역을 시행하는 영국의 왕 조지 3세King George III를 비난했지만, 노예의 노동이 필요했던 사우스캐롤라이나와 조지아의 애국자들은 이 구절을 탐탁지 않게 여겼다. 1787년 헌법 논쟁을 통해 타협이 이루어져서 헌법 제1조 9항에서 노예무역을 1808년까지만 지속하기로 허용했다. 그러나 폐지론자들은 주州 차원에서의 작업을 이어갔고 1788년에서 1789년 사이에 그들은 뉴욕, 매사추세츠, 로드아일랜드, 펜실베이니아, 코네티컷, 델라웨어Delaware에서 노예무역을 제한하는 법을 통과시키는 데 일조했다. 그들은 이와 동시에 영국의 활동가들과의 협력을 확대했고 1790년에는 의회 청원을 시작했다. 1791년 산 도밍고에서 혁명이 일어난 후 두려움에 휩싸인 미국의 지배층들은 노예선에 항구를 개방하지 않았다. 길었던 정치적 내분이 끝난 후 1807년 3월 2일에 노예무역 폐지법이 통과되었고 마침내 1808년 1월 1일 발효되었다. 법 자체는 이빨 빠진 호랑이와 마찬가지여서 이후에도 수십 년간 불법적인 노예무역이 계속되었지만, 결국은 승리를 거둔 것이었다.[57]

난폭한 논쟁과 프랑스와 아이티가 보여준 세계를 뒤흔든 혁명 그리고 영국과 미국을 포함한 대서양 주변 수많은 국가의 대격변과 그 반동을 모두 겪는 와중에도 브룩스호는 여전히 항해했다. 브룩스호는 1791년을 시작으로 1792년, 1796년, 1797년, 1799년, 1800년 그리고 마지막으로 1804년 5월까지 테러로 가득한 총 일곱 번의 항해를 계속했고 모두 오랜 고향 항구인 리버풀에서 출발했다. 마지막 항해에서 콩고와 앙골라 해안으로 항해했던 윌리엄 머독William Murdock 선장은 54명의 선원과 함께 322명의 노예를 모아 왔다. 대서양 남쪽을 횡단하는 중간항로를 택한 브룩스호는 오직 2명의 노예와 2명의 선원의 죽음만을 기록하며 라플라타강Rio de la Plata 끝자락에 자리한 몬테비데오Montevideo로 향했고 거기에서 320명의 영혼을 토해 냈다. 배는 마지막 항해를 마쳤다. 이미 노예선은 낡아 버렸고 23년 이상 열대의 해류에서 수많은 시간을 보낸 선체는 썩어가고 있었음이 분명하다. 이 역사적인 배는 아마도 수년 내에 폐기되어 사라질 운명이었다. 모든 노예무역이 완전히 폐지되는 데는 단 3년밖에 걸리지 않았다. 노예무역과 노예무역에 반대하는 투쟁 모두에서 이처럼 중요한 역할을 했던 함선은 상인과 폐지론자들 누구도 신경 쓰지 않는 곳에서 조용하고 하찮은 끝을 맞이했다. 그러나 브룩스호의 그림은 여전히 항해를 계속했고 향후 수십 년 동안 대서양 전역을 누비면서 노예무역의 공포를 집약하여 보여 주고 노예제도에 대한 전 세계적인 투쟁을 진전시키는 데 도움을 주었다.[58]

후기

끝없는 항해

뉴잉글랜드에서 가장 큰 권력을 가진 노예무역 일가의 구성원인 제임스 드울프 선장이 작은 쌍돛대 노예선 폴리Polly호를 타고 황금 해안으로 항해를 떠났다가 이제 막 로드아일랜드의 뉴포트에 돌아왔다. 그는 142명의 코로만티족 노예를 모아왔고 121명을 산 채로 쿠바Cuba의 하바나Havana에 배달했다. 그의 선원 중 한 사람인 존 크랜스턴John Cranston은 1791년 6월 15일 연방 대배심에 출두해서 "산 채로 함선에서 바다로 던져진 흑인 여자"에 관해 증언했다. 드울프 선장은 살인을 저지른 것일까?[1]

크랜스턴은 흑인 여자에 대해 다음과 같이 증언했다.

그 여자는 아팠는데 우리가 봤을 때는 천연두에 걸린 것처럼 보였습니다. 선장은 그녀가 수두를 다른 이들에게 옮길까 두려워서 그녀를 주돛대의 망루에 두었습니다. 그녀는 거기에 이틀 동안 꼬박 있었고 이틀째 되던 날 밤이 지나고 새벽 4시 교대 때가 되었을 때 선장은 우리를 뱃고물 쪽으로 불렀고 말하기를 "만약 우리가 저 노예를 계속 여기에 둔다면 분명 나머지에게 수두가 옮을 것이고 그러면 〔나는〕 노예 상당수를 잃을 수밖에 없을 것이다"고 했습니다. 그러더니 그가 우리에게 그녀를 배 〔밖으로〕 던져버리지 않겠냐고 물었습니다. 우리는 거절했습니다. 우리는 그런 짓은 하고 싶지 않았습니다. 그러자 곧 그는 직접 돛 줄을 붙잡고 올라가면서 "던질 수밖에 없어. 던져야 해"라고 말했습니다. 그 뒤에 토머스 고튼Thos. Gorton에게 따라오라고 명령한 후에 그녀를 의자에 묶고 눈과 입에 두건을 씌운 뒤에 의자에 줄과 도르래를 걸었고 우리가 그녀를 함선 좌현의 갑판으로 내려보냈습니다.

드울프 선장은 인적 자산을 잃을까 봐 두렵기도 했지만 아픈 여자를 건드리는 것조차도 두려워했던 것이 분명했다. 그래서 그녀를 갑판으로 내려보낼 때 의자를 사용한 것이다. 이 상황에서 다른 선원인 헨리 클라넨Henry Clannen이 그녀를 배 밖으로 내려서 바다에 떨어뜨리는 데 도움을 주었다. 선장이 여자의 죽음을 꾀하는 동안 크랜스턴과 다른 선원들은 "옳은 길을 선택했고 그들을 남겨두고 떠났다."[2]

크랜스턴은 여자 노예가 주갑판으로 내려지기 약 2분 전에 (주돛대 가장 높은 곳) 망루에 있던 여자의 모습을 보았다.

질문: 그녀가 배 밖으로 던져질 때 무슨 말을 하거나 어떤 소리를 내는 것을 들었거나 아니면 대항하는 모습을 보았습니까?

답변: 아닙니다. 입과 눈 주변에 두건을 두르고 있어서 아무 소리도 낼 수 없었을 겁니다. 다른 노예들이 소리를 듣지 못하게 해야 했기 때문에 그렇게 막아둔 것이었고 아니면 노예들이 들고일어났을 테니 말입니다.

질문: 일이 다 끝난 뒤에 선장이 했던 말 중에 떠오르는 것은 없습니까?

답변: 그가 한 말은 오직 좋은 의자를 잃어서 아쉽다는 말뿐이었습니다.

질문: 그녀를 배 밖으로 던져버리는 것을 막으려고 노력한 사람은 없습니까?

답변: 아니요. 선장에게 아무 일도 하지 않겠다고 말하는 것 이상의 행동을 한 사람은 없었습니다.

크랜스턴은 자신이나 다른 선원들은 천연두가 두렵지 않았고 실제로는 천연두에 노출되어서 면역력을 키우고 싶어 했다고 말하며 증언을 마무리했다.[3]

항구와 주변 지역은 추문에 휩싸였다. 최소 다섯 개 이상의 신문에서 이 사건을 보도했고 이에 대한 대중의 목소리가 높아졌다. 이러한 현상을 강력하게 반영하여 7월 초에 열린 대배심은 제임스 드울프 선장을 살인 혐의로 기소했다.[4]

그러나 교활한 드울프 선장은 선원과 폐지론자들 그리고 법 당국보다 한 발자국 빨랐다. 그는 기소 과정을 유심히 지켜보다가 재빨리 뉴포트를 떠나 황금 해안으로 떠나는 또 다른 항해를 시작했다. 그는 동요가 가라앉기를 바라고 있었다. 문제의 사건이 벌어지고 3년이나 흐른 후인 1794년 10월에 그는 폴리호에서 일했던 선원 두 명인 아이작 스톡먼Isaac Stockman과 헨리 클라넨을 증인으로 내세웠고 이번 심리는 로드아일랜드가 아닌 서인도의 노예무역 항구 세인트 유스타티우스St. Eustatius에서 열렸다.[5]

스톡먼과 클라넨은 크랜스턴이 이 사건에 관해 언급한 대부분 내용에 동의했지만, 그들이 했던 행동 외에 다른 선택의 여지가 없었음을 강조했다. 많은 선원이 병에 걸리거나 죽게 되면 "폭동 일으키는 것으로 유명한 부족"인 수많은 코로만티족 노예들을 통제할 수 없게 되기 때문에 그 여자는 위험요인이었다. 이런 잠재적으로 위험한 상황에서 "그들은 마지못해 그런 선택을 할 수밖에 없었고 그 선택만이 그 상황의 문제를 해결해 줄 수 있는 유일한 길이었다."[6]

하지만 폴리호의 선원들이 말한 "상황"이라는 것은 크게 보면 드울프가 만들어낸 것이었다. 선주인 동시에 선장으로서 적은 선원을 태우고 의사를 데려가지 않음으로써 이윤을 극대화하려고 한 것은 그의 결정이었다. "폭동을 일으키는 것으로 유명한 부족"을 사들인 것도 그의 결정이었다. 그는 노예의 20퍼센트 이상이 사망한 경우에 대해서만 배상하는 보험 증서에 날인했고 그러한 약관은 그로 하여금 한 명을 죽임으로써 더 많은 노예를 살리고 이윤을 챙길 물질적 동기를 갖도록 했다.[7]

드울프가 만들어 냈다고는 할 수 **없는** 상황의 또 다른 측면도 있었고 이러한 측면은 대서양의 자본주의를 만들어 냈다고 할 수 있는 노예선이 이제 곧 사라지게 될 것이라는 사실을 말해 주고 있었다. 그 첫 번째 작용선은 황금 해안에서부터 그려졌다. 폴리호의 선장과 선원들은 코로만티족 노예들을 두려워했는데 이는 그들이 바로 노예선과 신세계 노예 사회 모두에서 반란을 이끌어온 오랜 역사를 가진 사람들이기 때문이었다. (한 세대 이전에 그들은 자메이카에서 있었던 타키의 난[8]을 이끌었고 이 반란은 대서양 지역 노예의 봉기 중 가장 큰 유혈사태를 불러일으켰다.) 또 다른 작용선은 폐지론자들로부터 뻗어 나가서 영국과 미국을 지나 노예선으로 향했다. 1781년 루크 콜링우드 선장이 선원들에게 122명의 노예를 배 밖으로 던져버리라고 명령했던 종Zong호의 사건에 따른 여파로 노예무역 반대론자들은 살인에 대한 탄원의 목소리를 높였고 노예선 선장에게는 아프리카의 노예들을 죽이고도 아무 처벌을 받지 않을 권리가 없다고 주장했다. 1788년에서 1792년 사이 폐지론자들의 동요가 극에 달했던 시기에 존 크랜스턴이 용감하게 대배심에 나타났다는 점은 폐지 운동의 사상이 노예무역을 하던 선원들 사이에서 수용되고 있다는 사실을 보여 주었다. 폴리호에서, 그리고 1790년에서 1791년 사이 로드아일랜드의 법정에서 반항적인 아프리카인과 노예무역에 반대하는 선원들은 대도시의 중간계급 반-노예제도 활동가들과 연합해서 미숙한 형태의 동맹을 맺었고 이러한 동맹은 결국 얼마 후 노예무역을 완전히 박살 내버렸다. 그들은 대서양을 덮고 있는 힘의 균형을 변화시키고 노예선 선장의 권력을 제한하기 위해 뭉쳤다.[9]

그러나 그들의 힘은 충분히 강하지 못했고 드울프 선장은 살인 혐의를 벗어났다. 스톡먼과 클라넨이 한 증언의 도움이 컸고 세인트 토머스 출신 판사가 주재한 1795년의 심리에서는 드울프의 살인 혐의를 입증하고자 출석한 사람이 아무도 없었으며 이에 따라 그의 무죄가 선고되었다. 그의 가족이 가진 막강한 권력이 중요하게 작용했고 동시에 몇몇 가족 구성원이 뒤에서 손을 쓴 결과였다. 대배심이 살인 혐의를 반송한 후 수년간 1,406명에 달하는 브리스틀과 로드아일랜드의 집행관들은 저명하고 눈에 띄는 가족의 유력한 구성원인 드울프를 찾아 체포하는 데 상당한 애를 먹었던 것으로 보인다. 그가 열심히 숨었던 것도 아니고 5년이 흐른 후에는 아예 활개 치고 다니기 시작했다. 미국에서의 혐의가 정식으로 철회된 적은 없지만 시끄러운 쟁점 자체가 사라져버렸다. 강력한 드울프 일가가 승리를 거뒀다.[10]

이 극에서 주요한 역할을 연기한 세 사람의 운명은 노예무역을 통해 겪을 수 있는 다양한 경험을 나타내 주었다. 존 크랜스턴은 해안가로 사라져버렸다. 영원히 이름을 알 수 없게 된 여자 노예는 익사했으며 드울프 선장이 그토록 아끼던 의자에 묶여 저항조차 하지 못했을 것이다. 그녀의 코로만티족 뱃동지들은 1791년 초에 쿠바의 하바나로 팔려갔다. 그들은 아마도 설탕을 재배하며 수많은 나날을 지냈을 것이다. 이 때문에 폐지 운동에서는 항상 설탕이 피로 만들어졌다고 설명했다. 그들 중 일부는 어쩌면 드울프 선장이 섬 내에서 사들인 세 농장 중 한 곳에서 삶을 마감했을 수도 있다. 그들은 아마도 사는 동안 저항의 전통을 이어나갔을 것이다.[11]

제임스 드울프 선장은 어둠의 심장부에서 성공을 누리며 노예무역을 통해 막대한 부를 축적했다. 그는 총 25회의 항해에서 단독 또는 주요 투자자이자 선주로 자금을 대고 이윤을 가져갔으며 동시에 자신의 형제 존 드울프 John D'Wolf와 제휴해서 수많은 다른 항해에도 투자했다. 그는 드울프 일가의 권력층 중 가장 부유한 사람인 동시에 뉴잉글랜드주州 내에서 가장 부유한 사람이었다. 폐지론자들이 "억압의 산물"이라고 비난했던 그의 부富를 바탕으로 그는 뉴잉글랜드에서 가장 사치스러운 저택인 마운트 호프Mount Hope를 건축했다. 그는 머지않아 미국의 상원의원이 되었다.[12]

"가장 장엄한 연극" 재고再考

1807년에서 1808년에 대영제국과 미국에서 노예무역이 폐지될 때까지 노예선이 남긴 성과는 무엇이었을까? 노예선은 이미 9백만 명의 사람들을 아프리카에서 신세계로 운송했다. (이후 3백만 명이 추가로 운송되었다.) 영국과 미국의 노예선이 18세기 전체에 걸쳐 3백만 명을 운송했다. 이러한 운송 과정에서 희생된 사람의 수는 실로 엄청났다. 거의 5백만 명이 아프리카에서, 노예선에서, 그리고 신세계에서 일한 첫해에 사망했다. 1700년에서 1808년 사이의 기간에 50만 명의 사람들이 노예선으로 끌려오는 도중에 사망했고 또 다른 40만 명은 배 위에서 사망했다. 거기에 배가 항구에 정박하고 얼마 지나지 않아 25만 명이 사망했다. 노예무역이 폐지된 시기까지 대략 330만 명의 노예가 미국과 영국, 덴마크, 독일, 프랑스, 포르투갈, 스페인 주인이 운영하는 대서양의 "농장 단지"에서 일했다. 이들 중 거의 120만 명은 미국에서 일했고 70만 명은 영국의 카리브해 식민지에서 일했다. 이들의 생산 역시 실로 엄청났다. 1807년에만 영국은 2억 9,790만 파운드의 설탕과 377만 갤런의 럼주를 내수용으로 수입했는데 이는 모두 노예 생산품이었다. 또한, 1,640만 파운드의 담배와 7,274만 파운드의 면화를 수입했는데 이는 대부분이 노예 생산품이었다. 1810년 미국의 노예들은 9,300만 파운드의 면화를 생산했고 8,400만 파운드의 담배 생산량 대부분을 담당했다. 노예들 자체의 자산 가치는 3억 1,600만 달러에 달했다. 로빈 블랙번은 1800년까지 신세계의 노예 기반의 생산에서 "노예의 노동 시간은 2억 5천만 시간에 달했으며" 그 노동 가치는 "총액 3,500만 파운드 또는 2007년 기준 33억 달러 이상의 가치"에 해당한다고 추정했다.[13]

듀보이스가 지적했듯이 노예무역은 "지난 1천 년 동안의 인류 역사에서 가장 장엄한 연극"이었다. "1천만 명의 인류가 어머니 대지의 검은 아름다움을 떠나 새로 발견된 서부의 엘도라도로 옮겨졌고" 그들은 고문과 고통의 장소인 "지옥으로 떨어져 버렸다." 두건을 쓰고 살해당한 여자 노예와 그녀의 코로만티족 뱃동지들 역시 다른 수백만 명의 노예와 마찬가지로 고향 땅을 벗어나 대서양을 건너왔고 "엘도라도"에서 강제로 일하며 다른 사람을 위한 부를 생성했다. 물론, 듀보이스는 전체 노예제도에서의 경험에 관해서도 언급했지만, 노예선은 더 특별한 지옥이었다는 점을 잘 알고 있었다. 제임스 드울프나 리처드 잭슨 같은 선장들 역시 마찬가지로 이 점을 잘 알고 있었고 자신의 함선을 떠다니는 지옥으로 변모시킨 후 테러를 활용하여 배에 타고 있는 선원과 노예, 다른 말로 "백인 노예"와 "흑인 노예" 모두를 통제했다. 한 선장은 선원과 노예를 가리키며 선장의 관점에서 본다면 "각자의 외모를 제외한다면 그들 사이에는 조금의 차이도 없다"라고 이야기했다. 이 일을 수행하는 데 두건, 의자, 도르래, 구교묘 채찍, 나비나사, 스페큘럼 오리스, 커틀러스 칼, 권총, 회전 포가, 상어와 같은 도구들이 필요했다. 함선 자체는 여러 면에서 악마와 같은 기계였고 하나의 커다란 고문 도구였다.[14]

그러나 이 연극의 무대는 노예선에 국한되어 있지 않았고 듀보이스뿐만 아니라 드울프 선장 역시 이점을 잘 알고 있었다. 노예선은 급속히 성장하는 대서양 자본주의 체제와 노동력의 지지대였다. 노예선은 노동자들을 자유 의지에 따라, 또는 강제로 자본주의 사회와 비자본주의 사회가 형성되어 있는 수많은 대륙으로 연결했다. 노예선의 항해는 상인이 자금을 대서 선박을 건조하거나 사들였던 영국과 미국의 항구로부터 시작되었고 초국가적인 인간의 대열을 따라 수많은 사건을 형성했다. 여기에 고향 항구의 투자자, 은행가, 사무원 그리고 보험업자들이 참여했다. 세관원에서부터 상공회의소와 입법부에 이르는 정부의 관리들이 크고 작은 임무를 수행했다. 아프리카의 해안에서 거래될 다양하고 값비싼 화물을 모으기 위해서 자본가 상인들은 영국, 미국, 유럽, 카리브해 그리고 인도의 제조업자와 노동자들을 동원하여 직물과 금속 제품, 총기류, 럼주 그리고 다른 물품들을 생산했다. 함선을 건조할 때에는 자본가 상인들이 조선사와 여러 기술을 가진 기능공을 불렀다. 목공예가에서부터 돛을 꿰매는 직공까지 다양한 기술자들이 참여했으며 건장한 부두 노동자들이 함선의 창고에 화물을 적재하는 것을 도왔다. 물론 선장과 선원은 대서양 곳곳으로 함선을 항해하는 일을 했다.

아프리카 해안에서 선장은 상인의 자본을 대표하는 일을 했고 다른 상인과의 사업을 수행했다. 지역에 따라서는 요새나 공장을 운영하는 일부 유럽인과 만나기도 했고 지역이나 나라에 따라 그곳의 아프리카인 관리와 세금 징수인을 만나기도 했다. 영국과 미국의 상인과 마찬가지로 아프리카의 상인들 역시 자신의 영향권 내에 있는 다양한 종류의 노동자들과 협조했다. 이들이 협조하는 노동자들에는 "노예 외"의 상품을 직접 생산하는 생산자와 "노예"를 잡아들이는 군대, 약탈자 그리고 납치자들(이 세 분류의 차이는 노예를 잡아들이는 과정의 규모에 있었다)이 있었고 마지막으로 해안가에서 노예선 선장과 선원들이 배 위에서 여러 상품을 전달받는 데 직접적으로 협조하는 카누 사공과 다른 노동자들이 있었다. 상당수의 아프리카인이 단기간 또는 장기간 노예선의 선원으로 일했다.

노예선이 중간항로를 마치고 아메리카의 항구에 도착한 후에 처음 항해를 계획한 영국과 미국의 자본가 상인들은 인간 화물을 판매하여 이윤을 실현하기 위해 새로운 접촉을 꾀했다. 화물을 넘겨받은 현지의 상인들은 식민지 관리의 감독 아래에서 흑인과 백인 부두 노동자들을 통해 노예선 선장과 선원들을 노동력에 굶주려 노예들을 사들일 농장주와 연결하는 일을 담당했다. 판매가 끝난 후에 (이론상으로는) 선장은 지역 농장에서 노예 생산품을 사들인 후 배에 화물로 싣고 귀향 항해를 나섰다. 이와 같은 거대한 연결을 통해 상인은 노예선으로 대서양 자본주의의 주요 순환 체제를 구축했으며 이러한 체제는 누군가에게는 돈벌이 수단으로 다가왔지만, 누군가에게는 치명적이고 테러로 가득 찬 모습으로 다가왔다.

노예선은 수백만 명의 사람들을 노예로 데려왔을 뿐만 아니라 그들을 노예로 준비시키기도 했다. 여기서 말하는 준비란 말 그대로 선원들이 노예들의 몸을 단장하는 것을 말했다. 선원들은 남자 노예의 머리카락을 자르고 면도시켰고 질산은을 발라서 상처를 가렸으며 회색 머리카락은 검게 염색하고 몸통에는 팜유를 발랐다. 노예로서의 계율에 복종시키는 것 역시 준비에 포함되었다. 노예들은 "백인 주인"이 가진 무소불위의 권력과 테러를 체험했을 뿐만 아니라 자신을 "감독"한 항해사와 갑판장 또는 선원들이 어떤 사람인지 알 수 있었다. 아프리카에서 노예를 사로잡은 자들은 열에 하나 정도 폭력을 사용했지만, 이들은 하나같이 폭력을 사용해 사회적 질서를 유지하려고 했다. 노예들은 극단적인 막사와 같은 환경에서 다 함께 먹으며 생활했다. 그들은 아직 허리가 끊어지고 영혼까지 말살될 듯한 방식으로 일하는 농장을 경험해 보지 않았지만, 배에서도 강제적인 성적 착취와 물 퍼내기와 같은 끔찍한 노동이 강요되었다. 노예들이 노예제도에 적응하게 준비시키는 과정을 살펴볼 때 노예선에서의 경험은 노예제도에 저항하는 준비를 도왔다는 점도 생각해 볼 필요가 있다. 노예들은 새로운 생존 방식과 상호 조력의 방법을 터득했고 다양한 부족들이 뒤섞인 사이에서 새로운 의사소통 수단과 연대의 방법을 배워나갔다. 그들은 함선과 백인에 관한 지식을 모으고 뱃동지로서 서로가 알고 있는 정보를 나누었다. 가장 중요한 점은 노예선이 저항 문화의 시작과 협상과 폭동의 파괴적인 관행을 목격했다는 점이었다.

아래로부터의 화해

존 크랜스턴이 로드아일랜드의 대배심에서 증언했듯이 드울프 선장이나 그와 같은 지배층의 부를 축적하도록 도왔던 수많은 "형제 선원들"은 노예선 항해 후에 서로 다른 다양한 상황을 맞이했다. 병들고 나약한 선원들은 "부두 낭인"과 "폐선 잡부" 그리고 "해변 약쟁이"로 불리며 체사피크에서 찰스턴에 이르는 거의 모든 아메리카의 항구와 자메이카의 킹스턴 그리고 바베이도스의 브리지타운 전역의 부두와 선창에 출몰했다. 감염에 대한 두려움으로 아무도 그들을 고용하지 않았기 때문에 그들은 일자리가 없었고 임금을 떼어먹혔기 때문에 가진 돈도 없었다. 돈이 없는 그들은 음식과 거처도 구하지 못했다. 그들은 해안가를 떠돌며 다른 집 처마 밑이나 화물을 나르는 기중기 아래 또는 열려 있는 오래된 창고의 빈 설탕통 안에서 잠을 잤지만, 어느 곳도 그들을 험한 날씨로부터 보호해 주지 못했다.

그들의 몰골은 더욱 처참했다. 일부는 상처와 얼룩투성이에 괴혈병으로 인해 잇몸에서 피가 흐르고 있었다. 기니 벌레로 인해 심각한 궤양을 앓고 있는 사람도 있었다. 기니 벌레는 4피트 길이까지 자라며 무릎 밑에서 발 사이의 피부 아래에 기생했다. 말라리아로 오한과 땀을 흘리는 자들과 기이하게 부풀어 오른 사지와 썩어가는 발가락을 가진 이들도 있었다. 어떤 이들은 빠르게 흐르는 서아프리카 강에서 흑파리에 의해 옮은 기생충(회선 사상충Onchocerca volvulus)에 감염되어 장님이 되기도 했다. 그들은 굶주렸고 선장에게 얻어맞은 상처도 아직 그대로였다. 그들의 "시체와 같은 모양새"는 거의 초주검 상태였다. 그나마 움직일 수 있는 자들은 "다른 선원들에게 한 줌의 음식을 구걸했다." 경험 많은 한 선장은 그들을 "지금껏 다녀본 어느 나라의 그 누구보다도 가장 비참한 모습"이라고 말했다. 이 노예무역의 "폐물" 선원들은 이제 온정에 매달릴 수밖에 없었다. 더 건강한 "형제 선원들"이 그들에게 음식을 가져다주었고 그들을 보살피려고 했지만, 그들 역시 제한적인 상황에 있었다.[15]

예상하지 못했던 도움이 제공되기도 했다. 영국 해군의 장교 톰슨 씨Mr. Thompson는 이러한 불쌍한 선원 중 일부는 죽었지만, "흑인들이 이들 중 몇몇 사람에게 연민을 느끼고 거의 죽기 직전에 가까운 병든 그들을 자신의 오두막으로 데려가기도 했다"라고 기록했다. 다른 곳에서도 비슷한 목격담이 나왔다. 제임스 씨Mr. James는 "흑인 여자가 연민을 느끼며 그들 중 일부를 데려갔고 그들은 곧 병이 나은 모습으로 나타났다"라고 설명했다. 선원 헨리 엘리슨은 부두 낭인들은 몸을 말릴 곳조차 없었지만 "유일하게 한 흑인만이 그들을 자신의 집에 불러들여 친절하게 대해 주었다"라고 기록했다. 그들을 집 안으로 데려가 준 사람들은 자신의 집으로 데려가는 사람이 누구인지 분명히 알고 있었고 이전에 겪어본 서아프리카 질병의 치료법도 알고 있었을

것이다. 어쩌면 선원과 개인적으로 아는 사이였을 수도 있다.[16]

연민은 단순히 음식과 쉼터 그리고 간호를 제공하는 것으로 끝나지 않았다. 연민의 정은 사후에도 계속되었다. 제임스 씨는 선원들이 "배고픔과 질병으로 슬픔 속에서" 죽음을 맞이하면 그들은 "자신에게 연민을 보내준 흑인들의 온정의 손길로 땅에 묻힐 수 있었다"라고 말했다. 엘리슨은 킹스턴에서 "흑인들이 죽은 이의 시신을 데려가 묻어 주기 위해 스프링 패스Sping Path를 지나는 것을 본 적이 있었다." 또 다른 해군 장교 니니언 제프리스Ninian Jeffreys는 흑인들의 공동묘지가 있던 스프링 패스에서 열린 흑인들의 축제일에 참가했을 때 그들이 부두 낭인의 시체를 그곳으로 데려와서 가까운 곳에 묻어 주는 모습을 종종 보았다.[17]

이 연민과 온정의 의미는 무엇이었을까? 노예선에서 생존한 포로가 그곳의 경험이 모든 이에게 얼마나 끔찍했는지 알고서 거기에 측은함을 느끼고 자신을 감옥에서 감시했던 이에게 동정심과 측은함을 느끼는 것이 가능한 일이었을까? "뱃동지"라는 용어는 어쩌면 억압받은 사람들이 노예선에서 자신의 노예 생활을 감시했던 바로 그 사람들에게까지 인류애를 보여줄 정도로 더 관대하고 넓은 마음을 의미했던 것일까?[18]

죽음의 셈법

개인적인 결론을 다시 내려 보겠다. 나는 세 가지 이유로 제임스 드울프 선장, 선원 존 크랜스턴 그리고 두건을 뒤집어쓴 무명의 아프리카 여자에 대한 내용으로 이 책을 마무리하기로 마음먹었다. 첫 번째 이유는 "가장 장엄한 연극"에서 세 명의 핵심적인 배우들이 그려낸 이야기 때문이다. 또한, 우리에게 이름이 알려지지 않은 아프리카 여자의 고통을 이야기하면서 책이 시작된 곳에서 마무리 지어지는 것이 적절하다고 본다. 두 번째 이유는 이 세 사람이 노예선이 보여준 테러의 현실을 요약해 주는 동시에 노예선의 운명을 끝내버린 힘의 집약을 보여 주기 때문이다. 세 번째 이유는 이 세 사람은 충분히 강조될 필요가 있는 어떤 사실을 환기시킨다. 그 사실은 바로 노예선의 갑판에서 진행된 이 연극은 노예선과 아주 멀리 떨어져 있던 사람들의 자본과 권력으로 인해 시연 가능했던 것이며 어떤 이들은 심지어 이것이 계획된 것이라고 말하기도 했다는 점이다. 노예선에 승선했던 선장과 선원 그리고 아프리카 노예들이 그려낸 연극은 사실 전 세계에 불어 닥친 자본주의의 부상과 발전이라는 더 큰 연극의 일부에 불과했다.

제임스 드울프의 경우 노예무역을 통해 스스로 손을 더럽혔다는 점이 특이했다. 이 경우는 손에 피를 묻혔다고 표현하는 것이 더 적절할 것이다. 두건을 쓴 여자 노예를 배 밖으로 던져버렸던 손은 상인의 탁자에서는 이윤을 계산했고 마지막에는 미국의 입법을 관장하는 상원의원의 손이 되었다. 노예선을 통해 가장 큰 이익을 얻은 사람들은 보통 노예선의 고문, 고통, 악취 그리고 죽음으로부터 물리적으로 그리고 심리적으로 멀리 떨어져 있었다는 점에서 드울프가 특이한 점은 있었지만 그렇다고 그가 유일했던 것은 아니다. 상인과 정부 관리 그리고 더 넓게 본다면 지배계층 전체가 노예선과 그 배경 체제가 제공하는 막대한 이윤을 거둬들였다. 드울프도 (법 당국의 살인 혐의를 피하고자) 단 한 번의 항해를 더 마친 후 그들과 합류했고 선장의 위치에서부터 더 품위 있는 지위인 노예무역 상인이라는 경제적 위계를 타고 위로 올라가기 시작했다. 험프리 모리스나 헨리 로렌스와 같이 대부분 상인은 노예선을 추상적이고 효율적인 방식으로만 생각하고 모든 것을 장부의 숫자와 이윤과 손실로만 바라보았으며 투자로 인해 인간이 겪게 될 결과는 신경 쓰지 않았다.

전 세계의 인구수가 늘어남에 따라 나는 또 다른 책임의 시대가 도래할 것이라고 확신한다. 드울프와 모리스 그리고 로렌스 — 그들의 가족과 계급, 정부 그리고 그들이 도와 건설했던 사회를 포함해서 — 의 후손들은 결박당한 채 끌려온 노예들의 후손들에게 무엇을 빚졌을까? 복잡한 질문이지만, 아직 노예제의 유산이 극복되지 않았기 때문에 정의는 이 문제가 제기되고 해결될 필요가 있다고 말하고 있다. 정의 없이는 화해가 있을 수 없다.

이 질문이 그렇게 새로운 것은 아니다. 휴 크로우 선장은 노예무역 폐지 후에 출판한 그의 자서전에서 아직 "영국이 아프리카 대륙에 행한 잘못을 바로잡을 기회"가 있다고 기록했다. 그는 자선 활동에 관심이 있었고 이것을 아프리카에 대한 "합법적인 무역"이라고 불렀다. 즉, 인간 화물이 아닌 "상품"을 교역하는 것을 말한다. 그는 이러한 보상에 그와 다른 선장들이 아메리카로 데려온 사람들은 포함하지 않았다. 그러나 노예선 선장조차도 끔찍한 역사적 과오를 바로잡기 위해 무언가 해야 한다는 점을 인정했다. 물론 이는 노예무역에 국한된 것이 아니며 전체 노예제도의 경험에 적용되는 것이다.[19]

영국과 미국은 노예무역과 노예제도가 그들 역사에 중요한 부분이라는 점을 인정하면서 지난 세대 동안 상당한 진전을 이루어 냈다. 1960년대와 1970년대에 인종과 계급에 대한 정의를 실현하고자 하는 사람들의 다양한 운동이 대서양 양쪽에서 일어나면서 노예무역과 노예제도를 새로운 역사적 시각으로 바라보고 그 의미를 새롭게 논의하고자 하는 요구가 발생하였고 이에 관한 본질적 논의가 이루어졌다. 학자, 교사, 언론인, 박물관 전문가 그리고 그 외에 많은 사람이 이러한 운동에서 영감을 받고 아프리카적이고 아프리카계 아메리카적인 과거 상당 부분을 회복했고 이에 관한 새로운 지식과 대중적 인식을 형성했다. 여전히 나는 어떤 나라도 이 역사의 어둡고 폭력적인 측면을 완전히 파악하지는 못했다고 이야기하고 싶다. 이것이 현재까지 그 어둠과 폭력이 지속하고 있는 이유 중 하나이기도 하다. 폭력과 테러는 17세기와 18세기의 대서양 경제와 그 안의 다양한 노동 체제를 형성하는 데 핵심적인 역할을 했다. 가장 잘 기록된 노예무역과 노예제도의 역사에서도 어느 정도의 축소화 경향이 있고 어떤 이는 심지어 미화라고까지 표현하지만, 그 폭력과 테러의 대상이 되었던 사람들은 여전히 마음 깊이 그 사실을 새기고 있다.[20]

중간항로와 노예무역의 역사 대부분은 넓게 본다면 모두 노예라는 특정 대상에 관한 측면에 집중되어 있다. 18세기 폐지론자들의 대대적인 선전 활동과 선전주의sensationalism를 의심하면서 그들을 따랐던 역사가들은 중간항로의 사망률에 초점을 두었고 이는 노예무역의 테러를 대표하는 숫자가 되었다. 따라서 주요 쟁점은 정확하게 얼마나 많은 사람이 운송되었고 얼마나 많은 사람이 그 길에서 사망했는지 알아보는 것이며 이에 대한 연구와 토론이 필요한 것으로 보이지만, 나의 관점에서 보았을 때 이러한 접근은 제한적일 수밖에 없다. 이 책의 주된 목적 중 하나는 이러한 죽음을 테러의 한 측면으로 다룸으로써 노예무역의 개요를 확장하여 수많은 함선에서 시연된 애절한 인간극으로서의 테러야말로 노예선의 지옥을 가장 잘 보여 주는 것임을 강조하는 것이다. 얼마나 많은 사람이 죽었는지 물어보는 질문에 냉혹한 이론적인 통계로 답할 수는 있겠지만 어떻게 소수의 사람이 테러를 만들어내고 얼마나 많은 사람이 그러한 테러를 겪었으며 어떻게 거기에 저항했는지는 절대로 답하지 못한다.

테러에 강조점을 둔다고 해서 문제를 바로잡기 쉬워지는 것은 아니다. 이 질문에 답하는 것은 역사가의 몫이 아니다. 무급 노동이라는 착취의 대가는 충분히 계산될 수 있고 또한 계산되어야 하며 이를 통해 과거와 현재를 사는 모든 사람이 그들이 행한 노동의 충분하고 정당한 가치를 인정할 수 있어야 한다. 내 관점에서 보았을 때 어느 정도의 개선이 이루어지고 있기는 하지만, 정의가 돈의 셈법으로 변질되어서는 안 된다. 돈의 셈법을 따르는 것은 바로 노예무역을 처음 만들어낸 게임의 규칙[자본주의]을 따르는 것과 마찬가지이기 때문이다. 어쨌든 테러의 대가는 무엇이 되어야 할까? 수많은 죽음의 대가는 얼마일까? 이러한 질문은 인종주의에서 여전히 남아 있는 질문이며 특히 계급 억압과 인종주의가 함께 나타날 때 우리는 여전히 같은 질문을 던질 수 있을 것이다.[21]

결국, 나는 이 질문에 대한 답은 정의를 위한 사회적 운동으로 결정될 수 있다고 결론짓는다. 이러한 사회적 운동은 노예무역과 노예제도 그리고 그로 인해 야기된 인종주의의 유산에 가장 큰 고통을 겪었던 후손들이 이끌게 될 것이며 자본주의 체제의 중심에 자리 잡은 폭력과 테러를 끝내기 위해 노력하는 더 많은 사람과 뭉칠 것이다. 이것이 내가 이 책의 마지막에 카리브해 항구에서 병들고 죽어가는 선원들을 보살펴 준 노예에 대한 선원의 증언을 다룬 이유이기도 하다. 이 이야기는 내가 이 책을 연구하는 과정에서 발견한 문장 중 가장 관대하면서도 인간성의 개념을 많이 포괄하는 이야기였다. 스스로 충분한 음식과 거처 그리고 건강을 챙기지 못하고 제사와 매장을 위한 공간도 부족한 사람들이 보여준 선한 행실은 새로운 미래의 가능성을 보여 주는 듯했다. 그들이 보여준 선행에 영감을 받고 거기에 우리의 노력을 더한다면 아직 새로운 미래가 불가능하지는 않을 것이다. 노예선의 길고 폭력적인 항해는 마침내 끝이 났고 "가장 장엄한 연극"은 완전히 새로운 방식으로 그 장엄한 이야기를 이어갈 것이다.

:: 감사의 말

　　가족과 친구, 동료 그리고 도움을 준 수많은 사람이 없었다면 나는 이 책을 완성하지 못했을 것이다. 나는 그리니치의 국립 해양 박물관과 브리스틀 기록 보관소(특히 상경협회의 기록 관리자 팻 데니), 브리스틀 대학 도서관, 브리스틀 도시 박물관, 머지사이드 해양 박물관(특히 토니 티블스와 돈 리틀러), 리버풀 기록 보관소, 세인트 존 대학 도서관, 케임브리지 대학 도서관, 국립 기록 보관소, 상원 위원회 기록 보관소, 왕립 외과의 협회, 프렌즈 하우스 도서관, 브리스틀 (로드아일랜드) 역사 학회, 뉴포트 (로드아일랜드) 역사 학회, 존 카터 브라운 도서관, 프로비던스 공립 도서관, 하버드 경영대학원 베이커 도서관, 뉴욕 역사 학회, 프린스턴 대학교 필사본 보관실의 실리 G. 머드, 애틀랜타 대학 센터 로버트 W. 우드러프 도서관, 찰스턴 카운티 공립 도서관, 찰스턴 대학 내의 에이버리 연구센터와 애들스토운 도서관 특수 장서 부서, 사우스캐롤라이나 도서관, 사우스캐롤라이나 역사 학회의 직원들에게 감사를 표한다. 또한, 나는 내 고향에 있는 피츠버그 대학의 힐만 도서관의 친절한 직원들에게도 감사를 표하며 특히 필수적인 연구 자료를 얻는 데 도움을 준 필 윌킨에게 감사를 표한다.

　　국립 인문과학기금과 미국 학술단체 연합회의 공동 지원에도 감사를 표한다. 피츠버그 대학에서 진행된 나의 연구는 라틴 아메리카 연구센터, 서유럽 연구센터, 국제 연구 대학 본부, 핵심 연구 개발 기금, 조지 클린징과 연구 교무처장, 학장 N. 존 쿠퍼와 예술과학대학의 교수진의 다양하고 친절한 지원을 통해 촉진될 수 있었다.

　　나의 계획을 유능하고 친절한 청중 앞에서 이야기할 수 있게 된 것은 큰 행운이었다. 행사를 주최하고 이야기를 나누는 데 도움을 준 코넬 대학교의 에릭 체피츠, 뉴욕 대학교의 카렌 쿠퍼먼, 싱클레어 톰슨, 마이클 고메즈, 웨스트 잉글랜드 대학교의 매지 드레서, 볼링 그린 스테이트 대학교의 피터 웨

이, 울런공 대학교의 앤드류 웰스와 벤 매디슨, 태즈매니아 대학교 식민주의
와 그 여파에 관한 연구센터의 카산드라 파이버스, 토론토 대학교의 릭 할
펀, 터프츠 대학교의 펄 로빈슨, 브라운 대학교의 윌리엄 키치, 찰스턴 대학
의 사이먼 루이스, 맑스주의 학술회의 모두미타 로이, 노스캐롤라이나-그린
스보로 대학교의 필리스 헌터, 피츠버그 대학교의 예술과 건축 역사학과의
커크 새비지와 역사학과의 알레한드로 델 라 푸엔테에게 감사를 표한다. 또
한, 나는 2005년 7월 카산드라 파이버스와 엠마 크리스토퍼 그리고 테리-앤
화이트가 주최하고 호주의 프리맨틀에서 개최된 "중간항로 : 사회적 과정으
로서의 대해 항해" 학술대회에 모인 동료 연구자들의 생각과 주장을 들어본
것도 큰 행운이라고 생각한다.

　　지난 30년간 해양 기록 보관소에서 일하는 동안 나는 노예선의 역사에
관한 글을 쓸 수 있을 것이라는 사실을 깨닫는 데 오랜 시간이 걸렸고 그 도
전에 맞서는 데는 더 많은 시간이 걸리고 있다. 나는 1990년대 후반에 현대
의 테러 체제인 사형제도의 폐지를 위해 펜실베이니아의 사형수 수감 시설
에 수감된 사람을 만나면서 처음 이 생각을 떠올리게 되었다. 나는 이 길고
지속적인 투쟁의 시간 동안 만난 수많은 사람에게 고마움을 느끼고 있으며
우리들의 공동 업적은 여러 가지 심원한 방식으로 이 책에 반영되어 있다.
이 책을 쓰기로 마음먹은 결정적인 순간은 캘리포니아-어바인 대학교에서
"과오 개선을 위한 사회사상과 법 그리고 문헌"에 관한 소여Sawyer 연구회에
참가한 재능 있는 학자들과 만난 2003년의 회의였다. 특히 『잃어버린 어머
니-대서양 노예 항로를 통한 여정』이라는 제목의 공감 가는 새 책의 저자
인 사이디야 하트먼과의 대화는 당시에도 그 이후로도 매우 가치 있었다.

　　피츠버그 대학교의 많은 동료와 학생들이 여러 가지 방법으로 나를 도
와주었다. 조셉 아자예는 아프리카 역사에 관한 지식과 지혜의 중요한 원천
이 되어 주었다. 스티븐 휠록은 내가 노예화의 기술공학에 관해 생각할 수
있도록 도와주었고 제롬 브랑셰는 내가 "뱃동지"의 개념을 이해할 수 있도록
도와주었다. 세이모어 드레셔와 레베카 셤웨이는 내용을 읽어보고 나에게
전문지식을 알려주었다. 패트릭 매닝은 나에게 친절한 동료로서 나에게 학

문적인 관대함의 귀감이 되었고 동시에 내가 이 계획을 시작할 수 있도록 격려해 주었으며 중간에도 지속적으로 나를 인도하면서 마지막까지 다양하고 실용적인 방법으로 나를 도와주었다. 롭 럭은 이 책이 만들어지는 다사다난한 과정을 함께했고 그 외에도 특히 피츠버그의 농구 시즌에도 함께해 주었다. 이 사람들 외에도 알레한드로 델 라 폰테, 라라 퍼트넘, 빌 체이스, 레이드 앤드류스와 노동자 계급 역사 연구회의 사람들 덕분에 피츠버그 대학교와 역사학과 사무실을 수년간 마치 행복한 내 집처럼 편안하게 사용할 수 있었다.

책을 집필하는 동안 나는 뛰어난 연구 지원을 받았다. 전에 나의 학부생이었던 헤더 루니와 이안 하트 그리고 매트 매더 세 명은 주요 자료를 모았을 뿐만 아니라 그들이 수집한 자료에 대해 날카롭고 상세한 질문을 하는 등 진정으로 뛰어난 성과를 보여 주었다. 과거와 현재에 나의 학부생들은 나의 연구에 지속적으로 관심을 두고 보조와 영감을 전해 주었다. 이런 고마운 마음을 아이작 커티스, 존 도나휴, 니클라스 프릭먼, 가브리엘 고틀립, 포레스트 힐튼, 모리스 잭슨, 에릭 킴볼, 크리스토퍼 마그라, 마이클 맥코이, 크레이그 마린, 스콧 스미스, 칼스턴 보스, 코넬 워맥에게 표하고 싶다. 특히 니클라스와 가브리엘라, 크리스 그리고 포레스트는 많은 도움을 주었기에 더한 감사를 표하며 관심 분야였던 아프리카 역사에 관한 일거리를 도와준 나의 아들 지크 레디커에게도 고마움을 전하고 싶다.

나는 오랜 세월에 걸친 우정과 협력으로 이 계획이 완성되는 데 수년간 중심적 역할을 해 주었던 피터 라인보우에게는 특별한 빚을 지고 있다. 아프리카와 대서양 연안 흑인 문화에 관한 저명한 학자이자 활동가인 마이클 웨스트는 이 계획의 시작부터 끝까지 따뜻한 격려를 보내주었다. 훌륭한 해양 미술가이자 작가인 윌리엄 길커슨은 제 2장에서 뱃사람의 지식을 전해 주었다. 박물관 관리인이자 플로리다 자연사 박물관의 상어 연구 플로리다 프로그램의 책임자이며 플로리다 대학교의 어류학과 소속인 조지 버지스는 상어의 역사와 그 행동을 이해할 수 있도록 도와주었고 국립 해양 박물관의 피테르 반 데 메르위는 제임스 필드 스탠필드(5장)에 관한 친절한 도움을 주었다. 데이빗 엘티스는 최근 개정된 『대서양 횡단 노예무역 : CD-ROM 데이터 베이스』의 최신 도표를 친절하게 제공해 주었다. 로드릭 이뱅크스는 자메이카의 역사 고고학에 대한 지식을 공유해 주었다. 이 모든 사람에게 나의 감사를 전한다.

다섯 명의 뛰어난 역사학자가 전체 원고를 읽고 그들의 거대한 지식을 적용할 수 있도록 해 주었다. 특히 재능 있는 작가이자 역사학자인 카산드라 파이버스는 내가 새로운 가능성을 볼 수 있도록 도움을 제공했고 노예무역 선원에 대한 연구의 길을 개척한 엠마 크리스토퍼는 나만의 책을 만들 가능성을 열어 주었다. 대서양 노예제도에 관한 종합적이고 포괄적인 비교연구를 진행한 로빈 블랙번은 좋은 본보기를 보여 주었다. 신세계의 노예 경험을 훌륭하게 재개념화해낸 아이라 벌린은 확고한 자기 믿음을 갖고 조언을 해 주었고 영국 노예무역에 관한 새로운 학술적 기준을 제안하는 연구를 준비하던 케네스 모건은 놀라운 지식의 출처와 함께 상세하고 세심한 언급을 전해 주었다. 이 모든 이들에게 따뜻한 감사의 말을 전한다. 내가 미처 수용하지 못했던 언급을 포함해서 그들이 전해준 모든 제안에 감사를 표한다.

출판 대리인 샌디 다이크스트라는 내가 이 계획을 수행해 나가는 길을 열어 주었고 대서양 양쪽에서 적합한 출판사를 찾도록 도움을 제공했다. 모린 서그덴은 전문적인 원고 정리와 편집을 도와주었다. 존 머레이 출판사의 엘레노어 비르네와 미국 바이킹 펭귄 출판사의 뛰어난 편집자들에게도 감사를 표한다. 함께 노력하며 가장 어려운 마무리를 도와준 웬디 울프와 엘렌 게리슨에게 역시 감사를 표한다.

마지막으로 내 가족에게 감사를 전하겠다. 나의 아내 웬디 골드먼은 글을 읽고 토론하고 논의하며 끝없이 누구보다 더 많은 도움을 주었다. 이 책은 그녀와 나의 아이들 지크와 에바 레디커에게 바친다.

:: 옮긴이의 말

　처음 이 책을 펴고 번역을 시작한 지 거의 1년이라는 시간이 흘렀다. 빨리 이 책을 독자들에게 소개하고 싶다는 생각이 마음속에 흘러넘쳤지만, 책을 번역하고 출판하는 일은 서두르는 마음만으로 이루어질 수 있는 것이 아니었다. 번역하는 과정에서 나의 지식과 능력을 발휘하여 원래의 뜻을 잘 이해하고 독자들에게 전달할 수 있도록 하는 것에 역점을 두었고 그와 동시에 이 책을 문자 그대로 한 단어 한 단어 상세하고 느리게 읽어 나가는 과정 자체가 나 자신에게 더 많은 공부의 계기가 되었다.

　노예무역과 노예제도는 서구 사회에서 부상한 자본주의에 큰 영향을 주었다. 노예무역을 통해 양산된 노예들은 노동력이라는 상품으로 거래되며 자본주의가 확립되는 데에 기초적인 역할을 수행했다. 이 과정에서 노예선은 핵심적인 도구이자 장소로 활용되었다. 노예선은 그 자체로 폭력과 공포의 장소였고 수많은 아프리카인과 선원들이 이러한 제도적 폭력과 공포의 희생양이 되었다.

　이 책에서 저자는 아래로부터의 역사라는 관점으로 수많은 텍스트를 재구성하여 노예무역의 당사자라고 할 수 있는 노예와 선원 그리고 선장과 상인의 이야기를 서술하고 있다. 여느 이야기와 마찬가지로 이 이야기에도 주인공이 있지만, 그 주인공은 한 명이 아니다. 저자는 이 이야기에 등장하는 노예와 선원, 선장, 상인 등 모든 인물을 주인공으로 보고 있으며, 기존에 접할 수 있었던 영웅들의 역사 대신 평범한 사람들의 이야기를 통해 노예무역의 역사를 그림으로써 당시의 사람들이 겪었던 생생한 역사와 창의적인 생존의 방식을 보여준다.

　저자는 노예제도라는 커다란 주제를 다루는 기존의 화법을 답습하지도 않았으며 윌버포스나 존 뉴턴과 같이 잘 알려진 영웅들을 무대 한가운데로 데려오지도 않았다. 오히려 저자는 노예무역과 노예제도라는 "인간 역사의 커다란 질병을 임상적으로 묘사"하기 위해 수많은 기록을 참고하여 객관적인 문장으로 설명하고 있다. (의학 박사 앨런 프랜시스는 투키디데스가 이러한 문체를 빌려 펠로폰네소스 전쟁사를 저술했다고 설명한다. ─『정신병을 만드는 사람들』) 이러한 객관적인 문장은 우리가 잘 알고 있으면서도 모른 척하고 있는 불명예스러운 과거와 그 산물을 다시 의식할 수 있도록 도우며, 나아가 노예제도의 산물이라고 할 수 있는 현시대 자본주의의 문제점을 인식하고 새로운 해결책을 모색하도록 하는 토대를 제공할 수도 있을 것이다.

번역을 마무리하는 지금 여전히 고민이 되는 점은 이 책의 소제목이다. 이 책의 소제목은 "휴먼 히스토리"다. 책을 끝까지 읽은 시점에서 "휴먼 히스토리"가 갖는 의미는 "인간의 역사"라기보다는 "억압받는 다중의 역사"라고 하는 것이 더 적절하리라는 생각도 있다. 헤라클레스와 같은 거대한 세력과 제도에 저항했던 사람들, 저자의 전작에 비추어 말하자면 '히드라'이고 우리 정서에 맞게 말하자면 '풀뿌리 민중'이라고 할 수 있다. 그들의 역사를 그리고자 했다는 점에서 "억압받는 다중의 역사"가 더 적절한 번역일 수도 있으나, "인간의 역사"와 "억압받는 다중의 역사"가 서로 다르지 않다는 점을 강조하기 위해 최종적으로 "인간의 역사"를 그대로 소제목으로 활용하였다.

완벽한 번역이란 있을 수 없으나 시간이 더 있었다면 보다 나은 결과물을 낼 수 있었을지도 모른다. 하지만 나는 주어진 시간 내에서 최선을 다했고 아내와 친구의 조력까지 더해졌으니 이 책의 결과물에 만족하고 독자들에게 읽어보기를 권하는 바이다. 마지막으로 사랑하는 가족에게 감사를 보낸다.

2018년 2월 7일
부산대학교에서
박지순

:: 후주

약어표

An Account   Silas Told, *An Account of the Life, and Dealings of God with Silas Told, Late Preacher*
of the Life   *of the Gospel wherein is set forth The wonderful Display of Divine Providence towards*
   him when at Sea; His various Sufferings abroad; Together with Many Instances of the
   Sovereign Grace of GOD, in the Conversion of several Malefactors under Sentence
   of Death, who were greatly blessed by his Ministry (London : Gilbert and Plummer,
   1785).

BL   British Library, London.

BCL   Bristol Central Library, Bristol, England.

BRO   Bristol Record Office, Bristol, England.

Clarkson, *History*   Thomas Clarkson, *The History of the Rise, Progress, and Accomplishment of the Abo-*
   lition of the African Slave-Trade by the British Parliament (London, 1808), vols. 1~2.

Donnan II   Elizabeth Donnan, ed., *Documents Illustrative of the History of the Slave Trade to*
   America (Washington, D.C. : Carnegie Institution of Washington, 1931), vol. II : *The*
   Eighteenth Century.

Donnan III   Elizabeth Donnan, ed., *Documents Illustrative of the History of the Slave Trade*
   to America (Washington, D.C. : Carnegie Institution of Washington, 1932), vol.
   III : *New England and the Middle Colonies.*

Donnan IV   Elizabeth Donnan, ed., *Documents Illustrative of the History of the Slave Trade*
   to America (Washington, D.C. : Carnegie Institution of Washington, 1935), vol.
   IV : *The Border Colonies and Southern Colonies.*

HCA   High Court of Admiralty.

HCSP   Sheila Lambert, ed., *House of Commons Sessional Papers of the Eighteenth Century*
   (Wilmington, Del : Scholarly Resources, 1975), vols. 67~73, 82.

HLRO   House of Lords Record Office, Westminster.

HLSP   F. William Torrington, ed., *House of Lords Sessional Papers* (Dobbs Ferry,
   N.Y. : Oceana Publications, 1974), Session 1798~1799, vols. 2~3.

LRO   Liverpool Record Office, Liverpool.

Memoirs of Crow   *Memoirs of the Late Captain Hugh Crow of Liverpool. Comprising a Narrative of his*
   Life together with Descriptive Sketches of the Western Coast of Africa, particularly in
   Bonny, the Manners and Customs of the Inhabitants, the Production of the Soil, and
   the Trade of the Country, to which are added Anecdotes and Observations illustrative
   of the Negro Character, chiefly compiled from his own Manuscripts : with Authentic
   Additions from Recent Voyages and Approved Authors (London : Longman, Rees,
   Orme, Brown, and Green, 1830; rpt. London : Frank Cass & Co., 1970).

MMM   Merseyside Maritime Museum, Liverpool.

NA   National Archives of the United Kingdom, Kew Gardens, London.

NMM   National Maritime Museum, Greenwich.

Substance   [Thomas Clarkson, ed.], *The Substance of the Evidence of Sundry Persons on the*
   Slave-Trade Collected in the Course of a Tour Made in the Autumn of the Year 1788
   (London, 1789).

PL   Records of the County Palantine of Lancaster.

Three Years   William Butterworth [Henry Schroder], *Three Years Adventures of a Minor, in*
Adventures   *England, Africa, and the West Indies, South Carolina and Georgia* (Leeds : Edward
   Barnes, 1822).

TSTD   David Eltis, Stephen D. Behrendt, David Richardson, and Herbert S. Klein, *The*
   Trans-Atlantic Slave Trade : A Database on CD-ROM (Cambridge : Cambridge Uni-
   versity Press, 1999).

서막

1. 이 이야기는 선원 윌리엄 버터워스가 1786년 비아프라만의 옛 칼라바르에서 탔던 함선인 휴디브라스 호에서 겪은 이야기를 바탕으로 재구성한 것이다. 또한 카누로 노예선에 포로들을 수송했던 몇 가지 자료를 근거로 하고 있다. 이그보어의 단어는 같은 지역에 있는 다른 항구인 보니섬으로 항해했던 휴 크로우 선장이 수집한 어휘 목록을 참조했다. *Three Years Adventures*, 81~82와 *Memoirs of Crow*, 229~30을 참조. 또 Robert Smith, "The Canoe in West African History," *Journal of African History* 11 (1970), 515~33을 참조. "달"은 서아프리카에서 일반적으로 날짜를 계산하는 방식으로 개월과 거의 유사하다.

2. W. E. B. DuBois, *Black Reconstruction in America: An Essay toward a History of the Part Which Black Folk Played in the Attempt to Reconstruct Democracy in America, 1860-1880* (New York: Harcourt, Brace and Company, 1935), 727. 듀보이스의 이 인용문이 갖는 중요성은 피터 라인보우(Peter Linebaugh)가 "All the Atlantic Mountains Shook(모든 대서양의 산맥이 뒤흔들릴 정도였다)," *Labour/Le Travailleur* 19 (1982), 63~121에서 다시 강조하였다. 나는 이 책의 근본적인 개념을 형성하는 데 그의 연구와 우리의 공동 연구에서 도움을 많이 받았다. 또 피터 라인보우와 마커스 레디커의 『히드라 — 제국과 다중의 역사적 기원』(정남영·손지태 옮김, 갈무리 2008)을 참조.

3. 이 숫자와 책 전체에서 제시되는 숫자들은 데이빗 엘티스(David Eltis)가 친절하게 제공해 준 *TSTD* 의 최신판에 기초한 것으로 자료는 계속 최신화를 거듭하는 중이다. 대서양 노예 체제의 기원과 성장에 관해서는 David Eltis, *The Rise of African Slavery in the Americas* (Cambridge: Cambridge University Press, 2000)와 Robin Blackburn, *The Making of New World Slavery: From the Baroque to the Modern, 1492-1800* (London: Verso, 1997)을 참조. 제롬 S. 한들러(Jerome S. Handler)는 1인칭 시점의 아프리카인 증언이 거의 남아 있지 않음을 강조했다. 그의 "Survivors of the Middle Passage: Life Histories of Enslaved Africans in British America," *Slavery and Abolition* 23 (2002), 25~56을 참조.

4. 사망 추정치는 광범위하고 다양했다. 앙골라의 경우 조셉 밀러는 노예의 25퍼센트가 해안으로 향하는 길에 사망했고 또 다른 15퍼센트는 해안에 도착한 후에 사망했다고 주장했다. Joseph Miller, *Way of Death: Merchant Capitalism and the Angolan Slave Trade, 1730-1830* (Madison: University of Wisconsin Press, 1988), 384~85를 참조. 패트릭 매닝은 더 낮은 범위의 5에서 25퍼센트로 보았다 (Patrick Manning, *The African Diaspora: A History Through Culture* 〔New York: Columbia University Press, 2009〕). 폴 러브조이(Paul Lovejoy)는 범위를 좀 더 좁혀서 9에서 15퍼센트로 주장했다. 그의 *Transformations in Slavery: A History of Slavery in Africa* (Cambridge: Cambridge University Press, 2000), 2nd edition, 63~64를 참조. 허버트 S. 클레인(Herbert S. Klein) 또한 해안에서의 사망률은 중간항로 정도로 낮거나 그보다 더 낮다고 주장했다(즉, 12퍼센트 이하). 그의 *The Atlantic Slave Trade* (Cambridge: Cambridge University Press, 1999), 155를 참조.

5. Ottobah Cugoano, *Thoughts and Sentiments on the Evil of Slavery* (orig. publ. London, 1787; rpt. London: Penguin, 1999), 46, 85.

6. 마다가스카르를 포함한 동아프리카는 1790년대 수천여 명의 노예의 원천이 되었지만, 전체 기간을 통틀어 본다면 주요 무역 지역에 부합한다고 볼 수는 없었다.

7. Dalby Thomas가 왕립 아프리카회사에 보낸 편지, February 15, 1707. Jay Coughtry, The *Notorious Triangle: Rhode Island and the African Slave Trade, 1700-1807* (Philadelphia: Temple University Press, 1981), 43에서 재인용.

8. Richard H. Steckel and Richard A. Jensen, "New Evidence on the Causes of Slave and Crew Mortality in *The Atlantic Slave Trade*," *Journal of Economic History* 46 (1986), 57~77과 Stephen D. Behrendt, "Crew Mortality in the Transatlantic Slave Trade in the Eighteenth Century," *Slavery and Abolition* 18 (1997), 49~71. 배냉의 민요는 Marcus Rediker, *Between the Devil and the Deep Blue Sea: Merchant Seamen, Pirates, and the Anglo-American Maritime World, 1700-1750* (Cam-

bridge:Cambridge University Press), 47[마커스 레디커, 『악마와 검푸른 바다 사이에서 — 상선 선원, 해적, 영-미의 해양세계, 1700~1750』, 박연 옮김, 까치, 2001]에서 인용. *TSTD*는 1700년에서 1725년 영국 함선의 사망률은 12.1퍼센트였고 1775년에서 1800년 동안에는 7.95퍼센트로 떨어졌다고 보고했다.

9. Sidney W. Mintz and Richard Price, *The Birth of African-American Culture: An Anthropological Perspective* (orig. publ. 1976; Boston: Beacon Press, 1992). 아프리카와 아메리카 대륙 간의 문화적 연관성에 관한 연구가 창의적이고 급속하게 확산되고 있음을 보여 주는 작은 사례로 John Thornton, *Africa and Africans in the Making of the Atlantic World, 1400-1800* (Cambridge: Cambridge University Press, 1992; 2nd edition, 1998); Judith A. Carney, *Black Rice: The African Origins of Rice Cultivation in the Americas* (Cambridge, Mass.: Harvard University Press, 2001); Linda M. Heywood, ed., *Central Africans and Cultural Transformations in the American Diaspora* (Cambridge: Cambridge University Press, 2002); James H. Sweet, *Recreating Africa: Culture, Kinship, and Religion in the African-Portuguese World, 1441-1770* (Chapel Hill: University of North Carolina Press, 2003); Toyin Falola and Matt D. Childs, eds., *The Yoruba Diaspora in the Atlantic World* (Bloomington: Indiana University Press, 2004); Jose C. Curto and Paul E. Lovejoy, eds., *Enslaving Connections: Changing Cultures of Africa and Brazil During the Era of Slavery* (Trenton, N.J.: Africa World Press, 2005); James Lorand Matory, *Black Atlantic Religion: Tradition, Transnationalism, and Matriarchy in the Afro-Brazilian Candomble* (Princeton, N.J.: Princeton University Press, 2005) 등이 있다.

10. *TSTD*, #15123, #20211.

11. Ralph Davis, *The Rise of the English Shipping Industry in the Seventeenth and Eighteenth Centuries* (London: Macmillan, 1962), 71, 73; D. P. Lamb, "Volume and Tonnage of the Liverpool Slave Trade, 1772~1807," in Roger Anstey and P. E. H. Hair, eds., *Liverpool, the African Slave Trade, and Abolition* (Chippenham, England: Antony Rowe for the Historical Society of Lancashire and Cheshire, 1976, rpt. 1989), 98~99. 노예선 운영의 일관성은 이어지는 페이지들에서 노예선의 역사를 주제에 따라 개괄적으로 살펴볼 수 있도록 한다.

12. 이러한 무관심의 예외가 되는 사례로는 설화와 사료가 함께 제시되고 있는 George Francis Dow, *Slave Ships and Slaving* (Salem, Mass.: Marine Research Society, 1927)과 제한적이지만 유용한 탐색인 Patrick Villiers, *Traite des noirs et navires negriers au XVIII siecle* (Grenoble: Editions des 4 Seigneurs, 1982), 그리고 오로라(L'Aurore)호라는 한 척의 배를 연구한 Jean Boudriot, *Traite et Navire Negrier* (self-published, 1984)를 참조. 최근에 추가된 문헌으로는 Gail Swanson, *Slave Ship Guerrero* (West Conshohocken, P.A.: Infinity Publishing, 2005)도 있다.

13. Philip D. Curtin, *The African Slave Trade: A Census* (Madison: University of Wisconsin Press, 1969); Miller, *Way of Death; Hugh Thomas, The Slave Trade: The Story of the African Slave Trade, 1440-1870* (New York: Simon and Schuster, 1999); Robert Harms, *The Diligent: A Voyage Through the Worlds of the Slave Trade* (New York: Basic Books, 2002); Eltis, et al., *TSTD*. 또 다른 중요한 작업으로는 W. E. B. DuBois, *The Suppression of the African Slave-Trade in the United States of America, 1638-1870* (orig. publ. 1896; Mineola, N.Y.: Dover Publications, Inc., 1970); Basil Davidson, *The African Slave Trade* (Boston: Little, Brown, 1961); Daniel P. Mannix and Malcolm Cowley, *Black Cargoes: A History of the Atlantic Slave Trade, 1518-1865* (London: Longmans, 1963); James A. Rawley, *The Transatlantic Slave Trade: A History* (New York: W. W. Norton, 1981); 그리고 최근 자료로는 Anne C. Bailey, *African Voices of the Atlantic Slave Trade: Beyond the Silence and the Shame* (Boston: Beacon Press, 2005)가 있다.

14. Toni Morrison, *Beloved* (New York: Alfred A. Knopf, 1987)[토니 모리슨, 『빌러비드』, 최인자 옮김, 문학동네, 2014]; Charles Johnson, *Middle Passage* (New York: Plume, 1991); Barry Unsworth, *Sacred Hunger* (New York: W. W. Norton, 1993); Fred D'Aguiar, *Feeding the Ghosts* (Lon-

don : Chatto & Windus, 1997); Caryl Phillips, *The Atlantic Sound* (New York : Alfred A. Knopf, 2000); Manu Herbstein, *Ama : A Novel of the Atlantic Slave Trade* (Capetown : Picador Africa, 2005).

15. 새로운 내용을 발굴해 준 젊은 학자들에게 많은 빚을 졌다. Emma Christopher, *Slave Trade Sailors and their Captive Cargoes, 1730-1807* (New York : Cambridge University Press, 2005); Stephanie E. Smallwood, *Saltwater Slavery : A Middle Passage from Africa to American Diaspora* (Cambridge, Mass : Harvard University Press, 2006); Eric Robert Taylor, *If We Must Die : Shipboard Insurrections in the Era of the Atlantic Slave Trade* (Baton Rouge : Louisiana State University Press, 2006); Vincent Brown, *The Reaper's Garden : Death and Power in the World of Atlantic Slavery* (Cambridge, Mass. : Harvard University Press, forthcoming); Alexander Xavier Byrd, "Captives and Voyagers : Black Migrants Across the Eighteenth-Century World of Olaudah Equiano," Ph.D. dissertation, Duke University, 2001; Maurice Jackson, "'Ethiopia shall soon stretch her hands unto God' : Anthony Benezet and the Atlantic Antislavery Revolution," Ph.D. dissertation, Georgetown University, 2001.

16. Seymour Drescher, "Whose Abolition? Popular Pressure and the Ending of the British Slave Trade," *Past & Present* 143 (1994), 136~66.

17. Unsworth, *Sacred Hunger*, 353. Gesa Mackenthun, "Body Counts : Violence and Its Occlusion in Writing *The Atlantic Slave Trade*," paper presented to the Francis Barker Memorial Conference, 2001의 도움을 많이 받았다.

18. Derek Sayer, *The Violence of Abstraction : The Analytic Foundations of Historical Materialism* (Oxford : Basil Blackwell, 1987).

1장 삶과 죽음 그리고 공포의 노예무역

1. John Atkins, *A Voyage to Guinea, Brasil, and the West Indies; In His Majesty's Ships, the Swallow and Weymouth* (London, 1735; rpt. London : Frank Cass, 1970), 41~42, 72~73.

2. *TSTD*, #16303.

3. Henry Ellison의 증언, 1790, *HCSP*, 73 : 376. *TSTD*, #17707을 참조.

4. Thomas Trotter의 증언, 1790, *HCSP*, 73 : 83, 88, 92와 Clement Noble의 증언, 1790, 같은 책, 111, 114~15. 트로터의 연구 *Observations on the Scurvy, with a Review of the Theories lately advanced on that Disease; and the Theories of Dr. Milman refuted from Practice* (London, 1785; Philadelphia, 1793) 23을 참조. 판테족과 던코족(또는 참바족)은 함선에 승선한 주요 부족 집단이었고 판테족은 해안에 살았으며 참바족과 비교해서 영어에 유창했다.

5. *Three Years Adventures*, 80~81, 108~9, 111~12.

6. *TSTD*, #81890.

7. Samuel Robinson, *A Sailor Boy's Experience Aboard a Slave Ship in the Beginning of the Present Century* (orig. publ. Hamilton, Scotland : William Naismith, 1867; rpt. Wigtown, Scotland : G.C. Book Publishers Ltd., 1996), *TSTD*, #88216 (레이디 넬슨호[*Lady Neilson or Nelson*]), #80928 (크레센트호).

8. Captain Charles Johnson, *A General History of the Pyrates*, ed. Manuel Schonhorn (London, 1724, 1728; rpt. Columbia : University of South Carolina Press, 1972), 194~287; *TSTD*, #76602; Robert Norris, *Memoirs of the Reign of Bossa Ahadee, King of Dahomy, an Inland Country of Guiney, to which are added the Author's Journey to Abomey, the Capital, and a Short Account of the African Slave Trade* (orig. publ. London, 1789; rpt. London, Frank Cass and Company Limited, 1968), 67~68. 로버트 시대 해적의 배경 지식에 관해서는 Marcus Rediker, *Villains of All Nations : Atlantic Pirates in the Golden Age* (Boston : Beacon Press, 2004)을 참조.

9. Nicholas Owen, *Journal of a Slave-Dealer: A View of Some Remarkable Axedents in the Life of Nics. Owen on the Coast of Africa and America from the Year 1746 to the Year 1757*, ed. Eveline Martin (Boston : Houghton Mifflin, 1930). 오웬은 윌리엄 브라운 선장의 프린스 셔보로우호를 타고 항해한 적이 있다. *TSTD*, #36152.

10. Captain William Snelgrave, *A New Account of Some Parts of Guinea and the Slave Trade* (London, 1734; rpt. London : Frank Cass & Co., Ltd., 1971) 서문; *TSTD*, #25657.

11. Henry Ellison과의 면담, *Substance*, 224~25; *TSTD*, #17686.

12. James Fraser의 증언, 1790, *HCSP*, 71 : 5~58; Alexander Falconbridge, 증언, 1790, *HCSP*, 72 : 293~344. 버지스의 인용구는 Clarkson, *History*, vol. I, 318.

13. 프레이저의 초기 항해에서는 상당수의 선원들이 다음 항해에 재계약하지 않았지만 1780년대 후반에 는 3분의 2에 달하는 상당한 숫자의 선원들이 다음 항해에 다시 참가했다. "A Muster Roll for the Ship Alexander, James Fraser Master from Bristol to Africa and America," 1777~78; "A Muster Roll for the Ship Valiant, James Fraser Master from Africa and Jamaica," 1777~78; "A Muster Roll for the Ship Tartar, James Fraser Master from Bristol to Africa and America," 1780~81; "A Muster Roll for the Ship Emilia, James Fraser Master from Dominica," 1783~84; "A Muster Roll for the Ship Emilia, James Fraser Master from Jamaica," 1784~85; "A Muster Roll for the Ship Emilia, James Fraser Master from Jamaica," 1785~86; "A Muster Roll for the Ship Emilia, James Fraser Master from Africa," 1786~87; "A Muster Roll for the Ship Emilia, James Fraser Master from Africa," 1787~88; Muster Rolls, 1754~94, vols. 8 and 9, Society of Merchant Venturers Archives, Bristol Record Office; *TSTD*, #17888, #17895, #17902, #17920, #17933, #17952, #17967, #17990을 참조.

14. 익명, *A Short Account of the African Slave Trade, Collected from Local Knowledge* (Liverpool, 1788), Norris, *Memoirs of the Reign of Bossa Ahadee*, v; Robert Norris의 증언, 1788, *HCSP*, 68 : 3~19; Robert Norris의 증언, 1790, *HCSP*, 69 : 118~20, 202~3; "The Log of the Unity, 1769~1771," Earle Family Papers, D/EARLE/1/4, MMM; *TSTD*, #91567.

15. "List of the Slaves that Dyed on Board the Katharine Galley, John Dagge Commander," 1728, "Trading Accounts and Personal Papers of Humphry Morice," vol. 5; Humphry Morice가 William Clinch에게 보낸 편지, September 13, 1722, M7/7; Humphry Morice가 William Boyle 선장에게 보낸 편지, May 11, 1724, M7/10. Humphry Morice Papers, Bank of England Archives, London; *TSTD*, #76558. 이 절 전반에 걸쳐 그에 관한 자료는 James A. Rawley, "Humphry Morice : Foremost London Slave Merchant of his Time," in his *London : Metropolis of the Slave Trade* (Columbia and London : University of Missouri Press, 2003), 40~56의 도움을 많이 받았다. 또한, "Humphry Morice," *Dictionary of National Biography*, ed. Sidney Lee (London : Oxford University Press, 1921~22), 13 : 941을 참조.

16. Basnett, Miller, and Mill이 Humphry Morice에게 보낸 편지, Kingston, November 9, 1722, f. 29~30, Humphry Morice의 답장, Miscellaneous Letters and Papers, Add. Ms. 48590B, BL.

17. Henry Laurens가 Hinson Todd에게 보낸 편지, April 14, 1769, George C. Rogers, David R. Chesnutt, and Peggy J. Clark, eds., *The Papers of Henry Laurens* (Columbia : University of South Carolina Press, 1978), vol. 6, 438 (first quotation)에 수록; 또한, vol. 1, 259 (second quotation)을 참조. 이 부분은 James A. Rawley, "Henry Laurens and *The Atlantic Slave Trade*," in his *London : Metropolis of the Slave Trade*, 82~97과 C. James Taylor, ed., "Laurens, Henry," *American National Biography Online*, February 2000, http://www.anb.org/articles/01/01-00495.html을 바탕으로 작성되었다. 또 Daniel C. Littlefield, *Rice and Slaves: Ethnicity and the Slave Trade in Colonial South Carolina* (Champaign-Urbana, Ill. : University of Illinois Press, 1981)와 James A. McMillan, *The Final Victims: Foreign Slave Trade to North America, 1783-1810* (Columbia : University of South

Carolina Press, 2004)을 참조.

18. 1701년에서 1810년 사이에 1,382번의 노예무역 항해로 264,536명의 노예를 미국 식민지와 미국 본토에 데려왔다. 그중 761번의 항해는 캐롤라이나의 항구에 151,647명을 배달했고 이들 거의 대부분은 찰스턴으로 향했다. 이는 전체 노예무역 항해의 55퍼센트와 전체 노예 하역의 57퍼센트에 해당하는 숫자이다. *TSTD*를 바탕으로 계산함.

19. 감비아강의 상어에 대해서는 Mungo Park, *Travels into the Interior of Africa, Performed Under the Direction and Patronage of the African Association, in the Years 1795, 1796, and 1797*, ed. Kate Ferguson Marsters (orig. publ. 1799; rpt. Durham, N.C., and London : Duke University Press, 2000), 28을 참조. 시에라리온의 경우 John Matthews, *A Voyage to the River Sierra Leone, on the Coast of Africa, containing an Account of the Trade and Productions of the Country, and of the Civil and Religious Customs and Manners of the People; in a Series of Letters to a Friend in England* (London : B. White and Son, 1788), 50을 참조. 보니강의 경우 Alexander Falconbridge, *An Account of the Slave Trade on the Coast of Africa* (London, 1788), 51~52, 67을 참조. 콩고강의 경우 "A Battle Between a Tiger and an Alligator; Or, wonderful instance of Providential Preservation, described in a letter from the Captain of the Davenport Guineaman," *Connecticut Herald*, June 28, 1808을 참조. 아프리카의 상어에 관한 조사는 Henry W. Fowler, "The Marine Fishes of West Africa, Based on the Collection of the American Museum Congo Expedition, 1909~1915," *Bulletin of the American Museum of Natural History* (New York : American Museum of Natural History, 1936), 70, 1 : 23~92를 참조. 또한, J. Cadenat and J. Blache, *Requins de Méditerranée et d'Atlantique (plus Particulièrement de la Côte Occidentale d'Afrique)* (Paris : Éditions de l'Office de la Recherche Scientifique et Technique Outre-Mer, 1981)도 참조. 상어(Shark)라는 단어의 유래는 1560년대 노예무역 항해를 했던 존 호킹(John Hawkins) 선장이 처음 사용했으며 *Ballads & Broadsides* (1867) 147, BL을 인용한 *Oxford English Dictionary*, s.v. "Shark" 항목을 참조. 또한, José I. Castro, "On the Origins of the Spanish Word Tiburón and the English Word 'Shark,'" *Environmental Biology of Fishes* 65 (2002), 249~53을 참조.

20. "Natural History of the Shark, from Dr. Goldsmith and other eminent Writers," *Universal Magazine* 43 (1778), 231; Robinson, *A Sailor Boy's Experience*, 29~32; *Memoirs of Crow*, 264; William Smith, *A New Voyage to Guinea : Describing the Customs, Manners, Soil, Climate, Habits, Buildings, Education, Manual Arts, Agriculture, Trade, Employments, Languages, Ranks of Distinction, Habitations, Diversions, Marriages, and whatever else is memorable among the Inhabitants* (London, 1744; rpt. London : Frank Cass & Co. Ltd., 1967), 239. Fraser의 증언, *HCSP*, 71 : 24도 참조.

21. *An Account of the Life*, 40; Atkins, *A Voyage to Guinea*, 46. 톨드는 그 사람이 선원인지 노예인지는 말하지 않았다. 아마도 선원인 것으로 보이는데 이는 그의 이야기가 위험한 작업을 하는 선원에 관한 맥락이었기 때문이다. 또한, Falconbridge, *Account of the Slave Trade*, 67을 참조. 그는 아프리카인들이 시체를 "상어가 냄새 맡지 못하는 바다에서 먼 곳"에 매장했다고 기록했다.

22. Falconbridge, *Account of the Slave Trade*, 67; Smith, *New Voyage*, 239. 또한, "Voyage to Guinea, Antego, Bay of Campeachy, Cuba, Barbadoes, &c." (1714~23), Add. Ms. 39946, BL; [John Wells], "Journal of a Voyage to the Coast of Guinea, 1802," Add. Ms. 3,871, Cambridge University Library; 그리고 무명 함선의 항해 일지(Ship's Log, Vessel Unknown), 1777~78, Royal African Company, T70/1218, NA를 참조.

23. Willem Bosman, *A New and Accurate Description of the Coast of Guinea* (London, 1705), 282. 서아프리카인들은 상어와 그들 자신과의 관계에 관한 현지의 지식을 가지고 있었다. 신 칼라바르 사람들은 상어를 신성한 것으로 생각했지만, 근처 보니섬의 사람들이나 판테족은 그렇지 않았다. 그들은 상어를 삼야(Samya)라고 부르며 잡아먹는 것도 즐겼으며 다른 해변의 부족들 역시 마찬가지였다. 노예무역 지지자들은 종종 아프리카인들도 사회적 형벌 체제에서 상어를 활용한다는 점을 강

조했다. 그들은 죄를 지은 사람들을 상어가 우글거리는 물에 던져 버리기도 했다. "상어의 재판"에서 살아남은 이들에게는 더는 죄를 묻지 않았다. Captain John Adams, *Sketches taken during Ten Voyages to Africa, Between the Years 1786 and 1800; including Observations on the Country between Cape Palmas and the River Congo; and Cursory Remarks on the Physical and Moral Character of the Inhabitants* (London, 1823; rpt. New York : Johnson Reprint Corporation, 1970), 67; Thomas Winterbottom, *An Account of the Native Africans in the Neighbourhood of Sierra Leone, to which is added An Account of the Present State of Medicine among them* (London, 1803; rpt. London : Frank Cass & Co., 1969), 256; "From a speech given by Mr. Shirley to legislature of Jamaica," *City Gazette and Daily Advertiser*, December 19, 1788; Fraser의 증언, 1790, HCSP, 71 : 18; *Memoirs of Crow*, 36, 44, 84 등을 참조.

24. *Norwich Packet or, the Country Journal*, April 14, 1785; *Memoirs of Crow*, 266. 현재 전 세계적으로 약 350종의 상어가 있으며 이중 약 4분의 1은 서아프리카의 해역에서 찾아볼 수 있다. 노예선 주위에 가장 흔한 상어는 황소상어와 뱀상어였던 것으로 보인다. 두 종류 모두 세네갈에서 앙골라에 이르는 해안에서 쉽게 찾아볼 수 있으며 해수와 담수, 만, 석호, 강어귀와 강에서 자주 발견되었다. 이들은 맑은 물이나 진흙뻘 그리고 3피트 정도의 얕은 물에서도 잘 움직였으며 둑과 부두 그리고 항구 주변을 돌아다니며 사람들 가까이에 있었다. 두 종류 모두 항상 무차별한 식욕을 가지고 있었다. 존 앳킨스는 1735년 시에라리온강에서 만난 상어에 대해 "간단히 말하면 탐욕으로 모든 것을 먹어 치웠다. 돛과 밧줄, 뼈와 담요까지 가리지 않았다"라고 기록했다(Atkins, *A Voyage to Guinea*, 46.) 일단 배가 음식을 주는 곳이라고 간주하는 훈련이 되고 나면 두 종류의 상어는 대서양을 건너 이주해 올 수도 있었다. 대양의 "움직이는 암초"라고 할 수 있는 이 거대한 떠다니는 물체는 다른 심해 어종을 끌어들이기도 했고 여기에는 청상어, 미흑점상어, 청상아리, 장완흉상어와 같은 어종이 있었다. 이들은 더 날렵했고 역시 사람을 잡아먹는 것으로 알려져 있다. 황소 상어와 뱀상어가 서부 대서양을 붉게 물들이며 합류하면서 미국 해안에 포식자의 숫자가 증가했다. 이렇게 상어는 노예선을 따라 끊임없이 대서양을 왕복했다. Leonard J. V. Compagno, *Sharks of the World : An Annotated and Illustrated Catalogue of Sharks Known to Date* (Rome : United Nations Development Programme, 1984), part 2, 478~81, 503~6을 참조.

25. *Connecticut Gazette*, January 30, 1789; *Memoirs of Crow*, 266. 1704년 서인도의 상어 공격에 관한 내용은 해군 함선을 탈주했던 한 남자의 이야기를 바탕으로 했다. *A narrative of the wonderful deliverance of Samuel Jennings, Esq.* (출판인 불명, 1765)을 참조.

26. "Natural History of the Shark," 222~23, 231~33; Thomas Pennant, *British Zoology* (Chester : Eliza. Adams, 1768~70), vol. III, 82~83.

2장 노예선의 진화

1. Thomas Gordon, *Principles of Naval Architecture, with Proposals for Improving the Form of Ships, to which are added, some Observations on the Structure and Carriages for the Purposes of Inland Commerce, Agriculture, &c.* (London, 1784), 23. 또 Robin Blackburn, *The Making of New World Slavery : From the Baroque to the Modern, 1492-1800* (London : Verso, 1997), 376을 참조. 자본주의로의 전환에 관해서는 Maurice Dobb, *Studies in the Development of Capitalism* (New York : International Publishers, 1964); Immanuel Wallerstein, *The Modern World-System : Capitalist Agriculture and the Origins of the European World-Economy in the Sixteenth Century* (New York : Academic Press, 1974); Rodney Hilton, ed., *The Transition from Feudalism to Capitalism* (London : New Left Books, 1976) 그리고 Eric Wolf, *Europe and the People Without History* (Berkeley : University of California Press, 1982)를 참조.

2. Romola and R. C. Anderson, *The Sailing-Ship : Six Thousand Years of History* (orig. publ. 1926; New York : W. W. Norton, 1963), 129; Basil Greenhill, *The Evolution of the Wooden Ship* (New

York: Facts on File, 1988), 67~76. 최근 노예선의 물질적 문화를 발굴하고 분석한 해양 고고학자들의 매혹적인 연구가 진행되었다. 헨리에타 마리호에 관해서는 Madeleine Burnside and Rosemarie Robotham, *Spirits of the Passage: The Transatlantic Slave Trade in the Seventeenth Century* (New York: Simon & Schuster, 1997)를 참조. Leif Svalesen, *The Slave Ship Fredensborg* (Bloomington: Indiana University Press, 2000)도 참조. 앞으로 다루게 될 주제에 관한 개요를 알아보기 위해서는 Jane Webster, "Looking for the Material Culture of the Middle Passage," *Journal of Maritime Research* (2005)를 참조. 이 글은 www.jmr.nmm.ac.uk/server/show/ConJmrArticle.209에서 확인할 수 있다.

3. Carlo Cipolla, *Guns, Sails, and Empires: Technological Innovation and the Early Phases of European Expansion, 1400-1700* (New York: Pantheon Books, 1965).

4. *Memoirs of Crow*, 137. 홀리데이 왕은 1807년 노예무역이 중단된다는 소식에 분노해서 이 발언을 했다. 영국의 왕은 커다란 배를 가지고 있었기 때문에 "나쁜 사람들"을 배에 실어서 호주의 보타니 베이와 같은 먼 곳으로 보낼 수 있었지만 홀리데이 왕은 이제 그럴 수 없었다.

5. Philip Curtin, *The Rise and Fall of the Plantation Complex: Essays in Atlantic History* (Cambridge: Cambridge University Press, 1990), ch. 2.

6. C. L. R. James, *The Black Jacobins: Touissant L'Ouverture and the San Domingo Revolution* (orig. publ. 1938; New York: Vintage, 1989), 85~86; Blackburn, *Making of New World Slavery*, 350.

7. Samuel Martin, *An Essay on Plantership* (London, 1773).

8. Blackburn, *Making of New World Slavery*, 515. 자본주의의 부상에서 노예제도의 공헌에 관한 논쟁은 여전히 치열하다. 이에 관한 다양한 견해는 Eric Williams, *Capitalism and Slavery* (Chapel Hill: University of North Carolina Press, 1944); Seymour Drescher, *Econocide: British Slavery in the Era of Abolition* (Pittsburgh: University of Pittsburgh Press, 1977); David Eltis and Stanley L. Engerman, "The Importance of Slavery and the Slave Trade to Industrializing Britain," *Journal of Economic History* 60 (2000), 123~44; Kenneth Morgan, *Slavery, Atlantic Trade and the British Economy, 1660-1800* (Cambridge: Cambridge University Press, 2001); Joseph Inikori, *Africans and the Industrial Revolution in England: A Study in International Trade and Economic Development* (Cambridge: Cambridge University Press, 2002)에서 찾아볼 수 있다.

9. "떠다니는 공장"에 관한 배경 지식은 Conrad Gill, *Merchants and Mariners in the 18th Century* (London: Edward Arnold, 1961), 91~97을 참조.

10. ames Field Stanfield, *Observations on a Guinea Voyage, in a Series of Letters Addressed to the Rev. Thomas Clarkson* (London: James Phillips, 1788), 5. 해외로 향하는 화물에 관한 두 개의 상세한 목록은 "Estimate of a Cargo for the Hungerford to New Calabar for 400 Negroes, May 1769"와 "Estimate of a Cargo for 500 Negroes to Bynin, 1769"를 참조. 두 목록 모두 D.M.15, Bristol University Library에서 찾을 수 있다.

11. Marcus Rediker, Between the Devil and the Deep Blue Sea: Merchant Seamen, Pirates, and the Anglo-American Maritime World, 1700~1750 (Cambridge: Cambridge University Press, 1987), ch. 2 [마커스 레디커, 『악마와 검푸른 바다 사이에서 ― 상선 선원, 해적, 영-미의 해양세계, 1700~1750』, 박연 옮김, 까치, 2001의 2장]; Emma Christopher, *Slave Trade Sailors and Their Captive Cargoes, 1730-1807* (Cambridge: Cambridge University Press, 2006), ch. 5.

12. James Field Stanfield, *The Guinea Voyage, A Poem in Three Books* (London: James Phillips, 1789), 26과 *An Apology for Slavery; or Six Cogent Arguments against the Immediate Abolition of the Slave Trade* (London, 1792), 45를 참조.

13. Malachy Postlethwayt, *The African Trade, the Great Pillar and Support of the British Plantation Trade in America* (London, 1745)와 같은 저자의 *The National and Private Advantages of the African Trade Considered: Being an Enquiry, How Far It concerns the Trading Interests of Great Britain,*

Effectually to Support and Maintain the Forts and Settlements of Africa (London, 1746)를 참조.

14. 퍼슬스웨이트의 관점이 1750년대와 1760년대에 어떻게 변화했는지 즉 그가 노예무역에서의 "합법적 상거래"라 불리게 될 것을 강조하면서 이를 통해 토머스 클락슨과 같은 폐지론자와의 논쟁거리를 제공한 것에 대해서는 Christopher Leslie Brown, *Moral Capital: Foundations of British Abolitionism* (Chapel Hill: University of North Carolina Press, 2006), 272~74를 참조.

15. K. G. Davies, *The Royal African Company* (New York: Atheneum, 1970). 18세기 후반의 노예무역 및 공장에 관한 조사는 "Transcripts of Official Reports and Letters Relating to the State of British Settlements on the Western Coast of Africa in 1765," King's MS #200, BL과 "Sundry Books and Papers Relative to the Commerce to and from Africa delivered to the Secretary of State of the African and American Department by John Roberts, Governor of Cape Coast Castle, 13th December 1779," Egerton 1162A-B, BL을 참조. 또 Eveline C. Martin, *The British West African Settlements, 1750-1821* (London: Longmans, 1927)을 참조.

16. John Lord Sheffield, *Observations on the Project for Abolishing the Slave Trade, and on the Reasonableness of attempting some Practicable Mode of Relieving the Negroes* (orig. publ. London, 1790; 2nd edition London, 1791), 21; Roger Anstey, *The Atlantic Slave Trade and Abolition, 1760-1810* (London, 1975) ch. 2, esp. 48, 57; David Richardson, "Profits in the Liverpool Slave Trade: The Accounts of William Davenport, 1757~1784," in Roger Anstey and P. E. H. Hair, eds., *Liverpool, the African Slave Trade, and Abolition* (Chippenham, England: Antony Rowe for the Historical Society of Lancashire and Cheshire, 1976, rpt. 1989), 60~90; Herbert S. Klein, *The Atlantic Slave Trade* (Cambridge: Cambridge University Press, 1999), 98~100 그리고 Kenneth Morgan, "James Rogers and the Bristol Slave Trade," *Historical Research* 76 (2003), 189~216을 참조.

17. Joseph Manesty가 John Bannister에게 보낸 편지, August 2, 1745, John Bannister Letter-Book, no. 66, f. 2, Newport Historical Society, Newport, Rhode Island. 이 편지는 Donnan III에 복원되어 있다. 챈스호에 관한 내용은 *TSTD*, #90018을 참조.

18. 우리는 마네스티의 노예무역 항해 중 하나에 관한 내용을 가지고 있다. 존 퍼킨스가 지휘한 애들링턴호는 1754년부터 1755년까지 리버풀에서 아프리카 해안 몇 곳으로 항해했다. 퍼킨스는 136명의 노예(50명의 남자와 25명의 여자 그리고 38명의 남자아이와 23명의 여자아이를 데려왔고 일부는 "장애나 다른 문제"를 가지고 있었다)를 자메이카 킹스턴의 케이스 앤 사우스워스(Case & Southworth) 상회에 배달했다. 선장에게는 상여금을 지급하고 의사에게는 수수료와 함께 "머릿수대로" 돈을 지급한 후에 마네스티는 최초에 선적한 무역 화물의 구입 비용과 선원의 급여(두 비용 모두 알려지지 않음)를 제외한 5,047파운드 15실링 6펜스(2007년 기준 1백만 달러)를 챙겼다. "Sales of 136 Negroes being the Ship Adlington's Cargoe John Perkins Master, from Africa on acct of Joseph Manesty & Co. Merchts in Liverpool," Case & Southworth Papers, 1755, 380 MD 35, LRO를 참조.

19. Manesty가 Bannister에게 보낸 편지, June 14, 1747, Bannister Letter-Book, no. 66. 마네스티는 애들링턴호, 아프리칸호, 앤손호, 꿀벌호, 챈스호, 아가일 공작호, 쥰호, 퍼펙트호, 스펜서호의 주요 지분을 가진 주인이었다. 그는 스완호나 포춘호 같은 작은 선박에도 지분을 가지고 있었다. 1745년에서 1758년까지 그는 19번의 항해에 투자했다. *TSTD*, #90018, #90136~41, #90174, #90350, #90418~9, #90493~5, #90558, #90563, #90569, #90653, #90693을 참조. 엘리자베스 도난에 따르면 존 배니스터는 보스턴 상인의 후손으로 1733년 뉴포트에 왔다. 그는 자신을 상인이자 사략선 투자자로 생각하고 있었다. 그는 스스로 배를 만들기보다는 조선사들을 연결해 주는 중개인이었던 것으로 보인다. 배니스터는 곧 자신의 노예무역을 위한 함선도 주문했다. 그는 조셉 요와트(Joseph Yowart)가 지휘하는 스노우급 함선 하드먼호의 단독 주인이었고 이 함선은 1749년에서 1754년 사이에 리버풀을 떠나 아프리카와 서인도로 향하는 항해를 세 번 수행했다 (*TSTD*, #90150~90152).

20. Joseph Manesty가 리버풀에서 Joseph Harrison에게 보낸 편지, September 10, 1745, in Donnan III, 138.

21. 다른 두 주문은 뉴잉글랜드의 노예무역을 이끄는 드울프 일가에서 브리스틀과 로드아일랜드에 노예
선 주문을 넣은 것으로 보인다. "Agreement between William and James D'Wolf and John, Joseph
and Joseph Junr Kelly of Warren," January 8, 1797, Folder B-10, Ship's Accounts와 "Memoran-
dum of an Agreement between John and James D'Wolf and builder William Barton," March 13,
1805, Folder B-3, Orozimbo, Captain Oliver Wilson을 참조. 두 자료 모두 James D'Wolf Papers,
Bristol Historical Society, Bristol, Rhode Island에 수록되어 있다.

22. M. K. Stammers, " 'Guineamen' : Some Technical Aspects of Slave Ships," Transatlantic Slav-
ery : Against Human Dignity, ed. Anthony Tibbles (London : HMSO, 1994), 40. 노예무역의 폐지
이후에는 해상 순찰에 발각되어 채포되는 것을 피하고 손해 비용을 절감하기 위해 노예선이 더 작
고 빠르며 저렴해졌다는 점에 주목해야 한다. 함선이 보여 주는 상하좌우의 움직임에 관해서는 상인
존 기라드(John Guerard)가 "많은 노예들이 피로와 요동으로 고통을 겪고 있으며 점점 더 악화되고
있다"라고 불만을 표했다는 점을 참고할 수 있다. John Guerard가 William Jolliffe에게 보낸 편지,
August 25, 1753, John Guerard letter book, 164~67, South Carolina Historical Society, Charles-
ton을 참조.

23. 이 부분과 책 전반에 걸쳐서 함선의 톤수는 무게가 아니라 적재량을 가리키며 정확한 수치라고 할
수는 없다. 중세시대의 "톤"(tun)이라는 용어는 프랑스와 영국 사이에서 (대략 40입방피트 용적의) 와
인 통을 적재할 때 쓴 용어이다. 100개의 "톤"을 운송할 수 있는 함선을 100톤수의 함선이라고 불렀
다. 그러나 시간이 지나면서 톤수는 다른 의미를 가지게 되었고 나라마다 다른 의미를 갖고 다른 방
식으로 계산되었다. "톤수를 등록하던" 방식에서 "톤수를 측정하는" 방식으로 전환하는 법이 1786년
영국의 의회 입법으로 의무화되었다. 나는 톤수 수치를 표준화하기 위한 노력은 기울이지 않았으며
주요 자료 출처에서 보고된 그대로 일관되게 제시했다. 이 주제에 관한 조사는 Frederick C. Lane,
"Tonnages, Medieval and Modern," Economic History Review 17 (1964), 213~33을 참조.

24. 이 함선들 중 하나는 앤슨호로 매사추세츠의 뉴베리포트에서 건조되었으며 1744년에서 1745년 사
이에 전 세계를 일주하며 스페인의 보물 함대의 함선을 나포했던 제독의 이름을 땄다. 또 다른 함선
은 스완호로 매사추세츠의 스완시에서 건조되었다. TSTD, #90174, #90160~90162를 참조. 다른 노
예선의 가격은 Ralph Inman이 Peleg Clarke에게 보낸 편지, Boston, May 11, 1772, in Donnan III,
257; Roderick Terry, ed., "Some Old Papers Relating to the Newport Slave Trade," Bulletin of
the Newport Historical Society 62 (1927), 12~13과 Wilson v. Sandys, Accounts for the Slave Ships
Barbados Packet, Meredith, Snow Juno, Saville, and Cavendish : Liverpool, St. Christophers, Gre-
nada, 1771, Chancery (C) 109/401, NA를 참조.

25. Manesty가 Harrison에게 보낸 편지, in Donnan III, 138.

26. J. H. Parry, Trade and Dominion : The European Oversea Empires in the Eighteenth Century (Lon-
don : Weidenfeld and Nicolson, 1971), 12; Anderson and Anderson, The Sailing-Ship, 178; Joseph
A. Goldenberg, Shipbuilding in Colonial America (Charlottesville : University of Virginia Press,
1976), 32~33; Stephen D.Behrendt, "Markets, Transaction Cycles, and Profits : Merchant Deci-
sion Making in the British Slave Trade," William and Mary Quarterly 3rd ser. 58 (2001), 171~204.

27. Ronald Stewart-Brown, Liverpool Ships in the Eighteenth Century, including the King's Ships built
there with Notes on the Principal Shipwrights (Liverpool : University of Liverpool Press, 1932), 75.

28. David M. Williams, "The Shipping of the British Slave Trade in its Final Years, 1798~1807," In-
ternational Journal of Maritime History 12 (2000), 1~25.

29. 이 문단은 상당 부분 Goldenberg, Shipbuilding in Colonial America, 55~56, 89의 내용을 인용했다.
화로와 아궁이에 관한 내용은 John Fletcher가 Peleg Clarke 선장에게 보낸 편지, London, October
16, 1771, Peleg Clarke Letter-Book, Newport Historical Society, no. 75 A를 참조.

30. William Sutherland, The Shipbuilder's Assistant (1711)와 같은 저자의 Britain's Glory 또는 Ship-
Building Unvail'd, being a General Director for Building and Compleating the said Machines (1729)

를 참조. 또한, John Hardingham, *The Accomplish'd Shipwright* (1706); Mungo Murray, *Elements of Naval Architecture* (1764); Fredrik Henrik ap Chapman, *Architecturia Mercatoria Navalis* (1768), Marmaduke Stalkartt, *Naval Architecture* (1787); William Hutchinson, *Treatise on Naval Architecture* (1794), David Steel, *The Elements and Practice of Rigging and Seamanship* (London, 1794); 같은 저자의 *The Ship-Master's Assistant and Owner's Manual* (London, 1803); 역시 같은 저자의 *The Elements and Practice of Naval Architecture* (1805), Thomas Gordon, *Principles of Naval Architecture*를 참조. 18세기 영국령 북아메리카에서는 조선업에 관한 어떠한 책도 출간되지 않았기 때문에 조선사들은 이 책들을 활용했고 유럽의 설계를 따랐다. Howard I. Chapelle, *The Search for Speed Under Sail, 1700-1855* (New York: W. W. Norton, 1967), 6~8을 참조.

31. Chapelle, *Search for Speed*, 412~14.

32. William Falconer, *Universal Dictionary of the Marine* (London: T. Cadell, 1769; revised edition, 1784), s.v., "architecture (naval)"; *Rules and Orders of the Society for the Improvement of Naval Architecture* (London, 1791); *An Address to the Public, from the Society for the Improvement of Naval Architecture* (London, 1791); *Catalogue of Books on Naval Architecture* (London, 1791); *An Address to the Public, from the Society for the Improvement of Naval Architecture* (London, 1792); *Report of the Committee for Conducting the Experiments of the Society for the Improvement of Naval Architecture* (London, 1799), 1 (인용구).

33. "An Account of Men Belonging to the Snow Peggy the 13th of August 1748," Anthony Fox, Master, 1748~1749, Muster Rolls, vol. I (1748~1751), Society of Merchant Venturers Archives, BRO. *TSTD*, #77579를 참조. 배경 지식은 Ralph Davis, *The Rise of the English Shipping Industry in the Seventeenth and Eighteenth Centuries* (London: Macmillan, 1962), chs. 6~7과 Rediker, Between the Devil and the Deep Blue Sea, ch.2 [레디커, 『악마와 검푸른 바다 사이에서』, 2장]); Peter Earle, *Sailors: English Merchant Seamen, 1650-1775* (London: Methuen, 1998)를 참조.

34. Barnaby Slush, *The Navy Royal: or a Sea-Cook Turn'd Projector* (London, 1709), viii. 선원들의 일반적인 급여 체계에 관해서는 "A List of the Seamen on board Ship Christopher Ent'd 19 June 1791," in "Ship Christopher's Book, 4th Voyage," Rare Book, Manuscript and Special Collections Library, Duke University를 참조.

35. W. S. (William Snelgrave), "Instructions for a First Mate When in the Road at Whydah," n.d., Humphrey Morice Papers, Bank of England Archive, London.

36. 로드아일랜드의 항해사 토머스 엘드레드(Thomas Eldred)는 "미국에서 아프리카로 교역하는 함선에서 의사가 동행하지 않는 것은 일반적인 관행"이라고 증언했다. 대신 그들은 "조제법이 적힌 책을 가지고 배에 타서" 약을 만들어 먹었다. Thomas Eldred의 증언, 1789, *HCSP*, 69: 166을 참조.

37. 이 문단과 그다음 문단의 인용구는 Clarkson, *History*, 1: 327~30에서 발췌한 것이다. 작은 함선은 제임스 워커(James Walker) 선장이 지휘했던 27톤급 함선 플라이호였다. 이 함선은 1787년 8월 7일 브리스틀에서 출발해서 시에라리온으로 향했고 거기서 35명의 노예를 태워서 토르툴라로 돌아왔다. *TSTD*, #17783을 참조. 동일한 이름의 더 큰 런던 함선에 관한 정보는 *TSTD*, #81477을 참조.

38. 하갑판에 있었던 노예의 숫자에 관해서는 Charles Garland and Herbert S. Klein, "The Allotment of Space for Slaves Aboard Eighteenth-Century British Slave Ships," *William and Mary Quarterly* 3rd ser. 42 (1985), 238~48을 참조.

39. *TSTD*, #90950, #3777, #4405, #36299, #36406.

40. Stewart-Brown, *Liverpool Ships in the Eighteenth Century*, 29, 127~29. *TSTD*, #83006을 참조. 다른 주요 재해의 예시는 *TSTD*, #90157을 참조. (420명의 노예를 실은 말톤호, *Georgia Gazette*, December 3, 1766에 보도됨); #78101 (330명의 노예를 실은 뉴 브리태니아호, *Connecticut Journal*, August 20, 1773에 보도됨); #82704 (245명의 노예를 실은 머큐리호, *Enquirer*, September 26, 1804에 보도됨); #25648 (200명의 노예를 실은 인디펜던스호, *American Mercury*, August 20, 1807에 보도됨).

41. Hayley and Hopkins가 Aaron Lopez에게 보낸 편지, London, July 20, 1774, in Donnan III, 291; Walter Minchinton, "Characteristics of British Slaving Vessels, 1698~1775," *Journal of Interdisciplinary History* 20 (1989), 53~81. *TSTD*의 자료에 따르면 네덜란드의 노예선은 18세기에 평균 300 톤으로 가장 컸고 프랑스의 노예선은 247톤으로 그 뒤를 이었다. 북아메리카에서 항해 중인 함선의 평균은 약 100톤이었다. 스티븐 D. 베렌트(Stephen D. Behrendt)는 다음과 같은 중요한 점을 지적했다. "일반적으로 상인들은 정치적으로 분권된 해안 지역의 시장에는 작은 노예선을 보내서 소수의 노예만을 데려왔고 정치적으로 중앙집권과 상업 기반 시설이 갖춰진 항구나 석호 지역에는 커다란 노예선을 보내서 많은 수의 노예를 적재할 수 있도록 했다." 그의 "Markets, Transaction Cycles, and Profits," 188을 참조.

42. *Newport Mercury*, January 7, 1765.

43. *Pennsylvania Gazette*, June 21, 1753; Falconer, *Universal Dictionary of the Marine*, s.v., "sloop."

44. *City Gazette and Daily Advertiser*, November 28, 1796; Falconer, *Universal Dictionary of the Marine*, s.v., "ship."

45. *South-Carolina State Gazette and Timothy's Daily Adviser*, May 7, 1800; Sir Jeremiah Fitzpatrick, M.D., *Suggestions on the Slave Trade, for the Consideration of the Legislature of Great Britain* (London: John Stockdale, 1797), 6, 17, 62. 바크급 함선도 세 개의 돛을 달고 앞돛과 주돛에 사각 범장을 하고 있었지만 종범장치가 된 뒷돛에는 상부돛이 없었다. 이 함선은 흔한 종류는 아니었다.

46. Reverend John Riland, *Memoirs of a West-India Planter, Published from an Original MS. With a Preface and Additional Details* (London: Hamilton, Adams & Co., 1827). 릴랜드는 1778년 자메이카에서 태어났고 아버지에 의해 어린 시절 영국으로 보내져서 학교에 다녔다.

47. 나는 릴랜드가 승선했던 것으로 보이는 리버티호라는 이름의 함선을 두 척 발견했는데 두 함선 모두 그가 살던 시기에 활동했다고 보기는 힘들다. 그는 어쩌면 1795년에서 1796년 사이에 138톤급의 함선을 타고 대서양을 횡단했던 것으로 보이며 런던에서 출발해서 아프리카의 불명의 항구로 간 뒤에 거기서 다시 바베이도스로 돌아왔을 것이다. 아니면 1806년에서 1807년 사이에 다른 160톤급의 함선을 타고 리버풀에서 출발해서 앙골라를 거쳐 세인트 키츠로 돌아왔을 수도 있다. 이에 관한 정보는 *TSTD*, #82252, #82254를 참조.

48. 릴랜드가 노예선 항해를 했을 때 그는 복잡한 심경이었다., 그는 반-노예제도적 대의를 따랐기 때문에 어느 정도의 동정심을 가지고 있었지만 동시에 노예제도에 크게 투자하고 이익을 얻는 가문의 일원이었다. 이는 그도 이미 인정하고 있는 사실이었다. 실제로 그는 배를 타자마자 노예무역을 포함한 식민지의 상업적 번영을 통해 어떻게 자신이 부를 누릴 수 있게 되었는지 확인하고 놀랄 수밖에 없었다. 그는 또한 자신의 항해가 "일종의 모험으로서 매우 긍정적인 표본"이라고 생각하고 있었다.

49. 나는 1788년의 돌벤법에서 제시한 비율을 활용해서 노예선에 끌려온 노예의 수를 바탕으로 함선의 톤수를 추론했다. 이는 대략 적재량 1톤당 1.8명의 노예 비율이었다.

50. 윌리엄 팔코너(William Falconer)의 *Universal Dictionary of the Marine*에 따르면 격자는 "여러 개의 작은 나뭇가지와 활대를 직각으로 엮어서 사각형의 구멍을 내어 둔 형태로 승강구를 덮는 개방형 덮개의 한 종류"였다. 격자의 형태는 함선 하갑판에 공기와 빛을 전달해 주기 위한 형태로 제작되었고 특히 해상에 난기류가 형성될 때에는 갑판 사이의 승강구를 폐쇄할 수 있도록 만들어졌다.

51. Falconer, *Universal Dictionary of the Marine*, s.v., "boat," "long-boat," "yawl"; Stammers, "Guineamen," 40.

52. 토머스 클락슨(Thomas Clarkson)은 "함선의 선미 부분에는 가장 중요한 무기고가 있었고 함선의 중요 작업이 이루어지는 곳이었다. 따라서 가장 약한 포로들(주로 작은 여자아이들)이 선미 구획에 머물렀다"라고 기록했다. Clarkson이 Comte de Mirabeau에게 보낸 편지, November 17, 1789, ff. 3~4, Papers of Thomas Clarkson, Huntington Library, San Marino, California를 참조. "전함이나 노예선에 적합한 네 개의 대형 철 냄비"의 공공 경매에 관해서는 *South-Carolina State Gazette and Timothy's Daily Adviser*, June 14, 1799를 참조. "노예선에 실린 통"에 대해서는 William B. Weeden,

Economic and Social History of New England, 1620-1789 (New York : Hillary House Publishers, Ltd., 1963), vol. II, 458을 참조.

53. *Providence Gazette; and Country Journal*, July 7, 1770, and April 9, 1774를 참조.

54. *Newport Mercury*, March 25, 1809. 구리 외장에 관해 발견한 가장 최초의 기록은 1720년대 왕립 아프리카 회사의 기록이었다. Ship's Book (unidentified), 1722~24, Treasury (T) 70/1227, NA를 참조.

55. 1791년 8월 15일 리버풀에서 온 편지에 따르면 "카르나틱호라고 불리는 아프리카 무역을 위한 새 함선이 오늘 왕의 부두 근처에서 진수되었다. 이 함선은 새로운 구리 외장의 원리를 적용하여 보통의 불을 적용한 방식이 아니라 냉기를 적용해 판을 이어붙이는 방식으로 작업했다. 여러 가지 장점이 있을 것이라 예상할 수 있었다." *City Gazette and Daily Advertiser*, October 26, 1791과 *TSTD*, #80733을 참조.

56. Falconer, *Universal Dictionary of the Marine*, s.v. "windsail."

57. *Connecticut Centinel*, August 2, 1804.

58. *Providence Gazette; and Country Journal*, August, 5, 1790.

59. *Providence Gazette*, July 19, 1800.

3장 아프리카에서 중간항로로 가는 길

1. 이 아래의 세 문단은 Joseph Hawkins, *A History of a Voyage to the Coast of Africa, and Travels into the Interior of that Country; containing Particular Descriptions of the Climate and Inhabitants, particulars concerning the Slave Trade* (Troy, N.Y. : Luther Pratt, 2nd edition, 1797), 18~149를 바탕으로 하고 있다. 호킨스는 가진 것이 없는 젊은이였지만 일부 교육을 받았고 1794년부터 1795년 사이에 노예선 찰스턴호에 화물 관리인으로 일하면서 항해했다. 이 시기의 풍가스강(江)에 관한 조사는 Bource L. Mouser, "Trade, Coasters, and Conflict in the Rio Pongo from 1790 to 1808," *Journal of African History*, 14 (1973), 45~64를 참조.

2. 호킨스(Hawkins)는 이 전쟁의 상대를 "갈라족"과 "에보족"이라고 불렀다. 바람막이 해안 내륙의 위치로 볼 때 전자는 골라족이었지만 후자의 경우 이그보족은 아니었다. 이그보족은 오늘날의 나이지리아 동쪽 수백 마일 지점에 살고 있었다. 나는 George P. Peter Murdock, *Africa : Its People and Their Culture History* (New York : MacGraw-Hill Book Company, 1959), 91을 바탕으로 해서 "에보족"이 이보족이었을 것이라고 잠정적으로 결론 내렸다.

3. J. D. 페이지(J. D. Fage)는 "호킨스에 혹했나? '오리의 오리발' 속편(Hawkins' Hoax? A Sequel to 'Drake's Fake)," *History in Africa* 18 (1991), 83~91에서 호킨스의 진성성을 의심했다(하지만 최종적으로는 인정했다). 그의 주장에 신뢰성을 뒷받침하는 증거들이 속속들이 나타났다. 첫째, 페이지는 이보족에 관해 알지 못했고 따라서 호킨스가 바람막이 해안에서 이그보족을 언급한 것이 잘못된 것이라고 생각했다. 둘째, 찰스턴의 출항 허가는 *City Gazette and Daily Advertiser* on January 5, 1795에 기록되어 있고 귀항에 관해서도 같은 신문의 7월 기사에 실렸다(1795년 7월 24일과 8월 5일, 7일, 15일). 또한, *Columbian Herald or the Southern Star*에는 "질 좋은 노예 화물"의 판매에 관한 광고가 실렸다(1795년 8월 14일). 이러한 날짜는 호킨스의 기록과 일치한다. 셋째, 호킨스는 찰스턴의 *City Gazette and Daily Advertiser* (March 14 and 15, 1797, August 16, 1797)에 자신의 저서를 광고했는데 그의 주장이 사기였다면 그렇게 하지 않았을 것이다.

4. Peter Linebaugh and Marcus Rediker, *The Many-Headed Hydra : Sailors, Slaves, Commoners, and the Hidden History of the Revolutionary Atlantic* (Boston : Beacon Press, 2000) [피터 라인보우·마커스 레디커, 『히드라 — 제국과 다중의 역사적 기원』, 정남영·손지태 옮김, 갈무리, 2008]에서는 중간항로의 의미는 한 지역에서의 징용을 다른 지역에서의 착취와 연결하는 개념이었다. 이러한 관점은 Marcus Rediker, Cassandra Pybus, and Emma Christopher, eds., *Many Middle Passages : Forced Migration and the Making of the Modern World* (Berkeley : University of California Press, 2007)에서 다양한 방식으로 발전했다.

5. 이 부분과 뒤의 여섯 개의 무역 지역에 관한 내용은 다음의 주요 설명 자료를 바탕으로 그린 내용이다. Walter Rodney, "The Guinea Coast," in J. D. Fage and Roland Olivier, eds., *The Cambridge History of Africa* (Cambridge : Cambridge University Press, 1975), vol. 4, *From c. 1600 to c. 1790* ; J. D. Fage, *A History of West Africa* (London : Cambridge University Press, 1969), 4th edition; J. F. 아자이와 마이클 크라우더(J. F. Ajayi and Michael Crowder)의 History of West Africa (London : Longman, 1971, 1974), 2 vols.; Elizabeth Allo Isichei, *A History of African Societies to 1870* (Cambridge : Cambridge University Press, 1997); John Thornton, *Africa and Africans in the Making of the Atlantic World, 1400-1800* (Cambridge : Cambridge University Press, 1992; 2nd edition, 1998); Michael A. Gomez, *Exchanging Our Country Marks : The Transformation of African Identities in the Colonial and Antebellum South* (Chapel Hill : University of North Carolina Press, 1998); Paul E. Lovejoy, *Transformations in Slavery : A History of Slavery in Africa* (Cambridge : Cambridge University Press, 2000), 2nd edition; Christopher Ehret, *The Civilizations of Africa : A History to 1800* (Charlottesville : University of Virginia Press, 2002); Michael A. Gomez, *Reversing Sail : A History of the African Diaspora* (Cambridge : Cambridge University Press, 2005); Patrick Manning, *The African Diaspora : A History Through Culture* (New York : Columbia University Press, forthcoming, 2008). 또 Herbert S. Klein, *The Middle Passage : Comparative Studies in the Atlantic Slave Trade* (Princeton : Princeton University Press, 1978)와 같은 작가의 *The Atlantic Slave Trade* (Cambridge : Cambridge University Press, 1999) 그리고 Johannes Postma, *The Atlantic Slave Trade* (Westport, Conn. : Greenwood Press, 2003)도 귀중한 자료를 제공했다. 각 지역의 특수화된 연구는 이어지는 내용에서 나열하겠다.

6. Manning, *African Diaspora*; Eric Wolf, *Europe and the People Without History* (Berkeley : University of California Press, 1982), 206.

7. Walter Rodney, *A History of the Upper Guinea Coast, 1545-1800* (Oxford : Clarendon Press, 1970), 114.

8. *South Carolina Gazette*, August 3, 1784.

9. 더 현대적으로는 Ayub ibn Suleiman, Ibn Ibrahim 또는 Ayuba Suleyman Diallo로 표현할 수 있다.

10. Thomas Bluett, *Some Memoirs of the Life of Job, the Son of Solomon, the High Priest of Boonda in Africa, Who was a Slave about two years in Maryland; and afterwards being brought to England, was set free, and sent to his native Land in the year 1734* (London, 1734), 12~17, 44~48; Job ben Solomon이 Mr. Smith에게 보낸 편지, January 27, 1735~36, in Donnan II, 455; Francis Moore, *Travels into the Inland Parts of Africa* (London, 1738), 69, 204~9, 223~24. 또한, Arthur Pierce Middleton, "The Strange Story of Job Ben Solomon," *William and Mary Quarterly* 3rd series, 5 (1948), 342~50과 Douglas Grant, *The Fortunate Slave : An Illustration of African Slavery in the Early Eighteenth Century* (London : Oxford University Press, 1968)을 참조.

11. Richard Roberts, *Warriors, Merchants, and Slaves : The State and the Economy in the Middle Niger Valley, 1700-1914* (Stanford, Calif. : Stanford University Press, 1987), ch. 3.

12. Sylviane A. Diouf, *Servants of Allah : African Muslims Enslaved in the Americas* (New York : New York University Press, 1998), 164~66; Michael A. Gomez, *Black Crescent : The Experience and Legacy of African Muslims in the Americas* (Cambridge : Cambridge University Press, 2005), 68~70; James F. Searing, *West African Slavery and Atlantic Commerce : The Senegal River Valley, 1700-1860* (New York : Cambridge University Press, 1993); Boubacar Barry, *Senegambia and The Atlantic Slave Trade* (Cambridge : Cambridge University Press, 1998); Donald R. Wright, *The World and a Very Small Place in Africa* (London : ME Sharpe Inc., 2004).

13. [옮긴이] grumettoes. 그루메토 또는 그루메치라 부르며 백인 또는 아프리카-백인 혼혈에게 고용되어 노동력 또는 통역 업무를 제공하던 사람들.

14. Nicholas Owen, *Journal of a Slave-Dealer: A View of Some Remarkable Axedents in the Life of Nics. Owen on the Coast of Africa and America from the Year 1746 to the Year 1757*, ed. Eveline Martin (Boston: Houghton Mifflin, 1930), 76; John Newton, *Journal of a Slave Trader, 1750-1754*, ed. Bernard Martin and Mark Spurrell (London: Epworth Press, 1962), 43.

15. [옮긴이] Mane. 포르투갈인이 이름 붙여 주었으며 포르투갈어로 "망령"이라는 뜻, 해당 시기 아프리카 동부에서 서아프리카를 침략한 부족.

16. Walter Hawthorne, *Planting Rice and Harvesting Slaves: Transformations Along the Guinea-Bissau Coast, 1400-1900* (Portsmouth, N.H.: Heinemann, 2003), ch. 3; George E. Brooks, *Eurafricans in Western Africa: Commerce, Social Status, Gender, and Religious Observance from the Sixteenth to the Eighteenth Century* (Athens: Ohio University Press, 2003), 178, 246~47; Rosalind Shaw, *Memories of the Slave Trade: Ritual and the Historical Imagination in Sierra Leone* (Chicago: University of Chicago Press, 2002); L. Day, "Afro-British Integration on the Sherbro Coast, 1665~1795," *Africana Research Bulletin* 12 (1983), 82~107; Rodney, "The Rise of the Mulatto Traders" in *History of the Upper Guinea Coast*.

17. Accounts of Fort Commenda, October 23, 1714; "Diary and Accounts, Commenda Fort, In Charge of William Brainie, 1714~1718," in Donnan II, 186; David Henige, "John Kabes of Kommenda: An Early African Entrepreneur and State Builder," *Journal of African History* 13 (1977), 1~19. 헤니지는 "카베스는 왕립 아프리카 회사의 고용인이었고 이는 그가 회사에서 돈을 받으며 회사를 위한 일을 수행한다는 것을 의미했다. 하지만 그는 그렇게 하지 않았다. 그는 스스로를 '종복'으로 생각하지 않았다"라고 기록했다(10).

18. Yaw M. Boateng, *The Return: A Novel of the Slave Trade in Africa* (New York: Pantheon Books, 1977), vii.

19. Ray A. Kea, *Settlements, Trade, and Polities in the Seventeenth-Century Gold Coast* (Baltimore: Johns Hopkins University Press, 1982); Kwame Yeboa Daaku, *Trade and Politics on the Gold Coast: 1600-1720: A Study of the African Reaction to European Trade* (New York: Oxford University Press, 1970); Rebecca Shumway, "Between the Castle and the Golden Stool: Transformations in Fante Society, 1700~1807," Ph.D. dissertation, Emory University, 2004; William St. Clair, *The Grand Slave Emporium: Cape Coast Castle and the British Slave Trade* (London: Profile Books, 2006). 또 Peter C. W. Gutkind, "Trade and Labor in Early Precolonial African History: The Canoemen of Southern Ghana," in Catherine Coquery-Vidrovitch and Paul E. Lovejoy, eds., *The Workers of the African Trade* (Beverly Hills: Sage, 1985), 25~50; "The Boatmen of Ghana: The Possibilities of a Pre- Colonial African Labor History," in Michael Hanagan and Charles Stephenson, eds., *Confrontation, Class Consciousness and the Labor Process* (New York: Greenwood Press, 1986), 123~66을 참조.

20. James Field Stanfield, *Observations on a Guinea Voyage, in a Series of Letters Addressed to the Rev. Thomas Clarkson* (London: James Phillips, 1788), 20; Henry Ellison과의 면담, in *Substance*, 218~19; Henry Ellison의 증언, 1790, in *HCSP*, 368~69, 383.

21. C. W. Newbury, *The Western Slave Coast and Its Rulers* (Oxford: Clarendon Press, 1961); Patrick Manning, *Slavery, Colonialism and Economic Growth in Dahomey, 1640-1960* (Cambridge: Cambridge University Press, 1982); Robin Law, *The Slave Coast of West Africa 1550-1750: The Impact of The Atlantic Slave Trade on an African Society* (Oxford: Clarendon Press, 1991); Robin Law, *The Oyo Empire, c.1600-c.1836: A West African Imperialism in the Era of The Atlantic Slave Trade* (Oxford: Clarendon Press, 1977); Robin Law and Kristin Mann, "West Africa in the Atlantic Community: The Case of the Slave Coast," *William and Mary Quarterly* 3rd series, 54 (1999), 307~34.

22. 안테라 듀크(Antera Duke)의 일지는 두 가지 형태로 나타났는데 원본은 피진 영어로 작성된 것이고 다른 하나는 C. Daryl Forde, ed., *Efik Traders of Old Calabar; The Diary of Antera Duke, an Efik Slave-Trading Chief of the Eighteenth Century* (London, 1956), 27~115에서 "현대의 영어로" 번안된 것이다. 다음 날짜에 해당하는 내용을 참고하라. 1787년 6월 5일; 1785년 8월 29일; 1788년 1월 27일; 1785년 4월 8일; 1785년 9월 26일; 1787년 12월 25일(성탄절 파티), 1786년 10월 9일; 1786년 10월 5일; 1785년 5월 26일; 1785년 10월 23일; 1785년 3월 21일; 1785년 1월 30일; 1786년 8월 9일, 1785년 6월 27일. 그는 일찍이 1769년 말에서 1770년 초 사이에 옛 칼라바르에서 교역하는 30명의 상인 중 한 명이었고 돕슨호의 존 포터(John Potter) 선장에게 노예를 팔았다. 듀크는 37명의 노예와 함께 수천 개의 얌을 팔아서 4,400개의 구리동전과 교환했다. 이는 1,100개의 철괴 또는 550통의 화약에 해당하는 가치가 있었다. P. E. H. Hair, "Antera Duke of Old Calabar, A Little More About an African Entrepreneur," *History in Africa* 17 (1990), 359~65를 참조.

23. [옮긴이] Seven Fathoms Point. 비아프라만에 있는 수로 옆의 절벽으로 높이가 7패덤, 우리나라 단위로 일곱 길에 해당하여 붙여진 명칭.

24. 듀크가 언급한 (25번의 항해를 했던) 20척의 함선은 노예무역 데이터베이스에서 찾을 수 있었다. (모두 옛 칼라바르에서 데려온 것은 아니었지만) 실제 적재된 노예의 수는 10,285명이었고 각 함선당 평균은 411명이었다. *TSTD*, #81258, #82312, #81407, #81841, #82233, #82326, #83268, #83708, #81353, #81559, #81560, #81583, #82362, #82543, #83063, #81913, #82327, #83168, #83169, #83178, #84050, #83365, #83709, #84018, #84019를 참조.

25. [옮긴이] 카누 하우스. 소규모의 상업적 집단으로 무역 및 전투를 목적으로 하는 잘 조직된 단체로 묘사되며 전투 카누를 운용하고 유지함.

26. 이 지역 역사에서 중요한 사건에 관한 연구는 Randy J. Sparks, *The Two Princes of Calabar: An Eighteenth-Century Atlantic Odyssey* (Cambridge, Mass.: Harvard University Press, 2004)를 참조.

27. Robin Horton, "From Fishing Village to City-State: A Social History of New Calabar," in Mary Douglas and Phyllis M. Kaberry, eds., *Man in Africa* (London: 1969), 37~61; A. J. H. Latham, *Old Calabar, 1600-1891: The Impact of the International Economy upon a Traditional Society* (Oxford: Clarendon Press, 1973); David Northrup, *Trade Without Rulers: Pre-Colonial Economic Development in South-Eastern Nigeria* (Oxford: Clarendon, 1978); Elizabeth Allo Isichei, *A History of the Igbo People* (New York: St. Martin's Press, 1976); Douglas B. Chambers, " 'My own nation': Igbo Exiles in the Diaspora," *Slavery and Abolition* 18 (1997), 72~97; David Northrup, "Igbo: Culture and Ethnicity in the Atlantic World," *Slavery and Abolition* 71 (2000); Douglas B. Chambers, "Ethnicity in the Diaspora: The Slave Trade and the Creation of African 'Nations' in the Americas," *Slavery and Abolition* 22 (2001), 25~39; Douglas B. Chambers, "The Significance of Igbo in the Night of Biafra Slave-Trade: A Rejoinder to Northrup's 'Myth Igbo,' " *Slavery and Abolition* 23 (2002), 101~20; Douglas B. Chambers, *Murder at Montpelier: Igbo African in Virginia* (Jackson: University of Mississippi Press, 2005).

28. [옮긴이] lingua franca. 서로 다른 언어를 쓰는 이들이 의사소통을 위해 혼용해서 사용하는 언어.

29. Robert Harms, *River of Wealth, River of Sorrow: The Central Zaire Basin in the Era of the Slave and Ivory Trade, 1500-1891* (New Haven: Yale University Press, 1981), 7, 8, 27, 33, 35, 92.

30. David Birmingham, *Trade and Conflict in Angola: The Mbundu and Their Neighbors Under the Influence of the Portuguese, 1483-1790* (Oxford: Oxford University Press, 1966); John K. Thornton, *The Kingdom of Kongo: Civil War and Transition, 1641-1718* (Madison: University of Wisconsin Press, 1983); Harms, *River of Wealth, River of Sorrow*; Joseph Miller, *Way of Death: Merchant Capitalism and the Angolan Slave Trade, 1730-1830* (1988); Herbert S. Klein, "The Portuguese Slave Trade from Angola in the Eighteenth Century," *Journal of Economic History* 32 (1972),

894~918.

31. Robert Norris의 증언, 1789, in *HCSP* 69 : 38~39. John Thornton, *Africa and Africans*, 99~105.

32. "Anonymous Account of the Society and Trade of the Canary Islands and West Africa, with *Observations* on the Slave Trade" (n.d., but c. 1784), Add. Ms. 59777B, f. 42v, BL; John Matthews, *A Voyage to the River Sierra Leone, on the Coast of Africa, containing an Account of the Trade and Productions of the Country, and of the Civil and Religious Customs and Manners of the People; in a Series of Letters to a Friend in England* (London : B. White and Son, 1788), 85~86; John Atkins, *A Voyage to Guinea, Brasil, and the West Indies; In His Majesty's Ships, the Swallow and Weymouth* (London, 1735; rpt. London : Frank Cass, 1970), 176; Thomas Trotter의 증언, 1790, in *HCSP*, 73 : 83~84; Thomas Clarkson, *An Essay on the Slavery and Commerce of the Human Species, particularly the African, translated from a Latin Dissertation, which was honoured with the First Prize in the University of Cambridge for the Year 1785, with Additions* (London, 1786; rpt. Miami, Fla. : Mnemosyne Publishing Co., 1969), 45; Henry Ellison의 증언, 1790, *HCSP*, 73 : 381. 또한, John Thornton, *Warfare in Atlantic Africa : 1500-1800* (London : Routledge, 1999), 128을 참조. 1750년에서 1807년 사이의 기간에 서아프리카로 수출한 총기류에 관한 내용은 J. E. Inikori, "The Import of Firearms into West Africa 1750~1807 : A Quantitative Analysis," *Journal of African History* 18 (1977), 339~68과 W. A. Richards, "The Import of Firearms into West Africa in the Eighteenth Century," *Journal of African History* 21 (1980), 43~59를 참조.

33. Moore, *Travels into the Inland Parts of Africa*, 30; Rodney, *History of the Upper Guinea Coast*, 114.

34. Barry, *Senegambia and The Atlantic Slave Trade*, 6~7.

35. Atkins, *A Voyage to Guinea*, 180; Bruce Mouser, ed., *A Slaving Voyage to Africa and Jamaica : The Log of the Sandown, 1793-1794* (Bloomington : Indiana University Press, 2002), 81~82; Thomas Clarkson, *Letters on the Slave-Trade and the State of the Natives in those Parts of Africa which are Contiguous to Fort St. Louis and Goree* (London, 1791).

36. 로버트 노리스는 "마히족"(Mahees)이 1750년대와 1760년대에 다호메이 왕의 노예화에 맞서서 거친 산악 지형으로 탈출해서 그곳을 방어하며 저항했다고 기록했다. 그의 *Memoirs of the Reign of Bossa Ahadee, King of Dahomy, an Inland Country of Guiney, to which are added the Author's Journey to Abomey, the Capital, and a Sort Account of the African Slave Trade* (orig. publ. London, 1789; rpt. London : Frank Cass and Company Limited, 1968), 21~22를 참조. 또한, Ismail Rashid, " 'A Devotion to the Idea of Liberty at Any Price' : Rebellion and Antislavery in the Upper Guinea Coast in the Eighteenth and Nineteenth Centuries," in Sylviane A. Diouf, ed., *Fighting the Slave Trade : West African Strategies* (Athens : Ohio University Press, 2003), 137, 142도 참조.

37. Alexander Falconbridge, *An Account of the Slave Trade on the Coast of Africa* (London, 1788), 20. 아이들에 관한 내용은 Audra A. Diptee, "African Children in the British Slave Trade During the Late Eighteenth Century," *Slavery and Abolition* 27 (2006), 183~96과 폴 Paul E. Lovejoy, "The Children of Slavery:the Transatlantic Phase," 같은 책, 197~217을 참조.

38. Captain William Snelgrave, *A New Account of Some Parts of Guinea and the Slave Trade* (London, 1734; rpt. London : Frank Cass & Co., 1971), 49; *Memoirs of Crow*, 199~200; Patrick Manning, "Primitive Art and Modern *Times*," *Radical History Review* 33 (1985), 165~81.

39. 대약탈은 Clarkson, *Letters on the Slave-Trade*에 묘사되어 있으며 이 편지는 세네감비아의 고리(Goree) 항구의 노예무역을 담당하던 프랑스 정부의 부관인 죠프리 데 빌레뉴(Geoffrey de Villeneuve)와의 대화를 바탕으로 하고 있다. Letter II를 참조.

40. 루이스 아사-아사는 영국과 미국에서 노예무역을 폐지하려는 움직임이 한창 팽배하던 시기에 태어났다. 후에 그는 프랑스의 배를 타고 서아프리카를 떠났으며 어느 면으로 보나 그의 삶은 우리가 생각하는 평범함과는 거리가 멀었다. 그러나 그는 영국과 미국 노예무역의 살아 있는 증거가 될 수 있었

고 특히 노예무역에서 겪은 간결하면서도 생생한 아프리카인의 이야기는 매우 희귀하면서도 귀중한 가치를 지녔다. "Narrative of Louis Asa-Asa, a Captured African," in *The History of Mary Prince, a West Indian Slave, Related by Herself*, ed. Moira Ferguson (orig. publ. London and Edinburgh, 1831; rpt. Ann Arbor : University of Michigan Press, 1993), 121~24를 참조.

41. 아디뉴족 전사들이 정확하게 누구를 말하는지는 밝혀내지 못했다.

42. 루이스 아사-아사의 연대기는 혼란스러웠다. 토머스 프린스(Thomas Prince)가 수집한 자료에 의하면 아사-아사는 시에라리온에서 바로 영국으로 건너왔다고 했지만, 실제로 그는 어쩌면 신세계의 농장에서 일했을 수도 있다. 그가 에기에 살던 "친구와 친족"들이 아디뉴족에게 잡혀서 노예로 팔려갔다고 말했을 때 그는 "나는 바다 건너편에서 그들이 노예로 살고 있는 것을 후에 보았기 때문에 그 사실을 알 수 있었다"라고 덧붙였다.

43. [옮긴이] 우콰소우 그로니오소우. 제임스 앨버트(James Albert)라고도 알려진 작가로 노예에서 풀려난 후 영국 최초의 아프리카인 저서로 알려진 자서전을 남김.

44. *Narrative of the Most Remarkable Particulars in the Life of James Albert Ukawsaw Gronniosaw, African Prince, As related by Himself* (Bath, 1770).

45. Mungo Park, *Travels into the Interior of Africa, Performed under the Direction and Patronage of the African Association, in the Years 1795, 1796, and 1797*, ed. Kate Ferguson Marsters (orig. publ. 1799; rpt. Durham, N.C., and London : Duke University Press, 2000), 303.

46. John Newton, *Thoughts upon the African Slave Trade* (London, 1788), 23~24.

47. Ellison의 증언, in *HCSP*, 73 : 381.

48. 이러한 경험에 대해 더 알아보기 위해서는 Maria Diedrich, Henry Louis Gates, Jr., and Carl Pedersen, eds., *Black Imagination and the Middle Passage* (New York : Oxford University Press, 1999)를 참조.

4장 올라우다 에퀴아노 — 놀라움과 공포

1. Olaudah Equiano, *The Interesting Narrative of the Life of Olaudah Equiano, or Gustavus Vassa, the African. Written by Himself* (London, 1789), *The Interesting Narrative and Other Writings* (New York : Penguin, 1995), ed. Vincent Carretta, 55~56로 재출간 (이하 Equiano, *Interesting Narrative*). 에퀴아노의 전기는 James Walvin, *An African's Life : The Life and Times of Olaudah Equiano, 1745-1797* (London : Cassell, 1998)와 Vincent Carretta, *Equiano the African : Biography of a Self-Made Man* (Athens and London : University of Georgia Press, 2005)를 참조. 또한, 나이지리아의 뛰어난 역사가 아디엘레 아피그보(Adiele Afigbo)의 글 "Through a Glass Darkly : Eighteenth-Century Igbo Society through Equiano's Narrative," in *Ropes of Sand : Studies in Igbo History and Culture* (Ibadan : University Press Ltd., 1981), 145~86도 참조.

2. 나는 폴 러브조이와 알렉산더 X. 버드 같은 학자들이 에퀴아노가 가진 이그보 문화와 언어에 대한 심오한 지식으로 미루어 볼 때 그가 그곳에서 태어났다는 주장을 지지할 수 있다고 언급한 데에 동의한다. Carretta, *Equiano the African*, xi-xix; Alexander X. Byrd, "Eboe, Country, Nation, and Gustavus Vassa's *Interesting Narrative*," *William and Mary Quarterly* 3rd ser. 63(2006), 123~48과 Paul Lovejoy, "Autobiography and Memory : Gustavus Vassa, alias Olaudah Equiano, the African," *Slavery and Abolition* 27 (2006), 317~47을 참조. 버드는 만약 에퀴아노가 사우스캐롤라이나에서 태어났다면 그는 "얻어 들은 수많은 정보"만으로 아프리카에 관해 공부해야 했을 것이라고 기록했다. 에퀴아노가 아프리카의 사상을 활용했던 면에 관한 탐색은 Paul Edwards and Rosalind Shaw, "The Invisible Chi in Equiano's *Interesting Narrative*," *Journal of Religion in Africa* 19 (1989) 146~56을 참조.

3. [옮긴이] griot. 서아프리카의 세습 음악가 일족으로 역사 이야기를 들려주던 일종의 음유시인.

4. 에퀴아노가 노예화의 과정과 중간항로에 관한 글쓰기를 통해 "뿔뿔이 흩어진 수백만 명의 아프리카

인 동포를 위해 목소리를 냈다"라는 카레타의 주장에는 대부분 동의할 것이다. Carretta, Carretta, *Equiano the African*, xix; Afigbo, "Through a Glass Darkly," 147. 중간항로와 노예무역에 관한 아프리카인 1인칭 시점을 담은 일부 유용한 논의는, Jerome S. Handler, "Survivors of the Middle Passage : Life Histories of Enslaved Africans in British America," *Slavery and Abolition* 23 (2002), 25~56을 참조. 나 또한 크레타가 에퀴아노의 초기 생애를 사실로 받아들이듯이 그의 주장을 따르고 있지만, 이 글을 읽는 독자들은 그가 말한 사실이 어쩌면 떠도는 수많은 소문을 집대성한 것일 수도 있다는 점을 기억하고 있기를 권장한다.

5. 에퀴아노의 출생지로 예상되는 곳은 세 지역이 있다. G. I. 존스(G. I. Jones)는 북부 이카 이그보 (Ika Igbo) 지역을 선정했고 아디엘레 아피그보는 이그보 땅의 북쪽의 은수케(Nsukke)라고 보았다. 케서린 오비안주 아콜로누(Catherine Obianju Acnolonu)는 다른 많은 이들처럼 이세케 지역이라고 생각했다. G. I. Jones, "Olaudah Equiano of the Niger Ibo," in Philip D. Curtin, ed., *Africa Remembered : Narratives by West Africans from the Era of the Slave Trade* (Madison : University of Wisconsin Press, 1967), 61과 Afigbo, "Through a Glass Darkly," 156; 그리고 Catherine Obianju Acholonu, "The Home of Olaudah Equiano.A Linguistic and Anthropological Survey," *Journal of Commonwealth Literature*, 22 (1987), 5~16을 참조.

6. [옮긴이] 이그보족의 풍습으로 여러 결의 자상 흉터를 남김으로써 고등사회로의 진입과 고귀함을 증명하는 표식을 남김.

7. 이 영역의 인용구는 Equiano, *Interesting Narrative*, 32~33, 35, 37, 38, 46에서 발췌한 것이다. 또한, Daryll Forde and G. I. Jones, *The Ibo and Ibibio-Speaking Peoples of South-Eastern Nigeria* (London : Oxford University Press, 1950), 37과 G. I. Jones, *The Trading States of the Oil Rivers* (London : Oxford University Press, 1962) 그리고 G. I. Jones, "Olaudah Equiano of the Niger Ibo," 64를 참조. 에퀴아노가 총기류에 익숙했다는 점에서 그가 유럽이나 바다에 관해서 완전히 무지했다는 그의 주장에 대해서는 의문이 생길 수 있다.

8. 아로족에 관한 내용은 Kenneth Onwuka Dike and Felicia Ekejiuba, *The Aro of South-eastern Nigeria, 1650-1980* (Ibadan : University Press Ltd., 1990)를 참조. 이 문단과 전체 내용은 Douglas B. Chambers, " 'My own nation' : Igbo Exiles in the Diaspora," *Slavery and Abolition* 18 (1997), 72~97; "Ethnicity in the Diaspora : The Slave Trade and the Creation of African 'Nations' in the Americas," *Slavery and Abolition* 22 (2001), 25~39; "The Significance of Igbo in the Bight of Biafra Slave-Trade : A Rejoinder to Northrup's 'Myth Igbo,' " *Slavery and Abolition* 23 (2002), 101~20 그리고 *Murder at Montpelier : Igbo Africans in Virginia* (Jackson : University of Mississippi Press, 2005), especially ch. 2 and 3의 내용에 많이 의존하였다.

9. Afigbo, "Economic Foundations of Pre-Colonial Igbo Society," in *Ropes of Sand*, 123~44; John N. Oriji, *Traditions of Igbo Origin : A Study of Pre-Colonial Population Movements in Africa* (New York : Peter Lang, 1990), 4; Chambers, *Murder at Montpelier*, 39~40.

10. David Northrup, *Trade Without Rulers : Pre-Colonial Economic Development in South-Eastern Nigeria* (Oxford : Clarendon, 1978), 15; Chambers, *Murder at Montpelier*, 191; Afigbo, "Through a Glass Darkly," 179.

11. Chambers, "My own nation," 82; Chambers, *Murder at Montpelier*, 59~62.

12. [옮긴이] Oye-Eboe. 오이보는 "벗겨진 피부의 사람"이라는 뜻으로 처음에는 남부지역에서 온 붉은 피부의 부족을 칭했으나 후에는 밝은 피부의 백인을 부르는 말로 바뀌어 사용되었다. 에퀴아노는 원래의 의미로 사용했다.

13. Northrup, *Trade Without Rulers*, 65~76.

14. 이 영역의 인용구는 Equiano, *Interesting Narrative*, 46~54에서 발췌한 것이다.

15. [옮긴이] 영어로 카우리(Cowrie)라고 불리는 손톱만 한 크기의 바닷조개로 서아프리카 여러 지역에서 화폐로 사용됨.

16. [옮긴이] 최근 자료에 따르면 이때 도착한 사주 지역은 보니섬이 아니라 솜브레로강(Sombrero River) 근처의 데기마(Degema) 근처 사주인 것으로 보인다.

17. 카레타(*Equiano the African*, 34)와 러브조이("Autobiography and Memory")의 연구 모두는 에퀴아노가 탔던 함선이 오그던호였다고 주장하고 있고 나 역시 이에 동의한다. 항해에 관한 세부 사항은 *TSTD*, #90473을 참조.

18. 이 영역의 인용구는 Equiano, *Interesting Narrative*, 55~57에서 발췌한 것이다. 배를 본 에퀴아노의 반응은 1708년에 여덟 살의 나이로 해군 함선에 올랐던 영국 소년 잭 크레머(Jack Cremer)의 반응과 놀랍도록 닮았다. "며칠이 지나도록 나는 내가 어떤 세상에 살고 있는지 전혀 알 수 없었고 생각조차 할 수 없었다. 내 주변에 천사가 맴도는지 악마가 맴도는지조차 가늠하지 못했고 모든 것이 생소했다. 말도 달랐고 억양도 달랐으며 마치 꿈을 꾸고 있는 듯했고 깨어날 방법도 없었다. 매일 아침 흔들리는 배의 끔찍한 소음으로 일어났고 매일 밤 소형선에 자리 잡고 누워야 했다. 나는 모든 것이 두려웠다." John Cremer, *Ramblin' Jack: The Journal of Captain John Cremer, 1700-1774*, ed. R. Reynall Bellamy (London: Jonathan Cape, 1936), 43을 참조. 또한, 윌리엄 버터워스는 10대의 나이에 처음으로 리버풀의 부두를 보았을 때 "엄청난 함선 건조의 장면"을 보고 놀라움을 금치 못했다. *Three Years Adventures*, 4를 참조.

19. Femi J. Kolapo, "The Igbo and Their Neighbours During the Era of the Atlantic Slave-Trade," *Slavery and Abolition* 25 (2004), 114~33; Chambers, "Ethnicity in the Diaspora," 26~27; Chambers, "Significance of Igbo," 108~9; David Northrup, "Igbo: Culture and Ethnicity in the Atlantic World," *Slavery and Abolition* 21 (2000), 12. 최근 노예무역에 관한 주요 학술적 발견은 이전에 생각했던 것보다 노예를 모을 때 무작위성이 덜하고 따라서 문화적 혼합도 덜하다는 것이었다. 오히려 아프리카 노예무역 항구의 문화적 폐쇄성은 노예선에서의 의사소통을 촉진했다. 이 문제에 대한 더 많은 쟁점은 9장에서 다룰 것이다. 아프리카에서 미국으로 향하는 문화적 흐름에 관한 중요한 연구는 Michael A. Gomez, *Exchanging Our Country Marks: The Transformation of African Identities in the Colonial and Antebellum South* (Chapel Hill: University of North Carlina Press, 1998)와 Philip D. Morgan, "The Cultural Implications of The Atlantic Slave Trade: African Regional Origins, American Destinations and New World Developments," *Slavery and Abolition* 18 (1997), 122~45; 그리고 Gwendolyn Midlo Hall, *Slavery and African Ethnicities in the Americas: Restoring the Links* (Chapel Hill: University of North Carolina Press, 2005)를 참조.

20. Lovejoy, "Autobiography and Memory"에 인용된 Chinua Achebe, "Handicaps of Writing in a Second Language," *Spear Magazine* (1964). 또한, Byrd, "Eboe, Country, Nation," 127, 132, 134, 137을 참조. "사람들" 그리고 "숲을 헤매는 자"라는 뜻을 포함해서 "이그보"라는 단어 의미에 관한 포괄적인 탐색을 위해서는 Oriji, *Traditions of Igbo Origins*, 2~4. 이그보족의 민족 문화는 Chambers, "My own nation," 91, 그리고 "Ethnicity on the Diaspora," 25~39를 참조.

21. 노예선이 해안에 정박해 있는 동안, 그리고 대서양을 건너는 동안 얼마나 많은 사람이 죽었는지는 알려지지 않았으며 오직 오그던호의 선장이 400명의 노예를 "화물"로 모으려고 계획했고 실제로는 243명을 배달했다는 점만이 확인되었다. *TSTD*, #9047을 참조.

22. 이 영역의 인용구는 Equiano, *Interesting Narrative*, 58~59에서 발췌한 것이다.

23. Forde and Jones, *Ibo and Ibibio-Speaking Peoples*, 27; Afigbo, "Through a Glass Darkly," 181. 노예선에서의 자살은 다른 아프리카의 부족보다 이그보족에게서 더 흔했다. 마이클 고메즈는 이그보족이 자살 성향이 있다는 농장주들의 고정관념은 사회적 현실에 기반한 것일 수도 있다고 주장했다. Paul E. Lovejoy and David V. Trotman, eds., *Trans-Atlantic Dimensions of the African Diaspora* (London: Continuum, 2003), 82~95에 수록된 Lovejoy, "A Quality of Anguish: The Igbo Response to Enslavement in the Americas"를 참조.

24. 나는 러브조이가 "Autobiography and Memory"에서 제안한 에퀴아노의 출생 시기(1742년)와 초기 생애를 그대로 따랐다.

25. [옮긴이] sugar revolution. 17세기 중반 설탕 생산에 필요한 막대한 노동력을 충당하기 위해 수많은 노예가 유입되면서 인구통계학적 개혁으로 인종과 지위에 따른 인구 개편이 일어나고 이에 따라 발생한 일련의 사회적, 경제적, 정치적 변화를 통칭함.

26. 이 영역의 인용구는 Equiano, *Interesting Narrative*, 60~61에서 발췌한 것이다.

27. 선장을 마술사라고 생각했던 이그보족의 성향은 Chambers, "My own nation," 86을 참조.

28. 에퀴아노가 한 번도 말을 본 적이 없다는 것은 그의 고향이 이그보 땅 한가운데라는 주장을 지지한다. 왜냐하면, 체체파리로 인해서 그들은 말을 키우지 못했고 그들보다 북쪽 지역에서는 키울 수 있었기 때문이다. Forde and Jones, *Ibo and Ibibio-Speaking Peoples*, 14, 그리고 Afigbo, "Through a Glass Darkly," 150을 참조.

29. 앞서 언급했듯이 오그던호는 해안에서 인간 화물을 모으려고 8개월을 보냈다.

30. 이 영역의 인용구는 Equiano, *Interesting Narrative*, 62~67에서 발췌한 것이다. 낸시호에 관해서는 Carretta, *Equiano the African*, 37을 참조.

31. Equiano, *Interesting Narrative*, 52. 대서양 노예무역의 세계는 한편으로는 좁은 세상이었다. 존 뉴턴이 (멀리 동쪽으로의 모험을 끝내고) 신세계로 돌아가려고 했던 시기에 에퀴아노가 배를 옮겨타기 위해 해안에 나타났다. 게다가 에퀴아노가 회고록을 썼던 1789년에 그는 이미 제임스 필드 스탠필드의 *Observations on a Guinea Voyage*를 읽고 배냉 사람들의 특성을 인용하기도 했다. 아마도 뉴턴과 스탠필드 역시 에퀴아노의 영적 자서전을 읽었을 것으로 보이며 둘 다 노예무역과 관련된 논쟁에 밀접하게 참여하고 있었다. 스탠필드와 뉴턴에 관한 내용은 5장과 6장을 참조. 이 영역의 인용구는 Equiano, *Interesting Narrative*, 51, 55, 56, 63, 64에서 발췌한 것이다.

32. Afigbo, "Through a Glass Darkly," 152.

33. Sidney W. Mintz and Richard Price, *The Birth of African-American Culture: An Anthropological Perspective* (1976, 1992). 체임버스는 민츠와 프라이스의 글을 비평했지만 18세기 중엽 버지니아에서 이그보족 뱃동지의 중요성에 관한 글을 쓰기도 했다. *Murder at Montpelier*, 94를 참조.

34. Byrd, "Eboe, Country, Nation," 145~46; Afigbo, "Economic Foundations," 129.

5장 제임스 필드 스탠필드와 떠다니는 지하 감옥

1. James Field Stanfield, *Observations on a Guinea Voyage, in a Series of Letters Addressed to the Rev. Thomas Clarkson* (London: James Phillips, 1788). 스탠필드의 가족에 관한 연구와 함께 사려깊은 조언을 전해 준 그리니치의 국립 해양 박물관의 피터 반 데 메르위에게 감사를 표한다. 그의 연구 중 "Stanfield, James Field (1749/50~1824)," *Oxford Dictionary of National Biography* (Oxford: Oxford University Press, 2004)와 "The Life and Theatrical Career of Clarkson Stanfield," Ph.D. dissertation, University of Bristol, 1979 그리고 "James Field Stanfield (1749/1750~1824): An Essay on Biography," paper delivered to the conference on Provincial Culture, Sheffield City Polytechnic, 1981 (저자로부터 사본을 받음) 등 세 가지 저술에서 큰 도움을 받았다. van der Merwe and R. Took, *The Spectacular Career of Clarkson Stanfield, 1793-1867; Seaman, Scene-painter, Royal Academician* (Sunderland Art Gallery exhibition catalog; Tyne and Wear Museums, Newcastle on Tyne, 1979)에도 포괄적인 정보가 제시되고 있다.

2. [옮긴이] 노예무역 폐지론자인 토머스 클락슨은 영국 성공회 교회 소속으로 집사로까지 임명되었지만, 사제로 서품되지는 않았다.

3. 클락슨과 런던 위원회는 스탠필드에게 *Observations on a Guinea Voyage*의 출판권으로 39파운드 8실링 9펜스를 지급했다. 이 금액은 상당히 많은 것이었고 실제로 스탠필드가 24개월간 대략 매달 40실링을 받았던 항해를 통해 벌어들인 금액과 거의 같은 수준이었다. 스탠필드가 폐지론자들과 어떻게 접촉했는지는, 그리고 어떻게 그들이 스탠필드에게 그와 같은 내용을 저술하도록 부추겼는지는 명확하지 않다. 시는 위원회에 의해 1년 후에 출판되었다. Clarkson, History, vol. 1, 498을 참조.

4. *Providence Gazette; and Country Journal*, September 13~November 8, 1788.

5. James Field Stanfield, *The Guinea Voyage, A Poem in Three Books* (London : James Phillips, 1789). 로드아일랜드뿐만 아니라 아마도 다른 여러 곳의 폐지론자 집단이 이 시의 사본을 판매했다. *Newport Mercury*, February 22, 1790, and *Providence Gazette; and Country Journal*, March 6, 1790을 참조.

6. J. F. Stanfield, "Written on the Coast of Africa in the year 1776," *Freemason's Magazine, or General Complete Library* 4 (1795), 273~74. 이 글은 스탠필드가 실제로 노예무역에 연관되어 있는 동안 노예무역에 관해 작성한 유일한 논평이었다. *Observations*와 *The Guinea Voyage*는 각각 11년, 12년 후에 작성되었고 그때는 폐지론자들의 운동이 나타나고 노예무역에 관한 새로운 방식의 대화가 가능해진 또 다른 상황이었다. 스탠필드가 항해 중에 지속적으로 일지와 기록을 남긴 것으로 보이지는 않으며 따라서 저술 전체는 그의 기억으로 작성된 것이었다. 다만 그는 배우 생활을 할 때 "놀랄 정도로 빠른 학습 능력"을 가지고 있었으며, 즉 자신의 역할을 기억하는 데에 상당히 빨라서 사람들이 "비범하다"라고 여길 정도였다는 부분에 주목할 필요가 있다. *Observations*, 36과 Tate Wilkinson, *The Wandering Patentee; or, A History of the Yorkshire Theaters* (York, 1795), vol. III, 22를 참조.

7. *Guinea Voyage*, iii. 역사학자 J. R. 올드필드(J. R. Oldfield)는 스탠필드가 "독자들에게 충격을 주기 위해 일부 장면을 18세기의 일반적인 기준에 비해 훨씬 극단적으로 그렸다"고 기술했다. 그는 *Observations*가 단지 감각적인 선전성을 갖기만 한 것이 아니라 노예무역의 본질에 중요한 빛을 비추어 주었다고 덧붙였다. John Oldfield, ed., *The British Transatlantic Slave Trade* (London : Pickering & Chatto, 2003), vol. III : *The Abolitionist Struggle : Opponents of the Slave Trade*, 97~136에 재수록된 *Observations*의 서문을 참조.

8. *Gentleman's Magazine*, vol. 59 (1789), 933. 수년 후 스탠필드가 *An Essay on the Study and Composition of Biography* (London, 1813)를 출판했을 때 기여자 목록에는 반노예제도 인사인 토머스 클락슨, 제임스 커리, 윌리엄 로스코, 그랜빌 샤프와 같은 사람들이 올라 있었다. 345~57을 참조.

9. *Observations*, 2, 3, 4; *Guinea Voyage*, 2. 노예무역에 관한 시를 쓴 수많은 사람 중에 오직 스탠필드와 토머스 볼튼, 토머스 브래니건(John Branagan), 존 마조리뱅크스(John Marjoribanks)만이 노예무역 항해를 한 경험이 있었다. 이 쟁점에 관한 토론을 함께 해 준 제임스 G. 바스커(James G. Basker)에게 감사를 표한다. 그의 뛰어난 편집물 *Amazing Grace : An Anthology of Poems about Slavery, 1660-1810* (New Haven : Yale University Press, 2002), 402를 참조. 리버풀의 에드워드 러시튼(Edward Rushton) 역시 노예무역 항해를 했다(그는 거기에서 안염에 걸려 시력을 잃었다). 그는 반노예제도적 시를 썼지만, 노예무역에 관한 특정적인 내용은 아니었다. 그의 *West-Indian Eclogues* (London, 1797)를 참조.

10. "Written on the Coast of Africa," 273; van der Merwe, "James Field Stanfield (1749/1750~1824) : An Essay on Biography," 2. 스탠필드의 손자 필드 스탠필드(1844~1905)는 미간행 가족 회고록에서 "그 당시의 변화는 그의 견해를 뛰어넘는 수준이었고 교육 경력도 전혀 쓸모가 없었다. 그 결과 그는 고전과 수학적 연구에서 상당한 수준의 성취를 얻고 있었음에도 불구하고 모든 공부를 접어 버리게 될 정도의 반응을 보였다. 그는 모든 업적을 뒤로하고 스스로 바다로 향했고 뱃사람으로서 아프리카의 해안에서 노예무역에 뛰어들었다. Field Stanfield's unfinished MS memoir of his father Clarkson Stanfi eld, f.1을 참조. 나는 자료를 공유해 준 피테르 반 데 메르위와 이 당시 프랑스에서 공부했던 아일랜드인에 관한 생각을 정리해 준 리암 체임버스에게 감사를 표한다.

11. "Written on the Coast of Africa," 273; Wilkinson, *The Wandering Patentee*, vol. III, 22. 전기적 정보의 추가 사항은 정확한 기록으로 보기는 어렵지만 동시대의 저술인 "Notes, James Field Stanfield," *Notes and Queries*, 8th series 60 (1897), 301~2와 Sunderland Library에서 출판한 *The Guinea Voyage, A Poem in Three Books/to which are added Observations on a Voyage to the Coast of Africa, in a series of letters to Thomas Clarkson A.M. by James Field Stanfield, formerly a mariner in the African trade* (Edinburgh : J. Robertson, 1807)에 대한 존 윌리엄스 벨(John William Bell)의 기록 사본(1783~1864)을 참조. 이 기록물에서 스탠필드를 알고 있던 두 사람은 그가 하원 위원회에서

노예무역에 관한 증언을 했다고 주장했지만, 피테르 반 데 메르워와 나는 이 사실을 입증할 수 없었다. 선더랜드의 역사학자 닐 싱클레어(Neil Sinclair)는 최근 스탠필드가 청문회에 관여한 증거를 찾았지만, 증언을 하기 위한 참여가 아니라 노예무역에 반하는 증거를 공론화하는 데 도움을 주었다는 내용이었다. "Slave Trade"라는 제목과 "J.E.S."라는 날인이 있는 전단지를 참조. 또한, DV1/60/8/29, Durham County Record Office, Durham, England를 참조.

12. David Roberts, Manuscript Record Book, 1796~1864, f. 197, Yale Center for British Art, New Haven을 참조. 이 내용은 van der Merwe, "James Field Stanfield (1749/1750~1824) : An Essay on Biography," 1에 인용되어 있다. 스탠필드의 노래는 "Patrick O'Neal, An Irish Song," *Weekly Visitant; Moral, Poetical, Humourous, &c* (1806), 383~84를 참조.

13. *Observations*, 21, 35, 11. 스탠필드가 관찰한 선원 사망률은 예외적으로 높기는 했지만 유례없을 정도는 아니었다.

14. *Observations*, 36.

15. 이글호는 아일랜드의 골웨이에서 거의 30년 전인 1745년에 건조되었다. 따라서 노예선 역할을 은퇴하고 "떠다니는 공장" 역할을 하는 것이 더 적합할 시기였다.

16. 존 아담스 선장은 "가토"가 내륙 40마일에 위치한 15,000명의 주민들로 구성된 주요 무역 마을이라고 묘사했다. 그의 *Sketches taken during Ten Voyages to Africa, Between the Years 1786 and 1800; including Observations on the Country between Cape Palmas and the River Congo; and Cursory Remarks on the Physical and Moral Character of the Inhabitants* (London, 1823; rpt. New York : Johnson Reprint Corporation, 1970), 29를 참조.

17. 윌슨 선장은 1776년 5월 11일 세관에 인원 소집 명부를 제출했다. Board of Trade (BT) 98/36, Liverpool muster rolls, 1776, NA를 참조. 스탠필드가 원래 선원 중 세 명만이 리버풀로 돌아왔다고 언급한 점은 기억의 착오인 것으로 보인다. 나는 이 문제에 관한 연구를 도와준 크리스토퍼 마그라에게 감사를 표한다. *Observations*, 5, 19, 26을 참조. 트루 블루호의 항해에 관한 더 많은 정보는 *TSTD*, #91985를 참조.

18. 이 영역의 인용구는 *Observations*, 7, 6, 8, 9, 7과 *Guinea Voyage*, 3~4, 5, 8, 6, 4, 5, 6, 7에서 발췌한 것이다.

19. [옮긴이] 아마도 이 시점에 스탠필드도 감옥에 있으면서 먼저 노예선으로 떠나는 선원들을 관찰한 것으로 보인다.

20. "Written on the Coast of Africa," 273.

21. 이 영역의 인용구는 *Observations*, 10, 13, 14, 11, 12, 15와 *Guinea Voyage*, 10에서 발췌한 것이다.

22. 아프리카로 향하는 항로 내내 이러한 모욕과 경멸이 되풀이되었다. *Guinea Voyage*, 23~24를 참조.

23. 이 영역의 인용구는 *Observations*, 15~16, 17~18, 23과 *Guinea Voyage*, 19에서 발췌한 것이다. 물속에 몸을 담근 채 일하는 선원에 관한 또 다른 설명은 James Arnold의 증언, 1789, in *HCSP*, 69 : 128을 참조.

24. 이 영역의 인용구는 *Observations*, 21, 19, 20, 25와 *Guinea Voyage*, 15, 13, 33, 14, 17, 30, 31, 17, 18, 26, iv, 3, 23, 19에서 발췌한 것이다. 이는 안소니 베네제와 같은 퀘이커 교도의 영향을 받은 것으로 볼 수 있다. 베네제의 삶과 생각을 다룬 훌륭한 저술을 확인하기 위해서는 Maurice Jackson, " 'Ethiopia shall soon stretch her hands unto God' : Anthony Benezet and the Atlantic Antislavery Revolution," Ph.D. dissertation, Georgetown University, 2001을 참조.

25. [옮긴이] Joe-men. 원래는 베냉 왕국의 일원이었으나 백인 무역상들의 설득과 권유로 독립 부족을 세운 무법 집단.

26. 아비에다의 이야기는 *Guinea Voyage*, 29~31에서 발췌한 것이다. 스탠필드는 아비에다를 특정 장소인 포르모사강과 연관시켰으며 "님프조차 자신의 빛을 잃을까봐 가까이 가지 못하는/포르모사의 깊고 투명한 물결"(29)이라고 기록했다. 쿠아마노는 황금 해안의 아칸족을 칭하는 쿠아미노(Quamino)의 이름을 변형한 것이라는 점에 주목해야 한다. 토머스 클락슨은 1789년 11월 13일 미라보 백작에

게 보낸 편지, November 13, 1789, Papers of Thomas Clarkson, Huntington Library, San Marino, California, f. 11에서 "아베이다"(Abeyda)라고 불린 한 아프리카 여자에 관한 내용을 언급했다. 그는 같은 편지에서 스탠필드가 자주 인용한 문구인 "떠다니는 지하 감옥"이라는 말로 노예선을 묘사했다.

27. van der Merwe, "James Field Stanfield (1749/1750~1824) : An Essay on Biography," 3

28. 이 영역의 인용구는 *Observations*, 26, 27, 28~29, 30, 31, 32~33, 29와 *Guinea Voyage*, iv, 19, 26, 21, 27, 28, 34, 16, 24, 32, 22에서 발췌한 것이다.

29. [옮긴이] trade knives. 일종의 주머니칼로 직업과 작업에 알맞게 크기와 형태를 계량해서 씀.

30. [옮긴이] 돼지라고 표현되었으나 실제 식량용으로 키우던 돼지인지 노예에 대한 은어 표현인지 불분명하다. 격자는 돼지우리일 수도 있고 노예를 가둔 하갑판의 입구일 수도 있다.

31. 이 영역의 인용구는 *Guinea Voyage*, 34, 35, vi에서 발췌한 것이다.

32. *Monthly Review; or, Literary Journal*, vol. 81 (1789), 277~79.

33. *Observations*, 30. 스탠필드는 여기에서 노예무역에 관한 의회 논쟁을 언급했고 여기에서 말한 스코틀랜드의 철학자는 노예무역에 반대하던 스코틀랜드의 장로교 신학자이자 역사가인 성직자 윌리엄 로버트슨(William Robertson)인 것으로 보인다.

6장 존 뉴턴과 평화의 왕국

1. John Newton, *Letters to a Wife, Written during Three Voyages to Africa, from 1750 to 1754* (orig. publ. London, 1793; rpt. New York, 1794), 61~62.

2. *The Works of the Reverend John Newton, Late Rector of the United Parishes of St. Mary Woolnoth and St. Mary Woolchurch-Haw, Lombard Street, London* (Edinburgh : Peter Brown and Thomas Nelson, 1828), 538~39에 수록된 "Amazing Grace"; John Newton, *Thoughts upon the African Slave Trade* (London, 1788); John Newton의 증언, 1789, in *HCSP*, 69 : 12, 36, 60, 118; 73 : 139~51. 뉴턴의 목사로서의 삶에 관한 내용은 D. Bruce Hindmarsh, *John Newton and the English Evangelical Tradition : Between the Conversions of Wesley and Wilberforce* (Oxford : Clarendon Press, 1996)를 참조. 가장 유명한 그의 찬송가에 관한 역사는 Steve Turner, *Amazing Grace : The Story of America's Most Beloved Song* (New York : Ecco Press, 2002)를 참조.

3. John Newton, *Journal of Slave Trader, 1750-1754*, ed. Bernard Martin and Mark Spurrell (London : Epworth Press, 1962); John Newton, *Letters to a Wife*; John Newton Letter-book ("A Series of Letters from Mr.□□ to Dr. J□□ [Dr. David Jennings],") 1750~1760, 920 MD 409, Liverpool Record Office; John Newton, Diaries, December 22, 1751~June 5, 1756, General Manuscripts C0199, Seeley G. Mudd Manuscript Library, Princeton University; Thomas Haweis, *An Authentic Narrative of Some Remarkable and Interesting Particulars in the Life of Mr. Newton, Communicated, in a Series of Letters to the Rev. Mr. Haweis, Rector of Aldwinkle, Northamptonshire* (orig. publ. London, 1764; rpt. Philadelphia, 1783).

4. 이 영역의 인용구는 *An Authentic Narrative*, 14, 22, 29, 33, 36~37, 41, 44, 43, 47, 56, 57, 58, 74, 76과 단락에 명시된 기타 출처에서 발췌한 것이다.

5. John Newton이 David Jennings에게 보낸 편지, October 29, 1755; Newton Letter-book, f. 70.

6. Newton, *Thoughts upon the African Slave Trade*, 98.

7. Newton, *Letters to a Wife*, 21~22.

8. Newton, *Thoughts upon the African Slave Trade*, 101. 폭동에서 선원 한 명과 서너 명의 아프리카인이 죽임을 당했다. John Newton의 증언, *HCSP*, 73 : 144를 참조. 이 항해에 관한 더 많은 정보는 *TSTD*, #90350을 참조.

9. Newton이 Jennings에게 보낸 편지, August 29, 1752, Newton Letter-book, ff. 28~30. 이 영역의 인용구는 John Newton, *Journal of Slave Trader*, 2, 9~10, 12~15, 17~22, 24~25, 28~34, 37~38, 40, 42~43, 48~50, 52, 54~56, 59와 단락에 명시된 기타 출처에서 발췌한 것이다.

10. *TSTD*, #90350.

11. 식사 중에 회전 포가를 준비해 두었던 또 다른 사례에 관해서는 "Voyage to Guinea, Antego, Bay of Campeachy, Cuba, Barbadoes, &c." (1714~23), Add. Ms. 39946, f. 10, BL을 참조.

12. Newton, *Thoughts upon the African Slave Trade*, 106, 107.

13. Newton, *Letters to a Wife*, 29.

14. Newton, *Thoughts upon the African Slave Trade*, 110~11; John Newton의 증언, *HCSP*, 69 : 118, 73 : 144, 145.

15. 서아프리카 해안에서의 보급에 관해서는 Stephen D. Behrendt, "Markets, Transaction Cycles, and Profits : Merchant Decision Making in the British Slave Trade," *William and Mary Quarterly* 3rd ser. 58 (2001), 171~204를 참조.

16. Newton, *Thoughts upon the African Slave Trade*, 110.

17. Newton, *Letters to a Wife*, 86; Entry for December 22, 1751, Newton Diaries, ff. 2, 5. 이 영역의 인용구는 John Newton, *Journal of Slave Trader*, 65, 69~72, 75~77, 80~81과 단락에 명시된 기타 출처에서 발췌한 것이다.

18. *TSTD*, #90418. 이 항해에서 선원의 노동은 본질적으로 이전의 항해와 동일하였다. 목수는 격벽과 거처, 평단, 방책을 맡았고 포수는 소화기와 회전포가를 담당했다. 갑판장은 그물을 맡았고 나머지 모두도 함선의 항해를 위한 기초적 작업을 담당했다.

19. Newton, *Letters to a Wife*, 77, 71~72; Entry for August 13, 1752, Newton Diaries, f. 37; *An Authentic Narrative*, 85~86.

20. Entry for July 23, 1752, Newton Diaries, f. 23. 이 무렵 뉴턴은 성공회 성직자인 David Jennings에게 선원들을 위한 종교적 가르침의 지침서를 작성할 것을 제안하며 누군가(실제로는 스스로) 그 일을 해야 한다는 내용의 편지를 보냈다. 그는 이를 위해 짧고 단순한 성경 구절과 기도 그리고 설교를 조합하여 "해외 항해에서 특히 자주 만나게 되는 유혹과 약점"에 맞설 수 있도록 해야 한다고 제안했다. Newton이 Jennings에게 보낸 편지, August 29, 1752, Newton Letter-book, f. 37을 참조.

21. [옮긴이] round-robin. 원형으로 한 명씩 이름을 기재하여 그 순서를 알 수 없게 하고 주동자를 지목하지 못하게 하려는 서명 방식.

22. 원형 연판장에 관해서는 Marcus Rediker, *Between the Devil and the Deep Blue Sea : Merchant Seamen, Pirates, and the Anglo-American Maritime World, 1700-1750* (Cambridge : Cambridge University Press, 1987), 234~35 [마커스 레디커, 『악마와 검푸른 바다 사이에서 ─ 상선 선원, 해적, 영─미의 해양세계, 1700~1750』, 박연 옮김, 까치, 2001]을 참조.

23. Entry for November 19, 1752, Newton Diaries, ff. 49~50.

24. 같은 책. 할리팩스 백작호에 관한 더 많은 정보는 *TSTD*, #77617을 참조.

25. 같은 책.

26. Entry for December 11, 1752, Newton Diaries, ff. 61, 64.

27. *TSTD*, #90419. 이 영역의 인용구는 Newton, *Letters to a Wife*, 118~20, 126, 129~30, 143, 149, 188과 단락에 명시된 기타 출처에서 발췌한 것이다.

28. Newton, *Journal of Slave Trader*, 88, 92~93.

29. 같은 책, 88.

30. 같은 책, 92~93.

31. Entry for August 29, 1753, Newton Diaries, f. 88.

32. Newton, *Letters to a Wife*, 83~84; *An Authentic Narrative*, 95; Newton이 Jennings에게 보낸 편지, August 29, 1852, Newton Letter-book, f. 26; *The Works of the Reverend John Newton*, 538~39에 수록된 "Amazing Grace,"; Newton의 증언, *HCSP*, 73 : 151. [어메이징 그레이스의 가사에는 오히려 노예선에 있을 때의 자신이 길 잃은 자였고 목사가 된 후에 길을 찾았다는 뜻의 가사가 있다. ─ 옮긴이].

33. Entry for December 8, 1752, Newton Diaries, f. 53.

34. Newton, *Letters to a Wife*, 137. 또한, Newton의 증언, *HCSP*, 73:151을 참조.

7장 선장이 만든 지옥

1. John Newton이 Richard Phillips에게 보낸 편지, July 5, 1788, Mary Phillips, *Memoir of the Life of Richard Phillips* (London: Seeley and Burnside, 1841), 29~31에 수록.
2. "복종과 규율"이라는 문구는 노예선에서의 폭행으로 항해사가 선장을 고소한 스미스 대 굿리치 (Smith v. Goodrich)의 사건에서 케넌 경(Lord Kenyon)이 사용한 것이다. *Times*, June 22, 179를 참조. 유사한 법적 분쟁으로는 로우덴과 굿리치의 사건(Lowden v. Goodrich)이 있으며 이는 *Dunlap's American Daily Advertiser*, May 24, 1791에 요약되어 있다. 상선 운송 업계에서 선장이 가진 권력에 관한 내용은 Marcus Rediker, *Between the Devil and the Deep Blue Sea: Merchant Seamen, Pirates, and the Anglo-American Maritime World, 1700-1750* (Cambridge: Cambridge University Press, 1987), ch. 5 [마커스 레디커, 『악마와 검푸른 바다 사이에서 ─ 상선 선원, 해적, 영─미의 해양세계, 1700~1750』, 박연 옮김, 까치, 2001, 5장]을 참조.
3. Henry Wafford가 브릭급 함선 넬리호의 Alexander Speers 선장에게 보낸 지시 사항, 28 September 1772, David Tuohy papers, 380 TUO, 4/6, LRO; Peter Potter선장이 William Davenport & Co.로 보낸 편지, November 22, 1776, "Ship New Badger's Inward Accots, 1777," William Davenport Archives, Maritime Archives & Library, MMM, D/DAV/10/1/2. *TSTD*, #92536을 참조.
4. *Memoirs of Crow*, 인용구는 67, 13, 2, 29에서 발췌하였다.
5. [옮긴이] starboard eye. 스타보드는 스티어보드라는 발음의 변형으로, 과거 북유럽 바이킹의 배에서 대부분 오른손잡이인 사람들을 위해 조타용 노를 오른쪽에 달아놓았기 때문에 항법 용어에서 오른 쪽, 우현을 스타보드 사이드라고 일컫는다. 반대쪽, 좌현은 포트 사이드라고 부르며 이는 조타용 노에 방해되지 않게 배를 정박하여 좌현이 항구 쪽으로 향했기 때문에 포트(Port) 사이드라고 부르게 되었 다.
6. *TSTD*, #83183. 크로우가 그가 처음 탔던 배에 관해 회상한 부분은 *TSTD*에 나타나지 않았다.
7. Stephen Behrendt, "The Captains in the British Slave Trade from 1785 to 1807," *Transactions of the Historical Society of Lancashire and Cheshire* 140 (1990), 79~140; Jay Coughtry, *The Notorious Triangle: Rhode Island and the African Slave Trade, 1700-1807* (Philadelphia: Temple University Press, 1981), 50~53; Africanus, *Remarks on the Slave Trade, and the Slavery of Negroes, in a Series of Letters* (London: J. Phillips, and Norwich: Chase and Co., 1788), 50. 또한, Emma Christopher, *Slave Trade Sailors and Their Captive Cargoes, 1730-1807* (Cambridge: Cambridge University Press, 2006), 35~39를 참조. 베렌트는 몇 번의 항해에서 생존한 영국의 선장들이 "대부분 노예무역에 서 커다란 부를 축적했으며 특히 그들이 함선에 대한 일부 소유권을 가졌던 10퍼센트에 속한 경우에 는 더욱 큰 부를 누렸다"라고 기록했다. 허버트 클라인(Herbert Klein)은 선장은 두세 번의 항해만으로 도 "상당한 부"를 축적할 수 있었다고 기록했다. 그의 *The Atlantic Slave Trade* (Cambridge: Cambridge University Press, 1999), 83을 참조. 상인과 고용의 문제로 어려움을 겪은 선장에 관한 예시는 Amelia C. Ford, ed., "An Eighteenth Century Letter from a Sea Captain to his Owner," *New England Quarterly* 3 (1930), 136~45와 Robert Bostock이 James Cleveland에게 보낸 편지, January 20, 1790, Robert Bostock Letterbooks, 387 MD 54~55, LRO 그리고 "William Grice's Statement of Facts," King's Bench Prison, July 2, 1804, "Miscellaneous Tracts, 1804~1863," 748F13, BL를 참조.
8. David Tuohy가 (Ingram & Co.를 대신하여) 블레이즈호의 Henry Moore 선장에게 보낸 지시 사항, 25 July 1782, Tuohy papers, 380 TUO, (4/9). 투오이가 신중함을 조언한 또 다른 이유는 무어 선장 이 케이프 코스트 성이나 라고스에 가 본 적이 없었기 때문이다. *TSTD*, #80578을 참조. 노예무역 에서 상인과 선장에게 요구되는 계획과 협력에 관한 연구는 Stephen D. Behrendt, "Markets, Transaction Cycles, and Profits: Merchant Decision Making in the British Slave Trade," *William and Mary Quarterly* 3rd ser. 58 (2001), 171~204를 참조. 사업 관행에 관한 내용은 Kenneth Morgan,

"Remittance Procedures in the Eighteenth-Century British Slave Trade," *Business History Review* 79 (2005), 715~49를 참조.

9. Jacob Rivera and Aaron Lopez가 뉴포트의 William English 선장에게 보낸 편지, November 27, 1772, in Donnan III, 264; Thomas Leyland가 포춘호의 Charles Watt 선장에게 보낸 편지, April 23, 1805, 387 MD 44, Thomas Leyland & Co., ships' accounts 1793~1811, LRO. 또한, Samuel Hartley가 James Penny에게 보낸 편지, September 20, 1783, *Baillie v. Hartley*, exhibits regarding the Slave Ship Comte du Nord and Slave Trade; schedule, correspondence, accounts, E 219/377, NA를 참조.

10. 지시 사항이 담긴 편지는 전체 연구 기간인 1700년에서 1808년에 걸쳐 모든 기간 내에 발견되고 있으며 세네감비아, 시에라리온/바람막이 해안, 황금 해안, 베냉과 비아프라만, 콩고-앙골라를 포함하는 주요 노예무역 지역에서 모두 발견되고 있다. 해당 기간 중 초기와 후기 예시는 Thomas Starke가 James Westmore에게 보낸 편지, October 20, 1700, in Donnan IV, 76과 같은 책, 568~69에 수록된 William Boyd가 John Connolly 선장에게 보낸 편지, Charleston, July 24, 1807을 참조. 또한, Humphry Morice가 William Snelgrave에게 보낸 편지, October 20, 1722, "Book Containing Orders & Instructions to William Snelgrave Commander of the Henry for the Coast of Africa with an Invoice of his Cargoe and Journal of Trade &c. on the said Coast. 2d Voyage. Anno 1721"와 Humphry Morice가 William Snelgrave에게 보낸 편지, October 20, 1722, "Book Containing Orders & Instructions for William Snelgrave Commander of the Henry for the Coast of Africa with an Invoice of his Cargoe and Journal of Trade &c. on the said Coast. 3d Voyage. Anno 1722" 그리고 Humphry Morice가 William Snelgrave에게 보낸 편지, September 22, 1729, "Book Containing Orders & Instructions for William Snelgrave Commander of the Katharine Galley for the Coast of Africa with an Invoice of his Cargoe and Journal of Trade &c. on the said Coast. 5th Voyage. Anno 1729"; the Humphry Morice Papers, Bank of England Archives, London을 참조.

11. Morice가 Clinch에게 보낸 편지, September 13, 1722, Morice Papers; Thomas Leyland가 엔터프라이즈호의 Caesar Lawson에게 보낸 편지, 18 July 1803, 387 MD 43, Leyland & Co., ships' accounts; William Young 선장에게 전하는 선주의 지시 사항, 24 March 1794, Account Book of Slave Ship Enterprize, DX/1732, MMM. *TSTD*, #81302를 참조.

12. [옮긴이] Plunkett. 아프리카인으로 왕립 아프리카 회사에 고용되어 오랫동안 노예무역 요새를 담당한 인물.

13. Humphry Morice가 Edmund Weedon에게 보낸 편지, March 25, 1725, "Book Containing Orders & Instructions for Edmund Weedon Commander of the Anne Galley for the Coast of Africa with an Invoice of his Cargoe and Journal of Trade &c. on the said Coast. 4th Voyage. March the 25th : Anno 1722"; Morice Papers; Jonathan Belcher, Peter Pusulton, William Foy, Ebenezer Hough, William Bant, Andrew Janvill이 보스턴의 William Atkinson 선장에게 보낸 편지, December 28, 1728, in Donnan III, 38.

14. Isaac Hobhouse, No. Ruddock, Wm. Baker가 브리스틀의 William Barry 선장에게 쓴 편지, October 7, 1725, in Donnan II, 329; Joseph and Joshua Grafton이 □□ 선장에게 보낸 편지, November 12, 1785, in Donnan III, 80.

15. Humphry Morice가 William Clinch에게 보낸 편지, September 13, 1722, "Book Containing Orders & Instructions for William Clinch Commander of the *Judith Snow* for the Coast of Africa with an Invoice of his Cargoe and Journal of Trade &c. on the said Coast. Voyage 1. Anno 1722," Morice Papers; Thomas Leyland가 로터리호의 Charles Kneal 선장에게 보낸 편지, 21 May 1802, 387 MD 42, Leyland & Co., ships' accounts; James Laroche가 Richard Prankard,에게 보낸 편지, Bristol, January 29, 1733, Jeffries Collection of Manuscripts, vol. XIII, Bristol Central Library; William Young 선장에게 전하는 선주의 지시 사항, March 24, 1794, Account Book of Slave Ship

Enterprize Owned by Thomas Leyland & Co., Liverpool, DX/1732, MMM; the South Sea Company: Minutes of the Committee of Correspondence, October 10, 1717, in Donnan II, 215; Boyd 가 Connolly에게 보낸 편지, July 24, 1807, in Donnan IV, 568.

16. John Chilcot, P. Protheroe, T. Lucas & Son, Jams. Rogers가 Thos. Baker 선장에게 보낸 편지, Bristol, August 1, 1776, Account Book of the *Africa*, 1774~1776, BCL. 아프리카 항해에 관한 내용은, W. E. Minchinton, "Voyage of the Snow Africa," *Mariner's Mirror* 37 (1951), 187~96을 참조.

17. Behrendt, "Captains in the British Slave Trade," 93; "Sales of 338 Slaves received per the Squirrel Captain Chadwick on the proper Account of William Boats Esq. & Co Owners of Liverpool, Owners," Case & Southworth Papers, 1754~1761, 380 MD 36, LRO.

18. Ball, Jennings, & Co.가 Samuel Hartley에게 보낸 편지, September 6, 1784, *Baillie v. Hartley*, E 219/377. 상세 내역은 상여금이 1,221파운드 1실링 3펜스, 선점특권이 634파운드 19실링, 급여가 84파운드였다.

19. [옮긴이] 선장과 고급선원의 경우 급여 자체는 적은 편이었으며 따라서 항해가 실패한다면 살아남더라도 받을 수 있는 금액은 상당히 적었다.

20. 선점 노예를 처리하는 방식은 시간이 지남에 따라 변해 갔다. 18세기 초반에 선장과 다른 고급 선원들은 선점하고 싶었던 노예를 골라 두었지만(고가로 팔릴 노예를 미리 예약해 두었다), 이 노예들이 죽으면 다른 노예를 선택해서 손해는 선주의 몫으로 돌렸다. 이를 방지하기 위해 상인들은 선장들에게 해안에서 미리 노예를 선택하고 다른 고급 선원들이 보는 앞에서 낙인을 찍어두도록 지시했다. 그러나 이 방식도 그리 만족스럽지 않았는데, 이는 모든 고급 선원 역시 이 문제에 관해서 공동의 이해관계를 가지고 있어서 서로 이를 덮어 주려고 했기 때문이었다. 그래서 상인들은 다른 방식으로 접근하려고 했고 선점 노예를 개별적으로 정하는 대신 노예선이 신세계 항구에 도착해서 판매한 모든 노예의 평균 가격으로 선점 노예의 가치를 환산했다. 이 방식은 모든 노예를 잘 보살피도록 하는 이점이 있었지만, 동시에 평균 가격을 낮추고 선장의 선점 특권을 저해하는 아프고 병약한 노예를 항구 근처에서 죽여 버리는 경향이 생기기도 했다. Christopher, *Slave Trade Sailors*, 34~35를 참조.

21. Mathew Strong이 Richard Smyth에게 보낸 편지, January 19, 1771, Tuohy papers, 380 TUO (4/4). 상대적으로 소수의 선장이 실제로 함선이나 화물에 대한 공동 소유권을 가지고 있었던 것으로 보인다. (45척의 배를 지휘한) 41명의 선장이 받은 지시 사항이 적힌 편지로 우리는 39건에서 투자자와 선주를 밝혀낼 수 있었다. 39명의 선장 중 단 4명만이 공동 소유권을 가지고 있었다. 윌리엄 스피어스는 1767년 레인저호의 "세 번째 소유권자"에 올라 있었다. 데이빗 투오이는 같은 해 샐리호의 "네 번째 소유권자"였다. 토머스 베이커와 헨리 무어는 각각 1776년과 1782년에 그들 함선의 일곱 번째 그리고 여섯 번째 소유자였다. *TSTD*, #91273, #91327, #17886, #80578. 또한, Madge Dresser, *Slavery Obscured: The Social History of the Slave Trade in an English Provincial Port* (London and New York: Continuum, 2001), 29와 Behrendt, "Captains in the British Slave Trade," 107; Coughtry, *The Notorious Triangle*, 49~50을 참조.

22. Pollipus Hammond 선장에게 전하는 지시 사항, Newport, January 7, 1746, Donnan III, 138.

23. James Clemens가 레인저호의 William Speers 선장에게 전하는 지시 사항, 3 June 1767, Tuohy papers, (4/2). 클레멘스의 항해에 관해서는 *TSTD*, #90408, #90613, #90684를 참조.

24. Leyland가 Kneal에게 보낸 편지, 21 May 1802, 387 MD 42, Leyland & Co., ships' accounts; Henry Wafford to Captain Alexander Speers of the Brig *Nelly*, September 28, 1772, Tuohy papers, 380 TUO (4/6).

25. James Clemens, Folliott Powell, Henry Hardware, Mathew Strong이 샐리호의 David Tuohy에게 보낸 편지, 3 June 1767, Tuohy papers, 380 TUO (4/2). 또한, Robert Bostock이 제미(Jemmy)호의 Peter Bowie 선장에게 보낸 편지, July 2, 1787, Robert Bostock Letter-books, 1779~1790 and 1789~1792, 387 MD 54~55, LRO를 참조. 선원의 반란에 대한 논의는 8장을 참조.

26. Hobhouse, Ruddock, Baker가 Barry에게 보낸 편지, October 7, 1725, in Donnan II, 327~28;

Humphry Morice가 Jeremiah Pearce에게 보낸 편지, March 17, 1730, "Book Containing Orders & Instructions for Jere[miah] Pearce Commander of the Judith Snow for the Coast of Africa with an Invoice of his Cargoe and Journal of Trade &c. on the said Coast. 7th Voyage. Anno 1730," Morice Papers; 무명의 선주가 William Ellery 선장에게 보낸 편지, January 14, 1759, in Donnan III, 69.

27. Humphry Morice가 Stephen Bull에게 보낸 편지, October 30, 1722, "Book Containing Orders & Instructions for Stephen Bull Commander of the *Sarah* for the Coast of Africa with an Invoice of his Cargoe and Journal of Trade &c. on the said Coast. 2d Voyage. Anno 1722," Morice Papers; *Memoirs of Crow*, 22.

28. John Chilcott, John Anderson, T. Lucas, James Rogers가 George Merrick 선장에게 보낸 편지, Bristol, 13th October 1774, Account Book of the *Africa*, 1774~1776, BCL; Boyd가 Connolly에게 보낸 편지, July 24, 1807, in Donnan IV, 568.

29. Robert Bostock이 베스호의 James Fryer 선장에게 보낸 편지, 일시 없음, 1791, Bostock Letter-books, 387 MD 54~55. *TSTD*, #80502를 참조. 이 외에는 상인의 지시 사항에서 위협이 담긴 경우는 찾을 수 없었다.

30. Chilcott 등이 Merrick에게 보낸 편지, October 13, 1774, Account Book of the *Africa*, 1774~1776, BCL; Stephen D. Behrendt, "Crew Mortality in the Transatlantic Slave Trade in the Eighteenth Century," *Slavery and Abolition* 18 (1997), 49~71.

31. 같은 책. 또한, K. G. Davies, "The Living and the Dead: White Mortality in West Africa, 1684~1732," in Stanley L. Engerman and Eugene D. Genovese, eds., *Race and Slavery in the Western Hemisphere: Quantitative Studies* (Princeton: Princeton University Press, 1975), 83~98을 참조.

32. Starke가 Westmore에게 보낸 편지, in Donnan IV, 76; Joseph과 Joshua Grafton이 □□ 선장에게 보낸 편지, November 12, 1785, in Donnan III, 78~79; Chilcott 등이 Merrick에게 보낸 편지, October 13, 1774, Account Book of the *Africa*; Robert Bostock이 Samuel Gamble 선장에게 보낸 편지, November 16, 1790, Bostock Letter-books 387 MD 54~55; Chilcott 등이 Baker에게 보낸 편지, August 1, 1776, Account Book of the *Africa*.

33. Joseph과 Joshua Grafton이 □□ 선장에게 보낸 편지, November 12, 1785, in Donnan III, 80. William Snelgrave가 Humphry Morice에게 보낸 편지, Jaqueen, April 16, 1727, Morice Papers.

34. Thomas Boulton, *The Sailor's Farewell; Or, the Guinea Outfit, a Comedy in Three Acts* (Liverpool, 1768); *Newport Mercury*, July 9, 1770. 후에 볼튼이 *The Voyage, a Poem in Seven Parts* (Boston, 1773)를 썼을 때 (같은 항해를 기록한 것이라고 가정한다면) 그는 고통스러운 기억은 삭제해 버렸다. 그는 노예나 반란에 관해서는 기록하지 않았다. *TSTD*, #91564를 참조.

35. *An Account of the Life*, 19; *Three Years Adventures*, 6. 볼튼은 가장 중요한 인원 모집 수단을 기록하지 못했다. 바로 납치였다. 일꾼을 알선해 주던 자들은 모든 수단을 동원한 사악한 방식으로 선원들을 노예선에 타게 했다.

36. 노예선의 항해 준비에 관한 풍부하고 좋은 예시는 Account Book of the *Africa*, 1774~1776, BCL를 참조.

37. Joseph Hawkins, *A History of a Voyage to the Coast of Africa, and Travels into the Interior of that Country; containing Particular Descriptions of the Climate and Inhabitants, particulars concerning the Slave Trade* (Troy, N.Y.: Luther Pratt, 2nd edition, 1797), 150.

38. [옮긴이] 디키 샘은 특정 인물의 이름이 아닌 리버풀 출신 사람에 대한 별칭으로 미국인을 엉클 샘이라 부르는 것과 유사하다. 리버풀 출신 사람을 이르는 다른 말로는 스카우저(Scouser), 딕키 리버(Dickie Liver), 웨커(Wacker, 비하적 표현) 등이 있다.

39. "딕키 샘"("Dicky Sam")의 *Liverpool and Slavery: An Historical Account of the Liverpool-African Slave Trade* (Liverpool: A. Bowker & Son, 1884), 21~22.

40. Mr. Thompson과의 면담, in *Substance*, 24; James Towne의 증언, in 1791, in *HCSP*, 82 : 27.

41. 이에 대한 예시는 *Times*, January 12, 1808; *Newport Mercury*, June 15, 1767; *An Account of the Life*, 26; *Enquirer*, September 12, 1806을 참조. 또한, 인쇄물 *Unparalleled Cruelty in a Guinea Captain* (H. Forshaw, printer, no place, no date, but c. 1805), Holt and Gregson Papers, 942 HOL 10, LRO를 참조.

42. *Connecticut Courant*, August 10, 1789. 또한, *American Minerva*, May 15, 1794를 참조. 노예선 선장이 폭력을 행사하고도 여전히 스스로 "온건한 태도"를 유지했다고 주장한 사례에 대해서는 *Macnamera and Worsdale v. Barry*, August 26, 1729, Records of the South Carolina Court of Admiralty, 1716~1732, f. 729, National Archives, Washington, D.C을 참조.

43. Anecdote XI (오셀로호의 제임스 맥갈리 선장에 관한 일화), in *Substance*, 134; *TSTD*, #82978. 선장이 노예에게 선원을 채찍질하거나 학대하도록 명령한 사례에 대해서는 선원 대 존 엡스워시(Seamen v. John Ebsworthy)의 사건 (1738), "Minutes of the Vice-Admiralty Court of Charles Town, South Carolina," 1716~1763, Manuscripts Department, Library of Congress, Washington, D.C.와 Robert Barker, *The Unfortunate Shipwright, or, Cruel Captain, being a Faithful Narrative of the Unparalleled Sufferings of Robert Barker, Late Carpenter on board the Thetis Snow of Bristol; on a Voyage from thence to the Coast of Guinea and Antigua* (orig. publ. 1760; new edition, London, "printed for the SUFFERER for his own Benefit; and by no one else," 1775), 26을 참조.

44. *Macnamera and Worsdale v. Barry*, South Carolina Admiralty, ff. 713, 729. 포신의 사용에 관해서는, James Towne의 증언, 1791, *HCSP*, 82 : 29를 참조.

45. 스위프트호(1775~76), 드레드노트(Dreadnought)호(1776), 달림플(Dalrymple)호(1776), 호크(Hawk)호(1780~81), 호크호(1781~82), 에식스호(1783~84), 에식스호(1785~86)의 급여 장부, 모두 William Davenport Archives, D/DAV/3/1~6, MMM에 수록됨. *TSTD*, #91793, #91839, #91988, #81753, #81754, #81311, #81312를 참조. 아프리카로 향하는 갤리선에서 선원들에게 물품을 판매하여 매달 6파운드의 급여보다 더 많은 이익을 챙겼던 제임스 웨스트모어 선장에 관한 이야기는 "Accompts submitted by the Plaintiff in the Court of Chancery suit Capt. James Westmore, commander, v. Thomas Starke, owner of the slaver 'Affrican Galley' concerning expenses incurred by Westmore on a voyage from London to Virginia via St. Thomas' Island, Gulf of Guinea, and back, 20 Apr. 1701~4 Dec. 1702," Add. Ms. 45123, BL를 참조.

46. [옮긴이] 피진어는 상업을 뜻하는 영어단어 비즈니스의 중국어 발음이 다시 영어화된 것으로 상거래에 사용되는 문법이 생략된 간단한 영어 어휘를 말하며 크리올 영어는 이러한 피진어가 한 사회나 국가의 모국어가 된 경우를 말한다.

47. [옮긴이] 대포 안에서 가열된 포탄을 발사해 상대측에 화재를 불러일으키는 포탄.

48. Henry Ellison의 증언, 1790, *HCSP*, 73 : 371; 법정 보고서, *Tarlton v. McGawley*, *Times*, December 24, 1793. 또 다른 위협이나 실제 강제력 행사에 관한 이야기는 Baillie 선장이 보니에 있는 카터(Carter)호의 다른 선주들에게 보낸 편지, January 31, 1757, Donnan II, 512와 Thomas Starke가 James Westmore에게 보낸 편지, 일시 없음, in Donnan IV, 80 그리고 Alexander Falconbridge, 증언, 1790, *HCSP*, 72 : 321을 참조.

49. Account Book of the *Molly*, Snow, Slave Ship, dated 1759~1760," Manuscripts Department, MSS/76/027.0, NMM. 날짜가 불일치하기는 했지만, *TSTD*, #17741에서 언급한 항해와 일치하는 것을 찾을 수 있었다. 몰리호는 1758년 12월 4일 브리스틀을 떠났고 1759년 7월 15일에 버지니아에서 노예를 팔았으며 1759년 11월 22일에 브리스틀에 돌아왔지만 몰리호의 회계 장부는 1759년에서 1760년을 기준으로 작성되었다(이 회계 장부가 1760년 4월 4일에 시작된 함선의 다음 항해에 해당하는 것일 수 없는 이유는 그 항해에서는 노예를 버지니아에 팔지 않고 자메이카에 팔았기 때문이다). 이러한 판단에 대한 또 다른 근거는 운송된 노예의 숫자이다. 다른 출처의 노예무역 데이터베이스에 따르면 함선은 238명의 노예를 팔았고 계산해 본다면 처음 모았던 노예의 숫자는 292명이었을 것이다. 회

계 장부에 실제로 기재된 구매 노예의 숫자는 286명이었다. 1760년의 회계장부에는 4월 14일에 PFW 라는 이니셜로 최종 승인이 표시되어 있는데 이는 상인이나 사무원의 것으로 보이지만 분명한 것은 함선 소유주인 헨리 브라이트(Henry Bright)의 것은 아니었다. 다소 상세함이 부족하기는 하지만 또 다른 장부를 확인하기 위해서는 "Slave Trader's Accompt Book, compiled on board the schooner 'Mongovo George' of Liverpool, 1785~1787," Add. Ms. 43841, BL; George A. Plimpton, ed., "The Journal of an African Slaver, 1789~1792," *Proceedings of the American Antiquarian Society* 39 (1929), 379~465를 참조.

50. 아프리카의 수요가 무역을 형성하는 방식에 관한 분석은 David Richardson, "West African Consumption Patterns and their Influence on the Eighteenth-Century Slave Trade," in Henry A. Gemery and Jan S. Hogendorn, eds., *The Uncommon Market: Essays in the Economic History of The Atlantic Slave Trade* (New York: Academic Press, 1979), 303~30을 참조.

51. 이 시기 옛 칼라바르 근처의 무역 특성을 확인하기 위해서는 Paul E. Lovejoy and David Richardson, "Trust Pawnship, and Atlantic History: The Institutional Foundations of the Old Calabar Slave Trade," *American Historical Review* 104 (1999), 333~55를 참조. 젠킨스 선장은 실제로 1760년에서 1769년 사이에 여섯 번의 항해를 통해 보니섬으로 돌아왔다. *TSTD*, #17493, #17531, #17599, #17626, #17635, #17722를 참조. 폴 크로스(Paul Cross) 선장이 사업을 수행했던 바람막이 해안 무역에 관한 짧지만 비교 가능한 목록은 Trade book, 1773, Paul Cross Papers, 1768~1803, South Caroliniana Library, Columbia를 참조.

52. William Smith, *A New Voyage to Guinea: Describing the Customs, Manners, Soil, Climate, Habits, Buildings, Education, Manual Arts, Agriculture, Trade, Employments, Languages, Ranks of Distinction, Habitations, Diversions, Marriages, and whatever else is memorable among the Inhabitants* (London, 1744; rpt. London: Frank Cass & Co., 1967), 34; [John Wells], "Journal of a Voyage to the Coast of Guinea, 1802," Add. Ms. 3,871, f. 10, Cambridge University Library; Thomas Earle 선장이 Mrs. Anne Winstanley에게 보낸 편지, Calabar, August 30, 1751, Earle Family Papers, MMM.

53. *City Gazette and Daily Advertiser*, December 10, 1807. 힌드호와 바임호에 관해서는 *TSTD*, #81862, #80722를 참조.

54. *Three Years Adventures*, 27.

55. 선장이 의사를 비난한 사례에 대해서는 Viscountess Knutsford, ed., *Life and Letters of Zachary Macaulay* (London: Edward Arnold, 1900), 86과 야벳 버드(Japhet Bird) 선장이 몬세라트의 누군가에게 보낸 편지, February 24, 1723, in Donnan II, 298 그리고 "Barque Eliza's Journal, Robert Hall, Commander, from Liverpool to Cruize 31 Days & then to Africa & to Demarary; mounts 14 Nine & Six Pounders, with 31 Men & boys," T70/1220, NA를 참조.

56. Thomas Trotter의 증언, 1790, *HCSP*, 73:88~89.

57. Captain William Snelgrave, *A New Account of Some Parts of Guinea and the Slave Trade* (London, 1734; rpt. London: Frank Cass & Co., 1971), 181~85; *Memoirs of Crow*, 148~49.

58. 브루스 머서는 "해안을 방문하는 선장들 사이에는 특별한 동지애가 있었다"라고 기록했다. Bruce Mouser, ed., *A Slaving Voyage to Africa and Jamaica: The Log of the Sandown, 1793-1794* (Bloomington: Indiana University Press, 2002), 78을 참조.

59. Snelgrave, *A New Account*, 185~91. 로버트 노리스는 의회 위원회에서 하갑판의 노예 거처에 들어가지 않은 것은 단지 그것이 자신의 임무가 아니었기 때문이라고 설명했다. Robert Norris의 증언, *HCSP*, 68:8을 참조. 노예들의 기분을 매우 주의 깊게 살핀 선장에 관한 이야기는 Log of the Brig *Ranger*, Captain John Corran, Master, 1789~1790, 387 MD 56, LRO를 참조.

60. George Malcolm의 증언, 1799, in *HLSP*, 3:219.

61. T. Aubrey, *The Sea-Surgeon, or the Guinea Man's Vade Mecum. In which is laid down, The Method*

of curing such Diseases as usually happen Abroad, especially on the Coast of Guinea: with the best way of treating Negroes, both in Health and in Sickness. Written for the Use of young Sea Surgeons (London, 1729), 129~30.

62. Snelgrave, *A New Account*, 103~6.

63. *Providence Gazette; and Country Journal*, December 27, 1766; 또한, *An Account of the Life*, 26과 Zachary Macaulay의 증언, 1799, in *HLSP*, 3:339; *Three Years Adventures*, 85, Boulton, *The Voyage*, 27. 볼튼 스스로도 디지아에게 이성적 관심이 있었던 것으로 보인다. 그는 그녀에 대해 "나의 평화로운 마음을 어지럽혔다"라고 적었다.

64. Crow, *Memoirs*, 102; Snelgrave, *A New Account*, 165~68.

65. *Connecticut Journal*, January 1, 1768.

66. *Evening Post*, March 16, 1809.

67. Mary Phillips의 *Memoir of the Life of Richard Phillips*, 29~31에 수록된 Newton이 Phillips에게 보낸 편지.

68. 이 영역은 6장의 주석 1, 2, 3에서 인용한 출처의 기록을 근거로 한 것이다.

69. Bowen 선장과의 면담, *Substance*, 47. 아직 통상적인 야만적 행위에 물들지 않고 노예선을 지휘했던 서인도 함선의 선장에 관한 언급은 Mr. Thompson와의 면담, 같은 책, 208~9를 참조.

70. [옮긴이] 사이클롭스의 또 다른 발음으로 냉담하고 죄책감 없는 외눈박이 거인의 모습.

71. *Three Years Adventures*, 41; *An Account of the Life*, 84; Africanus, *Remarks on the Slave Trade*, 47~48.

8장 거대한 선원 집단

1. "Anonymous Account of the Society and Trade of the Canary Islands and West Africa, with *Observations* on the Slave Trade" (n.d., but 1779~84), Add. Ms. 59777B, BL. 이 저자는 항해에서 나타나는 질병을 다루고 있었으며 이 점으로 미루어 볼 때 그는 아마도 의사인 것으로 보인다.

2. 선원 모집의 시기에 대해 저자는 후일 4월이라고 언급했지만, 실제로는 "최근 시작된 소동[미국 독립 전쟁]과 거의 같은 시기"였다고 언급한 점으로 미루어 아마도 1775년 늦은 여름이었을 것으로 보인다. R. Barrie Rose, "A Liverpool Sailors' Strike in the Eighteenth Century," *Transactions of the Lancashire and Cheshire Antiquarian Society* 68 (1958), 85~92와 "Extract of a Letter from Liverpool, September 1, 1775," *Morning Chronicle and London Advertiser, September 5, 1775, republished in Richard Brooke, Liverpool as it was during the Last Quarter of the Eighteenth Century, 1775–1800* (Liverpool, 1853), 332를 참조.

3. [옮긴이] press-gang. 일종의 강제 징용으로 "왕의 백동전"이나 빚과 같은 미끼를 이용해 순진한 젊은이들을 강제로 징용하는 방법.

4. 이 장의 내용은 엠마 크리스토퍼의 뛰어난 연구물인 *Slave Trade Sailors* and Their Captive Cargoes, 1730~1807 (New York: Cambridge University Press, 2005)에서 많은 도움을 받았다는 점을 강조하는 바이다.

5. "Anonymous Account of the Society and Trade of the Canary Islands and West Africa, with *Observations* on the Slave Trade" (n.d., but 1779~84), Add. Ms. 59777A, 3~5, BL. 선원들이 노예무역을 좋아하지 않았다는 점은 Christopher, *Slave Trade Sailors*, 26~27에서 밝힌 주요 결론이다.

6. *Three Years Adventures*, 6~10. 아이작 파커는 "나는 아프리카의 해안으로 향하는 것에 관한 환상을 갖고 있었다"라고 설명했으며 니콜라스 오웬은 "나는 전에 보지 못했던 것을 보고자 하는 열망이 있었다"라고 덧붙였다. Isaac Parker의 증언, 1790, *HCSP*, 73:137과 Nicholas Owen, *Journal of a Slave-Dealer: A View of Some Remarkable Axedents in the Life of Nics. Owen on the Coast of Africa and America from the Year 1746 to the Year 1757*, ed. Eveline Martin (Boston: Houghton Mifflin, 1930), 43을 참조.

7. Colonel Spencer Childers, ed., *A Mariner of England: An Account of the Career of William Richardson from Cabin Boy in the Merchant Service to Warrant Officer in the Royal Navy [1780 to 1819] as Told by Himself* (Greenwich: Conway Maritime Press, 1970), 41~42. 항해의 염탐꾼에 관한 이야기는 *TSTD*, #83598을 참조.

8. Robert Barker, *The Unfortunate Shipwright & Cruel Captain* (London, 1756); Robert Barker, *The Unfortunate Shipwright, or, Cruel Captain, being a Faithful Narrative of the Unparalleled Sufferings of Robert Barker, Late Carpenter on boar the Thetis Snow of Bristol; on a Voyage from thence to the Coast of Guinea and Antigua* (orig. publ. 1760; new edition, London, "printed for the SUFFERER for his own Benefit; and by no one else," 1775), 5~6, 8. 리처드슨은 반란으로 다시 체포되기 전에 삼등 항해사로 승진했다. 그는 항해 중에 사망했다.

9. *An Account of the Life*, 2~3, 10, 19. *TSTD*, #16490을 참조. 니콜라스 오웬은 또한 낭비벽이 심한 아버지가 가족의 재산을 탕진한 후에 바다로 와서 노예선에 올랐다. Owen, *Journal of a Slave-Dealer*, 1을 참조.

10. Mr. Thompson와의 면담, in *Substance*, 24. 보스턴을 출항한 선원 중 노예선의 목적지에 속아 넘어 갔던 모든 선원에 관한 이야기는 *Commercial Advertiser*, September 24, 1799를 참조.

11. 같은 책. 1787년 벤슨호에 승선한 선원 중 13명은 항구에서 빚에 빠져 결국 배에 오르게 되었다. Anecdote X, *Substance*, 133을 참조.

12. Henry Ellison과의 면담, *Substance*, 38.

13. John Newton Letter-book ("A Series of Letters from Mr.□□ to Dr. J□□ [Dr. David Jennings]," 1750~1760, 920 MD 409, LRO. 그레고리 킹(Gregory King, 1688), 조셉 마씨(Joseph Massie, 1760), 패트릭 콜쿤(Patrick Colquhoun, 1803)의 정치산술에서도 분명히 밝혔듯이 일반 선원은 18세기 영국의 계급 구조에서 가장 낮은 지위를 차지했다. Peter Mathias, "The Social Structure in the Eighteenth Century: A Calculation by Joseph Massie," *Economic History Review*, New Series, 10 (1957), 30~45를 참조. 18세기 미국의 선원에 관한 내용은 Billy G. Smith, "The Vicissitudes of Fortune: The Careers of Laboring Men in Philadelphia, 1750~1800," in Stephen Innes, ed., *Work and Labor in Early America* (Chapel Hill: University of North Carolina Press, 1988), 221~251을 참조.

14. *Memoirs of Crow*, 169.

15. James Penny의 증언, 1789, *HCSP*, 69:118.

16. [Robert Norris], *A Short Account of the African Slave Trade, Collected from Local Knowledge* (Liverpool, 1788), 14; John Knox의 증언, 1789, *HCSP*, 68:150; Thomas King의 증언, 1789, 같은 책, 68:321. 셰필드 경은 3분의 2 정도가 풋내기 선원이었다고 주장했다. 그의 *Observations on the Project for Abolishing the Slave Trade, and on the Reasonableness of attempting some Practicable Mode of Relieving the Negroes* (orig. publ. London, 1790; 2nd edition, London, 1791), 18을 참조.

17. "Wage Book for the voyage of the ship Hawk from Liverpool to Africa, John Small Master," 1780~1781, William Davenport Archives, Maritime Archives & Library, D/DAV/3/4, MMM. *TSTD*, #91793, #81753을 참조.

18. "Wage Book for the Voyage of the Ship Essex from Liverpool to Africa and the West Indies, Captain Peter Potter," 1783~1784, "Wage Book for the Voyage of the Ship Essex from Liverpool to Africa and Dominica, Captain Peter Potter," 1785~1786, William Davenport Archives, Maritime Archives & Library, D/DAV/3/5, D/DAV/3/6, MMM.

19. 노예무역 선원들의 임금 비율에 관한 체계적인 연구가 없었기 때문에 이러한 견해는 전반적 특성을 설명하는 것일 뿐이다. 18세기 초 모든 무역 분야에서 선원들의 임금 비율에 관한 자료는 Ralph Davis, *The Rise of the English Shipping Industry in the Seventeenth and Eighteenth Centuries* (London: Macmillan, 1962), 135~37과 Marcus Rediker, *Between the Devil and the Deep Blue Sea: Mer-*

chant Seamen, Pirates, and the Anglo-American Maritime World, 1700-1750 (Cambridge: Cambridge University Press, 1987), Appendix C, 304~5 [마커스 레디커, 『악마와 검푸른 바다 사이에서 ─ 상선 선원, 해적, 영─미의 해양세계, 1700~1750』, 박연 옮김, 까치, 2001]을 참조. 선원이 행한 수익성의 사적 무역에 관한 언급은 "Diary and Accounts, Commenda Fort, in Charge of William Brainie, 1714~1718," in Donnan II, 190을 참조.

20. "Answers from the Collector and the Comptroller," 1788, *HCSP*, 69:161. 바다에 있는 동안 급여의 일부를 아내에게 보낸 선원들의 급여 합의에 관한 예시는 Receipts for wages paid to Ellen Hornby on account of her husband, 1785~1786, D/DAV/15/5/4, 그리고 Receipts for wages paid to Mary Loundes on behalf of Her husband, 1786, D/DAV/15/2/13, Miscellaneous Items from the William Davenport Archives, Maritime Archives & Library, MMM을 참조.

21. *An Account of the Life*, 58; Henry Ellison의 증언, 1790, *HCSP* 73:381~82.

22. [John Wells], "Journal of a Voyage to the Coast of Guinea, 1802," Add. Ms. 3,871, Cambridge University Library, f. 1; Samuel Robinson, *A Sailor Boy's Experience aboard a Slave Ship in the Beginning of the Present Century* (orig. publ. Hamilton, Scotland: William Naismith, 1867; rpt. Wigtown, Scotland: G.C. Book Publishers Ltd., 1996), 14; Case of the *Tartar*, 1808, Donnan IV, 585; Christopher, *Slave Trade Sailors and their Captive Cargoes*, ch. 2, "The Multiracial Crews of Slave Ships," 52~89. 또한, "Black Sailors on Liverpool Slave Ships, 1794~1805," "Black Sailors on Bristol Slave Ships, 1748~1795," 그리고 "Black Sailors on Rhode Island Slave Ships, 1803~1807" 등 231~38의 세 가지 부록을 참조.

23. Wage Book of *Hawk*, 1780~1781, D/DAV/3/4; *TSTD*, #81753. 아베이는 이등 항해사인 휴 랜슬롯(Hugh Lancelots)의 선점 노예였던 것으로 보인다. 흑인 선원에 관해서는 Christopher, *Slave Trade Sailors*, 57~58, 70~73과 Julius Sherrard Scott III, "The Common Wind: Currents of Afro-American Communication in the Era of the Haitian Revolution," Ph.D. dissertation, Duke University, 1986 그리고 W. Jeffrey Bolster, *Black Jacks: African American Seamen in the Age of Sail* (Cambridge, Mass.: Harvard University Press, 1997)을 참조.

24. 이 문단 이후의 네 문단은 Robinson, *A Sailor Boy's Experience*, 24, 32~33과 Rediker, *Between the Devil and the Deep Blue Sea*, ch. 2 [레디커, 『악마와 검푸른 바다 사이에서』, 2장]에 수록된 내용을 바탕으로 하였다.

25. Robinson, *A Sailor Boy's Experience*, 15; *Three Years Adventures*, 24.

26. *Daniel Macnamera and Nicholas Worsdale of the Snow* William v. *Thomas Barry*, August 26, 1729, "Records of the South Carolina Court of Admiralty, 1716~1732," f. 745, National Archives, Washington, D.C. *TSTD*, #16546을 참조.

27. "A Journal of an Intended Voyage to the Gold Coast in the Black Prince her 8th Commencing the 5th of Septem'r 1764," BCL; Robinson, *A Sailor Boy's Experience*, 39; *TSTD*, #17573.

28. Captain William Snelgrave, *A New Account of Some Parts of Guinea and the Slave Trade* (London, 1734; rpt. London: Frank Cass & Co., 1971), 165~67, 170.

29. John Knox의 증언, 1789, *HCSP*, 68:179.

30. William James의 증언, 1789, *HCSP*, 69:137; Robinson, *A Sailor Boy's Experience*, 54~55; "Memorandum of the Mortality of Slaves on Board the '*Othello*' while on the Coast of Africa and On her Passage to the West Indies," Accounts of the *Othello*, 1768~1769, in Donnan III, 235; *TSTD*, #36371.

31. Mr. James와의 면담, *Substance*, 14; Ellison, Noble, Trotter, Millar의 증언, 모두 1790, *HCSP*, 375, 119, 85, 394에 수록됨.

32. Ecroyde Claxton의 증언, 1791, *HCSP*, 82:33; William Littleton의 증언, 1789, *HCSP*, 68:294, 309; Snelgrave, *A New Account*, 163~64; Robinson, *A Sailor Boy's Experience*, 55.

33. *Three Years Adventures*, 113~26. 로버트 노리스는 각 함선의 하갑판에는 "남자 노예를 감시하는 백인 두 명이 있었고 불빛을 두 개 밝혀 두었다"라고 기록했다. 또한, Isaac Wilson의 증언, 1790, *HCSP*, 72:289를 참조. 또한, 밤에는 선원들이 여자의 거처에 들어가는 것이 금지되었다는 점도 나타났다.

34. Reverend John Riland, *Memoirs of a West-India Planter, Published from an Original MS. With a Preface and Additional Details* (London: Hamilton, Adams & Co., 1827), 60~61.

35. Norris, *HCSP*, 68:4~5; Mr. Bowen과의 인터뷰, *Substance*, 44. 나는 여기에서 노예무역상이자 리버풀의 대표단이었으며 노예선에 승선한 노예의 삶을 기록한 "the History of Journal of One Day"를 의회에 제출했던 존 매튜스의 증언을 바탕으로 하였다. *HCSP*, 68:19를 참조.

36. Alexander Falconbridge, 증언, 1790, *HCSP*, 72:323; James Arnold의 증언, 1789, *HCSP*, 69:125~26; Henry Ellison의 증언, 1790, *HCSP*, 73:375; James Towne의 증언, 1791, *HCSP*, 82:20.

37. Christopher, *Slave Trade Sailors*, ch. 5; Ellison과의 면담, *Substance*, 36; *Three Years Adventures*, 133.

38. "Dicky Sam", *Liverpool and Slavery: An Historical Account of the Liverpool-African Slave Trade* (Liverpool: A. Bowker & Son, 1884), 36.

39. Ecroyde Claxton의 증언, 1791, *HCSP*, 82:33~34.

40. "Documents Related to the Case of the Zong of 1783," REC/19, Manuscripts Department, NMM. 법원은 보험회사가 살해된 노예들에 대한 보험금 지급 책임이 없다고 판결했다. 또한, Ian Baucom, *Specters of the Atlantic: Finance Capital, Slavery, and the Philosophy of History* (Durham, N.C.: Duke University Press, 2005)를 참조.

41. [옮긴이] 실제로 1756년 난봉꾼이라는 뜻의 성을 가진 조셉 완톤(Joseph Wanton) 선장이 자유사랑이라는 뜻의 프리러브호를 타고 아프리카로 노예무역 항해를 함.

42. Thomas Boulton, *The Sailor's Farewell, or the Guinea Outfit* (Liverpool 1768); *TSTD*, #36127; Herbert Klein, "African Women in *The Atlantic Slave Trade*," in Claire Robinson and Martin A. Klein, eds., *Women and Slavery in Africa* (Madison: University of Wisconsin Press, 1983), 29~38.

43. Robert Norris, 1789, *HCSP*, 68:9,12; John Knox, 1789, *HCSP*, 68:171.

44. 성적 약탈의 문제로 인한 임금 분쟁에 관해서는 *Desbrough v. Christian*, 1720, HCA 24/132, 24/133을 참조.

45. Africanus, *Remarks on the Slave Trade, and the Slavery of Negroes, in a Series of Letters* (London, J. Phillips and Norwich: Chase and Co., 1788), 46; Alexander Falconbridge, *An Account of the Slave Trade on the Coast of Africa* (London, 1788), 30.

46. Snelgrave, *A New Account*, 162; John Samuel Smith의 증언, 1791, *HCSP*, 82:140.

47. Richard H. Steckel and Richard A. Jensen, "New Evidence on the Causes of Slave and Crew Mortality in *The Atlantic Slave Trade*," *Journal of Economic History* 46 (1986), 57~77; Stephen D. Behrendt, "Crew Mortality in the Transatlantic Slave Trade in the Eighteenth Century," *Slavery and Abolition* 18 (1997), 49~71. 스테켈과 젠센은 사망한 선원의 60퍼센트가 고열이었다고 추정한 반면, 베렌트는 그 비율을 80퍼센트까지 높게 설정했다. 또한, 베렌트는 선원의 사망률은 18세기 후반과 19세기 초반에 들어서면서 감소했다는 점을 지적했다.

48. William Snelgrave가 Humphry Morice에게 보낸 편지, October 23, 1727, "Trading Accounts and Personal Papers of Humphry Morice," vol. 2, The Humphry Morice Papers, Bank of England Archives, London; Bruce Mouser, ed., A Slaving Voyage to Africa and Jamaica: *The Log of the Sandown*, 1793~1794 (Bloomington: Indiana University Press, 2002), 60; *Providence Gazette; and Country Journal*, December 8, 1770; *Federal Gazette & Baltimore Daily Advertiser*, March 12, 1796; *Courier*, March 25, 1801.

49. Riland, *Memoirs of a West-India Planter*, 37; *Three Years Adventures*, 40.

50. 상인 조합(Society of Merchant Venturers Archive, Bristol Record Office)의 Petitions of Seamen(1765~1774)과 "Accounts of money for the relief of seamen and those disabled in the Merchant Service"(1747~1787). 상인 조합은 전 세계의 수많은 지역과 교역하고 있었고 선원들에게는 무역 항로와 상관없이 똑같은 보상을 제공하고 있었다. 노예무역에서 일했던 선원들은 그 본보기라고 할 수 있다. 그들의 건강은 명백하게 다른 무역을 하는 선원에 비해 좋지 않았다. 또한, Jonathan Press, *The Merchant Seamen of Bristol, 1747~1789* (Bristol, 1976)를 참조.

51. *An Account of the Life*, 26; Wells, "Journal of a Voyage," f. 19; Ellison과의 면담, *Substance*, 40.

52. "Voyage to Guinea, Antego, Bay of Campeachy, Cuba, Barbadoes, &c." (1714~1723), Add. Ms. 39946, BL, ff. 12~13; Robinson, *A Sailor Boy's Experience*, 97.

53. 매장 의식에 관해서는 Robinson, *A Sailor Boy's Experience*, 92를 참조.

54. "Inventory of the Cloths belonging to George Glover taken at his disease [decease] by Thos. Postlethwayt on board the *Essex* the 12 day of Novr 1783 viz and Sould," in "Wage Book for the Voyage of the Ship *Essex* from Liverpool to Africa and the West Indies, Captain Peter Potter," 1783~1784, William Davenport Archives, Maritime Archives & Library, D/DAV/3/5, MMM. 유사한 목록은 에식스호의 다음 항해 급여 장부, 1785~86, in D/DAV/3/6을 참조. *TSTD*, #81311, #81312를 참조.

55. *Times*, March 15, 1788. 사망자 목록의 예시는 두 가지이며 하나는 의사가, 다른 하나는 선장이 작성한 것으로 James Hoskins, "List of Mortality of the Ship's Company," 1792~1793, "Certificates of Slaves Taken Aboard Ships," 1794, HL/PO/JO/10/7/982, HLRO, Westminster와 Peter Potter가 William Davenport에게 보낸 편지, February 21, 1784, Letters from Captain Peter Potter to William Davenport & Co., 1783~1784, D/DAV/13/1/3, MMM을 참조.

56. 이 영역의 내용은 Information of Thomas Sanderson and William Steele (1750), HCA 1/58, ff. 1~10을 바탕으로 하고 있다. 이 사건의 결과는 알려지지 않았지만, 아마도 반란 선원들은 처형되었을 것이다.

57. 샌더슨은 노예선의 항해사로 일하던 몇 년 전에도 2인치 밧줄로 선원을 구타한 것으로 고소당한 적이 있다. *Thomas Powell v. Eustace Hardwicke*, 1739, HCA 24/139를 참조.

58. 반란자들은 종종 앤틸러프호의 선원들이 그랬듯이 선장과 다른 고급 선원을 해안으로 보내기도 했다. 일부의 경우에는 먼바다에서 그들을 소형선에 태워 보내기도 했고(이는 거의 확실한 죽음을 의미했다), 상당수의 경우에는 그 자리에서 한두 명을 죽여 버리기도 했다. 이 영역에 제시된 견해는 1719년에서 1802년 사이에 발생한 37건의 반란 예시를 바탕으로 하고 있다.

59. *American Weekly Mercury*, December 7, 1721. *TSTD*, #75419를 참조.

60. Information of John Bicknor, Meeting of the Grand Court of Jamaica, January 19, 1720, HCA 137/14, f. 9. 애빙턴호의 이 항해는 *TSTD*에 나타나 있지 않지만, 그다음 항해는 언급되고 있다. #16257을 참조.

61. Examination of Thomas Williams (1734), HCA 1/56, f. 90; *Powell v. Hardwicke* (1738), HCA 24/139. 벅스턴호에서 발생한 선상 반란의 첫 번째 보고는 *American Weekly Mercury* on September 26, 1734에서 나타났다. 또한, *Boston News-Letter*, October 31, 1734와 *TSTD*, #16758을 참조. 펄 갤리호에 관해서는 #16870을 참조. 1767년 브리스틀의 윌리엄호에서 일어난 몇 차례의 도끼 살해 사건에 관한 이야기는 *Boston News-Letter and New-England Chronicle*, April 10, 1767을 참조. *TSTD*, #17634를 참조.

62. 튜크스베리호에 관해서는 *The Tryals of Seven Pyrates, viz. James Sweetland, John Kennelly, John Reardon, James Burdet, William Buckley, Joseph Noble, and Samuel Rhodes, for the Murder of Capt. Edw. Bryan of the Tewksbury of Bristol; and Running Away with the said Ship, November 2, 1737* (Bristol, 1738)와 *Boston Gazette*, March 13, 1738 그리고 "Proceedings of a Court of Admiralty

held at Cape Coast in Africa the 19th November 1737 for the Trials of James Sweetland and other for Murder & Piracy," HCA 1/99, ff. 1~4를 참조. 다른 사건에서는 함선을 장악하려는 목적이 아닌 단순한 보복 행위로서 선원이 선장이나 항해사를 살해하기도 했다. 1792년 브리스틀의 러블리 래스(Lovely Lass)호에서는 "죠(Joe) 또는 쿠죠(Cudjo)라고 불리는 흑인이 존 딕슨(John Dickson)과 존 오웬스(John Owens)와 함께" 항해사 로버트 밀러건(Robert Millagan)을 살해했다. *Times*, November 8, 1794를 참조.

63. *Maryland Gazette and News Letter*, October 16, 1766, reprinted in Donnan II, 528~29; *Connecticut Journal*, November 17, 1769; *New London Gazette*, December 15, 1769. *TSTD*, #17691(*Black Prince*)을 참조. 선원들이 선장을 살해한 후 노예의 폭동으로 죽음을 덮으려고 했던 사건에 관해서는 *New-York Gazette*, March 11, 1765를 참조.

64. Christopher, *Slave Ship Sailors and Their Captive Cargoes, 1730-1807*, 127~32; James Towne과의 면담, *Substance*, 56; Information of Hector McNeal (November 1731), HCA 1/56, f. 44.

65. 선원들은 때때로 잃어버린 급여를 메우기 위해 노동력이 귀했던 서인도나 미국의 항구에서 "끊임없이" 일하며 훨씬 더 높은 급여를 받고 영국으로 돌아가기도 했다. Rediker, *Between the Devil and the Deep Blue Sea*, 136~38[레디커, 『악마와 검푸른 바다 사이에서』]를 참조.

66. Lord Rodney의 증언, 1790, *HCSP*, 72 : 182~83. 유사한 내용의 언급은 Sir George Young의 증언, *HCSP*, 69 : 155; 1790, *HCSP*, 73 : 211~212; Thomas Clappeson의 증언, 1791, *HCSP*, 82 : 214를 참조.

67. Lord Sheffield, *Observations*, 18; Francis Pope 선장이 안티구아의 Abraham Redwood에게 보낸 편지, May 24, 1740, in Donnan III, 135; Miles Barber가 James Penny에게 보낸 편지, March 11, 1784, *Baillie v. Hartley*, exhibits regarding the Slave Ship Comte du Nord and Slave Trade, E 219/377, NA. 또한, Samuel과 William Vernon이 뉴포트의 John Duncan 선장에게 보낸 편지, April 8, 1771에서 "만약 필요 이상의 일손을 보유하고 있다면 그들을 좋은 말로 해고해서 함선 유지 비용을 줄일 수 있도록 하십시오"라고 언급한 부분을 참조. Donnan III, 248을 참조. 서인도에서 노예선으로부터 버려진 선원의 소송에 관해서는 *Soudin v. Demmerez* (1720), HCA 24/133과 *Fernando v. Moore* (1733), HCA 24/138을 참조.

68. Ellison과의 면담, *Substance*, 41; Towne과의 면담, *Substance*, 60. 또한, William James의 1789, *HCSP*, 68 : 139과 John Ashley Hall의 증언, *HCSP*, 72 : 233 그리고 James Morley의 증언, *HCSP*, 73 : 164, 168을 참조.

69. John Simpson의 증언, *HCSP*, 82 : 44(바베이도스); Robert Forster의 증언, 1791, *HCSP*, 82 : 134(도미니카와 그레나다); *Connecticut Journal*, December 22, 1784 (찰스턴); Hercules Ross, 1791, *HCSP*, 82 : 260와 Mark Cook의 증언, 1791, *HCSP*, 82 : 199 (자메이카).

70. *Three Years Adventures*, 137; James Towne의 증언, *HCSP*, 82 : 30.

71. 이 사건을 처음 다룬 연구는 Brooke, "*Liverpool as it was*"였고 여기에서는 런던의 신문 기사를 효율적으로 활용하였다. 이 사건 후 거의 반세기 동안 선원들의 파업을 다룬 최고의 연구는 Rose, "A Liverpool Sailors' Strike in the Eighteenth Century," 85~92였다. 당시 더비호의 다른 선주는 존 예이츠(John Yates), 샘 파커(Sam Parker) 그리고 토머스 던(Thomas Dunn)이었다. *TSTD*, #92523을 참조.

72. 이 단락과 이전 단락은 *London newspapers : Gazetteer and New Daily Advertiser*, September 4, 1775와 *Morning Chronicle and London Advertiser*, September 4, 1775를 바탕으로 작성되었다. (위에서 인용된) 브룩과 로즈 모두 여러 신문 기사에서처럼 예이츠를 더비호의 선주가 아닌 선장으로 소개하는 실수를 반복했다. 로즈는 또한 선원들의 항의 행진이 8월 26일 토요일 아침에 있었다고 했지만, 다수의 증거는 이 행진이 월요일에 있었다고 명시하고 있다.

73. *Gazetteer and New Daily Advertiser*, September 4, 1775.

74. Information of James Waring, September 4, 1775, Records of the County Palantine of Lancaster, PL 27/5, NA; *Morning Chronicle*, September 4, 1775. 토머스 스타니포스에 관한 정보는 브룩이

스타니포스의 아들 사무엘에게 전해들은 구술 역사로서 수집되었다. *Liverpool as it was*, 339를 참조.
75. 선원들이 사용한 대포의 숫자는 대략 두 문에서 여섯 문 사이로 추정된다.
76. Information of Richard Downward the Younger, September 2, 1775, PL27/5; *Gazetteer*, September 4 and 6, 1775. 사망한 이들이 선원이었는지 거래소를 방어하는 사람들이었는지에 관해서는 출처에 나타나 있지 않다.
77. [옮긴이] 용기병이란 드래건(dragon)이라는 소총을 장비하고 승마하여 이동하고 싸우던 병과를 말함.
78. Information of William Sefton, September 3, 1775, PL 27/5; *Morning Chronicle*, September 8, 1775; *Gazetteer*, September 8, 1775.
79. *Morning Chronicle*, September 8, 1775, and September 11, 1775; *Gazetteer and New Daily Advertiser*, September 6, 1775. 수년 후에 리처드 브룩은 "래드클리프의 집에 대한 공격에 참여했던" 누군가와 이야기를 나누었다. 이 사람은 자신이 왕겨를 발견한 사람이며 "하층민들은 그 후로 오랫동안 이 이야기를 래드클리프 씨를 설명하는 일화로 사용했다"라고 말했다. 래드클리프 씨의 아들이 후에 이 이야기를 확인해 주었다. Brooke, *Liverpool as it was*, 341을 참조.
80. *Morning Chronicle*, September 4, 1775, September 8, 1775; *Gazetteer*, September 6, 1775; Information of John Huddleston, September 1, 1775,; Information of John Adams, September 2, 1775, PL 27/5; Brooke, *Liverpool as it was*, 341. Gomer Williams, *History of the Liverpool Privateers and Letters of Marque: With An Account Of The Liverpool Slave Trade, 1744-1812* (London, 1897; rpt. Montreal: McGill-Queen's University Press, 2004), 557.
81. *Morning Chronicle*, September 4, 1775; *Daily Advertiser*, September 5, 1775; Information of Thomas Middleton, September 28, 1775, PL27/5; *Chester Chronicle*, September 4, 1775.
82. Information of Thomas Blundell, September 2, 1775; Information of Anthony Taylor, September 2, 1775; Information of Henry Billinge, September 27, 1775, all in PL 27/5; the *Morning Chronicle*, September 8, 1775.
83. Information of Cuthbert Bisbronney, September 2, 1775; Information of William Stanistreet, September 2, 1775.
84. *Morning Chronicle*, September 11, 1775; Brooke, *Liverpool as it was*, 345에 인용된 Council Book of the Corporation, 1775, vol. 2, 717~18.
85. Snelgrave, *A New Acccount*, 162~63. Christopher, *Slave-Trade Sailors*, ch. 6을 참조.
86. John Simpson의 증언, 1791, *HCSP*, 82:42; George Millar와의 면담, *Substance*, 3; Sir George Young의 증언, *HCSP*, 73:136; *Three Years Adventures*, 41; Robinson, *A Sailor Boy's Experience*, 56; Richard Story의 증언 1791, *HCSP*, 82:13; Thompson과의 면담, *Substance*, 24. 1701년 법정에서는 존 바브(John Babb)가 동료 선원들이 노예의 음식을 빼앗을 수 있도록 허용함에 따라 많은 노예가 사망했다는 주장이 있었다. *John Babb v. Bernard Chalkley*, 1701, HCA 24/127을 참조.
87. 1775년 8월 리버풀에서의 임금 삭감은 단기간에 일어난 두 번째 삭감이었다. 바로 직전인 1775년 6월 중순에 리버풀을 출항하는 노예무역 선원들은 여전히 관행적 비율인 매달 40실링을 받고 있었다. "Wage Book for the Voyage of the ship *Dalrymple* from Dominica to Liverpool, Patrick Fairweather, Master," 1776, William Davenport Archives, Maritime Archives & Library, D/DAV/3/3, MMM을 참조. 또 *TSTD*, #91988을 참조.
88. *Newport Mercury*, July 18, 1763.

9장 노예에서 뱃동지로

1. *An Account of the Life*, 22~24. 로열 조지호의 항해에 관해서는 *TSTD*, #16490을 참조.
2. William D. Piersen, "White Cannibals, Black Martyrs: Fear, Depression, and Religious Faith as Causes of Suicide Among New Slaves," *Journal of Negro History* 62 (1977), 147~59.
3. Sidney W. Mintz and Richard Price, *The Birth of African-American Culture: An Anthropological*

Perspective (orig. publ. 1976; rpt. Boston : Beacon Press, 1992); Michael A. Gomez, *Exchanging Our Country Marks : The Transformation of African Identities in the Colonial and Antebellum South* (Chapel Hill : University of North Carolina Press, 1998); Stephanie E. Smallwood, *Saltwater Slavery : A Middle Passage from Africa to American Diaspora* (Cambridge, Mass. : Harvard University Press, 2006).

4. George Millar의 증언, 1790, *HCSP*, 73 : 394; William Littleton의 증언, 1789, *HCSP*, 68 : 299; Samuel Robinson, *A Sailor Boy's Experience aboard a Slave Ship in the Beginning of the Present Century* (orig. publ. Hamilton, Scotland : William Naismith, 1867; rpt. Wigtown, Scotland : G.C. Book Publishers Ltd., 1996), 55; John Atkins, *A Voyage to Guinea, Brasil, and the West Indies; In His Majesty's Ships, the Swallow and Weymouth* (London, 1735; rpt. London : Frank Cass & Co., 1970), 180.

5. *Three Years Adventures*, 84; John Matthews, *A Voyage to the River Sierra Leone, on the Coast of Africa, containing an Account of the Trade and Productions of the Country, and of the Civil and Religious Customs and Manners of the People; in a Series of Letters to a Friend in England* (London : B. White and Son, 1788), 151~52.

6. Thomas Poplett의 증언, 1789, *HCSP*, 69 : 26; Robinson, *A Sailor Boy's Experience*, 78; Thomas King의 증언, 1789, *HCSP*, 68 : 333; Captain William Snelgrave, *A New Account of Some Parts of Guinea and the Slave Trade* (London, 1734; rpt. London : Frank Cass & Co., 1971), 171~72; *Three Years Adventures*, 95~96, 125; James Fraser의 증언, 1790, *HCSP*, 71 : 34. 또한, Alan J. Rice, *Radical Narratives of the Black Atlantic* (London : Continuum, 2003), 120~46을 참조.

7. Snelgrave, *A New Account*, 163; James Fraser의 증언, 1790, *HCSP*, 71 : 34.

8. 성직자 John Riland의 *Memoirs of a West-India Planter, Published from an Original MS. With a Preface and Additional Details* (London : Hamilton, Adams & Co., 1827), 20~24; Ecroyde Claxton의 증언, 1791, *HCSP*, 82 : 34. 노예무역상 존 폰테인(John Fountain)은 1789년에 "그들의 소속 부족에 따라 달랐다. 던코족은 그 수가 많았지만 사슬에 묶여 있지 않았고 판테족은 항상 사슬에 묶여 있었다. 아샨티족과 다른 부족들은 그들이 보이는 공격성에 따라서 사슬이 필요한 경우도 있었다"라고 증언했다. *HCSP*, 69 : 269를 참조.

9. Roderick Terry, "Some Old Papers Relating to the Newport Slave Trade," Newport Historical Society, *Bulletin* 62 (1927), 23.

10. "Medical Log of Slaver the 'Lord Stanley,'" 1792, by Christopher Bowes, MS. 129. d.27., Royal College of Surgeons, London. 숫자로 인원수를 분류한 것에 관해서는 Smallwood, *Saltwater Slavery*, 178을 참조.

11. Journal of the Ship *Mary*, 1795~96, in Donnan III, 375. 또 *Three Years Adventures*, 39; *Memoirs of Crow*, 38, 40; Fraser의 증언, 1790, *HCSP*, 71 : 45; Alexander Falconbridge의 증언, 1790, *HCSP*, 72 : 294.

12. *Boston Weekly News-Letter*, September 1, 1737; *Boston Gazette*, November 22, 1762; Mungo Park, *Travels into the Interior of Africa, Performed under the Direction and Patronage of the African Association, in the Years 1795, 1796, and 1797*, ed. Kate Ferguson Marsters (orig. publ. 1799; rpt. Durham and London : Duke University Press, 2000), 305.

13. *Pennsylvania Gazette*, July 30, 1741; *Royal Georgia Gazette*, June 14, 1781; Peter Whitfield Branker의 증언, *HLSP*, 3 : 190. 또한, Richard Pearson과 John Olderman 선장의 증언, 같은 책, 121, 151을 참조. 노예들이 사략선에 대항해서 싸웠던 또 다른 예시는 *Boston Weekly News-Letter*, July 31, 1760; *Massachusetts Spy : Or, the Worcester Gazette*, April 4, 1798; *Commercial Advertiser*, July 19, 1805; *American Mercury*, October 2, 1806; James Penny의 증언, 1789, *HCSP*, 69 : 117; *Memoirs of Crow*, 102를 참조.

14. *Enquirer*, September 26, 1804; Robert Barker, *The Unfortunate Shipwright, or, Cruel Captain, being a Faithful Narrative of the Unparalleled Sufferings of Robert Barker, Late Carpenter on board the Thetis Snow of Bristol; on a Voyage from thence to the Coast of Guinea and Antigua* (orig. publ. 1760; new edition, London, "printed for the SUFFERER for his own Benefit; and by no one else," 1775), 20; John Olderman의 증언, *HLSP*, 3:150; James Penny 선장이 Miles Barber에게 보낸 편지, July 24, 1784, *Baillie v. Hartley*, exhibits regarding the Slave Ship *Comte du Nord* and Slave Trade; schedule, correspondence, accounts, E 219/377, NA; *Newport Mercury*, November 18, 1765.

15. "Barque Eliza's Journal, Robert Hall, Commander, from Liverpool to Cruize 31 Days & then to Africa & to Demarary; mounts 14 Nine & Six Pounders, with 31 Men & boys," Royal African Company Records, T70/1220, NA; Peter Whitfield Branker의 증언, *HLSP*, 2:119; John Ashley Hall의 증언, *HCSP*, 72:233, 273.

16. Falconbridge의 증언, 1790, *HCSP*, 72:303; Fraser의 증언, 1790, *HCSP*, 71:28.

17. *Three Years Adventures*, 116~17; John Ashley Hall의 증언, 1790, *HCSP*, 72:230.

18. Falconbridge, *An Account of the Slave Trade*, 26.

19. James Bowen의 증언, 1789, *HCSP*, 69:125; John Knox의 증언, 1789, *HCSP*, 68:158.

20. Captain John Adams, *Sketches taken during Ten Voyages to Africa, Between the Years 1786 and 1800; including Observations on the Country between Cape Palmas and the River Congo; and Cursory Remarks on the Physical and Moral Character of the Inhabitants* (London, 1823; rpt. New York: Johnson Reprint Corporation, 1970), 9.

21. "Voyage to Guinea, Antego, Bay of Campeachy, Cuba, Barbadoes, &c." (1714~1723), Add. Ms. 39946, ff. 9~10, BL; Mouser, ed., *The Log of the Sandown*, 103; "The Slave Trade at Calabar, 1700~1705," in Donnan II, 15; Information of James Towne, in *Substance*, 236.

22. Falconbridge, *An Account of the Slave Trade*, 28; Examination of Rice Harris (1733), HCA 1/56, ff. 73~74; James Arnold의 증언, 1789, *HCSP*, 69:126.

23. T. Aubrey, *The Sea-Surgeon, or the Guinea Man's Vade Mecum. In which is laid down, The Method of curing such Diseases as usually happen Abroad, especially on the Coast of Guinea: with the best way of treating Negroes, both in Health and in Sickness. Written for the Use of young Sea-Surgeons* (London, 1729), 129~32; Atkins, *A Voyage to Guinea*, 60; Trotter의 증언, 1790, *HCSP*, 73:84~85. 검푸른 대서양에서의 죽음이 갖는 여러 의미는 Vincent Brown, *The Reaper's Garden: Death and Power in the World of Atlantic Slavery* (Cambridge, Mass.: Harvard University Press, forthcoming)에서 뛰어난 통찰력으로 다루어지고 있다. 이에 대한 필수적인 배경 지식은 Kenneth F. Kiple, *The Caribbean Slave: A Biological History* (Cambridge: Cambridge University Press, 1984), 1~75를 바탕으로 하고 있다. 노예무역의 죽음에 관한 광범위한 연구를 효율적으로 요약하고 있는 자료는 Herbert S. Klein, *The Atlantic Slave Trade* (Cambridge: Cambridge University Press, 1999), 130~42가 있다.

24. Fraser의 증언, 1790, *HCSP*, 71:58; Falconbridge, *An Account of the Slave Trade*, 32; Falconbridge의 증언, 1790, *HCSP*, 72:303.

25. HLRO에 수록된 "Extracts of such Journals of the Surgeons employed in Ships trading to the Coast of Africa, since the first of August 1788, as have been transmitted to the Custom House in London, and which relate to the State of the Slaves during the Time they were on Board the Ships," Slave Trade Papers, 3 May 1792, HL/PO/JO/10/7/920; "Log-books, etc. of slave ships, 1791~7," Main Papers, 17~19 June 1799, HL/PO/JO/10/7/1104; "Certificates of Slaves Taken Aboard Ships," 1794, HL/PO/JO/10/7/982. 모든 의사가 사망 원인을 기록한 것은 아니라는 점에 주목해야 하며 그런 까닭에 여기에서는 86건 이상의 의사 일지를 분석하였다. 이 일지 기록은 (전부

는 아니지만) Richard H. Steckel and Richard A. Jensen, "New Evidence on the Causes of Slave and Crew Mortality in The Atlantic Slave Trade," *Journal of Economic History* 46 (1986), 57~77에 대한 경험적인 근거를 형성했다.

26. [옮긴이] 우울에 빠져 행동이 거의 없거나 느린 증상을 보이는 경우.

27. [옮긴이] J. 필모어는 필명으로 실제 저자가 누구인지는 정확히 알려지지 않았다. 후대 노예무역 관련 저자 중에서도 이 필명을 그대로 활용하는 경우가 있었다.

28. Thomas Trotter, *Observations on the Scurvy, with a Review of the Theories lately advanced on that Disease; and the Theories of Dr. Milman refuted from Practice* (London, 1785; Philadelphia, 1793), 14; James Penny 선장이 Miles Barber에게 보낸 편지, July 1, 1784, *Baillie v. Hartley*, E 219/377, NA; Case of the *Mermaid*, July 10, 1739, Donnan III, 51~52; J. Philmore, *Two Dialogues on the Man-Trade* (London, 1760), 34~35; Zachary B. Friedenberg, *Medicine Under Sail* (Annapolis, Md.: Naval Institute Press, 2002). 1792년 로드 스탠리호에 승선한 노예의 질병을 관찰한 의사 크리스토퍼 보우즈(Christopher Bowes)의 의사 일지는 "Medical Log of Slaver the '*Lord Stanley*,' 1792"를 참조. 보우즈는 33명을 치료했고 이 중 24명은 남자, 3명은 남자아이, 3명은 여자, 3명은 여자아이였다. 질병의 종류는 설사, 경련, 이질, 고열, 통증(배, 가슴, 무릎, 발목, 머리) 등으로 다양했다. 전체 392명의 노예 중 16명이 사망했고 3명은 해안에서 13명은 중간항해에서 사망했다. 이 함선의 사망률은 4퍼센트가 약간 넘는 비교적 낮은 수준이었다. *TSTD*, #82365를 참조.

29. "Anonymous Account," Add. Ms. 59777B, f. 39v; Nicholas Owen, *Journal of a Slave-Dealer: A View of Some Remarkable Axedents in the Life of Nics. Owen on the Coast of Africa and America from the Year 1746 to the Year 1757, ed. Eveline Martin* (Boston: Houghton Mifflin, 1930), 90; Thomas Winterbottom, *An Account of the Native Africans in the Neighbourhood of Sierra Leone, to which is added An Account of the Present State of Medicine among them* (London, 1803; rpt. London: Frank Cass & Co., 1969), vol. I, 236. 또한, Atkins, *A Voyage to Guinea*, 79, 101; Matthews, *A Voyage to the River Sierra Leone*, 123; Philip Curtin, "Epidemiology and the Slave Trade," *Political Science Quarterly* 83 (1968), 190~216; Kenneth Kiple and Brian Higgins, "Mortality Caused by Dehydration during the Middle Passage," in Joseph Inikori and Stanley Engerman, eds., *The Atlantic Slave Trade: Effects on Economies, Societies, and Peoples in Africa, the Americas, and Europe* (Durham, N.C.: Duke University Press, 1992), 322~31; Richard B. Sheridan, "The Guinea Surgeons on the Middle Passage: The Provision of Medical Services in the British Slave Trade," *International Journal of African Historical Studies* 14 (1981), 601~25; Sharla Fett, *Working Cures: Healing, Health, and Power on Southern Slave Plantations* (Chapel Hill: University of North Carolina Press, 2002)를 참조.

30. "Richard Simsons Voyage to the Straits of Magellan & S. Seas in the Year 1689," Sloane 86, BL, f. 57; William Smith, *A New Voyage to Guinea: Describing the Customs, Manners, Soil, Climate, Habits, Buildings, Education, Manual Arts, Agriculture, Trade, Employments, Languages, Ranks of Distinction, Habitations, Diversions, Marriages, and whatever else is memorable among the Inhabitants* (London, 1744; rpt. London: Frank Cass & Co., 1967), 28; Snelgrave, *A New Account*, 187~88; Atkins, *A Voyage to Guinea*, 72. 존 아담스는 서아프리카 언어의 다양성에 관해 논의할 때에도 "바벨탑"에 대한 비유를 사용했다. 이는 아담스(Adams)의 *Sketches taken during Ten Voyages to Africa*, 64를 참조. 또한 John Thornton, *Africa and Africans in the Making of the Atlantic World, 1400-1800* (Cambridge: Cambridge University Press, 1992; 2nd edition, 1998), 19~20, 183~205를 참조.

31. Snelgrave, *A New Account*, 177~80; Claxton의 증언, *HCSP*, 82:36; Fraser의 증언, *HCSP*, 71:13; Falconbridge의 증언, *HCSP*, 69:48.

32. [옮긴이] 한 부족 내에서도 다양한 언어를 사용하거나 이해하는 것.

33. [Thomas Thompson], *Memoirs of an English Missionary to the Coast of Guinea* (London, 1788), 28~29.

34. James Rigby의 증언, 1799, HSLP, 3:88; [Thompson], *Memoirs*, 28~29; William McIntosh의 증언, 1789, HCSP, 68:194; Winterbottom, *An Account of the Native Africans*, 1:11; Thornton, *Africa and Africans*, ch. 7. 또한, Okon Edet Uya, "The Middle Passage and Personality Change Among Diaspora Africans," in Joseph E. Harris, ed., *Global Dimensions of the African Diaspora* (Washington, D.C.: Howard University Press, 1993, 2nd edition), 87을 참조.

35. Falconbridge, HCSP, 72:294; Peter Linebaugh, "All the Atlantic Mountains Shook," *Labour/Le Travail* 10 (1982), 87~121.

36. Robinson, *A Sailor Boy's Experience*, 78; *Three Years Adventures*, 136. 또한, Olderman, *HLSP*, 3:175와 Matthews, *A Voyage to the River Sierra Leone*, 99 그리고 Trotter의 증언, HCSP, 73:84를 참조.

37. *Three Years Adventures*, 111~12, 120, 93~94.

38. Robert Norris의 증언, 1789, HCSP, 68:7.

39. Mr. Janverin와의 면담, *Substance*, 249.

40. Arnold의 증언, HCSP, 69:126; Claxton의 증언, HCSP, 82:36.

41. Snelgrave, *A New Account*, introduction; *Three Years Adventures*, 131~32; Robert Heatley의 증언, 1789, HCSP, 69:123.

42. Riland, *Memoirs of a West-India Planter*, 58~59; Thomas Clarkson이 Comte de Mirabeau에게 보낸 편지, November 8, 1789, ff. 1~2, Papers of Thomas Clarkson, Huntington Library, San Marino, California. 또한, Falconbridge, *An Account of the Slave Trade*, 30; Falconbridge의 증언, 1790, HCSP, 72:307; Ellison의 증언, HCSP, 73:376; James Towne의 증언, 1791, HCSP, 82:22; Claxton의 증언, HCSP, 82:36을 참조.

43. David Henderson의 증언, 1789, HCSP, 69:139; Arnold의 증언, HCSP, 69:127.

44. Antonio T. Bly, "Crossing the Lake of Fire: Slave Resistance During the Middle Passage, 1720~1842," *Journal of Negro History* 83 (1998), 178~86; Richard Rathbone, "Resistance to Enslavement in West Africa," in *De la traite a l'esclavage: actes du colloque international sur la traite des noirs*, ed. Serge Daget (Nantes, 1988), 173~84.

45. Riland, *Memoirs of a West-India Planter*, 52; James Morley의 증언, 1790, HCSP, 73:160~61.

46. Isaac Parker의 증언, 1790, HCSP, 73:124~25, 130; *TSTD*, #91135.

47. *Edward Fentiman v. James Kettle* (1730), HCA 24/136; *TSTD*, #76618. 노예들이 학대에 대항해서 음식을 거부한 것에 관한 또 다른 증거는 James Towne의 증언, 1791, HCSP, 82:21을 참조. 노예들이 승선한 아프리카 통역자에 대한 학대에 대항해서 집단적인 단식 투쟁을 벌이고 성공적인 결과를 얻었던 사례에 관해서는 "The Deposition of John Dawson, Mate of the Snow *Rainbow*," 1758, in Donnan IV, 371~72를 참조.

48. Aubrey, *The Sea-Surgeon*, 128. 폭력으로 노예들의 의지를 꺾을 수 없다는 판단을 했던 또 다른 사례는 Janverin과의 면담, *Substance*, 249를 참조.

49. Snelgrave, *A New Account*, 190; "Anecdote IX" (author unnamed), *Substance*, 315~16; *Jones v. Small*, Law Report, the *Times*, July 1, 1785.

50. "Voyage to Guinea," Add. Ms. 39946, f. 8 (*TSTD*, #75489); *Memoirs of Crow*, 44; James Hogg가 Humphry Morice에게 보낸 편지, March 6, 1732, Humphry Morice Papers, Bank of England Archives, London.

51. *Connecticut Journal*, February 2, 1786; Falconbridge의 증언, 1790, HCSP, 72:307~8; "Extract from a Letter on Board the Prince of Orange," April 7, 1737, *Boston News-Letter*, September 15, 1737.

52. Isaac Wilson의 증언, 1790, *HCSP*, 72:281; Claxton의 증언, *HCSP*, 82:35~36; *Pennsylvania Gazette*, May 21, 1788 (간디[Gandy]의 기사, 그러나 확인되지는 않았다). 클락슨은 후에 미라보에게 보내는 편지, December 9, 1789, Papers of Clarkson, Huntington Library에서 그의 이야기를 다시 언급했다. 종(Zong)호에 관해서는 Granville Sharp가 Lords Commissioners of the Admiralty에 보낸 편지, London, July 2, 1783, "Documents Related to the Case of the Zong of 1783," Manuscripts Department, REC/19, f. 96, NMM를 참조.

53. Wilson and Falconbridge의 증언, *HCSP*, 72:279, 300; Log of the Brig Ranger, Captain John Corran, Master, 1789~1790, 387 MD 56, LRO; (John Wells), "Journal of a Voyage to the Coast of Guinea, 1802," Add. Ms. 3,871, f. 15, Cambridge University Library; Mr. Thompson의 증언, *Substance*, 207.

54. Mr. Thomas Gatherer에게 보낸 편지에서 발췌, in Lombard Street; dated Fort-James, River Gambia, April 12, 1773, *Newport Mercury*, December 27, 1773; *Independent Journal*, April 29, 1786. 프랑스 노예선이 유사하게 폭발했던 예시는 *Newport Mercury*, March 3, 1792를 참조. 폭동의 실패 후에 발생한 집단 자살의 예시는 *Newport Mercury*, November 25, 1765와 *Connecticut Journal*, January 1, 1768; "The Log of the Unity, 1769~1771," Earle Family Papers, D/EARLE/1/4, MMM 그리고 *Providence Gazette; and Country Journal*, September 10, 1791을 참조.

55. 이전 주석 25번의 인용을 참조.

56. 법원 판결에 관해서는 *Jones v. Small*, Law Report, the *Times*, July 1, 1785를 참조. 다른 형태의 저항과 마찬가지로 배 밖으로 뛰어내리는 행동에 대한 소문은 대서양을 돌아 대도시로 흘러들었고 이곳의 여러 작가들은 시를 통해 노예로서의 불명예스러운 삶 대신 죽음을 택한 결정을 영원한 기록으로 남겼다. 리버풀의 귀족 윌리엄 로스코(William Roscoe)와 의사 제임스 커리(James Currie)가 익명으로 함께 쓴 유명한 폐지론자의 시 "The Negroe's Complaint"에서는 아프리카인 화자 마라탄이 "내일이 되면 오만한 백인이 / 자랑스레 나를 자신의 노예라 칭하리니 / 족쇄를 차고 바다에 뛰어들어 / 용기의 제국으로 달려가리라"라고 말했다. Dr. James Currie가 Admiral Sir Graham Moore에게 보낸 편지, 16 March 1788, 920 CUR 106, Papers of Dr. James Currie, LRO를 참조. 이 시는 원래 『월드』(*World*)지에 소개되었다가 후에 미국에서 다시 출판되었다. *Federal Gazette, and Philadelphia Evening Post*, April 8, 1790을 참조. 같은 종류의 이야기가 로스코의 *The Wrongs of Africa* (London, 1788)에도 나타난다. James G. Basker, *Amazing Grace: An Anthology of Poems About Slavery, 1660-1810* (New Haven, Conn.: Yale University Press, 2002)를 참조.

57. Ellison의 증언, *HCSP*, 73:374. 이 주제에 관한 고전 논설로는 Lorenzo Greene, "Mutiny on the Slave Ships," *Phylon* 5 (1944), 346~54가 있다. 또한, 에릭 로버트 타일러(Eric Robert Taylor)의 값진 연구 성과물인 *If We Must Die: Shipboard Insurrections in the Era of The Atlantic Slave Trade* (Baton Rouge: Louisiana State University Press, 2006)를 참조.

58. Arnold의 증언, *HCSP*, 69:130. 스넬그레이브(*A New Account*, 167)는 1704년 갤리선 이글호에서 단 20명이 폭동을 일으켰다는 사실에 놀랐다. 실제로 폭동을 일으킨 사람의 숫자가 더 적은 경우도 있었다. 폭동이 시작된 시점에 참여하지 않고 있던 사람을 포함하지 않아서 일부 예시에서는 반란을 일으킨 인원의 수가 과소평가된 경우도 있었다.

59. *Times*, July 1, 1785; "Log of the *Unity*," Earle Family Papers, D/EARLE/1/4; *Connecticut Journal*, February 2, 1786; Robert Hume의 증언, 1799, *HLSP*, 3:110; Trotter의 증언, *HCSP*, 73:87; Atkins, *A Voyage to Guinea*, 72~73. 남자아이들의 경우에 관해서는, Mr. Thomas Gatherer에게 보낸 편지에서 발췌, April 12, 1773, *Newport Mercury*, December 27, 1773을 참조. 또한, Uya, "The Middle Passage and Personality Change," 91을 참조.

60. *Three Years Adventures*, 96; Snelgrave, *A New Account*, 77; Fountain의 증언, *HCSP*, 68:273; Thornton, *Warfare in Atlantic Africa*, 140.

61. *Pennsylvania Gazette*, May 16, 1754. 노예들이 폭동의 과정에서 유럽의 무기를 사용했던 사례에 관

해서는 Lieutenant Governor Thomas Handasyd가 자메이카의 Board of Trade and Plantations 에 보낸 편지, October 5, 1703, Donnan II, 4; *Boston News-Letter*, May 6, 1731 (또 *Boston Gazette*, April 26, 1731); *Bath Journal*, December 18, 1749; *Boston Gazette*, October 4, 1756; *Pennsylvania Gazette*, May 31, 1764; *New London Gazette*, December 18, 1772; *Newport Mercury*, December 27, 1773; William Fairfield가 카옌의 Rebecca Fairfield에게 보낸 편지, April 23, 1789, Donnan III : 83; *Providence Gazette; and Country Journal*, September 10, 1791; *Massachusetts Spy : Or, the Worcester Gazette*, April 4, 1798; *Federal Gazette & Baltimore Daily Advertiser*, July 30, 1800; *Newburyport Herald*, March 22, 1808을 참조. 이니코리는 1750년에서 1807년 사이 서아프리카에는 매년 15만에서 20만 정의 총기류가 수입되었다고 추정했고 리처드는 그 수가 283,000정에서 394,000 정까지 된다고 보았다. Inikori, "The Import of Firearms into West Africa 1750~1807," 348과 Richards, "The Import of Firearms into West Africa in the Eighteenth Century," 43~44를 참조.

62. Smith, *A New Voyage to Guinea*, 28. 코로만티족에 관해서는 Trotter, *Observations on the Scurvy*, 23과 Falconbridge, *An Account of the Slave Trade*, 70을 참조. 또한, Snelgrave, *A New Account*, 168~69, 177~78을 참조. 이비비오족에 관해서는 *Memoirs of Crow*, 98~99, 200~1을 참조. 데이빗 리처드슨은 세네감비아 지역(시에라리온과 바람막이 해안 주변 지역)에서 온 노예들은 가장 반항적이며 황금 해안 지역의 포로들도 이에 뒤처지지는 않는다고 주장했다. 그의 "Shipboard Revolts, African Authority, and The Atlantic Slave Trade," *William and Mary Quarterly*, 3rd ser., 58 (2001), 76~77을 참조.

63. *Felix Farley's Bristol Journal*, March 24, 1753.

64. Smallwood, *Saltwater Slavery*, 123.

65. *Newburyport Herald*, December 4, 1801.

66. *Boston Post Boy*, August 13, 1750.

67. *Pennsylvania Gazette*, November 9, 1732; Atkins, *A Voyage to Guinea*, 175~76. 또한, *Three Years Adventures*, 103을 참조.

68. *Boston News-Letter*, September 18, 1729; *TSTD*, #77058; *Bath Journal*, December 18, 1749; *TSTD*, #90233.

69. *American Mercury*, January 31, 1785.

70. Ellison의 증언, *HCSP*, 73 : 375; Snelgrave, *A New Account*, 167, 173; "Anecdote I" (author unnamed), *Substance*, 311; Arnold의 증언, *HCSP*, 69 : 134.

71. Towne의 증언, 1791, *HCSP*, 82 : 21; Richardson, "Shipboard Revolts," 82~90.

72. *Boston News-Letter*, September 9, 1731; Richardson, "Shipboard Revolts," 74~75.

73. Thomas Clarkson, *An Essay on the Slavery and Commerce of the Human Species, particularly The African, translated from a Latin Dissertation, which was honoured with the First Prize in the University of Cambridge for the Year 1785, with Additions* (London, 1786; rpt. Miami, Fla. : Mnemosyne Publishing Co., 1969), 88~89.

74. *Newburyport Herald*, December 4, 1801; Clarkson이 Mirabeau에게 보낸 편지, December 9, 1789, ff. 1~2, Papers of Clarkson, Huntington Library.

75. Piersen, "White Cannibals, Black Martyrs," 147~59.

76. "Anonymous Account," Add. Ms. 59777B, ff. 40~41v; John Douglas의 증언, 1791, *HCSP*, 82 : 125; Michael Mullin, *Africa in America : Slave Acculturation and Resistance in the American South and British Caribbean, 1736-1831* (Urbana and Chicago : University of Illinois Press, 1992), 66~69; Smallwood, *Saltwater Slavery*, 147. 또한, 엘리자베스 이시체의 흥미로운 관찰 결과인 "Transformations : Enslavement and the Middle Passage in African American Memory," in her *Voices of the Poor in Africa* (Rochester, N.Y. : University of Rochester Press, 2002), 77~85를 참조.

77. "Voyage to Guinea," Add. Ms. 39946, ff. 9~10; Millar의 증언, *HCSP*, 73 : 394; Hawkins, *A History*

of a Voyage to the Coast of Africa, 108; Clarkson, *An Essay on the Slavery and Commerce of the Human Species*, 143~44. 이러한 믿음에 관한 또 다른 기록은 *Times*, February 2, 1790와 Atkins, *A Voyage to Guinea*, 175~76을 참조.

78. "Anonymous Account," Add. Ms. 59777B, ff. 40~41v.

79. Claxton의 증언, 1791, *HCSP*, 82:35; Snelgrave, *A New Account*, 183~84; *Memoirs of Crow*, 26. 스넬그레이브는 처형된 사람이나 (황금 해안 출신의) 다른 코로만티족들은 사후에 고향으로 돌아간다는 것을 믿지 않았지만, "다른 지역에서 잡혀 온 많은 이들이 그렇게 믿고 있었다"라고 덧붙였다.

80. Clarkson이 Mirabeau에게 보낸 편지, December 9, 1789, f. 1, Papers of Clarkson, Huntington Library.

81. Thornton, *Africa and Africans*, 195.

82. *Three Years Adventures*, 80~82; William James의 증언, *HCSP*, 69:49; Wilson의 증언, *HCSP*, 72:281~82; Arnold의 증언, *HCSP*, 69, 50, 137~38; Trotter의 증언, *HCSP*, 73:97, 99~100. 노예선에서 2년 전에 헤어진 남편을 만난 한 여자 노예의 사례에 관해서는 *Sun*, November 18, 1805를 참조.

83. Matthews, *A Voyage to the River Sierra Leone*, 153; Bowen과의 면담, *Substance*, 230. *Africa and Africans*, 218에 수록된 "타지 사람들"과 협력하는 서아프리카의 흔한 기술에 관한 존 손튼의 언급을 참조.

84. Winterbottom, *An Account of the Native Africans*, 1:212; *Three Years Adventures*, 126. 윈터바텀은 또한 늦은 밤에 "머리에 상자를 지고" 집으로 돌아가는 아프리카인을 만났던 자메이카의 한 친구의 이야기를 전해 주었다. 그 상자에는 "뱃동지의 심장이 들어 있었고 그는 그 심장을 몇 마일 떨어진 지역에 죽은 자의 친구들이 몇몇 살고 있는 마을로 가져가서 사람들이 울며 추모할 수 있게 하려고 했다. 그는 이미 죽은 이의 몸을 땅에 묻기 전날 밤에 울며 추모했고 이제 더 멀리 떨어진 친구들이 같은 의식을 함께할 수 있도록 하기 위해 유해의 일부를 옮기고 있다고 말했다."(1:212~13). 또한, Uya, "The Middle Passage and Personality Change," 93을 참조. 나는 이 주제에 관한 값진 토론을 함께해 준 동료 제롬 브랑셰와 쉘럼 구든(Shelome Gooden)에게 감사를 표한다.

85. Falconbridge의 증언, *HCSP*, 72:308; Ellison의 증언, *HCSP*, 73:381.

86. Trotter의 증언, *HCSP*, 73:88; Bowen과의 면담, *Substance*, 230; "Extract of a letter from Charleston to the Editor of the Repertory, dated March 8th," *Massachusetts Spy, or Worcester Gazette*, April 4, 1804. 저자는 처음에 이 세 사람이 자매였다고 추측했다가 후에 아마도 "친구"라고 판단했던 것으로 보인다.

87. Thomas King의 증언, 1789, *HCSP*, 68:333; Arnold의 증언, *HCSP*, 69:50. 아담과 이브의 예시는 Mouser, *The Log of the Sandown*, 64와 *An Account of the Life*, 29를 참조. 또한, Doudou Diene, ed., *From Chains to Bonds: The Slave Trade Revisited* (Oxford: Berghahn, 2001)를 참조.

10장 노예선 브룩스호의 긴 항해

1. 1788년에서 1789년 사이에 노예선은 영국 항구에서 197번의 항해를 떠났고 미국 항구에서는 19번의 항해를 떠났다. 이는 *TSTD*의 자료를 바탕으로 한 것이다.

2. Clarkson, *History*, vol. II, 111.

3. Thomas Cooper, Esq., *Letters on the Slave Trade: First Published in Wheeler's ManChester Chronicle and since re-printed with Additions and Alterations* (Manchester, 1787), 3~5. 이러한 운동의 기원과 초기 역사에 관한 새롭고 유력한 내용은 Christopher Brown, *Moral Capital: Foundations of British Abolitionism* (Chapel Hill: University of North Carolina Press, 2006)을 참조.

4. 노예선 그림에 관한 최근의 뛰어난 연구로는 J. R. Oldfield, *Popular Politics and British Anti-Slavery: The Mobilisation of Public Opinion against the Slave Trade, 1787-1807* (London: Frank Cass & Co., 1998), 99~100, 163~66; Philip Lapsansky, "Graphic Discord: Abolitionist and Antiabolitionist Images," in Jean Yellin Fagan and John C. Van Horne, eds., *The Abolitionist Sisterhood: Women's*

Political Culture in Antebellum America (Ithaca and London : Cornell University Press, 1994), 201~30; Cheryl Finley, "Committed to Memory : The Slave-Ship Icon and the Black-Atlantic Imagination," *Chicago Art Journal* (1999), 2~21; Katherine Quinsey, Nicole E. Didicher, and Walter S. Skakoon eds., *Lumen : Selected Proceedings from the Canadian Society for Eighteenth-Century Studies* (Edmonton : Academic Printing and Publishing)에 수록된 Marcus Wood, "Imagining the Unspeakable and Speaking the Unimaginable : The 'Description' of the Slave Ship *Brooks* and the Visual Interpretation of the Middle Passage," 211~45; Marcus Wood, *Blind Memory : Visual Representation of Slavery in England and America, 1780-1865* (Manchester and New York : Manchester University Press, 2000), 14~77가 있다.

5. "Admeasurement of the Ships at Liverpool from Captain Parrey's Account," no date (1788), Liverpool Papers, Add. Ms. 38416, f. 209, BL; "Dimensions of the following Ships in the Port of Liverpool, employed in the African Slave Trade," in *HCSP*, 67.

6. *Plan of an AFRICAN SHIP'S Lower Deck with NEGROES in the proportion of only One to a Ton* (Plymouth, 1788). 브리스틀의 T. Deeble의 사본(17562/1, BRO)은 플리머스의 인쇄물과 동일한 것으로 나타났다. 또한, *Plan and Sections of a Slave Ship* (London : James Phillips, 1789)와 Clarkson, *History*, 111을 참조. 페리를 리버풀로 보낸 것은 처음부터 폐지론자들의 계획이었다는 점에 주목해야 한다. 피트는 노예무역에 반대하고 있었고 그가 노예선의 수치를 수집한 목적은 노예무역 폐지론자들과 하원 위원회의 그들 동맹이 국왕 조지 3세가 명령한 노예무역에 관한 청문회가 진행되는 과정에서 리버풀 대표단이 저지할 수 있는 "실수를 찾아낼 수 있도록" 하기 위한 것이었다. Clarkson, *History*, vol. I, 535~36과 Meeting of April 22, 1788, Minutes of the Abolition Committee, Add. Ms. 21255, BL를 참조.

7. "Dimensions of the following Ships in the Port of Liverpool," *HCSP*, 67. *TSTD*, #80663~80673에 나타난 브룩스호의 항해에 관한 정보.

8. *Plan of an AFRICAN SHIP'S Lower Deck.*

9. 올드필드는 엘포드가 피트의 친구라고 기록했다. *Popular Politics and British Anti-Slavery*, 99를 참조.

10. *Plan of an Afican Ship's Lower Deck, with Negroes in the proportion of not quite one to a Ton* (Philadelphia : Mathew Carey, 1789); *Plan of an AFRICAN SHIP'S Lower Deck, with Negroes in the proportion of not quite one to a Ton* (New York : Samuel Wood, n.d.).

11. 필립 랩슨스키는 "수많은 흑인들의 몸이 사슬에 엮인 채 함선의 모든 공간을 채워서 그려진 노예선의 구획을 표현한 1789년의 유명한 그림은 미국 노예제도의 역사에서 수없이 많이 모사되었다"라고 기록했다. 예시로 들 수 있는 판형으로는 Charles Crawford의 소책자 *Observations on Negro Slavery* (Philadelphia, 1790)에 확장된 형태로 표현된 판형, Thomas Branagan, *The Penitential Tyrant* (New York, 1807), Clarkson, *History*에 언급된 여러 판형, Samuel Wood의 소책자 *Mirror of Misery* (1807, 1811, 1814)에 나타난 세 가지 판형이 있다. Lapsansky의 "Graphic Discord," 204를 참조.

12. Clarkson, *History*, 111; *Plan and Sections of a Slave Ship*.

13. 페리 선장이 기록한 609명이라는 숫자의 노예는 돌벤법이 통과되기 전에 운송된 노예의 숫자를 말한 것이다.

14. Wood, *Blind Memory*, 29~32를 참조. 함선 건조 개량 협회의 출판에 관해서는 2장의 32번 주석을 참조. 조선 산업의 변화에 관해서는 Peter Linebaugh, *The London Hanged : Crime and Civil Society in the Eighteenth Century* (London : Allen Lane, 1991), ch. 11을 참조.

15. 과거에는 노예선 선장이었고 당시에는 상인이었던 제임스 페니는 1788년 6월에 성인 노예들에게는 "평균적으로 14인치 너비" 아이들에게는 12인치 너비의 공간이 있었다고 증언했다. James Penny의 증언, June 13 and 16, 1788, in *HCSP*, 68 : 39.

16. 인용구는 Alexander Falconbridge, *An Account of the Slave Trade on the Coast of Africa* (London, 1788)에서 발췌한 것이며 이 소책자는 그 당시 런던 위원회에서 최근 출판된 것이었다.

17. 플리머스 위원회와 런던 위원회 사이에서 배의 그림에 관한 논쟁이 있었다는 증가가 있지만, 논쟁의 성격은 분명하지 않다. 윌리엄 엘포드는 런던위원회가 "우리가 출판한 노예선 갑판의 개요에 대해 비난"했다고 지적하며 "강한" 불만을 표시하며 대응했고 후에는 이러한 반응에 관해 사과하기도 했다. William Elford가 James Phillips에게 보낸 편지, March 18, 1789, Thompson-Clarkson MSS, vol. II, 93, Friends House Library, London를 참조.

18. Meeting of June 12, 1787, Minutes of the Abolition Committee, Add. Ms. 21254.

19. Clarkson, *History*, vol. I, 293~94, 367. 이 영역의 다른 대부분 인용구들은 그의 두 권짜리 역사책에서 발췌한 것이다.

20. 같은 책, vol. I, 322, 344, 364.

21. Clarkson's Journal of his Trip to the West Country, June 25~July 25, 1787, in Correspondence and Papers of Thomas Clarkson, St. John's College Library, Cambridge University. *TSTD*, #17982 (아프리카호), #17985 (브라더즈호)를 참조.

22. Clarkson, *History*, vol. I, 316, 323, 330, 359, 361, 365. 많은 선원이 노예무역 상인을 두려워했고 의회에서 증언하지 않았다.

23. Clarkson's Journal of his Trip to the West Country; Clarkson, *The Impolicy of the Slave Trade* (London, 1788), 44~45; Clarkson, History, vol. I, 301, 310~18.

24. Clarkson, *History*, vol. I, 385~88, 409. 클락슨은 후에 킹스암즈에서 떨어진 곳에 다른 방을 빌렸고 거기에서 선원들을 면담하고 글을 쓸 수 있었다.

25. Clarkson, *History*, vol. I, 407, 410; Ellen Gibson Wilson, *Thomas Clarkson : A Biography* (New York : St. Martin's Press, 1990), 35.

26. Clarkson, *History*, vol. I, 392, 395, 300, 408, 438.

27. Clarkson, *An Essay on the Impolicy of the Slave Trade*, iii.

28. 클락슨이 1788년 8월에 선원들로부터 증거를 수집하기 위한 두 번째 여정을 떠났다는 점에 주목할 필요가 있다. 이 내용을 바탕으로 작성된 *Substance*의 면담 자료는 브리스틀과 리버풀 외의 다른 항구에서 수집한 자료를 바탕으로 하고 있다.

29. Clarkson, *History*, vol. I, 329; Oldfield, *Popular Politics and British Anti-Slavery*, 100에 인용된 *Sherborne Mercury*, December 8, 1788, 그리고 February 1, 1790. 올드필드는 "노예선의 그림에 관한 최초 구상이 누구의 소관이었는지는 분명하지 않다"라고 기록했다(182). 그러나 클락슨이 주도적 역할을 했다는 것은 명백하다. 그는 1788년 11월 플리머스를 방문하였고 후에 "나는 또 다른 위원회의 기초를 마련했다"고 기록했고 여기서 말한 기초란 브룩스호를 보여준 플리머스 인쇄물의 글에 인용된 선원과의 면담 자료와 노예선에 관한 연구 자료였다. 그는 또한 과거에 리버풀에서 선원으로 일하다가 당시에는 플리머스에 통 제작자로 살고 있던 윌리엄 도브(William Dove)를 추적하여 면담하였다. 클락슨은 플리머스 위원회에서도 자체적으로 유사한 연구를 진행해 보도록 장려했고 그들은 실제로 그러한 연구를 진행했다. 후에 폐지론자의 적들이 노예무역에서 관행적으로 실시되는 학대와 잔인성을 클락슨이 과장하고 있다고 주장했을 때 윌리엄 엘포드는 해당 지역에서의 연구를 바탕으로 그들의 비난을 반박했다. "이 내용에 관해 수집할 수 있는 모든 광범위한 증거는 클락슨 씨의 주장과 부합하며 그가 말한 내용을 긍정적이며 적절하게 지지하고 있습니다." 지역 신문 *Sherborne Mercury*에서 언급한 두 명의 정보원은 영국 해군의 서기였던 제임스 브라운과 토머스 벨이었으며 신문은 그들이 "지금껏 전해 준 귀중한 정보와 앞으로 전해줄 미래의 정보"에 대해 감사를 표했다. 클락슨은 1789년에 "바다에서 자란" 선원 벨을 면담한 후 *The Substance of the Evidence*의 출판을 준비하면서 개인적으로 작성한 글들을 검토해 보았다. 벨은 그에게 노예선 넬리호에서 선원과 노예 모두를 향했던 잔인한 행위에 대해 이야기해 주었고 그중에는 배에 타고 있던 돼지들이 죽은 노예는 물론이고 살아 있는 노예들의 살점까지 찢어버렸던 끔찍한 이야기도 있었다.

30. "Extract of a letter received from England," *Pennsylvania Gazette*, April 13, 1791; Isaac Parker의 증언, 1791, *HCSP*, 73 : 123~39.

31. Thomas Clarkson, *An Essay on the Comparative Efficiency of Regulation or Abolition as applied to the Slave Trade* (London : James Phillips, 1789), 32.

32. *Newport Mercury*, February 22, 1790, *Providence Gazette; and Country Journal*, March 6, 1790. 브룩스호의 그림에 대한 사우스캐롤라이나 성직자들의 동정적 반응과 "이 나라는 그러한 비인간적인 거래를 종식시키는 데 앞장서는 나라가 될 것"이라는 예언적 견해는 *Dunlap's American Daily Advertiser*, February 2, 1792를 참조. 또한, Seymour Drescher, *Capitalism and Anti-Slavery : British Mobilization in Comparative Perspective* (New York : Oxford University Press, 1987), 24를 참조.

33. William Wilberforce의 하원 위원회 연설, "On the Horrors of the Slave Trade," May 12, 1789, in William Cobbett, ed., The Parliamentary History of England, From the Norman Conquest in 1066 to the year 1803 (London : T. Curson Hansard, 1806~20), 28 (1789~91). 또한, Seymour Drescher, "People and Parliament : The Rhetoric of the British Slave Trade," *Journal of Interdisciplinary History* 20 (1990), 561~80을 참조.

34. Robert Norris의 증언, *HCSP*, 73 : 4~5, 8, 10; 69 : 203.

35. Roger Anstey, *The Atlantic Slave Trade and Abolition, 1760~1810* (London, 1975), 293; Drescher, *Capitalism and Anti-Slavery*, 20; Hugh Thomas, *The Slave Trade : The Story of the African Slave Trade, 1440-1870* (New York : Simon and Schuster, 1999), 513~15; Adam Hochschild, *Bury the Chains : Prophets and Rebels in the Fight to Free an Empire's Slaves* (Boston : Houghton Mifflin, 2005), 153~58.

36. *Parliamentary Register* (London, 1788), vol. 23, 606~7; Clarkson, *History*, 1 : 111, 187; 2 : 326, 457에 인용된 폭스(Fox)와 윈드햄(Windham)의 연설. 또한, James W. LoGerfo, "Sir William Dolben and the 'Cause of Humanity,' " *Eighteenth-Century Studies* 6 (1973), 431~51을 참조. 돌벤법은 1789년에 선원들을 보호하기 위한 몇 가지 새로운 조항으로 갱신되었고 1794년과 1797년에 개정되어 조지 3세 39년(c. 80)인 1799년에 상설화되었다.

37. Clarkson, *History*, 151~55; Clarkson's Journal of his Visit to France, 1789, Thomas Clarkson Collection, Robert W. Woodruff Library, Atlanta University Center, Atlanta. 수년 후 1814년 6월에 클락슨은 칼레(Calais)의 회합에서 러시아의 황제 알렉산더 1세에게 노예선의 그림 사본을 전달했다. 황제는 회합에 오는 도중에 극심한 뱃멀미를 겪었지만, 브룩스호의 그림을 보고 있자니 "뱃멀미보다 더한 고통이 밀려온다"라고 설명했다. Wilson, *Thomas Clarkson*, 125를 참조.

38. Thomas Clarkson이 Comte de Mirabeau에게 보낸 편지, December 9, 1789, Papers of Thomas Clarkson, Huntington Library, San Marino, California. 또한, Thomas Clarkson, *The True State of the Case, respecting the Insurrection at St. Domingo* (Ipswich, 1792), 8을 참조.

39. Thomas Trotter의 증언, 1790, *HCSP*, 73 : 81~101. 트로터는 또한 노예선에서의 경험에 관한 또 다른 증언도 남겼다. 그는 1785년 폐지론자들의 운동이 일어나기 전에 바다 선원들과 아프리카 노예의 선상 경험을 비교한 소책자를 출판했다. 그의 *Observations on the Scurvy, with a Review of the Theories lately advanced on that Disease; and the Theories of Dr. Milman refuted from Practice* (London, 1785; Philadelphia, 1793)를 참조.

40. Clement Noble의 증언, 1790, *HCSP*, 73 : 109~21. 노블의 집안은 무역에서 두각을 나타내던 일가였다. 클레먼트의 아버지나 삼촌인 것으로 보이는 윌리엄 노블은 1769년에서 1770년에 코르시칸 히어로(Corsican Hero)호의 선장으로 항해했다. 클레먼트 스스로 나중에 같은 함선의 지휘권을 얻었던 것으로 보아 그 역시 (항해사로) 함께 배에 올랐던 것으로 보인다. 그는 그의 아버지나 삼촌이 했던 것과 마찬가지로 수년 후에 아마도 아들로 보이는 친족을 데리고 브룩스호에 승선했다. 선원 명부에는 1783년에서 1784년의 항해에 조셉 노블이 함께 항해했고 1784년에서 1785년의 항해에는 윌리엄 노블이 함께 항해했던 것으로 나타났다. 조셉은 수년 후에 자신이 지휘하는 함선 아비게일(Abigail)호를 타고 1790년에 리버풀에서 출발하여 황금 해안으로 향했다. 제임스 노블은 1792년 리버풀을 출항하는 노예선 타마진(Tamazin)을 지휘했다. 노예무역에 관한 지식과 전통의 일부는 분명 선대의 노블

선장이 기록한 "교역 일지"를 통해 전달되었음이 틀림없다. "A Muster Roll for the Brooks, Clement Noble, from Africa and Jamaica," Port of Liverpool, October 6, 1784, Board of Trade 98/44, NA; "A Muster Roll for the Brooks, Clement Noble, from Africa and Jamaica," Port of Liverpool, April 29, 1786, BT 98/46; Mathew Strong이 코카시안 히어로호의 Richard Smyth에게 보낸 지시 사항, January 19, 1771 380 TUO 4/4, David Tuohy papers, LRO (for the trade book)를 참조. 윌리 엄과 조셉 그리고 제임스의 항해에 관해서는 *TSTD*, #90589, #90655, #80008, #83702를 참조.

41. Trotter, *Observations on the Scurvy*, 19~20; Trotter의 증언, *HCSP*, 85, 87.

42. 같은 책, 119, 117, 120을 참조.

43. Trotter의 증언, *HCSP*, 88~89. 노블은 "이 성가시고 난폭한 남자"가 자신을 죽이고 싶어 했다고 확신 하고 있었고 아마도 실제로도 그랬던 것으로 보인다. Noble의 증언, *HCSP*, 113을 참조.

44. Noble의 증언, *HCSP*, 110, 112.

45. 노블이 지휘한 사람의 수는 162명이었다. 처음 두 번의 항해에서 118명이 함께 항해했지만, 그중 11명 이 죽었기 때문에 다음 항해에서 노블과 함께할 수 있는 선원의 수는 107명이었다. 처음의 항해(1781 년에서 1783년)를 함께했던 선원들은 노블과의 항해를 거절할 수 있는 두 번의 기회가 있었기 때문에 전체 거절 가능한 횟수는 168번이 된다. 이러한 전체 횟수 중에 단 13명의 이름만이 선원 명부에 다시 이름을 나타내고 있었다. 너그럽게 보더라도 선원이 지속적으로 함께하고 있다는 주장은 과한 주장 이었다. 두 명의 선원(존 데이비스와 존 쇼우)은 분명 항해사였고 조셉 노블은 아마도 선장의 아들이 었으며 다른 네 명 역시 부모에게 교육받으며 함선에 오른 "사환"이었던 것으로 보인다. 남은 여섯 명 중에 세 명은 존 존스와 에드워드 존스 그리고 존 스미스처럼 너무나 흔한 이름이어서 우리는 이들이 다른 항해에서도 함께했던 같은 사람이라고 확신할 수는 없다. 이 말은 확실하게 노블 선장과 두 번 의 항해를 함께한 것으로 확인되는 선원은 단 세 명이라는 뜻이 된다. 피터 커밍스(Peter Cummings) 와 로버트 하트숀(Robert Hartshorn)은 두 번째 항해에 이어 다음 항해에도 함께 이름을 올렸고 세 번째 인물인 팻 클라크(Pat Clarke)는 처음 두 번의 항해를 함께했지만, 자메이카의 킹스턴에서 도 망가는 게 상책이라고 생각했는지 그곳에서 탈주해 버렸다. Noble의 증언, *HCSP*, 112; "A Muster Roll for the Brooks, Clement Noble, from Africa and Jamaica," Port of Liverpool, April 15, 1783, Board of Trade 98/43; "A Muster Roll for the Brooks," October 6, 1784, BT 98/44; "A Muster Roll for the Brooks," April 29, 1786, BT 98/46을 참조.

46. Captain John Adams, *Sketches taken during Ten Voyages to Africa, Between the Years 1786 and 1800; including Observations on the Country between Cape Palmas and the River Congo; and Cursory Remarks on the Physical and Moral Character of the Inhabitants* (London, 1823; rpt. New York : Johnson Reprint Corporation, 1970), 9.

47. Clarkson, *History*, vol. II, 187; Lapsansky, "Graphic Discord," 202; Oldfield, *Popular Politics and British Anti-Slavery*, 163.

48. Clarkson, *History*, vol. II, 115. 18세기 후반에 "미개인", "야만인", "문명인"과 같은 용어는 사회의 진 보와 발달에 관한 모든 이론에서 인용되었다. 역사에 관한 정형적인 이론에서 이러한 용어의 사용 은 유럽의 문명을 인간 발달의 가장 높은 단계를 대표하는 정점에 두고 있다. "미개"와 "야만"에 대한 외침은 오랫동안 유럽인들이 그들의 제국을 건설하고 전 세계의 사람을 정복하도록 하는 무기가 되 었다. 이러한 이해에 따라 무역은 일종의 미덕이며 세계의 비유럽인을 문명화하는 수단으로 여겨졌 다. 다른 지역의 사람들이 유럽과 교역하면 할수록 "미개함"과 "야만성"은 줄어들고 더 "유럽인" 같아 질 수 있다는 것이다. Philip Gould, *Barbaric Traffic : Commerce and Antislavery in the Eighteenth-Century Atlantic World* (Cambridge, Mass. : Harvard University Press, 2003)를 참조.

49. Clarkson, *An Essay on the Comparative Efficiency*, 58.

50. 같은 책, 48을 참조.

51. 존 웨슬리(John Wesley)는 1774년 노예무역 상인에게 다음과 같이 지적했다. "아프리카의 악당들이 동족을 팔아넘기도록 유혹하는 게 바로 당신입니다. 그들은 그 유혹에 빠져 수없이 많은 남자와 여

자 그리고 아이들을 납치하고 약탈하고 살해합니다. 그들이 그렇게 하면 대가를 지불하는 영국의 악당이 있기에 가능한 일이며, 결국은 당신의 돈이 그의 악랄한 노동에 지급되고 있는 것입니다. 당신의 돈이 바로 원동력이 되어 모든 일을 진행시키고 있습니다. 아프리카나 영국의 악당이 이 문제에 있어 하는 일이 무엇이든 간에 결국 당신이 한 일입니다. 그러면 당신의 양심은 이 사실을 받아들이고 있습니까? 전혀 가책을 느끼지 않습니까? 황금이 당신 눈을 완전히 멀게 해서 마음까지 병들게 했습니까?" 그의 *Thoughts upon Slavery* (London, 1774; rpt. Philadelphia, 1778), 52를 참조.

52. Emma Christopher, *Slave Trade Sailors and their Captive Cargoes, 1730-1807* (Cambridge : Cambridge University Press, 2006), 164~168.

53. 이 인용구는 브룩스호의 그림과 *Address to the Inhabitants of Glasgow, Paisley, and the Neighbourhood, concerning the African Slave Trade, by a Society in Glasgow* (Glasgow, 1790), 8의 비평에서 참조한 것이다. 마커스 우드는 "함선 설계에는 끔찍한 혹독함이 도사리고 있었다"라고 기록했다. 그의 *Blind Memory*, 29를 참조. 또한, Oldfield, *Popular Politics and British Anti-Slavery*, 165; E. P. Thompson, "The Moral Economy of the English Crowd in the Eighteenth Century," *Past and Present* 50 (1971), 76~136을 참조.

54. Finley, "Committed to Memory," 16; Wood, "Imagining the Unspeakable," 216~17.

55. "악마적인 계산"이라는 문구는 클락슨의 것이다. *History*, vol. II, 556을 참조. "계산된 범위 내의"라는 문구는 윌리엄 로스코의 시 *The Wrongs of Africa* (London, 1788)에서 참조한 것이다. 또한, Ottobah Cugoano, *Thoughts and Sentiments on the Evil of Slavery* (orig. publ. London, 1787, rpt. London : Penguin, 1999), 46, 85와 J. Philmore, *Two Dialogues on the Man-Trade* (London : J. Waugh, 1760), 36, 37, 41을 참조.

56. Anstey, *Atlantic Slave Trade and Abolition*, 293, 315, 375~76, 398, 412.

57. W. E. B. DuBois, *The Suppression of the African Slave-Trade in the United States of America, 1638-1870* (orig. publ. 1896; Mineola, N.Y. : Dover Publications, Inc, 1970), 41, 43~45, 48, 51, 52, 56, 60~62, 68, 73, 85~86, 104, 108~9.

58. *TSTD*, #80673.

후기 ― 끝없는 항해

1. "John Cranston's testimony to the Grand Jury, June 15, 1791," Newport Historical Society, Newport, Rhode Island, Box 43, folder 24. 이후에 나오는 크랜스턴과 대배심원의 모든 인용구는 이 문서에서 인용한 것이다. 폴리호에 관한 더 많은 정보는 *TSTD*, #36560에서 찾을 수 있다. 리치필드 모니터(Ritchfield Monitor)는 1791년 6월 8일 또 다른 유력한 노예무역상인 캐일럽 가디너(Caleb Gardiner)가 함선의 또 다른 선주였다고 보도했다. 처음 모았던 142명이라는 노예의 숫자는 Deposition of Isaac Stockman and Henry Clannen taken before Joannes Runnels, Governor of the Island of Saint Eustatius, October 2, 1794, Rhode Island Historical Society, Newport, Rhode Island에 나타난다.

2. 이 사례에 기록된 폴리호에 승선했던 "젊은 여자"에 대해 *American Mercury* (June 6, 1791)는 크랜스턴이 드울프 선장이 선상에서 저지른 "학대"에 대한 보복으로 고소를 제기했을 가능성이 있는 것으로 보았다. 그러나 이는 두 가지 이유에서 가능성이 낮아 보인다. 첫째, 이 사건이 진행되는 동안 크랜스턴은 또 다른 혐의로 드울프를 고소했고 아마도 과도한 폭력이나 임금 체불 또는 선장이 개인적 이익을 챙기기 위해 마련한 독소 조항에 대한 고소였을 것으로 보인다. 둘째, 더 중요한 이유는 이러한 문제가 제기되었다면 분명 스톡먼과 클라넨이 선장에 대해 갖는 크랜스턴의 편견을 언급했을 것이다. 그러나 그들은 이 점에 대해 언급하지 않았다.

3. 크랜스턴은 이 여자가 "중년의 나이"였으며 망루에 있는 동안 음식을 가져다주었다고 덧붙였다. 그는 그녀가 배 밖으로 던져지지 않았다면 회복될 수 있었는지에 대해서는 모른다고 말했다.

4. "젊은 여자"에 관한 이야기는 그녀의 동생에게 쓰는 편지와 같은 형식이었으며 노예무역에 관여한 그

의 책임을 묻는 데에 이 사건을 활용하고 있었지만 원칙적인 반대를 표하지는 않았다. 두 번째 작가는 자신이 누구인지 밝히지 않았고 이 사건에 대한 의견도 제시하지 않았다. 세 번째 작가인 "로드아일랜드의 신사"는 분명 폐지론자였다. 세 명 모두 같은 이야기를 들었지만, 두 명은 드울프 선장의 이름을 언급하지 않았고 한 명은 그를 "울프 선장"이라고 불렀다. 편지 형식의 글 중 두 개의 글은 크랜스턴이 대배심에서 심문받기 전에 출판되었지만, 모두 같은 이야기를 다루고 있었다. 여자 노예는 천연두를 앓고 있었고 드울프 선장은 선원에게 그녀를 배 밖으로 던져 버리는 것을 돕도록 요청했지만 (세 개의 이야기 중 두 개에서는 실제로 그가 "명령"했다고 했다), 거절당했으며 선장 스스로 행동을 계속했다고 언급하고 있다. Extract of a letter from a young Lady, Rhode Island, to her Brother, in this State, date May 24, 1791, *American Mercury*, June 6, 1791; Extract of a letter from Newport (Rhode-Island) dated the 5th month 9th, 1791, *Litchfield Monitor*, June 8, 1791; Extract of a letter from a gentleman in Rhode-Island, *Connecticut Courant*, July 18, 1791을 참조.

5. 폐지론자 신사는 분명 이 사건에 관해 가장 많은 것을 알고 있었고 크랜스턴이 대배심 앞에 나서는 데에 중요한 역할을 했을 것이다. 그는 드울프 선장이 아픈 여자에 대해서 "빌어먹을 여자 같으니, 배 밖으로 던져 버려야 해"라고 말했다고 자세하게 이야기했다. 그는 "두 명의 항해사 모두"가 항해에서 사망한 것은 아마도 질병이 만연했다는 점을 보여주는 것이며 이로 인해 "사람들"(단지 크랜스턴뿐만 아니라 선원들 중 몇몇)이 선상의 잔학한 행위를 보고하자 대중의 야유가 초래되면서 공공 당국은 수많은 진술서를 모을 수 있었다고 덧붙였다. *Connecticut Courant*, July 18, 1791을 참조. 폴리호나 아니면 그의 가족이 소유한 다른 함선을 타고 떠났던 드울프의 도피 항해는 *TSTD*에 그가 선장으로 이름을 올린 항해에 나타나지 않았다. 이는 그가 다른 가족 구성원과 항해했을 가능성을 보여 주는 것이다.

6. Deposition of Isaac Stockman and Henry Clannen, 1794. *TSTD*에는 선원의 수가 12명이라고 기록되어 있지만, 스톡먼과 클라넨은 선원의 수가 15명이라고 말했다. 또한, 크랜스턴이 드울프와 같은 권력을 가진 거물을 상대하면 얻는 것은 없고 잃을 것뿐이라는 점과 스톡먼과 클라넨은 반대로 잃을 것은 없고 얻을 것뿐이라는 점에 주목해야 한다. 선장들은 법적 분쟁에서 잘못을 감추기 위해 선원들을 매수하는 일이 자주 있었기 때문에 실제로 그들은 증언의 대가로 돈을 받았을 수도 있다. 클라넨은 클라넨이 살인에 연루되어 있다고 암시했다는 점을 잊어서는 안 된다. 게다가 그들이 증언한 시기는 심문이 시작되고 3년이 흐른 후였다는 것은 드울프 선장의 지시가 있었다는 점을 암시하고 있다.

7. George Howe, *Mount Hope; A New England Chronicle* (New York : Viking Press, 1959), 105, 106.

8. [옮긴이] Tacky's Revolt. 타키의 전쟁이라고도 하며 원래는 판테족 족장이었던 타키가 코로만티족 노예들을 포함한 여러 부족의 노예를 이끌고 농장 지역에 큰 반란을 일으킴.

9. 노예무역이라는 커다란 역사 안에서 이 사건은 가장 특이한 사건이었다. 생존자들의 증언에 따르면 살아 있는 노예를 배 밖으로 던져 버리는 경우는 많지 않았다. 이는 도덕적인 이유라기보다는 대부분 경제적인 이유였다. 게다가 선장이 선원에게 의견을 구하거나 선원이 선장의 요구를 거절하는 경우도 흔하지 않았다. 이러한 행위는 불순종의 혐의를 받아 매질을 당할 위험이 있었고 심지어 반란으로 여겨지면 죽임을 당할 수도 있었다. 폴리호의 항해와 비교할 수 있는 항해는 Mitra Sharafi, "The Slave Ship Manuscripts of Captain Joseph B. Cook : A Narrative Reconstruction of the Brig *Nancy's* Voyage of 1793," *Slavery and Abolition* 24 (2003), 71~100이 있다.

10. 세인트 토머스로 드울프의 재판을 가져왔던 아이작 맨체스터(Issac Manchester)는 사건이 발생했을 때 폴리호에 타고 있지 않았지만, 사건에 관해 "들었다." 드울프에 대한 판사의 호의적인 판결이 있고 난 5개월 뒤에 맨체스터가 로드아일랜드의 브리스틀에서 드울프 일가가 소유한 노예선 샐리호의 선장이 된 것은 우연이 아닐 것이다. 맨체스터는 그로부터 3년 반 동안 드울프 일가의 고용인으로 머물렀고 그 후에는 노예선의 선주가 되었다가 결국은 스스로 상인이 되었다. Rufus King Papers, box 6, folder 2, New-York Historical Society; *TSTD*, #36616, #36668, #36680을 참조.

11. *No Rum!—No Sugar! or, The Voice of Blood, being Half an Hour's Conversation, between a Negro and an English Gentleman, shewing the Horrible Nature of the Slave-Trade, and Pointing Out an Easy and Effectual Method of Terminating It, by an Act of the People* (London, 1792).

12. Howe, *Mount Hope*, 130~31.

13. Elizabeth Boody Schumpeter, ed., *English Overseas Trade Statistics, 1697-1808* (Oxford : Clarendon Press, 1960), 60~62; Susan B. Carter, ed, *Historical Statistics of the United States : Earliest Times to the Present* (New York : Cambridge University Press, 2006); Robin Blackburn, *The Making of New World Slavery : From the Baroque to the Modern, 1492-1800* (London : Verso, 1997), 581. 이 문단은 Seymour Drescher, *Econocide : British Slavery in the Era of Abolition* (Pittsburgh : University of Pittsburgh Press, 1977)에서 발췌한 내용이다. 그는 1801년에서 1805년 사이에 수출된 면화의 92.3퍼센트가 노예에 의존한 상품이라고 추정했다는 점을 참조하라(86).

14. *Memoirs of Crow*, 22, 32.

15. 세 개의 인용구는 Thomas Wilson의 증언, 1790, in *HCSP*, 73 : 12; Mr. James와의 면담, *Substance*, 17; John Ashley Hall 선장의 증언, 1790, *HCSP*, 72 : 233을 참조한 것이다. 더 일반적인 정보에 관해서는 James Morley의 증언, 1790, *HCSP*, 73 : 164, 168; Thomas Bolton Thompson의 증언, 1790, *HCSP*, 73 : 173; Ninian Jeffreys의 증언, 1790, *HCSP*, 73 : 240; James Towne의 증언, 1791, *HCSP*, 82 : 30; John Simpson의 증언, 1791, *HCSP*, 82 : 44; Dr. Harrison의 증언, 1791, *HCSP*, 82 : 53; Robert Forster의 증언, 1791, *HCSP*, 82 : 133~34; Mark Cook의 증언, 1791 *HCSP*, 82 : 199; Hercules Ross의 증언, 1791, *HCSP*, 82 : 260을 참조.

16. Thompson과의 면담, *Substance*, 25; Mr. James와의 면담, *Substance*, 17; Ellison과의 면담, *Substance*, 41. 토머스 클락슨은 1787년에서 1788년 사이에 선원들과의 면담에서 병들고 궁핍해진 선원들과 그들에 대한 노예들의 연민을 분명하게 알아냈다. 후에 그와 다른 폐지론자들은 요점을 정리해서 다른 선원과 뱃사람들에게 이 내용에 관한 추가적인 질문을 했고 그에 따라 그들은 의회 청문회와 *Substance of the Evidence*에서 이것에 관한 이야기를 전해줄 23명의 사람들을 모을 수 있었다.

17. Mr. James와의 면담, *Substance*, 17; Ellison과의 면담, *Substance*, 41; Jeffreys와의 면담, *Substance*, 92. 선장과 선원이 (아프리카의 노예에 관해 언급하면서) 설명한 "뱃동지" 개념의 사용에 대한 예시는 *Memoirs of Crow*, 159, 129; *Three Years Adventures*, 144, 425~27을 참조. 노예무역 폐지론이 들끓던 1780년대 후반에서 1790년대 사이에 "주인 없는 카리브해"를 떠돌던 노예와 노예무역 선원 간의 밀접한 관계는 Julius Sherrard Scott III, "The Common Wind : Currents of Afro-American Communication in the Era of the Haitian Revolution," Ph.D. dissertation, Duke University, 1986, 134~46을 참조.

18. 카리브해의 역사 고고학자들은 유럽의 선원들이 아프리카의 묘지에 묻혀 있다는 점을 확인할 수는 없지만, 자메이카에서 이 분야를 이끄는 거장인 로드릭 이뱅크스는 그러한 주장이 일리가 있다고 보고 있다. "내가 알던 노예들의 모습을 기반으로 생각한다면, 당신이 알고 있는 그 사실이 이상할 것도 없습니다"(2007년 7월 31일 저자와의 개인적 의사소통). 미래에 도시 공동묘지의 발굴을 통해 이 질문에 대한 답을 쉽게 찾을 수 있을 것이다.

19. *Memoirs of Crow*, 291.

20. 폭력과 공포의 중심성은 Peter Linebaugh and Marcus Rediker, *The Many-Headed Hydra : Sailors, Slaves, Commoners, and the Hidden History of the Revolutionary Atlantic* (Boston : Beacon Press, 2000)[피터 라인보우·마커스 레디커, 『히드라 - 제국과 다중의 역사적 기원』, 정남영·손지태 옮김, 갈무리, 2008]에서 제기되었다.

21. 이 문제에 관한 나의 생각은 Paul Gilroy, *The Black Atlantic : Modernity and Double Consciousness* (Cambridge : Harvard University Press, 1993)와 Ruth Gilmore, *Golden Gulag : Prisons, Surplus, Crisis, and Opposition in Globalizing California* (Berkeley : University of California Press; 2006)에 영향을 받았다.

화보

257쪽. 위: Detail of "Negro's Cannoes, carrying slaves, on board of Ships, att Manfroe" in Jean Barbot, "A Description of the Coasts of North and South Guinea; and of Ethiopia Inferior, vulgarly Angola: being a New and Accurate Account of the Western Maritime Countries of Africa," in Awnsham Churchill and John Churchill, comp., *A Collection of Voyages and Travels, some now first printed from Original Manuscripts, others now first published in English* (London, 1732), vol. 5, collection of the author. 아래: "*Captain Bartho*. Roberts *with two Ships, Viz. the* Royal Fortune *and* Ranger, *takes in sail in* Whydah Road *on the Coast of* Guiney, *Jan. 11th, 1721/2*," in Captain Charles Johnson, *A General History of the Pyrates, from their first Rise and Settlement in the Island of Providence, to the Present Time* (London, 1724), Darlington Library, University of Pittsburgh.

258쪽. 위: Portrait of Sir Humphrey Morice, ivory sculpture by David Le Marchand (1674~1726), courtesy of the Art Gallery of Ontario. 가운데: "His excellency Henry Laurens, president of congress & minister plenipotentiary for treating of peace with Grt. Britain," after a drawing by Pierre Eugène du Simitière, in *Portraits of generals, ministers, magistrates, members of Congress, and others, who have rendered themselves illustrious in the revolution of the United States of North America* (London: R. Wilkinson and J. Debrett, 1783), courtesy of the Library of Congress. 아래: "The Requin," Barbot, "A Description of the Coasts," translated and republished in Antoine-François Prevost, *L'Histoire generale des voyages* (La Haye: P. de Hondt, 1747~80), collection of the author.

259쪽. 위: Nicholas Pocock (1749~1821), "Wapping, Bristol," c. 1760, © Bristol's City Museum & Art Gallery. 아래: William Jackson, Liverpool slave ship, c. 1780, © National Museums Liverpool, Merseyside Maritime Museum.

260쪽. 모든 그림: William Falconer, *Universal Dictionary of the Marine* (orig. publ. 1768, republ. London, 1815), courtesy of Mystic Seaport, G.W. Blunt Library.

261쪽. "Transport des Nègres dans le Colonies," lithograph by Pretexat Oursel, courtesy of the Musée d'Histoire de la Ville et du Pays Malouin, Saint Malo, France.

262쪽. 위: Job Ben Solomon, *Gentleman's Magazine* 20(1750), Darlington Library, University of Pittsburgh. 아래: Thomas Clarkson, *The History of the Rise, Progress, and Accomplishment of the Abolition of the African Slave-Trade by the British Parliament* (London, 1808), vol. 1, Hillman Library, University of Pittsburgh.

263쪽. Detail of Emmanuel Bowen, *A New & Accurate Map of Negroland and the Adjacent Countries; also Upper Guinea, shewing the principal European settlements, & distinguishing wch. belong to England, Denmark, Holland &c. The Sea Coast & some of the Rivers being drawn from Surveys & the best Modern Maps and Charts, & regulated by Astron. Observns* (London, 1747), collection of the author.

264쪽. 위: Detail of "The Prospect of the English Castle, at Anamabou," in Barbot, "A Description of the Coasts," collection of the author. 아래: "Procession to ye Temple of ye Great Snake on Crowning of ye King," in Thomas Astley, comp., *A New General Collection of Travels and Voyages, Consisting of the most esteemed Relations, which have been hitherto Published in any Language* (London, 1742~1747), vol. 3, collection of the author. Originally published in Jean Baptiste Labat, *Voyage du Chevalier des Marchais en Guinee ··· fait en 1725, 1726, & 1727* (Amsterdam, 1731).

265쪽. 위: "The City of Loango," in Astley, ed., *A New General Collection of Travels and Voyages*, vol. 3, collection of the author. Originally published in D. O. Dapper, *Description de l'Afrique ··· Traduite du Flamand* (Amsterdam, 1686; 1st ed., 1668). 아래: Thomas Clarkson, *Letters on the slave-trade, and the state of the natives in those parts of Africa, ··· contiguous to Fort St. Louis and Goree* (London, 1791), courtesy of the Library Company of Philadelphia.

266쪽. 위: Portrait of Olaudah Equiano, *The Interesting Narrative of the Life of Olaudah Equiano, or Gustavas Vassa, the African. Written by Himself* (London, 1790), Library of Congress. 가운데: Portrait of James Field Stanfield by Martin Archer Shee, undated, courtesy of the Sunderland Museum and Winter Gardens (Tyne and Wear Museum). 아래: Portrait of John Newton by John Russell, 1788, courtesy of the John Newton Project (www.johnnewton.org) and the World Mission Society.

267쪽. 위: Slave ship shackles, c. 1780, collection of the author. 아래: Cat-o'-nine-tails, © National Maritime Museum.

268쪽. 위: Isaac Cruikshank, "The Abolition of the Slave Trade, Or the inhumanity of dealers in human flesh exemplified in Captn. Kimber's treatment of a young Negro girl of 15 for her virjen modesty," 1792, Library of Congress, British Cartoon Collection. 아래: "(Traversée) Danse de Nègres," Amédée Grehan, ed., *La France Maritime* (Paris, 1837), courtesy of the Haverford College Library.

269쪽. 위: Lieutenant Francis Meynell, "Slave deck of the Albaroz, Prize to the Albatross, 1845," National Maritime Museum. 아래: *The Dying Negro*, engraving by James Neagle, frontispiece for Thomas Day, *The Dying Negro: A Poem* (London, 1793), courtesy of the Library Company of Philadelphia.

270쪽. "Representation of an Insurrection aboard a Slave-Ship," in Carl B. Wadström, *An Essay on Colonization, particularly applied to the Western coast of Africa ··· in Two Parts* (London, 1794), courtesy of the Library Company of Philadelphia.

271쪽. "Marché aux Nègres," by Laurent Deroy, after a drawing by Johann Moritz Rugendas, courtesy of the New York Public Library.

272쪽. 위: Portrait of Thomas Clarkson by Charles Turner after a painting by Alfred Edward Chalon, courtesy of Donald A. Heald Rare Books. 아래: *Description of a Slave Ship* (London: James Phillips, 1789), courtesy of the Peabody-Essex Museum.

10장

371쪽. *Plan of an African Ship's Lower Deck, with Negroes in the proportion of not quite one to a Ton* (orig. publ. Plymouth, 1788; republ. Bristol, 1789), courtesy of the Bristol Record Office.

374쪽. *Plan of an African Ship's Lower Deck, with Negroes in the proportion of not quite one to a Ton* (Philadelphia: Mathew Carey, 1789), courtesy of the Library Company of Philadelphia.

375쪽. *Plan and Sections of a Slave Ship* (London: James Phillips, 1789), courtesy of the Peabody-Essex Museum.

392쪽. "Plan and Sections of a Slave Ship," Wadström, *Essay on Colonization*, courtesy of the Library Company of Philadelphia.

:: 인명 찾아보기